POLYGLOTT   Apa Guide

Deutschlands
schönste Städte

55 Lieblingsziele

Wolfgang Rössig

Inhalt

Vorwort 6

Aachen Kaiserstadt in der Mitte Europas 8

Augsburg Alle Pracht der Fugger 13

Baden-Baden Deutschlands mondänster Kurort 18

Bamberg Das fränkische Rom 23

Bayreuth Markgräflicher Glanz und Wagnerkult 28

Berlin Große Welt und kleiner Kiez 33

Bonn Bundesstadt mit Zukunft 39

Braunschweig Die Stadt Heinrichs des Löwen 44

Bremen Hansestolz an der Weser 49

Cottbus Pückler, Parks und Pyramiden 54

Darmstadt Zentrum des Jugendstils 59

Dessau Zwischen Aufklärung und Bauhaus 64

Dresden Kulturmetropole im Elbtal 69

Düsseldorf Kunstmetropole
mit rheinischem Charme 75

Eisenach Die Wartburgstadt 81

Erfurt Mittelalterliches Juwel Thüringens 86

Essen Kulturvielfalt im Ruhrgebiet 91

Frankfurt Mainmetropole
mit hessischer Gemütlichkeit 96

Freiburg Deutschlands alternative Sonnenstadt 102

Görlitz Schmuckkästchen im Herzen Europas 107

Das Brookfleet in der
Hamburger Speicherstadt

Im Botanischen Garten von Karlsruhe

Goslar Kaiserstadt im Harz _____ 112

Halle Perle an der Saale _____ 117

Hamburg Das Tor zur Welt _____ 122

Hannover Grüne Oase und
internationales Messezentrum _____ 128

Heidelberg Studentenromantik im Neckartal _____ 134

Hildesheim Juwel der Romanik _____ 139

Karlsruhe Residenz des Rechts _____ 144

Kassel Kulturstadt zwischen Klassik
und Avantgarde _____ 149

Koblenz Lebenslust an Rhein und Mosel _____ 154

Köln Inbegriff der rheinischen Lebensart _____ 159

Konstanz Weinselige Universitätsstadt
am Bodensee _____ 165

Leipzig Traditionsstadt mit neuem Schwung _____ 170

Lübeck Königin der Hanse _____ 176

Lüneburg Salzstadt des Nordens _____ 181

Mainz Zwischen Gutenberg und Fassenacht _____ 186

Mannheim Multikulti im Quadrat _____ 191

Inhalt

München Entspannte Isarmetropole _____ **196**

Münster Lebensqualität im Münsterland _____ **202**

Nürnberg Mehr als Lebkuchen und
Christkindlesmarkt _____ **207**

Passau Bayerische Dreiflüssestadt _____ **212**

Potsdam Das preußische Arkadien _____ **217**

Quedlinburg Fachwerkjuwel im Harz _____ **222**

Regensburg Im Gewirr der Jahrhunderte _____ **227**

Rostock Die Leuchte des Nordens _____ **232**

Saarbrücken Barocke Saarmetropole_____ **237**

Schwerin Grüne Hauptstadt Mecklenburgs _____ **242**

Stralsund Juwel der Backsteingotik _____ **247**

Stuttgart Kultur und Wein im Ländle _____ **252**

Trier Römisches Erbe an der Mosel _____ **258**

Ulm Münsterstadt zwischen
Mittelalter und Avantgarde _____ **263**

Weimar Die Stadt der deutschen Klassik _____ **268**

Wiesbaden Weltkurstadt mit bourgeoisem Charme __ **273**

Wismar Gotische Hansepracht an der Ostsee _____ **278**

Wittenberg Wiege der Reformation _____ **283**

Würzburg Lebensfrohe Metropole Mainfrankens _____ **288**

Service Adressen und Internet _____ **292**

Übersichtskarte Deutschland _____ **Umschlag vorne/hinten**

Wissenswertes rund um Deutschland _____ **Umschlag hinten**

Register _____ **299**
Bildnachweis _____ **303**
Impressum _____ **304**

Würzburg – Blick von der
Alten Mainbrücke auf den
Kiliansdom

Rechts: Sony Plaza am
Potsdamer Platz, Berlin

Vorwort

Deutschlands schönste Städte

Städtereisen haben eine lange historische Tradition, die bis auf die ersten Pilgerfahrten nach Rom und Jerusalem zurückreicht. Auch die »Grand Tour«, die europäische Adelige ab dem 16. Jh. absolvierten, hatte v. a. Städte, nicht Landschaften zum Ziel. Selbst wer nicht zum Vergnügen reiste, den zog es in die Städte: zu Konzilen, Messen und Kongressen.

Im 20. Jh. wurden Städtereisen von Touristikern lange unterschätzt bzw. nicht als eigenständiges Reisesegment betrachtet, denn der Massentourismus diente v. a. der Erholung an Stränden, Seen und in den Bergen. Doch spätestens seit den 1980er-Jahren liegen Städtereisen im Trend, der bis heute ungebrochen ist. Zwischen 1995 und 2005 verzeichneten europäische Städte ein jährliches durchschnittliches Wachstum von drei Prozent. Schnelle Erreichbarkeit aufgrund ausgezeichneter Verkehrsanbindung, ein vielfältiges Kulturangebot und die oft knapp bemessene Zeit der Reisenden spielen dabei eine große Rolle. Touristikforscher sehen besonders in der zunehmenden Flexibilisierung der Arbeitszeit, die den Trend zu Kurzurlauben begünstigt, sowie im steigenden Anteil an Haushalten von kinderlosen Paaren und Singles Gründe für das Wachstum von Städtereisen.

Meist gar nicht erfasst werden dabei Privatbesuche bei Verwandten und Freunden, die in attraktiven Städten oft mit einem touristischen Programm einhergehen. Dazu kommen große Events wie Musicals oder Ausstellungen von überregionalem Rang, mit denen auch Städte, die nicht von vorneherein wegen ihrer Attraktivität Touristen anziehen, ihre Übernachtungszahlen beträchtlich steigern können. An der Spitze der Top Ten in Europa liegt zwar London vor Paris und Rom, doch schon auf dem vierten Platz folgt Berlin, und auch München kann sich in dieser illustren internationalen Liste platzieren.

Urlaub für ein Wochenende

Deutschland bietet ideale Voraussetzungen für Städtereisen, gerade für Kurzentschlossene. Allein die Top Ten der deutschen Städteziele verzeichnen pro Jahr über 55 Mio. Übernachtungen. Nach nur kurzem Einbruch während der Finanzkrise gehen die Zahlen wieder nach oben. Moderne ICE-Strecken sorgen dafür, dass ein Münchner schon in fünf bis sechs Stunden über den Berliner Kurfürstendamm oder den Hamburger Jungfernstieg bummeln, ein Leipziger den Kölner Dom besichtigen oder ein Frankfurter an einem Tag zwei Goethehäuser besichtigen kann: in der eigenen Stadt und in Weimar.

Dabei gibt es nicht nur kulturelle Gründe für einen spontanen Tapetenwechsel. Auch ein Luxushotel mit Sonderangeboten, ein Sternerestaurant, ein besonders angesagtes Nachtleben, ein toller Freizeitpark und natürlich auch ein attraktives Shoppingangebot verlocken dazu, den Resturlaub oder einfach nur ein langes Wochenende in einer deutschen Stadt zu verbringen. Außerdem liegen in Deutschland viele attraktive Städte so nah beieinander, dass sich selbst auf einem Kurztrip ohne weiteres mehrere kombinieren lassen.

Schwerer ist es schon, die entsprechenden Entscheidungshilfen zu finden. Natürlich sind Deutschlands attraktivsten Städten eigene Reiseführer gewidmet, doch schon bei den Städten der »zweiten«, aber nicht minder attraktiven Reihe muss man oft auf Regionalführer zurückgreifen. Gerade die Entscheidung, in welche Stadt es denn nun gehen soll, wird vielen Spontanentschlossenen gar nicht so leicht gemacht. Diesem Manko möchte der vorliegende Führer abhelfen.

Harte Konkurrenz

Nach reiflicher und ausgiebig diskutierter Vorauswahl stellt Polyglott nun Deutschlands 55 schönste Städte vor. Größe, Attraktivität und Übernachtungszahlen waren die wichtigsten Kriterien für die Aufnahme. So wurden Städte unter 50 000 Einwohnern in der Regel nicht berücksichtigt. Dass es Quedlinburg, Goslar, Eisenach, Wismar und Wittenberg dennoch geschafft haben, liegt an ihrem Status als vielbesuchtes UNESCO-Weltkulturerbe. Dagegen wurde auf die Aufnahme von berühmten Städtchen wie Rothenburg ob der Tauber ganz verzichtet: aus gutem Grund, denn gerade mit reizvollen Kleinstädten ist Deutschland überreich gesegnet. Von Deutschlands Top 25 bei den Übernachtungszahlen, deren Rangliste mit offiziellen Zahlen aus Tourismusstudien, Untersuchungen des Deutschen Tourismusverbandes und Informationen der Städte selbst abgeglichen wurde, haben es nur Cuxhaven und Dortmund nicht geschafft. Hier wurde davon ausgegangen, dass die hohen Zahlen sich nicht erstrangig der Stadt selbst, sondern ihrer Lage in einem Feriengebiet an der See bzw. in einem städtischen Ballungszentrum wie dem Ruhrgebiet verdanken. Stattdessen konnten sich wegen ihrer höheren Attraktivität Städte platzieren, deren Übernachtungszahlen etwas schwächer ausfallen. Allerdings erreichen fast alle aufgenommenen Städte bei den Gästezahlen wenigstens die Top 100. Ausnahmen sind zum Beispiel Dessau und Görlitz, denen hier wieder ihre besondere Bedeutung und Attraktivität zur Aufnahme verhalf.

Die besten Tipps

Alle 55 Städte wurden weitgehend gleich behandelt. Es wurde also darauf verzichtet, innerhalb des Führers ein fragwürdiges Ranking vorzugeben, sondern stattdessen eine alphabetische Reihenfolge gewählt. 45 Städte sind mit jeweils acht Sehenswürdigkeiten aufgeführt, im Unterschied dazu sind die Top Ten mit zwei mehr berücksichtigt. Ein Einleitungstext stellt das Besondere der jeweiligen Stadt vor. In einigen Fällen mag die Auswahl der Sehenswürdigkeiten zu knapp, in anderen auch zu großzügig erscheinen, doch ließ sich mit dieser strengen Systematik ein zu großes Übergewicht mancher Städte vermeiden. Außerdem erleichtert sie die schnelle Übersicht bei der Auswahl des Reiseziels.

Der praktische Reiseteil zu jeder Stadt verzeichnet jeweils fünf Hotels, Restaurants, Einkaufsadressen und Tipps für den Abend. Bei der Auswahl wurde Wert darauf gelegt, Adressen aufzuführen, die für den Städtereisenden wirklich etwas Besonders zu bieten haben, und dies möglichst in abgestuften Preiskategorien. So wurden bei den Hotels Häuser mit geschichtlichem Hintergrund oder einem besonders reichhaltigen Service- und Verwöhnprogramm bevorzugt. Bei den preiswerten Unterkünften waren individuelles Flair und günstige Lage ausschlaggebend. Bei den Restaurants der oberen Preisklassen zählte natürlich die hohe Qualität der Küche, wobei Häuser, die regionaltypisch kochen, vorrangig aufgenommen wurden. Preisgünstige Adressen sollten sich v.a. durch lokale Spezialitäten und ihre spezifische Atmosphäre auszeichnen.

Bei der Auswahl der Einkaufstipps hatten diejenigen Geschäfte besonders gute Chancen, die regionale kulinarische Spezialitäten, Kunsthandwerk, Schmuck oder Mode führen. Auch im Hinblick auf die Nightlife-Adressen wurde Facettenreichtum angestrebt. Kulturelle Highlights wie Theater, Oper, Konzerthäuser und Kabarett sollten ebenso vertreten sein wie schicke Bars, Nightclubs und Diskotheken.

Eine besondere Herausforderung stellte die Recherche dar, zumal zwar eine Menge spezieller Hotel- und Restaurantführer Orientierungshilfe anbieten, aber kaum Shoppingguides vorliegen und interessante Läden leider oft auf einen eigenen Internetauftritt verzichten – ein Problem, das auch das Nightlife-Angebot betrifft.

Deutschlands große Vielfalt

Nicht zuletzt soll natürlich auch die Bebilderung des Führers die Entscheidung für einen Trip in die eine oder andere Stadt erleichtern. Wie vielseitig und abwechslungsreich sich unsere Heimat allein anhand ihrer bedeutendsten Städte präsentiert, ist auch für den Autor, der alle Ziele in den letzten Jahren persönlich bereist hat, immer wieder von neuem auf das Angenehmste überraschend.

Aachen

Kaiserstadt in der Mitte Europas

Kelten, Römer, Franken – seit 2000 Jahren zieht es die Völker zu den schwefelhaltigen Heilquellen von Aquae Grani. Karl der Große (742–814) schätzte seine Aachener Pfalz so sehr, dass er nach seiner Kaiserkrönung im Jahr 800 Aachen zum Mittelpunkt des Heiligen Römischen Reichs machte. Bis ins 16. Jh. pilgerten alle deutschen Könige hierher, um sich in der Pfalzkapelle krönen zu lassen – und nahmen danach vermutlich ein heißes Bad. Aus dem Elisenbrunnen tranken später auch der russische Zar und Napoleon. Doch Aachen lebt nicht nur von seiner großen Vergangenheit. Die Universitätsstadt ist ein bedeutendes Zentrum für Forschung und technologisch orientierte Unternehmen geworden. Hier im Dreiländereck zwischen Deutschland, Belgien und den Niederlanden, der Euregio Maas-Rhein, ist Europas Realität greifbar wie kaum irgendwo sonst.

Dom

Die Pfalzkapelle Karls des Großen, 936–1531 Krönungskirche der römisch-deutschen Könige, wurde um 800 unter der Bauaufsicht Einhards fertiggestellt. Die Säulenstellung des überkuppelten Oktogons mit zweigeschossigen, sechzehneckigen Umgängen orientiert sich an der byzantinischen Kirche San Vitale in Ravenna. Die Säulen im Umgang des Obergeschosses, wo noch heute der Marmorthron Kaiser Ottos I. (nicht Karls) steht, sind antiker Herkunft.

Aus karolingischer Zeit stammen der Bronzeguss der Portale und die filigranen Emporengitter, die anderen Schätze sind Zeugnisse einer tausendjährigen Verehrung. Sie galt im Mittelalter auch den kostbaren Reliquien, die Karl 800 hierher hatte überführen lassen. Der gewaltige Radleuchter, eine Schenkung von Friedrich Barbarossa, symbolisiert das Himmlische Jerusalem. Im 14. Jh. ersetzte man den alten karolingischen Chor durch eine gotische Chorhalle, die sich an der Pariser Sainte-Chapelle orientiert. Hier steht der prunkvolle Karlsschrein, 1215 von Aachener Goldschmieden geschaffen.

Klosterplatz 2, 52062 Aachen
Tel. 02 41-47 70 90, www.aachendom.de
April–Dez. tgl. 7–19, Jan.–März tgl. 7–18 Uhr

Domschatzkammer

Die Aachener Domschatzkammer birgt einen der bedeutendsten Kirchenschätze Europas aus spätantiker, karolingischer, ottonischer, staufischer und gotischer Zeit, gruppiert in fünf Themenbereiche. Prunkstücke der Kollektion sind die silberne, teilweise vergoldete Karlsbüste (nach 1349), das edelsteinbesetzte Lotharkreuz (um 1000), der sogenannte Aachener Altar mit dem Passionstriptychon (um 1520), das einzigartige Weihwassergefäß (Situla) aus Elfenbein (um 1000), Reliquiare und die ungarischen Stiftungen sowie zahlreiche kostbare Madonnenbilder und -skulpturen.

Das Untergeschoss der Schatzkammer ist dem reichen Textilbestand der Sammlung gewidmet. Rund um den großartigen Krönungsmantel, die sog. Cappa Leonis (vor 1520) aus rotbraunem Samt, werden ständig wechselnde Ausstellungsstücke präsentiert. In zusätzlichen Räumen stellen Wechselschauen weitere kostbare Kunstwerke aus dem Domschatz vor.

Klostergasse (»Kleines Drachenloch«)
52062 Aachen, Tel. 02 41-47 70 90
www.aachendom.de
Jan.–März Mo 10–13, Di–So 10–17 Uhr,
April–Dez. Mo 10–13, Di–So 10–18 Uhr

Blick in das prachtvolle karolingische Oktogon des Aachener Doms

Rathaus

Das historische Rathaus ging aus der karolingischen Königshalle hervor, auf deren Fundamenten die Aachener Bürgerschaft im 14. Jh. den gotischen Neubau errichtete. In diesen bezog man auch den Granusturm ein. Als Karl IV. 1349 in Aachen die Kaiserkrone erhielt, war das Rathaus so gut wie vollendet. Die Nordfassade schmücken die Statuen von 50 Herrschern, von denen 31 zwischen 936 und 1531 in Aachen gekrönt wurden.

Im Krönungsfestsaal im 1. Stock sind die Kopien der Reichskleinodien zu sehen. Die Fresken mit Szenen aus dem Leben Karls schuf der spätromantische Aachener Historienmaler Alfred Rethel, doch blieben im Weißen Saal, Aachens Kleinem Festsaal, auch sehr schöne spätbarocke italienische Stuckaturen erhalten. Jährlich wird im Krönungsfestsaal der renommierte Internationale Karlspreis für Verdienste um die europäische Einigung verliehen.

Markt, 52062 Aachen, Tel. 02 41-4 32 73 10
tgl. 10–18 Uhr

Elisenbrunnen

Schon die Römer wussten die Quellen von Aachen für ihre Thermen zu nutzen. Ab Ende des 17. Jhs. stieg Aachen zum mondänen Bad auf. Berühmtheiten wie Zar Peter der Große, Giacomo Casanova und Georg Friedrich Händel tranken hier das stark schwefelhaltige Wasser der Kaiserquelle.

1822–1827 errichtete der berühmte Architekt Friedrich Schinkel um die heilkräftige Kaiserquelle herum den Elisenbrunnen – in klassizistischer Bauweise, also im gleichen Stil wie das gegenüberliegende Stadttheater. Der Brunnen besteht aus einer offenen Wandelhalle mit Säulenvorbau und flankierenden Pavillons. Aus Löwenmäulern fließt das 52° C warme Wasser der Kaiserquelle in zwei Granitschalen. Nach der fast vollständigen Zerstörung im Zweiten Weltkrieg wurde der Elisenbrunnen 1953 originalgetreu rekonstruiert. Hinter dem Gebäude schließt sich der hübsche Elisengarten an.

Friedrich-Wilhelm-Platz, 52062 Aachen

Aachen

Couven-Museum

1786 baute der Sohn des berühmten Architekten und Stadtplaners Johann Joseph Couven ein älteres Gebäude zu einem typischen Aachener Rokoko-Stadthaus mit fünfachsiger Fassade aus Blaustein und Backstein um. Seit 1958 zeigt das Haus Monheim, das wohl bekannteste »Wohnzimmer Aachens«, eine bemerkenswerte Möbelsammlung: verschiedene bürgerliche Einrichtungsstile vom Rokoko über den frühen Klassizismus des Louisseize und den napoleonischen Empirestil bis hin zum Biedermeier.

2001 wurde das Museum nach umfassenden Restaurierungsarbeiten neu eröffnet. Wechselausstellungen widmen sich der Angewandten Kunst. Seit 2009 ist das Couven-Museum in das kulturhistorische Projekt Route Charlemagne integriert, das die wichtigsten historischen Monumente und Museen der Aachener Innenstadt verbindet.

Hühnermarkt 17, 52062 Aachen
Tel. 02 41-4 32 44 21, www.couven-museum.de
Di–So 10–18 Uhr

Internationales Zeitungsmuseum der Stadt Aachen

Die Sammlung wurde 1886 von Oscar von Forckenbeck (1822–1898) gegründet, der jahrzehntelang auf der ganzen Welt Zeitungen sammelte und sie 1889 erstmals der Öffentlichkeit präsentierte. Das frisch renovierte und neu sortierte Museum ist ein Teil der Route Charlemagne (Station Medien).

Inzwischen umfasst die stolze Kollektion mehr als 200 000 Zeitungen und Druckwerke. Aus jeder Region dieser Welt möchte man ein Exemplar bereithalten. Besonders interessiert ist man an Zeitungen mit übergroßen Schlagzeilen, die von weltpolitisch bedeutsamen Ereignissen oder Naturkatastrophen berichten, sowie an der jüdische Presse des 19. Jhs., an Dokumenten des Pressewesens des Deutschen Reiches und der DDR, an Kriegs- und Lagerzeitungen aus dem Ersten und Zweiten Weltkrieg und an komischen Zeitungen jeglichen Genres.

Pontstr. 13, 52062 Aachen
Tel. 02 41-4 32 49 10, www.izm.de

Ludwig-Forum für Internationale Kunst

Das Ludwig-Forum gründet auf der Sammlung moderner Kunst, die das Ehepaar Peter und Irene Ludwig über Jahrzehnte hinweg zusammengetragen hat. Es wurde 1991 in der ehemaligen Schirmfabrik Emil Brauer eröffnet, ein 1928 im Bauhaus-Stil errichteter, gelb und rot verklinkerter Stahlbeton-Skelettbau. Präsentiert werden Hauptwerke der Pop-Art, des Fotorealismus und der internationalen Kunstströmungen vom Beginn der Sechzigerjahre bis heute.

Die Ausstellungsreihe FOKUS rückt darüber hinaus wechselnde Themenfelder der Sammlung in den Blick. Darunter sind Werke von Jean Michel Basquiat, Jonathan Borofsky, Richard Chuck Close, Franz Gertsch, Keith Haring, Jörg Immendorff, Allen Jones, Roy Lichtenstein, Nam June Paik und Andy Warhol. Im Keller befindet sich ein Theatersaal und auf dem Außengelände ein Skulpturenpark.

Jülicher Str. 97–109, 52062 Aachen
Tel. 02 41-1 80 71 04, www.ludwigforum.de
Di–Fr 12–18, Do bis 20, Sa, So 11–18 Uhr

Suermondt-Ludwig-Museum

Das städtische Suermondt-Ludwig-Museum wurde 1883 vom Aachener Museumsverein gegründet und nach seinem ersten großen Stifter Barthold Suermondt benannt. Neben Malerei und Skulptur des 12. bis 20. Jhs. sowie Wandteppichen und Goldschmiedearbeiten sind hier auch umfangreiche Glasmalereien vom Mittelalter bis zum 20. Jh. zu sehen.

Des weiteren gibt es eine Antikensammlung mit dem Schwerpunkt attische Vasenmalerei sowie ein Kupferstichkabinett mit 10 000 Handzeichnungen, Aquarellen und Grafiken, darunter Meisterwerke von Albrecht Dürer, Rembrandt und Francisco de Goya. 2009 stiftete ein Aachener Bürger, der anonym bleiben möchte, dem Museum das Gemälde »Die Kirschenmadonna« des venezianischen Renaissancekünstlers Domenico Zanetti.

Wilhelmstr. 18, 52062 Aachen
Tel. 02 41-47 98 00, http://museen.aachen.de
Di–Fr 12–18, Mi 12–20, Sa, So, Fei 11–18 Uhr

Hotels

Pullmann Quellenhof

Traditionsreiches Grandhotel am Kurpark, zwischen Kasino und direkt angrenzendem Kongresszentrum. 188 elegante, topmodern ausgestattete Zimmer mit hohen Stuckdecken und sehr guten Betten (Auswahl zwischen harter oder weicher Matratze). Ausgedehnter Beauty- und Wellnessbereich mit großem Schwimmbad, Sonnenterrasse und dem stilvollen Restaurant La Brasserie.
Monheimsallee 52
52062 Aachen, Tel. 02 41-9 13 20
www.pullmanhotels.com

Regence Best Western

Modernes Tagungshotel im Zentrum. Die komfortablen klimatisierten Zimmer bieten Designereinrichtung und Farbauswahl nach den Ordnungsprinzipien der Feng-Shui-Lehre. Dazu passt das japanische Gourmetrestaurant, in dem auch Filet vom Kobe-Rind serviert wird. Kostenlose Sauna.
Peterstr. 71, 52062 Aachen
Tel. 02 41-4 78 70
www.regence.bestwestern.de

Aquis Grana Cityhotel

2007 renoviertes, helles und freundliches Hotel nahe dem Dom mit geschmackvoll-modern eingerichteten Zimmern. Von der Sonnenterrasse im 6. Stock bietet sich ein sehr schöner Rundblick auf die Altstadt.
Büchel 32/Buchkremerstr.
52062 Aachen, Tel. 02 41-44 30
www.hotel-aquis-grana.de

Art Hotel Superieur

Großzügiges, modernes Businesshotel in schöner Hanglage. Die Zimmer sind ansprechend möbliert und bieten schöne Bäder und größtenteils Pantryküche mit Kühlschrank. Das Restaurant serviert moderne mediterrane Küche. Große Wellness-Oase mit Schwimm- und Dampfbad sowie finnischer Sauna.
Am Branderhof 101
52066 Aachen-Burtscheid
Tel. 02 41-6 09 70
www.art-hotel-superior.de

domicil Residenz Hotel

Das charmante Hotel ist u.a. in zwei restaurierten Herrenhäusern des späten 19. Jhs. in Gehweite zum Dom untergebracht. Hier schläft man in hellen, teils mit Antiquitäten möblierten Zimmern. Die modernen zweistöckigen Maisonette-Studios liegen in einer romantischen Gartenanlage mit Teich, Kletterrosen, Magnolien, Terrassen und einem Grill zur freien Verfügung.
Lütticher Str. 27, 52064 Aachen
Tel. 02 41-7 05 12 00
www.domicilaachen.de

Restaurants

La Bécasse

Die »Schnepfe« ist Aachens viel gerühmter Gourmettempel der klassischen französischen Cuisine – ohne Experimente, dafür mit allerbesten Zutaten. Die Menükarte wechselt täglich. Eindrucksvolle Weinauswahl.
Hanbrucher Str. 1, 52062 Aachen
Tel. 02 41-7 44 44
www.labecasse.de
Mo, Sa 19–23, Di–Fr 12–14.30, 19–23 Uhr

Charlemagne

Das in einem romantischen Bruchsteinhaus untergebrachte Restaurant im Ortsteil Eilendorf überzeugt mit erstklassiger, kreativer, französisch-mediterran inspirierter Küche. Die Zutaten sind strikt regional, viel Wert wird auf Produkte aus artgerechter Tierhaltung gelegt. Besonders gerne bereitet Detlef Rams Ochsenschwanzgerichte zu. Ständig wechselnde Karte, freundlicher Service.
Von-Coels-Str. 199
52080 Aachen-Eilendorf
Tel. 02 41-9 51 94 44
www.restaurant-charlemagne.de
Mi–So ab 18 Uhr, mittags nach Absprache

St. Benedikt

Das schöne Restaurant liegt in einem denkmalgeschützten Fachwerkhaus von 1755 im historischen Ortskern von Kornelimünster. Es gibt lediglich fünf Tische. Serviert wird aromenreiche, französisch und regional geprägte Küche mit viel Fisch, die Karte wechselt wöchentlich. Große Auswahl an französischen und deutschen Weinen.
Benediktusplatz 12
52076 Aachen-Kornelimünster
Tel. 02 41-28 88
www.stbenedikt.de
Di–Sa 19–24 Uhr

Postwagen

Im Postwagen kommt viel Regionales auf die Teller, darunter Himmel en Erd (gebratene Puttesscheiben mit Kartoffelbrei, Äpfeln und Röstzwiebeln), Rheinischer Sauerbraten mit Rosinen und Printengewürz oder Öcher Schlachtplatte. Im selben Gebäude serviert der Ratskeller anspruchsvolle internationale Küche in gediegener Atmosphäre.
Markt 40, 52062 Aachen
Tel. 02 41-3 50 01
www.ratskeller-aachen.de
Ab 11 Uhr, Ratskeller 12–15 und ab 18 Uhr

Sauerbratenpalast

Hervorragender Aachener Sauerbraten, mit Kräuterprinten zubereitet, dazu Pommes frites, wie man sie auch im benachbarten Belgien nicht besser serviert. Rustikales Ambiente. Eine Speisekarte gibt es, sie ist aber überflüssig, denn Wirtin Else – Trägerin des Aachener Mundart-Ordens – weiß ohnehin, was man essen möchte.

Aachen

Vaalser Str. 316, 52074 Aachen
Tel. 02 41-8 37 73
Mi geschlossen

Shopping

Aixcellent Aachen
Im traditionsreichen Büchelpalais, das im Jugendstil errichtet wurde, gibt es jede Menge Souvenirs aus Aachen: Kunsthandwerk, regionale Delikatessen, Alkoholisches wie Aachener Printenlikör oder Domsekt, Design- und Lifestyleprodukte, Shirts und Kappen. Vieles ist auch in Präsentkisten erhältlich.
Büchel 10, 52062 Aachen
Tel. 02 41-94 37 70 04
www.aixcellent-aachen.de
Mo–Mi 9.30–18.30,
Do–Sa 9.30–20 Uhr

Atelier Hutauf
Den Laden von Sandra Glasmacher-Lausberg, einer preisgekrönten Modistenmeisterin, verlässt man garantiert gut behütet. Hier gibt es handgefertigte Unikate für die extravagante Dame. Hut ab!
Annastr. 23, 52062 Aachen
Tel. 02 41-1 68 24 61
www.hutauf.de
Di–Fr 10–18, Sa 10–16 Uhr
und nach Vereinbarung

Plum's Kaffee
Deutschlands älteste Kaffeerösterei wurde schon 1820 gegründet. Hier gibt es Filterkaffee ebenso wie Espressobohnen, in jedem Fall aber hochwertigen Plantagenkaffee aus Äthiopien oder Kolumbien, der immer frisch im Langzeitröstverfahren zubereitet wird. Außerdem kann man hier chromblitzende Espressomaschinen und schickes Zubehör erstehen. Weitere Shops: Körbergasse 14 und Hof 2.
Hammerweg 4, 52062 Aachen
Tel. 02 41-7 30 22
www.plumskaffee.de
Mo–Fr 8–16.30 Uhr

Irmgard Wangerin
Schicke Designertaschen, edle Schals und Handschuhe, Hüte und Mützen sowie jede Menge kreative Accessoires: In Irmgard Wangerins liebevoll dekoriertem Laden wird jede Frau fündig.
Körbergasse 6–8, 52062 Aachen
Tel. 02 41-4 01 40 97
www.irmgard-wangerin.de
Mo–Fr 10.30–18.30,
Sa 10.30– 18 Uhr

Printenbäckerei Klein
In dieser 1912 gegründeten Bäckerei wird jede Printe in Handarbeit gefertigt und gebacken – nach streng geheimem Familienrezept. Geliefert wird in die ganze Welt. Auch ein kleines Printenmuseum hat man eingerichtet.
Franzstr. 91, 52064 Aachen
Tel. 02 41-47 43 50
www.printen.de
Mo–Fr 6.30–18.30, Sa 6.30–14 Uhr
(Winter bis 18 Uhr)

Am Abend

Theater Aachen
1751 erhielt Aachen sein erstes öffentliches Theater: Der klassizistische Theaterneubau von Friedrich Schinkel wurde 1825 eröffnet, die Bühne aber später umgebaut. Das Theater Aachen führt Dramen, Opern, Operetten, Musicals und Konzerte auf. Hauseigenes Sinfonieorchester, außerdem gibt es Kammerspiele und kleinere Bühnen.
Theaterplatz, 52062 Aachen
Tel. 02 41-4 78 42 44
www.theater-aachen.de

Bar Hildegart
Schlauchförmige, gemütliche Bar im Stil der 70er-Jahre direkt neben dem Aachener Markt. Bei gutem Wetter sitzt man auch vorne draußen. Es gibt sehr leckere Cocktails (Happy Hour 20–22 Uhr), dazu DJ-Events und Liveauftritte. Gespielt wird Alternative, Drum'n'Bass, 80er-Jahre, R&B, Rock und Funk.
Büchel 11, 52062 Aachen
Tel. 02 41-4 00 62 35
www.hildegart.de
Sept.–April Mo–Do 19–1, Fr, Sa 19–3 Uhr; Mai–Aug. Mo–Do 20–1, Fr, Sa 20–3 Uhr

Café Kittel
Gemütliche Studentenkneipe, eine langjährige Institution in Aachen, da man hier auch zwischen zwei Vorlesungen schnell mal reinschauen kann. Es wird die Musik gespielt, die dem Barmann gerade gefällt, abends gibt's gelegentlich auch Livemusik.
Pontstr. 39, 52062 Aachen
Tel. 02 41-3 65 60
www.cafekittel.de

Starfish
Riesige Diskothek mit vier Dancefloors. Das Planet ist Aachens größte Mainhall für Partypeople, mit House, Electro, Dance und Black. Im Minimal Lab rockt es am Freitag, im Starfox gibt's Disco und im Soul Club Black Music von R&B, Hip-Hop, Soul und Dancehall über Classics bis hin zu den neuesten Promos der Szene.
Liebigstr. 19, 52070 Aachen
Tel. 02 41-93 89 00
www.starfish-aachen.de
Fr, Sa ab 22 Uhr

AoxomoxoA
Kleiner Danceclub mit tagesabhängiger Musik. Das kann Britrock oder Powerpop ebenso sein wie Indie-Groove, Dark Wave, Gothic, Metal, Techno, Minimal, Breaks, Disco, Discohouse, Balkandisco, Discopop usw. Auf der Website steht das aktuelle Programm. Leicht schräges Publikum.
Reihstr. 15, 52062 Aachen
Tel. 02 41-2 26 22
www.aoxomoxoa.de
Mo, Di 21–2, Fr, Sa 22–5 Uhr

Augsburg

Alle Pracht der Fugger

Als Florenz des Nordens bezeichneten die selbstbewussten Bürger Augsburgs ihre Stadt, die im 16. Jh. mit den Bankiersfamilien der Fugger und Welser zu großem Reichtum gekommen war. Vornehme Patrizierhäuser und Monumentalbrunnen säumen die prachtvolle Maximilianstraße, die einst das erste Stück der römischen Kaiserstraße war, die vom Militärlager Augusta Vindelicum nach Italien führte. Das Stadtbild des Goldenen Augsburg hat der geniale Baumeister Elias Holl (1573–1646) geprägt. Von seinem Perlachturm schweift der Blick über die Altstadt mit ihrem Ensemble von Zwiebelkirchtürmen nach Süden zur gut 100 km entfernten Alpenkette. Beschaulich gibt sich die Stadt im von Lechkanälen durchzogenen Handwerkerviertel mit seinen schmalen Häusern und romantischen Stegen – Augsburgs Klein-Venedig. Ganz schön viel Italien!

St. Ulrich und Afra

Die zwischen 1474 und 1500 errichtete spätgotische Kirche St. Ulrich und Afra – Augsburgs katholische Stadtpfarrkirche – ist eine steile dreischiffige Backsteinbasilika mit Querschiff und lang gestrecktem Ostchor in Renaissance- und Barockausstattung. Der 1595 vollendete, 93 m hohe Turm mit Zwiebelhaube, auch Afraturm genannt, wurde zum Vorbild für zahlreiche barocke Kirchen in Bayern.

Das Gotteshaus liegt am südlichen Ende der »Kaisermeile« und bildet als Ensemble mit der evangelischen Kirche St. Ulrich ein reizvolles Symbol der Augsburger Parität. Reiche Netz- und Sterngewölbe überspannen den gesamten Innenraum. Die Kanzel und die Choraltäre schuf zwischen 1604 und 1608 der Weilheimer Holzschnitzer Johannes Degler. Sie schildern das Pfingstwunder, Christi Geburt und Christi Auferstehung. Auf der Westempore prangt die große Ulrichsorgel; die kleinere Marienorgel steht in der Schneckenkapelle über der Sakristei. Reizvoll wirkt der vorspringende Baldachin der Simpertuskapelle. In der Ulrichsgruft ruhen die Bistumsheiligen Ulrich, Afra und Simpertus.
Ulrichsplatz 19, 86150 Augsburg
Tel. 08 21-34 55 60, www.ulrichsbasilika.de

Dom Unserer Lieben Frau

Die Hohe Domkirche Unserer Lieben Frau zu Augsburg ist die Kathedrale des Bistums Augsburg. Ihre beiden romanischen Glockentürme ragen 62 m auf und zählen neben dem Turm der Basilika St. Ulrich und Afra und dem Perlachturm zu den höchsten Gebäuden in der Altstadt.

Die ältesten Bauteile des Doms gehen auf das 10. Jh. zurück. Das prächtige Südportal besitzt eine moderne Bronzetür mit figürlichen Reliefs; das um 1056 entstandene Original mit heilsgeschichtlichem Programm zählt zu den besten Zeugnissen mittelalterlicher Gießkunst nördlich der Alpen und ist seit 2002 im benachbarten Diözesanmuseum zu besichtigen (Di–Sa 10–17, So 12–18 Uhr). Im gotisierten fünfschiffigen Innern bewundert man Fresken aus romanischer und gotischer Zeit, die Altargemälde von Hans Holbein d.Ä. und die fünf Fenster an der Südseite mit Prophetendarstellungen aus der Mitte des 12. Jhs.: Deutschlands älteste figürliche Glasmalereien. Im spätgotischen Kreuzgang blieben zahlreiche Grabplatten und Epitaphien erhalten.
Kornhausgasse 8, 86152 Augsburg
Tel. 08 21-3 16 63 53, www.bistum-augsburg.de
Mo–Sa 10.15–16 Uhr, Führungen Di, Fr, So 14.30, Sa 11 Uhr

Der Herkulesbrunnen vor dem Schaezlerpalais, im Hintergrund St. Ulrich und Afra

St. Anna

Im 1321 errichteten Karmeliterkloster der St.-Anna-Kirche, etwas abseits des Augsburger Doms und der Basilika St. Ulrich und Afra, übernachtete Martin Luther im Oktober 1518, als er zum Reichstag in Augsburg geladen war, um vor dem römischen Kardinal Thomas Cajetan seine 95 Thesen zu widerrufen. Luther weigerte sich und floh bei Nacht und Nebel aus der Stadt. In der Reformationszeit wurde die St.-Anna-Kirche als eine der ersten Kirchen in Augsburg evangelisch.

Den Kirchturm erbaute Elias Holl 1607. Im barockisierten Innern sehenswert sind Gemälde von Lucas Cranach, Jörg Breu und Heinrich Eichler sowie die von Dürer entworfene Grabkapelle der Familie Fugger, eines der frühesten kirchlichen Bauwerke Deutschlands im Renaissancestil. Gotische Fresken schmücken die Goldschmiedekapelle. Neben dem Annahof findet täglich ein Bauernmarkt statt.

Annastr. 8, 86150 Augsburg
Tel. 08 21-34 37 10, www.st-anna-augsburg.de
Mo 12–17, Di–So 10–12.30, Nov.–April Di–So 15–17, Mai–Okt. Di–So 15–18 Uhr

Rathaus

Zwischen 1615 und 1620 errichtete der geniale Baumeister Elias Holl an der Stelle eines gotischen Vorgängerbaus das Augsburger Rathaus. Es zählt zu den eindrucksvollsten Profanbauten der Renaissance nördlich der Alpen. Zusammen mit dem benachbarten 78 m hohen Perlachturm, ebenfalls ein Werk Holls, ist es das Wahrzeichen der Stadt.

Die streng gegliederte elegante Fassade erinnert an Vorbilder in Florenz. Die Reichsunmittelbarkeit der Stadt symbolisiert der gemalte Reichsadler am mächtigen Frontgiebel. Der bei Weitem eindrucksvollste Raum ist der über zwei Geschosse reichende Goldene Saal – ursprünglich für die Abhaltung der Reichstage geplant – mit seinen Prunkportalen, Wandmalereien sowie der prachtvollen Kassettendecke. Im Februar 1944 zerstört, wurde er originalgetreu rekonstruiert.

Maximilianstr. 4, 86150 Augsburg
Tel. 08 21-3 24 21 20, www.augsburg.de
tgl. 10–18 Uhr

Römisches Museum

Das Museum ist in den Räumen des ehemaligen, 1513–1515 erbauten, später barockisierten Dominikanerklosters St. Magdalena untergebracht. Seine Sammlung zeigt archäologische Funde aus Augsburg und Umgebung von der Steinzeit über die Bronzezeit bis zur Spätantike und dem frühen Mittelalter. Von besonderer Bedeutung sind ein Weihefund aus Unterglauheim mit Bronzegeschirr und Goldbechern der Bronzezeit sowie das Grabinventar eines der ältesten Wagengräber Mitteleuropas aus der Hallstattzeit.

Der Schwerpunkt liegt auf Objekten aus der Zeit Augsburgs als römische Provinzhauptstadt Augusta Vindelicorum. Dazu gehören eine große Sammlung von Steindenkmälern mit Darstellungen zum Alltagsleben (z.B. der Augsburger Siegesaltar von 260 n.Chr.) sowie frühchristliche Exponate wie die »Adam-und-Eva-Glasschale« aus dem frühen 4. Jh. n.Chr.

Dominikanergasse 15, 86150 Augsburg
Tel. 08 21-3 24 41 31
roemisches.museum@augsburg.de
Di 10–20, Mi–So 10–17 Uhr

Maximilianmuseum

Das städtische Maximilianmuseum in der Fußgängerzone wurde 1855 in zwei miteinander verbundenen Patrizierhäusern aus dem 15. Jh. mit barocken Deckenfresken als kunsthistorisches Museum eingerichtet und nach König Maximilian II. benannt. Während der Renovierung zur Jahrtausendwende erhielt der Innenhof, genannt Viermetzhof, ein filigranes Glasdach. Hier findet man die Originalstatuen der Augsburger Prachtbrunnen von Hubert Gerhard und Adrian de Vries.

Auf drei Etagen sind Skulpturen, Baumodelle und stadtgeschichtliche Sammlungen zu sehen. Von größter Bedeutung war die Augsburger Goldschmiedekunst: Teller, Tischschmuck, Pokale und Schalen, Kerzenleuchter und Möbelaufsätze waren an allen europäischen Königs- und Fürstenhöfen begehrt. Im Maximilianmuseum finden außerdem bedeutende Wechselausstellungen statt.

Philippine-Welser-Str. 24
86150 Augsburg, Tel. 08 21-3 24 41 02
www.kunstsammlungen-museen.augsburg.de
Di 10–20, Mi–So 10–17 Uhr

Schaezlerpalais

1765 verwirklichte der Bankier Benedikt Adam Freiherr von Liebert, Edler von Liebenhofen, seinen Traum eines repräsentativen Stadtpalais mit diesem Rokokobau, dessen Pracht und Prunk in einem kunstvoll überladenen Festsaal gipfelt. Während der glanzvollen Einweihung am 28. April 1770 tanzte die 14-jährige Marie Antoinette, die auf ihrer Brautfahrt von Wien nach Versailles in Augsburg Station machte, ein Paar Schuhe durch. Heute zeigen hier die Deutsche Barockgalerie bedeutende süddeutsche Malerei des 17. und 18. Jhs., die Haberstock-Stiftung Gemälde von Veronese, Canaletto, Anthonis van Dyck und Tiepolo sowie die Staatsgalerie Altdeutsche Meister, darunter Albrecht Dürers berühmtes Fugger-Porträt. Der Herkulesbrunnen vor dem Palais ist ein Meisterwerk des Renaissancekünstlers Adriaen de Vries.

Maximilianstr. 46, 86150 Augsburg
Tel. 08 21-3 24 41 17
Di–So 10–17 Uhr

Die Fuggerei, älteste Sozialsiedlung der Welt

Fuggerei

Im Jahr 1516 stifteten Jakob Fugger der Reiche (1459–1525) und seine beiden Brüder Ulrich und Georg, die selber standesgemäß in den 1512–1515 errichteten Fuggerhäusern an der Maximilianstraße residierten und bei ihrem Handel mit Tuchen, Gewürzen, Silber, Kupfer und Sklaven kaum von moralischen Skrupeln geplagt wurden, die älteste Sozialsiedlung der Welt: mit eigener Kirche, breiten Gassen und Brunnen.

In den 52 Häusern (heute 67) durften verarmte katholische Augsburger Bürger mit einwandfreiem Leumund wohnen. Damals wie heute beträgt der Mietzins für die 200 Bewohner den Gegenwert eines Rheinischen Guldens (88 Cent), die Wohnungen sind seit dem Wiederaufbau nach dem Zweiten Weltkrieg durchaus komfortabel mit Bad oder Dusche ausgestattet. Wie es früher war, erzählt das Fuggereimuseum in der Mittleren Gasse, Eingang Haus Nr. 14.

Fuggerei 56 (Haupteingang Jakoberstraße)
86152 Augsburg, Tel. 08 21-3 19 88 10
www.fugger.de
April–Okt. 8–20, Nov.–März 9–18 Uhr

Hotels

Steigenberger Drei Mohren
Im ersten Haus am Platz haben schon der spätere Friedrich der Große, Casanova, Mozart, Napoleon und Goethe übernachtet, allerdings wurde das frühere Rokokopalais im Zweiten Weltkrieg zerstört. Heute genießt man die Aussicht auf die Maximilianstraße und modernen Komfort (renovierte Zimmer buchen!).
Maximilianstr. 40
86150 Augsburg
Tel. 08 21-5 03 60
www.augsburg.steigenberger.de

Romantik Augsburger Hof
Traditionelles familiengeführtes Hotel gegenüber vom Mozarthaus mit Zimmern im gehobenen Landhausstil, die allerdings zur Straßenseite recht laut sind. Im Restaurant und im kleinen Innenhof serviert man regionale, schwäbische und internationale Spezialitäten.
Auf dem Kreuz 2
86152 Augsburg
Tel. 08 21-34 30 50
www.augsburger-hof.de

Dom Hotel
Kleines, aber feines und seit vier Generationen familiengeführtes Hotel in zentraler und doch ruhiger Lage in den kleinen Gassen des Domviertels. Es ist in der ehemaligen Dompropstei untergebracht, wo 1508 Kaiser Maximilian I. nächtigte. Charmante, helle Zimmer und Wellnessbereich mit Spa.
Frauentorstr. 8, 86152 Augsburg
Tel. 08 21-34 39 30
www.domhotel-augsburg.de

Villa Arborea
Sehr freundliches kleines Hotel zwischen Kongresszentrum, Messegelände und Parktheater in ruhiger Lage am südwestlichen Stadtrand von Augsburg. Parkähnlicher Garten, Wellnessbereich mit finnischer Sauna und Thermium (Biosauna), helle, charmante Zimmer mit Satelliten-TV und kostenlosem Internet. Tram in die Innenstadt (Linie 1).
Gögginger Str. 124
86199 Augsburg-Göggingen
Tel. 08 21-90 73 90
www.hotel-villa-arborea.de

City Hotel Ost Am Kö
Privat geführtes reizvolles Hotel in zentraler Lage am Königsplatz, nur 300 m vom Hauptbahnhof entfernt. Die 49 gepflegten Zimmer, alle mit Bad, bieten modernen Komfort. Reichhaltiges Frühstücksbüfett. Kleiner Saunabereich, Hotelbar und WLAN.
Fuggerstr. 4–6, 86150 Augsburg
Tel. 08 21-50 20 40
www.ostamkoe.de

Restaurants

August
Von außen sieht man dem kleinen Restaurant in der Nähe von Mozarthaus und Dom die zwei Michelin-Sterne kaum an, doch hinter der schlichten Fassade verwöhnt Christian Grünwald seine Gäste mit kreativer, aromenreicher Gourmetküche (4- und 8-Gänge-Menü), im Sommer auch auf der Dachterrasse. Handverlesene Weine zu fairen Preisen.
Frauentorstr. 27, 86152 Augsburg
Tel. 08 21-3 52 79
Mi–So 19.30–24 Uhr

Die Ecke
Das historische Haus von 1577 der Künstlervereinigung »Ecke«, eine Institution in Augsburg, bietet ganz in der Nähe des Rathauses nicht nur eine lauschige Terrasse, sondern auch vorzügliche und stets verlässliche schwäbisch-bayerische Küche mit mediterranen Einflüssen. Gute Weinkarte, sehr aufmerksamer Service.
Elias-Holl-Platz 2
86150 Augsburg
Tel. 08 21-51 06 00
www.restaurant-die-ecke.de
Tgl. 11.30–14, 17.30–1 Uhr

Haupt im Prinz-Karl-Palais
Unter den Kreuzgewölben des Prinz-Karl-Palais, einer ehemaligen Kaserne, wird vorzügliche, mediterran inspirierte Küche mit regionalen Zutaten serviert. Mittags gibt es zusätzlich preiswertere Gerichte. Schönes Gartenrestaurant in den ruhigen Parkanlagen des Palais.
Schertlinstr. 23
86159 Augsburg
Tel. 08 21-5 89 84 75
www.restaurant-haupt.de
Di–So 11.30–14,
Di–Sa 18.30–24 Uhr

Papageno
Ein Haus, zwei Restaurants: Im gediegenen Papageno direkt neben dem Theater wird gutbürgerliche Küche zu zivilen Preisen serviert, während im neu gestalteten Wintergarten »Papageno's Gourmet« raffinierte, modern-mediterrane Gerichte auftischt, inzwischen auch mittags. Sehr freundlicher Service.
Theaterstr. 8, 86152 Augsburg
Tel. 08 21-9 07 64 64
www.papageno-restaurant.de
Di–So 11.30–14, 18–23 Uhr

Fuggerei Stube Augsburg
Schwäbische Küche aus marktfrischen Zutaten bietet dieses Restaurant unweit der historischen Sozialsiedlung, darunter abgeschmälzte Maultaschen, Kässpätzle oder Schwabeneintopf. Das Fleisch kommt aus heimischer Zucht. Im Herbst bereichern Wildgerichte die Speisekarte.
Jakoberstr. 26, 86152 Augsburg
Tel. 08 21-3 08 70
www.fuggerei-stube.de
Di–Sa 11.30–14, So, Fei 11.30 bis 15 Uhr

Shopping

»Die Kiste« Shop

Im Foyer der berühmten »Augsch-burger Puppakischt« gibt es auch einen Shop. Hier bekommt man alles, was das Sammlerherz begehrt: von Videos über Poster, T-Shirts und Geschirr bis hin zu Plüschfiguren und Fingerpuppen, natürlich auch Marionetten von Jim Knopf oder Urmel aus dem Eis.
Spitalgasse 15, 86150 Augsburg
Tel. 08 21-4 50 34 50
www.shop.puppenkiste.com

Die Alte Silberschmiede

Vom 16. bis zum 18. Jh. war Augs-burg das europaweit führende Zent-rum der Gold- und Silberschmiede-kunst. Hier in der Altstadt kann man nach wie vor edle Stücke Augsbur-ger Silbers erwerben, darunter schönen Trachtenschmuck. Das Geschäft liegt in einem Handwer-kerhaus hinter dem Rathaus mit Edelsteinbrunnen im Innenhof.
Pfladergasse 10, 86150 Augsburg
Tel. 08 21-3 89 45
www.silberschmiede.de
Mo–Mi 10–18, Do–Fr bis 19,
Sa bis 14 Uhr

Parfümerie Naegele

Unter einem Gewölbe von Renais-sancebaumeister Elias Holl findet man Deutschlands älteste Parfüme-rie. Schon 1829 eröffnete sie Magistratsrat Anton Naegele, Mitglied der Zunft der Parfümeure, Kosmetiker und Seifensieder.
Philippine-Welser-Str. 26
86150 Augsburg
Tel. 08 21-34 47 10
www.naegele-perfumes.de
Mo–Fr 10–19, Sa bis 14 Uhr

Anton Böhm & Sohn Musikalienhandlung

Augsburg hat eine lange Tradition als Standort für Musikverlage. Anton Böhm & Sohn wurde bereits

1803 gegründet, und in der ange-schlossenen Musikalienhandlung findet man echte Raritäten der alten Augsburger Musik.
Ludwigstr. 15, 86152 Augsburg
Tel. 08 21-50 28 40
www.boehm-und-sohn.de
Mo–Fr 10–18, Sa bis 14 Uhr

Weinkellerei Bayerl

Das preisgekrönte Wein- und Spiri-tuosenfachgeschäft führt in seinem Gewölbe auch hochprozentige Sou-venirs: vom »Original Augsburger Augustuslikör« über »Augsburger Frauenschnäpsle« bis hin zum »Augsburger Kräutergeist«.
Philippine-Welser-Str. 5
86150 Augsburg
Tel. 08 21-3 49 02 49
www.bayerl-weinkellerei.de
Mo–Mi 9–18.30, Do–Fr 9–19,
Sa 9–16 Uhr

Am Abend

Theater Augsburg

Das 1877 am nördlichen Ende der Fuggerstraße errichtete Theater ist ein ambitioniertes Dreispartenhaus. Schauspiel, Musiktheater und Bal-lett stehen auf dem Programm, auch Stücke des lange ungeliebten Sohnes der Stadt, Bert Brecht. Zum Theater gehört die Freilichtbühne am Roten Tor.
Kennedy-Platz 1, 86152 Augsburg
Tel. 08 21-3 24 49 00
www.theater.augsburg.de
Besucherservice Di–Fr 9–18.30,
Sa 10–13 Uhr

Parktheater im Kurhaus Göggingen

Die 1886 errichtete schöne Glas-Eisen-Konstruktion im Stadtteil Göggingen, ein Palast aus Licht und Glas, hat sich ganz der leichten Muse verschrieben. Sie wird beson-ders für populäres Sprech- und Musiktheater genutzt, vor allem für Komödien, Musicals und Kleinkunst.

Klausenberg 6
86199 Augsburg-Göggingen
Tel. 08 21-9 06 22 22
www.parktheater.de
Ticketservice: Mo–Fr 9–18,
Sa 9–13 Uhr

Augsburger Puppenkiste

Im denkmalgeschützten Heilig-Geist-Spital ist die über Deutschland hinaus bekannte und von Kindern geliebte Augsburger Puppenkiste untergebracht. Hier trifft man sie alle: Jim Knopf und den Lokomotiv-führer Lukas, Kater Mikesch, Räuber Hotzenplotz, den Kleinen König Kal-le Wirsch und Urmel aus dem Eis.
Spitalgasse 15, 86150 Augsburg
Tel. 08 21-4 50 34 50
www.augsburger-puppenkiste.de
Mo geschlossen

Kulturhaus Kresslesmühle – Internationales Kulturhaus Augsburg

In der Altstadt hinter dem Rathaus gibt's ganzjährig tolle Kabarett-reihen. Die Bühne des Kulturhauses ist inzwischen eine Hochburg der Kleinkunst in Deutschland. Hier tre-ten die Stars der deutschen Kaba-rettszene ebenso auf wie talentierte bayrische Nachwuchskünstler.
Barfüßerstr. 4, 86150 Augsburg
Tel. 08 21-3 62 15
www.kresslesmuehle.de
Büro: Mo–Fr 11–18 Uhr

Mo Club

Der Mo Club ist seit über zehn Jah-ren die Party-Location in der Innen-stadt. Flirtfreudige Twentysome-things, legendäre Salsaparty am Mittwoch mit Gratis-Tanzkurs, am Freitag und Samstag wird bis in den frühen Morgen unter dem hohen Kreuzgewölbe abgefeiert.
Afrawald 4, 86150 Augsburg
Tel. 08 21-5 08 30 33
www.moclub.de
Di, Do 22–4, Mi bis 3,
Fr, Sa bis 5 Uhr

Baden-Baden

Deutschlands mondänster Kurort

In den sprudelnden Kochsalzthermen von Baden-Baden kurte 213 n.Chr. schon der römische Kaiser Caracalla. 1863 trafen sich hier gleich drei Kaiser: Franz Joseph von Österreich, Zar Alexander von Russland und Napoleon III. Auch die teuersten Kurtisanen stiegen in den besten Hotels der Stadt ab, darunter 1842 Marie Duplessis, die »Kameliendame« von Alexandre Dumas und Verdis Vorbild für »La Traviata«. Heute nehmen die Begleiterinnen russischer Oligarchen ihren Platz ein. Auch sie wollen die prunkvolle Spielbank erleben, in der einst Tolstoi und Dostojewski ihr Geld verzockten. Nach wie vor kurt, badet und flaniert man in Deutschland nirgendwo mondäner als in dem kleinen Städtchen an der Oos, das vielleicht nicht mehr Europas »Sommerhauptstadt« ist wie im 19. Jh., aber nach wie vor viel elegantes, ja fast südliches Flair verströmt.

Kurhaus/Spielbank

Hauptattraktion des 1823 von Friedrich Weinbrenner errichteten klassizistischen Kurhauses am linken Ufer der Oos ist das im rechten Flügel untergebrachte Kasino, laut Marlene Dietrich die »schönste Spielbank der Welt«. Die französischen Pächter ließen die vier Säle opulent im Stil der Belle Époque einrichten. So schmückt roter Seidendamast die Wände des 1855 eröffneten Roten Saals. Der mit klassizistischen Frauenplastiken und Wandspiegeln prachtvoll ausgestattete Florentiner Saal ist mit Fantasielandschaften ausgemalt.

Felix Mendelssohn Bartholdy, Niccolo Paganini, Clara Schumann und Franz Liszt unterhielten in der Spielbank die illustren Gäste Baden-Badens, Iwan Turgenjew (»Rauch«) und Fjodor Dostojewski (»Der Spieler«) widmeten ihr Romane. 1872 verfügte die Reichsregierung in Berlin die Schließung aller deutschen Spielbanken. Ab 1933 wurde der Spielbetrieb in Baden-Baden wieder aufgenommen, 1944 aufgrund des Zweiten Weltkriegs jedoch wieder eingestellt. Erst 1950 eröffnete das berühmte Kasino in feierlichem Glanz wieder.

Kaiserallee 1, 76530 Baden-Baden
Tel. 0 72 21-3 02 40
www.casino-baden-baden.de
tgl. ab 14 Uhr

Trinkhalle

Ein Spaziergang durch den gepflegten Kurgarten mit Blick auf die Altstadt und das Neue Schloss führt zur Trinkhalle. Sie wurde 1839 bis 1842 von Friedrich Hübsch nach Plänen Heinrich Hübschs, eines Schülers von Friedrich Weinbrenner, errichtet. Die 90 m lange offene Wandelhalle des Gebäudes stützt sich auf 16 korinthische Säulen. 14 romantische Wandbilder von Jakob Götzenberger schildern Episoden aus der Mythen- und Sagenwelt des Schwarzwalds, darunter »Die Nixe des Wildsees«, »Der Grafensprung« und »Die Geisterhochzeit zu Lauf«.

Dahinter befindet sich die eigentliche Trinkhalle. Das 68 Grad heiße Wasser ist nicht gerade wohlschmeckend, soll aber gesund sein. Nördlich der Trinkhalle steht im Garten des »Badischen Hofes« der dreischalige Thermalbrunnen, das Wahrzeichen Baden-Badens.
Kaiserallee 3, 76530 Baden-Baden

Stiftskirche Liebfrauen

Die im romanischen Stil erbaute Basilika am Florentinerberg in der Altstadt wurde im 15. Jh. gotisiert. 1867 entfernte man ihre damals barocke Ausstattung. Als Grablege der badischen Markgrafen vom 14. bis zum 18. Jh. beherbergt der Chor zahlreiche kunst-

Die Trinkhalle mit ihrer 90 m langen, säulengestützten Wandelhalle

volle Grabdenkmäler von der Spätgotik bis zum Rokoko. Besonders aufwendig gestaltet ist das Epitaph des Markgrafen Leopold Wilhelm (links, Ende 17. Jh.), das von allegorischen Darstellungen der Weisheit, Tapferkeit und Gerechtigkeit bewacht wird.

An der Stirnseite des Chors fällt ein 5,60 m hohes Sandsteinkruzifix auf, das 1467 von Niclaus Gerhaert von Leyden geschaffen wurde: ein herausragendes Zeugnis spätmittelalterlicher Bildhauerkunst. Einen genauen Blick verdient auch das äußerst filigran gearbeitete, vermutlich um 1490 entstandene spätgotische Sakramentshäuschen am linken Pfeiler des Chorbogens.

Marktplatz, 76530 Baden-Baden
Tel. 0 72 21-6 37 06
www.seelsorgeeinheit-baden-baden-mitte.de

Friedrichsbad

Das prachtvolle Friedrichsbad mit seiner großen Kuppel wurde 1869–1877 im Stil der Neorenaissance errichtet und gilt bis heute als einer der schönsten Badetempel Europas. Anfang der 1980er-Jahre mit großem Aufwand absolut stilgetreu restauriert, beherbergt es heute ein viel besuchtes römisch-irisches Bad.

Erfunden hat diese Bademischung der irische Arzt Dr. Barter, der die römische Badekultur (unterschiedlich warme Thermalbäder) und irische Badetradition (Heißluftbäder) zusammenführte und harmonisch aufeinander abstimmte. Daraus und aus den heißen Quellen Baden-Badens entstand die wohltuende Kombination aus Heißluft, Thermaldampf- und Thermalbewegungsbad. Die Wassertemperaturen rangieren von 18 bis 39 Grad, gebadet wird ausschließlich nackt. Errichtet wurde das Bad über römischen Badeanlagen aus dem 1. Jh. n. Chr., die man besichtigen kann.

Römerplatz 1, 76530 Baden-Baden
Tel. 0 72 21-27 59 20, www.carasana.de
Mo–So 9–22 Uhr. Di, Mi, Fr, So, Fei gemischte Badezeit, Mo, Do, Sa getrennte, traditionelle Badezeit

Baden-Baden

Museum Frieder Burda

Die Sammlung von Frieder Burda, einem der Söhne des Offenburger Verlagsmagnaten Franz Burda, umfasst etwa 1000 Gemälde, Skulpturen und Objekte der klassischen Moderne und Gegenwart: Max Beckmann, Gerhard Richter, Sigmar Polke, Georg Baselitz, Anselm Kiefer, August Macke, Wilhelm Lehmbruck und Ernst Ludwig Kirchner sind vertreten. Einen Schwerpunkt bildet der amerikanische Abstrakte Expressionismus mit Werkgruppen von Jackson Pollock, Willem de Kooning und Mark Rothko. Der Höhepunkt des 2004 eröffneten Museums sind die zahlreichen Arbeiten aus dem Spätwerk von Pablo Picasso.

Über eine gläserne Brücke ist das von dem New Yorker Stararchitekten Richard Meier entworfene, in hellem Weiß leuchtende Museum mit dem 100 Jahre älteren Bau der Staatlichen Kunsthalle verbunden, die Ausstellungen mit Leihgaben aus aller Welt zeigt.

Lichtentaler Allee 8b, 76530 Baden-Baden
Tel. 0 72 21-39 89 80
www.museum-frieder-burda.de
Di–So 10–18 Uhr

Lichtentaler Allee

Die schönste Promenade Baden-Badens verläuft parallel zur Oos, die hier in einem gepflasterten Bett fließt. Im Schatten der Allee ergingen sich Napoleon III., Kaiserin Eugenie, Königin Victoria, Bismarck und Dostojewski. 1861 war die Allee Schauplatz des Attentats auf den damaligen König von Preußen und späteren Kaiser Wilhelm I. Ursprünglich säumten nur die vor mehr als 300 Jahren gepflanzten Eichen die Promenade. Im Laufe der Jahre hat man die Bepflanzung jedoch durch zahlreiche Ziersträucher und andere Baumsorten aufgelockert.

Nach dem Schwimmbad führt eine Brücke zu einem hübschen kleinen Heckengarten: der um 1910 am rechten Oosufer angelegten Gönneranlage. Im Sommer blühen hier über 300 Rosensorten. Die Lichtentaler Allee endet beim gleichnamigen, heute noch genutzten Zisterzienserinnenkloster (1245 gestiftet).

Lichtentaler Allee, 76530 Baden-Baden

Stourdza-Kapelle

Auf dem Michelsberg westlich des Kurgartens steht die Stourdza-Kapelle, die Grablege der rumänischen Fürstenfamilie Stourdza. Sie war nach der Revolution von 1848 von der Moldau über Paris nach Baden-Baden gekommen. 1863 starb unerwartet ihr 17-jähriger Sohn, Prinz Michael, in Paris. Daraufhin beauftragte der Fürst den Münchner Baumeister Leo von Klenze mit dem Bau der Grabkapelle, die 1866 vollendet wurde.

Vier ionische Säulen tragen die Vorhalle des aus weißen, roten und braunen Sandsteinquadern errichteten, 24 m hohen spätklassizistischen Zentralbaus. Seine Kuppelhaube – eine Miniaturreplik der Kuppel der Peterskirche in Rom – krönt ein orthodoxes Kreuz. Das Innere ist mit verschiedenfarbigem Marmor und Ikonen kostbar ausgestattet. Die Malereien in Freskotechnik auf den Wänden schuf Wilhelm Ernst Hauschild.

Michelsberg, 76530 Baden-Baden
Tel. 0 72 21-2 85 74
tgl. 10–18 Uhr nur mit Voranmeldung

Hohenbaden

Nördlich der Stadt erhebt sich der 568 m hohe, als Klettergarten sehr beliebte Battert-Felsen mit der Burgruine Hohenbaden. Vom 11. bis zum 15. Jh. war Hohenbaden Sitz der Markgrafen von Baden. Der Baubeginn der Oberburg erfolgte unter Markgraf Hermann II. (1074–1130). Zu ihm gehören der romanische Hermannsbau, der schlichte Bergfried und die mächtige Schildmauer.

Die hochgotische Unterburg wurde unter Markgraf Bernhard (1372–1431) errichtet. Ihr Kernstück ist der dreistöckige Palas, der sog. Bernhardsbau (um 1400), dessen Säule im Erdgeschoss ehemals das mächtige Gewölbe stützte. Die Verbindung zur Oberburg bildet der spätgotische Jakobsbau, den Markgraf Jakob I. (1431–1453) erbauen ließ. 1479 verlegten die Markgrafen ihre Residenz ins Neue Schloss. 1599 brannte die Burg aus und wurde erst nach 1830 instand gesetzt. Von hier oben bietet sich ein herrlicher Panoramablick über die Stadt, die Rheinebene und die Vogesen.

Hohenbaden, 76530 Baden-Baden

Hotels

Brenner's Park Hotel & Spa

Seit über 135 Jahren bietet das in einem weitläufigen Park an der Lichtentaler Allee gelegene weltberühmte Grandhotel Luxus pur. Erlesen eingerichtete Zimmer, eines der besten Restaurants der Stadt und ein exklusiver Wellness- und Beautybereich mit privater »Spa Suite« warten auf anspruchsvolle Gäste.
Schillerstr. 4–6
76530 Baden-Baden
Tel. 0 72 21-90 00
www.brenners.com

Belle Epoque

Das in einer Neorenaissance-Villa von 1870 untergebrachte Hotel bietet eine intime Atmosphäre und 20 Zimmer und Suiten, die mit Antiquitäten, Kronleuchtern und Empire-Betten eingerichtet sind. Speisen kann man im benachbarten Schwesterhotel »Der kleine Prinz«.
Maria-Viktoria-Str. 2
76530 Baden-Baden
Tel. 0 72 21-30 06 60
www.hotel-belle-epoque.de

Der Kleine Prinz

Das originellste Hotel von Baden-Baden widmet sich thematisch der liebenswerten kleinen Romanfigur, die Antoine de Saint-Exupéry geschaffen hat. Die Zimmer sind liebevoll, romantisch und sehr individuell eingerichtet und mit modernem Komfort ausgestattet. Das Restaurant serviert feine französisch-badische Saisonküche.
Lichtentaler Str. 36
76530 Baden-Baden
Tel. 0 72 21-34 66 00
www.derkleineprinz.de

Rathausglöckel

Das familiengeführte Hotel ist in einem 2009 vollständig renovierten und modernisierten Altstadthaus aus dem 16. Jh. eingerichtet. Die zehn Zimmer und Suiten sind individuell gestaltet, einige bieten schöne Ausblicke auf die Altstadt. Das Restaurant serviert u.a. historische Gerichte aus dem Mittelalter und der Zeit der Badischen Revolution.
Steinstr. 7–9
76530 Baden-Baden
Tel. 0 72 21-9 06 10
www.rathausgloeckel.de

Hotel am Markt

Persönlich und familiär geführtes Hotel mitten in der Altstadt zwischen Rathaus und Stiftskirche, das schon vor 250 Jahren als Herberge erwähnt wurde. Die 23 angenehm preiswerten, ruhigen Zimmer sind modern und freundlich eingerichtet.
Marktplatz 18
76530 Baden-Baden
Tel. 0 72 21-2 70 40
www.hotel-am-markt-baden.de

Restaurants

Le Jardin de France

Kreative, individuelle französische Küche in elegantem Ambiente und dazu erstklassige Weine der Grande Nation erwarten den Gast bei Stéphan Bernhard. Im Innenhof des Gründerzeitkomplexes »Goldenes Kreuz« sitzt man unter hohen verglasten Scheiben wie in einem Gartenpavillon und genießt Entenleberterrine, Rotbarbe, Atlantikhummer, Wilden Steinbutt, Filet Mignon und Baden-Badener Reh.
Lichtentaler Str. 13
76530 Baden-Baden
Tel. 0 72 21-3 00 78 60
www.lejardindefrance.de
Di–Sa 12–14, 19–21.30 Uhr

Restaurant im Schloss Neuweier

Im Schloss Neuweier serviert Armin Röttele einfallsreiche badische »Küche der Leidenschaft« mit mediterranen und asiatischen Akzenten. Bei schönem Wetter genießt man den Ausblick von der Terrasse auf die Weinberge. Auch übernachten kann man hier – in sehr romantischem Ambiente.
Mauerbergstr. 21
76534 Baden-Baden
Tel. 0 72 21-9 57 05 55
www.armin-roettele.de
Mi–Mo 12–24 Uhr

Zum Alde Gott

Das renommierte Landhaus-Gourmetrestaurant im Ortsteil Neuweier mitten in den Weinbergen von Baden-Baden serviert bodenständige sowie verfeinerte badische Küche auf hohem Niveau, dazu gute badische Weine.
Weinstr. 10
76534 Baden-Baden/Neuweier
Tel. 0 72 21-55 13
www.zum-alde-gott.de
Sa–Mi 12–15.30, 18.30–24,
Fr nur 18.30–24 Uhr

La Provence

»Einen Hauch des Südens« verspricht dieses sympathische Restaurant mit seiner schmackhaften, von der Sonne inspirierten Küche, die z.B. Gerichte wie Barbarie-Entenbrust mit Lavendel-Honigsoße kreiert. Dazu wird ein vorzüglicher Châteauneuf du Pape kredenzt.
Schlossstr. 20
76530 Baden-Baden
Tel. 0 72 21-21 65 16
www.restaurant-la-provence.com
tgl. 17–23 Uhr

Le Bistro

Gemütliches Restaurant mit südfranzösischem Charme mitten im Herzen der Stadt, das preiswerte badisch-regionale Spezialitäten serviert, darunter Zwiebelrostbraten oder Wildspezialitäten aus heimischer Schwarzwaldjagd. Köstlich munden auch die hausgemachten Desserts. Von der Terrasse

aus kann man wunderbar die Flaneure beobachten.
Sophienstr. 4
76530 Baden-Baden
Tel. 0 72 21-3 23 11
www.lbbb.de
tgl. 8–1 Uhr

Shopping

Baden-Badener Winzer-genossenschaft
Im Verkaufsraum der Winzergenossenschaft findet man Weine badischer Spitzenlagen wie »Neuweierer Mauerberg« und »Umweger Stich den Buben« sowie Spätburgunder aus dem benachbarten Bühlertal und viele weitere edle Tropfen sowie exzellente Sekte.
Mauerbergstr. 32
76534 Baden-Baden
Tel. 0 72 21-9 68 70
www.baden-badener-wg.de
Mo–Fr 8–18, Sa 9–13, Ostern bis Sonntag vor Heiligabend auch So 10–13 Uhr

Café König
Die Confiserie dieses traditionsreichen Kaffeehauses führt Schwarzwälder-Kirsch-Torten, Schokoladen und viele süße Geschenkideen. Wer es besonders edel mag, bestellt feinste Champagner-Trüffel, die mit Dom Perignon hergestellt werden.
Lichtentaler Str. 12
76530 Baden-Baden
Tel. 0 72 21-2 35 73
www.chocolatier.de
Mo–Sa 9.30–18.30,
So 10.30–18.30 Uhr

Wagener Galerie
Einkaufstempel im Herzen der Stadt. Im Erdgeschoss gibt's Parfüm, Glas, Porzellan und Haushaltsartikel, im 1. Stock Damen-, Herren- und Kindermode, aber auch Dessous und Markenschuhe. Den 2. Stock nimmt die Markthalle ein: das Genuss- und Frischezentrum.

Lange Str. 44
76530 Baden-Baden
Tel. 0 72 21-3 03 90
www.wagener.de
Mo–Sa 9–19 Uhr

Helge Berger Schmuckdesign
Das Atelier für Unikatschmuck des Goldschmiedemeisters Helge Berger führt zeitlos schöne und außergewöhnliche Schmuckstücke: Armreife, Perlencolliers, Ringe und Anhänger, gerne nach individuellen Kundenwünschen angefertigt.
Hirschstr. 6, 76530 Baden-Baden
Tel. 0 72 21-30 29 80
www.berger-schmuckdesign.de
Di–Fr 9–13, 14–18, Sa 9–15 Uhr

Galerie Bierhinkel
Renommierte Kunstgalerie unweit vom Burda-Museum, die auf Gemälde der Klassischen Moderne sowie auf zeitgenössische Künstler spezialisiert ist und auch Arbeiten auf Papier sowie Originalgrafiken führt.
Kreuzstr. 7, 76530 Baden-Baden
Tel. 0 72 21-39 67 90
www.bierhinkel.de
Mo–Fr 11–18, Sa bis 16 Uhr

Am Abend

Spielbank Baden-Baden
Das »Große Spiel« befindet sich im Erdgeschoss des Kurhauses, das Automatenspiel ist in den historischen Kellergewölben im Untergeschoss untergebracht. Für Roulette, Black Jack und Poker sollte man angemessen gekleidet sein (zwischen Juni und Sept. kein Krawattenzwang), beim Automatenspiel ist auch (nicht zu legere) Freizeitkleidung erlaubt. Zutritt ab 21 Jahre (Ausweispflicht).
Kaiserallee 1, im Kurhaus
76530 Baden-Baden
Tel. 0 72 21-3 02 40
www.casino-baden-baden.de
tgl. ab 14 Uhr

Festspielhaus
Das hochmoderne Festspielhaus, mit 2500 Plätzen Deutschlands größtes Opern- und Konzerthaus, ist ein privat finanzierter Musentempel mit außergewöhnlich guter Akustik. Vier Festspielperioden gliedern das Jahresprogramm. In Zukunft wird es nur noch Eigenproduktionen geben.
Beim Alten Bahnhof 2
76530 Baden-Baden
Tel. 0 72 21-3 01 31 01
www.festspielhaus.de

Theater Baden-Baden
Das Anfang der 1990er-Jahre renovierte Stadttheater am Goetheplatz wurde auf Betreiben des damaligen Spielbankpächters Edouard Bénazet von Charles Couteau nach dem Vorbild der Pariser Oper errichtet. Seit 1918 verfügt es über ein festes Schauspielerensemble. Das Repertoire umfasst v.a. die Werke von Shakespeare und Kleist sowie Klassiker der Moderne und französischsprachige Gastspiele.
Goetheplatz
76530 Baden-Baden
Tel. 0 72 21-93 27 00
www.theater.baden-baden.de

Equipage
Elegante Tanz-, Musik- und Cocktailbar im Kurhaus von Baden-Baden mit Musik- und Showprogramm internationaler Bands bis in die Morgenstunden.
Kaiserallee 1, im Kurhaus
76530 Baden-Baden
Tel. 0 72 21-3 23 75
www.equipage-baden-baden.de
tgl. 21–4 Uhr

Max's
Club-Lounge und Disco in privilegierter Lage mit heißen Partys.
Kaiserallee 4
76530 Baden-Baden
Tel. 0 72 21-2 43 40
www.maxsbaden-baden.de
in der Regel ab 22 Uhr

Bamberg

Das fränkische Rom

Wie Rom wurde auch Oberfrankens bedeutendste Bischofs- und Kaiserstadt auf sieben Hügeln errichtet. Sie blickt auf eine 1000-jährige Geschichte zurück und wurde mit ihren fast 3000 denkmalgeschützten Bauwerken zum Weltkulturerbe der UNESCO erklärt. Tagelang könnte man, wie einst E.T.A. Hoffmann, durch die verwinkelten Gassen der Altstadt wandern. Vom Turm des Renaissanceschlosses Geyerswörth bietet sich das schönste Bamberg-Panorama. Gern lässt man sich, nachdem man die Gemäldegalerie altdeutscher Meister in der prunkvollen Neuen Residenz bewundert hat, im herrlichen Rosengarten nieder und genießt die Aussicht auf die Altstadt und das Kloster Michaelsberg. Anschließend lässt man die Fachwerkidylle bei einem Bamberger Rauchbier auf sich wirken – gemeinsam mit zahllosen Studenten, die dafür sorgen, dass keine museale Langeweile aufkommt.

Dom

Mit seinen vier schlanken Türmen beherrscht der 1237 geweihte Dom das Stadtbild. Zwei Chöre, der romanische Ostchor und der gotische Westchor, jeweils mit einem eigenen Turmpaar, liegen einander gegenüber. Die Barockausstattung wurde 1836 unter König Ludwig I. wieder entfernt.

Zu den wichtigsten Sehenswürdigkeiten im Innern des Domes gehören das zwischen den Treppen zum Georgenchor aufgestellte Hochgrab (1499–1513) von Tilman Riemenschneider mit den liegenden Gestalten der Heiligen Heinrich und Kunigunde aus Juramarmor; der von Veit Stoß geschnitzte Marien- oder Weihnachtsaltar; die im 13. Jh. geschaffenen Plastiken von Ecclesia und Synagoge an den südlichen Chorschranken; sowie der berühmte Bamberger Reiter, eine um 1235 entstandene und damit die älteste erhaltene lebensechte Reiterplastik des Mittelalters.

Domplatz, 96049 Bamberg
Tel. 09 51-50 23 30, www.eo-bamberg.de
April–Okt. tgl. 9.30–18, sonst bis 17 Uhr

Diözesanmuseum

Das Domkapitelhaus wurde 1731–1733 nach Plänen Balthasar Neumanns errichtet. Herzstück der Sammlung (im Obergeschoss) sind mittelalterliche Textilien, darunter der außergewöhnliche Sternenmantel Kaiser Heinrichs II: Dieser um 1020 aus blauem Seidendamast gefertigte Mantel, ein Geschenk des apulischen Prinzen Ismahel, beschreibt mit seinen Goldstickereien das gesamte Universum mit Sternbildern, religiösen Symbolen und lateinischen Inschriften.

Nicht minder sehenswert ist der mit aufwendigen Goldstickereien geschmückte Kunigundenmantel. Er schildert die Weihnachtsgeschichte und das Leben von Petrus und Paulus. Beachtenswert sind auch die teilweise erhaltene Tunika Kaiser Heinrichs II. (11. Jh.), der Chormantel der hl. Kunigunde (um 1000) und das Grabtuch des Bamberger Bischofs Günther (11. Jh.).

Domplatz 5, 96049 Bamberg
Tel. 09 51-50 23 16
www.dioezesanmuseum-bamberg.de
Di–So 10–17 Uhr

Michaelsberg

Auf dem Michaelsberg, einem Ausläufer des Steigerwalds, thront die riesige Anlage des ehemaligen Benediktinerklosters St. Michael wie eine Burg über der Stadt. Kein Wunder, es wurde nämlich schon unter Heinrich II. gegründet, als die Gegend noch nicht vollständig christianisiert war. Das Kloster erlitt im Bauernkrieg starke Schäden. Zwischen 1696 und 1725 wandelten es Leonhard und Johann Dientzenhofer in eine weitgehend barocke Anlage um.

Die einstige Klosterkirche besitzt nicht nur prunkvolle vergoldete Barockaltäre, sondern auch außergewöhnliche Deckenmalereien, die eine Vielzahl von Kräutern und Heilpflanzen abbilden. Die Stuckdecke der Heilig-Grab-Kapelle neben dem Chor zeigt einen bildreichen Totentanz. Von der seitlichen Terrasse des Klosterkomplexes bietet sich ein fabelhafter Blick über die Stadt, den Biergarten und Terrassencafé weidlich ausnutzen.

Michaelsberg, 96049 Bamberg
tgl. 9–18 Uhr

Obere Pfarre Zu Unserer Lieben Frau

Der hohe Turm mit der ehemaligen Türmerwohnung prägt die Kulisse der Bamberger Altstadt. Die Obere Pfarre, Bambergs größte gotische Kirche, entstand 1338–1350. Dem basilikalen Langhaus wurde ein wesentlich höherer Umgangschor hinzugefügt, dessen reiche Formensprache an die böhmische Parler-Schule erinnert. Der Innenraum wurde im Barockstil neu gestaltet.

Im Zentrum des Hochaltars von 1714 steht das barock gewandete mittelalterliche Gnadenbild der thronenden Muttergottes, eine Kölner Arbeit aus dem frühen 14. Jh. Sehr sehenswert ist das Hochzeitsportal an der Nordseite, unter dessen Baldachin früher Trauungen stattfanden. Hier stehen auf der einen Seite Statuen von stolz dreinblickenden »klugen Jungfrauen« und auf der anderen Seite verschämt wegschauende »törichte Jungfrauen«.

Unterer Kaulberg, 96049 Bamberg
Tel. 09 51-5 20 18, www.erzbistum-bamberg.de

Alte Hofhaltung

Die Renaissancefassade bildet ein harmonisches Ensemble mit dem Dom. Man betritt den von spätgotischen Fachwerkbauten und malerischen Galerien gesäumten Innenhof durch die Schöne Pforte. Hier zeigt ein Relief Maria, flankiert von Kaiser Heinrich II. und

Kunigunde, mit einem Modell des Doms. Der wunderschöne Innenhof bildet einen festlichen Rahmen für die bekannten Freilichtinszenierungen der Calderón-Festspiele des E.T.A.-Hoffmann-Theaters.

Im Renaissancebau der Alten Hofhaltung (am Eingang links) und in weiteren Gebäuden um den Hof ist das stimmungsvolle Historische Museum untergebracht, das derzeit erweitert wird. Es zeigt Exponate zur Stadtgeschichte und zur bürgerlichen Kultur des 19. Jhs., eine Gemäldesammlung sowie hochkarätige Sonderausstellungen.

Domplatz 7, 96049 Bamberg
Tel. 09 51-87 11 42, www.museum.bamberg.de
Museum Mai–Okt. Di–So 9–17 Uhr, Nov.–April nur zu Sonderausstellungen geöffnet

Neue Residenz mit Rosengarten

Der Barockpalast wurde 1697–1704 im Auftrag des mächtigen Fürstbischofs Lothar Franz von Schönborn von Johann Leonhard Dientzenhofer errichtet. Im Rahmen einer Führung kann man die prachtvollen Wohn- und Repräsentationsräume, das exotische Chinesische Kabinett und den Gartensaal besichtigen. Besonders beeindruckend ist der Kaisersaal, dessen plastische Deckenbemalung von Melchior Steidl die vier Weltmonarchien (Assyrer, Makedonier, Römer, Mongolen) und den Stammbaum des Hauses Habsburg zeigt.

Im ersten Stock des Gebsattelhauses ist die Staatsgalerie mit Werken von Lucas Cranach d.Ä., Hans Baldung Grien und Hans von Kulmbach sowie mit Gemälden holländischer und flämischer Meister untergebracht. Vom herrlich duftenden Rosengarten mit seinem zierlichen Pavillon bietet sich ein fantastischer Blick zum Michaelsberg und über die ganze Stadt.

Domplatz 8, 96049 Bamberg
Tel. 09 51-51 93 90, www.residenz-bamberg.de
April–Sept. tgl. 9–18, Okt.–März 10–16 Uhr

Altes Rathaus

Schon die Lage des charakteristischen Gebäudes auf einer künstlichen Insel inmitten der Regnitz zwischen Bistums- und Bürgerstadt

Bambergs Altes Rathaus mit dem Fachwerkanbau von 1668

ist einmalig. Die Ursprünge des Bauwerks gehen auf das 11. Jh. zurück. Nach einer Explosion im Jahr 1440 wurde das Alte Rathaus neu errichtet. Sein Unterbau ruht auf Pfählen im Fluss. 1668 fügte man das Rottmeisterhaus an, ein Fachwerkgebäude, in dem sich die Stadtwache befand. Der gotische Bau wurde Mitte des 18. Jhs. von dem Bamberger Architekten Michael Küchel umgestaltet. Die Außenfassade ist über und über mit bunten Fresken bemalt. Sie stellen Allegorien von Herrschertugenden dar.

In zwei Geschossen des Gebäudes ist die wertvolle Sammlung des Kölner Kunstmäzens Peter Ludwig (1925–1996) untergebracht. Sie zeigt erlesenes Porzellan und Fayencen, u.a. aus Meißen, Nymphenburg und Straßburg. An die Ausstellung schließt sich der berühmte Rokokosaal der Bamberger Ratsherren an.

Obere Brücke 1, 96049 Bamberg
Tel. 09 51-87 18 71, www.museum.bamberg.de
Di–So 9.30–16.30 Uhr

Klein-Venedig

Bambergs Klein-Venedig ist das ehemalige Viertel der Fischer, Schiffer, Gerber und Färber. Den Namen prägten zwei Journalisten in einem 1842 erschienenen »Handbuch für Reisende auf dem Main«. Das Viertel hat zwar keine prächtigen Palazzi wie die italienische Lagunenstadt zu bieten, doch geben auch die kleinen, schiefen Fachwerkhäuser mit langen Balkonen, auf denen früher die Netze und Fischereigeräte getrocknet wurden, tolle Fotomotive ab.

Winzige Vorgärten säumen das Ufer, im Wasser dümpeln nostalgische Fischerkähne. Am besten schießt man seine Bilder vom Leinritt am südlichen Regnitzufer. Gegenüber legen Schiffe zur Regnitzrundfahrt ab, die bis zum Bamberger Hafen führt. Der Flussabschnitt von der Unteren Brücke bis zur Markusbrücke ist im August Mittelpunkt der Sandkirchweih (»Sandkerwa«) mit Fischerstechen und Feuerwerk.

Fischerei, 96049 Bamberg

Bamberg

Hotels

Residenzschloss
Am Ufer der Regnitz bietet dieses mondäne Hotel in einem 1789 erbauten ehemaligen Krankenhaus 184 luxuriös ausgestattete Zimmer und Suiten. Es gibt zwei Restaurants mit schönen Café-Terrassen, eine Hotelbar und den Wellnessbereich »Residenz Spa« mit Sauna, Dampfbad, Whirlpool, Solarium, römischer Liege und Fitnessraum.
Untere Sandstr. 32
96049 Bamberg
Tel. 09 51-6 09 10
www.welcome-hotels.com

Villa Geyerswörth
Am Ufer der Regnitz hat man zwei Villen im toskanischen Stil zu einem mediterran-modernen Hotel zusammengefasst. Es bietet elegant eingerichtete Zimmer und das Restaurant »La Villa« mit Gartenterrasse.
Geyerswörthstr. 15–21a
96047 Bamberg
Tel. 09 51-9 17 40
www.villageyerswoerth.de

Barockhotel am Dom
In einem 1520 erbauten und um 1740 barock umgestalteten Haus ist das Barockhotel am Dom mit komfortablen Zimmern untergebracht. Die Bäder wurden renoviert. In der Empfangshalle steht ein Computer mit Gratis-Internet-Zugang, außerdem gibt es im ganzen Haus WLAN.
Vorderer Bach 4, 96049 Bamberg
Tel. 09 51-5 40 31
www.barockhotel.de

Palais Schrottenberg
Das Altstadthotel ist in der ehemaligen Residenz des Freiherren von Schrottenberg aus dem Jahr 1710 untergebracht. Es bietet individuell eingerichtete Zimmer mit Stuckdecken, Parkettböden, Designermöbeln und Marmorbädern. Man kann auch preiswerter im angeschlossenen modernen DomHerren-Hof nächtigen. Das Frühstück wird für alle Gäste im stilvollen Barocksaal serviert.
Katzenberg 5, 96049 Bamberg
Tel. 09 51-95 58 80
www.palais-schrottenberg.com

Brudermühle
Die Brudermühle am linken Regnitzarm wurde 1314 erstmals urkundlich erwähnt. Man schläft in gemütlichen Zimmern und genießt fränkische Küche. Alternativ kann man in Appartments mitten in der Altstadt übernachten. Sie liegen 500 m entfernt malerisch an der Regnitz in einem Doppelhaus von 1541, das zugleich die Rathausschänke beheimatet.
Schranne 1, 96049 Bamberg
Tel. 09 51-95 52 20
www.brudermuehle.de

Restaurants

Schlenkerla
Wer Bamberg besucht, muss unbedingt das zu Anfang etwas gewöhnungsbedürftige Aecht Schlenkerla Rauchbier aus dem Holzfass probieren. Dazu passt deftige fränkische Kost wie hausgemachte Bratwürste mit Dämpfkraut oder Rauchbierhaxn mit Kloß. Man sitzt unter 500 Jahre alten Holzbalken.
Dominikanerstr. 6
96049 Bamberg
Tel. 09 51-5 60 60
www.schlenkerla.de
tgl. 9.30–23.30 Uhr

Weinhaus Messerschmitt
Im Geburtshaus des Flugzeugkonstrukteurs Willy Messerschmitt bietet heute das Romantik-Hotel Weinhaus Messerschmitt neben gutbürgerlichen Zimmern erstklassige fränkische Küche mit besonders fein zubereiteten Flussfischen und köstlicher ausgelöster Ente. Im Ausschank sind viele fränkische Weine.
Lange Str. 41, 96047 Bamberg
Tel. 09 51-29 78 00
www.hotel-messerschmitt.de
tgl. 12–14.30, 18.30–23 Uhr,
Jan.–März So geschl.

St. Nepomuk
Elegantes Hotelrestaurant mit Bar und Terrasse. Serviert wird internationale, leichte, saisonale Küche, darunter einige vegetarische Gerichte. Aber auch Exotisches wie Springbockrücken steht auf der Karte.
Obere Mühlbrücke 9
96049 Bamberg
Tel. 09 51-9 84 20
www.hotel-nepomuk.de
tgl. 12–14 und ab 18 Uhr

Brauereigasthof Greifenklau
Bratenküche mit knusprigen Schäuferla (Schweineschulter), eingelegtem fränkischem Sauerbraten mit Blaukraut oder Kalbsrahmbraten mit Bamberger Wirsing und rohen Klößen. Sehr gut sind auch die Blauen Zipfel (Bratwürste, die im Essigsud blau färben). Bei schönem Wetter zieht der idyllische Biergarten viele Gäste an.
Laurenziplatz 20
96049 Bamberg
Tel. 09 51-5 32 19
www.greifenklau.de
Di–Sa 10.30–23.30, So 10–14 Uhr

Hofbräu
Sehr beliebtes Lokal am Alten Rathaus mit gutbürgerlicher, saisonal wechselnder Küche; fränkische Gerichte werden gern mediterran veredelt. Jeden Montagabend gibt's Pianomusik und einmal pro Monat tritt eine Band auf. Ausgeschenkt werden süffige Biere und eine große Auswahl an Frankenweinen.
Karolinenstr. 7, 96049 Bamberg
Tel. 09 51-5 33 21
www.hofbraeu-bamberg.de
tgl. ab 10 Uhr

Shopping

Mohren-Haus

Das 1444 erstmals urkundlich erwähnte Gebäude ist seit 1637 unter dem Hausnamen »Zum Mohren« bekannt. Hinter der schmalen Barockfassade bieten viele ineinander verschachtelte Räume auf zwei Etagen ein äußerst eindrucksvolles Shopping-Erlebnis. Highlight ist der Teeladen mit seiner denkmalgeschützten klassizistischen Apothekeneinrichtung aus dem Jahr 1810. Außerdem gibt es originelles Wohnzubehör, Lampen, einen Papierladen, Geschenkartikel, Schmuck, Kleidung und modische Taschen. Zum Ausruhen lädt die kleine Kaffeebar ein.
Obere Brücke 14, 96049 Bamberg
Tel. 09 51-98 03 80
www.mohren-haus.de
Mo–Mi, Sa 9.30–18,
Do, Fr bis 19 Uhr

Bamberger Spitze

Das Atelier für Spitzenkunst führt feinste Handarbeit aus eigener Produktion: Häkel- und Klöppelarbeiten, Taschentücher, Tischdecken, Web-, Wirk- und Stickwaren und vieles mehr.
Obere Sandstr. 6
96049 Bamberg
Tel. 09 51-3 02 07 83
www.bamberger-spitze.de
Mo–Sa 10.30–17, 11–17 Uhr

Souvenir Manger

Hier findet man Bambergs größte Auswahl an Souvenirs und Geschenken, darunter T-Shirts, Biersorten und -krüge der neun Bamberger Brauereien, Porzellanminiaturen, Wetterhäuschen sowie – das ganze Jahr über – Weihnachtsartikel.
Dominikanerstr. 7
96049 Bamberg
Tel. 09 51-2 34 54
www.manger-bamberg.de
Mo–Sa 11–17 Uhr

Obstmarkt No. 6

Feines für alle Sinne: ausgefallene Gourmetschokoladen, Delikatessen, über 450 Teesorten, Geschenkideen, Gmundner Keramik und französische Naturkosmetik von L'Occitane.
Obstmarkt 6, 96047 Bamberg
Tel. 09 51-70 04 38 38
www.obstmarktno6.de
Mo–Sa 9.30–18.30 Uhr

Mahlwerk

Das Fachgeschäft führt über 50 verschiedene Kaffeesorten, hochwertige Maschinen und das entsprechende Zubehör. Außerdem großes Sortiment an Schokoladen, Kakaos und Keksen.
Kesslerstr. 24, 96047 Bamberg
Tel. 09 51-2 22 09 77
www.mahlwerk-bamberg.de
Mo–Fr 9–18, Sa 9.30–16 Uhr

Am Abend

E.T.A.-Hoffmann-Theater

Das städtische Theater besteht bereits über 200 Jahre und war von 1808 bis 1813 Wirkungsstätte seines späteren Namensgebers E.T.A. Hoffmann. Heute bietet es ein Programm aus Schauspiel, Komödie, Tragödie, Märchen und Musical. Gespielt wird im Großen Haus (über 400 Plätze), im Gewölbekeller, im Studio und im Treff, der gleichzeitig als Theatercafé dient.
E.T.A.-Hoffmann-Platz 1
96047 Bamberg
Tel. 09 51-87 30 30
www.theater-bamberg.de

Bamberger Marionetten-theater

Die Bühne des Bamberger Marionettentheaters stammt aus dem Jahr 1821 und wird seit 1987 in Bamberg bespielt. Zur Aufführung kommen vorwiegend romantische Schauspiele und Opern, z.B. Der Freischütz, Der fliegende Holländer,

Die Zauberflöte, Der Sandmann oder Das Käthchen von Heilbronn. Auch Märchenstücke gehören zum Repertoire.
Untere Sandstr. 30
96049 Bamberg
Tel. 09 51-6 76 00
www.bamberger-marionettentheater.de

Der Pelikan

Bambergs beliebteste und unverwüstliche Studentenkneipe ist Abend für Abend brechend voll. Im Sommer nutzt man den kleinen Innenhof als Biergarten. Die Speisekarte ist überraschend vielfältig. Dazu gibt's jede Menge Veranstaltungen.
Untere Sandstr. 45
96049 Bamberg
Tel. 09 51-60 34 10
www.pelikan-bamberg.de
tgl. ab 17 Uhr

Agostea

Plüschig eingerichteter Tanzpalast am Hauptbahnhof mit fast schlossartigem Ambiente. »All you need is Party« lautet die Devise. Gespielt werden Dancecharts, House, Vocal House, Black Beat, R'n'B, Hip-Hop, Latino, Salsa, Rock, Pop und Fox.
Ludwigstr. 25, 96052 Bamberg
Tel. 09 51-3 09 04 70
www.agostea.de
Fr, Sa ab 21 Uhr

Jazzclub Bamberg

Urige Musikkneipe in der Altstadt mit guter Livemusik im Kellergewölbe. Jeden ersten Mittwoch des Monats findet eine Jazzclub-Session statt. Außerdem Kabarett- und Theateraufführungen. Im Sommer lockt der schöne Biergarten.
Obere Sandstr. 18
96049 Bamberg
Tel. 09 51-5 37 40
www.jcbamberg.de
Nur bei Veranstaltungen am Wochenende geöffnet

Bayreuth

Markgräflicher Glanz und Wagnerkult

Eigentlich gibt es wesentlich mehr Gründe, die stolze Residenz der Markgrafen zwischen Fichtelgebirge, Fränkischer Schweiz und Frankenwald zu besuchen, als die Wagnerfestspiele im August, für die man ohnehin vermutlich keine Karten ergattern wird. Man mag den Glanz kaum fassen, den Markgraf Friedrich und Markgräfin Wilhelmine während ihrer Regentschaft zwischen 1735 und 1763 der eigentlich zweitrangigen Provinzstadt verliehen haben. Sie hinterließen prunkvolle Barockschlösser, ein zauberhaftes Opernhaus und exquisite Parkanlagen wie die Eremitage mit ihren wunderbaren Wasserspielen. Musikfans werden sicher auf den Grünen Hügel pilgern, um dem Komponisten von Lohengrin und Parsifal ihre Reverenz zu erweisen. Dazu muss man ja nicht unbedingt fünf Stunden lang die »Götterdämmerung« auf harten Sitzen erleiden.

Markgräfliches Opernhaus

Hinter der strengen klassizistischen Fassade verbirgt sich eines der besterhaltenen und schönsten Barocktheater Europas. Es wurde 1745–1748 nach Plänen der Barockbaumeister Carlo und Guiseppe Bibiena und des Architekten Joseph Saint-Pierre im Auftrag von Markgräfin Wilhelmine erbaut. Die komplett aus Holz gestaltete Inneneinrichtung prunkt mit Wappen, Ornamenten, Säulen, Balustraden und Deckengemälden. Die Fürstenloge ist mit zahlreichen Figuren und dem Brandenburgischen Adler verziert. Das Deckengemälde von Johann Benjamin Müller zeigt Apollo und die neun Musen.

Mit einer Tiefe von 27 m war die Bühne eine der größten in Deutschland. Hier dirigierte Richard Wagner, der das Haus kurzzeitig für seine eigenen Festspiele ins Auge gefasst hatte, 1872 anlässlich der Grundsteinlegung für das Festspielhaus Beethovens Neunte Sinfonie. Heute wird das Opernhaus (491 Sitzplätze) u.a. von der Bayerischen Staatsoper genutzt. Außerhalb der Aufführungszeiten ist es für Besichtigungen geöffnet.

Opernstr. 14, 95444 Bayreuth
Tel. 09 21-7 59 69 22
www.bayreuth-wilhelmine.de
April–Sept. tgl. 9–18, Okt.–März 10–16 Uhr

Richard-Wagner-Festspielhaus

Der Musentempel aller Wagnerianer ist ein imposantes Gebäude, das am Stadtrand auf dem Grünen Hügel thront. 1876 wurde das Festspielhaus eingeweiht. Für eine prachtvolle Fassade fehlte damals allerdings das Geld. Die Akustik in dem als klassisches Amphitheater gestalteten Inneren mit terrassenförmigem Orchestergraben ist vom Feinsten, die Sitze dagegen sind legendär unbequem, gewähren jedoch allesamt gute Sicht.

Ohne Beziehungen kann es schon mal zehn Jahre dauern, bis Normalsterbliche einen der 1925 Plätze während der vom 25. Juli bis 28. August stattfindenden Festspiele ergattern. 2008 hat Festspielleiterin Katharina Wagner Public Viewing eingeführt, mit Live-Übertragungen aus dem Festspielhaus hinüber zum Volksfestplatz. Insgesamt gibt es 30 Aufführungen mit weltberühmten Solisten, Musikern und Regisseuren. Fürs leibliche Wohl der Besucher sorgt ein großes Restaurant.

Festspielhügel 1–2, 95445 Bayreuth
Tel. 09 21-7 87 80
www.bayreuther-festspiele.de
Führungen Dez.–April, Sept.–Okt. Di–So 10 und 14 Uhr. Während der Festspiel- und Probenzeit (Mai–August) sowie im November sind Führungen in der Regel nicht möglich.

Haus Wahnfried

Die zweite Kultstätte für Wagner-Liebhaber aus aller Welt steht zwischen Richard-Wagner-Straße und Hofgarten. Wagner selbst hat das Haus entworfen. 1874 zog er in die Villa ein und wohnte dort bis zu seinem Tod. Über dem Portal ließ er eine Inschrift anbringen: »Hier, wo mein Wähnen Frieden fand/Wahnfried/sei dieses Haus von mir benannt«.

Zum 100-jährigen Jubiläum der Bayreuther Festspiele 1976 wurde das 1945 durch eine Bombe zerstörte Haus wieder aufgebaut. Detailgetreu rekonstruierte man im Erdgeschoss die haushohe »Halle« und den »Saal«, in dem die Familie Wagner wohnte. Im Erdgeschoss sind auch die Räume für Sonderausstellungen untergebracht. Die eigentlichen Museumsräume mit der Dauerausstellung findet man im Unter-, Zwischen- und Obergeschoss. Besonders interessant sind die Bühnenbilder von historischen Aufführungen.

Richard-Wagner-Str. 48, 95445 Bayreuth
Tel. 09 21-75 72 80, www.wagnermuseum.de
April–Okt. Mo, Mi, Fr–So 9–17, Di, Do 9–20,
Nov.– März tgl. 10–17 Uhr

Schlosskirche

Die Schlosskirche wurde ab 1753 vom Markgrafenehepaar Wilhelmine und Friedrich als Grablege erbaut. Die beiden wurden nach ihrem Tod zusammen mit ihrer Tochter Friederike, Herzogin zu Württemberg, in einer oberirdischen Gruft beigesetzt, die Carl Philipp von Gontard schuf. Den hellen Innenraum der Kirche gestaltete der französische Hofbaumeister Joseph Saint-Pierre, der schöne Deckenstuck im Rokokostil stammt von dem italienischen Künstler Giovanni Battista Pedrozzi.

Der achteckige Glockenturm aus fast schwarzem Stein ist rund 100 Jahre älter. Er ist innen über eine Wendeltreppe erschlossen, neben der sich eine fast stufenlose Straße nach oben windet, auf der früher Warentransporte fuhren. Der benachbarte vierflügelige Gebäudekomplex geht auf eine Burganlage aus dem 14. Jh. zurück und wurde nach 1753 großteils neu errichtet. Heute ist hier, im ehemaligen Alten Schloss, das Finanzamt untergebracht.

Üppiges Barockinterieur im Konzertsaal des Markgräflichen Opernhauses

Schlossberglein 1, 95444 Bayreuth
Tel. 09 21-8 85 88
Besichtigung für Gruppen nach Vereinbarung

Neues Schloss

Hinter der langen Fassade des 1753 erbauten Schlosses verbergen sich die kostbar ausgestatteten Fürstengemächer von Markgraf Friedrich und Markgräfin Wilhelmine. Das Rokokozimmer besitzt kunstvoll verzierte Möbel, die Vertäfelung aus Nussholz ist mit geschnitzten, vergoldeten Palmbäumen dekoriert. Im Erdgeschoss erfrischt eine mit Bergkristallen und Muscheln ausgestaltete Grotte. Das Museum Bayreuther Fayencen – Sammlung Rummel zeigt die großartigsten Beispiele aus der Produktion der Bayreuther Manufaktur. Die Galerieräume des Zweigmuseums der Bayerischen Staatsgemäldesammlungen präsentieren niederländische und deutsche Gemälde aus dem 18. Jh. Hinter dem Schloss lädt der Hofgarten mit alten Bäumen, Pavillons, Statuen und einer Orangerie zu Spaziergängen ein.

Ludwigstr. 21, 95445 Bayreuth
Tel. 09 21-75 96 90
www.bayreuth-wilhelmine.de
April–Sept. tgl. 9–18, Okt.–März Di–So 10–16 Uhr

Brunnen in der Eremitage, im Hintergrund der Sonnentempel

Jean-Paul-Museum

Gleich links neben Haus Wahnfried erinnert das Dichtermuseum an Johann Paul Friedrich Richter, der 1763 in Wunsiedel geboren wurde und sich später Jean Paul nannte. Zu seiner Zeit war er mit seinen Gedankenflügen und Traumbildern, seinen grandiosen Naturschilderungen und empfindsamen Gefühlsdarstellungen erfolgreicher als die Klassiker Goethe und Schiller. 1805 übersiedelte er nach Bayreuth, wo er 1825 starb.

Seine bekanntesten Werke sind die Romane »Flegeljahre« und »Titan«, beide in wertvollen Erstausgaben im Museum zu sehen, des Weiteren Handschriften, Porträts und Angaben zu seinem literarischen Umfeld. Schmuckstück ist der Schreibschrank aus dem Besitz des Dichters, aber auch seine Nickelbrille und eine Haarlocke haben hier Platz gefunden. Im gleichen Haus ist das Wagner-Archiv untergebracht.

Wahnfriedstr. 1, 95444 Bayreuth
Tel. 09 21-5 07 14 44
www.stadt-bayreuth.de
Sept.–Juni tgl. 10–12, 14–17, Juli–Aug. 10–17 Uhr

Eremitage

Im englischen Landschaftsgarten östlich der Stadt liegen zwei Lustschlösschen. Das Alte Schloss wirkt von außen eher unscheinbar, besitzt aber eine kostbare barocke Innenein-richtung. Im Sommer 2009 wurde es zum

300. Geburtstag der Markgräfin Wilhelmine nach umfassender Sanierung wieder für Besucher geöffnet. In altem Glanz erstrahlen das Japanische Kabinett, das Musikzimmer, das Chinesische Spiegelkabinett und die Grotte mit Glasschlacken und Muscheln.

Nicht minder faszinierend ist das zwischen 1749 und 1753 errichtete Neue Schloss mit dem achteckigen Sonnentempel, auf dessen Kuppel ein goldglitzernder Sonnenwagen thront. Keineswegs auslassen sollte man einen Spaziergang durch den von schönen Alleen durchzogenen Garten der Eremitage mit Drachenhöhle, Vogelhaus und den herrlichen Wasserspielen der Unteren Grotte.

Eremitage 1, 95448 Bayreuth
Tel. 09 21-7 59 69 37
www.bayreuth-wilhelmine.de
April–Sept. tgl. 9–18, 1. bis 15. Oktober 10–16 Uhr. 16. Okt. bis 31. März geschl. Wasserspiele: Mai bis Okt. Obere Grotte tgl. 10–17 Uhr jede volle Std., Untere Grotte jeweils 15 Minuten später.

Schloss und Park Fantaisie

Das Schloss liegt etwa 5 km westlich von Bayreuth an der Hauptstraße von Donndorf. Von einer Italienreise zurückgekehrt, ließen Markgraf Friedrich und seine Gattin Wilhelmine einen italienischen Palazzo mit verwunschenem Schlossgarten errichten, erlebten jedoch die Fertigstellung nicht mehr. Hier wohnte ihre Tochter Elisabeth Friederike Sophie nach der Trennung von Herzog Carl Eugen von Württemberg bis zu ihrem Tod (1780). Sie gab dem Anwesen den klangvollen Beinamen Fantaisie.

Mitte des 19. Jhs. ließ es Herzog Alexander von Württemberg im Renaissancestil umgestalten. Nach mancherlei Zweckentfremdungen dient das Schloss heute als Gartenkunstmuseum. Das steil abfallende, von Jean Paul literarisch verewigte Parkgelände ist im oberen Bereich barock gestaltet, unterhalb des Schlosses ist es dem englischen Landschaftsstil angepasst.

Bamberger Str. 3, 95488 Eckersdorf-Donndorf
Tel. 09 21-73 14 00 11
www.gartenkunst-museum.de
April–Sept. tgl. 9–18, 1.–15. Okt. Di–So 10–16 Uhr

Hotels

Schlosshotel Thiergarten

Nur acht komfortabel und geschmackvoll eingerichtete Zimmer sowie eine 55 m² große Kaisersuite gibt es in diesem exklusiven Barockschlösschen, in dem schon viele Prominente den Blick zum Festspielhügel oder in den Garten genossen haben. Das Restaurant »Petit Château« verwöhnt die anspruchsvollen Gäste mit feiner Küche. Rechtzeitig reservieren!
**Oberthiergärtner Str. 36
95445 Bayreuth, Tel. 09 21-98 40
www.schlosshotel-
thiergarten.de**

Bayerischer Hof

First-Class-Hotel unmittelbar beim Bahnhof, mit sehr individuell und geschmackvoll eingerichteten Zimmern und Suiten. Während der Festspielzeit trifft sich hier die High Society der Wagnerianer, die mit einem Spitzenrestaurant sowie mit Sauna, Hallenbad und Solarium verwöhnt wird.
**Bahnhofstr. 14, 95444 Bayreuth
Tel. 09 21-7 86 00
www.bayerischer-hof.de**

Hotel Eremitage

3 km außerhalb der Stadtgrenze liegt dieses romantische Familienhotel unmittelbar neben dem Alten Schloss und dem Barockgarten der Eremitage. Die geschmackvoll eingerichteten, vor allem bei Hochzeitspaaren beliebten Zimmer bieten Komfort und himmlische Ruhe. Hauseigene Gaststätte mit bodenständiger fränkischer und mediterraner Küche.
**Eremitage 6, 95445 Bayreuth
Tel. 09 21-79 99 70
www.eremitage-bayreuth.de**

Goldener Anker

Das zentral neben dem Markgräflichen Opernhaus in der Fußgängerzone gelegene historische Gebäude bietet großzügig gestaltete Zimmer und ein intimes Restaurant mit original erhaltener Inneneinrichtung von 1927 und feiner französischer Küche.
**Opernstr. 6, 95444 Bayreuth
Tel. 09 21-7 87 77 40
www.anker-bayreuth.de**

Lohmühle

Das am malerischen Mühlbach gelegene familiengeführte Fachwerkhotel bietet niveauvolle Zimmer mit altfränkischem Flair. Die Küche serviert fränkische und internationale Spezialitäten, darunter köstliche Süßwasserfische, die direkt aus dem hauseigenen Bassin kommen.
**Badstr. 37, 95444 Bayreuth
Tel. 09 21-5 30 60
www.hotel-lohmuehle.de**

Waldhotel Stein

Das freundliche familiengeführte Hotel liegt etwas außerhalb der Stadt am Waldrand inmitten eines Parks. Die großzügig geschnittenen Zimmer sind elegant möbliert und bieten Marmorbäder und WLAN. Im Panoramarestaurant wird Bioküche mit vielen Wildspezialitäten serviert. Bei schönem Wetter genießt man den Blick von der Café-Terrasse. Zum Wellnessangebot zählen Hallenbad, Sauna und Fitnessraum.
**Seulbitzer Str. 79
95448 Bayreuth-Seulbitz
Tel. 09 21-90 01
www.waldhotel-stein.de**

Restaurants

Dötzer's Restauration

Restaurant mit mediterranem Flair, das monatlich wechselnde Wein- und Menüstreifzüge durch viele Regionen Europas anbietet. Mittags schmeckt das preisgünstige Lunch-Menü auf der Sonnenterrasse oder im reizenden toskanischen Kräutergärtchen.
**Sophienstr. 22, 95444 Bayreuth
Tel. 09 21-7 86 72 50
www.doetzers.de**
tgl. 11.30–14.30 und ab 17.30 Uhr

Oskar

Im Wirtshaus am Markt im Alten Rathaus mit Biergarten genießt man bodenständige fränkische Gerichte aus regionalen Produkten. Es gibt aber auch Vegetarisches, z.B. Spinatknödel auf Kirschtomaten-Rucola-Soße mit Kräuterpesto.
**Maximilianstr. 33
95444 Bayreuth
Tel. 09 21-5 16 05 53
www.oskar-bayreuth.de**
Mo–Sa 8–1, So, Fei 9–1 Uhr

Zur Sudpfanne

In stilvoll eingerichteten Räumen serviert dieses Restaurant leichte, kreative fränkische Küche, z.B. Schwammerlbraten vom Schwein, Ochsenrücken oder Wildragout in schwarzer Walnusssoße. Kleine Leckereien und Fondues gibt es in der Brasserie. Großer Biergarten mit schönem Kinderspielplatz.
**Oberkonnersreuther Str. 6
95447 Bayreuth
Tel. 09 21-5 28 83
www.sudpfanne.de**

Bürgerbräu Schinner

Nur 200 m von der Villa Wahnfried entfernt genießt man in diesem Brauereigasthof gehobene fränkische Küche und Brotzeiten. Kleine Terrasse hinter dem Haus.
**Richard-Wagner-Str. 38
95444 Bayreuth
Tel. 09 21-6 76 73
www.schinner-brau.
beepworld.de**
Di–Sa 10–14, 17–24,
So nur bis 14 Uhr

Bürgerreuth

Wintergarten-Restaurant mit klassischer italienischer Küche oberhalb des Festspielhauses. Bei schönem

Wetter lockt der romantische Biergarten mit alten Lindenbäumen und neuem Kinderspielplatz.
An der Bürgerreuth 20
95445 Bayreuth
Tel. 09 21-7 84 00
Mo geschlossen

Miamiam–Glouglou
Sympathisches französisches Café-Bistro-Restaurant mit leckeren Salaten, diversen Lamm-, Geflügel- und Fischspezialitäten und guten offenen und Flaschenweinen. Naschkatzen lieben die leckeren Crêpes.
Von-Römer-Str. 28
95444 Bayreuth
Tel. 01 76-40 23 73 57
www.miamiam-glouglou.de
tgl. 10–1 Uhr

Shopping

Rotmain Center
Das große Einkaufszentrum hat über 80 Fachgeschäfte mit dem Schwerpunkt Mode zu bieten. Daneben gibt es hier auch Lebensmittel, Schmuck, Accessoires, Cafés und Restaurants.
Hohenzollernring 58
95444 Bayreuth
Tel. 09 21-76 43 10
www.rotmain-center.de
Mo–Sa 9.30–20 Uhr

Lunas Delikatessen
Umfangreiches Feinkost-Sortiment, Spezialist für Weine aus aller Welt, Schaumweine, Obstbrände und Delikatessen wie Gewürze, Essige, Öle, Bio-Limonaden, Edel-Müsli und Fleur de Sel aus Ibiza.
Maximilianstr. 17
95444 Bayreuth
Tel. 09 21-5 30 45 77
www.lunas-delikatessen.de

Bayreuther Wein- und Confiseriehaus
Feinkost-Supermarkt mit vorzüglichem Weinsortiment, guter Auswahl an edlen Whisk(e)ys und fränkischen Bieren, auch aus kleinen Brauereien, und dazu feinste Pralinen (auch für Diabetiker), Konfitüre, Öle, Essige, Pastaspezialitäten und Kaffee.
Wittelsbacherring 38
95444 Bayreuth
Tel. 09 21-1 50 44 38
www.weinhaus-24.de
Mo–Fr 9–18.30, Sa 8.30–14 Uhr

Juwelier Kolanus
Renommierter Juwelier mit Uhrenwerkstatt, eigener Goldschmiede, selbst entworfenem individuellem Schmuckdesign und einer großen Auswahl an Diamant- und Perlenschmuck.
Maximilianstr. 7
95444 Bayreuth
Tel. 09 21-6 56 18
www.kolanus.de
Mo–Fr 9–18, Sa bis 16 Uhr, im Dez. bis 18 Uhr

Markgrafen Buchhandlung
Die Traditionsbuchhandlung führt neben einem umfangreichen Standardsortiment viele Publikationen über Bayreuth, aber auch CDs und DVDs mit zahlreichen Wagner-Einspielungen.
Opernstr. 1–3, 95444 Bayreuth
Tel. 09 21-6 30 09
www.markgrafen.de
Mo– Fr 9–18.30, Sa bis 17 Uhr

Am Abend

Studiobühne Bayreuth
Die viel beachtete Theatergruppe besteht aus 100 Ensemblemitgliedern, die im Jahr 14 Eigenproduktionen in 240 Aufführungen bieten. Unter der Leitung von Werner Hildenbrand gingen Schauspieler aus dem Ensemble hervor, die auch für Fernsehproduktionen verpflichtet wurden. Überregionale Beachtung erzielt die Studiobühne mit ihren Wagneradaptionen.
Röntgenstr. 2, 95447 Bayreuth
Tel. 09 21-76 43 60
www.studiobuehne-bayreuth.de

Brandenburger Kulturstadl
Das solide Laientheater spielt Kriminalstücke, Boulevardkomödien und Mundartstücke. Zusätzlich werden zweimal pro Jahr Kinderstücke einstudiert. Jeweils zwei bis drei Aufführungen pro Woche.
Brandenburger Str. 35
95448 Bayreuth
Tel. 09 21-1 36 63
www.kulturstadl.de

Cineplex
Das Cineplex ist mit acht Kinosälen und vier Foyer-Ebenen inkl. Bar und Café nicht nur ein modernes Kino, sondern auch ein multifunktionales Forum der Begegnung gegenüber dem Rotmain Center.
Hindenburgstr. 2
95445 Bayreuth
Tel. 09 21-7 64 70 50
www.bayreuth.cineplex.de
tgl. ab 12.30 Uhr

Rumix Club
Riesige Pyramiden, ägyptische Figuren, Sitzecken im Leoparden-Look, dazu wummernde Bässe, deutsch-russische Areas und jede Menge Wodka: So lautet das Erfolgsrezept der Disco im Industriegebiet, die 2009 den bekannten A9-Club abgelöst hat.
Bindlacherstr. 4, 95448 Bayreuth
Tel. 09 21-1 62 77 98
www.rumix-club.de

Tapas Bar Borracho
Bar mit Kubaflair und weit über 100 Cocktails. Happy Hour 19–20 Uhr. Viele Partys, im Sommer mit Strand-Feeling.
Maximilianstr. 74
95444 Bayreuth
Tel. 09 21-5 07 59 53
www.borracho.de
Mo–Sa ab 19 Uhr

Berlin

Große Welt und kleiner Kiez

Seit dem Fall der Mauer im November 1989 hat Berlin rasante Wandlungen durchlebt. Mit dem Umzug von Regierung und Parlament von Bonn an die Spree erhielt die Hauptstadt des wiedervereinigten Deutschlands 1999 ihre politische Bedeutung augenfällig zurück. Die gläserne Kuppel des Reichstags mit ihrer Aussichtsplattform in 40 m Höhe, ein Geniestreich von Sir Norman Foster, ist zu einem neuen Wahrzeichen geworden. Berlin ist heute mehr denn je eine Stadt der Widersprüche und Kontraste: Internationale Stararchitekten drücken Berlin-Mitte ihren Stempel auf, während sich in anderen Vierteln ein Plattenbau aus der DDR-Zeit an den anderen reiht. Altberliner Bürger und Autonome, Neureiche und Hartz-IV-Empfänger, alle wohnen sie nur einen Steinwurf voneinander entfernt. Eine kaum überschaubare Kulturszene mit drei Opernhäusern und den Berliner Philharmonikern als musikalischen Spitzen, mit über 150 Museen und unzähligen Galerien und einem unglaublich vielfältigen, glamourösen Nachtleben sorgen für spannende Entdeckungen. Szene und Stadtbild verändern sich schnell, sodass Berlin immer wieder eine Reise wert ist.

Brandenburger Tor und Pariser Platz

Als Abschluss der Prachtstraße Unter den Linden stand das 1788 bis 1791 von C. G. Langhans nach dem Vorbild der Akropolis-Propyläen errichtete klassizistische Brandenburger Tor wiederholt im Brennpunkt historischer Ereignisse. Sein allegorisches Skulpturenprogramm, einschließlich Gottfried Schadows Siegesgöttin mit Quadriga, ist eine Huldigung an Friedrich den Großen als Friedensfürst. Nachdem Napoleon die Gruppe anlässlich seines Sieges über Preußen nach Paris gebracht hatte, wurde sie 1814, mit preußischem Adler und Eisernem Kreuz versehen, wieder aufgestellt. Nach dem Mauerbau galt das Tor als Sinnbild der deutschen Teilung, bis seine Öffnung im Herbst 1989 symbolisch die Wiedervereinigung vorwegnahm.
Die Neugestaltung des Pariser Platzes, der nach dem Zweiten Weltkrieg im Schatten der Mauer städtebaulich funktionslos geworden war, hat inzwischen konkrete Formen angenommen. Interessante Akzente setzen z.B. das 1997 wiedereröffnete Hotel Adlon mit sei-

nem eleganten Foyer, der Neubau des ehemaligen Wohnhauses von Max Liebermann durch den Architekten Josef Paul Kleihues und die neue Kunstakademie.
Pariser Platz, 10117 Berlin

Reichstag

Das Gebäude, einer der aufwendigsten Prunkbauten des Wilhelminismus, wurde 1884 bis 1894 von Paul Wallot im Stil der italienischen Hochrenaissance errichtet und diente als Tagungsort der Parlamente des Deutschen Reiches und der Weimarer Republik.
Nach dem Zweiten Weltkrieg zur Außenstelle des Bonner Bundestags erklärt, de facto jedoch bis zur Wiedervereinigung Deutschlands und dem Beschluss des Deutschen Bundestages, von Bonn nach Berlin umzuziehen, funktionslos geworden, durchlief das Reichstagsgebäude nach einer spektakulären Verhüllungsaktion des Künstlerpaares Christo und Jeanne-Claude 1995 seine Metamorphose zum neuen gesamtdeutschen Parlament. Leitgedanke des Umbaus durch den britischen Stararchitekten Sir Norman Foster war die Idee

der Transparenz: Der zurückhaltend gestalte-te Plenarsaal ist von allen Seiten einsehbar, und auch die riesige Kuppel ist gläsern und im Innern begehbar, sodass das Volk seinen Parlamentariern aufs Dach steigen kann.

Platz der Republik 1, 11011 Berlin
Tel. 0 30-22 73 21 52, www.bundestag.de
Kuppel tgl. 8–24 Uhr (letzter Einlass 22 Uhr; 3–4-mal jährlich wg. Renovierungsarbeiten geschl.), Restaurant: tgl. 9–16.30, 18.30–24 Uhr, Plenarsaal (nur nach Anmeldung mit Führung, nur außerhalb der Sitzungszeiten) tgl. 10.30, 13.30, 15.30, 18.30 Uhr, Besuch einer Plenarsitzung in Sitzungswochen Mi, Do und Fr möglich (nach Anmeldung)

Potsdamer Platz

Wo sich nach schweren Kriegsschäden im Schatten der Mauer ein trostloses Areal von 67 000 m² ausdehnte, wurden nach der Wie-dervereinigung Zeichen gesetzt. Auf der größten Baustelle Berlins entstand ein neues urbanes Zentrum. Die Stars der zeitgenössi-schen Architektur bauten hier Hochhauskom-plexe für multinationale Konzerne wie Sony (Helmut Jahn), DaimlerChrysler (Renzo Pia-no) und ABB (Giorgio Grassi). Hans Kollhoff schuf den 103 Meter hohen Kollhoff-Tower in Backsteinoptik mit einer Aussichtsplattform (Panoramapunkt) in der obersten Etage.

Das im Januar 2000 eröffnete Sony Center widmet sich der Welt des Films. Neben einem IMAX-3D-Kino beherbergt es das Filmhaus, mit dem Institutionen wie die Deutsche Film- und Fernsehakademie und das Filmmuseum Berlin erstmals an einem Ort zusammenge-führt wurden. Weitere Anziehungspunkte sind das noble Grand Hyatt Hotel, das Musi-caltheater und das Spielkasino.

Potsdamer Platz, 10785 Berlin
www.potsdamer-platz.net

Museumsinsel

Karl Friedrich Schinkel hatte ein Zentrum der Kunst und Altertumswissenschaft nach dem Vorbild antiker Tempelbezirke geplant. Heute formieren sich auf der Spreeinsel klassizisti-sche Bauten zu einem einzigartigen Ensemb-le. 1999 erhielt es mit der Aufnahme ins Welt-kulturerbe der UNESCO höchste Weihen. Die Zusammenführung vieler über die Stadt ver-streuter Sammlungen machte Umstrukturie-rungs- und Umbaumaßnahmen nötig.

Das Alte Museum Schinkels beherbergt die Antikensammlung. Im Pergamonmuseum werden antike und islamische Kunst präsen-tiert. 2006 eröffnete das Bodemuseum neu. Es zeigt Ausstellungen zur Spätantike und Byzantinischen Kunst, ein Münzkabinett und eine Skulpturensammlung. Den Auftakt der von Grund auf renovierten Bauten auf der Museumsinsel hatte 2001 die Alte National-galerie gemacht. Das momentan letzte, 2009 nach Generalsanierung wiedereröffnete Haus ist das Neue Museum. Die Sammlungen des Ägyptischen Museums (mit Nofretete-Büste) und des Museums für Vor- und Frühgeschich-te fanden hier wieder ihren Platz.

Am Kupfergraben, 10117 Berlin
Tel. 0 30-20 90 55 77
www.museumsinsel-berlin.de
Di–So 10–18, Do bis 22 Uhr

Museen Dahlem

Der Stadtteil Dahlem ist ein Mekka für alle, die sich für fremde Kulturen und Kunstwerke begeistern. Eines der größten völkerkundli-chen Museen der Welt ist das Ethnologische Museum mit mehr als 500 000 Objekten. Zu seinen Höhepunkten zählen originale Boote und Katamarane aus dem polynesischen Raum, die Goldkammer mit unermesslichen Schätzen aus indianischen Kulturen und die Elfenbein- und Bronzeobjekte der Benin-Sammlung. Das angeschlossene Junior-Muse-um bereitet Völkerkunde auch für junge Besu-cher anschaulich und spannend auf.

Das Museum für Asiatische Kunst präsentiert Objekte aus Süd-, Südost- und Zentralasien und glänzt mit chinesischen Porzellan- und Lackarbeiten, japanischer Teekeramik, der ältesten bekannten Bronze des Gottes Vishnu (7. Jh.) sowie Wandmalereien aus buddhisti-schen Kulthöhlen an der Nördlichen Seiden-straße. Zurück nach Europa führt das Muse-um Europäischer Kulturen mit einer der welt-größten Sammlungen der Kunst und Kultur europäischer Völker und Ethnien. Der Schwerpunkt seiner Ausstellung liegt auf der

Das Treppenhaus im Neuen Museum auf der Museumsinsel gestaltete David Chipperfield

Alltagskultur vom 18. Jh. bis zur Gegenwart. Nach umfassender Renovierung soll es Mitte 2011 wieder eröffnen.
Lansstr. 8/Arnimallee 25, 14195 Berlin
Tel. 0 30-8 30 14 38, www.smb.spk-berlin.de
Mi–Fr 10–18, Sa, So 11–18 Uhr

Deutsches Historisches Museum

Das älteste Gebäude auf der Prachtstraße Unter den Linden, das barocke Zeughaus vom Anfang des 18. Jhs., ist ein würdiger Rahmen für das Deutsche Historische Museum. Zweitausend Jahre deutscher Geschichte bereiten die Ausstellungen auf – anhand von Schriftstücken, Plakaten, Münzen, Alltagsgegenständen, Militaria u.v.m. In der ersten Etage reist man im Zeitraffer vom ersten vorchristlichen Jahrhundert bis in die Neuzeit, zum Ende des Ersten Weltkriegs 1918.
Der Schwerpunkt der Sammlungen liegt auf den letzten knapp hundert Jahren der deutschen Historie: Ihnen ist das gesamte Erdgeschoss gewidmet. Die Weimarer Republik, die

Zeit des Nationalsozialismus, der Zweite Weltkrieg und die Nachkriegszeit, das geteilte Deutschland und schließlich die Wiedervereinigung werden lebendig präsentiert. Hinter dem historischen Zeughaus hat der Architekt Ioeh Ming Pei einen modernen, lichtdurchfluteten Anbau errichtet, in dem Sonderausstellungen zu sehen sind.
Unter den Linden 2, 10117 Berlin
Tel. 0 30-20 30 40, www.dhm.de
tgl. 10–18 Uhr

Jüdisches Museum

Der zickzackförmige Bau von Daniel Libeskind, der einen zerbrochenen Davidstern symbolisiert, wurde heftig diskutiert und erregte die Gemüter. Doch der Erfolg gibt dem Architekten und den Ausstellungsplanern recht: Das Museum gehört heute zu den meistbesuchten der Stadt.
Die äußere Form korrespondiert aufs Eindrucksvollste mit der Ausstellungskonzeption. »Zwei Jahrtausende Deutsch-Jüdische

Berlin

Geschichte« will das Jüdische Museum seinen Besuchern nahebringen. Religiöse Objekte, Gemälde, Skulpturen, Handschriften, Familienfotos und Möbel erschließen die jüdische Kultur. Dazwischen finden sich immer wieder Erinnerungen an das Schicksal des jüdischen Volkes: Die Mitte des Baus wird von leeren Räumen durchzogen, eine Mahnung an die Vernichtung von Millionen von Juden. Doch auch der friedliche und fruchtbare Austausch zwischen Juden und Nichtjuden findet seinen Ausdruck: in der Fenstergestaltung der »Linie der Verbundenheit«.

Lindenstr. 9–14, 10969 Berlin
Tel. 0 30-25 99 33 00
www.juedisches-museum-berlin.de
Di–So 10–20, Mo bis 22 Uhr, an jüdischen Feiertagen und Heiligabend geschlossen

Charlottenburger Schloss

Der lang gestreckte barocke Kuppelbau des schönsten Schlosses der Hohenzollern, errichtet im 17./18. Jh., wurde nach Sophie Charlotte, der Gattin Friedrichs I., benannt. Neben den Wohnräumen des Herrscherpaars im friderizianischen Rokoko beherbergt es in dem von Knobelsdorff angebauten Neuen Flügel die Galerie der Romantik (C. D. Friedrich, Carl Blechen). Der weitläufige Schlosspark ist ein Juwel formell-barocken und zwanglos englischen Landschaftsbaus mit dem Mausoleum der Königin Luise, dem Schinkelpavillon und dem Belvedere (Porzellansammlung).

Den Auftakt der Schlossstraße bilden zwei kuppelgekrönte Kopfbauten (Stülerbauten) mit sehenswerten Museen: die Sammlung Berggruen mit Werken der Moderne (Picasso, Cézanne) sowie die Sammlung Scharf-Gerstenberg mit surrealistischer Kunst. In einem ehemaligen Kasernenbau der Gründerzeit präsentiert das Bröhan-Museum neben Gebrauchskunst des Jugendstils und Art déco eine Gemälde- und Grafiksammlung zur Berliner Secession.

Spandauer Damm 10–22, 14059 Berlin
Tel. 0 30-32 09 11, www.spsg.de
Mittelbau (Altes Schloss) Nov.–März Di–So 10–17, April–Okt. 10–18 Uhr; Neuer Flügel Nov.–März Mi–Mo 10–17, April–Okt. 10–18 Uhr

Kurfürstendamm

Die 3,5 km lange Einkaufsmeile bietet jene bunte Mischung, die das Flanieren zum Vergnügen macht: Kaufhäuser und Restaurants, Boutiquen und Cafés, Hotels und Theater, Museen und Galerien, Luxus und Ramsch. Was als Reitweg zum kurfürstlichen Jagdschloss Grunewald begann, entwickelte sich zum Prachtboulevard mit stattlichen Stadtpalais. Selbst die Schäden des Zweiten Weltkriegs konnten das besondere Flair nicht zerstören. Die Turmruine der Kaiser-Wilhelm-Gedächtniskirche ließ man als Mahnmal für Frieden und Versöhnung neben dem oktogonalen Neubau Emil Eiermanns stehen.

Seinen Ruf als Konsumtempel der gehobenen Ansprüche bewahren konnte das um 1900 erbaute Kaufhaus des Westens (KaDeWe) am Wittenbergplatz: Die großzügige Lebensmittelabteilung genießt Kultstatus.

Kurfürstendamm, 10789 Berlin
www.kurfuerstendamm.de

Fernsehturm

Er überragt alle anderen Gebäude Berlins, ja sogar Deutschlands: der 368 Meter hohe Fernsehturm auf dem Alexanderplatz. SED-Parteichef Walter Ulbricht ordnete 1964 die Errichtung eines weithin sichtbaren Monuments an, das die sozialistische DDR repräsentieren sollte. Obwohl der »Telespargel« Ingenieure und Bautechniker vor große Herausforderungen stellte, konnte der Fernsehturm nach nur 53 Monaten eingeweiht werden. Die rot-weiß gestreifte Antenne ist allein schon 118 m hoch; die silbrig glänzende Kugel hat einen Durchmesser von 32 m und wiegt 4800 t.

In die Kugel gelangt man mit einem schnellen Fahrstuhl (6 m/s). Hier befinden sich auf 207 m Höhe das Telecafé, das sich in 30 Minuten einmal um die eigene Achse dreht, und auf 204 m Höhe die Aussichtsetage. Das Panorama ist einzigartig und reicht bei guter Witterung bis zu 40 km weit ins Umland. Ein besonderes Erlebnis ist die Aussicht auf das nächtliche Lichtermeer der Stadt.

Panoramastr. 1a, 10178 Berlin
Tel. 0 30-2 47 57 50, www.tv-turm.de
März–Okt. tgl. 9–24 Uhr, Nov.–Febr. tgl. 10–24 Uhr

Hotels

Schlosshotel im Grunewald
Das Luxushotel ist in einer historischen Villa inmitten eines malerischen Parks untergebracht. Die
Innendekoration stammt von Mode-
zar Karl Lagerfeld. Für ultimative
Entspannung sorgt das traumhafte
Spa. Während der Fußball-WM
2006 bezog hier übrigens die deutsche Nationalmannschaft Quartier.
Brahmsstr. 10
14193 Berlin-Wilmersdorf
Tel. 0 30-89 58 40
www.schlosshotelberlin.com

Hotel Art Nouveau
Dieses kleine, aber feine, gleich in
der Nähe des Ku'damms gelegene
Jugendstilgebäude bietet 22 groß-
zügige, individuell ausgestattete
und in warmen Farben gehaltene
Altbauzimmer mit Stuckdecken,
Dielenfußböden und Antiquitäten.
Frühzeitig buchen!
Leibnizstr. 59, 10629 Berlin
Tel. 0 30-3 27 74 40
www.hotelartnouveau.de

art'otel berlin mitte
Das art'otel ist dem bekannten zeitgenössischen Künstler Georg Baselitz gewidmet; in den Zimmern und
in den öffentlichen Bereichen sind
seine Werke zu bewundern. Die
Herberge besticht durch ihr großzügiges, modernes Ambiente und
ihre zentrale Lage nahe dem
Nikolaiviertel. Gratis-WLAN im
gesamten Gebäude.
Wallstr. 70–73, 10179 Berlin
Tel. 0 30-24 06 20
www.artotels.com

Hotel Pension Fasanenhaus
Gegenüber dem Literaturhaus Berlin
ist dieses Hotel in der ersten Etage
eines prachtvollen, denkmalgeschützten Charlottenburger Altbaus
untergebracht. Die gemütlich eingerichteten Zimmer unterstreichen das
hochherrschaftliche Flair. Nicht alle
Räume haben ein eigenes Bad.
Fasanenstr. 73
10719 Berlin-Charlottenburg
Tel. 0 30-8 81 67 13
www.fasanenhaus.de

Honigmond Garden Hotel
Berlin für Romantiker: 20 Zimmer,
sechs Gartenbungalows und drei
Suiten, äußerst geschmackvoll eingerichtet. Der wunderschöne Garten ist ein Idyll mitten in der Großstadt mit quakenden Fröschen und
einem asiatisch anmutenden Brück-
lein. Dieses Paradies ist nur 15 Gehminuten von Museumsinsel und
Hackeschen Höfen entfernt.
Invalidenstr. 122, 10115 Berlin
Tel. 0 30-28 44 55 77
www.honigmond-berlin.de

Restaurants

Facil
Auf dem Dach des Mandala Hotels
lädt ein futuristischer Glasquader
mit Sommerterrasse zu einem
unvergesslichen kulinarischen
Erlebnis ein. Michael Kempf zaubert
Gourmetküche vom Feinsten und
bescherte dem Restaurant damit
einen Michelin-Stern.
Potsdamer Str. 3, 10785 Berlin
Tel. 0 30-5 90 05 12 34
www.facil.de
Mo–Fr 12–15 und ab 19 Uhr

Neugrüns Köche
Bei Neugrüns Köchen kann man sich
jeden Tag aufs Neue zwischen zwei
Vier-Gänge-Menüs entscheiden: Es
gibt ein regionales und eine südliche Variante. Extrawünsche wie
vegetarische Gerichte werden gerne
berücksichtigt. Die Zutaten sind in
jedem Fall streng biodynamisch.
Schönhauser Allee 135a
10437 Berlin
Tel. 0 30-44 01 20 92
www.neugruenskoeche.de
Di–Sa ab 18 Uhr

Kuchi
Angesagter Treff mit asiatischen
Köstlichkeiten, vor allem Sushi und
die sehr beliebten Extreme Rolls,
aber auch leckere Miso-Ente und
in der angeschlossenen Noodle-
Kitchen gehaltvolle, Leib und Seele
wärmende Nudelsuppen.
Gipsstr. 3, 10119 Berlin
Tel. 0 30-28 38 66 22
www.kuchi.de
Mo–Sa ab 12, So ab 18 Uhr

Café Einstein
Wiener Kaffeehaustradition in
Berlin? – Kein Problem: Im Café
Einstein werden Mélange, Tafelspitz
und Kaiserschmarrn im stilechten
Ambiente gereicht. Eine weitere
Filiale wartet Unter den Linden 42
auf Gäste.
Kurfürstenstr. 58, 10785 Berlin
Tel. 0 30-2 61 50 96
www.cafeeinstein.com
tgl. 8–1 Uhr

Gorgonzola Club
Szene-Italiener mit hübschem Biergarten und feiner Küche: Spinat-
salat mit sautierten Champignons,
Gnocchi mit Salbeiparmesanbutter
oder Pizza Gorgonzola gehören zu
den Spezialitäten. Nach dem Essen
kann man im angeschlossenen Club
Würgeengel feiern.
Dresdener Str. 121
10999 Berlin-Kreuzberg
Tel. 0 30-6 15 64 73
www.gorgonzolaclub.de
tgl. ab 18 Uhr

Shopping

Kaufhaus des Westens
Im KaDeWe, wie die Berliner kurz
Europas größtes Kaufhaus nennen,
erfreut sich neben den Parfümerien
und Juwelieren vor allem die Fein-
schmeckeretage großer Beliebtheit.
An zahlreichen Probier-Bars kann
man das verführerische Sortiment
zunächst testen. Der großzügig

dimensionierte Genusstempel ist allerdings nichts für den schmalen Geldbeutel.
Tauentzienstr. 21–24
10789 Berlin
Tel. 0 30-2 12 10
www.kadewe.de
Mo–Do 10–20, Fr bis 21,
Sa 9.30–20 Uhr

Galeries Lafayette

Der elegante Ableger der französischen Kaufhauskette rückte den klassischen Einkaufsboulevard des alten Berlin, die Friedrichstraße, wieder in den Blickpunkt des Interesses. Die Kleider mit französischer Note sind nicht billig, aber erschwinglich. Außerdem locken Schmuck und Parfümerieartikel sowie die Auswahl an französischen Spezialitäten in der Lebensmittelabteilung.
Friedrichstr. 76–78
10117 Berlin
Tel. 0 30-20 94 80
www.galerieslafayette.de
Mo–Sa 10–20 Uhr

Berlinomat

Der 500 m² große Flagshipstore ist eine unerschöpfliche Fundgrube für trendige Modelabels, Schmuck und Interieur. Hier findet man Kreatives und Schräges von Berliner Designern sowie nette Geschenkideen – vom Stadtmemory und Plattenbauquartett bis zum aufblasbaren Fernsehturm. Wenn man vom Stöbern genug hat, bietet sich die Café-Lounge für eine Verschnaufpause an.
Frankfurter Allee 89
10247 Berlin-Friedrichshain
Tel. 0 30-42 08 14 45
www.berlinomat.de
Mo–Sa 11–20 Uhr

Confiserie Melanie

Seit über 40 Jahren werden hier köstliche Pralinen und Trüffel in liebevoller Handarbeit hergestellt, auch mit ungewöhnlichen Zutaten wie Knoblauch oder Curry. Zu den süßen Juwelen gesellt sich ein Sortiment an Delikatessen, von Senf bis Konfitüre.
Goethestr. 4, 10623 Berlin
Tel. 0 30-3 13 83 30
www.bei-melanie.de
Mo, Di, Mi, Fr 10–19, Do 13–19,
Sa 10–14 Uhr

Die Imaginäre Manufaktur

Seit fast 130 Jahren werden in der Berliner Blindenanstalt Bürsten, Besen und Korbwaren produziert. Vor einigen Jahren begann die Zusammenarbeit mit jungen Designern, die die ebenso praktischen wie qualitätvollen Alltagshelfer in witzige, moderne Objekte der Begierde verwandeln. Beliebtes Mitbringsel: das Brandenburger Tor als Handbürste oder der Fernsehturm als Spülbürste.
Oranienstr. 26, 10999 Berlin
Tel. 0 30-25 88 66 12
www.union-sozialer-einrichtungen.de
Mo 10–19, Sa 11–16 Uhr

Am Abend

Philharmonie

Einen der weltweit größten Konzertsäle mit weithin gerühmter Akustik schuf der Architekt Hans Scharoun 1960–1963 für die weltberühmten Berliner Philharmoniker. Kammermusikabende finden im Nebensaal statt, das traditionelle Freiluftkonzert der Philharmoniker in der Waldbühne.
Herbert-von-Karajan-Str. 1
10785 Berlin
Tel. 0 30-25 48 80
www.berliner-philharmoniker.de

Deutsches Theater und Kammerspiele

Das Deutsche Theater mit seinen Kammerspielen zählt zu den legendären Sprechtheatern Deutschlands.

Bekannte Regisseure wie Heiner Müller oder Thomas Langhoff brachten hier bereits Stücke aus Klassik und Moderne in viel diskutierten Inszenierungen zur Aufführung.
Schumannstr. 13a, 10117 Berlin
Tel. 0 30-28 44 12 21
www.deutschestheater.de

Die Wühlmäuse

Das von Dieter Hallervorden gegründete Kabarett blickt auf eine fast fünfzigjährige Tradition zurück. Nach wie vor hat der berühmte Schauspieler und Kabarettist Hallervorden hier seine Stammbühne, aber auch bekannte Kollegen wie Matthias Richling, Urban Priol oder Ingo Appelt sind regelmäßig zu Gast.
Pommernallee 2–4, 14052 Berlin
Tel. 0 30-30 67 30 11
www.wuehlmaeuse.de

Babylon Berlin Mitte

Traditionsreiches Programmkino, in dem junge tschechische Regisseure ebenso eine Leinwand finden wie Horrorklassiker oder alte und neue Kinderfilme. Besonders nett ist die Idee des Kinderwagenkinos: Junge Eltern können in babygerechtem Ambiente anspruchsvolle aktuelle Streifen genießen.
Rosa-Luxemburg-Str. 30
10178 Berlin
Tel. 0 30-2 42 59 69
www.babylonberlin.de

Sage Club

Eine der angesagtesten Adressen der Stadt mit eigenwilliger Architektur quer durch alle Baustile. Die zwei Dancefloors und drei Bars sind von der gestylten Berliner Jugend stets gut besucht.
Köpenicker Str. 76
10179 Berlin
Tel. 0 30-2 78 98 30
www.sage-club.de
Ab 23 Uhr, open end

Bonn

Bundesstadt mit Zukunft

Dass die glorreiche Zeit als Hauptstadt der Bundesrepublik Deutschland nicht ewig währen würde, haben die Einwohner der kleinen, unprätentiösen Stadt am Rhein, deren Geschichte bis zu den Römern zurückreicht, wohl von Anfang an geahnt. Die Schmollphase war daher nur kurz. Schließlich wurde den Bonnern der Renommeeverlust kräftig versüßt. Immer noch arbeiten viele Beamte der Berliner Ministerien in Bonn, und die Gebäude im ehemaligen Regierungsviertel werden heute von internationalen Organisationen (darunter allein 16 UN-Einrichtungen) genutzt. Nicht nur repräsentative Barockbauten und Gründerzeitvillen, sondern auch ambitionierte Museumsbauten prägen die »Bundesstadt«, und die bedeutende Universität ist den Bonnern ebenso geblieben wie das milde Klima und der Touristenmagnet Beethoven.

Münster

Schon seit dem 13. Jh. beherrscht die sogar in das Stadtsiegel aufgenommene fünftürmige Emporenbasilika mit ihrem mächtigen, 81,40 m hohen Vierungsturm den Münsterplatz. Sie wurde auf römischen Fundamenten über den Gräbern der Märtyrer Cassius und Florentius errichtet. Imposante Wirkung entfaltet das gewaltige Langhaus. Der Kreuzgang gilt als eine der reifsten Schöpfungen des rheinischen Übergangsstils von der Romanik zur Frühgotik.

Nur wenige Kunstwerke aus dem Mittelalter blieben erhalten, so ein Wandbild mit dem Schweißtuch der heiligen Veronika (um 1400; neben dem Magdalenenaltar), ein Taufbecken aus dem 12. Jh., eine Sitzmadonna und eine kleine Holzfigur des heiligen Martin. Ansonsten präsentiert sich das Innere des Münsters als barocker Prunkraum. An hohen Feiertagen erklingt das barocke Großgeläute mit acht Glocken aus dem 17. und 18. Jh.
Münsterplatz, 53111 Bonn
Tel. 02 28-98 58 80, www.bonner-muenster.de
Basilika 7–19, Kreuzgang 10–17 Uhr

Altes Rathaus

Mit seiner im Stil des frühen Rokoko gehaltenen Fassade schließt das nach dem Krieg wieder aufgebaute Alte Rathaus den dreieckigen Marktplatz nach Südosten ab. Seit 1978 dient es nur noch festlichen Anlässen.

Über die doppelläufige Rokokofreitreppe mit ihren vergoldeten Eisengittern sind schon viele Berühmtheiten geschritten. Hier schwang 1848 der Revolutionär Gottfried Kinkel die schwarz-rot-goldene Fahne und hielt eine aufrüttelnde Ansprache an die Bonner Bürger. Später wandten sich hohe Staatsgäste und gekrönte Häupter von hier an das Bonner Volk: Charles de Gaulle (1962), John F. Kennedy (1963), Königin Elisabeth II. (1965 und 1978), Michail Gorbatschow (1989) – und alljährlich das Prinzenpaar des Bonner Karnevals. Auch frisch Verheiratete lassen sich auf der Treppe gern ablichten.
Markt 2, 53111 Bonn, Tel. 02 28-77 50 00
Mai–Okt. jeden 1. Sa im Monat 12–16 Uhr

Beethovenhaus

Das Geburtshaus des berühmten Komponisten, der schon in jungen Jahren Wien zu seiner Wirkungsstätte erkor, ist eine der meistbesuchten Adressen in Bonn. Zum öffentlichen Museum gehören ein Archiv und ein wegen der brillanten Akustik hochgelobter Konzertsaal. Man besichtigt das winzige Geburtszimmer, über 1000 Originalhandschriften und -ausgaben sowie alte Drucke und viele weitere authentische Exponate, darunter Beethovens Viola, nutzlose Hörrohre, Lebend- und Totenmaske.

Im Nachbarhaus wurde 2004 das Digitale Beethoven-Musikmuseum mit gut 5000 historischen Dokumenten eröffnet. Darunter finden sich Handschriften und Drucke in hochaufgelöstem Format, Aufnahmen der Deutschen Grammophon Gesellschaft, zahlreiche Briefe und Bilder sowie eine digitale Rekonstruktion der letzten Wohnung des Komponisten in Wien.

Bonngasse 20, 53111 Bonn, Tel. 02 28-98 17 50
www.beethoven-haus-bonn.de
Nov.–März Mo–Sa 10–17, So, Fei 11–17,
April–Okt. bis 18 Uhr

Kurfürstliches Schloss

Die ehemalige Kurkölnische Residenz, einen eleganten, lang gestreckten Bau mit rechteckigem kastellartigem Innenhof, errichtete der Italiener Enrico Zuccali 1697–1705 im Auftrag von Kurfürst Joseph Clemens. Zwischen 1715 und 1723 öffnete der Franzose Robert de Cotte den Bau nach Süden hin und gab ihm einen barocken Hofgarten. Bis zum Umzug der Bundesregierung fanden hier immer wieder Großdemonstrationen statt: 1968 gegen die sog. »Notstandsgesetze«, 1981 gegen den NATO-Doppelbeschluss. Heute sind Demos auf der Wiese nicht mehr erlaubt.

Die Residenz ist das Hauptgebäude der 1818 gegründeten Rheinischen Friedrich-Wilhelms-Universität. Gelehrt haben hier Berühmtheiten wie August Wilhelm Schlegel, Ernst Moritz Arndt und Joseph Ratzinger, studiert u.a. Karl Marx, Friedrich Nietzsche und Konrad Adenauer.

Regina-Pacis-Weg 3, 53113 Bonn
Tel. 02 28-73 76 47, www.uni-bonn.de

Botanische Gärten der Universität Bonn

Mit ihrer über 400-jährigen Geschichte gehören die aus einem kurfürstlichen Barockgarten mit Orangerie hervorgegangenen Botanischen Gärten der Universität Bonn zu den ältesten der Welt. Im Arboretum findet man rund 3000 Pflanzenarten aus den gemäßigten Breiten, darunter Chiletannen, Nusseiben,

Tupelobäume und Chinesische Tempelkiefern, ja sogar einen Baum, der in seiner Heimat auf der pazifischen Osterinsel Rapa Nui seit 1960 als ausgestorben gilt.

Die zehn Gewächshäuser hegen und pflegen über 8000 zum Teil sehr seltene Arten. Eines wurde zu einem Stück Amazonasufer umgestaltet. Im Victoriahaus kann man im Sommer eine Riesenseerose bewundern. Auch die Titanenwurz, die größte (leider sehr übel riechende) Blume der Welt, erblüht hier immer wieder und ist das Emblem der Gärten.

Meckenheimer Allee 171 (Eingang durch das Poppelsdorfer Schloss), 53111 Bonn
Tel. 02 28-73 55 23, www.botgart.uni-bonn.de
April–Okt. So–Fr 9–18, Nov.–März Mo–Fr 9–16 Uhr,
Gewächshäuser Mo–Fr 10–12, 14–16 Uhr

Bundesviertel

Das sog. Bundesviertel umfasst das ehemalige Regierungsviertel und die Rheinaue. Hier kann man viele Gebäude der »Bonner Republik« im Rahmen organisierter Führungen besichtigen. An 18 repräsentativen Stationen erläutern Tafeln über 50 Jahre Demokratiegeschichte.

Die Villa Hammerschmidt war früher der Amtssitz des Deutschen Bundespräsidenten (heute sein Zweitwohnsitz), das spätklassizistische Palais Schaumburg diente bis 1974 als Bundeskanzleramt, danach wurde es für repräsentative Staatsempfänge genutzt. Das 1974–1976 erbaute Bundeskanzleramt verblüfft durch seine Banalität. Der ehemalige Plenarsaal des Bundestages war mit seiner transparenten Konzeption durchaus vorbildlich. Nur selten zu besichtigen ist das Wasserwerk gegenüber dem Abgeordnetenhaus »Langer Eugen«, in dem alle Bundestagssitzungen zur Wiedervereinigung stattfanden.

53113 Bonn, www.wegderdemokratie.de

Rheinisches Landesmuseum Bonn

Das 1820 ursprünglich als Antiquitätenmuseum gegründete Rheinische Landesmuseum wurde 2003 nach einer umfangreichen Renovierung als Themenmuseum in einer modernen, architektonisch bemerkenswerten Hülle aus Glas, Stahl und Beton wiedereröffnet. Es

Das Kunstmuseum Bonn bezog 1992 seinen vielbeachteten Neubau an der Museumsmeile

präsentiert die rheinische Geschichte, Kultur und Kunst von der Altsteinzeit bis zur Gegenwart. Von besonderem Interesse sind die originalen Fundstücke des Neandertalers und die jungpaläolithischen Funde aus der Nähe von Beuel.

Des Weiteren findet man hier Exponate aus römischer und fränkischer Zeit, Kunst vom Mittelalter bis zur Gegenwart, ein Münzkabinett sowie eine Sammlung mit Grafiken und Fotos. Vorträge und Führungen runden das Angebot ab. Für die Jüngeren gibt es spannende Workshops, bei denen archäologische Forschungsmethoden praktisch erfahren werden können.

Colmantstr. 14–16, 53115 Bonn
Tel. 02 28-2 07 00, www.rlmb.lvr.de
Di–So 10–18, Mi bis 21 Uhr

Museumsmeile

Mehrere Millionen Menschen besuchen jährlich das Ensemble bedeutender, architektonisch oftmals kühn gestalteter Museen, die sich wie Perlen auf einer Kette entlang der Adenauer-, Willy-Brandt- und Friedrich-Ebert-Allee sowie in der Ahrstraße aneinanderreihen.

Das Museum Alexander König (Adenauerallee 160) ist ein zoologisches Naturkundemuseum, das Haus der Geschichte der BRD (Willy-Brandt-Allee 14) dokumentiert ein halbes Jahrhundert Geschichte der BRD und DDR. Das Kunstmuseum Bonn (Friedrich-Ebert-Allee 2) zeigt u.a. rheinische Expressionisten wie August Macke, Max Ernst und Paul Klee sowie Werke von Joseph Beuys. Die Kunst- und Ausstellungshalle der BRD (Friedrich-Ebert-Allee 4) ist renommierten Wechselausstellungen vorbehalten, und das Deutsche Museum Bonn (Ahrstr. 45), eine eigenständige Außenstelle des Deutschen Museums München, zieht Technologiebegeisterte in seinen Bann.

Adenauer-, Willy-Brandt- und Friedrich-Ebert-Allee, Ahrstraße, 53113 Bonn
Di–So 10–18, teilweise Mi bis 21 Uhr

Bonn

Hotels

Kameha Grand
Im Herbst 2009 eröffnetes Fünf-Sterne-Hotel mit atemberaubendem Design. Die großzügigen Zimmer sind mit edlen Stoffen und Tapeten dekoriert. Das Haus bietet jeden erdenklichen Luxus und alles, was der Workaholic zum Entspannen braucht: Sushi-Club und Cigar Lounge, Pool auf der Dachterrasse, edles Spa und verglaste Eventhalle.
Am Bonner Bogen 1
53227 Bonn-Oberkassel
Tel. 02 28-43 34 50 00
www.kamehagrand.com

Königshof
Das noble Traditionshotel direkt an den Rheinterrassen glänzt mit hellen, sehr geschmackvoll eingerichteten modernen Zimmern und einem großen Wellnessbereich. Viel gerühmt wird das italienische Feinschmeckerrestaurant »Oliveto«, die »Rheinterrassen-Lounge« bietet einen tollen Blick auf den Fluss.
Adenauerallee 9, 53111 Bonn
Tel. 02 28-2 60 10
www.hotel-koenigshof-bonn.de

Galerie Design Hotel
Das Hotel, für dessen extravagante Innenausstattung der international bekannte Designer Scheich Raschid Al-Khalifa verantwortlich zeichnete, bietet 54 Zimmer mit Ledermobiliar von »cor« und »ligne roset«. Gartenanlage sowie Dachterrasse mit Panoramablick, großer Wellness- und Spa-Bereich.
Kölnstr. 360–364, 53117 Bonn
Tel. 02 28-1 84 80
www.galerie-design-hotel.de

Domicil
Das Hotel setzt sich aus mehreren, rund um einen hellen Gartenhof gruppierten Häusern unterschiedlicher Architekturstile zusammen. Komfortable Zimmer mit gutem Preis-Leistungs-Verhältnis. Hübscher Wellnessbereich mit Sauna und Whirlpool, kleines italienisches Restaurant.
Thomas-Mann-Str. 24–26
53111 Bonn
Tel. 02 28-72 90 90
www.domicil-bonn.
bestwestern.de

Hotel Mozart
Das äußerst günstig im Zentrum Bonns gelegene Hotel ist bei internationalen Rucksackreisenden beliebt, da es hier sehr preiswerte Zimmer (auch EZ) mit Bad (Waschbecken oder Dusche) und Etagen-WC gibt.
Mozartstr. 1, 53115 Bonn
Tel. 02 28-65 90 71
www.hotel-mozart-bonn.com

Restaurants

Halbedel's Gasthaus
In einer Jugendstilvilla mit Stuckdekor, Terrasse und Garten serviert Rainer-Maria Halbedel die vielleicht beste Küche in Bonn: leicht und klassisch-französisch bis kreativ-temperamentvoll. Jakobsmuscheln, Lamm- oder Rehrücken, Seewolf, Bresse-Täubchen und perfektes Gemüse sind einige seiner Spezialitäten. Auch die Desserts sind ein Gedicht. Die eindrucksvolle Weinkarte komplettiert das kulinarische Erlebnis.
Rheinallee 47
53173 Bonn-Bad Godesberg
Tel. 02 28-33 42 53
www.halbedels-gasthaus.de
Di–So 18–24 Uhr

Kamijo
Das zu den besten japanischen Restaurants in Deutschland zählende Kamijo hat wesentlich mehr zu bieten als Sushi und Sashimi, obwohl auch diese hier selbstverständlich perfekt gelingen. Die Karte richtet sich nach dem, was Herr Kamijo gerade frisch eingekauft hat. Klassiker sind Steaks vom japanischen Weiderind, Hummercarpaccio, Gindara-Fisch aus der Beringsee oder frische gebackene Austern.
Michaelplatz 6, 53177 Bonn
Tel. 02 28-35 79 42
So und Mo Mittag geschlossen

Le Petit Poisson
Liebevoll eingerichtetes, gemütliches Gourmetrestaurant mit feiner, leichter französischer Küche mediterranen Einschlags. Besonders gut schmecken die Fischspezialitäten. Als Begleiter werden vorzügliche französische Weine gereicht.
Wilhelmstr. 23 a, 53111 Bonn
Tel. 02 28-65 59 05
Di–Sa 18–1 Uhr

Sassella
Authentische norditalienische Küche in einem elegant-rustikal eingerichteten Restaurant. Hier munden Steinpilzsuppe, Hirschcarpaccio auf Rucola mit Pinienkernsoße und gehobeltem Parmesan oder Lammfiletspitzen in Rotwein-Thymian-Soße. Auch die Pastagerichte sind wunderbar. Dazu schmecken interessante italienische Weine aus dem Valtellina-Tal.
Karthäuserplatz 21
53129 Bonn-Kessenich
Tel. 02 28-53 08 15
www.ristorante-sassella.de
Di–Fr 12–14.30, 18–23, Sa 18–23,
So 12–14.30 Uhr

Gasthaus Im Stiefel
»Beste Kneipe der Welt« nennt man sich selbst ganz bescheiden. Rheinischer Sauerbraten, »Himmel und Ääd« und die beliebten »Stiefelpfannen« geben tatsächlich ihr Bestes.
Bonngasse 30
53111 Bonn
Tel. 02 28-69 65 96
www.gasthausimstiefel.de
tgl. ab 11 Uhr

Shopping

Parfümerie & Lingerie Vollmar

Schon die schwelgerische barocke Ladeneinrichtung ist sehenswert. Hier findet man nicht nur die bekannten modernen Parfüms, sondern auch traditionelle Duftkreationen, die ohne Chemie angemischt wurden.
Sternstr. 64, 53111 Bonn
Tel. 02 28-63 79 01
www.vollmar-bonn.de
Mo–Sa 9.30–18.30 Uhr

Puppenkönig

Ein traditionsreiches Schlaraffenland für Kinder. Über 40 000 Artikel befinden sich im ständigen Sortiment: Puppen, Plüschtiere, Lego, Fußballkicker, Modellbausätze, Autorennbahnen, Gesellschafts- und Videospiele, Experimentierkästen … Ende Oktober wird eine große Modelleisenbahnlandschaft aufgebaut, die dann kurz vor Weihnachten für einen guten Zweck versteigert wird.
Gangolfstr. 8–10
53111 Bonn
Tel. 02 28-98 55 50
www.puppenkoenig.de
Mo–Fr 9.30–19, Sa bis 18, vor Weihnachten bis 20 Uhr

Gisela Gräfin Arnim Perlenimport

Traumhafte Auswahl an Perlenschmuck, mal klassisch, mal modern und fröhlich bunt gemischt. Vieles ist auch für jüngere Frauen durchaus tragbar und erschwinglich. Das Angebot ergänzen klassischer Goldschmuck, Broschen, Armbänder, Anhänger, Manschettenknöpfe und Ringe.
Yalovastr. 6, 53177 Bonn
Tel. 02 28-95 21 40
www.arnim-perlen.com
Mo–Fr 9–17.30, Sa 9–14 Uhr und nach Vereinbarung

Farnschläder

Mit seinen maßgefertigten Schuhen von höchster Qualität ist Farnschläder weit über die Region hinaus bekannt. Das rahmengenähte Schuhwerk aus bestem Kalb- oder Ziegenleder hält oft ein Leben lang.
Bonngasse 22, 53111 Bonn
Tel. 02 28-2 80 95 67
www.farn-schuhe.de
Mo–Fr 10.30–19, Sa 10–16 Uhr

Universitätsbuchhandlung Bouvier

Die Bonner Traditionsbuchhandlung bietet nicht nur viele Bücher und Bildbände über die Region, oft aus eigener Verlagsproduktion, sondern auch Belletristik, Sachbücher sowie ein Kinderreich mit toller Auswahl an Lesestoff, der die Sprösslinge für Stunden beschäftigt, während sich die Erwachsenen eine Ruhepause im Café gönnen.
Am Hof 28, 53113 Bonn
Tel. 02 28-72 90 10
www.bouvier-verlag.de
Mo–Fr 9.30–20, Sa 10–20 Uhr

Am Abend

Theater Bonn

Zum Theater Bonn gehören die Oper Bonn, das Schauspiel mit den Kammerspielen Bad Godesberg (Klassik bis Gegenwartskomödie) und der Schauspielhalle Beuel (experimentelle Inszenierungen) sowie das Choreographische Theater.
Windeckstr. 1 (am Münsterplatz)
53111 Bonn, Tel. 02 28-77 80 08
www.theater-bonn.de
Theaterkasse: Mo–Fr 9–18.30, Sa 9–16 Uhr

Haus der Springmaus

Mit über 65 000 Besuchern jährlich ist dieses Kabarett eines der bundesweit bekanntesten Kleinkunsttheater und Stammhaus der Improvisationstheatergruppe Springmaus. Seit 1993 spielt man in einem ehemaligen Tanzsaal an der heutigen Endenicher Kulturmeile. Hier testen auch die Großen ihrer Zunft wie Bastian Pastewka, Dieter Nuhr und Mario Barth gerne ihr neues Programm aus.
Frongasse 8–10, 53121 Bonn
Tel. 02 28-79 80 81
www.springmaus-theater.de
Ticketshop: Mo–Sa 15–20,
So, Fei 18–20 Uhr

Diskothek Carpe Noctem

Kultdiskothek mit ziemlich strengen Türstehern, der längsten Theke Bonns und Musikprogramm von Rock, Pop, Hip-Hop bis Alternative sowie vielen Sonderveranstaltungen. Gechillt wird im »Nutze die Nacht« auf sehr gemütlichen Ledersofas.
Wesselstr. 5, 53113 Bonn
Tel. 02 28-65 79 71
www.carpe-noctem-bonn.de
Mo–Fr 22–3, Sa bis 5 Uhr

Schwarzlicht

Das gut durchmischte Publikum tanzt in dieser beliebten Disco zu Black Music und Soul, Rythm and Blues, Funk und Hip-Hop. Besonders populär ist »in the Mix with …«, ein regelmäßig am letzten Samstag im Monat stattfindender DJ-Event.
Bertha-von-Suttner-Platz 25
53111 Bonn, Tel. 02 28-2 27 35 97
www.schwarzlicht.de.com
Fr–Sa 23–5 Uhr

Limao Brasil Bar & Restaurant

Ein Hauch Brasilien in Bahnhofsnähe, mit über tausend leckeren Cocktails und guter brasilianischer Küche. Am Sonntag gibt's Livemusik.
Moltkestr. 64
53173 Bonn-Bad Godesberg
Tel. 02 28-3 68 05 55
www.limao.de
So–Do 17–1, Fr, Sa bis 3 Uhr

Braunschweig

Die Stadt Heinrichs des Löwen

Es war Heinrich der Löwe (1129–1195), der Braunschweig 1166 zu seiner Residenz erkor. Unter seiner Herrschaft entstanden u.a. die Burg Dankwarderode und der Dom St. Blasius. 1260 trat die Welfenstadt der Hanse bei; es folgten Jahrhunderte der wirtschaftlichen Blüte. Ab 1753 residierten die Welfenfürsten wieder im Braunschweiger Schloss. Nach der Zerstörung des alten Braunschweig im Zweiten Weltkrieg stellte man Teile des mittelalterlichen Stadtbildes in Form sogenannter »Traditionsinseln« wieder her, darunter den Burgplatz mit Burg, Dom, Gildehaus, Fachwerkhäusern, Stiftsherrenhäusern und dem romanischen Löwenstandbild von 1166. Nur einen Steinwurf entfernt errichtete das selbstbewusste Bürgertum den ebenfalls wiedererstandenen Altstadtmarkt mit St. Martini, Gewandhaus, Altem Zollhaus, Altstadtrathaus und spätgotischem Marienbrunnen. Eine weitere Traditionsinsel ist das Magniviertel mit seinen schiefen Fachwerkhäusern, kleinen Straßen und romantischen Innenhöfen.

Dom St. Blasii

Die dreischiffige gewölbte Pfeilerbasilika wurde ab 1173 im Auftrag Heinrichs des Löwen errichtet. Die Architektur zitiert kaiserliche Vorbilder aus Goslar und Königslutter und forderte damit die Ebenbürtigkeit des Welfenherzogs gegenüber den Staufern ein. Der Kirchenbau war bis 1195, dem Todesjahr Heinrichs, weitgehend vollendet und konnte so als Grablege der Welfenfamilie dienen. Reste einer spätromanischen Ausmalung sind erhalten.

Besonders wertvoll sind der 1188 geweihte Marienaltar mit fünf Bronzesäulchen und Marmorplatte, der von Heinrich gestiftete, fast fünf Meter hohe siebenarmige Bronzeleuchter (um 1170–1196) in der Vierung und das um 1173 entstandene Imervard-Holzkruzifix. Im Mittelschiff befindet sich die um 1230/40 aus Muschelkalkstein geschaffene und auf einer neuen Tumba ruhende spätromanische Grabplatte Heinrichs und seiner Gemahlin Mathilde.

Domplatz 5, 38100 Braunschweig
Tel. 05 31-24 33 50
www.braunschweigerdom.de
tgl. 10–17 Uhr

St. Aegidien

Die 1115 geweihte, jedoch 1278 abgebrannte Abteikirche eines Benediktinerklosters, das auf der höchsten Erhebung der Innenstadt stand, wurde in ihren Ostpartien bis Ende des 13. Jhs. im gotischen Kathedralstil wieder aufgebaut. Der Westteil wurde allerdings erst im Jahr 1437 fertiggestellt und 1478 geweiht. Den nie vollendeten Turm riss man 1817 schließlich ab.

Die viel gerühmte dreischiffige, vierjochige Hallenkirche besitzt schlanke Pfeiler, einen hohen Umgangschor und gotische Maßwerkfenster. Besonders sehenswert sind im Chorumgang die sehr gut erhaltenen, mit Dämonendarstellungen und Blattornamenten verzierten Kapitelle der Gewandsäulen. Die Kanzel zeigt in barocker Rahmung flache Figurenreliefs des großen spätgotischen Bildhauers Hans Witten (um 1490/1500). Von den romanischen Konventsgebäuden blieben der Ostflügel mit Kapitelsaal, das Parlatorium (um 1170), die Wärmestube und der Brüdersaal erhalten.

Spohrplatz 9, 38100 Braunschweig
Tel. 05 31-24 49 00, www.staegidien.de
tgl. 10–17 Uhr

Die mächtige Burg Dankwarderode dominiert den Burgplatz

St. Martini

Die 1230 vollendete Hauptpfarrkirche der Altstadt ahmt Formen und Baugliederung des
Doms nach. Am nördlichen Querhausgiebel
erscheinen über dem spitzbogigen Brautportal mit Tympanon, das die Entschlafung
Mariä zeigt, Christus mit Ecclesia und Synagoge sowie je vier Statuen der klugen und der
törichten Jungfrauen (um 1320/30). Am entsprechenden Giebel der Südseite sind Maria
mit dem Kind, die Heiligen Drei Könige,
Johannes der Täufer, Petrus und Paulus zu
sehen.
Zur Ausstattung zählen ein barocker Mar-
morhochaltar mit bekrönender Auferstehung
(1722–25), eine 1617 gestiftete Kanzel und die
das Westjoch einnehmende Empore (1618/20)
mit Reliefschnitzereien der Passion Christi. In
der Annenkapelle steht ein spätgotisches
Taufbecken in Bronze mit einem reliefierten
Leben Christi, das 1441 von Barthold Spran-
ken gegossen wurde.
Altstadtmarkt, 38100 Braunschweig
Tel. 05 31-8 28 34
www.martini-kirche.de
tgl. 10–17 Uhr

Altstadtrathaus

Das gotische Altstadtrathaus nimmt eine ganze Seite des Altstadtmarkts ein. Es gilt als
eines der schönsten mittelalterlichen Baudenkmäler der Region: ein zweigeschossiger
Winkelbau mit acht Maßwerkgiebeln über
offenen spitzbogigen, rippengewölbten Lau-
bengängen. Nur die 1447–1468 erneuerte
Schaufront ist im Original erhalten. Die Pfeiler zwischen den Maßwerköffnungen der
Galerie im Obergeschoss nehmen unter Baldachinen die Statuen von Welfenfürsten
sowie sächsischen Kaisern und Königen auf.
Das Bürgermeisterzimmer und der Große
Saal, die Dornse, dienen repräsentativen Zwe-
cken. Im Gebäude ist ein Teil des Städtischen
Museums untergebracht (stadtgeschichtliche
Ausstellung). Auf dem Altstadtmarkt steht
der Marienbrunnen von 1408, ein singuläres
Zeugnis gotischer Handwerkskunst.
Altstadtmarkt 7, 38100 Braunschweig

Burg Dankwarderode

Der Platz um den Dom war ehemals eine Was-
serburg der Vorgänger Heinrichs des Löwen.
Der Welfenherzog errichtete hier neben dem

Braunschweig

Dom um 1160–1175 in aufwendiger Bauweise seine Burg Dankwarderode, mit der er den Kaiserpfalzen von Goslar und Königslutter Paroli bieten wollte. Von hier herrschte er über Sachsen und Bayern, bis er von seinem Vetter, Kaiser Friedrich Barbarossa, 1180 entmachtet wurde.

Zwischen 1616 und 1640 wurde die im Spätmittelalter verkommene Burg als Zeughaus ausgebaut und im 18. Jh. zur Kaserne umgestaltet. Bei der stilgetreuen historistischen Wiedererrichtung 1886–1889 bezog man mittelalterliche Originalteile ein. Im Knappensaal des Untergeschosses ist die Abteilung Mittelalterliche Kunst des Herzog-Anton-Ulrich-Museums untergebracht. Bis 2013 sind in der Burg auch Gemälde aus diesem derzeit geschlossenen Museum zu sehen.

Burgplatz 4, 38100 Braunschweig
Tel. 05 31-12 15 26 18
www.museum-braunschweig.de
Di, Do–So 10–17, Mi 13–20 Uhr.
Rittersaal: Di, Do–So 10–11, Mi 14.30–16 Uhr

Braunschweigisches Landesmuseum

Das Museum besitzt bedeutende Sammlungen zur Landes- und Kulturgeschichte. 1986 zog es in das »Vieweg-Haus« am Burgplatz ein. Neben der hier gezeigten großen Dauerausstellung verfügt das Museum über drei Nebenstellen.

In der Straße Hinter Aegidien befindet sich der hierher versetzte Chor des aus der Mitte des 12. Jhs. stammenden, 1912 abgebrochenen Paulinerklosters. Hier ist das älteste jüdische Museum der Welt untergebracht. Den Mittelpunkt der Ausstellung bilden die komplette Inneneinrichtung der 1924 abgerissenen Hornburger Synagoge und die Judaica-Sammlung des Hofjuden Alexander David (1687 bis 1765), die bereits 1746 öffentlich zugänglich war. Ebenfalls zum Landesmuseum gehören die Außenstelle Wolfenbüttel mit einer Dauerausstellung zur Ur- und Frühgeschichte sowie das Bauernhaus-Museum in Bortfeld.

Burgplatz 1, 38100 Braunschweig
Tel. 05 31-1 21 50, www.landesmuseum-bs.de
BLM Burgplatz Mo–So 10–18, Do 10–20 Uhr,
BLM Jüdisches Museum Di–Fr, So 10–17 Uhr

Herzog-Anton-Ulrich-Museum

Das Museum besitzt eine der bedeutendsten Gemäldesammlungen Deutschlands mit Bildern deutscher, flämischer, holländischer und französischer Maler des 15. bis 19. Jhs. Berühmtestes Stück ist das »Familienbild« von Rembrandt, das als wertvollstes Werk des Malers auf deutschem Boden gilt. Außerdem bewahrt das Museum Gemälde von Rubens, van Delft, van Dyck, Steen u.a. Bedeutend sind auch das Kupferstichkabinett mit europäischen Handzeichnungen und Grafiken, französische Emailmalereien sowie ostasiatische Lackarbeiten.

Das Museum ist voraussichtlich bis 2013 geschlossen. In der Zwischenzeit wird in der Burg Dankwarderode, wo auch die mittelalterliche Sammlung des Museums untergebracht ist, die Sonderausstellung »Epochal« mit Meisterwerken aus dem Herzog-Anton-Ulrich-Museum präsentiert.

Museumsstr. 1, 38100 Braunschweig
Tel. 05 31-1 22 50
www.museum-braunschweig.de

Klosterkirche Riddagshausen

Das ehemalige Zisterzienserkloster wurde 1145 gegründet und nach dem Dreißigjährigen Krieg aufgehoben. Die Klosterkirche St. Maria, eine dreischiffige, kreuzförmige, 83 m lange Gewölbebasilika mit rechteckigem Chor und Kapellenkranz wurde ab 1216 in strengen Bauformen errichtet. Anstelle eines Turms wurde später lediglich ein frühbarocker Dachreiter aufgesetzt. Die paarweise angeordneten einfachen Spitzbogenfenster zeigen keinerlei Maßwerkschmuck.

Das vierjochige Mittelschiff mit gotischem Rippengewölbe ist von großartiger Wirkung. Die mittelalterliche Ausstattung fiel wiederholten Plünderungen zum Opfer. Ältestes Stück ist der verzierte Taufstein von 1562. Auf der Ostseite der Klosterkirche wurden Teile des alten Klostergartens rekonstruiert.

Klostergang 57
38104 Braunschweig-Riddagshausen
Tel. 05 31-37 29 00
www.klosterkirche-riddagshausen.de
Di–Sa 10–16, So 12–16 Uhr

Hotels

Mövenpick

Stilvolles, modernes Tagungshaus in der Innenstadt an der Einkaufspassage Welfenhof. Einige der 148 hellen, klimatisierten Zimmer sind speziell auf die Bedürfnisse von Familien oder Allergikern ausgerichtet. Auch behindertengerechte Räume gibt es. Das Restaurant serviert Schweizer Klassiker und mediterran-internationale Küche.
Jöddenstr. 3 (Welfenhof)
38100 Braunschweig
Tel. 05 31-4 81 70
www.moevenpick-hotels.com

Deutsches Haus

In privilegierter Lage gegenüber dem Dom und der Burg Dankwarderode bietet dieses Hotel elegante Gästezimmer, ein Restaurant mit italienischer Küche und ein innovatives Wellness- und Fitnesskonzept.
Ruhfäutchenplatz 1
38100 Braunschweig
Tel. 05 31-1 20 00, www.
ringhotel-deutscheshaus.de

Hotel im Haus zur Hanse

Das Renaissancefachwerkhaus im Herzen Braunschweigs wurde sorgfältig renoviert und bietet zeitgemäß eingerichtete Zimmer mit Internetanschluss. Man speist im »OX U.S. Steakhouse« (siehe rechts).
Güldenstr. 7
38100 Braunschweig
Tel. 05 31-24 39 00
www.haus-zur-hanse.de

Hotel Landhaus Seela

Das traditionsbewusste familiengeführte Tagungshotel liegt am Rand des Naturschutzgebietes Riddagshausen und wurde 2008 renoviert. Es bietet komfortable Nichtraucherzimmer (fast alle mit kostenfreiem WLAN). Das gediegene Restaurant »Klosterstube« serviert regionale und internationale Küche, bei schö-

nem Wetter auch auf der Sommerterrasse mit Blick zur Klosterkirche und den Riddagshäuser Teichen.
Messeweg 41
38104 Braunschweig-
Riddagshausen
Tel. 05 31-37 00 10
www.hotel-landhaus-seela.de

Stadthotel Magnitor

Fachwerkhaus mit sorgsam restaurierten, bis zu 500 Jahre alten Gebäudeteilen im schönen Magniviertel am Magnikirchplatz. Die 29 Zimmer und eine Suite im Dachgeschoss sind individuell und elegant eingerichtet. Alle bieten TV und WLAN. Das stilvolle Restaurant serviert saisonale Küche mit internationalen Einflüssen. Die Bar ist abends ein Szenetreff.
Am Magnitor 1
38100 Braunschweig
Tel. 05 31-4 71 30
www.stadthotel-magni.de

Restaurants

Das Alte Haus

Das freundliche, geschmackvollmodern eingerichtete Restaurant ist in einem alten Stadthaus untergebracht und serviert anspruchsvolle klassisch-moderne Küche, aber auch bodenständige Kost.
Alte Knochenhauerstr. 11
38100 Braunschweig
Tel. 05 31-6 18 01 00
www.altehaus.de
Di–Sa ab 18 Uhr

Naske

Vielseitige internationale Küche, das Angebot reicht von leichten regionalen bis hin zu mediterranen und fernöstlichen Gerichten. Man kann also als Vorspeise eine scharfe thailändische Hähnchenfleischsuppe mit Kokosmilch bestellen und danach ein sizilianisches Schmorkaninchen oder ein Steak vom neuseeländischen Hirsch verspeisen.

Dazu wird selbst gebrautes Bier ausgeschenkt.
Wendenstr. 26
38100 Braunschweig
Tel. 05 31-6 18 36 75
www.naske-restaurant.de
Di–Sa 17.30–23, So auch 12–14 Uhr

OX U.S. Steakhouse

Das Steakhaus wurde erst 2010 im altehrwürdigen »Haus zur Hanse« eröffnet, doch schon reisen Gäste sogar aus Hamburg an, um die nach Vorbild der amerikanischen Steakhäuser in einem speziellen Infrarot-Hochtemperatur-Grill zubereiteten Cuts der besten Rinderzüchter zu genießen. Auch feinste Steaks vom Wagyu-Rind werden hier serviert. Dazu gibt es Weine aus Europa und der Neuen Welt.
Güldenstr. 7
38100 Braunschweig
Tel. 05 31-24 39 00
www.oxsteakhouse.com
tgl. 12–14 und ab 18 Uhr

Al Duomo

Das freundliche Ristorante liegt malerisch im Hotel Deutsches Haus am Burgplatz. Hier wird in einem sehr eleganten Neorenaissance-Saal mit kunstvoll verziertem Fachwerk und imposanten Rundbögen liebevoll zubereitete italienische Cucina mit saisonal wechselnden Spezialitäten serviert. In der separaten Bar schlürft man Cocktails, Prosecco und edle Weine.
Ruhfäutchenplatz 1
38100 Braunschweig
Tel. 05 31-1 20 04 90
www.alduomo.de
tgl. 12–23 Uhr

Mutter Habenicht

»Urige Speisekneipe« nennt sich das sympathische Lokal selbst. Hier gibt's herzhafte, preiswerte Kost, von Bratkartoffeln mit Matjesfilets über vegetarische Hirtenpfanne bis zum Schweinenackensteak mit

geschmorten Zwiebeln. Bei schönem Wetter isst man im Biergarten.
Papenstieg 3
38102 Braunschweig
Tel. 05 31-4 59 56
www.mutter-habenicht.de
tgl. 11–24 Uhr, So 15–17 Uhr geschl.

Shopping

Schloss-Arkaden
Einkaufsparadies mit 150 Shops aus den Bereichen Gastronomie, Dienstleistungen, Mode und Elektro mitten im Zentrum.
Platz am Ritterbrunnen 1
38100 Braunschweig
Tel. 05 31-2 19 40 60
www.schlossarkaden.de
Jan.–Okt. Mo–Sa 9.30–20,
Nov., Dez. bis 21 Uhr

Braunschweig Stadtmarketing
Souvenirs zum Spielen und Lernen, Ansichtskarten, Rad- und Wanderkarten, Literatur, DVDs, CDs und Spezialitäten wie die Braunschweiger Mumme, ein dickflüssiges alkoholfreies Getränk, das aus Malz und Wasser gebraut und v.a. als Zusatz für Speisen und Getränke oder zum Kochen verwendet wird.
Vor der Burg 1
38100 Braunschweig
Tel. 05 31-4 70 20 40
www.braunschweig.de
Mo–Fr 10–19, Sa 10–16,
Mai–Okt. auch So 10–14 Uhr

Galerie Thomas Kaphammel
Seit 1956 gibt es diese Galerie, in der man Ölgemälde, Druckgrafiken, Kunstdrucke und Skulpturen findet, darunter viele schöne künstlerische Ansichten Braunschweigs.
Ziegenmarkt 4
38100 Braunschweig
Tel. 05 31-4 09 47
www.kaphammel.de
Di–Fr 10–19, Sa 10–16 Uhr

Dessous und Mode
Verführerische oder lässige Dessous für anspruchsvolle Frauen von Aubade, La Perla, Cyell, Marie Jo und Marlies Dekkers.
Wendenstr. 60
38100 Braunschweig
Tel. 05 31-1 33 00
www.dessous-und-mode.de
Mo–Mi 10–18.30, Do–Fr bis 19,
Sa bis 16 Uhr

Puppen-Paradies Benken
In diesem Laden leuchten nicht nur Mädchenaugen, auch viele Sammler finden hierher, um Reproduktionen alter Puppen, Künstlerpuppen, Käthe-Kruse-Puppen, Teddys oder Nostalgie-Puppenwagen zu erstehen. Am besten vorher anrufen!
Berliner Str. 102
38104 Braunschweig
Tel. 05 31-37 23 74
www.puppen-paradies.de
Mo–Fr 16–18 Uhr,
April–Sept. nach Vereinbarung

Am Abend

Staatstheater Braunschweig
Das Staatstheater Braunschweig ist das älteste öffentliche Mehrspartentheater Deutschlands, seine Anfänge als Hoftheater reichen bis ins Jahr 1690 zurück. Gespielt wird u.a. im Großen Haus und im Kleinen Haus am Magnitorwall schräg gegenüber. Im Sommer wird auf dem Burgplatz eine Open-Air-Bühne mit ca. 1200 Sitzplätzen bespielt.
Am Theater
38100 Braunschweig
Tel. 05 31-1 23 45 67
www.staatstheater-braunschweig.de

Kultur- und Kommunikationszentrum Brunsviga
Die ehemalige Konservenfabrik bietet ein vielfältiges Programm, von Kabarett über Kleinkunst bis zu Bandauftritten. Alle zwei Monate treffen sich Talente aus ganz Deutschland zu einem bunten Abend namens »Das Sprungbrett«.
Karlstr. 35, 38106 Braunschweig
Tel. 05 31-23 80 40, www.brunsviga-kulturzentrum.de

DAX Bierbörse
Hier wird gemütliche Kneipenatmosphäre mit Erlebnisgastronomie verbunden. Der Clou sind die sich ständig ändernden Getränkepreise, die wie an der Börse dem Gesetz von Angebot und Nachfrage unterliegen. Im Abstand von 200 Sekunden werden die Kurse der verschiedenen Getränke angezeigt. Dazu gibt's Stimmungs- und Partyhits.
Küchenstr. 1
38100 Braunschweig
Tel. 05 31-4 50 73
www.daxbs.de
Do–Sa ab 20 Uhr

Bar10
Turkish Clubbing mit Event-Partys und türkischen DJs, die T-pop, Oriental, R'n'B, House und Trance auflegen. In den Salsanächten am Freitag geht es besonders heiß her.
Hafenstr. 60
38112 Braunschweig
Tel. 05 31-3 10 50 12
www.bar10.de
Partys ab 21 Uhr

Meier Music Hall
Großraumdisco mit drei Theken, Cocktailbar und zwei Bühnen. Sehr abwechslungsreiches Programm mit vielen Konzerten jeder Stilrichtung. Wöchentliche Discoveranstaltungen, regelmäßige Themenpartys wie Ü-30, 80er-Jahre-Partys, Depeche-Mode-Partys, Men/Women Dance Partys oder Nachtflug. 1100 Personen können hier abfeiern.
Schmalbachstr. 2
38112 Braunschweig
Tel. 05 31-2 32 50
www.meier-music-hall.de

Bremen

Hansestolz an der Weser

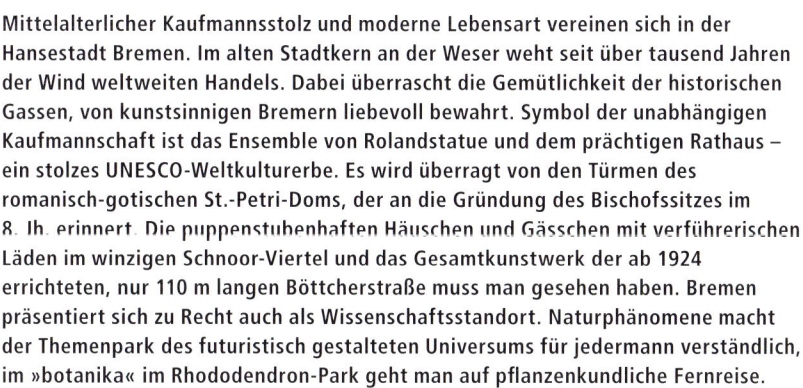

Mittelalterlicher Kaufmannsstolz und moderne Lebensart vereinen sich in der Hansestadt Bremen. Im alten Stadtkern an der Weser weht seit über tausend Jahren der Wind weltweiten Handels. Dabei überrascht die Gemütlichkeit der historischen Gassen, von kunstsinnigen Bremern liebevoll bewahrt. Symbol der unabhängigen Kaufmannschaft ist das Ensemble von Rolandstatue und dem prächtigen Rathaus – ein stolzes UNESCO-Weltkulturerbe. Es wird überragt von den Türmen des romanisch-gotischen St.-Petri-Doms, der an die Gründung des Bischofssitzes im 8. Jh. erinnert. Die puppenstubenhaften Häuschen und Gässchen mit verführerischen Läden im winzigen Schnoor-Viertel und das Gesamtkunstwerk der ab 1924 errichteten, nur 110 m langen Böttcherstraße muss man gesehen haben. Bremen präsentiert sich zu Recht auch als Wissenschaftsstandort. Naturphänomene macht der Themenpark des futuristisch gestalteten Universums für jedermann verständlich, im »botanika« im Rhododendron-Park geht man auf pflanzenkundliche Fernreise.

Rathaus

Seit dem 15. Jh. repräsentiert das Bremer Rathaus zusammen mit der Roland-Statue auf dem Marktplatz das unabhängige Bremer Bürgertum; die UNESCO hat dieses Ensemble 2004 zum Weltkulturerbe erklärt. Die prächtige Renaissancefassade wurde dem Rathausgebäude im frühen 17. Jh. vorgeblendet. Ein Rundgang durch die Räume lässt die bewegte, vom Handel geprägte Stadtgeschichte lebendig werden.

Während der Ratskeller seine über 600-jährige Tradition als Gaststätte pflegt, wird im alten Rathaus und seinem Erweiterungsbau aus dem frühen 20. Jh. weiterhin Politik gemacht. Eichenholzstützen tragen die Decke der schlichten Unteren Rathaushalle. Die prachtvolle Obere Halle ist mit Fresken und einer mit Kaiserbildern geschmückten Decke versehen, unter der Schiffsmodelle hängen. Die im 16. Jh. in die Obere Halle eingebaute Güldenkammer wurde 1905 durch den Worpsweder Künstler Heinrich Vogeler im Jugendstil neu gestaltet.
Am Markt, 28195 Bremen
Tel. 0 18 05-10 10 30 (BTZ)
www.rathaus-bremen.de (Infos zum Rathaus)

www.bremen-tourism.de
(Infos zu Führungen der BTZ)
Führungen So/Mo 11, 12, Di–Sa 11, 12, 15, 16 Uhr (sofern keine Veranstaltungen im Rathaus stattfinden)

St.-Petri-Dom

Wenn auch im Laufe der Jahrhunderte meist die Bremer Kaufmannschaft den Ton in der Stadt angab, so hatte doch in der Frühzeit der Bischof das Sagen: Bereits im 8. Jh. wurde das Bistum Bremen begründet und im 9. Jh. zum Erzbistum erhoben. Der St.-Petri-Dom ist mit seiner 1200-jährigen Geschichte das älteste Bauwerk Bremens, und trotz mehrerer Zerstörungen und sträflicher Vernachlässigung nach der Einführung der Reformation beeindruckt er schon von außen durch schiere Größe und die 98 m hohen Türme, die höchsten der Stadt.

Im Innern ist vor allem in den Krypten im Osten und Westen noch die romanische Bauepoche auszumachen, während das Nordschiff in spätgotischem Stil umgestaltet wurde. Kostbar sind die Ausmalung, verschiedene Skulpturen, die Epitaphen und das Chorgestühl (14. Jh.). Der Dom besitzt zudem

Bremen

fünf Orgeln (18.–20. Jh.). Im Dom-Museum werden u.a. die Funde der Ausgrabungen unter dem Dom gezeigt, und im Bleikeller kann man Mumien aus dem 17. und 18. Jh. bestaunen.
Sandstr. 10–12, 28195 Bremen
Tel. 04 21-36 50 40, www.stpetridom.de
Mo–Fr 10–17, Sa 10–14, So, Fei 14–17 Uhr; Dom-Museum Mo–Fr 10–16.45, Sa 10–13.30, So 14–16.45 Uhr; Turmbesteigung und Bleikeller nur Ostern–31. Okt.

Bremer Geschichtenhaus

Was erlebten die Bremer in den vergangenen drei Jahrhunderten innerhalb ihrer Stadtmauern, wie arbeiteten und wie lebten sie? Mitten im heimeligen Schnoorviertel, in einem alten Packhaus, kann man Bremens Geschichte täglich hautnah erfahren: Da stehen unter anderen ein Böttchermeister und ein Kapitän in historischer Kleidung bereit, um zu demonstrieren, wie es einst in der Werkstatt und an Bord zuging. Andere Darsteller lassen in bester Schauspielermanier Dombrand, Pest und Sturmflut vor den Augen und Ohren der Zuschauer ablaufen.
Berühmtheiten aus der Bremer Geschichte treten leibhaftig auf: so die Fischhändlerin Fisch-Lucie, der etwas wunderliche Heini Holtenbeen und die berüchtigte Gesche Gottfried, die 1831 hingerichtet wurde, weil sie mehr als ein Dutzend Menschen mit ihrer legendären Mäusebutter ins Jenseits befördert hatte.
Wüstestätte 10, 28195 Bremen
Tel. 04 21-3 36 26 50
www.bremer-geschichtenhaus.de
Mo 12–18, Di–So 11–18 Uhr
(letzte Spielführung um 17 Uhr)

Focke-Museum

Aus zwei Ursprüngen entstand dieses vielseitige und künstlerisch ansprechende Museum: aus Johann Fockes 1900 gegründetem Heimatmuseum und dem Gewerbemuseum von 1873. Die fünf Gebäude liegen im gepflegten Park des einstigen Gutes Riensberg. Im »Haus Riensberg«, einem Herrenhaus aus dem 18. Jh., sind Objekte der Bremer Wohnkultur

über die Jahrhunderte und eine kostbare Glassammlung ausgestellt.
Das 1964 fertiggestellte Haupthaus des Museums ist der Vorgeschichte der Bremer Region sowie der bäuerlichen und der städtischen Kunst und Kultur gewidmet. Schifffahrt und Schiffbau sowie Autoproduktion (Borgward) nehmen einen wichtigen Raum ein. Kleinen wie großen Besuchern gefällt das Kindermuseum im Haus Riensberg, denn es spannt einen Bogen vom Spielzeug aus dem Mittelalter bis zu heutigem. Seit 2002 werden in dem modernen Kubus des Schaumagazins zuvor unzugängliche Bestände gezeigt.
Schwachhauser Heerstr. 240
28213 Bremen, Tel. 04 21-6 99 60 00
www.focke-museum.de
Di 10–21, Mi–So 10–17 Uhr

Universum Bremen

Der Themenpark der Wissenschaft nahe der Universität Bremen ist nicht nur auf das mit 35 000 Edelstahlschindeln futuristisch verkleidete Science Center mit den Themen Mensch, Erde und Kosmos beschränkt. Die Anlage wurde beträchtlich erweitert: um den mehrstöckigen rostroten Kubus der Schau-Box, wo in der DenkArena Vorführungen und Vorträge stattfinden und jährlich wechselnde Sonderausstellungen präsentiert werden.
Im Freien breitet sich der aufregend gestaltete EntdeckerPark aus: Auf 5 000 m² laden Geräte, interaktive Mitmachstationen und gestaltete Landschaft zur Entdeckung von Bewegung – des Körpers, des Geistes und der Elemente – ein. Auf dem 27 m hohen Turm der Lüfte schweift nicht nur der Blick weit über das Gelände – hier wird auch die Erdanziehungskraft demonstriert.
Wiener Str. 1a, 28359 Bremen
Tel. 04 21-3 34 60, www.universum-bremen.de
Mo–Fr 9–18, Sa, So, Fei 10–19 Uhr

Kunstsammlungen Böttcherstraße

Im Jahre 1902 erwarb der Bremer Kaufmann und Kunstmäzen Ludwig Roselius, der mit entkoffeiniertem Kaffee ein Vermögen erworben hatte, ein Patrizierhaus in der Böttcherstraße. 1921 ließ er es zu einem Museum für

Kunst und Wohnkultur umbauen und leitete damit die Neugestaltung der Böttcherstraße ein. Bald darauf beauftragte er den Architekten Bernhard Hoetger mit einem angrenzenden Neubau, der seine Sammlung der Werke Paula Modersohn-Beckers aufnehmen sollte. Im Roselius-Haus werden Exponate vom 12. bis zum 19. Jh. präsentiert, darunter Gemälde von Lucas Cranach und die berühmte Beweinungsgruppe von Tilman Riemenschneider. Das 1927 eröffnete Paula-Modersohn-Becker-Museum zeigt neben den Gemälden der Künstlerin, die im nahen Künstlerort Worpswede lebte, Werke von Bernhard Hoetger, auf den auch die Entwürfe für das Haus Atlantis und das Robinson-Crusoe-Haus in der Böttcherstraße zurückgehen, der jedoch vor allem als Bildhauer tätig war.

Böttcherstr. 6–10, 28195 Bremen
Tel. 04 21-3 36 50 77, www.pmbm.de
Di–So 11–18 Uhr

Übersee-Museum

Wer durch das aus der Tradition des kolonialen Handels entstandene Haus geht, reist auf kurzen Wegen in fremde und exotische Kulturen. Im Erdgeschoss mit zwei Lichthöfen befindet sich die Abteilung Südsee und Asien. Die Lebenswelten Ozeaniens stellen 13 Themeninseln vor. Sie schildern die Artenvielfalt im Korallenriff, die Fischerei und den Anbau von Kokos- und Ölpalmen, Hochzeitsrituale und die Handelskontakte mit Bremen. Die Glaubenswelt Asiens ist mit Tempeln und Schreinen dokumentiert, doch führt die Ausstellung auch auf die Seidenstraße, in die Megacity Shanghai und ins indische Bollywood-Medienimperium, um schließlich in einem Japanischen Garten zu verweilen. Über breite Treppen geht es ins 1. Obergeschoss zu den prähispanischen Kulturen Südamerikas und in die Savannen Afrikas. Im benachbarten Schaumagazin Übermaxx (tgl. 11–23 Uhr geöffnet) sind in großen Vitrinen 30000 weitere Objekte ausgestellt.

Bahnhofsplatz 13, 28195 Bremen
Tel. 04 21-16 03 81 01
www.uebersee-museum.de
Di–Fr 9–18, Sa, So 10–18 Uhr

Eindrucksvolle Architektur: das Science Center des Universums Bremen

Rhododendronpark Bremen

Der einstige Wildpark, den der Bremer Kaufmann Willy Rickmers Ende des 18. Jhs. mit Eichen, Buchen und Eschen anlegte, war bereits in der Hand der Stadt Bremen, als er ab 1933 in einen Rhododendronpark umgewandelt wurde. Klima und Boden waren bestens geeignet für die Zucht der zumeist aus Asien stammenden, überwiegend immergrünen Ziersträucher. Der 46 ha große Park umfasst eine Sammlung von über 2000 Wild- und Zuchtsorten von Rhododendren und Azaleen; sie ist in ihrer Vielfalt einzigartig in Europa.
Ideal ergänzt wird die Anlage durch den Botanischen Garten, einen Landschaftspark mit prachtvollen nordamerikanischen Azaleen, die im Frühjahr in verschwenderischer Farbigkeit blühen. Ein Bonsaigarten, ein Rosen- und ein Duftgarten bereichern die Anlage. Im Science Center »botanika« (kürzer geöffnet, Mo geschl.) frischt man mit allen Sinnen seine Biologiekenntnisse auf und schlendert durch Asiens Klima- und Vegetationsgebiete, vom Himalaja über die tropische indonesische Inselwelt bis nach Japan.

Deliusweg 40, 28359 Bremen
Tel. 04 21-42 70 66 10
www.rhododendronpark-bremen.de
tgl. ab 7 Uhr bis Sonnenuntergang

Hotels

Park Hotel Bremen

Das Fünf-Sterne-Hotel in einem schlossartigen Bau am Parksee des Bürgerparks ist eine Institution in der Hansestadt. Es gehört zu den »Leading Hotels of the World« und besitzt mit Spa'rks einen hochgelobten Wellnessbereich.
Im Bürgerpark
28209 Bremen
Tel. 04 21-3 40 80
www.park-hotel-bremen.de

ÜberFluss

In den Neubau dieses Designhotels am Weserufer wurden Überreste mittelalterlicher Stadtbefestigungen und Wohnhäuser einbezogen, die bei den Bauarbeiten zum Vorschein gekommen waren. Niederländische Designer gestalteten die Innenräume und verwendeten dafür u.a. Möbel von Charles Eames und Tom Dixon.
Langenstr. 72, 28195 Bremen
Tel. 04 21-32 28 60
www.hotel-ueberfluss.com

Turmhotel Weserblick

Das Gebäude mit gründerzeitlichem Flair von 1880 ist wegen seines Eckturms mit Aussicht auf das Weserstadion und den Fluss nicht zu übersehen. Die nur zehn modern eingerichteten Zimmer garantieren familiäre Atmosphäre. Man kommt zu Fuß ins Zentrum.
Osterdeich 53, 28203 Bremen
Tel. 04 21-79 03 00
www.hotelgruppe-kelber.de

Hotelschiff Perle

Wo auf der Weser einst die Handelsschiffe anlegten, bietet die 1948 gebaute »Perle« zwei hübsche Kabinen (eine geräumige Kajüte mit Bad und Kapitänssalon sowie eine kleinere Suite mit Dachterrasse), in denen man in maritimem Ambiente sanft in den Schlaf

geschaukelt wird. Von November bis März sind die Übernachtungspreise reduziert.
Schlachteanleger 7
28195 Bremen
Tel. 04 21-79 03 00
www.hotelgruppe-kelber.de

Jugendgästehaus Bremen

Der fröhlich-gelbe Mosaik-Würfel liegt an der verkehrsberuhigten Flusspromenade, nur wenige Gehminuten vom Vergnügungsviertel Schlachte entfernt. Man schläft in hellen, funktionalen Zimmern (sieben davon behindertengerecht) oder auf dem Schiff vor dem Gästehaus. Gefrühstückt wird auf einer Sonnenterrasse.
Kalkstr. 6, 28195 Bremen
Tel. 04 21-16 38 20
www.jugendherberge.de/jh/bremen

Restaurants

Loui & Jules

Nettes Lokal mit offener Küche und italienisch-französischem Einschlag. Die frisch hergestellte Pasta wird mit teilweise ausgefallenen Soßen kombiniert, die knusprige Pizza kommt aus dem holzbefeuerten Steinofen. Günstige Mittagsangebote.
Vor dem Steintor 139
28203 Bremen
Tel. 04 21-79 42 55 88
Di–So 12–23 Uhr

Grashoffs Bistro

Die Delikatessenhandlung Grashoff ist eine Bremer Institution – bereits seit 1872. Nach französischem Vorbild wurde später ein Bistro angeschlossen. Mit einem Businesslunch in diesem Lokal am Bremer Wallgraben kann man nichts falsch machen. Die Weine sind selbstverständlich exquisit und auf der Karte hervorragend kommentiert.

Contrescarpe 80
28195 Bremen, Tel. 04 21-1 47 49
www.grashoff.de
Mo–Do 10–20, Fr 12–21, Sa 12–16 Uhr, So, Fei geschl.

Madame Hô

Das mit glattem Lackdekor schick gestylte Restaurant am Weserufer wird besonders von gut betuchtem Publikum geschätzt. Aus der experimentellen Küche kommen verführerische und äußerst köstliche Kreationen mit Südostasien-Touch. Unbedingt vorreservieren!
Schlachte 41, 28195 Bremen
Tel. 04 21-1 68 38 70
www.madameho-bremen.de
Mo–Sa 18–24 Uhr

Admiral Nelson

Das Pannekoekschip Admiral Nelson, Nachbau einer Fregatte des 19. Jhs., bietet Abenteuer-Ambiente ohne Seekrieg. Unter den über 100 einfallsreichen Pfannkuchenkreationen finden sich auch von den Küchen Asiens und Lateinamerikas inspirierte »Übersee-Pfannkuchen«.
Schlachte, Anleger 1
28195 Bremen
Tel. 04 21-3 64 99 84
www.admiral-nelson.de
tgl. 12–21/22 Uhr, Okt., Nov., Jan.–April nur Mi–So

Kleiner Ratskeller

Versteckt liegt dieses gemütliche Lokal hinter der »Schüttig« genannten Handelskammer. Neben dem täglich wechselnden Stammessen der Wochenkarte bietet die Hauptkarte Traditionsgerichte wie Knipp (Bremer Grützwurst) mit Bratkartoffeln, Gurken und Apfelmus.
Hinter dem Schütting 11
28195 Bremen
Tel. 04 21-32 61 68
www.kleiner-ratskeller-bremen.de
Mo–Sa 11–23 Uhr, im Sommer Mo, Di, Do–Sa 11.45–24 Uhr

Shopping

Kajenmarkt

Die Weser mit ihren Anlegern für Restaurant- und Ausflugsschiffe bildet einen malerischen Hintergrund für den lebendigen Wochenmarkt längs dem Ufer etwa auf der Höhe der Martinikirche. Marktschreier, Kunsthandwerker, Touristen und waschechte Bremer sorgen für Unterhaltung. Östlich schließt sich am Samstag ein Antik- und Flohmarkt an, der sich am Sonntagmorgen auf der Bürgerweide fortsetzt.
Schlachte, 28195 Bremen
www.schlachte.de
Mai–Sept. Sa 10–16 Uhr

Schnoor Oase

Das Geschäft hat sich auf nostalgische Werbemittel spezialisiert, vor allem geprägte Blechschilder, die so schön altmodisch wirken. Weiter findet man jede Menge Dosen und Blechspielzeug, aber auch süße Spezialitäten wie Bremer Kluten (halb mit Schokolade überzogene Pfefferminz-Fondant-Stangen).
Wüstestätte 1 a, 28195 Bremen
Tel. 04 21-32 59 56
www.schnooroase.de
tgl. 10–19 Uhr

Atelier GAG

An die 2000 Papiermodelle zum Ausschneiden und Zusammenkleben gibt es hier, nicht nur Schiffe, Flugzeuge und Häuser, sondern auch tolle, teils sogar bewegliche Kreationen aus einem Blatt bedrucktem Papiers, z.B. wandernde Pinguine, exotische Drachen und die Bremer Stadtmusikanten.
Schnoor 31, 28195 Bremen
Tel. 04 21-32 74 63
www.ateliergag.de
Mo–Fr 11–18.30, Sa 11–18 Uhr

Albers Maritim

Man kann, muss aber nicht Skipper sein, um in diesem Fachgeschäft für Schiffsausrüstungen in einem Kajütenambiente mit Holzdielen und Schiffslampen etwas Nützliches oder Dekoratives zu finden. Wimpel, Knotentafeln oder Messingartikel sind auch für Landratten schöne maritime Mitbringsel.
Böttcherstr. 8, 28195 Bremen
Tel. 04 21-3 64 88 55
www.mordhorst-bockendahl.de
Mo–Fr 10–18, Sa 11–16 Uhr

Rößlers Delis

Die Leckereien von »Deutschlands kreativstem Pâtissier« kann man nicht nur im Café Hauptmeier bei einer Tasse Tee genießen, sondern unten im Laden auch mitnehmen. Es gibt köstliche Törtchen, himmlische Petits Fours (u.a. mit frischem Obst), Pralinen aus eigener Herstellung, die Gourmetschokolade Valrhona und hausgemachte Konfitüren in verschiedenen saisonalen Sorten.
Bahnhofsplatz 11, 28195 Bremen
Tel. 04 21-3 05 98 28
www.cafe-hauptmeier.de
Di–Sa 12–18, So 12–18 Uhr

Am Abend

Die Glocke

Bremens Musikhalle mit 1400 Plätzen im großen Saal ist für ihre hervorragende Akustik bekannt. Philharmonisches Staatsorchester und Deutsche Kammerphilharmonie spielen hier regelmäßig, Gesangsstars wie Cecilia Bartoli geben Gastspiele. Jazzfreunde treffen sich bei den »JAZZnights«.
Domsheide 4–5, 28195 Bremen
Tel. 04 21-33 66 99
www.glocke.de

Theater Bremen

Mehrere Bühnen bespielt das städtische Theater: klassische Stücke und Opern kommen im Theater am Goetheplatz sowie auf der neuen Seebühne an der Waterfront zur Aufführung, Modernes und Tanztheater meist im Neuen Schauspielhaus; Experimentierbühne ist der Brauhauskeller, an junge Zuschauer wendet sich das Moks.
Goetheplatz 1–3, 28010 Bremen
Tel. 04 21-3 65 33 33
www.theaterbremen.de
Kasse: Mo–Fr 11–18, Sa 11–14 Uhr

Atlantis Filmtheater

Das kleine Lichtspieltheater im 2. Stock des Hauses Atlantis ist ein Programmkino, das wertvolle und seltene internationale Filmwerke zeigt sowie Lesungen und Matineen veranstaltet. Mo und Di beträgt der Eintritt nur 5 €.
Böttcherstr. 4, 28195 Bremen
Tel. 04 21-79 25 50
www.bremerfilmkunsttheater.de
in der Regel tgl. 17, 19, 21,
So auch 11, 13, 15 Uhr

Aladin Music Hall

Lange Party-Tradition hat das Haus in Sebaldsbrück, über 1000 Bands traten hier schon auf. Die Angebotspalette ist enorm: Single-Partys, Gothic-Nächte, Ü30- oder Ü40-Partys, Country- oder Rocknächte und vieles mehr. Einen Taxishuttle kann man vorab online buchen.
Hannoversche Str. 11
28309 Bremen
Tel. 04 21-43 51 50
www.aladin-bremen.de
Fr–So, Fei ab 20/22 Uhr

Club Moments

In dem intimen Club findet man nicht nur die mit 15 m wohl längste Theke Bremens, sondern auch ein buntes Veranstaltungsprogramm, mit Konzerten von Indie, Jazz, Blues oder House bis hin zu Reggae und Salsa.
Vor dem Steintor 65
28203 Bremen
Tel. 04 21-7 92 66 33
www.club-moments.de
Do–Sa 22–6 Uhr

Cottbus

Pückler, Parks und Pyramiden

Nicht umsonst nennt sich Cottbus die grüne Stadt an der Spree. Mit dem welt-berühmten Fürst-Pückler-Park Branitz und dem zur Bundesgartenschau neu angelegten, abwechslungsreichen Spreeauenpark besitzt die Stadt eine einzigartige Parklandschaft, die sich vom Stadtrand bis ins Zentrum erstreckt und in Deutschland ihresgleichen sucht. Das zweisprachige Cottbus ist aber nicht nur Parkstadt, es ist auch das Zentrum der slawischen Sorben, einer Volksgruppe mit eigener Sprache und Kultur. Besonders eindrucksvoll erlebt der Gast das sorbische Brauchtum an Feiertagen wie Ostern. Nicht zuletzt ist Cottbus das Tor zum herrlichen Spreewald, auf dessen Kanälen man per Kahn durch die wundervolle, stille Wasserwelt gleiten kann. Als neues landschaftliches Juwel entsteht rings um Cottbus in den giganti-schen Gruben der stillgelegten Braunkohletagebaue eine zauberhafte Seenplatte, in der sich Touristen wohlfühlen und in Deutschland ausgestorbene Tiere wie Elch und Wolf wieder eine Heimat finden sollen.

Altmarkt

Auf dem Altmarkt schlägt das Herz von Cott-bus. Einst säumten Fachwerkhäuser den wich-tigen Handelsplatz, heute präsentiert sich der Markt als eindrucksvolles Ensemble von Bür-gerhäusern. Giebel im Stil des sächsischen Barock und klassizistische Traufenhäuser aus dem 18. und 19. Jh. bieten schöne Fotomotive. Architektonisch interessant sind das Haus Nr. 10 aus dem Jahr 1767, das Haus Nr. 14, das etwa 1675 erbaut wurde, sowie das Haus mit der Nr. 24, in dem seit 1568 die Löwenapothe-ke residierte; inzwischen ist hier das Bran-denburgische Apothekenmuseum samt Kräu-terlädchen eingezogen. In den Erdgeschossen vieler dieser historischen Gebäude sind Geschäfte, Cafés und Bars untergebracht.

Der Brunnen auf dem Platz entstand 1991 in Anlehnung an historische Brunnen in Acht-eckform mit Mittelsäule. Die Brunnenfigur und Sandsteinreliefs zeigen altes Handwerk.

Altmarkt 24, 03046 Cottbus

Kirche St. Nikolai

Östlich des Altmarkts erhebt sich am Ober-kirchplatz St. Nikolai die größte Kirche der Niederlausitz. Der bereits im 14. Jh. errichtete dreischiffige Backsteinbau ist ein eindrucks-volles Beispiel spätgotischer Baukunst. Seine schönen Stern- und Netzrippengewölbe erhielt das Gotteshaus nach einem großen Brand im Jahr 1468. Ende des Zweiten Welt-krieges wurde es erneut durch eine Feuers-brunst fast völlig zerstört. Nach dem Wieder-aufbau erstrahlt es nun in lichter Feierlichkeit und gewährt dem Besucher einen Durchblick vom Eingang entlang der neun Pfeilerpaare bis zum Altar. Der Lichteinfall und das Weiß der Wände, Pfeiler und Gewölbe lassen das Innere eindrucksvoll hoch und weiträumig erscheinen.

Wertvollste Ausstattungsstücke sind die Kan-zel und der Hochaltar (1664) mit seiner präch-tigen Alabasterschnitzerei sowie mehrere bedeutsame Grabmäler aus dem 16./17. Jh. Der Panoramablick vom 55 m hohen Turm reicht über die Dächer der Stadt bis zu den ehemaligen Braunkohletagebauen in ihrem Umland.

Oberkirchplatz, 03046 Cottbus
Tel. 03 55-71 31 08, www.st-nikolai-cottbus.de
tgl. 10–17 Uhr, während der Gottesdienste keine Besichtigung, Turmbesteigung tgl. 9–17 Uhr (Eintritt 1 €).

Brandenburgisches Apothekenmuseum

Es war Johann von Küstrin, Markgraf von Brandenburg, der 1568 seinen Stadtarzt Dr. Petrus Cnemiander zum Führen einer Apotheke in Cottbus bevollmächtigte. 1573 eröffnete die »Löwenapotheke« am Markt und blieb bis 1984 zwar mit wechselnden Inhabern, aber ohne Unterbrechung in Betrieb. Heute dienen die historischen Räumlichkeiten als lehrreiches Museum. Originale Apothekeneinrichtungen von 1930 werden einer DDR-Apotheke samt ihren Medikamenten aus der Ära der sog. industriellen Ersatzproduktion der 1970er-Jahre gegenübergestellt. Besonders spannend ist die 220 Jahre alte Gift- und Kräuterkammer mit zahllosen Schubladen und Kästchen, in denen exotische Kräuter, Drogen und Gifte aufbewahrt wurden. Wertvollstes Kleinod des Museums ist das Galenische Laboratorium aus dem Spätmittelalter, in dem einst Stadtarzt Cnemiander und seine Nachfolger mit Hilfe von besonderen Apparaten und Gerätschaften ihre Pillen, Puder und Salben zusammenrührten.

Altmarkt 24, 03046 Cottbus
Tel. 03 55-2 39 97, www.brandenburgisches-
apothekenmuseum.de
Führungen Di–Fr 11 und 14, Sa, So 14 und 15 Uhr, sonst nach Vereinbarung,
Kräuterverkauf: Di–Fr 10–17 Uhr

Staatstheater

Durch die florierende Textilindustrie war das Cottbuser Bürgertum Anfang des 20. Jhs. zu Wohlstand und politischem Einfluss gelangt. So beschloss man 1905 den Bau eines Stadttheaters, das diese errungene Position selbstbewusst repräsentieren sollte. Der Theaterbau in Cottbus ist ein Meisterwerk des spätsecessionistischen Jugendstils und gilt wegen seiner vielschichtigen und ambivalenten Bauweise als die reifste Leistung des Berliner Architekten Bernhard Sehring. Architektur, Kunsthandwerk, Malerei und Plastik gehen hier eine gelungene Verbindung ein. Am 1. Oktober 1908, nach nur 16 Monaten Bauzeit, wurde das Haus mit Lessings »Minna von Barnhelm« eröffnet und stieg bald

Die Wasserpyramide im Fürst-Pückler-Park

zum Mittelpunkt des geistigen Lebens der Niederlausitz auf. Im Lauf der Zeit haben viele renommierte Künstler in diesem Haus gearbeitet, das 1992 zum Staatstheater ernannt wurde, dem einzigen im Lande Brandenburg. Nach aufwendiger Renovierung erstrahlt es seit 2007 in neuem Glanz.

August-Bebel-Str. 2 (Besucherservice in
der GALERIA Kaufhof), 03046 Cottbus
Tel. 03 55-78 24 24 24
www.staatstheater-cottbus.de
Mo, Sa 10–12, Di 10–20, Mi–Fr 10–18 Uhr

Wendisches Museum/Serbski Muzej

Das westslawische Volk der Sorben, auf Deutsch auch Wenden genannt, hat etwa 60 000 Angehörige, von denen knapp die Hälfte aktiv Sorbisch spricht. Aufgabe des Museums ist die Bewahrung des Kulturguts der sorbischen Minderheit in der Lausitz. Sämtliche Ausstellungen sind deutsch und sorbisch beschriftet. Man erfährt viel über sorbische/wendische Volkskunst, Sprache, Literatur, Musik und Brauchtum. Das Museum besitzt die größte niedersorbische Trachtensammlung. Bei den Besuchern stehen auch die schönen Stickereien und die kunstvoll bemalten Ostereier hoch im Kurs. Im reizvollen Innenhof des Museums finden zu besonderen Anlässen Kammerkonzerte, Theateraufführungen, Schausticken, musika-

lisch-literarische Nachmittage, Künstlerge-
spräche, Lesungen sowie Bastel- und Sing-
stunden für Kinder statt.
Mühlenstraße 12, 03046 Cottbus
Tel. 03 55-79 49 30
www.wendisches-museum.de
Okt.–April Di–Fr 10–17, Sa, So, Fei 13–17,
Mai–Sept. bis 18 Uhr

Kunstmuseum im Dieselkraftwerk

Das 1927 von Werner Issel, einem der bedeutendsten Architekten für Industriebau des
20. Jhs., entworfene Dieselkraftwerk von Cottbus ist schon eine Sehenswürdigkeit für sich.
In den eigens für das Museum umgestalteten
Räumen des auf der grünen Mühleninsel der
Spree gelegenen Gebäudes hat nun das Kunstmuseum eine außergewöhnliche neue Heimat
gefunden, die viele Möglichkeiten bietet.
Im ehemaligen Maschinenhaus ist die aus
mehr als 30 000 Gegenständen bestehende
Sammlung vornehmlich regionaler Herkunft
zu bewundern. Im schmalen Schaltraum werden Wechselausstellungen mit Schwerpunkt
auf Malerei und Skulptur gezeigt. Das Kunstmuseum widmet sich seit Mitte der 1990er-
Jahre verstärkt den Schwerpunkten Landschaft, Natur und Umwelt in Brandenburg:
ein hochaktueller Themenkomplex, der zum
einen durch Fürst Pückler und seinen Landschaftspark, zum anderen durch die kolossale
industrielle Landvernichtung im Zuge des
Braunkohleabbaus sowie die derzeitige Rekul-
tivierung weltweit Beachtung findet.
Uferstraße/Am Amtsteich 15
03046 Cottbus, Tel. 03 55-49 49 40 40
www.museum-dkw.de
Di–So 10–18, Do bis 20 Uhr

Fürst-Pückler-Museum

Der berühmteste aller Cottbuser Bürger, dem
die Stadt auch ihren Ruf als grüne Stadt zu
verdanken hat, ist der spleenige Visionär
Fürst Pückler, der zur Finanzierung seiner
Gartenträume nicht nur sein eigenes Vermögen verprasste, sondern auch das seiner Frau-
en einsetzte. Als Pionier des Marketing-
gedankens verkaufte er seinen adeligen
Namen als geschütztes Markenzeichen an

einen Eishersteller. Leben und Werk des Gar-
tenkünstlers, Schriftstellers und Welten-
bummlers, der 1785 im benachbarten Bad
Muskau geboren wurde und 1871 in Cottbus
verstarb, werden in seinem Schloss gewürdigt, das inmitten des Branitzer Parks liegt.
Das Museum zeigt neben den Ausstellungen
zu Pückler auch die Cottbuser Sammlung von
Werken des Landschaftsmalers Carl Blechen
(1798–1840). Ein Höhepunkt ist die Multi-
mediashow, die den Besucher auf einen ima-
ginären Spaziergang von Osten nach Westen
durch den Branitzer Park mitnimmt.
Robinienweg 5, 03042 Cottbus
Tel. 03 55-7 51 50, www.pueckler-museum.de
Nov.–März Di–So 11–17, April–Okt. tgl. 10–18 Uhr

Fürst-Pückler-Park Branitz

Weltbekannt und als großartiges Meisterwerk
der Gartenbaukunst gerühmt ist der Branitzer Landschaftspark, geschaffen von Hermann Fürst von Pückler-Muskau. Pücklers
fantastisches dreidimensionales Naturgemäl-
de, das 1835 begonnen wurde, jedoch erst 1897
unter seinem Nachfolger vollendet werden
konnte, folgt in seiner Anlage dem sog. Zonie-
rungsprinzip. Der Innere Park mit dem Gelände der Ökonomie und der Gärtnerei nimmt
eine Fläche von rund 100 ha ein. Ihn umgibt
der Äußere Park mit einem Gesamtareal von
ca. 600 ha. Um das Schloss herum erstreckt
sich ein sog. Pleasureground mit Blumenbee-
ten, Plastiken und Ziergehölzen. Markant
sind die stufenförmig gestaltete Landpyrami-
de und die Wasserpyramide im See, Grabstät-
te des Fürsten und seiner Gattin Lucie.
Der Landschaftspark Branitz ist der wichtigste Teil der weitläufigen Cottbuser Parklandschaft. Zusammen mit dem 1995 für die Bundesgartenschau angelegten Spreeauenpark
und dem Goethepark, Eliaspark und Tierpark
erstreckt sich das Grün entlang der Spree vom
Zentrum der Stadt bis weit hinaus vor ihre
Tore. Von April bis Oktober lässt sich das
Gelände mit der nostalgischen Parkeisenbahn
(www.pe-cottbus.de) erkunden.
Branitz, Tel. 03 55-7 51 50
www.pueckler-museum.de
tgl. ab 9 Uhr

Hotels

Radisson Blu Hotel Cottbus
Großes Businesshotel am Bahnhof, dessen Zimmer mit kühler moderner Eleganz bestechen. Im 9. Stockwerk befindet sich ein Wellnessbereich mit kleinem Pool, Sauna und Fitnessstudio. Von hier genießt man einen tollen Blick über Cottbus. Restaurant mit Showküche.
Vetschauer Str. 12
03048 Cottbus
Tel. 03 55-4 76 10
www.radissonblu.com/
hotel-cottbus

Parkhotel Branitz Spa
Ruhig gelegenes Vier-Sterne-Hotel mit 128 Komfortzimmern und sehr attraktivem, großzügig gestaltetem Wellness- und Fitnessbereich. Das elegante Hotel liegt idyllisch in einem 68 ha großen hoteleigenen Park, der an den Pücklerpark Branitz angrenzt.
Heinrich-Zille-Str. 120
03042 Cottbus
Tel. 03 55-7 51 00
www.branitz.bestwestern.de

Waldhotel
Ruhig am Rande der Stadt zwischen Birken und Kiefern gelegen, mit Anschluss an das ausgedehnte Radwegenetz des Spreewalds. Vom Aussehen einem Forsthaus ähnlich, bietet das Hotel 48 rustikal eingerichtete Zimmer und zwei Aparments. Im Restaurant Hubertus und in den Waldshausstuben kreiert Küchenchef Mario Ziegel eine bodenständige Küche aus frischen Zutaten der Region.
Drachhausener Str. 70
03044 Cottbus
Tel. 03 55-8 76 40
www.waldhotel-cottbus.de

City-Hotel
Gepflegtes Stadthotel im Zentrum, nur 500 m von Bahnhof und Theater entfernt. Bequeme, skandinavisch-nüchtern eingerichtete Zimmer, einladende Restaurant-Terrasse und Cocktailbar.
Rudolf-Breitscheid-Str. 10
03046 Cottbus
Tel. 03 55-3 80 04 90
www.cityhotelcottbus.de

Hotel am Theater
Drei-Sterne-Hotel in einem historischen Stadthaus mit Charme. Ideale Lage im Zentrum. Individuell gestaltete Zimmer, der italienische Weingarten und die Hotelbar »Othello« geben dem Haus sein besonderes Flair.
Bahnhofstr. 57, 03046 Cottbus
Tel. 03 55-49 43 80
www.hotel-am-theater.com

Restaurants

Klosterkeller
Solide Hausmannsküche mit kreativen Akzenten im historischen Kreuzgrat-Gewölbekeller. Die Speisen werden von einem »Klosterbruder« in brauner Kutte serviert. Im Sommer sitzt man auf der idyllischen Terrasse mit Blick auf den Puschkinpark.
Klosterplatz 5, 03046 Cottbus
Tel. 03 55-79 33 72
www.klosterkeller.com
Mo–Sa 18–24 Uhr

El Toro
Spanisches Spezialitätenrestaurant mit einem reichhaltigen Angebot appetitlicher Speisen bester Qualität (u.a. Tapas, Salate, Fleischspieße, Fisch vom Grill) und ausgesuchter Weine. Im Sommer lädt ein reizvoller Gastgarten zum Verweilen ein.
Theodor-Storm-Str. 3a
03050 Cottbus
Tel. 03 55-86 69 06 00
www.el-toro-cottbus.de
tgl. ab 17 Uhr, So ab 12 Uhr Mittagstisch

Roma
»Der Italiener« im Zentrum von Cottbus. Gehobene italienische Küche – aber auch unter vielen Pasta-Kreationen, schmackhaften Pizzen und knackigen Salaten kann der Gast wählen. Hier gehen die Fußballer des Bundesligavereins Energie Cottbus ein und aus.
Marktstr. 7, 03046 Cottbus
Tel. 03 55-79 53 67
www.roma-cottbus.de
tgl. 11–14.30 und 17–23 Uhr

Café Altmarkt
Das am Alten Markt, der guten Stube von Cottbus, gelegene Café lädt im Erdgeschoss zu Kaffee und Kuchen ein. Im Keller des historischen Gebäudes erwartet Sie ein gemütliches Restaurant unter mittelalterlichem Kreuzgewölbe.
Altmarkt 10, 03046 Cottbus
Tel. 03 55-3 10 36
www.cafe-altmarkt.de
Café ab 9, Keller ab 11 Uhr, open end

Brau & Bistro
Traditionsreiche Gaststätte, in der schon 1737 Bier ausgeschenkt wurde. Im Sommer ist die große Terrasse auf dem Marktplatz stets gut besucht. Es gibt gutbürgerliche Küche mit modernem Touch und naturtrübes Bier. Zwischen April und Juni schmeckt frischer Spargel aus dem Spreewald.
Altmarkt 18, 03046 Cottbus
Tel. 03 55-4 94 60 23
www.brau-bistro.de
tgl. ab 10 Uhr

Shopping

Spree-Galerie
40 Shops auf 20 000 m², dazu internationale Gastronomie, ein Terrassencafé und diverse Grünzonen zum Entspannen schaffen in dem modernen Einkaufskomplex zwischen Puschkinpromenade und Berliner

Straße eine charmante, lebendige Marktplatz- und Treffpunkt-Atmosphäre.
Karl-Marx-Str. 68, 03044 Cottbus
Tel. 03 55-38 06 30
www.spreegalerie.de
Mo–Fr 10–20, Sa 10–16 Uhr

Ka 1 – der einrichter

Das Ka 1 führt exklusive große und kleine Einrichtungsgegenstände für das gehobene Wohnen in zeitlos hochwertigem Design, z.B. die Marken Vitra, Desalto, Zumtobel, Dier Collection, USM, Möller Design oder Kahla.
Brandenburger Platz 58
03046 Cottbus
Tel. 03 55-42 10 28
www.dereinrichter.de
Mo–Fr 10–18, Sa 10–15 Uhr

Baumkuchen-Manufaktur

Seit 1900 wird hier nach geheimem Rezept der Original Cottbuser Baumkuchen hergestellt. Wer neugierig ist, wie die 1819 in Cottbus von der Tochter eines Landsers erfundene Spezialität entsteht, der kann wahlweise donnerstags oder freitags am Schaubacken mit anschließendem Probieren teilnehmen. Verkauft wird der Baumkuchen zu den üblichen Ladenöffnungszeiten im Café Lauterbach, Spremberger Str. 4.
Mühlenstr. 45, 03046 Cottbus
Tel. 03 55-2 89 22 73
www.baumkuchen-cottbus.de
Mo–Fr 10–18, Sa 10–15 Uhr

for women and men

Hochwertige Mode für Männer! Hier findet »Mann« vom klassischen Zweireiher bis zur trendigen Funwear alles, was ihn anziehend macht. Dafür garantieren renommierte Marken wie Guess, Diesel, Sixty, Strellson, Sand oder das In-Label Fly London. Inzwischen gibt es auch eine ähnlich stilvolle Damenkollektion.

Spremberger Str. 7
03046 Cottbus
Tel. 03 55-4 94 36 64
www.forwomenandmen.de
Mo–Fr 11–19, Sa 10–16 Uhr

Bierspezialitäten

Der etwas versteckt liegende Laden bietet nicht nur über 100 verschiedene Varianten des Gerstensaftes, sondern auch Humpen, Gläser, Krüge, Reklameschilder, Bierdeckel, T-Shirts und andere nützliche Dinge für den geneigten Biertrinker.
Kreuzgasse 1, 03044 Cottbus
Tel. 03 55-3 81 79 33
www.bierspezialitaeten.com
Mo–Fr 10–18, Sa 9–12 Uhr

Am Abend

Staatstheater Cottbus

Das Staatstheater hat sich in den Sparten Schauspiel, Oper, Orchester und Ballett den Ruf eines volksverbundenen, experimentierfreudigen Theaters erworben, der weit über die Landesgrenzen hinausgeht. Besonderen Wert legt man den direkten, lebendigen Kontakt zum Publikum.
August-Bebel-Str. 2 (Besucherservice in der GALERIA Kaufhof)
03046 Cottbus
Tel. 03 55-78 24 24 24
www.staatstheater-cottbus.de

Puppenbühne Regenbogen

Traditionsreiches Figurentheater für Kinder um die Theaterleiterin Karin Heym, mit ganzjährigem Spielbetrieb. Derzeit wird in einem kleinen Saal gespielt, doch ein Neubau in der Bahnhofstraße ist geplant, in dem dann das piccolo-Theater, das piccolo-Tanzhaus und auch die Puppenbühne gemeinsam arbeiten sollen.
Klosterstr. 20, 03050 Cottbus
Tel. 03 55-52 20 23
www.puppenbuehne-
regenbogen.de

Vorstellungen Di, Mi, Do, So immer um 9 Uhr, So, Di auch 15 bzw. 14.30 Uhr

La Casa

Urige Szenekneipe, die neben dem normalen Gaststättengeschäft eine besonders vielfältige und fantasiereiche Veranstaltungsreihe bietet, die von Livemusik über Themenpartys bis zum Überraschungsabend reicht.
Karl-Liebknecht-Str. 29
03046 Cottbus
Tel. 01 76-10 04 39 03
www.lacasa-cb.de
ab 23 Uhr, bei Veranstaltungen ab 21 Uhr

Club Bebel

Der Club Bebel – eine Institution vor allem für die jüngere Generation in Cottbus – ist im Gebäude einer ehemaligen Weberei untergebracht. Konzerte wechseln mit Partys ab. Rockbands aus der ganzen Region treten hier auf. Alle zwei Wochen gibt der Latin Club den Ton an. Dann wieder ist das Bebel die offene Bühne für das Cottbuser Konservatorium.
Nordstr. 4, 03044 Cottbus
Tel. 03 55-4 93 69 40
www.bebel.de
je nach Veranstaltung

Glad-House

Das engagierte Jugendkulturzentrum bietet nicht nur hörenswerte Bands, sehenswerte Filme, junges Theater und coole Partys, sondern auch eine Schreib-Werkstatt, Video-AG, Trommel- und Theaterworkshops zum Selber-aktiv-werden. Auch wer nur relaxen, Leute treffen oder kickern will, ist hier richtig.
Straße der Jugend 16
03046 Cottbus
Tel. 03 55-38 02 40
www.gladhouse.de
Di ab 21, Mi und Do ab 20 Uhr, Fr, Sa nur bei Veranstaltungen

Darmstadt

Zentrum des Jugendstils

Wissenschaftsstadt nennt sich heute die ehemalige Residenz des Großherzogtums Hessen-Darmstadt, die am Fuß des Odenwalds liegt. Die aufgeklärten und kunstliebenden Großherzöge machten Darmstadt zu einem Mittelpunkt des Geistes- und Kulturlebens. Ihre erste große kulturelle Blüte erlebte die Stadt Anfang des 19. Jhs., als der Klassizismus in Mode war. Um 1900 entwickelte sich Darmstadt zu einem Zentrum des Jugendstils. Die Mathildenhöhe galt damals als Hohetempel der Architektur. Auch die Großen ihrer Zeit, Walter Gropius, Mies van der Rohe und Le Corbusier, holten sich dort Inspirationen, denn ab 1910 ging man zu einer strengeren Ästhetik über, in der sich bereits die Sachlichkeit des Bauhauses ankündigte. Heute ist Darmstadt Sitz des Europäischen Operationszentrums für Weltraumforschung, dreier Institute der Fraunhofergesellschaft sowie der Deutschen Akademie für Sprache und Dichtung.

Mathildenhöhe

Der Architekt Josef Maria Olbrich (1867–1908), Mitbegründer der Wiener Secession, war eine der treibenden Kräfte der Künstlerkolonie, der u.a. die Architekten Peter Behrens und Alfred Messel, die Kunsthandwerker und Maler Hans Christiansen und Albin Müller sowie die Bildhauer Ludwig Habich und Bernhard Hoetger angehörten. Die jungen Männer wurden großzügig von dem äußerst kunstsinnigen Großherzog Ernst Ludwig (1868–1937) gefördert.

So entstand wie im Rausch zwischen 1899 und 1914 ein Ensemble eigenwilliger Jugendstilbauten auf der Mathildenhöhe. In vier Ausstellungen entwickelte sich der sogenannte Darmstädter Stil. Neben Olbrichs Hochzeitsturm sind das Ausstellungsgebäude nebenan, ein baldachinartiger, klassizistisch anmutender Bau mit Mosaikkuppel, das Ernst-Ludwig-Haus, das Alice-Hospital und die russische Kapelle mit ihren goldenen Zwiebeltürmen besonders sehenswert.

Mathildenhöhe, 64287 Darmstadt
Tel. 0 61 51-13 27 78
www.mathildenhoehe.info
Austellungsgebäude Di–So 10–18, Do bis 21 Uhr, Museum Künstlerkolonie Di–So 10–17 Uhr

Hochzeitsturm

»Die erhobene Hand gegen die Kunst-Philister«, so rühmte Großherzog Ernst Ludwig (1868–1937) den eigenwilligen, 48 m hohen Hochzeitsturm des Architekten Josef Maria Olbrich (1867–1908), den die Darmstädter Bürgerschaft dem Fürsten im Jahr 1905 zur Vermählung mit Eleonore von Solms-Hohensolms-Lich geschenkt hatte. Erbaut wurde der schmale dunkelrote Backsteinbau mit um die Ecken geführten Fenstern allerdings erst 1908.

Der markante, als fünfzinnige Krone in Kupferblech und violetten Verblendsteinen ausgeführte Dachabschluss erinnert tatsächlich an die Finger einer ausgestreckten Hand – daher auch der Beiname Fünffingerturm. An der Südfassade befindet sich eine Sonnenuhr. Die Eingangshalle zieren seit 1914 zwei prachtvolle Mosaikbilder nach Entwürfen von Friedrich Wilhelm Kleukens. Sie zeigen ein sich küssendes Paar sowie eine Glücksgöttin mit Füllhörnern voll Rosen. Von der Aussichtsplattform des Turms bietet sich ein Rundblick über Darmstadts Mathildenhöhe.

Mathildenhöhe, 64287 Darmstadt
Tel. 0 61 51-13 27 78
www.mathildenhoehe.info

Das Jugendstil-Ensemble auf der Mathildenhöhe mit Hochzeitsturm und russischer Kapelle

Ernst-Ludwig-Haus/Museum Künstlerkolonie

In den Jahren 1900/1901 errichtete Josef Maria Olbrich anlässlich der Ausstellung »Ein Dokument Deutscher Kunst« das leuchtend weiße Ernst-Ludwig-Haus als Atelierhaus der Künstlerkolonie. Es dient heute als Museum. Ein dreidimensionales Modell macht die Ansicht des Gesamtgeländes um 1900 deutlich.

Berühmt ist die Schaufront des Hauses mit omegaförmigem Mittelportal: Seine monumentalen Skulpturen »Mann« und »Weib« und die vergoldete Pflanzenornamentik stehen in starkem Gegensatz zur sonstigen äußeren Schlichtheit. Der Weg über eine lange terrassierte Treppenanlage symbolisiert den Aufstieg in eine höhere geistige Region. Auf dem Portal stehen die Worte des Dichters Hermann Bahr, die zum Motto des Darmstädter Jugendstils wurden: »Seine Welt zeige der Künstler, die niemals war noch jemals sein wird.«

Alexandraweg 26, Mathildenhöhe
64287 Darmstadt, Tel. 0 61 51-13 27 78
www.mathildenhoehe.info
Di–So 11–18 Uhr

Russische Kapelle Maria Magdalena

Ein exotisches Kleinod der Mathildenhöhe ist die russische Kapelle, die 1897–1899 als Hofkapelle für das Zarenpaar Nikolaus II. und Alexandra (eine gebürtige Prinzessin von Hessen-Darmstadt) entstand und mit reichem Mosaikschmuck und blattgoldbelegten Zwiebelhauben prunkt. Sie wurde nach Plänen des Petersburger Architekten Léon N. Benois (1856–1928), eines Großvaters von Peter Ustinov, in typisch russischem Kirchenstil des 16. Jhs. von den beiden Darmstädter Architekten Gustav Jacobi und Friedrich Ollerich auf importierter russischer Erde errichtet.

Obwohl sie eigentlich in keiner Weise vom Jugendstil inspiriert ist, prägt sie mit ihren drei vergoldeten Kuppeln und dem farbigen Mosaikschmuck bis heute wesentlich das Erscheinungsbild der Mathildenhöhe. Bis zum heutigen Tag finden hier orthodoxe Gottesdienste statt. Die Kapelle wurde aufwendig restauriert.

Nikolaiweg 18, Mathildenhöhe
64287 Darmstadt, Tel. 0 61 51-42 42 35
www.darmstadt.russian-church.de
Di–Sa 10–13, 14–16, So 14–16 Uhr

Ludwigskirche

Der klassizistische Kuppelbau, den Georg Moller 1822–1827 errichtete, beherrscht den Wilhelminenplatz. Großherzog Ludwig I. stellte der katholischen Gemeinde den Bauplatz. Vorbild der Ludwigskirche war das römische Pantheon, dessen Proportionen Moller in reduzierten Gesamtmaßen übernahm. In dem beeindruckenden Sakralraum im Inneren tragen 28 korinthische Säulen eine Kuppel von 33 m Durchmesser. Im Hochchor ist ein Engelmosaik zu sehen, das C. Schrack-Braun 1960 schuf.

Im Säulengang befindet sich das Grabmal von Großherzogin Mathilde, einer bayrischen Prinzessin, und das des Prinzen Friedrich (gest. 1867), der in Rom zum katholischen Glauben übergetreten war. Auf dem Platz steht das Alice-Denkmal, ein 1902 zu Ehren der Großherzogin Alice errichteter Obelisk, den vier allegorische Frauengestalten tragen.

Wilhelminenplatz 9, 64283 Darmstadt
Tel. 0 61 51-9 96 80
www.sankt-ludwig-darmstadt.de

Residenzschloss

Das einstige Landgrafenschloss in der Stadtmitte besteht aus zwei Bauten. Den Marktplatz säumt die regelmäßig gegliederte Fassade des im Auftrag von Landgraf Ernst Ludwig von Remy de la Fosse entworfenen Neuschlosses (1716–1726), das als gigantische Anlage geplant war; es kamen jedoch nur zwei Flügel zur Ausführung. Das Altschloss dahinter (16./17. Jh.) besitzt Volutengiebel und ein wappengeschmücktes Portal zur Hofseite.

In der Darmstädter Brandnacht im September 1944 brannte das Schloss bis auf die Außenmauern nieder. In zwanzigjähriger Arbeit wurde der äußere Zustand der Vorkriegszeit weitgehend detailgetreu wiederhergestellt. Im kürzlich modernisierten Schlossmuseum sind Staatskarossen, fürstliches Mobiliar und Tafelgeschirr zu sehen. Die Gemäldegalerie besitzt die Darmstädter Madonna von Hans Holbein d.J.

Marktplatz 15, 64283 Darmstadt
Tel. 0 61 51-2 40 35
www.schlossmuseum-darmstadt.de

Hessisches Landesmuseum

Das Universalmuseum wird derzeit umgebaut und soll 2012 wiedereröffnet werden. Dann zeigt es wieder Exponate der Vorgeschichte und Antike, aber auch mittelalterliche Altarmalerei, Werke von Stephan Lochner und Lucas Cranach d.Ä. sowie niederländische Maler. Zu sehen sind auch Glasmalerei und Kunsthandwerk (u.a. Elfenbeinschnitzereien) aus verschiedenen Epochen, außerdem Werke des deutschen Impressionismus und Expressionismus sowie Gegenwartskunst, darunter ein berühmter Werkkomplex von Joseph Beuys (1949–72).

Die Grafische Sammlung präsentiert Werke aus Italien, Frankreich, Deutschland und den Niederlanden vom 16. Jh. bis zur Neuzeit. In der naturkundlichen Sammlung ist das fossile Urpferdchen aus der Grube Messel zu sehen.

Friedensplatz 1, 64283 Darmstadt
Tel. 0 61 51-16 57 03, www.hlmd.de
wegen Renovierung voraussichtlich bis 2012 geschl.

Prinz-Georg-Palais

Das um 1710 errichtete ehemalige landgräfliche Sommerpalais beherbergt die überaus kostbare großherzogliche Porzellansammlung. Tafelgeschirr und Porzellanfiguren stammen aus Familienbesitz und stellen die größte Sammlung von Porzellanen aus der Großherzoglichen Manufaktur Kelsterbach sowie aus anderen deutschen und russischen Manufakturen dar. Nahezu alle Stücke sind Geschenke europäischer Königs- und Kaiserhäuser.

Der Prinz-Georg-Garten ist bis heute als Gartenkunstwerk erhalten. Er ist ein in Hessen einmaliger historischer Garten, der nach geometrisch-formalen Gestaltungsprinzipien in der zweiten Hälfte des 18. Jhs. angelegt wurde. Die ca. 2 ha große Anlage enthält reizvolle gartenkünstlerische Staffagen (Gartenhaus, Teehäuschen, Bassins u.a.) sowie einen Orangeriegarten.

Schlossgartenstr. 10, 64289 Darmstadt
Tel. 0 61 51-71 32 33
www.porzellanmuseum-darmstadt.de
Mi 10–13, 14–17, Sa 10–13 Uhr

Darmstadt

Hotels

Maritim Rhein-Main Hotel

Modernes, großes Tagungshotel mit spiegelnder Fassade in der Stadtmitte. Die Zimmer – drei davon behindertengerecht – bieten unterschiedliche Kategorien, sind aber stets geschmackvoll eingerichtet. Im feinen Restaurant »Rôtisserie« werden internationale Spezialitäten serviert. Im obersten Stockwerk kann man in einer großzügigen Wellnessabteilung mit Blick über die Stadt entspannen.

Am Kavalleriesand 6
64295 Darmstadt
Tel. 0 61 51-30 30
www.maritim.de

Jagdschloss Kranichstein

Idyllisch im Grünen gelegenes kleines, aber feines Hotel hinter geschichtsträchtigen Mauern mit schönem Park. Elf Zimmer und vier Suiten bieten viel Komfort sowie WLAN. Vorzügliches Restaurant mit Sommerterrasse und regionaler Küche.

Kranichsteiner Str. 261
64289 Darmstadt-Kranichstein
Tel. 0 61 51-9 77 90
www.hotel-jagdschloss-kranichstein.de

Welcome Hotel Darmstadt

Sehr zentral gelegenes, modernes Hotel mit hellen, freundlichen, schallisolierten Zimmern. Durch die Anbindung an das Kongresszentrum Darmstadtium ist es ideal für Tagungsgäste. Das Restaurant »Herrngarten« serviert kalifornische Küche, das Bistro »Moller« regionale Gerichte. Der Wellnessbereich lädt mit Sauna, Solarium und Fitnessraum zum Entspannen ein.

Karolinenplatz 4
64289 Darmstadt
Tel. 0 61 51-3 91 40
www.welcome-hotel-darmstadt.de

Best Western Hotel Darmstadt

Das moderne Hotel liegt ruhig in der Stadtmitte, gerade mal 500 m vom Kongresszentrum Darmstadtium entfernt, und bietet moderne, freundliche Zimmer mit kostenfreiem High-Speed-Internetanschluss und Flachbildfernseher mit Sat-TV und Premiere Pay-TV. Schöne Gartenterrasse.

Grafenstr. 31
64283 Darmstadt
Tel. 0 61 51-2 81 00
www.hotel-darmstadt.bestwestern.de

Donnersberg

Freundliches Hotel mit funktionell eingerichteten preisgünstigen Standardzimmern und speziell auf die Bedürfnisse von Geschäftsreisenden abgestimmten Komfortzimmern, die einen großen Arbeitsbereich und bequeme Ledersessel bieten. Selbst die geräumige Junior Suite ist erschwinglich.

Donnersbergring 38
64295 Darmstadt
Tel. 0 61 51-3 10 40
www.donnersberg-hotel-darmstadt.de

Restaurants

Müller & Müller

Monika Müller serviert kreative, überwiegend aus Bio-Zutaten zubereitete Küche (das Fleisch stammt vornehmlich von der Erzeugergemeinschaft Schwäbisch Hall, das Gemüse kommt aus Demeter-Betrieben) mit hohem Anspruch. Sorgsam ausgewählte Weine und kompetente Beratung. Im Sommer sitzt man nett im hübschen kleinen Hofgarten.

Mühlstr. 60, 64283 Darmstadt
Tel. 0 61 51-15 38 63
www.mueller-und-mueller.de
Di–Sa 19–24, Sa auch 12–14.30 Uhr

Calla

Lifestyle-Gastronomie im Kongresszentrum Darmstadtium mit Café, Lounge und Restaurant. Serviert werden leichte Gerichte und leckere Salate.

Schlossgraben, 64283 Darmstadt
Tel. 0 61 51-1 01 96 60
www.calla-darmstadt.de
Mo–Sa 8–1 Uhr

Landgraf Ludwig VIII

Elegantes Abendrestaurant im Jagdschloss Kranichstein mit vorzüglicher regionaler Küche, die in romantischem Ambiente bei Kerzenschein serviert wird. Am Freitag dominieren Fisch und Seafood. Gute Weinauswahl.

Kranichsteiner Str. 261
64289 Darmstadt
Tel. 0 61 51-9 77 90
www.hotel-jagdschloss-kranichstein.de
Mo–Sa 19–22.30 Uhr

Trattoria Romagnola

Feine italienische Cucina mit hausgemachter Pasta. Seeteufel, Lammrücken mit Kräuterkruste, Filet vom Charolais-Rind oder Kalbsrücken »Daniela Art« schmecken besonders gut. Große Weinkarte mit Positionen aus allen Regionen Italiens, darunter besonders gute Brunellos.

Heinrichstr. 39, 64283 Darmstadt
Tel. 0 61 51-2 01 59
www.trattoria-romagnola.de
Mo–Fr 12–14.30, 18.30–24,
Sa 18.30–24 Uhr

Eiseles Weinschmecker

Internationale Bistro-Spezialitäten und ausgezeichnete Weine in netter Atmosphäre. Angeschlossen ist ein Weinshop mit Weinschmecker-sortiment für den Eigenbedarf.

Dieburger Str. 19
64287 Darmstadt
Tel. 0 61 51-1 59 02 02
www.weinschmecker.de
Mo–Fr 15–24, Sa 10–24 Uhr

Shopping

Vinocentral

Hervorragende Auswahl an italienischen Spezialitäten mit großer Frischetheke, feinen Panini und interessanter Weinauswahl. Die Kaffeebar serviert köstlichen Cappuccino, Latte Macchiato oder Espresso.
Platz der Deutschen Einheit 21
64289 Darmstadt
Tel. 0 61 51-8 09 40
www.vinocentral.de
Mo–Mi, Fr 8–21, Do 8–23,
Sa 10–18 Uhr

Grüner Salon

Liebenswerter Laden im Martinsviertel, der farbenfrohe Wohnaccessoires, Lampen, Kissen und Decken, Küchenutensilien, außergewöhnliche Geschenkideen und jede Menge schönen Krimskrams führt.
Robert-Schneider-Str. 20
64289 Darmstadt
Tel. 0 61 51-71 91 15
www.gruenersalon.de
Mo–Fr 10–13.30, 14.30–19 Uhr

Heckmann

Freundliches kleines inhabergeführtes Geschäft, das trotz der privilegierten Lage in der Fußgängerzone Mode, Schuhe und Accessoires abseits des üblichen Mainstreams führt.
Wilhelminenstr. 17a
64283 Darmstadt
Tel. 0 61 51-5 99 05 90
www.heckmannstore.com

Musikhaus Crusius

Traditionsreiche Adresse für Musikliebhaber. Hier gibt es nicht nur zahlreiche Instrumente zu kaufen, sondern auch eine große Abteilung für Musiknoten und für alles stets freundliche und fachkundige Beratung.
Schustergasse 14
64283 Darmstadt
Tel. 0 61 51-1 73 00
www.musik-crusius.de
Mo–Fr 10–19, Sa bis 16 Uhr

Darmstadt Shop im Luisencenter

Hier gibt's Souvenirs aus Darmstadt: Schirme, Weine, Schlüsselanhänger, eine Broschüre über die Mathildenhöhe und das »Darmstadt Wissenschafts-Quartett«, mit dem man auch Trumpf spielen kann.
Luisenplatz 5, 64283 Darmstadt
Tel. 0 61 51-13 45 13
www.darmstadt.de
Mo–Fr 10 –18, Sa 10–16,
April–Sept. auch So 10–14 Uhr

Am Abend

Staatstheater Darmstadt

Vierspartenhaus mit Oper, Tanz, Schauspiel und Konzertwesen. Das Große Haus, das hauptsächlich von der Oper bespielt wird, bietet 956 Zuschauerplätze, im Kleinen Haus, in dem Schauspiel- und Tanzvorstellungen stattfinden, stehen 482 Plätze zur Verfügung. Als Bühne werden auch die sanierten Kammerspiele mit 100 Sitzplätzen genutzt.
Georg-Büchner-Platz 1
64283 Darmstadt
Tel. 0 61 52-2 81 11
www.staatstheater-darmstadt.de

Stella

Das Stella bietet nicht nur chillige Baratmosphäre und leckere Cocktails zu zivilen Preisen, sondern auch ein vielseitiges Musikprogramm. Die DJs legen vor allem Techno und House auf, doch wird am Freitag auch Black Music gespielt. Am Mittwoch steigt die Studentenparty.
Rheinstr. 40–42
64283 Darmstadt
Tel. 0 61 51-3 08 27 50
www.dasstella.de
Mi–Sa ab 20 Uhr

Weststadt Bar

Szenetreff in einer ehemaligen Lok-Halle direkt an den Gleisen. Hier genießt man exotische Cocktails, stürzt sich am Mittwoch ins After-Work-Clubbing und tanzt jeden zweiten Freitag im Monat bei heißen Salsaklängen die Nacht durch. Für Hüftsteife gibt's um 20 Uhr Schnupperkurse.
Mainzer Str. 106
64293 Darmstadt
Tel. 0 61 51-67 03 67
www.weststadt.de

Centralstation

Topadresse für ein breites Spektrum kultureller Abendveranstaltungen, von Konzerten angesagter Bands bis hin zu Autorenlesungen und Poetry Slams. Besonders beliebt sind die »Mellow Weekends« mit Tanzmusik der 80er- und 90er-Jahre. Einen Stock tiefer legen Discjockeys im Nachtcafé bei cooler Lounge-Atmosphäre houselastigen Sound auf.
Im Carree, 64283 Darmstadt
Tel. 0 61 51-3 66 88 99
www.centralstation-darmstadt.de
Mo–Do 10–1, Fr–Sa 10–3 Uhr

das waben

»essbar, trinkbar, tanzbar« lautet das Programm dieses angesagten Clubs, in dem bekannte DJs am Freitag und Samstag House, Dance, Pop, R'n'B und Classics der 80er-Jahre auflegen. Im Sommer auch Strandbar! Wer Samstagnacht durchtanzt, kann beim sonntäglichen Brunchbüfett neue Kräfte sammeln.
Friedensplatz 11
64283 Darmstadt
Tel. 0 61 51-5 99 23 99
www.daswaben.de
essbar und trinkbar tgl. ab 10 Uhr,
tanzbar Do–Sa und vor Fei
ab 22 Uhr

Dessau

Zwischen Aufklärung und Bauhaus

Selten wird modernem Denken verschiedener Epochen auf so kleinem Raum die Ehre zuteil, gleich zweimal die Auszeichnung Weltkulturerbe zu erhalten. In Dessau selbst revolutionierte das Bauhaus um Walter Gropius ab 1925 die Architektur. Nur wenige Kilometer außerhalb zeugt das Gartenreich Dessau-Wörlitz von einer der kreativsten im Geist der Aufklärung entstandenen Architektur- und Naturschöpfung. Schon Fürst Franz wollte »Nützliches mit dem Schönen mischen«, wie es 150 Jahre später auch Walter Gropius vorschwebte. Dessau, das ein lebendiger Ort der experimentellen Gestaltung, Forschung und Lehre ist, bewies 2005, dass dies nach wie vor möglich ist: Mit dem multiperspektivischen Umweltbundesamt setzte die Stadt architektonische Maßstäbe – energieeffizient und nachhaltig. 2007 wuchs Dessau im Rahmen einer Verwaltungsreform mit der Stadt Roßlau am nördlichen Elbufer zusammen.

Bauhaus

Bauhausgründer Walter Gropius begriff Architektur als »Gestaltung von Lebensvorgängen«. Gegründet auf dem Traum vom humanen, erschwinglichen Wohnen für alle gelang in Dessau herausragenden Baumeistern und Künstlern der Weimarer Republik ein neues Zusammenspiel von Architektur, Wandmalerei, Design, Typografie, Tischlerei, Weberei und Plastischer Werkstatt.

Mit seinem weltberühmten vertikalen Schriftzug und der Glasvorhangfassade ist das 1925/26 von Gropius geschaffene Bauhausgebäude zur Ikone der Klassischen Moderne geworden. Die transparent und fast schwerelos wirkende kubische Komposition aus Stahl, Beton und Glas überbrückt die Grenzen zwischen Wohnen, Lernen, Arbeiten und Verwalten und präsentiert innen durch farbige Absetzung von tragenden und verkleidenden Elementen ihre konstruktiven Bestandteile.

Gropiusallee 38, 06846 Dessau-Roßlau
Tel. 03 40-6 50 82 51, www.bauhaus-dessau.de
Bauhausgebäude tgl. 10–18 Uhr

Meisterhäuser

Die 1925/26 im kleinen Kiefernwäldchen der heutigen Ebertallee errichteten weißen Meisterhäuser erinnern mit ihren ineinander ver-

schachtelten kubischen Bauelementen, vertikalen Glasbändern und verglasten Ateliers an architektonische Umsetzungen der Bilder Picassos. Sie wurden aus sogenannten JURKO-Steinen errichtet, Platten aus Schlacke, Sand und Zement.

Noch heute faszinieren die Gebäude durch ihre zeitlos-moderne Ausstrahlung. Die Doppelhäuser besaßen ein nach Norden gerichtetes Atelier, Wohn- und Esszimmer, mehrere Schlaf- und Gästezimmer sowie Kammer, Küche, Bad und Gäste-WC. Besonders das Doppelhaus Kandinsky/Klee und das rekonstruierte Meisterhaus Feininger zeichnen sich durch farbliche Formgebung im Innern aus.

Ebertallee 69–71, 06846 Dessau-Roßlau
Tel. 03 40-6 61 09 34, www.meisterhaeuser.de
Mitte Febr.–Okt. Di–So 10–18, Nov.–Mitte Febr. Di–So 10–17 Uhr

Bauhaussiedlung Dessau-Törten

Preisgünstig und praktisch sollte der Massenwohnungsbau werden. Mit der 1926 entstandenen Siedlung löste das Bauhaus um Walter Gropius diese Aufgabe auf kreative Weise. In drei Bauabschnitten entstanden 314 zweigeschossige Reihenhäuser, die je nach Haustyp zwischen 57 und 75 m^2 Wohnfläche aufweisen. Stets gehört dazu ein eigener Garten.

Das Meisterhaus Kandinsky/Klee, entworfen von Walter Gropius

Revolutionär war das Stahlhaus, das schon 1926 den neuen Werkstoff einsetzte. Hier ist eine Ausstellung zur Geschichte der Siedlung untergebracht. Das Haus Mittelring 38 wurde originalgetreu restauriert und ist Sitz der Moses-Mendelssohn-Gesellschaft. In den Laubenganghäusern in der Peterholzstraße 40 kann man mit einer Führung eine rekonstruierte Musterwohnung besichtigen. Das Konsumgebäude in der Damaschkestraße fungiert bis heute als Wohnhaus und Laden.
Südstr. 5, 06846 Dessau-Roßlau
www.bauhausstadt.de
Stahlhaus März–Okt. Di–So 10–18, Nov.–Febr. 10–17 Uhr. Führung durch die Siedlung Törten Di–So 15 Uhr ab Stahlhaus

Schloss und Park Wörlitz

Die zum großen Teil in ihrer Ursprünglichkeit erhaltenen Wörlitzer Anlagen (18 km östlich von Dessau) bilden den Kern und Höhepunkt des zum Weltkulturerbe erklärten Gartenreichs Dessau-Wörlitz. Die harmonische, ganz dem Geist der Aufklärung verpflichtete Verbindung aus Gartengestaltung, Architektur und freier Landschaft in den Elbauen ließ Fürst Leopold III. Friedrich Franz von Anhalt-Dessau (1740–1817) erschaffen. Schloss Wörlitz (1769–1773) entstand im Stil palladianisch geprägter Landhäuser mit korinthischen Säulen und Dreiecksgiebelkrönung.
Das Gotische Haus (1773–1813), privates Refugium und Liebesnest des Fürsten, ist auf der Kanalseite der venezianischen Kirche Santa Maria dell'Orto nachempfunden, die Gartenseite präsentiert das Formengut der englischen Tudorgotik. Herrliche Glasgemälde und Bilder von Lucas Cranach empfangen den Besucher. Spektakulär ist die 1794 auf einem künstlichen Vulkan angelegte Insel Stein mitsamt Grotte der römischen Quellnymphe Egeria, antikem Amphitheater und Nachbildung der Villa Hamilton in Neapel.
06786 Wörlitz, Tel. 03 49 05-40 90
www.gartenreich.com
April–Okt. Di–So, Fei 10–17, Mai–Sept. bis 18 Uhr

Dessau

Schloss und Landschaftspark Luisium

Fürst Franz von Anhalt-Dessau ließ das bezaubernde, zwischen Dessau und Wörlitz gelegene klassizistische Landhaus durch Friedrich Wilhelm von Erdmannsdorff 1774 als Refugium für seine Gattin Luise erbauen. Nach ihr wurden Garten und Haus 1780 benannt. Die Ausstattung ist von der Begeisterung dieser Epoche für die Antike geprägt. Die kleinen Räume und Kabinette zeigen feine Stuckdekorationen und schöne Wandgemälde. Die Deckenmalerei des Festsaals im Erdgeschoss schildert weibliche Tugenden. Ein englischer Landschaftsgarten mit »Schlangenhaus«, Orangerie, Torhäusern und Ruinenbogen umgibt das Landhaus und schmiegt sich in die schöne Auenlandschaft. Durch eine Sichtachse ist das Haus mit der Walderseer Kirche verbunden, in deren Turm das Fürstenpaar bestattet ist.

Waldersee, 06844 Dessau-Roßlau
Tel. 03 40-2 18 37 11, www.gartenreich.com
April, Okt. Sa, So, Fei 10–17, Mai–Sept. Di–So 10–18 Uhr. Der Park ist ganzjährig zugänglich.

Schloss Mosigkau

Anna Wilhelmine, Lieblingstochter von Fürst Leopold I. von Anhalt-Dessau, beauftragte 1752 Christian Friedrich Damm mit der Errichtung ihres Sommersitzes 8 km südlich von Dessau. Schloss und Garten sind ein für Mitteldeutschland seltenes Juwel des Rokoko. 17 Räume mit teilweise erhaltener Originalausstattung können besichtigt werden. Der Galeriesaal im Corps de logis (Hauptbau) besitzt kostbare, barock gehängte Gemälde flämischer und holländischer Meister. Durch die hohen Fenster blickt man auf den südlich gelegenen Rokoko-Lustgarten mit einem Irrgarten des 18. Jhs., alten Heckenbosketten, einem chinesischen Teehaus und einer angeschlossenen Orangerie mit seltenen, teils jahrhundertealten Kübelpflanzen.

Knobelsdorffallee 2
06847 Dessau-Roßlau/Mosigkau
Tel. 03 40-50 25 57 21, www.gartenreich.com
April, Okt. Sa, So, Fei 10–17 Uhr,
Mai–Sept. Di–So, Fei 10–18 Uhr

Schloss Georgium und Georgengarten

Das Georgium wurde 1780 von Friedrich Wilhelm von Erdmannsdorff mit Landhaus, Rotunde und englischem Landschaftspark angelegt, in den man klassizistische und romantisierende Skulpturen hineinkomponierte. Ganz allmählich geht der 20 ha große Georgengarten in die naturnah belassene Auen- und Bruchlandschaft über. Die Anlage war die Antwort von Prinz Johann Georg, einem jüngeren Bruder des Fürsten Leopold III. Friedrich Franz von Anhalt-Dessau, auf Wörlitz. Im Schloss sind Kunstwerke der Gemäldesammlungen anhaltischer Fürstenhäuser versammelt: an die 2000 Bilder Alter Meister aus Deutschland und den Niederlanden. Nahe beim Schloss präsentiert das historische Fremdenhaus die Grafische Sammlung. In der Orangerie finden Sonderausstellungen statt.

Puschkinallee 100, 06846 Dessau-Roßlau
Tel. 03 40-61 38 74, www.georgium.de
Schloss und Orangerie Di–So 10–17 Uhr,
Fremdenhaus nach Vereinbarung,
Tel. 03 40- 61 91 19. Der Park ist frei zugänglich.

Schloss Oranienbaum

Die niederländisch geprägte Barockanlage – ein in Deutschland seltener Typ – liegt in der Stadt Oranienbaum, östlich von Dessau. Das Schloss wurde ab 1683 zunächst als Sommersitz für Fürstin Henriette Catharina, Gemahlin von Fürst Johann Georg II. von Anhalt-Dessau und geborene Prinzessin von Oranien-Nassau, erbaut. Den Auftrag bekam der in brandenburgischen Diensten stehende niederländische Baumeister Cornelis Ryckwaert. Zu den wertvollsten Räumen zählen der mit Delfter Fliesen verzierte Sommerspeisesaal und der Nordflügel mit seinen Goldledertapeten. Im Park ließ der Fürst 1797 Europas einzigen in seiner ursprünglichen Form erhaltenen englisch-chinesischen Garten mit Pagode und Teehaus anlegen.

06785 Oranienbaum, Tel. 03 49 04-2 02 59
www.gartenreich.com
April, Okt. Sa, So, Fei 10–17 Uhr,
Mai–Sept. Di–So, Fei 10–18 Uhr

Hotels

Radisson Blu Hotel Fürst Leopold

Im Bauhausstil mit klaren Formen und funktionalem Interieur errichtetes lichtdurchflutetes Hotel (ehem. Steigenberger), das 204 großzügige und moderne Zimmer und alle Annehmlichkeiten bietet. Das elegante Restaurant »Fürst Leopold« serviert internationale Küche. Hoteleigenes Wellness- und Beautycenter mit Fitnessraum, Whirlpool, Sauna, Dampfbad, therapeutischen Massagen sowie Ayurveda-Behandlungen.
Friedensplatz 1
06844 Dessau-Roßlau
Tel. 03 40-2 51 50
www.hotel-dessau-city.de

NH Dessau

Direkt in der Fußgängerzone der Innenstadt bietet das Vier-Sterne-Hotel 152 komfortable Zimmer mit WLAN und Flachbildfernsehern mit Kabel-TV. Wellnessbereich mit Sauna und großzügiger Dachterrasse. Es werden Fahrräder verliehen.
Zerbster Str. 29
06844 Dessau-Roßlau
Tel. 03 40-2 51 40
www.nh-hotels.de

Grand City Parkhotel

Modernes Hotel in ruhiger Lage am Rand von Dessau mit 102 Gästezimmern, die über Sat-TV verfügen. Helles Restaurant und Biergarten, in dem regionale und internationale Speisen serviert werden. Außerdem bietet das Haus eine Sauna mit Solarium.
Sonnenallee 4
06842 Dessau-Roßlau
Tel. 03 40-2 10 00
www.grandcity-hotel-dessau.de

An den 7 Säulen

Nette Pension in einem grünen Stadtteil mit 21 modern und komfortabel eingerichteten Zimmern, alle mit Dusche/WC, Telefon, Radio und TV. Reichhaltiges Frühstücksbüfett in einem Raum mit Wintergarten. Direkt gegenüber stehen die berühmten Meisterhäuser. Im Pensionsgebäude ist auch ein Ayurveda-Wellness-Zentrum untergebracht.
Ebertallee 66
06846 Dessau-Roßlau
Tel. 03 40-61 96 20
www.pension7saeulen.de

Ringhotel Zum Stein

In unmittelbarer Nähe der Insel Stein bietet das Hotel angenehme Zimmer sowie Wellness in der römischen Bade- und Saunalandschaft. Das Hotelrestaurant serviert regionale Küche, im Frühjahr Spargel aus dem Zerbster Umland, im Herbst Wild aus den umliegenden Wäldern, dazu Weine aus dem lokalen Anbaugebiet Saale-Unstrut. Das Hotel vermietet auch gemütliche Ferienwohnungen im klassizistischen Roten Wachhaus von 1772.
Erdmannsdorffstr. 228
06786 Wörlitz
Tel. 03 49 05-5 00
www.hotel-zum-stein.de

Landhaus Wörlitzer Hof

Freundliches Hotel direkt am Schlossgarten mit 50 Zimmern und fünf eleganten Suiten, die einen schönen Blick auf den Wörlitzer See bieten. Moderne Tagungseinrichtungen, rustikales Restaurant mit Landhausküche und regionalen Weinen, Biergarten und Arkadencafé am historischen Markt.
Markt 96, 06786 Wörlitz
Tel. 03 49 05-41 10
www.woerlitzer-hof.de

Restaurants

Pächterhaus

Dessaus kulinarisches Highlight: In einem Fachwerkhaus von 1743 tischt Wolfgang Mädel verfeinerte bodenständige Gerichte mit Ausflügen ans Mittelmeer oder nach Fernost auf: Rinderfiletspitzen, Lammkeule, Barbarie-Entenbrust oder Steinbeißerfilet.
Kirchstr. 1, 06846 Dessau-Roßlau
Tel. 03 40-6 50 14 47
www.paechterhaus-dessau.de
Mo 18–24, Di–So 12–15,
17.30–24 Uhr

Kornhaus

Das Ausflugslokal wurde 1929 von Carl Fieger im Bauhausstil errichtet. Es besteht aus einem großen, zur Elbe hin geöffneten Restaurantbereich mit Terrasse, einem Café-bereich in der runden, komplett verglasten Aussichtsebene und einem Tanzsaal. Serviert wird internationale Küche, doch lohnt eher das Ambiente den Besuch.
Kornhausstr. 146
06846 Dessau-Roßlau/Ziebigk
Tel. 03 40-64 04 10
www.kornhaus.de
tgl. außer Do 11–23 Uhr

Grüner Baum

Denkmalgeschütztes Haus, in dem anhaltische und altdeutsche Spezialitäten serviert werden, teils nach Originalrezepturen der herzoglichen Küche zubereitet. In der Ritterklause gibt's deftige Hausmannskost, aber auch leichte Speisen, im schattigen Gartenlokal werden u.a. Eisspezialitäten serviert.
Neuer Wall 103, 06786 Wörlitz
Tel. 03 49 05-2 17 03
www.gruenerbaum-woerlitz.de

Café-Bistro im Bauhaus

Bistroküche, Salate und ein Bauhausfrühstück mit Tiroler Bergkäse, luftgetrockneter Salami, Ei im Glas, warmem Ciabatta, Orangensaft und Latte Macchiato im Bauhaus.
Gropiusallee 38
06846 Dessau-Roßlau
Tel. 03 40-6 50 84 44
www.klubimbauhaus.de
Mo–Fr 9–24, Sa 8–24, So 8–18 Uhr

Zum kleinen Prinzen

Gemütlich eingerichtetes Restaurant im historischen Stil mit gutbürgerlicher regionaler Küche und einigen internationalen Spezialitäten. Es gibt auch hausgebackenen Kuchen, frische Waffeln und Crêpes.
Erich-Weinert-Str. 16
06847 Dessau-Roßlau
Tel. 03 40-51 70 71
www.kleinerprinz.com
Mo–Sa 11–24, So 11–20 Uhr

Elbterrasse Wörlitzer Winkel

Das Ausflugslokal des in unberührter Natur gelegenen Landhotels (auch schöne Zimmer) bietet eine große Auswahl heimischer Spezialitäten. Wintergarten mit Elbblick.
Elbterrasse 1, 06786 Wörlitz
Tel. 03 49 03-8 90 95
www.elbterrasse.com

Shopping

Rathaus-Center Dessau

Dessaus Einkaufsgalerie mit einem Mix aus 80 Fachgeschäften, Gastronomie- und Dienstleistungsbetrieben. Besonders umfassend ist das Angebot an Mode und Accessoires.
Kavalierstr. 49
06844 Dessau-Roßlau
Tel. 03 40-26 07 30
www.rathauscenter-dessau.de
Mo–Sa 9.30–20 Uhr, mehrmals im Jahr Sonntagsöffnung und Mitternachtsshopping

Fachbuchhandlung Hein & Sohn

Große Auswahl an Spezialliteratur, darunter wirklich alles zum Gartenreich Wörlitz, aber auch schöne alte Ansichten von Dessau und antiquarische Fundstücke.
Elisabethstr. 16b
06847 Dessau-Roßlau
Tel. 03 40-5 41 22 10
www.buch-hein.de
Mo–Fr 9–18, Sa 9–12 Uhr

Bauhaus Shop

Der gut sortierte Shop im Bauhaus führt vorzügliche Spezialliteratur, aber auch schöne Plakate mit Bauhausdekor, die in jede Wohnung und jedes Büro passen. Nette Mitbringsel sind die Skizzen- und Notizblöcke oder das Bauhaus-Gedächtnisspiel.
Gropiusallee 38
06846 Dessau-Roßlau
Tel. 03 40-6 50 80
http://shop.bauhaus-dessau.de

Dessau Souvenirs

Neben dem üblichen Krimskrams vom Schlüsselanhänger bis zum Souvenir-Glücksbringer Sonnenkopp führt die Touristeninformation auch attraktive Bildbände, Führer und DVDs, die sich dem Bauhaus und dem Gartenreich Wörlitz widmen.
Zerbster Str. 2c
06844 Dessau-Roßlau
Tel. 03 40-2 04 14 42
www.dessau.de

Konditorei Mrosek

Dessaus erste Adresse für alle, die es süß mögen, und das schon seit 1945. Familie Fuchs bäckt sehr leckere Torten und Baumkuchen, letztere gut geeignet als Souvenir. Außerdem gestaltet man extravagante Desserts.
Askanische Str. 52
06842 Dessau-Roßlau
Tel. 03 40-21 26 51
www.konditorei-mrosek.de

Am Abend

Anhaltisches Theater

Mehrspartentheater mit Schauspiel, Musiktheater (Oper, Operette, Musical), Ballett, Konzert (Anhaltische Philharmonie) sowie Puppentheater. Das Anhaltische Theater mit 1100 Zuschauerplätzen besitzt die größte Drehbühne Deutschlands.

Friedensplatz 1a
06844 Dessau-Roßlau
Tel. 03 40-2 51 10
www.anhaltisches-theater.de

Kiez Kino – Das LEO-Lichtspiel

Mit lediglich 50 Plätzen eines der kleinsten Programmkinos in Deutschland. Vorstellungsbeginn ist üblicherweise 17.30 und 20.30 Uhr. Im Sommer spielt das Kiez Kino open air.
Bertolt-Brecht-Str. 29
06844 Dessau-Roßlau
Tel. 03 40-8 59 64 51
www.kino-dessau.de

Maxxim Dessau

Schicke Lounge mit dunklen Holztischen und Leder-Mobiliar, gut sortierte Bar. Bei sanfter Musik genießt man köstliche Cocktails oder Kaffeespezialitäten. Auch Events.
Kavalierstr. 37–39
Durchgang Commerzbank
06844 Dessau-Roßlau
Tel. 01 70-5 21 88 23
www.maxxim-dessau.de
Fr ab 19, Sa ab 20 Uhr

Scream Diskothek

Große Disco mit verschiedenen Bereichen. Auf dem Mainfloor gibt's Charts und Mainstream, auf dem Blackfloor Black Music, in der Lounge wird auf schicken Sofas gechillt, und auf dem Partyfloor tanzt man zu Hits der 1960er-, 70er- und 80er-Jahre.
Kochstedter Kreisstr. 7
06847 Dessau-Roßlau
www.scream-dessau.de

Flowerpower Dessau

Im Stil der Seventies eingerichtete Kneipe und Party-Location, mit Musik aus den 1960er- bis 80er-Jahren.
Weststr. 6, 06847 Dessau-Roßlau
www.flower-power.de
Di–Sa 19–5 Uhr

Dresden

Kulturmetropole im Elbtal

Zwinger, Semperoper, Residenzschloss, Frauenkirche, Grünes Gewölbe: Die Liste der Dresdner Top-Sehenswürdigkeiten nimmt kein Ende. Kein Wunder, dass die sächsische Landeshauptstadt auch als Elbflorenz bezeichnet wird. Den Status als eine der kulturell bedeutendsten Städte Europas musste sich Dresden nach den heftigen Kriegszerstörungen erst wieder erobern. Der heutige Zustand knüpft an die goldenen Zeiten im 18. Jahrhundert an. Bei einer Dampferfahrt auf der Elbe Richtung Sächsische Schweiz kann man nicht nur die Elbbrücke »Blaues Wunder« erleben, sondern auch musikalische Genüsse. Dresden ist nämlich eine Hochburg des Dixie – und der wird auch auf den Dampfern gespielt. Auch vom Balkon Europas, wie die Flaniermeile Brühlsche Terrasse genannt wird, kann man diesen Klängen lauschen.

Zwinger

Dresdens berühmtestes Baudenkmal zählt zugleich zu Europas bedeutendsten Bauten des Spätbarock. Um einen weitläufigen Innenhof gruppieren sich bogenförmige Galerien. Besonderer Blickfang sind die prächtig gestalteten Pavillons und das goldverzierte Kronentor, das mit seiner vergoldeten Haube zu einem Dresdner Wahrzeichen geworden ist. Neben dem Wallpavillon mit seinem fantastischen Skulpturenschmuck und dem Nymphenbad mit Springbrunnen, Kaskaden und zahlreichen schmückenden Figuren zählen die im Barockgebäude eingerichteten Museen zu den touristischen Höhepunkten. Besonders sehenswert sind die weltgrößte Porzellansammlung von August dem Starken und die Sammlung historischer Prunkwaffen in der Rüstkammer (der Mathematisch-Physikalische Salon ist bis voraussichtlich 2012 geschlossen). Ergänzt wird der Zwinger durch die im 19. Jh. hinzugefügte Gemäldegalerie Alte Meister. Dort befinden sich etliche berühmte Werke von Rembrandt, Rubens, Dürer u.a. Ein Highlight stellt Raffaels weltbekannte »Sixtinische Madonna« dar.
Theaterplatz 1, 01067 Dresden
Tel. 03 51-49 14 20 00, www.skd.museum
Anlage tgl. 6–23 Uhr; Museen Di–So 10–18 Uhr

Semperoper

Die Semperoper zählt zu den schönsten Opernhäusern der Welt. Die 1838 von Gottfried Semper entworfene Sächsische Staatsoper ist zugleich ein bedeutendes Beispiel für den von der italienischen Renaissance inspirierten Historismus. Das berühmte Opernhaus musste bereits einige Tiefschläge hinnehmen: Brand-, Kriegs- und zuletzt im Jahr 2002 massive Flutschäden. Doch heutzutage erstrahlt das Gebäude wieder im alten Glanz. An der 84 m breiten, halbrund geschwungenen Fassade befinden sich sechs Skulpturen, die u.a. Schiller, Goethe und Shakespeare darstellen. Hoch über dem prächtigen Eingangsportal thront die Panther-Quadriga von Johannes Schilling.
Auch im Inneren zeigt sich die Oper, an der bereits Richard Wagner, Carl Maria von Weber und Richard Strauss wirkten, von aufwendiger Schönheit. Alle Räume und Gänge sind reich mit Gemälden und Stuckarbeiten verziert. Der mit Kronleuchtern, Königsloge und üppigen Verzierungen opulent ausgestattete Zuschauerraum bietet im Parkett und auf vier Rängen Sitzplätze für etwa 1300 Besucher. Wer die Semperoper nicht im Rahmen einer Vorstellung besichtigen möchte oder keines der begehrten Tickets mehr ergattert,

Die prachtvolle Fassade der Semperoper

der kann tagsüber an einer Führung durch das Haus teilnehmen.

Theaterplatz 2, 01067 Dresden
Tel. 03 51-4 91 17 05, www.semperoper.de
tgl. Führungen

Residenzschloss

Der ehemalige Regierungssitz der sächsischen Kurfürsten und Könige birgt mit dem Grünen Gewölbe das prächtigste Schatzkammermuseum Europas – mit einzigartigen Meisterwerken der Juwelier- und Goldschmiedekunst, Kostbarkeiten aus Bernstein und Elfenbein sowie Edelsteingefäßen und kunstvollen Bronzestatuen.

Das Historische und das Neue Grüne Gewölbe sind nicht die einzigen Highlights in dem Bau, der vom 13. bis 16. Jh. errichtet, in der Folgezeit mehrmals verändert und seit den 1980er-Jahren restauriert wurde. Auch das Kupferstich-Kabinett zog in die großzügigen Räumlichkeiten ein. Die originalgetreue Rekonstruktion des Audienzgemachs und anderer prachtvoller Räume August des Starken stellen eine weitere Attraktion Besucher dar. Dies gilt auch für die Türckische Kammer (Rüstkammer), die Kunstbibliothek und die Spezialbibliothek des Münzkabinetts.

Taschenberg 2, 01067 Dresden
Tel. 03 51-49 14 20 00, www.skd-dresden.de
Mi–Mo 10–18 Uhr, Historisches Grünes Gewölbe bis 19 Uhr (Tickets nur im Vorverkauf mit Zeitangabe, da beschränkter Besucherzugang)

Frauenkirche

Die Frauenkirche galt bis zu ihrer Zerstörung im Zweiten Weltkrieg als bedeutendster barocker protestantischer Kirchenbau in Deutschland – nicht zuletzt wegen ihrer mächtigen freitragenden Sandsteinkuppel. Von 1994 bis 2005 wurde das einstige Dresdner Wahrzeichen wieder aufgebaut, finanziert durch Spenden aus aller Welt. Am 30. Oktober 2005 konnte die Kirche feierlich neu geweiht werden.

Um die Frauenkirche möglichst original zu belassen, wurden beim Wiederaufbau bevorzugt Steine aus dem alten Trümmermaterial verwendet. Mittels komplizierter Computerberechnungen konnten die einzelnen Trümmerteile der Frauenkirche genau identifiziert und ihre ursprünglichen Positionen bestimmt werden. Fast 100 m ragt der Kirchturm mit der großartigen Kuppel in die Höhe. Besucher können an Führungen teilnehmen, Konzerte besuchen oder in die Kuppel hinaufsteigen und den einzigartigen Blick über Dresden und das Elbtal genießen.

Neumarkt, 01067 Dresden
Tel. 03 51-65 60 61 00
www.frauenkirche-dresden.de
tgl. 10–12, 13–18 Uhr, Sa und So oft eingeschränkt wegen Gottesdiensten und Konzerten, Mo–Sa 12–13 Uhr Orgelandacht. Aussichtsplattform März–Okt. Mo–Sa 10–18, So 12.30–19 Uhr, Nov.–Febr. Mo–Sa 10–16, So 12.30–16 Uhr

Kreuzkirche

Am vorwiegend durch neuere Architektur geprägten Altmarkt sticht der altehrwürdige Bau der Kreuzkirche mit seinem 92 m hohen Turm sofort ins Auge. Das nach der Frauenkirche zweitälteste Gotteshaus der Stadt hat seine Ursprünge bereits im frühen 13. Jh. Es brannte jedoch mehrfach ab und wurde dem jeweiligen Zeitgeschmack entsprechend wieder aufgebaut. Heute zeigt sich die Fassade barock; der Innenraum, der nach dem Bombeninferno im Februar 1945 vollständig ausbrannte, wurde mit schlichtem Rauputz neu gestaltet. Die Aussichtsplattform des Turms ist über 256 Stufen zu erreichen und bietet einen herrlichen Blick über die Innenstadt und das Umland.

Das traditionsreiche Gotteshaus, in dem häufig Kirchenführungen oder Orgelkonzerte stattfinden, ist bei den Dresdnern sehr beliebt. Dies liegt nicht zuletzt am berühmten Kreuzchor, einem der ältesten Knabenchöre Deutschlands. Die schönen Stimmen der 140 Sänger im Alter von 9 bis 19 Jahren erklingen bei der samstäglichen Kreuzchorvesper um 18 Uhr (im Winter um 17 Uhr).

An der Kreuzkirche 6, 01067 Dresden
Tel. 03 51-4 39 39 20
www.kreuzkirche-dresden.de
Turmbesteigung Ostern–Okt. Mo–Sa 10–18, So 12–18, Nov.–Ostern bis 16 Uhr

Yenidze

So mancher barockverwöhnte Dresden-Besucher reibt sich verwundert die Augen, wenn er plötzlich mitten in der Stadt die prachtvolle Kuppel einer Moschee samt Minarett erblickt. Das originelle Baudenkmal verdankt Dresden dem Unternehmer Hugo Zietz, der 1908/1909 den Architekten Martin Hammitzsch mit dem Bau seiner Zigarettenfabrik Yenidze beauftragte. Die Idee für die ungewöhnliche Architektur kam nicht von ungefähr: Zietz bezog seinen Tabak aus dem Anbaugebiet Yenidze (heute Giannitsa), das heute zu Griechenland gehört, damals aber unter osmanisch-türkischer Verwaltung stand.

Heute sind in der »Tabakmoschee« mit ihrer 20 m hohen Kuppel und ihren über 600 farbigen Glasfenstern Büros untergebracht. Doch auch für Besucher hat die Yenidze einiges zu bieten: Im Kuppelrestaurant genießt man einen herrlichen Blick über die Stadt, im Sommer lockt der höchstgelegene Biergarten Dresdens auf dem Dach neben der stimmungsvoll erleuchteten Kuppel. Das ganze Jahr über finden unter dem herrlichen Gewölbe Märchenlesungen für Erwachsene und Kinder statt – im Ambiente von 1001 Nacht.

Weißeritzstr. 3, 01067 Dresden
Tel. 03 51-4 95 10 01, www.1001maerchen.de

Deutsches Hygiene-Museum

Die monumentale vierflügelige Anlage des Deutschen Hygiene-Museums, 1928–1930 nach Plänen des Architekten Wilhelm Kreis

Der helle, hohe Innenraum der Frauenkirche

errichtet, wurde 2001–2005 von Peter Kulka architektonisch aufgefrischt und beherbergt heute ein innovatives Wissenschafts- und Mitmachmuseum, das auf 2500 m² eine Dauerausstellung sowie auf 1500 m² Sonderausstellungen zeigt. Vorbildlich wird auf Barrierefreiheit geachtet.

Die Sensation des 1930 eröffneten Museums war der »Gläserne Mensch«, der im Dienst der populärwissenschaftlichen Aufklärung Einblicke in den Aufbau des menschlichen Körpers bot. Ein Nachfolgemodell ist auch in der neuen ständigen Ausstellung »Abenteuer Mensch« zu sehen. Essen und Trinken, Geburt und Tod sowie Sexualität sind nur einige der Themenbereiche, die in anschaulicher Weise inszeniert werden. Weitere Abteilungen informieren u.a. über Haut und Sinne sowie über Denken und Fühlen. Berühmt ist das Museum außerdem für seine hervorragenden Sonderausstellungen. Im Kindermuseum, einem Erlebnisbereich im Erdgeschoss, können Vier- bis Zwölfjährige ihre fünf Sinne schärfen, experimentieren und einfach ausprobieren.

Lingnerplatz 1, 01069 Dresden
Tel. 03 51-4 84 64 00, www.dhmd.de
Di–So, Fei 10–18 Uhr

Dresden

Asisi Panometer Dresden

Das barocke Dresden mit seinen prächtigen Palästen und Kirchen, den ausgedehnten Gartenanlagen und stattlichen Bürgerhäusern an einem sonnigen Augustnachmittag des Jahres 1756 zu erleben – das ermöglicht das monumentale 360°-Panoramagemälde des Berliner Architekten und Künstlers Yadegar Asisi in eindrucksvoller Weise.

Im Panometer Dresden, einem umgebauten ehemaligen Gasspeicher im Stadtteil Reick, nimmt das riesige Panoramagemälde Besucher mit auf eine eindrucksvolle Zeitreise in den Barock. Auf einer Fläche von 3000 m² und im Maßstab 1:1 präsentiert sich das legendäre »Elb-Florenz« am 29. August 1756, also noch vor den massiven Zerstörungen im Siebenjährigen Krieg. Von einer 12 m hohen Aussichtsplattform in der Mitte des aufgespannten Rundbildes schweift der Blick weit über die Dächer der Elbestadt. Das Geheimnis des erstaunlich realistisch anmutenden Effekts liegt in der fotorealistischen Darstellung und der einzigartigen Mischung aus klassischer Malerei und modernster Computertechnik.

Gasanstaltstr. 8b, 01237 Dresden
Tel. 03 51-8 60 39 40, www.panometer.de
Di–Fr 9–19, Sa, So 10–20 Uhr

Schloss Pillnitz

Einige Kilometer elbeaufwärts liegt, eingebettet in liebliche Weinberge und direkt am Flussufer, die einstige Sommerresidenz von August dem Starken. Das mit pagodenartigen Dächern und bekrönenden Zierschornsteinen gestaltete und dadurch beinahe asiatisch wirkende Schloss gehört zu den Höhepunkten sächsischer Schlossbaukunst.

Im Neuen Palais befindet sich heute das Schlossmuseum Pillnitz mit dem spätklassizistischen Kuppelsaal, der freskengeschmückten Katholischen Kapelle und der historischen Schlossküche. Berg- und Wasserpalais beherbergen das Kunstgewerbemuseum der Staatlichen Kunstsammlungen Dresden, in dem angewandte Kunst aller Gattungen von der Gotik bis zur Gegenwart zu sehen ist. Besondere Erwähnung verdient die umfangreiche Sammlung an Möbeln von Richard Riemerschmid. Beliebt ist auch die weitläufige Gartenanlage, in der sich kunstvolle und strenge Barockformen mit den typischen Strukturen eines englischen Landschaftsgartens vermischen. Zwischen den zu einem Labyrinth geschnittenen Hecken befindet sich eine Gondel Augusts des Starken, mit der er sich sein Schloss vom Wasser aus ansehen konnte. Die älteste Kamelie Europas (230 Jahre; über 8 m hoch!) wird durch ein spezielles Glasdach geschützt.

August-Böckstiegel-Str. 2, 01326 Dresden
Tel. 03 51-2 61 32 60
www.schloesser-dresden.de
Mai–Okt. tgl. 10–18 Uhr (Berg- und Wasserpalais), April–Okt. Di–So 10–17 Uhr (Neues Palais), Parkanlagen tgl. 5 Uhr bis zur Dämmerung

Schloss Moritzburg

Die reizvolle Kulturlandschaft nordöstlich der Landeshauptstadt mit ihren Teichen, Inselchen, Wäldern und Bauwerken zählt zu den beliebtesten Ausflugszielen der Dresdner. Am stilvollsten gelangt man mit der historischen Kleinbahn »Lößnitzdackel« zum Moritzburger Bahnhof, von dem die 2 km lange Moritzburger Allee zum Schloss führt.

Bereits 1542 ließ Herzog Moritz, der spätere erste Kurfürst von Sachsen, an dieser Stelle ein Jagdhaus erbauen, aus dem sich ein Renaissanceschloss entwickelte. Dieses ließ August der Starke 1723 zu einem prächtigen Barockensemble umgestalten. Im Inneren des Schlosses sind vor allem der Monströsensaal mit missgebildeten Hirschgeweihen sowie das aus Tausenden von Vogelfedern gestaltete Federzimmer sehenswert. Familien unternehmen gern ausgedehnte Spaziergänge durch das weitläufige Schlossgelände, bestaunen den Leuchtturm – er diente der höfischen Gesellschaft zur Nachstellung von Seeschlachten – oder besuchen das Wildgehege, in dem Rehe, Füchse und Fasane aus nächster Nähe zu beobachten sind.

01468 Moritzburg, Tel. 03 52 07-87 30
www.schloss-moritzburg.de
Schloss April–Okt. tgl. 10–17.30, Nov., Dez., 1.–10. Jan. Di–So 10–16, Febr., März Sa, So 10–16 Uhr; Park immer zugänglich

Hotels

Hotel Taschenbergpalais Kempinski Dresden

Das 1995 komplett restaurierte geschichtsträchtige Barockpalais ist Dresdens edelstes Hotel. Allein schon die Fassade und die Toplage zwischen Zwinger und Schloss bringen viele ins Schwärmen. Die modern gestalteten Suiten und der weitläufige Wellnessbereich unterm Dach setzen noch eins drauf.
**Taschenberg 3, 01067 Dresden
Tel. 03 51-4 91 20
www.kempinski.com/de/dresden**

art'otel Dresden by Park Plaza

Das Kunsthotel ist dem Dresdner Künstler A. R. Penck gewidmet und mit vielen seiner Werke ausgestattet. Es besticht durch seine individuell designten Zimmer, seinen stilvollen Gesamteindruck und durch die Nähe zur Semperoper und den anderen Sehenswürdigkeiten der Dresdner Altstadt. Fitnessbereich mit Sauna und kostenloses WLAN im ganzen Haus.
**Ostra-Allee 33, 01067 Dresden
Tel. 03 51-4 92 20
www.artotels.com**

Bayerischer Hof

Für ein Vier-Sterne-Hotel liegen die Preise eher unter dem üblichen Niveau. Durchaus der gehobenen Mittelklasse lassen sich die stilvolle Inneneinrichtung und der zuvorkommende Service des Personals zuordnen. Ein bayerisch-sächsisches Restaurant und eine Bierstube sorgen fürs leibliche Wohl.
**Antonstr. 33–35, 01097 Dresden
Tel. 03 51-82 93 70
www.bayerischer-hof-dresden.de**

Pension Am Zwinger

30 gemütlich eingerichtete Zimmer und 15 moderne Apartments hat diese Pension mitten im Zentrum; alle Zimmer verfügen über Gratis-WLAN. Zwinger, Semperoper, Schloss und Frauenkirche sind in fünf bis zehn Gehminuten zu erreichen.
**Ostra-Allee 27, 01067 Dresden
Tel. 03 51-89 90 01 00
www.pension-zwinger.de**

Pension Köhler

Die unspektakuläre, aber freundlich geführte Pension befindet sich in ruhiger Höhenlage am südlichen Stadtrand. Nach dem reichhaltigen Frühstück oder einem Sonnenbad im Gästegarten kann man ganz in der Nähe den Bus ins Stadtzentrum besteigen.
**Röntgenstr. 29, 01239 Dresden
Tel. 03 51-4 70 73 98
www.pension-koehler.de**

Restaurants

Caroussel

Im Edelhotel Bülow Residenz gelegen, gilt das im barock-eleganten Stil eingerichtete Restaurant als Dresdens vornehmste Ess-Location. Das sehen auch die zahlreichen Gourmetkritiker so, die Dirk Schröer und seine äußerst abwechslungsreiche mediterran inspirierte, fisch- und gemüsebetonte Küche mit Lob und Auszeichnungen überhäufen, u.a. einem Michelin-Stern.
**Königstr. 14, 01097 Dresden
Tel. 03 51-8 00 30
www.buelow-residenz.de**
Di–Sa ab 18.30 Uhr

Gourmetlounge Pattis

In dem familiär geführten Haus ist Luxus Standard. Das fängt bei der opulenten Inneneinrichtung an, geht weiter übers Meißner Porzellan sowie einen tollen Service und findet seinen Höhepunkt in der Küche. In der Gourmetlounge genießt man beim innovativen Degustationsmenü bis zu zwölf kleine Gänge, im Restaurant Vitalis kommt leichte, mediterran inspirierte Küche aus regionalen Produkten auf die Teller.
**Merbitzer Str. 53
01157 Dresden, Tel. 03 51-4 25 50
www.pattis.net**
Di–Sa ab 18 Uhr, So, Mo Ruhetag

Kahnaletto

Mitten in der Altstadt lässt sich auf einem fest verankerten Elbkahn nicht nur Kultur im Dresdner Brettl genießen – auf demselben Schiff lädt das Restaurant Kahnaletto zu einer Reise durch die mediterrane Küche vor der Kulisse des barocken Dresden ein. Jahreszeitlich wechselnde Menüs.
**Terrassenufer/Augustusbrücke
01067 Dresden
Tel. 03 51-4 95 30 37
www.kahnaletto.de**
Restaurant tgl. 12–15, 18–24 Uhr, Schiffsbar Di–So 18–1 Uhr

Gaststätte Oma

Hier geht es tatsächlich wie bei Großmuttern zu: Die Gäste versinken in plüschigen Sofas, im Hintergrund dudeln Schlager aus den Zwanziger- und Dreißigerjahren, die Tische zieren Blümchen-Tischdecken. Aus der Küche kommen deftige Gerichte wie Grützwurst mit Sauerkraut, Eisbein oder Kartoffeln, Quark und Leberwurst. Bei schönem Wetter kann man im netten Wirtsgarten sitzen.
**Cossebauder Str. 15
01157 Dresden
Tel. 03 51-4 22 20 66
www.oma-opa.de**
Mo–Sa ab 11.30, So ab 11 Uhr

Wenzel Prager Bierstuben

Es ist kein weiter Weg von Dresden nach Prag, und so verwundert es nicht, dass das große Restaurant in der Inneren Neustadt die tschechische Küche pflegt: mit Knödeln, Gulasch, Buchteln und natürlich

dem berühmten Staropramen-Bier aus Prag.
Königstr. 1, 01097 Dresden
Tel. 03 51-8 04 20 10, www.
wenzel-prager-bierstuben.de
tgl. 11–23 Uhr

Neustädter Markthalle

Ein Genuss für alle Sinne: Alles, was der Magen begehrt, wird in der schön restaurierten Markthalle appetitlich präsentiert. Aber auch typische Souvenirs kann man hier erstehen, z.B. erzgebirgische Holzschnitzereien oder Porzellan aus Freiberg.
Metzer Str. 1, 01097 Dresden
Tel. 03 51-8 10 54 45
www.markthalle-dresden.de
Mo–Fr 8–20, Sa 8–18 Uhr

Shopping

Pfunds Molkerei

Das im Jugendstilambiente gestaltete Geschäft der Molkerei Pfund wird sogar im Guinnessbuch der Rekorde als »schönster Milchladen der Welt« geführt – es ist komplett mit eigens gestalteten, handbemalten Fliesen von Villeroy & Boch ausgestattet. Das Lob ist nicht übertrieben, unterschlägt jedoch, dass es neben Käse- und Milchspezialitäten auch hervorragende Weine im Angebot gibt. Viele Reisegruppen kehren hier ein.
Bautzner Str. 79, 01099 Dresden
Tel. 03 51-80 80 80
www.pfunds.de
Mo–Sa 10–18, So 10–15 Uhr

Galerie Sybille Nütt

Im sogenannten Kunstquartier im Barockviertel der Inneren Neustadt haben sich eine Reihe von Galerien angesiedelt. Einen besonderen Rang hat die Galerie Sybille Nütt. Hier wird sehenswerte Dresdner Gegenwartskunst der jüngeren und mittleren Generation ausgestellt und verkauft.

Obergraben 10, 01097 Dresden
Tel. 03 51-2 52 95 93
www.galerie-sybille-nuett.de
Mo 10–18, Di–Fr 11–18,
Sa 10–15 Uhr

Gabriele Häfner

Allein schon die Lage an der Königstraße ist exklusiv. Die Edelboutique verkauft exquisite Designer-Mode ausschließlich für Frauen. Riesige Schaufensterfronten ermöglichen gute Sicht auf das beträchtliche Sortiment.
An der Dreikönigskirche 10
01097 Dresden
Tel. 03 51-8 02 42 41
www.gabriele-haefner.de
Mo–Sa 10–20 Uhr

Zentralohrgan

Musikfans aufgepasst! In diesem zum Kultladen avancierten Plattengeschäft kann man sich durch Tausende, auch sehr ausgefallene Platten hören. Die in der Ostrockabteilung angehäuften Schätze sind einmalig.
Louisenstr. 22, 01099 Dresden
Tel. 03 51-8 01 00 75
www.zentralohrgan.de
Mo–Fr 11–20, Sa 10–16 Uhr

Am Abend

Dresdner Philharmonie

Das traditionsreiche Orchester bietet Klassikgenuss vom Feinsten, obgleich die Akustik im Kulturpalast nicht optimal ist. Einige Konzerte finden in anderen Spielstätten wie der Frauenkirche statt.
Kulturpalast/Altmarkt
01067 Dresden
Tel. 03 51-4 86 68 66
www.dresdnerphilharmonie.de

Staatsschauspiel Dresden

Das ehemalige Große Haus des Staatstheaters wird seit den 1980er-Jahren wieder als Schauspielhaus genutzt. 1995 wurde das rund 800

Leute fassende Gebäude historisch rekonstruiert. Die aufgeführten Stücke sind mitunter ebenfalls historisch, aber stets modern und zuweilen provokant interpretiert.
Theaterstr. 2, 01067 Dresden
Tel. 03 51-4 91 35 55
www.staatsschauspiel-
dresden.de

Jazzclub Neue Tonne

Dresden ist mit dem Internationalen Dixieland-Festival im Mai nicht nur die Hauptstadt von »Dixie-Land«, sondern bietet das ganze Jahr über ein vielfältiges Jazz-Programm in allen Stilrichtungen. Das ist vor allem dem traditionsreichen Jazzclub Neue Tonne zu verdanken, in dem zahlreiche Konzerte stattfinden.
Königstr. 15, 01097 Dresden
Tel. 03 51-8 02 60 17
www.jazzclubtonne.de

El Perro Borracho

Die spanische Kneipe im Kunsthof wurde schon mehrfach zur besten Bar Dresdens gekürt. Auf zwei Etagen bietet »der besoffene Hund« Platz für mehr als hundert auch speisende Gäste. Die Publikumspalette reicht vom Geschäftsmann bis zum Studenten.
Alaunstr. 70, 01099 Dresden
Tel. 03 51-8 03 67 23
www.elperro.de
Mo–Fr ab 11.30, Sa, So ab 10 Uhr

Straße E

Das weitläufige Kulturzentrum im Industriegelände Nord ist seit vielen Jahren eine der bekanntesten und beliebtesten Ausgeh-Locations der Region. In einer alten Fabrikhalle laufen die angesagtesten Techno-Partys, in anderen Clubs House, Reggae, Hip-Hop, kurz: alles, was es gibt.
Werner-Hartmann-Str. 2
01099 Dresden
www.strasse-e.de

Düsseldorf

Kunstmetropole mit rheinischem Charme

Düsseldorf ist ein Mekka der Modemacher, ein Messestandort von Weltrang, Sitz wichtiger Werbeagenturen und Konzerne, Banken- und Börsenzentrum, bedeutende Hafenstadt. Renommierte Museen wie die Kunstsammlung Nordrhein-Westfalen und eine traditionsreiche Kunstakademie, an der schon Paul Klee und Joseph Beuys lehrten, nennt die Landeshauptstadt am Rhein außerdem ihr Eigen. Trotz all dieser Superlative hat sie sich viel Charme und sprichwörtliche rheinische Gemütlichkeit bewahren können. Davon kann sich überzeugen, wer einen Bummel durch die Altstadt unternimmt, vorbei an der barocken Andreaskirche zum prächtigen Burgplatz mit dem Rathaus aus dem 16. Jh. Wer danach nicht in der Altstadt, Düsseldorfs stimmungsvollem Kneipenviertel, verloren gegangen ist, sollte seine Schritte zum Hofgarten lenken, wo prächtige alte Bäume und eine Plastik von Henry Moore zum Bummeln und Verweilen einladen. Der Hofgarten geht in die berühmte Königsallee über, die noble Einkaufsmeile, die als längster Laufsteg der rheinischen Schickeria gilt.

Königsallee

Flanieren, sich zeigen und sich etwas leisten, so heißt die Devise auf Düsseldorfs Königsallee, im Volksmund kurz die Kö genannt. Auf dem fast 1 km langen, von Kastanien und Platanen gesäumten Prachtboulevard, angelegt im 19. Jh., reiht sich heute alles, was in der Welt der Boutiquen, Juwelierläden und Parfümerien Rang und Namen hat. Mondäne, aber auch gemütliche Straßencafés laden entlang der vier Gehwege (jeweils zwei am Wassergraben und entlang der Häuserzeilen) zum Verweilen und Genießen ein.

Ein Wassergraben teilt die Königsallee in den lebhaften Geschäftsbereich auf der Ostseite und eine ruhigere Seite mit Bankhäusern und Hotels im Westen. Auch die Ästhetik kommt nicht zu kurz: Neben historisch nachempfundenen Straßenleuchten und Telefonhäuschen ist ein Kaufhaus mit Jugendstilfassade zu bewundern. Zwei weitere Highlights sind die exklusive Einkaufspassage Kö-Galerie und das Einkaufszentrum Schadow-Arkaden an der nahen Schadowstraße.

Königsallee, 40212 Düsseldorf
www.koenigsallee-duesseldorf.de

Rheinuferpromenade

Endlich liegt Düsseldorf wieder am Rhein, und man erinnert sich nur noch höchst ungern an die Zeiten, als hier, unmittelbar am Wasser, unablässig der Verkehr rauschte. Heute ist die rund 2 km lange Rheinuferpromenade, die an der Altstadt vorbeiführt und am 243 m hohen Rheinturm endet, eine der schönsten Flusspromenaden der Welt.

Restaurants und Straßencafés laden zum Verweilen ein – besonders empfehlenswert übrigens am frühen Abend, wenn die Skyline in stimmungsvolles Abendlicht getaucht wird. Der Blick fällt auf die Jugendstilhäuser des gegenüberliegenden Stadtteils Oberkassel und auf den architektonisch imposanten MedienHafen mit den berühmten Gehry-Bauten. Einer der beliebtesten Treffpunkte, nicht nur zum Sonnenuntergang, ist die Treppe am Burgplatz. Straßenkünstler geben hier ihre bunten Vorstellungen. Dass das Rheinufer der Platz war, an dem jahrhundertelang die Schiffe be- und entladen wurden, davon zeugt der etwas zurückgesetzte kleine Museumshafen beim Filmmuseum.

Rheinuferpromenade, 40012 Düsseldorf

Düsseldorf

MedienHafen

In den vergangenen Jahren ist am Rand des Industriehafens ein Viertel entstanden, das sich vor allem durch seine zuweilen spektakuläre Architektur auszeichnet. Viele Medienschaffende gehen hier ihrer Arbeit nach, Touristen und Einheimische kommen zum Staunen und Bummeln. Der MedienHafen hat sich zum Vergnügungsviertel entwickelt – mit Bistros, Restaurants, Event-Locations und Diskotheken.

Architekturfans ergötzen sich an den Werken der Besten ihrer Branche: Zu nennen sind u.a. der 234 m hohe Rheinturm von Harald Deilmann, das hochgelobte gläserne »Stadttor«-Bürogebäude von Karl-Heinz Petzinka und die »schunkelnden Türme« des Neuen Zollhofs von Frank O. Gehry. Ferner wurden denkmalgeschützte Lagerhallen restauriert und mit modernstem Medien-Hightech ausgestattet. Trotz aller Neuerungen ist die alte Hafenatmosphäre noch zu spüren. Der Handelshafen mit seinen Kaimauern, Treppenanlagen, gusseisernen Pollern und Geländern von 1896, aber auch die Gleisanlagen der alten Ladestraße und die dazugehörigen Kräne versprühen einen besonderen Charme.

40211 Düsseldorf, Tel. 02 11-3 00 34 29
www.medienhafen.de

Rathaus

Am Düsseldorfer Marktplatz erkennt man sofort das in den Jahren 1570 bis 1573 erbaute prächtige Rathaus der Stadt. Sehenswert ist die goldene Justitia, die Ratsherren wie Bürger gleichermaßen an ihre Pflichten gemahnt. Vor dem Rathaus erinnert das Reiterstandbild des Kurfürsten Johann Wilhelm (1658–1716), der von den Düsseldorfern einfach nur Jan Wellem genannt wird, an den bedeutenden Kulturmäzen.

Es ist empfehlenswert, sich einer kostenlosen Führung anzuschließen, die mittwochs um 15 Uhr im Foyer des Rathauses beginnt. So kann man nicht nur den Plenarsaal, den Jan-Wellem-Saal und das Empfangszimmer des Oberbürgermeisters besichtigen, sondern erfährt auch interessante Details zur Geschichte des Gebäudes: etwa, warum hier zeitweise das Düsseldorfer Theater untergebracht war oder dass hier 1703 das berühmte Standbild Jan Wellems von Gabriel de Grupello in Bronze gegossen wurde.

Marktplatz 2, 40213 Düsseldorf
Tel. 02 11-8 99 30 82
www.duesseldorf.de/presse/amt/ratf.shtml
Führungen Mi 15 Uhr, jeden 1. Mittwoch im Monat auch 18 Uhr

Stiftung Schloss und Park Benrath

Umgeben von einem Lustgarten und einem sternförmig angelegten weitläufigen Jagdpark präsentiert sich das Rokokoschloss Benrath in der Pracht des 18. Jhs. Die Gartenanlagen und der Bau der ehemaligen Sommerresidenz des Kurfürsten Carl Theodor bilden eine überaus harmonische Einheit.

Der Höhepunkt der stuckierten Räume des Schlosses ist der Kuppelsaal mit seinem farbigen Marmorfußboden und seinem ausgemalten Gewölbe. Zum Inventar gehören kostbare Möbel und viele kunsthandwerkliche Arbeiten wie Lüster und Uhren. In dem Gebäude sind zudem die Museen für Europäische Gartenkunst, Naturkunde und Corps de Logis (höfisches Leben) untergebracht. Zum umfassend restaurierten historischen Park gehört auch der »Potager«, der Küchengarten mit vielen Kräutern und Gemüsen.

Benrather Schlossallee 100–106
40597 Düsseldorf, Tel. 02 11-8 99 38 32
www.schloss-benrath.de
16. April–31. Okt. Di–So 10–18 Uhr;
1. Nov.–15. April Di–So 11–17 Uhr

Barbarossa-Pfalz Kaiserswerth

Direkt am Rhein erhebt sich die eindrucksvolle Ruine der mittelalterlichen Kaiserpfalz, einst eine der bedeutendsten Burganlagen am Strom. Im vermutlich ältesten Stadtteil Düsseldorfs, in Kaiserswerth, wo bereits im 7. Jh. ein Kloster existiert haben soll, errichtete um 1174 der Stauferkaiser Friedrich Barbarossa die mächtige Anlage an strategisch günstiger Stelle. Von hier aus überblickte man den Rhein und hatte Anbindung an zwei wichtige Handelsstraßen. Um die finanziellen Mittel für den Bau aufzubringen, verlegte der Kaiser

Siegeszug der modernen Architektur: Düsseldorfs MedienHafen

den Rheinzoll kurzerhand vom niederländischen Thiel nach Kaiserswerth.

Unzählige gekrönte Häupter gingen in dieser Burg ein und aus. Während des Spanischen Erbfolgekrieges 1702 fiel sie jedoch unwiederbringlich in Trümmer. Jahrzehntelang wurde die Anlage dann als Steinbruch missbraucht, bevor man gegen Ende des 19. Jhs. endlich ihre historische Bedeutung erkannte. Seit der 2001 abgeschlossenen Restaurierungskampagne ist die malerische Ruine wieder ein beliebtes Ausflugsziel.

Burgallee, 40489 Düsseldorf-Kaiserswerth
Mai–Okt. tgl. 9–18 Uhr

K20 K21 Kunstsammlung Nordrhein-Westfalen

Das Gebäude mit der geschwungenen dunklen Granitfassade beeindruckt bereits von außen. Doch ist auch das Innere von außerordentlichem Interesse, birgt es doch eine der bedeutendsten deutschen Sammlungen von Kunstwerken aus der Zeit vor 1945. Vom Fauvismus und Expressionismus bis hin zum Konstruktivismus sind alle wesentlichen Strömungen der modernen Malerei vertreten. Das K20 hat einen aufregenden modernen Erweiterungsbau der Kopenhagener Architekten Dissing und Weitling bekommen und wurde im Juli 2010 wiedereröffnet.

Seit 2002 existiert mit der K21-Kunstsammlung im Ständehaus (Ständehausstr. 1) eine Dependance, die sich explizit der Kunst ab 1980 widmet. Zu den ersten in der Gründungsphase erworbenen Arbeiten zeitgenössischer Kunst zählen fotografische Werke von Andreas Gursky, Candida Höfer, Thomas Ruff, Thomas Struth und Jeff Wall, aber auch eine Videoinstallation von Eija-Liisa Athila und eine Bildhauerarbeit von Thomas Schütte. Eine geglückte Ergänzung bietet die Sammlung Ackermans mit Schwerpunkt Skulptur, Objektkunst und Fotografie.

Grabbeplatz 5, 40213 Düsseldorf
Tel. 02 11-8 38 11 30, www.kunstsammlung.de
Di–Fr 10–18, Sa, So, Fei 11–18 Uhr

Figurengruppe im Neanderthal-Museum

Filmmuseum

Das 1993 gegründete Düsseldorfer Museum besitzt alles, was die Herzen von Cineasten höher schlagen lässt: Seine Bestände reichen von historischen Kostümen und Requisiten über Kinoplakate bis hin zu Drehbüchern und Projektionsgeräten von anno dazumal.

Zudem kann man sich Ausschnitte aus berühmten internationalen Streifen der 1920er- und 1930er-Jahre ansehen. Das Black-Box-Kino, das dieses Museum gemeinsam mit der Stadt Düsseldorf betreibt, zeigt Klassiker der Filmgeschichte. Bei Stummfilmen kommt eine historische Kinoorgel zum Einsatz.

Schulstr. 4, 40213 Düsseldorf
Tel. 02 11-8 99 22 32
www.duesseldorf.de/kultur/filmmuseum
Di, Do–So 11–17, Mi 11–21 Uhr

Neanderthal-Museum

Es sind die wichtigsten Fragen der Menschheitsgeschichte, die im Neanderthal-Museum im westlich an Düsseldorf angrenzenden Ort Mettmann thematisiert werden: »Woher kommen wir?«, »Wer sind wir?«, »Wohin gehen wir?« Das Museum steht an einem historischen Ort, denn in diesem Tal entdeckten Steinbrucharbeiter 1856 die Überreste eines Skeletts aus der Eiszeit.

Erzählt wird die Entwicklungsgeschichte des Menschen – von den Ursprüngen in der afrikanischen Savanne bis heute. Dabei wird man mitgenommen auf eine faszinierende Zeitreise, bei der die Exponate einer Zeitspirale folgend multimedial inszeniert werden: Die Steinzeitmenschen werden in den unterschiedlichsten Lebenssituationen gezeigt, ergänzend informieren Bild- und Schrifttafeln. So können Besucher die Ernährung des Neandertalers mit der heutigen vergleichen – und dabei erstaunliche Übereinstimmungen feststellen – oder in einer sehr eindringlichen Abteilung zum Thema Gewalt erkennen, wie stringent der Weg von der frühen Steinwaffe zu den hoch technisierten Vernichtungskriegen des 20. Jhs. verlief.

Talstr. 300, 40822 Mettmann
Tel. 0 21 04-9 79 70, www.neanderthal.de
Di–So 10–18 Uhr

Hetjens-Museum

Das im Palais Nesselrode untergebrachte Museum ist das weltweit einzige, das der Geschichte der Keramik von ihren Anfängen bis zur Gegenwart gewidmet ist. Es sammelt und präsentiert auf rund 2500 m² Ausstellungsfläche Keramiken aller Kulturen und Epochen.

Exponate aus dem Vorderen Orient, Ostasien, Afrika und dem präkolumbianischen Amerika sind ebenso zu finden wie Keramiken der europäischen Kultur von der Antike bis zur Moderne. Sie veranschaulichen die Vielfalt an Materialien und Techniken (Irdenware, Steingut, Porzellan). Das größte Objekt ist eine mit blau-goldenen Fayencen verkleidete Kuppel, die um 1680 in Multan, im heutigen Pakistan, angefertigt wurde. Das 1909 gegründete Museum legt zudem einen besonderen Akzent auf die europäische Keramikkunst der Moderne. Wechselnde Sonderausstellungen ergänzen die Sammlung und werden von Vorträgen und Führungen begleitet.

Schulstr. 4, 40213 Düsseldorf
Tel. 02 11-8 99 42 10
www.duesseldorf.de/hetjens
Di, Do–So 11–17, Mi 11–21 Uhr, Mo geschl.

Hotels

Villa Viktoria

Die Villa Viktoria ist eine absolute Top-Adresse. Der schneeweiße Prachtbau aus dem frühen 20. Jh. beherbergt 40 edle, geschmackvolle Suiten für anspruchsvolle Gäste. Purer Luxus herrscht auch in den großzügigen Marmorbädern. Sauna und Fitness sind ebenso vorhanden wie ein wunderschöner Frühstücksgarten.
Blumenthalstr. 12
40476 Düsseldorf
Tel. 02 11-46 90 00
www.villaviktoria.com

Stage 47

Klares, modernes Design und individuell gestylte Zimmer machen den Charme dieses Hotels aus, das im Herzen der Stadt unweit der Kö liegt. Die Zimmer tragen die Namen bekannter Künstler, die bereits im Savoy-Theater aufgetreten sind, das sich im selben Haus befindet. Große Fotoporträts erinnern an sie.
Graf-Adolf-Str. 47
40210 Düsseldorf
Tel. 02 11-38 80 30
www.stage47.de

Am Volksgarten

Boutiquehotel mit nur 16 individuellen, zauberhaften Themen-Zimmern, von provenzalisch bis ostfriesisch, stilvoll, gemütlich, anheimelnd und ruhig gelegen. In wenigen Minuten ist man auf der Königsallee oder in der Altstadt.
Flügelstr. 46, 40227 Düsseldorf
Tel. 02 11-72 50 50
www.hotel-am-volksgarten.de

Sir & Lady Astor

Elegant, charmant, persönlich – das Boutiquehotel mit zwei einander gegenüberliegenden Häusern vermittelt mit seinen stilvoll möblierten Zimmern eine behagliche Atmosphäre. Geschäftsreisende wissen das Hotel mit seinen Superior-Rooms, die jeweils einem bestimmten Künstler, Literaten oder Motto gewidmet sind, sehr zu schätzen.
Kurfürstenstr. 18 & 23
40211 Düsseldorf
Tel. 02 11-93 60 90
www.sir-astor.de

Haus Hillesheim

Das familiäre Drei-Sterne-Hotel wird nach alter Tradition, aber mit modernen Leistungen und zeitgemäßem Komfort geführt. Großes Plus: Die grüne Oase im Hinterhof sorgt für Ruhe, und die Tatsache, dass die Gäste alle öffentlichen Nahverkehrsmittel gratis nutzen können, für Freude.
Jahnstr. 19, 40215 Düsseldorf
Tel. 02 11-38 68 60
www.hotel-hillesheim.de

Restaurants

Im Schiffchen

Jean-Claude Bourgueil ist einer der besten Köche Deutschlands. In seinem mit drei Michelin-Sternen dekorierten Bistro, das sich in einem historischen Backsteinhaus befindet, zelebriert er Grande Cuisine auf höchstem Niveau.
Kaiserswerther Markt 9
40489 Düsseldorf
Tel. 02 11-40 10 50
www.im-schiffchen.com
Di–Sa ab 19 Uhr

Patrick's Seafood No 1

Am MedienHafen serviert der Bretone Patrick Le Guern Austern, Krustentiere und Fischgerichte vom Feinsten. Es gibt aber auch Pariser Steak, Lammbraten und Milchkalbskoteletts. Exzellente kleine deutsch-französische Weinkarte.
Kaistr. 17, 40221 Düsseldorf
Tel. 02 11-6 17 99 88
www.seafood1.de
Mo–Fr 12–15, 18–24,
Sa, So 17–24 Uhr

Hummer-Stübchen

Liebhaber von Fisch und Meeresfrüchten werden frohlocken: Denn dieses Gourmetrestaurant mit zwei Michelin-Sternen bietet raffiniert zubereitete Fischvariationen. Dazu genießt man erlesene Weine oder gönnt sich einen Champagner, von denen nur die besten und erlesensten Tropfen auf den Tisch kommen.
Bonifatiusstr. 35
40547 Düsseldorf
Tel. 02 11-59 44 02
www.hummerstuebchen.de
Mo–Mi, Fr–Sa ab 18 Uhr

Tante Anna

Urgemütliches Weinrestaurant in einem historischen Haus, das 1593 als Haus- und Krankenkapelle eines Jesuitenklosters errichtet wurde. Gewaltige Ölgemälde schmücken die nostalgisch anmutenden Räume, in denen man zum Essen einen edlen Tropfen Wein aus dem hauseigenen Weinkeller serviert bekommt.
Andreasstr. 2
40213 Düsseldorf-Gerresheim
Tel. 02 11-13 11 63
www.tanteanna.de
Mo–Sa 18–23 Uhr, So, Fei geschl.

Brauerei im Füchschen

Ob man sich in der Schwemme auf ein Füchschenbier trifft, im Restaurant die rheinischen Spezialitäten genießt oder sich im Fuchsbau, dem urigen Gewölbekeller, niederlässt: Die Atmosphäre in diesem historischen Gasthaus ist einzigartig. Seit 1640 wird hier Bier gebraut, seit 1848 das obergärige Füchschen-Alt in der berühmten Bügelflasche. Am »Beichtstuhl« können Sie ein paar Flaschen kaufen – für zu Hause.
Ratinger Str. 28
40213 Düsseldorf
Tel. 02 11-13 74 70
www.fuechschen.de
So–Do 10–1, Fr, Sa 10–2,
So 9–24 Uhr

Düsseldorf

Shopping

Kö-Galerie
Sie gehört zu den schönsten und stilvollsten Einkaufsgalerien weltweit: die Kö-Galerie. Allein die Lage an der wohl exklusivsten Shoppingmeile Deutschlands, dazu die beeindruckende Architektur mit der kunstvollen Glaskuppel und den dekorativen Palmen machen das Einkaufen zum sinnlichen Erlebnis. Mehr als 100 Ladengeschäfte auf rund 15 000 m², darunter Boutiquen und Top-Fachgeschäfte. Hier kauft die Hautevolee.
Königsallee 60
40212 Düsseldorf
Tel. 02 11-86 78 10
www.koegalerie.com
Mo–Sa 10–20 Uhr

stilwerk
Das spektakuläre Design-Kaufhaus ist zum begehrten Ziel für Trendsetter in Sachen Lifestyle geworden. Stil hat auch die Architektur: Der moderne Bau erhebt sich über einer Ellipse und endet in 32 m Höhe mit einem Glasdach, das an schönen Tagen geöffnet werden kann.
Grünstr. 15, 40212 Düsseldorf
Tel. 02 11-86 22 81 00
www.stilwerk.de
Mo–Fr 10–19, Sa 10–18,
So 14–18 Uhr (Schautag)

Gewürzhaus Altstadt
Der entzückende Tante-Emma-Laden ist eine Institution. Hier gibt es Gewürze jeglicher Art, Soßen und Pasten sowie die echten »Mostertpöttchen«, die berühmten Düsseldorfer Senftöpfchen aus Steingut mit dem alten Firmenzeichen ABB, und andere Senfspezialitäten.
Mertensgasse 25
40213 Düsseldorf
Tel. 02 11-32 57 88
www.gewuerzhaus-altstadt.de
Mo 9.30–12.30, 15–18,
Di–Fr 9.30–18, Sa 9.30–15 Uhr

Haus zum Helm
Essenzen aus 98 Kräutern, Beeren und Früchten braucht man, um diesen hochprozentigen Kräuterlikör anzusetzen, der ein Jahr lang in alten Tongefäßen lagert. Dann ist »ön äschte Düsseldorfer Spezialität« geboren: der Killepitsch. In der Killepitschstube »Et Kabüffke«, einer urigen Probierstube gleich nebenan, kann man ihn testen.
Flinger Str. 1, 40213 Düsseldorf
Tel. 02 11-5 42 21 05
www.killepitsch.de
Mo–Fr 9–18.30, Sa 9–16 Uhr

Jeck Jedöns
»Ob chick ob schrill, ob Mann ob Frau, ob kleen ob jroß, ob ahl ob jung, eens is klar, für jede Jeck da is jet da!!!« Neben schrillen, witzigen Karnevalskostümen gibt es das ganze Jahr über jede Menge Spaßartikel, nette Souvenirs und Kuriositäten wie den Itter Zwicker, einen in Düsseldorf gekelterten Wein.
Bergerstr. 11–13
40213 Düsseldorf
Tel. 02 11-8 69 30 09
www.jeck-jedoens.de
Mo–Fr 11–20, Sa 10.30–20 Uhr

Am Abend

Düsseldorfer Schauspielhaus
Renommiertes Theater, das nach dem Zweiten Weltkrieg unter der Leitung von Gustaf Gründgens stand. Namhafte Schauspieler, unter ihnen Elisabeth Flickenschildt, Marianne Hoppe und Hans Müller-Westernhagen, waren hier engagiert. Gelegentlich werden auch die Tiefgarage des Hauses oder die Tankstelle davor zu Spielstätten.
Gustaf-Gründgens-Platz 1
40211 Düsseldorf
Tel. 02 11-8 52 30
www.duesseldorfer-schauspielhaus.de

Kom(m)ödchen
Das Kom(m)ödchen ist ein in der ganzen Republik bekanntes Kabarett. Der Name des ersten Programms Ende der 1940er-Jahre stellt noch heute die Devise des kleinen Theaters dar: »Immer positiv dagegen!«
Kay-und-Lore-Lorentz-Platz
40213 Düsseldorf
Tel. 02 11-32 94 43
www.kommoedchen.de

Capitol
Flamenco- und Salsaabende, Musicalaufführungen von Grease bis Cabaret, The Rocky Horror Picture Show und Comedian Harmonists: Das Capitol bietet eine breite Veranstaltungspalette und garantiert beste Unterhaltung, ob im Theater- oder im kleineren Clubsaal.
Erkrather Str. 30
40233 Düsseldorf
Tel. 02 11-7 34 41 50
www.capitol-theater.de

Nachtresidenz
Die Nachtresidenz an der Königsallee gilt als eine der außergewöhnlichsten Diskotheken und Event-Locations in Deutschland. Niveauvolle Unterhaltung in exklusivem Ambiente. Dresscode: schick, schrill, gepflegt.
Bahnstr. 13–15, 40212 Düsseldorf
Tel. 02 11-1 36 57 55
www.nachtresidenz.de
Fr, Sa und vor Fei 22–5 Uhr

3001
Stylische Groß-Diskothek im MedienHafen. Verschiedene Floors laden zum Tanzen ein (die Main Area hat Platz für 2500 Leute), in der Averna-Lounge kann man entspannen. Die Milchbar am Donnerstag genießt Kultstatus.
Franziusstr. 7, 40219 Düsseldorf
Tel. 02 11-66 96 99 90
www.d-3001.de
Do 20–3 Uhr, Fr, Sa 23–5 Uhr

Eisenach

Die Wartburgstadt

Eisenach und Wartburg werden meist in einem Atemzug genannt, und tatsächlich ist die bekannteste Burg Deutschlands der größte Touristenmagnet der Stadt. Derzeit geht allerdings die Angst vor zwei geplanten Windrädern auf dem Milmesberg bei Marksuhl um, die das Weltkulturerbe in Gefahr bringen könnten. Große Persönlichkeiten sind mit der Stadt verbunden. Lange bevor Martin Luther auf der Wartburg als Junker Jörg Tintenfässer an die Wand warf, verbrachte er drunten in Eisenach mehrere Jahre als Pensionsgast und Lateinschüler. Der große Johann Sebastian Bach wurde in Eisenach geboren, Goethe weilte oft hier, um die Wartburg zu zeichnen, und der niederdeutsche Dichter Fritz Reuter wählte ein vornehmes Villenviertel zu seinem Alterssitz. In jüngster Zeit diente Eisenach als Drehort für die beliebte ARD-Fernsehserie »Familie Dr. Kleist«.

Wartburg

Die hoch über Eisenach thronende, um 1067 gegründete Wartburg ist ein deutscher Mythos. Ihr Mix an Baustilen ist etwas gewöhnungsbedürftig, denn im 19. Jh. entstanden zahlreiche historisierende Neubauten wie der Bergfried, die Neue Kemenate und die Torhalle. Aber der mächtige, um 1155 von rheinischen Steinmetzen errichtete Palas ist mit seinen Arkaden, Säulen und reich verzierten Kapitellen einer der schönsten und besterhaltenen romanischen Profanbauten diesseits der Alpen. Der Rittersaal im Erdgeschoss vermittelt noch ein unverfälschtes Raumerlebnis des 12. Jhs.

Im mit spätromantischen Fresken ausgeschmückten Sängersaal soll 1206 der berühmte Wettstreit sechs namhafter Minnesänger stattgefunden haben. In der Vogteistube aus dem 15. Jh. übersetzte Luther von Mai 1521 bis März 1522 das Neue Testament aus dem griechischen Urtext. Lange Zeit schrieb man einen (nicht mehr vorhandenen) Fleck an der Zimmerwand einem legendären Tintenfasswurf des Reformators zu.

Auf der Wartburg, 99817 Eisenach
Tel. 0 36 91-25 00, www.wartburg-eisenach.de
April–Okt. 8.30–20 Uhr (Führungen bis 17 Uhr),
Nov.–März 9–17 Uhr (Führungen bis 15.30 Uhr)

Lutherhaus

Im spätgotischen Fachwerkhaus der Familie Cotta oberhalb des Marktplatzes soll der Überlieferung nach der Lateinschüler Martin Luther 1498–1501 gewohnt haben. 1944 wurde es bei einem Bombenangriff zerstört, bis 1966 originalgetreu restauriert. Heute beherbergt es eine Ausstellung. In den Lutherstuben wird an die Schulzeit des Reformators erinnert.

Eine Zeittafel dokumentiert mit zahlreichen Illustrationen Luthers Kindheit und Jugend. An einer Multimediasäule in der Halle betrachten die Besucher Videoclips über Zeitgenossen Luthers, aber auch Filmausschnitte zu einzelnen Szenen aus Luthers Leben. In den anderen Räumen wird Luther als Bibelübersetzer, aber auch als Lehrer der Kirche und als Erzieher des deutschen Volkes vorgestellt. Exponate aus der Reformationszeit runden die Sammlung ab.

Lutherplatz 8, 99817 Eisenach
Tel. 0 36 91-2 98 30
www.lutherhaus-eisenach.de
tgl. 10–17 Uhr

Bachmuseum

Johann Sebastian Bach (1685–1750) wurde zwar nicht, wie man lange annahm, in diesem schlichten Haus am Frauenplan geboren, sondern in der Fleischergasse, doch pflegt die Neue Bachgesellschaft seit 1906 das Haus als Gedenk- und Studienstätte. Das verputzte Fachwerkhaus wurde schon 1590 urkundlich erwähnt und erhielt seine heutige Gestalt zwischen 1672 und 1674. Die engen Kammern mit knarzenden Dielen vermitteln einen guten Einduck von den Wohnverhältnissen zu Bachs Zeiten. Besuchergruppen führt man historische Musikinstrumente vor – Hausorgel, Silbermann-Spinett, Klavichord und Cembalo.

2007 schuf der Architekt Berthold Penkhuis einen radikal modernen Anbau aus rhombenförmigem Muschelkalk und Glas, in dem eine multimediale Klangwelt Bachs Musik mit allen Sinnen erlebbar werden lässt. Das Bach-Denkmal vor dem Gebäude schuf 1884 der Bildhauer Adolf von Donndorf.

Frauenplan 21, 99817 Eisenach
Tel. 0 36 91-7 93 40, www.bachhaus.de
tgl. 10–18 Uhr

Georgenkirche

Die Georgenkirche auf der Südseite des fast quadratischen Marktplatzes wurde erstmals 1196 erwähnt. Heute präsentiert sie sich im Wesentlichen als spätgotische Hallenkirche aus der Zeit um 1515. Bis ins 18. Jh. hinein gab es immer wieder Umbauten. Hier wurde 1221 die hl. Elisabeth von Thüringen vermählt, hier predigte Martin Luther auf seiner Rückreise von Worms, als er bereits unter Reichsacht stand. Kurze Zeit darauf wurde das Gotteshaus 1525 im Bauernkrieg verwüstet und 1560 mit zwei Emporen im Stil der Renaissance wiederhergestellt. Johann Sebastian Bach wurde in dieser Kirche getauft.

An den Chorwänden stehen zwölf Grabsteine thüringischer Landgrafen und ihrer Gemahlinnen. Außerdem besitzt sie eine reich verzierte Kanzel von 1676 und eine barocke Kreuzigungsgruppe. Vor dem Portal der Kirche steht der Marktbrunnen von 1549 mit dem vergoldeten Drachentöter St. Georg.

Am Markt, 99817 Eisenach
Tel. 0 36 91-73 26 20
http://eisenach.ekmd-online.de
tgl. geöffnet

Predigerkirche

Die 1240 geweihte frühgotische Kirche war Teil eines Dominikanerklosters, das zu Ehren der 1235 heiliggesprochenen Landgräfin Elisabeth gegründet wurde. Bemerkenswert sind die zweistöckige Kapelle an der Südseite und die dreischiffige Krypta. Der Saalbau über der Krypta erhielt seine jetzige Gestalt mit dem Umbau 1902, an seiner Südwand sind noch Teile der mittelalterlichen Klausur und des spätgotischen Kreuzgangs erkennbar.

Heute ist in der Krypta die außergewöhnliche Sammlung mittelalterlicher Kunstwerke des Thüringer Museums untergebracht. Der Bestand an sakralen Schnitzereien ist der umfangreichste in Thüringen. Besonders eindrucksvoll sind die Holzplastiken Thüringer Meister, darunter die um 1170 geschnitzte Figur des Trauernden Johannes.

Predigerplatz, 99817 Eisenach
Tel. 0 36 91-78 46 78
www.predigerkirche.eisenachonline.de
Di–So 11–17 Uhr

Automobile Welt

Schon 1898 wurde in Eisenach die drittälteste deutsche Kraftwagenschmiede eröffnet und 1899 der erste Wartburg-Motorwagen gefertigt. Im authentischen Werksgebäude 02 der Automobilwerke (AME) von 1935 nördlich der Bahnhofsanlagen kann man fast alle Fahrzeugtypen aus Eisenacher Produktion besichtigen. Berühmtheit erlangte der Dixi R 8 (1908–1911), den Herzog Ernst von Sachsen-Altenburg als Dienstwagen nutzte. Ab 1928 entstanden unter dem Firmenlogo BMW hochwertige Fahrzeuge sowie Sport- und Rennwagen.

Unmittelbar nach dem Zweiten Weltkrieg begann das Automobilwerk mit dem Weiterbau der Vorkriegsmodelle von BMW, musste sich jedoch bald von der Marke trennen. Man produzierte fortan den Zweitakter-Wartburg. Das letzte Modell rollte am 10. April 1991 direkt vom Fließband ins Museum.

Friedrich-Naumann-Str. 10
99817 Eisenach, Tel. 0 36 91-7 72 12
www.ame.eisenachonline.de
Di–So 11–17 Uhr

Eine deutsche Legende: die über Eisenach thronende Wartburg

Reuter-Wagner-Museum

Auf dem Weg von Eisenach zur Wartburg liegen an die 400 prächtige Gründerzeithäuser in privilegierter Hanglage. Einige imitieren die Architektur der nahen Wartburg, andere haben italienische, englische, griechische und sogar Schweizer Vorbilder. Eine der ersten Villen errichtete sich Mecklenburgs niederdeutscher Mundartdichter Fritz Reuter im italienisierenden Neorenaissancestil als Alterssitz. Hier verbrachte er seinen Lebensabend von 1868 bis zu seinem Tod 1874. An der Eingangstür befindet sich noch wie einst das Schild: »Dr. Fritz Reuter. Morgens nicht zu sprechen«. Die Wohnetage des Dichters kann besichtigt werden.

1895 gelangte die in Wien angekaufte Richard-Wagner-Bibliothek in das Reuterhaus. Mit etwa 6000 Bänden ist sie nach der Kollektion in Bayreuth die umfangreichste und wertvollste Sammlung zu Leben und Werk des Komponisten, der sich von der Wartburg zu seinem »Tannhäuser« inspirieren ließ. 2007 kam die Wagner-Sammlung des Musikwissenschaftlers Rüdiger Pohl hinzu, die seltene Fotografien und Schellackplatten umfasst.

Reuterweg 2, 99817 Eisenach
Tel. 0 36 91-74 32 93
Di–So 11–17 Uhr

Drachenschlucht

Die vom Prinzenteich aus stadtauswärts gelegene Drachenschlucht ist besonders an heißen Tagen wegen der hier herrschenden Kühle ein Genuss. Man erreicht sie über den Wanderparkplatz am Ende der Wichmannpromenade am südlichen Ortsausgang der B 19. Die 198 m lange und an ihren engsten Stellen nur etwas über einen halben Meter breite Klamm wurde zum geologischen Naturdenkmal erklärt.

Man läuft über Holzbohlen, unter denen der durch die Schlucht fließende Marienbach gluckst und gurgelt. Bis zu 10 m ragen die mit Moosen und Farnen bewachsenen Felswände auf. Im Juni blüht hier der Purpurrote Fingerhut, und wer aufpasst, wird auch vorbeiflitzende Feuersalamander entdecken.

99817 Eisenach, Info-Tel. 0 36 91-7 92 30

Hotels

Hotel auf der Wartburg

Das 1913 im Stil der Thüringer Burgen auf dem Burgfelsen direkt unterhalb der Wartburg erbaute Fünf-Sterne-Hotel bietet romantische, individuell möblierte Zimmer mit tollem Ausblick. Neben der feinen Landgrafenstube gibt es auch die rustikal-mittelalterliche Burgschenke Gadem. Entspannung bietet die Vitaloase.
Auf der Wartburg
99817 Eisenach
Tel. 0 36 91-79 70
www.wartburghotel.de

Steigenberger Hotel Thüringer Hof

Das bereits 1807 erbaute und mehrmals erweiterte historische Haus wurde liebevoll restauriert. Malerei und Holzbildhauerarbeiten schmücken Wände und Decke des Foyers. Das Hotel bietet stilvoll und individuell gestaltete Gästezimmer. Die Weinwirtschaft Leander serviert Tapas, Cucina Italiana und Klassiker. Der Wellnessbereich befindet sich auf dem Dach des Hauses.
Karlsplatz 11, 99817 Eisenach
Tel. 0 36 91-2 80
www.steigenberger.com/ eisenach

Villa Anna

Kleines, feines, aber nicht zu teures Boutiquehotel in einer Gründerzeitvilla in ruhiger Lage am Fuß der Wartburg mit 15 modern und individuell ausgestatteten Zimmern und reichhaltigem Frühstück.
Fritz-Koch-Str. 12
99817 Eisenach
Tel. 0 36 91-2 39 50
www.hotel-villa-anna.de

Schlosshotel

Direkt neben dem Lutherhaus bietet dieses Stadthotel in einem ehemaligen Franziskanerkloster 43 modern eingerichtete Zimmer, davon einige mit Balkon zum Innenhof. In die alten Gewölbe ist ein kleiner Wellnessbereich und das Restaurant »Schlosskeller« integriert, das gediegene Thüringer Küche serviert.
Markt 10
99817 Eisenach
Tel. 0 36 91-70 20 00
www.schlosshotel-eisenach.de

Göbel's Sophien Hotel

Freundlich und persönlich geführtes, modernes Vier-Sterne-Haus mit geschmackvoll eingerichteten Gästezimmern, elegantem Restaurant und Wellness-Lounge.
Sophienstr. 41, 99817 Eisenach
Tel. 0 36 91-25 10
www.sophienhotel.de

Restaurants

Turmschänke

Das mit viel dunklem Holz getäfelte Weinrestaurant bezaubert mit schönen Bleiglasfenstern und alten Gobelins. In und neben dem mittelalterlichen Nikolaiturm serviert es regionale Leckereien wie geschmorte Wildschweinkeule mit Thüringer Hüllerchen (Kartoffelklößchen mit Speck). Chefkoch Ulrich Rösch setzt aber auch auf moderne, mediterran inspirierte Gerichte. Auf der umfangreichen Weinkarte finden sich Spitzengewächse aus dem Saale-Unstrut-Gebiet.
Karlsplatz 28, 99817 Eisenach
Tel. 0 36 91-21 35 33
www.turmschaenke-eisenach.de
Mo–Sa 18–24 Uhr

Landgrafenstube

Das im Hotel auf der Wartburg untergebrachte Feinschmeckerrestaurant von Peter Herrmann pflegt eine aromareiche Küche, die sich von Rezepten aus den ländlichen Weinanbaugebieten inspirieren lässt. Dazu kommen ein gut sortierter Weinkeller und ein fabelhafter Blick von der Landgrafenterrasse über den Thüringer Wald bis hin zur Rhön und weit nach Hessen hinein.
Auf der Wartburg
99817 Eisenach
Tel. 0 36 91-79 71 19
www.wartburghotel.de
April–Okt. tgl. 12–15, 18–22,
Nov.–März Mo–Fr 18–22,
Sa–So 12–15, 18–22 Uhr

Eisenacher Hof

In den Lutherstuben des zentral gelegenen Hotels sorgt kostümiertes Personal dafür, dass die Gäste sich in die Zeit des Reformators zurückversetzt fühlen. Deftige Kost ist angesagt: Schweineschmalz- und Kräuterquarkbrote, Kartoffel- und Fleischsuppe, Fleisch vom Grill, Kohlgemüse und zum Nachtisch Bratapfel.
Katharinenstr. 11–13
99817 Eisenach
Tel. 0 36 91-7 34 00
www.eisenacherhof.de
tgl. ab 18 Uhr

Gewölberestaurant Brunnenkeller

In geschichtsträchtigen Gewölben oder auf der Marktterrasse serviert dieses Restaurant Thüringer Gerichte, z.B. Lammkeulenbraten in Rosmarin-Rotweinsoße mit Schinkenspeckbohnen und Thüringer Klößen.
Am Markt 10, 99817 Eisenach
Tel. 0 36 91-21 23 58
www.brunnenkeller-eisenach.de
April–Okt. tgl. 11–23,
Nov.–März Do–Mo 11–15,
17.30–23, Di–Mi nur 17.30–23 Uhr

B-A-C-H Restaurant

Freundliches Restaurant gegenüber dem Bachhaus mit preiswerter, aber schmackhafter regionaler Küche. Bei schönem Wetter lädt ein Biergarten zum Draußensitzen ein.
Frauenplan 8, 99817 Eisenach
Tel. 0 36 91-21 55 22
tgl. 9–1 Uhr

Shopping

Meisterwerkstätte für Flötenbau Stephan Blezinger
Der Bachstadt Eisenach alle Ehre macht diese Instrumentenwerkstatt. Hier findet man ein umfangreiches Sortiment an handgearbeiteten Flöten, deren Spektrum vom frühbarocken Instrument bis zur modernen Blockflöte reicht, darunter Ganassi-Flöten, Sopran-, Alt-, Tenor- und Bassflöten. Die seit 2010 erhältliche neue Serie heißt »Bressan by Blezinger«.
Schillerstr. 11
99817 Eisenach
Tel. 0 36 91-21 23 46
www.blezinger.de
Mo–Fr 8–12, Mo–Do auch 14–17 Uhr nach Terminabsprache

Konditorei & Café Brüheim
Die Konditorei ist weithin für ihre köstlichen Spezialitäten bekannt. Besonders stolz ist man auf Torte Birne Helene, Champagner-Baumkuchen, Herrentorte, Schokobutter- und Vanillebuttercremetorte. Auch Thüringer Schmandkuchen vom Blech und feine Pralinen sind im Sortiment.
Marienstr. 1, 99817 Eisenach
Tel. 0 36 91-20 35 09
www.cafe-brueheim.de
Mo–Sa ab 9, So, Fei ab 13 Uhr

Crowson & Crowson
Das in der Nähe des Bachhauses gelegene, bunt dekorierte Geschäft bietet eine große Vielfalt an typischen lokalen und überregionalen Andenken, von ausgefallenen Kuriositäten bis hin zu wertvollen Souvenirs, die zum großen Teil aus Naturmaterialien in Handarbeit gefertigt wurden.
Marienstr. 2, 99817 Eisenach
Tel. 0 36 91-74 34 60
www.crowson.de
Mo– Fr 9–18, Sa 9–16, April–Okt. auch So 11–16 Uhr

Fleischerfachgeschäft Bernd Kahlert
Thüringen ist in ganz Deutschland für seine Wurstspezialitäten bekannt. Das Fleischerfachgeschäft Kahlert produziert bereits in der vierten Generation Hausmacherwurst nach überlieferten Familienrezepten. Die Bärlauchknacker schmecken besonders lecker, und natürlich bekommt man hier auch die berühmten Thüringer Rostbratwürste.
Frankfurter Str. 11
99817 Eisenach
Tel. 0 36 91-7 74 11
www.partyservice-eisenach.de
Di–Fr 8.30–13, 14.30–18, Sa 8–11.30 Uhr

Antiquariat am Bachhaus
Schräg gegenüber dem Bachhaus können Bücherwürmer in diesem stimmungsvollen Ladengeschäft nach Herzenslust stöbern. Natürlich findet man hier auch jede Menge Regionalia.
Frauenplan 20, 99817 Eisenach
Tel. 0 36 91-80 95 00
www.liberantiquus.de
Mo–Fr 8.30–12, Di, Do auch 16–18, Sa 10–14 Uhr

Am Abend

Landestheater Eisenach
Das Landestheater Eisenach residiert in einem attraktiven klassizistischen Gebäude mit 500 Zuschauerplätzen. Geboten werden Oper, Operette, Musical, Ballett und Tanztheater, Schauspielinszenierungen sowie Kinder- und Jugendtheater. Seit der Spielzeit 2008/2009 wird das Eisenacher Theater zunächst bis 2012 als Bestandteil der Kulturstiftung Meiningen weitergeführt.
Theaterplatz 4–7, 99817 Eisenach
Tel. 0 36 91-25 62 19
www.theater-eisenach.de

Jazzkeller in der Kulturfabrik Alte Mälzerei
In den Tonnengewölben der Alten Mälzerei organisiert der Jazzclub Eisenach seine Konzerte und Veranstaltungen.
Palmental 1, 99817 Eisenach
Tel. 0 36 91-73 27 08
www.jazzclub-eisenach.de

O-Tooles Irish Pub
Hier werden Guinness, Kilkenny-Bier, Krusovice-Schwarzbier und Strongbow Cider vom Fass ausgeschenkt. Natürlich gibt es auch Whiskey und regelmäßig Livemusik. Wer es lieber ruhiger mag, der weicht ins Billard-Café im ersten Stock aus.
Goethestr. 25, 99817 Eisenach
Tel. 0 36 91-74 38 11
www.o-tooles.de
Mo–Sa 18–1 Uhr

Schorschl Kleinkunstkneipe
Populäre Szenekneipe, in der sich jüngeres Volk zu Baguettekreationen, frischen Salaten und mediterran angehauchten Speisen trifft. Livemusik kommt hier regelmäßig auf die Bühne, gelegentlich auch Kleinkunst.
Georgenstr. 19
99817 Eisenach
Tel. 0 36 91-3 72 51 74
www.schorschl.de
tgl. 9–2 Uhr

The Beach
Heiße Tanzbar mit karibischem Flair. In der angeschlossenen Cocktailbar Schiffchen fühlt man sich angesichts der Ausstattung auch wie auf einem solchen. Junges Publikum, das den Sand unter den Füßen sichtlich genießt.
Katharinenstr. 11
99817 Eisenach
Tel. 0 36 91-88 66 11
www.tanzbar-beach.de
Tanzbar Do–Sa ab 21, Cocktailbar tgl. ab 18 Uhr

Erfurt

Mittelalterliches Juwel Thüringens

Thüringisches Rom nannten die Humanisten einst das vieltürmige Erfurt. Um 1505, als auch Martin Luther über die Krämerbrücke zog, heute die einzige bebaute Brücke nördlich der Alpen, war die thüringische Landeshauptstadt eine Hochburg der Gelehrsamkeit. Allerdings wurde hier, wie der im Augustinerkloster fromm gewordene Luther empört berichtete, nicht nur studiert, sondern auch fleißig gebechert. Dafür hatten die Erfurter gleich zwei gute Gründe. Zum einen war die »Erfurter Schlunze«, so hieß damals das hier gebraute Bier, angesichts der hygienischen Verhältnisse gesünder als Wasser. Außerdem wurde das anschließend reichlich abgeschlagene Wasser zur Fermentierung des blauen Färberwaids benötigt, dessen Herstellung die Stadt ihren damaligen Reichtum verdankte. Derlei Ausreden braucht man heute für einen gemütlichen Abend in einem der zahlreichen Lokale der romantischen Altstadt nicht mehr.

Dom

Erfurts klassischer Postkartenblick geht vom Domplatz aus zur gotischen Doppelkirchenanlage von Mariendom und Severikirche, mit der hinaufführenden mächtigen Freitreppe im Vordergrund. Der 1182 geweihte Dom wurde im 14. und 15. Jh. gotisch umgebaut. Im Figurenschmuck des Triangelportals entdeckt man die zwölf Apostel und die törichten und klugen Jungfrauen. Blickfang im Inneren ist der filigrane Chor mit 18 m hohen gotischen Glasfenstern. Sie zählen zu den schönsten Deutschlands.

Äußerst wertvoll sind der Altaraufsatz mit der romanischen Erfurter Madonna, die bronzene Leuchterfigur des »Wolfram« (beide um 1160), das gotische Taufbecken mit 15 m hohem Baldachin sowie ein Tafelbild von Lucas Cranach d.Ä. Im mittleren Turm der Kathedrale des Bistums Erfurt hängt eine der größten freischwingenden Glocken der Welt: Wenn die 1497 gegossene, über 11 Tonnen schwere Gloriosa an hohen Feiertagen läutet, hört man sie bis ins 25 km entfernte Weimar.

Domstufen 1, 99084 Erfurt
Tel. 03 61-6 46 12 65, www.dom-erfurt.de
Nov.–April Mo–Sa 10–17, So 13–17,
Mai–Okt. Mo–Sa 9–18, So 13–18 Uhr

Severikirche

Direkt neben dem Dom steht die von 1278 bis 1340 erbaute gotische Severikirche mit ihren charakteristischen drei spitzbehelmten Türmen über dem Ostwerk. Das mächtige Walmdach wurde nach dem großen Stadtbrand 1472/73 aufgesetzt. Die fünfschiffige Hallenkirche besitzt einen imposanten Barockaltar von 1670. Ins Jahr 1467 datiert der filigrane Taufstein, ein Glanzstück spätgotischer Steinmetzarbeit.

Besonders sehenswert in dem römisch-katholischen Gotteshaus ist der kunstvolle Sarkophag, in dem die 836 nach Erfurt überführten sterblichen Überreste des 348 n.Chr. verstorbenen hl. Severus aus Ravenna beigesetzt sind. Die vier Reliefplatten der Umfassungswände entstanden zwischen 1360 und 1370 und zeigen nahezu hochplastische Szenen aus dem Leben und Wirken des heiligen Severus und die Anbetung der Heiligen Drei Könige nach einem Vorbild in der Nürnberger Lorenzkirche. Das Glockengeläut besitzt noch originale Glocken aus dem 15. Jh.

Severihof 2, 99084 Erfurt
Tel. 03 61-57 69 60, www.dom-erfurt.de
Nov.–April Mo–Sa 10–17, So 13–17,
Mai–Okt. Mo–Sa 9–18, So 13–18 Uhr

Ein majestätisches Ensemble: Erfurter Dom und Severikirche

Zitadelle Petersberg

Auf dem Petersberg, der sich gegenüber vom Domberg erhebt, genießt man einen guten Ausblick auf die Stadt. Hier wurde ab 706 das Gründungskloster Erfurts errichtet, von dem nur noch das Langhaus der Klosterkirche St. Peter und Paul erhalten ist. Die Zitadelle war ab 1664 auf Befehl des kurmainzischen Kurfürsten und Erzbischofs Johann Philipp von Schönborn erbaut worden. Als sie 1813 während eines Angriffs preußischer Truppen auf das von Napoleon besetzte Erfurt beschossen wurde, brannte das Kloster aus.

Die in großen Teilen erhaltene Zitadelle ist eine der größten barocken Stadtfestungen Europas. Mit ihren bis zu 21 m hohen Mauern, Bastionen, unterirdischen Minengängen und Kasematten gilt die sternförmige Anlage als Musterbeispiel europäischer Festungsbaukunst des 17. und 18. Jhs.
Petersberg, 99084 Erfurt
Tel. 03 61-4 39 11 74, www.petersberg.info
Mi–So 10–18 Uhr

Augustinerkloster

Das Kloster ging aus einer Basilika hervor, die Augustinereremiten 1277 errichtet hatten. Im 15. Jh. kamen mehrere Gebäude in norddeutscher Ziegelbauweise hinzu. Berühmt ist das Kloster, weil Martin Luther, der 1501–1505 an der Erfurter Universität Rechtswissenschaften studiert hatte, hier am 17. Juli 1505 Einlass begehrte und zwei Jahre später zum Priester geweiht wurde. Eine Ausstellung erinnert an den berühmten Mönch.

Im Zweiten Weltkrieg wurde das Kloster zerstört und als Tagungszentrum wieder aufgebaut. Heute ist es eine von Ordensschwestern geführte Begegnungsstätte. Erhalten blieben die großartigen Glasfenster; sie zeigen die Legende des hl. Augustinus. Auf Anfrage im Kloster darf man die Elisabethkapelle im 1360 errichteten Nikolaiturm mit restaurierten Secco-Malereien aus dem 14. Jh. besichtigen.
Augustinerstr. 10, 99084 Erfurt
Tel. 03 61-57 66 00, www.augustinerkloster.de
tgl. 9–18 Uhr

Erfurt

Krämerbrücke

Die malerische, 1325 errichtete steinerne Krämerbrücke führt in sechs Bögen über den Fluss Gera. Sie ist heute die einzige bebaute Brücke nördlich der Alpen, 120 m lang und 18 m breit. Ab 1472 drängten sich 60 mittelalterliche Fachwerkhäuser auf der Brücke zusammen. Heute sind sie zu 32 größeren Häusern zusammengefasst. Einst bildeten die Enden der Krämerbrücke die Grenze zu zwei Fürstentümern. So musste jeder, der auf der anderen Seite etwas verkaufen wollte, Zoll bezahlen. Pfiffig verlegten die Kaufleute ihren Markt direkt auf die Brücke.

Noch heute leben und arbeiten Menschen in den Brückenhäusern. Künstler, Galerien und Geschäfte haben sich hier niedergelassen. Nr. 31 beherbergt das Brückenhausmuseum. Vom Turm der Ägidienkirche am westlichen Brückenkopf bietet sich ein toller Blick auf das bunte Treiben. Die Krämerbrücke endet am Wenigemarkt, einem von historischen Gebäuden und Lokalen gesäumten Platz. Im Juni sorgen Ritter, Gaukler und Artisten während des Krämerbrückenfests für Amüsement.

Krämerbrücke, 99084 Erfurt
www.kraemerbruecke.de

Fischmarkt

Der italienisch anmutende Fischmarkt ist bis heute das Zentrum der mittelalterlichen Stadt. Zahlreiche attraktive Bürgerhäuser im Stil der Renaissance, die sich reiche Waidhändler errichten ließen, säumen den Platz, darunter das 1584 erbaute Haus Zum Breiten Herd mit Renaissancefassade und Figurenfries, der am benachbarten Haus Zum Stötzel, dem Gildehaus, fortgesetzt wird. Seine Reliefs zeigen allegorische Darstellungen der fünf Sinne.

Vor dem Haus Zum Roten Ochsen von 1562, Sitz der Kunsthalle Erfurt, steht das im Volksmund Roland genannte Standbild des Stadtpatrons St. Martin im prächtigen Gewand eines römischen Soldaten (1591). Markantestes Bauwerk am Platz ist das neugotische Rathaus. Sein Festsaal ist mit Bildern zur Stadtgeschichte ausgeschmückt, das Treppenhaus zeigt Darstellungen der Thüringer Sagenwelt.

Fischmarkt, 99084 Erfurt

Angermuseum

Am ehemaligen Weydtanger wurden einst die Waidballen gehandelt. Heute ist der von ornamentalen Fassaden gesäumte Anger der Einkaufsboulevard Erfurts. Im kurmainzischen Pack- und Waagehof von 1705 ist das Angermuseum untergebracht. Es zeigt u.a. eine bedeutende Sammlung mittelalterlicher Kunst aus Erfurt und Thüringen. Besonders hervorzuheben sind der Augustineraltar, die Hirschmadonna und die Rebenstockmadonna, aber auch die rätselhafte »Erschaffung der Tiere und des ersten Menschenpaares« (1532/33) des Dürerschülers Hans Baldung Grien sowie weitere Bilder der Cranachzeit. Einzigartig ist der 1922–1923 von Erich Heckel expressionistisch ausgemalte Nebenraum, der in der Zeit des Nationalsozialismus zugemauert wurde: Heute birgt er die einzigen erhaltenen monumentalen Wandmalereien des deutschen Expressionismus.

Anger 18, 99084 Erfurt
Tel. 03 61-6 55 16 51, www.angermuseum.de
Di–So 10–18 Uhr

egapark

Der 1961 angelegte egapark im Südwesten Erfurts gehört zu den großen Blumen- und Gartenparks in Deutschland. Den Besucher erwarten eindrucksvolle Parkabschnitte, üppige Blumenrabatten und ein Rosengarten. In Schauhäusern sind Orchideen, Kakteen und andere Exoten sowie bunte Schmetterlinge zu bewundern; im Tropenhaus leben Leguane und Wasserschildkröten.

Besonders schön ist der Japanische Fels- und Wassergarten, eine Miniaturausgabe des kosmischen Berges Shumisen. Hier befindet sich der buddhistischen Mythologie nach das Zentrum der Welt, die Achse des Universums. Reizvolle Arrangements von Schirmtannen und Japanischem Ahorn, aber auch Rhododendren, Magnolien, Azaleen und Japanische Lavendelheide erfreuen das Auge. Selbstverständlich darf ein Teepavillon nicht fehlen.

Gothaer Str. 38, 99094 Erfurt
Tel. 03 61-5 64 37 37, www.egapark-erfurt.de
Park tagsüber geöffnet, Hallen- und Schauhäuser mindestens 10–16 Uhr

Hotels

Zumnorde

Altstadthotel mit großem Dachgarten. Die Zimmer sind geschmackvoll mit Kirschbaumholzmöbeln eingerichtet. Das Restaurant bietet in künstlerisch gestalteten Räumen gehobene Küche mit ausgesuchten Weinen, außerdem gibt es eine urige Bierstube mit Kamin und regionaler Kost sowie einen überdachten Biergarten.

Anger 50/51
Eingang Weitergasse 26
99084 Erfurt
Tel. 03 61-5 68 00
www.hotel-zumnorde.de

Pullman Erfurt am Dom

Elegantes, 2004 eröffnetes Hotel mit großzügigen Gästezimmern und Suiten gegenüber dem Theater. Das stilvolle Restaurant »Gloriosa« serviert vorzügliche regionale und internationale Küche. Den Abend kann man in der Cocktailbar ausklingen lassen. Großzügiges Day Spa mit Sauna, Dampfbad und Fitnessraum.

Theaterplatz 2, 99084 Erfurt
Tel. 03 61-6 44 50
www.pullman-deutschland.de

IBB Hotel

Das Designhotel wurde im historischen, direkt an der Krämerbrücke gelegenen Altstadtgebäude Zum Alten Schwan eingerichtet. Sechs Apartments sind sogar direkt im denkmalgeschützten Haus Zum Roten Turm auf der Krämerbrücke untergebracht. Das Restaurant »Zum Alten Schwan« serviert kreative regionale Küche.

Gotthardtstr. 27, 99084 Erfurt
Tel. 03 61-6 74 00
www.ibbhotels.com

Victor's Residenz-Hotel

Freundliches, individuelles Hotel mit stilvoll in mediterranen Farben ein-gerichteten Zimmern und acht Tagungsräumen. »Victor's Restaurant« bietet leichte, mediterrane Küche, in der »Bayerischen Stube« gibt es herzhafte Spezialitäten.

Häßlerstr. 17
99096 Erfurt-Daberstedt
Tel. 03 61-6 53 30
www.victors.de

Herberge im Waidhaus

Einkehrhaus im Augustinerkloster, dessen 16 Zimmer mit Dusche/WC und Schreibtisch einfach und klar gestaltet sind, aber weder über Internetanschluss noch Telefon, Radio, Fernseher oder Minibar verfügen. Gäste können den Andachts- und Meditationsraum im Kellergeschoss sowie Küche und Bibliothek im 1. Stock nutzen.

Augustinerstr. 10, 99084 Erfurt
Tel. 03 61-57 66 00
www.augustinerkloster.de

Restaurants

Alboths Restaurant im Kaisersaal

Im vornehmen Kaisersaal, in dem Napoleon Galadiners gab und Schiller erstmals »Don Carlos« aufführen ließ, verwöhnt Erfurts bestes Gourmetrestaurant mit internationalen, kreativ zubereiteten Köstlichkeiten, z.B. einen sehr schmackhaften Lammrücken. Ausgezeichnete Weinkarte, deren Positionen auch offen ausgeschenkt werden.

Futterstr. 15/16, 99084 Erfurt
Tel. 03 61-5 68 82 07
www.alboths.de
Di–Sa ab 18.30 Uhr

Zur Hohen Lilie – Il Mulino

Das historische Gasthaus, in dessen Gewölbekeller 1522 schon Luther speiste und in dem sich gut hundert Jahre später der schwedische König Gustav Adolf bewirten ließ, serviert heute italienische Cucina, aber auch traditionelle Thüringer Gerichte wie Erfurter Puffbohneneintopf und würzige Rostbrätel (Schweine-nackensteak).

Domplatz 31, 99084 Erfurt
Tel. 03 61-6 02 37 10
www.ilmulino-erfurt.de
tgl. 11–24 Uhr

Köstritzer Zum güldenen Rade

Das 1551 erbaute und 1767 erweiterte Patrizierhaus war früher eine Tabakmanufaktur. Heute dient der historische Gebäudekomplex im Besitz des ZDF als Medien- und Gasthaus, das neben internationaler, mediterran inspirierter Küche auch Thüringer Spezialitäten serviert.

Marktstr. 50, 99084 Erfurt
Tel. 03 61-5 61 35 06
www.zum-gueldenen-rade.de
tgl. 11–24 Uhr

Zum Goldenen Schwan

Das in einem der ältesten Bürgerhäuser der Stadt untergebrachte und seit 1775 bezeugte Gasthaus serviert traditionelle regionale Küche, z.B. Sauerbraten mit Apfelrotkohl und Thüringer Klößen, sowie selbst gebrautes süffiges Bier, das im Biergarten besonders gut schmeckt.

Michaelisstr. 9
99084 Erfurt
Tel. 03 61-2 62 37 42
www.zum-goldenen-schwan.de
Jan./Feb. Mo–Fr 17–1, Sa–So 11–1, März–Dez. 11–1 Uhr

Bärenkeller

Rustikales Restaurant in der Nähe des Domplatzes mit gutbürgerlicher deutscher und Thüringer Küche, vom Rostbrätel bis zum Rindersauerbraten mit Rotkohl und Thüringer Klößen.

Andreasstr. 26, 99084 Erfurt
Tel. 03 61-2 11 51 93
www.restaurant-baerenkeller.de
Di–Sa 11–23, So 11–15 Uhr

Shopping

Markt auf dem Domplatz

Zahlreiche Marktstände bieten heimische Produkte wie Gemüse, Obst, Fleisch und Blumen an, darunter auch die hier sehr beliebten, schmackhaften Erfurter Puffbohnen. Stärken kann man sich mit einer original Thüringer Rostbratwurst und einem einheimischen Bier. Sehr stimmungsvoll ist auch der Weihnachtsmarkt auf dem Domplatz.

Domplatz, 99084 Erfurt
Mo–Sa 6–14 Uhr

Thüringer Spezialitäten-markt

Das Sortiment umfasst an die 500 ausgewählte Produkte aus Thüringen und Umgebung. Wer sich zwischen all den Weinen, Delikatessen und süßen Spezialitäten nicht entscheiden kann, lässt sich einfach einen gut gefüllten Präsent- oder Überraschungskorb zusammenstellen.

Krämerbrücke 19, 99084 Erfurt
Tel. 03 61-3 46 34 95
www.thueringer-spezialitaeten.de
Mo–Sa 10–18, So bis 17 Uhr

Fayence- und Porzellan-Manufaktur

Keramik und Töpferwaren sowie Clowns und andere Figuren führt dieser kleine Laden an der Krämerbrücke.

Krämerbrücke 1, 99084 Erfurt
Tel. 03 61-6 42 17 74
www.keram.de

Born Senf und Feinkost

Ohne den echten, schon seit 1820 hergestellten Born-Senf schmeckt die Thüringer Rostbratwurst nur halb so gut. Sogar ein liebevoll gestaltetes Senfmuseum wurde hier eingerichtet. Natürlich kann man ausgiebig probieren.

Wenigemarkt 11, 99084 Erfurt
Tel. 03 61-74 03 40
www.born-feinkost.de
Jan.–März Mo–Fr 10–18, Sa 10–16,
April–Dez. Mo–Fr 10–19,
Sa 10–18 Uhr

Goldhelm Schokoladen Manufaktur

Große Auswahl an edlen Schokoladen und Pralinen, z.B. Krämerbrückentrüffel oder Kronenpralinen mit Gewürzen, aber auch Schokoladenbalsamico, Birnenwodka, hausgemachte Marmeladen und Eisspezialitäten.

Krämerbrücke 12–14
99084 Erfurt
Tel. 03 61-64 43 80 08
www.goldhelm-schokolade.de
Mo–Do 11–18, Fr–Sa 10–19,
So 10–18 Uhr

Am Abend

Theater Erfurt

Breit gefächertes Musiktheater- und Konzertangebot auf der 2003 erbauten Großen Bühne mit 800 Plätzen sowie auf der Studiobühne mit 200 Plätzen. Das moderne Theaterhaus ist Heimstatt des Philharmonischen Orchester Erfurt, zudem werden Tanz- und Schauspielgastspiele geboten. Das Theater Erfurt ist außerdem Veranstalter der populären DomStufen-Festspiele im Sommer.

Theaterplatz 1, 99084 Erfurt
Tel. 03 61-2 23 31 55
www.theater-erfurt.de

DASDIE live

Veranstaltungen aller Gattungen, von Oper, Theater und Musical bis zu Varieté, Travestie, Comedy, Showtanz und Kabarett. Gespielt wird an drei Veranstaltungsorten: im DASDIE live in der Marstallstraße, im DASDIE Brettl (Lange Brücke 29) und in der Alten Oper (Gorkistr. 1)

Marstallstr. 12, 99084 Erfurt
Tel. 03 61-55 11 66
www.dasdie.de

Engelsburg

Historischer Gebäudekomplex in der Altstadt, der heute als studentisch organisiertes Kulturzentrum dient. So wird der Keller für Konzerte genutzt, im Café »DuckDich« finden u.a. Lesungen statt, während das Steinhaus und der Biergarten der Gastronomie gewidmet sind. Ab 21 Uhr gibt es häufig Livemusik. Im Steinhaus schrieben um 1515 die Philosophen und Humanisten Crotus Rubianus und Ulrich von Hutten ihre berühmten Dunkelmännerbriefe.

Allerheiligenstr. 20/21
99084 Erfurt
Tel. 03 61-24 47 70
www.eburg.de

Theater Waidspeicher

Spielstätte des Puppentheaters mit Stücken für Kinder und Erwachsene – von Janosch über Cornelia Funkes Tintenherz bis zu Romeo und Julia – und (in der oberen Etage) des Kabaretts »Die Arche«.

Domplatz 18, 99084 Erfurt
Tel. 03 61-5 98 29 24
www.waidspeicher.de
Vorverkauf Di–Fr 10–14, 15–17.30,
Sa 10–13 Uhr, Tageskasse öffnet
45 Minuten vor Beginn der Vorstellung

P 33

Club, Bar und Lounge in der Altstadt. Am Freitag und Samstag legen DJs aus der Region auf. Im Sommer sitzt man nett im kleinen Biergarten. An jedem 1. Donnerstag im Monat ist um 20.30 Uhr Comedy angesagt.

Pergamentergasse 33
99084 Erfurt
Tel. 03 61-7 89 26 27
www.club-p33.com
Di–So ab 18 Uhr

Essen

Kulturvielfalt im Ruhrgebiet

Zumindest außerhalb des Ruhrgebiets ist Essen nach wie vor fast ein Geheimtipp. Doch wo sonst in Deutschland werden Industriedenkmäler zum Weltkulturerbe erklärt? Europas Kulturhauptstadt des Jahres 2010 ist nicht nur verblüffend grün, sie glänzt mit Museen von Weltrang, einer Skyline mit Deutschlands größtem und höchstem Rathaus, einem avantgardistischen Opernhaus und einer kreativen Künstlerszene. Man spaziert durch eine vorbildliche Gartenstadt der Gründerzeit, und die vielen Eingemeindungen haben Europas größter Montanstadt Villenviertel und idyllische Fachwerkstädtchen wie Werden und Kettwig beschert. Reiche Kunstschätze aus dem Mittelalter, die der Dom der Stadt sowie die Abteikirche St. Ludgerus in Werden bewahren, erinnern daran, dass Essen bereits über tausend Jahre alt ist. Gar nicht von gestern ist dagegen das Nachtleben der Stadt. Darauf ein frischet Pilsken!

Dom

Das Münster ging aus einer um 870 entstandenen Klosterkirche hervor und ist heute die Kathedrale des Ruhrbistums. Die gotische Hallenkirche integriert Bauteile der 1275 abgebrannten spätottonischen Basilika, darunter den achteckigen Turm, das Westwerk, das Atrium und die Chorkrypta. Die doppelte Empore aus dem 11. Jh. erinnert an die Pfalzkapelle in Aachen.

Kostbarste Schätze sind der um 1000 entstandene siebenarmige Bronzeleuchter im Westwerk und die in einer klimatisierten Vitrine links neben dem Hauptaltar in einer Seitenkapelle ausgestellte Goldene Madonna. Sie wurde um 980 von einem Kölner Meister geschaffen und gilt als älteste vollplastische Marienfigur des Abendlands. In der Domschatzkammer sind Kleinodien wie die Kinderkrone Kaiser Ottos III. sowie vier sehr seltene Vortragekreuze aus ottonischer Zeit zu sehen.

Burgplatz 2, 45127 Essen
Tel. 02 01-2 20 42 06, www.dom-essen.de
Dom Mo–Fr 6.30–18.30, Sa 9–19.30, So 9–20 Uhr; Domschatzkammer Di–Sa 10–17, So 11.30–17 Uhr. Führungen durch Dom und Schatzkammer So 11.45 und Mi 18.30 Uhr

Abteikirche St. Ludgerus

1993 erhob Papst Johannes Paul II. die Abteikirche in den Rang einer Basilica minor, denn schon 799 gründete der friesische Missionar Liudgar hier das Benediktinerkloster Werden. Die heutige, 1256 vollendete Kirche zeigt spätromanische Bauformen, wobei das Westwerk aus dem 10. Jh. mit seinen wertvollen Wandmalereien aus dieser Zeit einbezogen wurde. Sehenswert sind auch der monumentale barocke Hochaltar und die Schatzkammer der frisch sanierten Kirche, die u.a. den kupferversilberten Reisekelch des heiligen Ludgerus, einen fränkischen Reliquienkasten (8. Jh.) und das sog. Helmstedter Kreuz (um 1060) bewahrt. Am Ostflügel des Abteigebäudes hat man den Garten Hortulus Werdinensis angelegt: So wie es der Benediktinermönch Walahfrid Strabo im 8. Jh. beschrieb, wachsen hier 24 wichtige Kräuter- und Heilpflanzen.

Brückstr. 54, 45239 Essen, Tel. 02 01-49 00 50
www.st.ludgerus-werden.de
Di–So 10–12, 15–17 Uhr

Museum Folkwang

Die bedeutendste Kunstsammlung des Ruhrgebiets ging aus Beständen des Hagener Industriellen Karl Ernst Osthaus (1874–1921)

Die effektvolle nächtliche Beleuchtung macht aus der alten Kokerei Zollverein ein Kunstwerk

hervor. Folkwang war in der nordischen Mythologie der Wohnsitz Freyas, der Göttin der Liebe und Schönheit. Osthaus vermachte dem Ruhrgebiet zeitgenössische Kunst aus ganz Europa ab 1800.

So ist im renovierten Altbau des Folkwang Kunst von der Romantik bis zur Avantgarde zu sehen, darunter Bilder von Caspar David Friedrich, Monet, Gauguin und Matisse über van Gogh und Cezanne bis hin zu Dalí und Warhol. Bedeutend ist auch die Grafik- und Fotosammlung des Hauses. 2010 wurde der von Stararchitekt David Chipperfield entworfene Neubau eröffnet, in dem vorrangig Sonderausstellungen von Weltrang zu sehen sein sollen. Auch die einzigartige Kollektion des Deutschen Plakat Museums ist hier eingezogen.

Museumsplatz 1, 45128 Essen
Tel. 02 01-8 84 54 44
www.museum-folkwang.de
Sammlung Di–So 10–18, Fr 10–22.30 Uhr; Sonderausstellungen Di–So 10–20, Fr 10–24 Uhr

Grugapark

Zwischen Margarethenhöhe und dem Stadtteil Rüttenscheid breitet sich einer der größten und schönsten Parks Deutschlands aus. Ihr heutiges Aussehen verdankt die bereits 1927 bis 1929 entstandene Große Ruhrländische Gartenbauausstellung der BuGa 1965. Essens grüne Lunge hat viel zu bieten: einen Westfälischen Bauerngarten, einen Mittelmeergarten und einen Japanischen Garten, außerdem ein Regenwaldhaus, ein Alpinum sowie einen Vogelpark und ein Damwildgehege.

Skulpturen von Rodin, Moore und Hrdlicka sorgen für künstlerische Akzente. Sehr fotogen ist das bunte Hundertwasserhaus. Vom 28 m hohen Grugaturm überblickt man den Park, dessen wichtigste Attraktionen die Grugabahn ansteuert.

45131 Essen, Tel. 02 01-8 88 31 06
www.grugapark.de
Park 9 Uhr bis Einbruch der Dunkelheit; Grugaturm April–Sept. Sa 14–18, So 11–17 Uhr; Grugabahn in der Sommersaison tgl. 10–18 Uhr

Baldeneysee

Ganz im Süden von Essen liegt der größte von fünf Ruhrstauseen, der ab 1930 im Zug einer gigantischen Arbeitsbeschaffungsmaßnahme bei Werden aufgestaut wurde. Benannt ist der Stausee nach dem am Nordufer stehenden kleinen Schloss Baldeney. Wegen seiner schönen Lage zwischen den bewaldeten Ruhrhöhen ist der See eines der beliebtesten Naherholungsgebiete der Region.

Im Sommer wird ein Sandstrand nach karibischem Vorbild angelegt. Hier kann man unter Palmen Cocktails schlürfen, Baden ist allerdings nicht erlaubt. Dafür spielt man Beachvolleyball, segelt, fährt Ruder- und Tretboot, besteigt ein Schiff der Weißen Flotte, radelt oder wandert um den 8 km langen und bis zu 650 m breiten See. Auf dem etwa 10 km langen Geologischen Wanderweg am Nordufer sind Informationstafeln aufgestellt.

Baldeneysee, 45239 Essen

Margarethenhöhe

Die bis 1938 von dem jungen Darmstädter Architekten Georg Metzendorf angelegte Margarethenhöhe gilt als eines der schönsten Beispiele für die Umsetzung der englischen Gartenstadtidee in Deutschland. Margarethe Krupp, Witwe Friedrich Alfred Krupps, stiftete sie 1906 anlässlich der Hochzeit ihrer Tochter Bertha mit Gustav von Bohlen und Halbach. 16000 Menschen, und beileibe nicht nur Mitarbeiter des Krupp-Unternehmens, durften hier klassenübergreifend wohnen.

Noch heute sind die für die damalige Zeit zweckmäßig und komfortabel ausgestatteten Häuser mit ihren romantisch gestalteten, weinberankten Fassaden als Mietwohnungen begehrt. Am 1. Sonntag im Monat um 11 Uhr veranstaltet das Ruhr Museum Führungen mit Besichtigung der gründerzeitlich eingerichteten Musterwohnung in der Stensstr. 25.

45149 Essen, Tel. 02 01-8 84 52 00
www.essen-margarethenhoehe.de

Villa Hügel

Deutschlands bekannteste Unternehmervilla liegt malerisch auf den Ruhrhöhen oberhalb des Baldeneysees. Über 200 Zimmer zählt das im Grundbuch so eingetragene »Einfamilienhaus« der Industriellenfamilie Krupp, das von 1868 bis 1873 errichtet wurde. Nach dem Tod des Erbauers, dem besonders an moderner Funktionalität gelegen war, wurde sie allerdings erheblich verändert, um sie wohnlicher zu gestalten.

Zu sehen ist heute ihr Zustand von 1915, mit kostbaren italienischen Kassettendecken, Porträts von Familienmitgliedern und Hohenzollern-Kaisern sowie wertvollen Gobelins aus Flandern. Bis 1945 diente die Villa Hügel der Unternehmerfamilie auch als Repräsentationsgebäude. Heute ist sie ein Ankerpunkt der Route Industriekultur, und ihr oberer Stock bildet einen äußerst stilvollen Rahmen für Kammerkonzerte und hochkarätige Kunstausstellungen.

Hügel 1, 45133 Essen
Tel. 02 01-61 62 90, www.villahuegel.de
Di–So 10–18, Park tgl. 8–20 Uhr

Weltkulturerbe Zeche und Kokerei Zollverein

Die 1986 geschlossene weltberühmte zentrale Schachtanlage XII, heute Station der Route Industriekultur, war einmal die größte, modernste und leistungsfähigste Steinkohleförderanlage der Welt. Nachts erstrahlen ihr markantes Doppelbockfördergerüst, die im Bauhausstil errichteten Stahlfachwerkgebäude und die ebenfalls zum Weltkulturerbe erklärte Kokerei in rot und blau inszenierter Lichtkunst.

Ehemalige Steiger erzählen auf Erlebnisführungen durch das Zechengelände von ihrer harten Arbeit, während Designer und Künstler mit Ateliers eine kreative Kulturlandschaft schaffen. Das 1996 von Sir Norman Foster zum red dot museum umgestaltete Kesselhaus zeigt schönes Design des Alltags. In der Kohlenwäsche (mit 58 m langer frei stehender Rolltreppe) sind das Besucherzentrum und das neue Ruhr Museum untergebracht.

Gelsenkirchener Str. 181
45309 Essen, Tel. 02 01-83 06 60
www.zollverein.de
Besucherzentrum April–Okt. tgl. 10–19,
Nov.–März tgl. 10–17, Fr bis 19 Uhr

Hotels

Schlosshotel Hugenpoet

Das idyllisch am Rande von Kettwig gelegene, nobel renovierte Wasserschloss aus dem 17. Jh. lockt mit klassischer Eleganz und gleich zwei erstklassigen Restaurants: Im Nesselrode speisen anspruchsvolle Gourmets, das Hugenpöttchen in der Remise serviert kreative Landhausküche.

August-Thyssen-Str. 51
45219 Essen, Tel. 0 20 54-1 20 40
www.hugenpoet.de

Residence

Wunderschöne Jugendstilvilla in Kettwig mit herrlicher Terrasse, deren 15 Zimmer und zwei Suiten allen erdenklichen Luxus bieten. Im Hotelrestaurant verwöhnen Henri Bach und Berthold Bühler ihre Gäste mit einfallsreicher, leichter Gourmetküche, die der Guide Michelin mit zwei Sternen bedachte.

Auf der Forst 1, 45219 Essen
Tel. 0 20 54-9 55 90
www.hotel-residence.de

Mintrops Stadt Hotel Margarethenhöhe

Klassizistische Villa mit einem Touch Jugendstil, die zu einem sensationellen Designhotel umgestaltet wurde. Die hellen, modernen Zimmer bieten allen Komfort. Einige sind mit Frühstücks-Zimmerservice, besonderer Kosmetik und einer großen Auswahl an Magazinen speziell auf die Bedürfnisse geschäftsreisender Frauen eingestellt. Das Restaurant M. serviert pfiffige Gerichte aus aller Welt.

Steile Str. 46, 45149 Essen
Tel. 02 01-4 38 60
www.hotel-margarethen hoehe.de

Alte Lohnhalle

Kleines ruhiges Hotel in der ehemaligen Lohnhalle der Zeche Bonifacius im Ortsteil Kray. Die 17 individuell gestalteten Zimmer besitzen riesige Fenster, die Bäder sind fröhlich-bunt und zum Teil mit Design-Klassikern des 20. Jhs. ausgestattet. Gutes Restaurant mit regionaler Küche.

Rotthauser Str. 40
45309 Essen, Tel. 02 01-38 45 70
www.alte-lohnhalle.de

Hotel Europa

Das Hotel liegt nur wenige Minuten vom Hauptbahnhof und der Messe entfernt über einem Parkhaus. Die komfortabel eingerichteten Zimmer mit Bad oder Dusche und Satellitenfernsehen sind auch wegen der äußerst günstigen Preise bei Geschäftsreisenden beliebt.

Hindenburgstr. 35
45127 Essen, Tel. 02 01-23 20 41
www.hotel-europa-essen.de

Restaurants

Hannappel

Freundlich-elegant renovierte Eckkneipe in Horst mit innovativen Gerichten wie Carrée vom Weidelamm, Carpaccio vom Milchkalbsfilet, Entenbrust oder Schweinelendchen, dazu knackfrisches Gemüse je nach Saison. Alles ist auch in kindgerechten Portionen erhältlich.

Dahlhauser Str. 173
45279 Essen, Tel. 02 01-53 45 06
www.restaurant-hannappel.de
Mo, Mi–Sa 17.30–23, So 11.30–15, 17.30–22 Uhr

Casino Zollverein

In der ehemaligen Kompressorenhalle tischt Holger Bartkowiak marktfrische »New World Cuisine« auf, hat aber auch »Neues aus der alten Bergmannsküche« wie Kaninchenkeule in Limonen-Honigsoße parat. Bei schönem Wetter kann man auch im hübschen Sommergarten speisen.

Gelsenkirchener Str. 181
45309 Essen-Katernberg
Tel. 02 01-83 02 40
www.casino-zollverein.de
Di–So 11.30–24 Uhr

Rotisserie du Sommelier

In der kleinen Rüttenscheider Brasserie fühlt man sich ein bisschen wie in Paris. Hier kocht der gelernte Sommelier Thomas Friedrich gekonnt französisch, serviert aber als Mitglied des »FC Ruhrgebiet«, dessen Köche sich der Pflege heimatlicher Traditionen verschrieben haben, auch lokale Kost.

Wegenerstr. 3, 45131 Essen
Tel. 02 01-9 59 69 30
www.rotisserie-ruettenscheid.de
Di–Sa 12–15, 18–0.30 Uhr

Jagdhaus Schellenberg

Nach einer Radtour um den Baldeneysee kann man in diesem gemütlichen Fachwerkhaus mit schönem Blick von der Terrasse oder im lichtdurchfluteten Wintergarten leckere, mediterran inspirierte Gerichte wie Riesengarnelen mit Linguine oder Farfalle in Ruccolasoße genießen.

Heisinger Str. 170a
45134 Essen
Tel. 02 01-43 78 70
www.jagdhaus-schellenberg.de
Di–So 12–22.30 Uhr

Die Ampütte

Die älteste Eckkneipe der Stadt ist eine Institution. An der Theke tummeln sich schräge bis prominente Ruhrpottoriginale, Schnitzel mit Kartoffelsalat und Pils gibt's bis 4 Uhr morgens, dazu Livekonzerte und jeden letzten Mittwoch im Monat die witzige Talkshow »Senf dabei!«

Rüttenscheider Str. 42
45128 Essen
Tel. 02 01-77 55 72
www.wolfgang-maik.de
tgl. außer Di 18–4 Uhr

Shopping

Banneke Feinkost Flüssig

Das renommierte Spirituosenfachgeschäft gibt es schon seit über 60 Jahren. Es führt eine riesige Auswahl an Weinen und Hochprozentigem, darunter auch wenig bekannte Gewächse aus Brasilien, Israel oder Neuseeland, erlesene Champagner und Sekte sowie seltene Whisk(e)ysorten aus aller Welt. Perfekt als kleines Mitbringsel sind die hübschen Miniflaschen.

Kreuzeskirchstr. 37
45127 Essen
Tel. 02 01-24 77 10
www.banneke.de
Mo–Fr 9.30–19, Sa 10–17 Uhr

Lackware

Der Showroom in der Altstadtgalerie von Kettwig führt wunderschöne Mitbringsel und Kleinmöbel mit Perlmutt, Silber- oder Goldapplikationen: Schachteln, Dosen, Teller, Vasen und diverse andere Objekte aus lackiertem Holz, von Künstlern handgefertigt und daher unverwechselbare Unikate.

Hauptstr. 101, Altstadtgalerie
45219 Essen
Tel. 0 20 54-87 26 69
www.lackware.com
Mo–Fr 11–19, Sa 11–17 Uhr

Important Records

In diesen zwei gegenüberliegenden, phänomenal sortierten Plattenläden decken sich die DJs des gesamten Ruhrpotts mit Hardcore, Hardstyle, Jumpstyle, Trance, Dance, Techno, Electro und House ein. Außerdem gibt es Caps, Shirts, Jacken, Sticker und andere szenige Merchandise-Artikel.

Kreuzeskirchstr. 3
45127 Essen
Tel. 02 01-2 69 84 82
www.important-records.net
Mo, Di, Mi, Fr 11–19, Do 15–19,
Sa 12–16 Uhr

Malou – Traumkleider

Die freischaffende Künstlerin Martina Luft passt ihrer weiblichen Kundschaft in ihrem Atelier nicht nur traumhafte Ball- und Brautkleider oder ein edles kleines Schwarzes an. Bei ihr findet man auch Abendkleidung, Stolen, Handschuhe und Hüte aus zweiter Hand zu günstigen Preisen.

Hedwigstr. 18, 45130 Essen
Tel. 02 01-7 26 84 88
www.malou-traumkleider.de
Geöffnet nach telefonischer Vereinbarung

Hutmanufaktur
Ulrike Strelow

Weit über die Grenzen Essens hinaus bekanntes, äußerst charmantes Geschäft am Rüttenscheider Markt, in dem die Modistin Ulrike Strelow ihre klassischen bis extravaganten Kopfbedeckungen verkauft. Die hervorragende Handarbeit und die erlesenen Stoffe und Materialien wissen auch Kostümbildner zu schätzen.

Hedwigstr. 4, 45130 Essen
Tel. 02 01-7 26 67 01
www.hutmanufaktur.com
Di–Fr 9.30–13, 14.30–18, Sa
10–14 Uhr sowie nach Vereinbarung

Am Abend

Aalto Theater

Der berühmte finnische Architekt Alvar Aalto schuf mit diesem spektakulären Bau eines der schönsten Opernhäuser der Welt: ein perfekter Rahmen für erstklassige Opern- und Ballettaufführungen, die der renommierte Intendant Stefan Soltesz dirigiert.

Opernplatz 10, 45127 Essen
Tel. 02 01-8 12 22 00
www.theater-essen.de

Philharmonie Essen

Der 2004 aufwendig umgestaltete Neue Saalbau im Stadtgarten ist eines der bedeutendsten Konzerthäuser Europas. Modernste Technik garantiert im eleganten Alfred-Krupp-Saal den Hochgenuss klassischer Konzerte, während im schicken Glaskubus des RWE-Pavillons regelmäßig Jazz und Weltmusik erklingen.

Huyssenallee 53, 45127 Essen
Tel. 02 01-81 22 88 01
www.philharmonie-essen.de

Lichtburg

Das 1928 im Stil der neuen Sachlichkeit errichtete Lichtspielhaus ist mit seinen 1250 knallrot gepolsterten Plätzen wohl nicht nur größtes, sondern auch eines der schönsten Premierenkinos Deutschlands. In der Lichtburg finden auch Kabarettveranstaltungen statt.

Kettwiger Str. 36, 45127 Essen
Tel. 02 01-23 10 23
www.lichtburg-essen.de

Gold Bar

Chillig-plüschige Kultbar im Szeneviertel Isenbergplatz, die junge Kreative zu kulturhauptstädtischen Höhenflügen inspiriert. In freundlicher Atmosphäre genießt man köstliche Cocktails und lauscht den spacigen Electrobeats der regelmäßigen Club-Events.

Isenbergstr. 1, 45128 Essen
Tel. 02 01-4 55 35 48
www.cafe-goldbar.de

Zeche Carl

Im imposanten Ziegelensemble der alten Zeche in Altenessen organisiert die Alternativszene des Ruhrgebiets ein kunterbuntes Kulturprogramm: Konzerte, Comedy, Kabarett, ja sogar Tangoabende und Seniorentanztees. An jedem dritten Samstag im Monat heißt es Party total!

Wilhelm-Nieswandt-Allee 100
45326 Essen
Tel. 02 01-8 34 44 10
www.zechecarl.de

Frankfurt

Mainmetropole mit hessischer Gemütlichkeit

Zwischen spiegelnden Bankentürmen hoch über der engen Bürgerstadt und einer volkstümlichen Schankkultur rund um den Ebbelwoi changiert die wichtigste Finanzmetropole Deutschlands in einem breiten Spektrum zwischen Provinz und Größenwahn. Neben alten Fachwerkhäusern und prächtigen Palais erinnern Römer, Paulskirche und Börse an die historische Bedeutung Frankfurts als Ort der Kaiserkrönung, eines blühenden Handels und liberal-demokratischer Gesinnung. Die expandierende Messe dagegen mit ihrem postmodernen Schick und Europas zweitgrößter Airport zeigen sich optimistisch der Zukunft zugewandt. Mit Oper und Ballett und einer Museumslandschaft, die ihresgleichen sucht, gelang es in jüngerer Zeit, auch kulturell Zeichen zu setzen. Inseln der Entspannung im hektischen Großstadtgewimmel bieten sich vielerorts: deftig oder trendig im Sachsenhauser Kneipen- und Ebbelwoi-Revier oder mondäner in der Fressgass', wo eine ganze Straße das Genießen zur Maxime macht.

Römer

Das großzügige Gebäudeensemble mit seiner dem Römerberg zugewandten prächtigen Fassade aus Staffelgiebeln entstand aus elf Bürgerhäusern mit mehreren Höfen und Trakten, die der Rat der Stadt ab 1405 nach und nach aufkaufte, um sie zu einem repräsentativen Rathauskomplex zu vereinigen. Unter den Arkaden im Erdgeschoss waren Gewölbe untergebracht, die zu Messezeiten als Markthallen genutzt wurden. Der Name »Römer«, der sich zunächst nur auf das mittlere der drei zentralen Giebelhäuser bezog, wurde später auf den Gesamtkomplex übertragen.

Seine herausragende historische Bedeutung als Wiege deutscher Reichsgeschichte erhielt der Römer ab 1562, als hier die Krönungsbankette der deutschen Kaiser stattfanden. Im Obergeschoss des Hauses »Zum Römer« erinnert der aufwendig rekonstruierte Kaisersaal, heute als repräsentativer Festsaal genutzt, an dieses Ereignis. 52 deutsche Kaiser und Könige wurden in einer Galerie mit lebensgroßen Porträts verewigt, die im 19. Jh. auf Initiative eines Bürgerausschusses entstanden.

Römerberg, 60311 Frankfurt am Main

Kaiserdom St. Bartholomäus

Seit 1356 Wahlort der deutschen Könige und ab 1562 auch Krönungsstätte der deutschen Kaiser, erhielt die Reichsstiftskirche St. Bartholomäus den Titel einer Domkirche, obwohl sie nie Bischofssitz war. Der gotische Bau mit seinem auch in Frankfurts üppiger Skyline markanten 95 m hohen Turm entstand zwischen dem 13. und 16. Jh.

Durch den großen Brand von 1867 und die Zerstörungen im Zweiten Weltkrieg verlor die Kirche viele ihrer Kunstschätze. Anschließende Renovierungen veränderten ihr Bild im Innern, wenngleich die Rottöne historisch belegt sind. Auch deshalb wirkt der Dom heute nüchterner als andere gotische Kirchenbauten. Schätze sind der spätgotische Maria-Schlaf-Altar eines rheinischen Meisters (um 1434–1438) in der Marienkapelle, die »Beweinung Christi« von Antonius van Dyck (1627) sowie eine Kreuzigungsgruppe von Hans Backoffen (1509). Noch vor Ende des 14. Jhs. entstanden die Grabmäler bedeutender Persönlichkeiten aus der Stadtgeschichte, u.a. der Mitglieder der Familie von Holzhausen.

Im Alten Kreuzgang präsentiert das Dommuseum (Di–Fr 10–17, Sa, So 11–17 Uhr) wertvolle

Sakralgegenstände sowie ein Mädchengrab aus spätmerowingischer Zeit.

Domplatz 14, 60311 Frankfurt am Main
Tel. 0 69-2 97 03 20, www.dom-frankfurt.de
tgl. 9–12, 14.30–18 Uhr; mittags und freitagvormittags ist nur die Turmhalle geöffnet

Paulskirche

Der einzige klassizistische Sakralbau der Messestadt, fertiggestellt 1833 als protestantische Predigtkirche, wurde zum Symbol der deutschen Demokratie: Hier tagte – nach den Wirren der Märzrevolution – zunächst vom 31. März bis 3. April des Jahres 1848 das sog. Vorparlament, am 18. Mai dann die Deutsche Nationalversammlung. Sie war das erste frei gewählte Parlament mit Vertretern aus ganz Deutschland, die über eine Verfassung zu entscheiden hatten.
1852 übergab man das Gebäude wieder seiner sakralen Bestimmung, bevor es nach den Verheerungen des Zweiten Weltkriegs und dem Wiederaufbau endgültig zum Festsaal umgestaltet wurde. Neben Ausstellungszwecken dient der Saal heute repräsentativen Anlässen, zum Beispiel als stilvoller Rahmen für die Verleihung des Goethepreises der Stadt Frankfurt oder des vom Börsenverein des Deutschen Buchhandels gestifteten Friedenspreises des Deutschen Buchhandels. 1991 vollendete der Maler Johannes Grützke sein Panoramagemälde »Der Zug der Volksvertreter« in der Wandelhalle.

Paulsplatz 1, 60311 Frankfurt am Main
Tel. 0 69-21 23 89 34
tgl. 10–17 Uhr

Goethehaus und Goethemuseum

Das liebevoll restaurierte Patrizierhaus aus dem 17. Jh., in dem am 28. August 1749 Johann Wolfgang Goethe zur Welt kam, spiegelt bei aller Enge die großzügige Wohnkultur des gut situierten Frankfurter Bürgertums im 18. Jh. wider. Über der Küche im Erdgeschoss, in der Goethes Mutter, »Frau Aja«, waltete, sind auf drei Geschossen die originalgetreu restaurierten Wohnräume der Familie zu besichtigen. Darunter befinden sich die barock möblierte Blaue Stube, die gut ausgestattete Bibliothek des Herrn Rat und das Gemäldezimmer mit Werken zeitgenössischer Frankfurter Künstler aus dem Bekanntenkreis der Familie. Im bescheidenen Studierstübchen unter dem Dach entstanden an einem kleinen Stehpult Frühwerke des jungen Goethe, wie »Werther« und »Clavigo«.
Das angeschlossene Goethemuseum des Freien Deutschen Hochstifts zeigt neben Porträts des Dichters eine reich bestückte Sammlung mit Darstellungen von Persönlichkeiten aus dem Umkreis Goethes in Frankfurt, Italien und Weimar.

Großer Hirschgraben 23–25
60311 Frankfurt am Main
Tel. 0 69-13 88 00
www.goethehaus-frankfurt.de
Mo–Sa 10–18, So, Fei 10–17.30 Uhr

Museumsufer inklusive Städelsches Kunstinstitut

Zwischen dem Eisernen Steg und der Friedensbrücke befindet sich das in den 1980er-Jahren umgestaltete und teilweise neu errichtete Museumsufer, das sich zu einem der wichtigsten Museenstandorte in Europa entwickelt hat. Am Sachsenhäuser Schaumainkai entstanden aus Patriziervillen attraktive Kunstdomizile und insgesamt 13 Museen. Herausragende Bedeutung haben dabei das Deutsche Filmmuseum, das Deutsche Architekturmuseum, das Museum für Angewandte Kunst (MAK), das Liebieghaus, das Völkerkundemuseum und das Museum für Kommunikation.
Ein Highlight stellt das »Städel« dar, eines der bedeutendsten Kunstmuseen Deutschlands. 700 Jahre europäischer Kunst sind hier versammelt – bestehend aus zahlreichen Gemälden, Skulpturen, Zeichnungen und Druckgrafiken. Die Ausstellungsgestalter kombinieren gerne die Werke moderner Künstler mit jenen weltberühmter Meister wie z.B. Dürer, Rembrandt, Monet, van Gogh, Cézanne oder Picasso.

Schaumainkai 63 (Mainufer)
60596 Frankfurt am Main
Tel. 0 69-6 05 09 80, www.staedelmuseum.de
Di, Fr–So 10–20, Mi, Do 10–22 Uhr (Städel)

Frankfurt

Schirn Kunsthalle

Die Schirn Kunsthalle zählt zu den renommiertesten Ausstellungshäusern Europas. Hier werden Wechselausstellungen zur Kunst der Renaissance, des Barock, des 19. Jhs. und der klassischen Moderne präsentiert. Die Schwerpunkte liegen auf der Kunst des 20. und 21. Jhs. 2011 wird z.B. von Februar bis Mai den Surrealisten von Salvador Dalí bis Man Ray eine Ausstellung gewidmet.

Wichtige künstlerische Œuvres werden stets aus einer zeitgenössischen Perspektive präsentiert. Ein reichhaltiges pädagogisches Angebot sowie zahlreiche Begleitveranstaltungen bieten zusätzliche Möglichkeiten, sich in die Themen der Ausstellungen zu vertiefen. Übrigens: Das Gelände zwischen Schirn und Technischem Rathaus nimmt der Archäologische Garten ein, wo Reste aus römischer und karolingischer Zeit freigelegt wurden.

Römerberg, 60311 Frankfurt am Main
Tel. 0 69-2 99 88 20, www.schirn-kunsthalle.de
Di, Fr–So 10–19, Mi, Do 10–22 Uhr

Naturmuseum Senckenberg

Das ehrwürdige Museum im Stadtteil Bockenheim ist die zweitgrößte Naturkundesammlung in Deutschland und eine der bedeutendsten in Europa. Auf einer Ausstellungsfläche von rund 6000 m² sind vor allem Exponate aus den Bereichen der Geologie, Paläontologie und Zoologie versammelt.

Besondere Bekanntheit erlangte das 2003 renovierte Museum durch seine riesigen, bis zu 20 m langen Skelettmontagen von Dinosauriern. Bereits vor dem Eingang verrät ein Tyrannosaurus Rex, was in den großzügigen und kunstvoll gestalteten Innenräumen erwartet werden darf. Bei etlichen Exponaten ist Interaktivität gefragt; so kann man beispielsweise bei Ausstellungsstücken zur Entwicklungsgeschichte per Knopfdruck Vulkanausbrüche auslösen. So wundert es nicht, dass das Museum ein Magnet für Familien mit Kindern ist.

Senckenberganlage 25
60325 Frankfurt am Main
Tel. 0 69-7 54 20, www.senckenberg.de
Mo–Fr 9–17, Mi bis 20 Uhr, Sa, So, Fei 9–18 Uhr

Palmengarten

Über 29 ha umfasst dieser größte Palmengarten Deutschlands. Mit ihm verbunden ist ein zauberhafter botanischer Garten, der in großen Glashäusern auch die Pflanzenwelt der Tropen und Subtropen nahebringt und zusammen mit dem angrenzenden Grüneburgpark zu Frankfurts beliebtesten Erholungszonen gehört.

Als Gründungsjahr gilt 1868. Zunächst stellte die herzoglich-nassauische Sammlung von Tropenpflanzen den Kern der schnell wachsenden Sammlung botanischer Raritäten dar. Heute begeistern ausgedehnte Rosenbeete, die vor allem im Frühsommer ihren ganzen Zauber entfalten, ganzjährig blühende Staudenrabatten und mächtige Bambuspflanzungen. Ein koreanischer Garten öffnet den Blick für fernöstliche Gartenkultur und -philosophie. Kinder lieben die wassernahen Zonen bei den Teichen und finden hier schöne Bereiche zum Spielen. Zum abendlichen Picknick trifft sich halb Frankfurt beim beliebten Rosen- und Lichterfest Ende Juni im Park. Rund ums Jahr bieten das Café-Restaurant Siesmayer (benannt nach dem federführenden Landschaftsarchitekten des Parks) sowie die Villa Leonhardi kulinarische Köstlichkeiten im Grünen – auch nach den Darbietungen des Papageno-Musiktheaters. Der sich östlich anschließende weitläufige Grünburgpark war einst im Besitz der Bankiersfamilie Rothschild.

Siesmayerstr. 61, 60323 Frankfurt am Main
Tel. 0 69-21 23 66 89
www.palmengarten-frankfurt.de
Febr.–Okt. tgl. 9–18, Nov.–Jan. tgl. 9–16 Uhr

Zoo Frankfurt

An die 4500-mal Tierisches, von den kleinsten Vögeln bis zu baumhohen Giraffen, Frankfurt hat es – in einem der ältesten Zoologischen Gärten der Welt. Auf eine Bürgerinitiative des Jahres 1858 geht die Gründung des berühmten Tierparks zurück. Damals schon stand der Erholungsgedanke – gepaart mit der Möglichkeit der Tierbeobachtung – im Vordergrund. Große Verdienste um den Wiederaufbau der Anlage nach dem Zweiten Weltkrieg

Im Römer ist das Frankfurter Rathaus untergebracht

erwarb sich der in den Medien überaus populäre Zoodirektor und Tierfilmer Bernhard Grzimek (1909–1987).

Bis heute wird ständig gebaut, um für die Tiere artgerechte Gelände zu schaffen und zugleich den Besuchern Einblicke in das Verhalten der Zoobewohner zu gewähren. Große Attraktionen sind etwa der Katzendschungel, das Grzimekhaus der Nachttiere oder die Aquarien, die Freigelände der afrikanischen Steppentiere sowie die Volieren. Den allerjüngsten Besuchern steht das Zwergziegengelände zum Streicheln ohne Zaun und Schranken offen.

Alfred-Brehm-Platz 16
60316 Frankfurt am Main
Tel. 0 69-21 23 37 35, www.zoo-frankfurt.de
Winter tgl. 9–17, Sommer tgl. 9–19 Uhr

Sachsenhausen

Das Kerngebiet des südmainischen Viertels zählt zu den ältesten Teilen der Stadt. Einst kleinbürgliches Armeleuteviertel, hat sich Alt-Sachsenhausen heute zum pittoresken Vergnügungsrevier gemausert, wo eine mehr oder weniger schicke Szene ihren nächtlichen Amüsements nachgeht. Die legendäre Gemütlichkeit, die den Namen des Viertels einst zum Synonym für eine rustikale Ebbelwoi-Kultur werden ließ, kann man zwar auch in Sachsenhausen heute kaum mehr finden, dennoch sind die Lokale, in denen das »Stöffche« ausgeschenkt wird, hier dichter gesät als anderswo. Fixpunkte des Ausgehviertels sind die Große und Kleine Rittergasse sowie Rauscher-, Textor- und Klappergasse. In Letzterer ist der unregelmäßig spritzende Frau-Rauscher-Brunnen einem Sachsenhauser Original gewidmet.

Nicht weit davon zeugt das Museumsufer am Mainkai, wo sich in repräsentativen Villen des Großbürgertums ein Museum ans andere reiht, von jenen goldenen Zeiten, wo der Stadtsäckel so prall gefüllt war, dass man für die Kultur immer ein offenes Ohr hatte.

Sachsenhausen, 60594 Frankfurt am Main

Hotels

Hessischer Hof

Im feinen Adelspalais bieten individuell mit Antiquitäten möblierte Zimmer allen erdenklichen Komfort. Die Gäste des Fünf-Sterne-Hotels haben Zugang zum Mainhattan Sports Club. Längst ein Klassiker ist »Jimmy's Bar«.

Friedrich-Ebert-Anlage 40
60325 Frankfurt am Main
Tel. 0 69-7 54 00
www.hessischer-hof.de

Palmenhof

Das stimmungsvolle kleine Privathotel garni liegt gegenüber Frankfurts grüner Oase, dem Palmengarten, und besticht durch antike Möbel und die Marmorlobby.

Bockenheimer Landstr. 89–91
60325 Frankfurt am Main
Tel. 0 69-7 53 00 60
www.palmenhof.com

Bristol

Modern durchgestylt, ist das Bristol die angesagte Designadresse der Stadt. Kühle Farben und strenge Linien vermitteln eine ruhige Atmosphäre, die durch geschickte Lichtakzente und Blumen warm und freundlich wirkt. Sehr attraktive Summerlounge: ein Terrassengarten, den die Gäste der 145 Zimmer schon zum Frühstück genießen können. Abends auch angesagte Adresse der Frankfurter.

Ludwigstr. 15
60327 Frankfurt am Main
Tel. 0 69-24 23 90
www.bristol-hotel.de

Hotel Am Berg

Eine alte Villa, 21 Zimmer, viel Atmosphäre und Individualismus. Wer im Vergnügungsviertel Sachsenhausen fast privat logieren möchte, ist in diesem Hotel garni bestens aufgehoben. Und jedes Zimmer – ob modernistisch, mit rustikalen Anklängen oder einem Hauch Romantik – spricht hier einen anderen Geschmack an.

Grethenweg 23
60598 Frankfurt am Main
Tel. 0 69-6 60 53 70
www.hotelambergffm.de

Hotelschiff Peter Schlott

Am Höchster Main-Kai liegt ein 1958/59 gebautes Schiff, das nun Unterkunft in 19 »Kojen« bietet – aber nicht in Hängematten, sondern in schlichten hellen Kabinen. Hier zu übernachten hat den Charme, morgens auch auf dem Wasser frühstücken und nach dem gemütlichen Abendessen an Bord die Sterne über dem Fluss zählen zu können.

Batterie (Höchst Mainufer)
65929 Frankfurt-Höchst
Tel. 0 69-30 06 76 80
www.hotelschiff-schlott.de

Restaurants

Gargantua

Chefkoch Klaus Trebes, bekannt als Kolumnist und Kochbuchautor, steht für kreative Küche mit fränkischem Akzent. Weitere Pluspunkte: das stilvolle Ambiente, die schöne Terrasse im Sommer und eine ausgezeichnete Weinkarte.

An der Welle 3 (Park Gallery)
60322 Frankfurt am Main
Tel. 0 69-72 07 18
www.gargantua.com
Mo–Fr 12–14, 18–23.30 Uhr

Erno's Bistro

»Bistro« bezieht sich eher auf die zwanglose Atmosphäre. Ansonsten: südeuropäische Spitzenküche mit fantasievollen Kreationen, umfangreiche Weinkarte.

Liebigstr. 15
60323 Frankfurt am Main
Tel. 0 69-72 19 97
www.ernosbistro.de
Mo–Fr 12–14 u. 19–21.45, Sa, So, Fei geschl. (nicht während Messen)

Schuch's Restaurant

Im Schuch's pflegt man seit fünf Generationen die alte Tradition der Apfelweinwirtschaften. Heimelig wirken die Räume mit den alten Backsteinmauern, lauschig sitzt man im Kastaniengarten. Küchenchef Markus Traband, mehrfach ausgezeichneter Meister der hessischen Küche, zaubert Überraschungen rund um den Apfel, von der Apfelwein-Zwiebelsuppe bis zum Sauerbraten in Apfelweinmarinade.

Alt-Praunheim 11
60488 Frankfurt am Main
Tel. 0 69-76 10 05
www.schuchs-restaurant.de
Di, Do, Sa, So ab 12, Mo, Fr ab 17 Uhr, Mi Ruhetag

Zur Sonne

Sachsenhausen ist keinesfalls Frankfurts einziges Quartier der Ebbelwoi-Wirtschaften. Auch Bornheim hat seine Traditionslokale wie die »Sonne« in einem 1768 erbauten Fachwerkhaus. Entsprechend gemütlich ist die Gaststube mit großen Tischen, Kachelofen und Grafiken an den Wänden. Zum Ebbelwoi offeriert die Karte herzhaft Hessisches, im Winter auch Wild.

Berger Str. 312
60385 Frankfurt am Main
Tel. 0 69-45 93 96
www.zursonne-frankfurt.de
Mo–Sa 17–24, So, Fei 12–23 Uhr

Fichtekränzi

Eine der alten, noch holzgetäfelten Ebbelwoi-Wirtschaften, wo man im Sommer lauschig in einem Garten sitzt (bis 23 Uhr). Gerne rückt man hier zusammen, um den geselligen Kreis an den langen schlichten Tischen noch zu erweitern.

Wallstr. 5
60594 Frankfurt am Main
Tel. 0 69-61 27 78
www.fichtekraenzi.de
Mo ab 17 Uhr bis nach Mitternacht

Shopping

Kleinmarkthalle

Frisches Gemüse und Obst, duftende Gewürze und Biowurst, selbst gemachte Nudeln und Hammelfleisch: Alles, was das Feinschmeckerherz begehrt, liegt in dieser Halle auf zwei Ebenen ausgebreitet.

Hasengasse 5–7
60311 Frankfurt am Main
www.kleinmarkthalle.de
Mo–Fr 8–18, Sa 8–16 Uhr

Frankfurter Dippemarkt

Auf 120 m² Dippe jeder Art, sprich aus Ton oder Keramik gefertigte Gefäße sowie typische Frankfurter Souvenirs. Die Bestseller sind Bembel – Ebbelwoi-Krüge in allen Größen. Hier bekommt man auch Gerippte, die mit einem leichten Rautenmuster überzogenen Ebbelwoi-Gläser.

Fahrgasse 80
60311 Frankfurt am Main
Tel. 0 69-28 25 59
Mo–Fr 9–19, Sa 9–16 Uhr

Zeilgalerie

Shoppen bis zum Umfallen –in ca. 50 Geschäften auf acht Etagen eines Glaskomplexes. Mode, Sportartikel, Geschenkaccessoires und schöne Dinge für stilvolles Wohnen füllen Hunderte Regalmeter. In der Gastronomie kommt dem Dachcafé die Spitzenposition zu, denn in der achten Etage schweift der Blick weit über Frankfurts Skyline.

Zeil 112–114
60313 Frankfurt am Main
Tel. 0 69-9 20 73 40
www.zeilgalerie.com
Mo–Sa 10–20 Uhr

Konditorei & Konfiserie Georg Jamin

Auch die typisch frankfurterischen Bethmännchen, kugelförmige Marzipan-Mandelkonfekte, locken in die edle Konditorei. Weitere Spezialitäten des Traditionsunternehmens sind der Frankfurter Kranz und die Römerpralinen mit dem Relief des Rathauses, in Schokolade geprägt.

Schweizer Str. 54a
60594 Frankfurt am Main
Tel. 0 69-61 56 19
www.jamin-frankfurt.de
Mo–Fr 10–18, Sa 9.30–15 Uhr

Galerie an der Schirn

Das alteingesessene Kunst- und Buchantiquariat direkt beim Römer ist die erste Adresse für alte Grafiken und Gedrucktes zum Thema Frankfurt und Hessen. Auch Landkarten, Pflanzen- und Tierdarstellungen umfasst das Kunstsortiment. Zugleich bietet die Galerie einen Einrahmungsservice. Das Spektrum des Buchantiquariats hat u.a. als Schwerpunkte Geschichte, Naturwissenschaften sowie Reisen.

Am Römerberg 8–10
60389 Frankfurt am Main
Tel. 0 69-28 20 60
www.galerie-schirn.de
Di–Fr 10–18, Sa 10–14 Uhr

Am Abend

Oper Frankfurt

Unter der Leitung von Intendant Bernd Loebe hat sich die klassische Opernbühne der Stadt ein ausgezeichnetes Renommee erworben. Die aufgeführten Werke spannen einen Bogen vom 18. Jh. bis zur zeitgenössischen Musik (u.a. Benjamin Britten, Thomas Adès, Helmut Oehring). Verschiedene Sonderaktionen wie Oper für alle und Oper im Gespräch runden das Angebot ab.

Untermainanlage 11
60311 Frankfurt am Main
Tel. 0 69-1 34 04 00
www.oper-frankfurt.de

Tigerpalast

Im Tigerpalast geben sich die weltbesten Artisten die Klinke in die Hand, schließlich zählt das Varieté zu den Top Spots in Europa. Das Tiger-Restaurant verzaubert ebenfalls seine Gäste.

Heiligkreuzgasse 16–20
60313 Frankfurt am Main
Tel. 0 69-9 20 02 20
www.tigerpalast.de

Jazzkeller

Kein Jazzlokal in Deutschland ist älter (1952 eröffnet) und keines hat derart viele Jazzgrößen auf dem Programm. Die Atmosphäre ist bei der Jazz Session jeweils am Mittwoch so genial wie bei Konzerten. Freitags legen DJs zum Tanzen auf.

Kleine Bockenheimer Str. 18a
60313 Frankfurt am Main
Tel. 0 69-28 85 37
www.jazzkeller.com
Di–Do ab 21, Fr, Sa ab 22 Uhr

Batschkapp

Seit 1976 ein angesagter Musikclub in der Frankfurter Szene –geradezu eine Rock-Institution. Freitag und Samstag ist »disco time«. Newcomer haben ihre Auftritte wochentags. Und so heißt es: Wer es in der Batsch schafft, der schafft es auch weiter.

Maybachstr. 24
60433 Frankfurt-Eschersheim
Tel. 0 69-95 21 84 10
www.batschkapp.de

U60311 – U-Bar

U für Unterführung, die Ziffernkennung für die Postleitzahl des Ortes: ein apokryphes Kürzel als Synonym für erstklassige Musikunterhaltung und Partyspaß. In einer ehemaligen Fußgängerunterführung, für deren Umgestaltung die Architekten Preise einheimsten, legen internationale DJs auf. Ihr Credo lautet Techno und House mit viel Bandbreite.

Rossmarkt
60311 Frankfurt am Main
Tel. 0 69-2 97 06 03 11
www.u60311.net
Veranstaltungen Fr, Sa, So

Freiburg

Deutschlands alternative Sonnenstadt

Schon immer prägte ein liberaler, multikultureller Geist die »Stadt freier Bürger«, die 1120 von den Zähringer Herzögen gegründet wurde. Im Schatten des schönsten Kirchturms der Welt werden heutzutage Umweltschutz und energieeffiziente Lebensweise großgeschrieben. Das von Studenten geprägte und von einem Bürgermeister der Grünen regierte Freiburg ist eine Hochburg der Radfahrer. Am Schlierberg steht sogar eine sehr wohnliche Solarsiedlung mit farbenfrohen »Plusenergiehäusern«. Mit 1800 Sonnenstunden im Jahr ist es im südwestlichen Zipfel Deutschlands ja auch fast immer etwas wärmer als anderswo. Bei einem Viertele Markgräfler Wein in einem der vielen Lokale der autofreien Altstadt lassen sich hervorragend Ausflüge ins nahe Elsass oder in den Schwarzwald planen. Im Sommer kann man dabei seine Füße in einer der kleinen, »Bächle« genannten Wasserrinnen kühlen.

Münster

Den Grundstein zu dem erhabenen Bauwerk aus rotem Sandstein legten um 1200 die Baumeister der Zähringer Herzöge. Vollendet wurde das Münster allerdings erst 1513. Am reich skulptierten Hauptportal lernt sogar der Teufel das Beten. Das Innere bietet eine Stilreise von der Spätromanik über die Hochgotik zur Frührenaissance. Besonders eindrucksvoll ist der zwischen 1512 und 1516 von Hans Baldung Grien geschaffene Hochaltar, der die Marienkrönung in leuchtenden Rot- und Blautönen zelebriert.

Anschließend steigt man über 333 Stufen auf den »schönsten Turm der Christenheit«. Während man den gotischen Kathedralen in Köln und Ulm erst im 19. Jh. ihre Turmspitzen aufsetzte, wurde der Freiburger Turm schon 1340 vollendet und fasziniert mit seinem filigranen Maßwerk und einer fantastischen Aussicht auf die Altstadt.
Münsterplatz, 79098 Freiburg
Tel. 07 61-2 08 59 63
www.freiburgermuenster.info

Kaufhaus

Staffelgiebel, spätgotische Vorhangbogenfenster, Eck-Erker mit hübschen bunten Ziegeldächern und vier derbe steinerne Herr-

scherfiguren: Das rot leuchtende Alte Kaufhaus ist der Blickfang am Münsterplatz. Wer früher Handelsgüter in die Stadt brachte, musste hier seine Ware zwecks Versteuerung begutachten lassen. Mit seinen zahlreichen Speichern und Kellern diente das Kaufhaus auswärtigen Händlern auch als sicheres Warenlager.

Die erste Erwähnung datiert ins Jahr 1378. In der heutigen Form – mit einer schmucken Schauseite zum Münsterplatz hin – wurde das Gebäude zwischen 1520 und 1532 als Ausbau der Rückseite des alten Kaufhauses in der Schusterstraße errichtet. Architekt war vermutlich der Münsterbaumeister Lienhart Müller. Das Obergeschoss mit den großen Fenstern nutzt die Stadt als Festsaal. Hier trat 1947 der erste Landtag von Baden nach dem Krieg zusammen. Im Innenhof finden Open-Air-Konzerte statt.
Münsterplatz 24, 79098 Freiburg
www.historischeskaufhaus.freiburg.de

Bächle

Zahlreiche kleine Wasserläufe, bereits 1238 erstmals erwähnt, durchfließen munter plätschernd die Altstadt in vielen Armen. Im Mittelalter dienten die Bächle, die damals noch in der Straßenmitte liefen, der Brandbekämp-

Der Münsterplatz mit der Fassade des historischen Kaufhauses

fung und als Viehtränke. Später verlegte man sie an die Straßenränder. Hier kühlen die Freiburger und ihre Gäste im Sommer gerne die müden Füße.

Das Wasser für die Bächle wird östlich des Schwabentores abgeleitet und fließt über den 500 m langen »Bächlestollen« Richtung Innenstadt. Anschließend sammelt es sich auf der anderen Seite der Stadt wieder im Gewerbekanal. Eigens angestellte »Bächleputzer« sorgen ständig dafür, dass es nicht zu Verstopfungen kommt. Einer Legende zufolge bedeutet ein unabsichtlicher Tritt in eines der Bächle, dass man einen Freiburger oder eine Freiburgerin heiraten wird.
79098 Freiburg

Altes und Neues Rathaus

Für das ziegelrote Alte Rathaus wurden bis 1561 mehrere Vorgängerbauten miteinander verbunden. Der linke, mit zwei Glöckchen gekrönte Giebel entstand um 1600. Sehenswert im Innern ist der spätgotische Treppen-

turm mit einer spindellosen, »Rathausschneck« genannten Wendeltreppe aus Tennenbacher Sandstein von 1558. Das Gebäude wurde nach dem Bombenangriff von 1944 in alter Gestalt wiederhergestellt.

Den Platz beherrscht das direkt an die rote Fassade anschließende Neue Rathaus. Es entstand zwischen 1896 und 1901 durch Umbau des Doppelhauses Zum Rechen aus der Renaissance (1539–1545). Dieses war bis 1774 das Hauptgebäude der Universität mit Aula und Hörsälen gewesen. Im Südflügel ist einer der schönsten Barockräume Freiburgs erhalten. Die Decke des alten Auditorium Maximum zeigt sehenswerte Bandelwerkstuckaturen und figürliche Stuckreliefs.
Rathausplatz 4, 79098 Freiburg
Tel. 07 61-20 10, www.freiburg.de

Schwabentor

Vom dreieckigen Platz Oberlinden bietet sich in Richtung Schwabentor das schönste Freiburger Altstadtbild. Das bereits um 1250 ent-

Freibug

standene spitzbogige Schwabentor ist etwas jünger als das rundbogige Martinstor. Ursprünglich war es ein Schalenturm mit Wehrmauern nach außen und offener Stadtseite, die erst 1547 mit einer steinernen Wand geschlossen wurde.

Über der Durchfahrt ist das jüngst erneuerte Bild (1672) eines ausfahrenden Weinwagens mit dem »großen Schwaben« zu sehen, der die Stadt kaufen wollte, dafür aber nur ausgelacht wurde. Oben im Turm residiert die Zinnfigurenklause. Ihre Dioramen zeigen z.B. den Bauernkrieg am Oberrhein oder Luthers Einzug in Worms 1521. Das Fachwerkhaus über der zweiten Tordurchfahrt wurde 1913 angebaut.

Schwabentorplatz, 79098 Freiburg
Tel. 07 61-2 43 21, www.zinnfigurenklause.de
Zinnfigurenklaus: Ende Mai–Anfang Okt.
Di–Fr 14.30–17, Sa, So 12–14 Uhr

Haus zum Walfisch

Das ochsenblutrot gestrichene Haus besitzt einen wunderschön verschnörkelten Erker aus gelbem Pfaffenweiler Sandstein mit zwei Wasserspeiern. Jakob Villinger, der Generalschatzmeister Kaiser Maximilians I., ließ es sich 1514–1516 als kleinen Privatpalast erbauen. Von 1529 bis 1531 fand hier der Humanist Erasmus von Rotterdam Zuflucht, nachdem Ulrich Zwingli in Basel die Reformation eingeführt hatte.

1944 brannte das Gebäude bei einem Bombenangriff aus, doch wurden die Fassaden mit dem spätgotischen Erker gerettet. Nach dem Wiederaufbau diente das Haus zum Walfisch dem italienischen Filmregisseur Dario Argento als Kulisse für seinen Horrorfilm »Suspiria« (1977). Heute gehört es zum Hauptsitz der Freiburger Sparkasse. Wenige Schritte entfernt liegt das Haus zum Pilgerstab, in dem zeitweise das Collegium Battmannicum untergebracht war.

Franziskanerstr. 3, 79098 Freiburg

Augustinermuseum

Das im völlig neu gestalteten gotischen Kirchenschiff des 1867 aufgelösten Dominikanerinnenklosters untergebrachte, frisch sanierte Museum präsentiert acht Jahrhunderte Kunst im oberrheinisch-alemannischen Kulturgebiet. Im Kreuzganghof sind fünf Prophetenfiguren (1320/30) vom Münsterturm sowie Glasscheiben mit Heiligenfiguren (1520) aus dem Münsterchor zu sehen.

Die Schatzkammer präsentiert u.a. einen Kristallschnitt von 850, ein Scheibenkreuz von 1270, ein Altarkreuz von 1342, die Zepter der Universität von 1466 und 1512 und den Malterteppich (1320/1330) mit drastischen Darstellungen von »Weiberlisten«. Besonders wertvoll sind die in der Sakristei ausgestellten Gemälde von Hans Baldung Grien, Matthias Grünewald und Lucas Cranach dem Älteren. Im Obergeschoss sind Werke bekannter Maler aus Baden zu sehen, darunter Anselm Feuerbach, Franz Xaver Winterhalter oder Hans Thoma.

Gerberau 15, 79098 Freiburg
Tel. 07 61-2 01 25 21, www.freiburg.de/museen
Di–So 10–17 Uhr

Schauinsland

Wenn im Spätherbst und Winter zäher Nebel über der Rheinebene hängt, muss man trotzdem nicht auf Sonne und Aussicht verzichten. »Schweben und Erleben« verspricht die Schauinslandbahn, die weltweit älteste Umlaufseilbahn (1930). Von ihrer auf 473 m Höhe gelegenen Talstation fahren 37 Gondeln in 15 Minuten auf Freiburgs beliebten Aussichtsberg (1285 m), dessen Gipfel oft von der Sonne verwöhnt wird. Man ereicht ihn auch über eine kurvenreiche Straße oder auf schönen Wanderwegen, im Winter sogar auf gespurten Langlaufloipen.

Der Blick schweift zum Feldberg, der höchsten Erhebung des Schwarzwalds, und hinüber zu den elsässischen Vogesen. Im Süden entfaltet sich das schneeblitzende Schweizer Alpenpanorama. Auch gemütlich einkehren kann man hier: im Rappenecker Hof aus dem 17. Jh., der bereits seit 1987 eine Solaranlage besitzt.

79111 Freiburg, Tel. 07 61-4 51 17 22
www.bergwelt-schauinsland.de
Betriebszeiten der Schauinslandbahn: tgl. 9–17, Juli–Sept. bis 18 Uhr

Freiburg

Hotels

Colombi

Freiburgs luxuriösestes Hotel befindet sich in Privatbesitz und zählt zu den Leading Hotels of the World. Seine äußerst eleganten Zimmer und Suiten sind liebevoll und individuell mit Stilmöbeln und Antiquitäten eingerichtet, bieten aber auch allen modernen Komfort. Neben dem Gourmetrestaurant Zirbelstube laden die dunkel vertäfelte Falkenstube und die Hans-Thoma-Stube, eine behagliche Bauernstube mit Kachelofen, zu badischen und Schwarzwälder Spezialitäten ein.
**Rotteckring 16, Am Colombipark
79098 Freiburg
Tel. 07 61-2 10 60
www.colombi.de**

Zum Roten Bären

Am Brunnen vor dem Schwabentor, in der oberen Altstadt, findet man Deutschlands ältestes Gasthaus. Der erste Bärenwirt, Johan der Bienger, ist schon für das Jahr 1311 bezeugt. Heute vereinen die 25 Zimmer und zwei Suiten Tradition und Atmosphäre mit modernem Komfort. Das Restaurant »Alemannische Gaststube« serviert gehobene badische Küche.
**Oberlinden 12, 79098 Freiburg
Tel. 07 61-38 78 70
www.roter-baeren.de**

Clarion Hotel Hirschen

Privat geführtes Komforthotel im idyllischen Stadtteil Lehen mit guter Verkehrsanbindung in die Innenstadt. Es bietet stilvolle Gästezimmer, die individuell im toskanischen Stil eingerichtet sind. Dazu kommen ein exzellentes Restaurant mit badischer Frischeküche und ein großzügiger Wellnessbereich.
**Breisgauer Str. 47
79110 Freiburg-Lehen
Tel. 07 61-8 97 76 90
www.clarion-hotel-freiburg.de**

Victoria

Das in einem Altbau aus dem 19. Jh. untergebrachte stilvolle Hotel bietet klimaneutrale Übernachtungen ohne Komforteinbuße: Dafür sorgen nicht nur die Sonnenkollektoren auf dem Dach, sondern auch ein durchdachtes, vielfach preisgekröntes Energiekonzept. In der Hotelbar »Hemingway« kann man 150 verschiedene Cocktails bestellen.
**Eisenbahnstr. 54, 79098 Freiburg
Tel. 07 61-20 73 40
www.hotel-victoria.de**

Paradies

Äußerst sympathische und preiswerte Pension im Stadtteil Stühlinger mit bunten, sehr individuell eingerichteten Zimmern, die TV und WLAN bieten. Der Bahnhof liegt acht Gehminuten entfernt, eine Straßenbahn hält direkt vor dem Haus. Bodenständiges Restaurant mit Biergarten.
**Mathildenstr. 28, 79106 Freiburg
Tel. 07 61-27 37 00
www.paradies-freiburg.de**

Restaurants

Zirbelstube

In Freiburgs schönstem Luxushotel kocht Alfred Klink im besten Restaurant der Stadt traumhaft gute, aromenreiche Gerichte. Die knackfrischen Zutaten kauft Klink höchstpersönlich in der Region ein und bereitet sie mit besonderer Raffinesse zu. Feinste Patisserie, exzellente Weinkarte, sehr freundlicher Service.
**Rotteckring 16, Am Colombipark
79098 Freiburg
Tel. 07 61-2 10 60
www.colombi.de**
Mo–Sa 12–15, 18–22 Uhr

Enoteca – Trattoria

In der Nähe des historischen Schwabentores serviert dieses Restaurant mit angeschlossener Weinhandlung in modernem, aber gemütlichem Ambiente Freiburgs erlesenste italienische Küche: leicht und klassisch. Am besten lässt man sich mit dem »Piatto del Giorno« überraschen. Tolle Weinkarte mit einigen sonst schwer zu findenden Positionen aus Piemont, Friaul und Toskana.
**Schwabentorplatz 6
79098 Freiburg
Tel. 07 61-3 89 91 30
www.enoteca-freiburg.de**
Mo–Sa 12–14, 19–24 Uhr

Eichhalde

Im freundlichen, hellen Restaurant von Matthias Dahlinger stehen feine badische Gerichte mit mediterranen Akzenten sowie Ausflüge in fernöstliche kulinarische Regionen auf der Speisekarte. Gute Weinkarte, sehr netter Service.
**Stadtstr. 91, 79104 Freiburg
Tel. 07 61-5 48 17
www.restaurant-eichhalde.de**
Mo, Mi–Fr, So 12–15, 18.30–24, Sa 18.30–24 Uhr

Kühler Krug

Das traditionsreiche Haus im Stadtteil Günterstal serviert modern verfeinerte badische Küche, z.B. leckere Fischgerichte und saisonale Spezialitäten, außerdem hausgemachten Kuchen. Sieben gemütliche Zimmer laden anschließend zur Nachtruhe ein.
**Torplatz 1
79100 Freiburg-Günterstal
Tel. 07 61-2 91 03
www.kuehlerkrug.de**
Do–Di 11–24 Uhr

Brennessel

Wegen der kleinen Preise und der guten Qualität sehr beliebte Studentenkneipe im Stadtteil Stühlinger. Hier gibt's nicht nur herzhafte Kartoffel- und Nudelgerichte, sondern auch Steaks und Filets vom Schwäbisch-Hällischen Landschwein, außerdem vegetarische Kost.

Freiburg

Eschholzstr. 17
79106 Freiburg-Stühlinger
Tel. 07 61-28 11 87
www.brennessel-freiburg.de
Mo–Sa 18–1, So, Fei 17–1 Uhr

Shopping

Münstermarkt
Auf der nördlichen Platzseite findet
man knackfrisches heimisches Obst
und Gemüse, Marmeladen und
Honig, Schnaps, Eier, Würste, Holz-
ofenbrot, Teigwaren, Blumensträu-
ße in allen Farben und vieles mehr.
Auf der Südseite gibt's handge-
töpferte Keramik, selbstgemachte
Bürsten und Besen, Haushalts-
waren, aber auch Oliven, Käse,
Kräuter und Blumen.
Münsterplatz, 79098 Freiburg
Mo–Sa 7.30–13 Uhr

Markthalle Freiburg
Die »Fressgässle« genannte Markt-
halle bietet Delikatessen aus der
Freiburger Region und aus aller
Welt. Dazu gibt's jede Menge
Unterhaltung, am Wochenende
sogar bis Mitternacht.
Martinsgässle, 79115 Freiburg
Tel. 07 61-45 15 30 30
www.markthalle-freiburg.de
Mo–Do 8–20, Fr–Sa 8–24 Uhr

Huitzilopochtli
Ein origineller Gemischtwarenladen,
den die alternative Szene in Freiburg liebt: bunt und ziemlich
schräg, mit Öko-Textilien, asiatischen Tüchern, Schmuck, Naturkosmetik, Schreibwaren, Vasen,
Lampen und vielen Teesorten.
Egonstr. 14, 79106 Freiburg
Tel. 07 61-27 26 42
www.huitzilopochtli.de
Mo–Fr 10–18.30, Sa 10–13.30 Uhr

Patara
Schöne, von Hand gefertigte Pro-
dukte aus Italien: Bretter und Scha-
len aus altem kalabrischen Oliven-
holz, Terrakotta aus Sizilien,
Keramik aus Florenz, Fliesen aus
Faenza. Dazu Marmormörser, Par-
mesanmesser, Terrinen, Tafelsilber,
Mosaiktische aus Marokko und
Wohnaccessoires aus der Türkei.
**Gerberau 42, Am Augustinerplatz
79098 Freiburg**
Tel. 07 61-2 02 40 83
www.patara.info
Mo–Fr 10–19, Sa bis 17 Uhr

**Gallery of Southern Art
am Marienbad**
International renommierte Galerie
für authentische afrikanische Kunst,
darunter Shona-Steinskulpturen aus
Simbabwe, außerdem Ölbilder,
Aquarelle, Masken, Acryl- und
Mischtechnik-Gemälde von bekann-
ten afrikanischen Künstlern.
Marienstr. 6, 79098 Freiburg
Tel. 07 61-1 51 54 70
www.kunst-aus-afrika.com
Do–Sa 10–19 Uhr und
nach Vereinbarung

Am Abend

Theater Freiburg
Renommiertes Dreispartentheater
mit Schauspiel, Musiktheater und
Ballett. Bespielt werden drei Bühnen: Großes Haus, Schauspielhaus
und Kammerbühne. Für besondere
Anlässe stehen der Werkraum und
das Winterer-Foyer zur Verfügung.
Die Tanztruppe pvc (physical virus
collective) tritt als Kooperations-
projekt an den Theatern in Freiburg
und Heidelberg auf. Das Philharmo-
nische Orchester spielt im Konzerthaus.
Bertoldstr. 46, 79098 Freiburg
Tel. 07 61-2 01 28 53
www.theater.freiburg.de

Kagan Lounge
Rundum verglaste Lounge im 17.
und 18. Stock des Bahnhofsturms
mit spektakulärem Blick aus 60 m
Höhe auf das nächtliche Freiburg.
Tagsüber fungiert die Location als
Café und Lounge, abends ist Club-
bing angesagt.
Bismarckallee 9, 79098 Freiburg
Tel. 07 61-7 67 27 66
www.kagan-lounge.de
Lounge Di–Sa ab 18 Uhr,
Club Do–Sa ab 22/23 Uhr

Sowjet Vodka & Ice Bar
Der georgische Inhaber behauptet,
280 Wodka-Sorten zu führen, dazu
gibt's musikalische Stilbrüche
zwischen Electro, Funk, Reggae,
Dancehall, Techno, House, R'n'B,
Break Beats, Pop, Hip-Hop, Balkan
Beats, Russian Ska, Rock und Metal.
Die komplett aus Eis errichtete Bar
ist aber noch im Planungsstadium.
Na sdarovje!
**Kaiser-Joseph-Str. 264
79098 Freiburg**
Tel. 07 61-3 19 65 65
www.kgb-freiburg.com
So–Do 20–3, Fr–Sa bis 5 Uhr

Agar Disco
In der ehemaligen Bhagwan-Disco
nahe dem Martinstor trifft sich
heute ein überwiegend junges Publikum, um auf dem großen, hellen
Dancefloor zu Classics, Black, House
und Oldies abzutanzen. Am Dienstag freier Eintritt für Studenten, zur
»Forever-Young-Night« am Sonntag
dürfen alle über 30 Jahre kostenlos
rein.
Löwenstr. 8, 79098 Freiburg
Tel. 07 61-38 06 50
www.agar-disco.de
Di, Do, Fr–So ab 22/23 Uhr

Jos Fritz Café
Urgestein der Freiburger alternati-
ven Szene am Südwestrand der
Innenstadt mit Bandauftritten, Jazz-
konzerten, Kunstevents, Lesungen
und politischen Veranstaltungen.
Wilhelmstr. 15/1, 79098 Freiburg
Tel. 07 61-3 00 19
www.josfritzcafe.de
Mo–Sa ab 10, So ab 13 Uhr

Görlitz

Schmuckkästchen im Herzen Europas

Allmählich spricht sich herum, dass Görlitz, 1945 kampflos durch die Rote Armee eingenommen und daher fast unzerstört geblieben, eine der schönsten Städte Deutschlands ist. Wo findet man sonst noch ein so geschlossenes architektonisches Ensemble aus Gotik, Renaissance, Barock, Gründerzeit und Jugendstil? Die historischen Fassaden erstrahlen wieder in Gelb und Rosa. Einen nicht geringen Anteil daran hat ein edler anonymer Spender, der seit 1995 jedes Jahr eine halbe Million Euro an die Stadtkasse überweist. Im Brückenpark an der Neiße wachsen die seit 1945 getrennten Ortsteile der niederschlesischen Stadt wieder zusammen. Seit einigen Jahren verbindet auch eine Fußgängerbrücke das deutsche Görlitz mit dem polnischen Zgorzelec. Zum Glück war die einzigartige Altstadt vom verheerenden Hochwasser der Neiße im August 2010 nicht gravierend betroffen.

Pfarrkirche St. Peter und Paul

Auf einem Felsplateau hoch über der Neiße gelegen, prägt die 1423–1497 errichtete spätgotische Kirche St. Peter und Paul das Stadtbild. Sie ist eine der größten Hallenkirchen Sachsens und wurde 1978–1992 restauriert. Ihr Westriegel mit den beiden Achtecktürmen (Helme neogotisch) und dem anmutig verzierten Brautportal gehört noch zum spätromanischen Vorgängerbau, der um 1230 geweiht wurde.

Die 1467 eingeweihte große vierschiffige Hallenkrypta St. Georg mit Netz- und Sterngewölbe sowie Wandmalerei gilt als schönster spätgotischer Raum der Oberlausitz. Die Ausstattung der Pfarrkirche ist heute barock. Dazu gehören drei protestantische Beichtstühle, der Altar des Dresdener Bildhauers George Heermann von 1695, die Sandsteinkanzel von 1693 und die 1703 von Eugenio Casparini geschaffene weltberühmte »Görlitzer Sonnenorgel«: Die Pfeifen der zwölffachen Pedalmixtur sind strahlenförmig um goldene Sonnengesichter angeordnet.

Bei der Peterskirche 9, 02826 Görlitz
Tel. 0 35 81-4 28 70 00
April–Okt. tgl. 10–18, Nov.–März tgl. 10–16 Uhr.
Do, So um 12 Uhr 40-minütiges Konzert auf der Sonnenorgel

Frauenkirche

Die dreischiffige evangelische Frauenkirche, ein kostbares Zeugnis spätgotischer Baukunst, wurde zwischen 1449 und 1486 errichtet, nachdem die Vorgängerkirche 1429 beim Angriff der Hussiten auf Görlitz zerstört worden war. Ursprünglich diente sie als Hospitalkirche. Ihr Westportal weist reichen figürlichen Schmuck auf. Zwischen den beiden gotischen Spitzgiebeln ist eine Verkündigungsgruppe zu sehen. Ein markantes Detail ist das Maßwerkfenster im Westturm, dem 1735 eine Barockhaube aufgesetzt wurde.

Über den schlanken, hohen Achteckpfeilern der Kirche spannt sich ein Netzgewölbe, dessen elf Schlusssteine im Längsschiff u.a. Reliefs aus dem Leben Mariä zeigen, während die Schlusssteine im Chorraum die Symbole der vier Evangelisten darstellen. Sehenswert ist die schwalbennestartig angebrachte Orgelempore im Nordschiff.

Jakobstr. 24, 02826 Görlitz
Tel. 0 35 81-40 18 31
April–Okt. tgl. 10–18, Nov.–März tgl. 10–16 Uhr

Dreifaltigkeitskirche

Die gotische Dreifaltigkeitskirche wurde für das 1234 gegründete Franziskanerkloster errichtet. Noch romanisch sind die um 1240

Am Untermarkt in der Görlitzer Altstadt

entstandenen zwei Säulen am Triumphbogen. Der gotische Chor mit Kreuzrippengewölbe kam 1371–1381 hinzu. In das einschiffige Langhaus mit Netzgewölbe (1508) wurden im 15. Jh. der zweigeschossige Kreuzgang und die Barbarakapelle einbezogen. Der schlanke Glockenturm mit Laterne und Spitzhelm trägt den Spitznamen »der Mönch«.

Als einzige Kirche in Görlitz enthält die Dreifaltigkeitskirche noch spätgotisches Inventar, darunter das Mönchsgestühl von 1484 mit einer geschnitzten Chronik der Franziskaner und des Klosters. Die Barbarakapelle bewahrt die aus Sandstein gearbeitete Grablegungsgruppe des Hans Olmützer (1492), den holzgeschnitzten »Christus in der Rast« (um 1500) und den 1500–1510 geschaffenen Flügelaltar »Die Goldene Maria«.
Obermarkt, 02826 Görlitz
April–Okt. tgl. 10–18, Nov.–März tgl. 10–16 Uhr

Obermarkt

Barocke Bürgerhäuser säumen den bereits um 1245 angelegten, lang gestreckten Obermarkt. Vom Balkon des 1718 erbauten Hauses Nr. 29

mit reich geschmücktem Portal (heute Sitz des EURO-Tour-Zentrums) nahm Napoleon 1813 eine Parade seiner aus Schlesien abziehenden Truppen ab. Bemerkenswert ist das Haus Nr. 27: An seinem zur »Verrätergasse« führenden Tor erinnert eine alte Inschrift mit den Initialen D.V.R.T. (Der verräterischen Rotte Tür) an den Tuchmacheraufstand von 1527. Hier lebte der später hingerichtete Anführer Peter Liebig.

Hinter dem Kaisertrutz genannten Bollwerk von 1490, der das Kulturhistorische Museum beherbergt (Wiedereröffnung Mai 2011), werden im klassizistischen Theater am Demianiplatz Opern und Schauspiele gegeben. Vom 1376 errichteten und mehrfach umgebauten Reichenbacher Turm bietet sich ein herrlicher Rundblick über die Stadt (Ende April–Okt. tgl. 10–17 Uhr).
Obermarkt, 02826 Görlitz

Untermarkt

Der um 1220 entstandene Untermarkt kündet vom Reichtum der alten Stadt, der sich dem Stapelrecht für Färberwaid verdankte. Die gotischen Kaufherrnhäuser brannten zwar 1525 ab, doch blieben die für Görlitz typischen Laubengänge erhalten, die mit den Renaissance- und Barockfassaden harmonieren. Der 1526 von Wendel Roskopf d.Ä. erbaute Schönhof (Brüderstr. 8), heute Schlesisches Museum, ist das älteste deutsche Renaissancebürgerhaus. Bemerkenswert sind auch die Ratsapotheke von 1550 mit doppelter Sonnenuhr und das Haus Nr. 22, dessen spätgotisches Portal seiner Akustik wegen »Flüsterbogen« genannt wird.

Am unteren Ende des Marktes zeigt das Kulturhistorische Museum im Barockhaus (Neißstr. 30; derzeit wg. Sanierung geschlossen) die Oberlausitzische Bibliothek. Das »Biblische Haus« (1570) daneben ist mit Reliefs dekoriert, die biblische Szenen schildern. Die Westfront nimmt das imposante Rathaus ein. Regisseur Quentin Tarantino nutzte das grandiose architektonische Ensemble des Untermarkts als Drehort für seinen 2008 gedrehten, vielfach preisgekrönten Film »Inglorious Basterds«.
Untermarkt, 02826 Görlitz

Rathaus

Das zuletzt 1902/1903 ergänzte Rathaus beherrscht die Westseite des Untermarkts. Der älteste Bauteil an der Brüderstraße wurde vor 1378 begonnen. Seit 1537 verbindet ihn Wendel Roskopfs berühmte Rathaustreppe mit dem Haus Brüderstraße 14. Die Balustrade windet sich um die 1591 hinzugefügte Säule mit Justitia ohne Augenbinde hinauf zur Verkündigungskanzel.

Oberhalb der Treppe sind an der Wand des Rathausturms seit 1488 zwei vollplastische Figuren angebracht, die das Hauswappen des Ungarnkönigs und zeitweiligen Besitzers der Lausitz, Matthias Corvinus, in den Händen halten. Darüber erhebt sich der 1511–1516 erbaute Turm mit zwei Renaissanceuhren von 1584. Die untere zeigt die Zeit mit zwölf Stellen, die obere die Mondphasen. Bürgermeister Bartholomäus Scultetus (1540–1614) demonstrierte so die Unterschiede zwischen Gregorianischem und Julianischem Kalender.

Untermarkt 6–8, 02826 Görlitz
Tel. 0 35 81-67 12 53, www.goerlitz.de
Besichtigung während der Amtszeit

Warenhaus

Deutschlands einziges großes Warenhaus aus spätwilhelminischer Zeit mit Arkadengang und Glaskuppel blieb im Originalzustand erhalten. Errichtet wurde der Eisenbeton-Skelettbau 1912/1913 nach Plänen des Potsdamer Architekten Carl Schmanns, der sich bei der Projektierung der Schauseite zum Demianiplatz am Berliner Kaufhaus Wertheim (Leipziger Platz) orientierte.

Noch heute gibt es im einstigen Kaufhaus »Zum Strauß« keine Rolltreppen, dafür aber herrlichsten Jugendstil mit doppelläufigen Treppenaufgängen, Treppengeländern aus Echtholz, riesigen Kronleuchtern und verziertem Glasdach. Auch an den tragenden Säulen finden sich Jugendstilornamente. Wegen der Insolvenz des Hertie-Konzerns ist es derzeit nur gelegentlich für Konzerte geöffnet, soll aber bald weiter genutzt werden. Vom Kaufhaus blickt man zum mächtigen, 45 m hohen Dicken Turm mit Stadtwappen von 1477.

An der Frauenkirche 5–7, 02826 Görlitz

Der prächtige Lichthof des Warenhauses

Heiliges Grab

Im Westen der Nikolaivorstadt ist das einzigartige Heilige Grab zu bewundern, ein zwischen 1481 und 1504 entstandenes spätmittelalterliches Landschafts- und Architekturensemble. Einst war es mit der Peterskirche durch einen mit Bildstöcken ausgebauten Prozessionsweg verbunden. Sein Stifter, Bürgermeister Georg Emmerich, hatte 1464 eine Sühnefahrt nach Jerusalem unternommen.

Eingebettet in die malerische Szenerie des Ölberggartens mit Kidrontal und Jüngerwiese findet man die von einem schlanken Dachreiter gekrönte Doppelkapelle zum Heiligen Kreuz mit kryptenartiger Adamskapelle und darüberliegender Golgathakapelle, außerdem die originalgetreue Nachbildung des maurisch-romanischen Heiligen Grabes (mit Vorkammer und Grabkammer) sowie die Salbungskapelle mit der um 1500 aus Sandstein gehauenen Skulptur »Die Beweinung Jesu« von Hans Olmützer.

Heilig-Grab-Str. 79, 02826 Görlitz
Tel. 0 35 81-31 58 64
http://kulturstiftung.kkvsol.net
Jan., Febr., Nov., Dez. Mo–Sa 10–16, So 11–16 Uhr,
April–Sept. Mo–Sa 10–18, So, Fei 11–18 Uhr,
März, Okt. Mo–Sa 10–17, So 11–17 Uhr

Hotels

Romantik Hotel Tuchmacher
In einem Bürgerhaus der Renaissance bietet dieses Hotel komfortable Gästezimmer mit barocken bemalten Holzbalkendecken. Schöner Wellnessbereich mit Sauna und Fitnessgeräten. Die »Schneider Stube« ist eines der besten Restaurants der Stadt und bekannt für seine feine regionale Küche mit französischem Pfiff. Rustikaler geht es im Biergarten-Restaurant »Tuchmacher-Hof« zu.
Peterstr. 8, 02826 Görlitz
Tel. 0 35 81-4 73 10
www.tuchmacher.de

Börse
Das Hotel ist in einem detailgetreu sanierten rosa Barockgebäude untergebracht. Seine stilvollen Zimmer sind nach großen europäischen Städten benannt und mit ihren Kronleuchtern und Himmelbetten wahre Schmuckstücke. Zum Hotel gehören auch das ebenfalls sehr charmante Gästehaus im Flüsterbogen (Untermarkt 22) sowie die etwas preiswertere, aber nicht weniger liebevoll gestaltete Herberge zum Sechsten Gebot (Eingang über Untermarkt 22).
Untermarkt 16, 02826 Görlitz
Tel. 0 35 81-7 64 20
www.boerse-goerlitz.de

Sorat
Charmantes Hotel in einem restaurierten Kaufmannshaus aus dem Jahr 1901 mit wunderschöner Jugendstilfassade zum Marienplatz. Die Zimmer sind sehr individuell und ansprechend eingerichtet. So kann man in einem repräsentativen Erkerzimmer oder im gemütlichen Dachstübchen nächtigen.
Struvestr. 1, 02826 Görlitz
Tel. 0 35 81-40 65 77
www.sorat-hotels.com

Bon Apart
Das traditionsreiche Haus am Marktplatz ist in eine historische Häuserzeile aus der Gründerzeit eingebunden. Seine elf Zimmer und Apartments sind sehr geschmackvoll und exklusiv mit ausgesuchten Antiquitäten und Designermöbeln im italienischen Barock- oder französischen Landhausstil gestaltet. Das Restaurant »Kaiser's« vereint modernes Design mit gutbürgerlicher deutscher Küche und traditionellen polnischen Speisen.
Elisabethstr. 41, 02826 Görlitz
Tel. 0 35 81-4 80 80
www.bon-apart.de

Pension Picobello
50 sehr preiswerte, einfach ausgestattete Zimmer mit TV, Telefon und Dusche in ruhiger Altstadtlage an der Neiße mit schönem Blick auf die polnische Seite. Die Gäste können eine Sauna sowie eine Sonnenterrasse mit Grillplatz nutzen oder den Biergarten besuchen.
Uferstr. 32, 02826 Görlitz
Tel. 0 35 81-42 00 10
www.picobello-pension.de

Restaurants

Lucie Schulte in den Höfen
Hinter dem Görlitzer Flüsterbogen, im Hof des Hallenhauses am Untermarkt, findet sich dieses mit schwarzen Lederstühlen und roten Sofas eingerichtete Restaurant. Es ist bekannt für seine leichte, mediterran inspirierte Küche mit frischen regionalen Zutaten. Zum Restaurant gehört auch die charmante Weinbar gegenüber im Hof.
Untermarkt 22, 02826 Görlitz
Tel. 0 35 81-41 02 60
www.goerlitz-kocht.de
Mo–Sa 18–23 Uhr

Dreibeiniger Hund
Das Hotelrestaurant in einem komplett sanierten Gebäude von 1720 pflegt fast in Vergessenheit geratene sorbische Rezepte. Auch die acht schönen Gästezimmer sind zu empfehlen.
Büttnerstr. 13, 02826 Görlitz
Tel. 0 35 81-42 39 80
www.dreibeinigerhund.de
tgl. 11–24 Uhr

Le Trou Normand
Savoir-vivre in Görlitz: feine französische Küche in übersichtlichen Portionen, dazu eine beeindruckende Weinkarte und viel Flair. Man speist im barocken Salon Rouen oder im rustikalen Weingewölbe.
Untermarkt 13, 02826 Görlitz
Tel. 0 35 81-41 70 37
Mi–Mo 12–15, 18–23 Uhr

Frenzelhof
Das Restaurant und das dazugehörige Gotikhotel mit schönen Zimmern sind in einem der ältesten Hallenhäuser der Stadt (15. Jh.) untergebracht. In den Sommermonaten genießt man die mediterranen Spezialitäten gemütlich unter den Arkaden. Schon um 1500 zum Bierbrauen genutzt wurde der darunterliegende Wurzelkeller, heute ein beliebter Treff.
Untermarkt 5, 02826 Görlitz
Tel. 0 35 81-42 08 72
www.frenzelhof.de
tgl. ab 18, Sa, So auch 12–14 Uhr

Destille
Die Destille am Nikolaiturm ist eines der ältesten Wirtshäuser von Görlitz. Sie serviert schlesische und vegetarische Gerichte. Im Winter gibt es ausgelösten Gänsebraten und frischen Karpfen. Im Kellergewölbe ist ein jüdisches Bad aus dem 14. Jh. zu besichtigen. In der angeschlossenen Pension kann man auch übernachten.
Nikolaistr. 6, 02826 Görlitz
Tel. 0 35 81-40 53 02
www.destille-goerlitz.de
tgl. ab 10 Uhr

Shopping

Antiquitäten Jäschke

Originale antike Möbel aus verschiedenen Epochen sowie Accessoires und Einzelstücke. Außerdem findet man hier alte Ansichtskarten von Görlitz und Schlesien, Ringe, Ketten, Pokale, Becher, Schalen, Figuren, altes Spielzeug von ca. 1900, Meißener Porzellan sowie antike Kuriositäten.
Brüderstr. 17, 02826 Görlitz
Tel. 0 35 81-41 41 89
www.antik-jaeschke.de
Mo–Fr 10–18, Sa 10–16 Uhr

Juweleria Navratiel

Trendiges Silber von Trollbeads und Heartbreaker, modischer Charm-Club-Schmuck von Thomas Sabo und hochwertiger Edelstahlschmuck von XEN. Außerdem hat der Juwelier eine Görlitz-Uhr kreiert.
Hospitalstr. 41, 02826 Görlitz
Tel. 0 35 81-40 54 19
www.juweleria.de
Mo–Fr 10–18, Sa 10–16 Uhr

Messerschmiede und Schleiferei Lattka

Schon seit 1907 existiert diese traditionelle Messerschmiede. Hier bekommt man noch scharfe Sachen für Küche oder Haushalt aus Meisterhand. Das alte Handwerk, das nur noch sehr wenige beherrschen, wird von Michael Kloppe fortgeführt, einem langjährigen Mitarbeiter von Fritz Lattka.
Weberstr. 8, 02826 Görlitz
Tel. 0 35 81-40 55 50
www.lattka.homepage.ms
Mo–Mi 10–17, Do 10–18, Fr 10–14, Sa 10–12 Uhr

Porzellanhandmalerei Heidi Klinger

Heidemarie Klinger erlernte ihr Handwerk in der Staatlichen Porzellan-Manufaktur Meißen. Heute dekoriert sie kunstfertig Gebrauchs- und Zierporzellane. In ihrem Laden, der in einem barocken Wohnhaus untergebracht ist, findet man festliche Tee- und Kaffeegeschirre, Kerzenleuchter und Vasen. Neben den traditionellen Meißener Motiven entwickelt sie neue Dekore, auch nach Kundenwünschen.
Neißstr. 18, 02826 Görlitz
Tel. 0 35 81-40 31 07
www.unser-goerlitz.de/einkaufen/porzellanhandmalerei-heidi-klinger
Mo–Fr 10–18, Sa 10–14 Uhr

Görlitzer Weihnachtshaus

In historischen Gebäuden an der Ecke Obermarkt findet man einen ganzjährigen Weihnachtsmarkt (im Frühjahr auch Ostermarkt) mit traditionellem Kunsthandwerk aus dem Erzgebirge – Pyramiden, Schwibbögen, Nussknacker, Spieldosen, Räuchermännel, Fensterbilder, Engel, Lichterfiguren – sowie mundgeblasenen und handbemalten Glasschmuck aus Thüringen.
Fleischerstr. 19, 02826 Görlitz
Tel. 0 35 81-64 92 05
weihnachtshaus@gmx.de
Mo–Sa 10–18 Uhr

Am Abend

Theater Görlitz

Das Theater Görlitz wurde 1851 am Demianiplatz erbaut und 2002 modernisiert. Gemeinsam mit der Neuen Lausitzer Philharmonie führt man Opern, Operetten, Musicals, Tanztheater und Schauspiele auf. Neben dem großen Haus, das auch Kleine Semperoper genannt wird, bespielt das Theater auch eine Studiobühne, das Apollo.
Demianiplatz 2, 02826 Görlitz
Tel. 0 35 81-4 74 70
www.theater-goerlitz.de

Camillo Programmkino

Mehrfach ausgezeichnetes Programmkino, das Filme abseits des Mainstreams zeigt. Im Sommer bietet es auch Kino unter freiem Himmel in einer Reihe schöner Hinterhöfe, z.B. in der Obermühle (Neiße-Insel), im Hof der Galerie Entschleunigung (Uferstr. 31), im Schafrichterhaus (Finstertorstr. 8), an der Peterskirche und im Innenhof des Rathauses.
Handwerk 13, 02826 Görlitz
Tel. 0 35 81-66 19 20
www.camillokino.de

Zur Schwarzen Kunst

Hier trinkt man kühles Bier und guten Wein in den historischen Gewölben einer alten Druckerei, die in ein Museum umgewandelt wurde. Im Winter schätzt man den offenen Kamin, im Sommer zieht man in den Biergarten um.
Neißstr. 22, 02826 Görlitz
Tel. 0 35 81-41 81 25
www.zurschwarzenkunst.de
Di–So ab 18 Uhr

Salü

Freundliche Kneipe mit köstlichen Cocktails, die von jungen Barkeepern gemixt werden. Außerdem beste Spirituosenauswahl der Stadt. Im Sommer lockt der Garten.
Schwarze Str. 7, 02826 Görlitz
Tel. 0 35 81-41 24 10
Mo–Sa ab 18 Uhr

Nostromo Club

Der angesagte Partytreff von Görlitz bietet hinter einer etwas verfallenen Fassade Events für jeden Geschmack. Die Innengestaltung (inklusive Sci-Fi-Zengarten) ist ausgefallen, die Musik stets sehr tanzbar, von Pop, Independent, Techno, House, Hip-Hop, Funk, Oldschool, Breaks bis zu Minimal. Besonders beliebt sind die Live-Acts.
Cottbuser Str. 21, Schlachthof 02826 Görlitz
Tel. 01 62-9 59 23 53
www.nostromo-club.de
Events am Samstag

Goslar

Kaiserstadt im Harz

Über tausend Jahre Geschichte prägen die alte Pfalzstadt der sächsischen und salischen Kaiser, ein UNESCO-Weltkulturerbe. Am Rammelsberg wurde schon seit 968 n.Chr. Silber gefördert, das die hohen Herren vor Ort zu klingender Münze schlagen ließen. »Nordisches Rom« nannte man Goslar, als noch 47 Kirchen und Kapellen mit ihren zahlreichen Türmen die einzigartige Silhouette der Stadt beherrschten. Ganz authentisch ist die beeindruckende Kaiserpfalz zwar nicht mehr, doch mit mittelalterlichen Schätzen ist Goslar reich gesegnet. Wer durch die engen, kopfsteingepflasterten Gassen schlendert, entdeckt viele schöne alte Steinhäuser und reich ornamentierte Fachwerkgebäude, darunter das mit antiken Gottheiten verzierte »Brusttuch« am Hohen Weg. Und natürlich ist Goslar ein ideales Standquartier für Ausflüge in den Harz mit seinen rauschenden Wäldern, wilden Schluchten und bizarren Felsplateaus.

Kaiserpfalz

Das 1868–1879 weitgehend wieder errichtete Kaiserhaus am Fuße des Rammelsberges folgt in den Grundzügen dem von Kaiser Heinrich III. (1039–1056) erbauten romanischen Pfalzbau, größter Profanbau seiner Zeit. Das gesamte Obergeschoss nimmt der Reichs- und Kaisersaal ein. 1889–1897 schmückte ihn Hermann Wislicenus mit Bildern aus der mittelalterlichen Kaisergeschichte aus. Im Süden schließt sich an die Pfalz die romanische Doppelkapelle St. Ulrich mit ihrem ungewöhnlichen Grundriss an; hier ruht in einem Sarkophag das Herz Heinrichs III.

Zum Pfalzkomplex gehörte auch der 1820 wegen Baufälligkeit abgebrochene Dom St. Simon und St. Judas. Nur die Vorhalle (um 1150) mit lombardisch beeinflusstem Stufenportal und Stuckplastiken blieb erhalten. Kostbarstes Stück der hier ausgestellten Domausstattung ist der Kaiserstuhl. Rücken- und Seitenlehnen des aus Stein gemeißelten und reliefierten Thronsitzes wurden aus Bronze gegossen und zeigen durchbrochenes Ranken- und Blattwerk.

Kaiserbleek 6, 38640 Goslar
Tel. 0 53 21-3 11 96 93, kaiserpfalz@goslar.de
April–Okt. 10–17, Nov.–März 10–16 Uhr

Rathaus

Das um 1450 erbaute und immer wieder vergrößerte spätgotische Rathaus besitzt im Huldigungssaal einzigartige spätmittelalterliche Wandmalereien. An den Wänden erscheinen unter geschnitzten Rankenbekrönungen zwölf Sibyllen im Wechsel mit elf Kaisern. Die vier großen Mittelfelder der kassettierten Decke schildern mit Verkündigung, Geburt, Anbetung der Könige und Darbringung im Tempel die Menschwerdung Christi. An den Wandseiten erscheinen je drei Propheten und in den Ecken die vier Evangelisten.

Zwei Felder der Wandtäfelung lassen sich öffnen und gestatten einen Blick in die kleine, 1506 geweihte Trinitatis-Kapelle. Ihre Wandgemälde zeigen Szenen der Passion Christi sowie am Gewölbe Christus als Weltenrichter. Unter der Ausstattung besonders kostbar ist das Goslarer Evangeliar (um 1230/40). Vor dem Rathaus steht ein romanischer Zweischalenbrunnen aus Bronze mit vergoldetem Reichsadler.

Markt 1, 38640 Goslar
Tel. 0 53 21-7 80 60, stadtverwaltung@goslar.de
Huldigungssaal im Rathaus Ostern bis Ende Okt. und zum Weihnachtsmarkt im Dez. Mo–Fr 11–15, Sa, So, Fei 10–16 Uhr

Goslars Kaiserpfalz birgt den Sarkophag mit dem Herzen Heinrichs III.

Frankenberger Kirche

Noch aus der romanischen Bauzeit dieses den Heiligen Peter und Paul geweihten Gotteshauses stammen das Tympanon des Südportals, die reich dekorierten Säulen der dreibogigen Nonnenempore und die in Konturen erhaltenen Wandmalereien am Obergaden des Langhauses mit Darstellungen aus dem Alten Testament. Die Malereien an der Westwand sind etwas jünger. Im Bogenfeld der Arkadenfigur sind die Halbfigur des Segnenden Christus, Abrahams Opfer, Melchisedek, Kain und Abel zu erkennen. Darüber und bereits in die Wölbung einbezogen erscheint der thronende Christus.

Der Hochaltar im barocken Knorpelstil (1657) ist ein Werk von H. Lessen d.Ä., die reich verzierte Kanzel schuf 1698 J. H. Lessen d.J. Neben der Kirche stehen die barocken Fachwerkbauten (1704) des ehemaligen Klosters der Magdaleniterinnen. Um das Gotteshaus gruppieren sich malerisch die Pfarre, das Hospital Kleines Heiliges Kreuz, das Küsterhaus,

das spätgotische Tor zum Kloster Frankenberg und das Pfarrwitwenhaus.

Frankenberger Plan 4–5, 38640 Goslar
Tel. 0 53 21-2 25 66
www.frankenberg-goslar.de
April–Okt. tgl. 9–18 Uhr, sonst nach Vereinbarung

Neuwerkkirche

1186 stiftete der kaiserliche Vogt Volkmar von Wildenstein dem Kloster der Benediktinerinnen diese romanische Pfeilerbasilika, damals »Maria im Rosengarten«. Der dreischiffige Kirchenbau mit Querhaus und doppeltürmiger Westfassade ist fast unversehrt erhalten. Lombardischen Vorbildern folgt der Bauschmuck der zweigeschossigen Hauptapsis. Das reich profilierte Hauptportal an der Nordseite besitzt ein bemaltes Tympanon (um 1240) mit der thronenden Gottesmutter.

Das Innere birgt kunsthistorische Schätze. Ein singuläres Phänomen in der deutschen Architekturgeschichte sind die sich ösenförmig verbiegenden Pfeilervorlagen im Mittel-

Goslar

schiff. Spätromanische Wandmalereien zieren die Chorapsis, Bauplastik an Kapitellen und Säulen schmückt den Kirchenraum.
Rosentorstr. 27, 38640 Goslar
Tel. 0 53 21-2 28 39
www.neuwerkkirche-goslar.de
März–Okt. Mo–Sa 10–12, 14.30–16.30, So 14.30 bis 16.30 Uhr, sonst nur nach den Gottesdiensten

Hospiz Großes Hl. Kreuz

Das Hospital im Pfalzbezirk, 1254 von einem kaiserlichen Vogt als Pflegeeinrichtung gegründet, ist der älteste steinerne Profanbau Goslars. Noch immer dienen die Seitenflügel mit Seniorenwohnungen dem ursprünglichen Zweck. Grundstock war die einbezogene, noch erhaltene ältere steinerne Kemenate einer Stiftskurie (1225). Das Hauptgebäude mit großer Diele steht noch wie einst.
An Ausstattung besonders sehenswert sind mittelalterliche Holzbildwerke und Wappenscheiben. Von dem einst gegenüberliegenden Spital der Deutschordensritter an der Königsbrücke sind noch die kleine romanische Kapelle St. Spiritus und das mit Schnitzereien versehene Wohngebäude von 1553 zu sehen.
Hoher Weg 7, 38640 Goslar
Di–So 11–17 Uhr

Historisches Zinnfigurenmuseum

Deutschlands schönstes Zinnfigurenmuseum ist in der 500 Jahre alten Lohmühle untergebracht. Die bunte Welt der Zinnfiguren führt in etwa 50 Dioramen in besonders charmanter Weise in die tausendjährige Geschichte der Stadt ein. Themen der kunstvoll arrangierten Dioramen sind u.a. der Bergbau, das bürgerliche Goslar, die Stadt als kirchliches Zentrum im frühen Mittelalter, Kaiser des 10. bis 12. Jhs., Mutter Courage oder ein Dorf im Dreißigjährigen Krieg. Außerdem zeigt man historische Zinnfiguren früherer Zeiten.
Kinder stellen beim Märchenquiz ihr Wissen unter Beweis. Der Museumsladen bietet handgegossene Figuren an.
Klapperhagen 1, 38640 Goslar
Tel. 0 53 21-2 58 89
www.zinnfigurenmuseum-goslar.de
April–Okt. Di–So 10–17, Nov.–März bis 16 Uhr

Goslarer Museum

Das in einer 1514 erbauten Stiftskurie untergebrachte Goslarer Museum besitzt umfangreiche Sammlungen zur Geschichte und Kunstgeschichte der Stadt, aber auch zur Geologie und Mineralogie der Region. Dem Silberbergbau und der Tierwelt des Harzes wird breiter Raum gewidmet. Besonders kostbar sind die Exponate aus dem abgerissenen Domstift St. Simon und St. Judas.
Zu den Schätzen des Museums zählen der berühmte Krodoaltar, ein komplett aus Bronze bestehender, vermutlich aus dem 11. Jh. stammender Altar, der als einziger metallener Kirchenaltar der Romanik gilt. Wertvoll sind auch das Goslarer Evangeliar (13. Jh.), eine Münzsammlung mit über 1000 Goslarer Prägungen, die »Bergkanne« von 1477 und das Original des Goslarer Brunnenadlers (14. Jh.).
Königsstr. 1, 38640 Goslar
Tel. 0 53 21-4 33 94
goslarer-museum@goslar.de
April–Okt. Di–So 10–17, Nov.–März 10–16 Uhr

Weltkulturerbe Rammelsberg

Zum Weltkulturerbe Goslar gehört auch das 1,5 km südlich der Stadt gelegene historische Bergwerk Rammelsberg, wo man über tausend Jahre lang nach Silber, Eisenerz und Kupfer schürfte. 1988 wurde es stillgelegt und über und unter Tage zu einem Museum ausgebaut. Neben montangeschichtlichen Ausstellungen kann man Filmdokumente sichten und an drei Führungen teilnehmen. Sie stellen die geheimnisvolle Untertagewelt (Wasser, Feuer, Farbenpracht), die Grubenbahn sowie die Erzaufbereitungsanlage vor.
2010 wurde die Welterbestätte »Bergwerk Rammelsberg und Altstadt von Goslar« um die Harzer Wasserwirtschaft (»Oberharzer Wasserregal«) erweitert. Dieses Meisterwerk früher Bergbau- und Ingenieurskunst hat schon vor 800 Jahren Energie für den Bergbau erzeugt. Es erschließt sich am besten auf Wanderungen und Radtouren in der Gegend des südlich gelegenen Clausthal-Zellerfeld.
Bergtal 19, 38640 Goslar
Tel. 0 53 21-75 01 22, www.rammelsberg.de
tgl. 9–18 Uhr

Hotels

Kaiserworth

Das 1494 am Marktplatz errichtete Gildehaus besitzt eine auffällige rote Fassade mit Kaiserfiguren, die schon 1684 erwähnt wurden. Das Hotel bietet neuzeitlichen Komfort mit individuell und stilvoll eingerichteten Zimmern, ein gutes Restaurant, eine Bar und klimatisierte Tagungsräume. Auf der linken Seite des Hotels findet man das »Dukatenmännchen«, das Geld aus seinem Allerwertesten presst: eine Anspielung auf den Reichtum der damaligen Tuchkaufleute.
Markt 3, 38640 Goslar
Tel. 0 53 21-70 90
www.kaiserworth.de

Die Tanne

Hotel garni im Zentrum von Goslar mit denkmalgeschützter, schieferverkleideter Fassade an einer verkehrsreichen Straße. Die freundlichen Zimmer sind modern mit hellem Mobiliar eingerichtet. Den Gästen stehen eine Bar, eine finnische Sauna und ein Tagungsraum für bis zu 50 Personen zur Verfügung. Motorradfahrer und Mountainbiker sind willkommen.
Bäringer Str. 10, 38640 Goslar
Tel. 0 53 21-3 43 90
www.die-tanne.de

Niedersächsischer Hof

Traditionsreiches charaktervolles Haus direkt gegenüber dem Bahnhof, am Rande der historischen Innenstadt. Es bietet nicht nur großzügig geschnittene Zimmer mit hellen Bädern, sondern stellt in Zusammenarbeit mit dem Mönchehaus-Museum auch zeitgenössische Malerei aus. Gutes Frühstücksbüffet, freundlicher Service.
Klubgartenstr. 1–2, 38640 Goslar
Tel. 0 53 21-31 60
www.niedersaechsischer-hof-goslar.de

Zur Alten Münze

Das freundliche Altstadthotel ist in einem 500 Jahre alten Fachwerkhaus untergebracht, in dem einst Münzen geprägt wurden. Familie Frank bietet hier gemütlich und komfortabel eingerichtete Zimmer, alle mit Dusche/Bad und teilweise mit WLAN.
Münzstr. 10, 38640 Goslar
Tel. 0 53 21-2 25 46
www.hotel-muenze.de

Zwinger

Sehr originelle Ferienwohnungen, die auf der mittleren Etage des Zwingers untergebracht sind, eines der stärksten Befestigungstürme Europas inmitten der romantischen Wallanlagen. In der oberen Etage wurde ein Museum mit Waffen, Rüstungen und Foltergeräten aus dem Mittelalter, im unteren Bereich ein Restaurant eingerichtet.
Thomasstr. 2, 38640 Goslar
Tel. 0 53 21-55 49 44
www.zwinger.de

Gästehaus Schmitz

Gastfreundliche Frühstückspension in einem verwinkelten Harzer Fachwerkhaus, nur wenige Schritte vom Marktplatz entfernt. Die modernklassisch eingerichteten hellen Zimmer bieten Kabelfernsehen und Telefon. Für Selbstversorger ideal sind die Apartments mit Kochgelegenheit.
Kornstr. 1, 38640 Goslar
Tel. 0 53 21-2 34 45
www.schmitz-goslar.de

Restaurants

Worthmühle

Uriges Lokal im Herzen der Goslarer Altstadt, nur 100 m hinter dem historischen Marktplatz mit idyllischem Biergarten direkt am Flüsschen Abzucht. Hier gibt's Harzer Spezialitäten wie Goslarer Braumeistersteak und Rammelsberger

Steigerplatte, viele Wildgerichte und dazu das traditionelle Gosebier. Sogar Harzer Weine stehen auf der Karte.
Worthstr. 4, 38640 Goslar
Tel. 0 53 21-4 34 02
www.worthmuehle.de
Mo–Fr 17–23, Sa, So 12–14.30, 17–23 Uhr

Maltermeister Turm

Ausflugsrestaurant in einem über 500 Jahre alten Turm mit Traumblick. Hier wohnten einst die Maltermeister, die das für den Bergbau benötigte Holz verwalteten. Serviert wird herzhafte Küche mit typischen Harzer Gerichten sowie Wild aus den Harzer Wäldern.
Rammelsbergstr. 99
38644 Goslar, Tel. 0 53 21-48 00
www.maltermeister-turm.de
tgl. ab 11 Uhr

Aubergine

Restaurant in charmanter Lage an der Marktkirche, das leichte, regional und mediterran inspirierte Küche mit marktfrischem saisonalem Gemüse serviert. Dorade, Rinderfilet und Lamm sind exzellent zubereitet, es gibt aber auch viele vegetarische Gerichte, darunter Suppe von roten und gelben Linsen mit frischer Minze oder pikanten Auberginensalat mit Knoblauchsoße. Im Sommer sitzt man sehr schön auf der Terrasse unter Lindenbäumen.
Marktstr. 4, 38640 Goslar
Tel. 0 53 21-4 21 36
www.aubergine.aubergine-goslar.de
tgl. 12–14.30, 18–23 Uhr

Lil

Restaurant mit gehobener mediterraner Küche ganz in der Nähe des Marktplatzes. Chefin Necmiye Akcivan serviert feine Suppen, frischen Fisch, Fleischspezialitäten und vegetarische Köstlichkeiten.

Marktstr. 15, 38640 Goslar
Tel. 0 53 21-4 21 78
www.restaurant-lil-goslar.de
Mo, Do–So 12–14, 18–24,
Mi nur 18–24 Uhr

Weite Welt
Direkt an der Kaiserpfalz wird inter-
nationale Küche serviert, entweder
draußen auf der Terrasse mit Blick
auf die Pfalz oder drinnen unter
Kreuzgewölben.
Hoher Weg 11, 38640 Goslar
Tel. 0 53 21-38 35 38
www.weitewelt-goslar.de
Di–Sa 11–24, So bis 23 Uhr

Pfalzcafé
Familiäres Café direkt an der Kaiserpfalz mit Salaten, leichten Gerichten, hausgemachtem Kuchen und
leckeren Eisspezialitäten.
Kaiserbleek 1, 38640 Goslar
Tel. 0 53 21-73 84 00
www.pfalzcafe.de
Di–Mo 9–18 Uhr

Shopping

**Kunsthandwerk im Großen
Heiligen Kreuz**
Im 1254 erbauten Hospiz Großes
Heiliges Kreuz zwischen Kaiserpfalz
und Marktplatz bieten Kunsthand-
werker in acht kleinen Stübchen
ihre Ware an: Schmuck, Accessoires,
Keramik und Arbeiten aus Seide,
Leder, Keramik, Glas und Stein.
Hoher Weg 7, 38640 Goslar
Tel. 0 53 21-2 18 00
www.kunsthandwerk-goslar.de
Di–So 11–17 Uhr

Goslar Marketing
In der Tourist-Information am
Marktplatz kann man jede Menge
Souvenirs erstehen, vom Aquarell-
Stadtschirm über Goslarer Glücksta-
ler, Goslarer Kaisertrunk (Likör mit
Blattgold) und Goslarer Zimtzauber
(weihnachtlicher Zimtlikör) bis zur
Harzer Brockenhexe.

Markt 7, 38640 Goslar
Tel. 0 53 21-7 80 60
www.goslar.de
April–Okt. Mo–Fr 9.15–18, Sa
9.30–16, So. 9.30–14 Uhr,
Nov.–März 9.15–17, Sa 9.30–14 Uhr

Kaiser-Passage
Die 2009 umgebaute, jetzt licht-
durchflutete Ladenzeile bietet ein
vielfältiges Angebot an modernen
Shops mit Mode, Büchern und
Papeterie. Für das leibliche Wohl
sorgt »Tim's 5 Tageszeiten« mit
Restaurant, Café und Bar.
Liebigstr. 15, 38640 Goslar
Tel. 0 53 21-34 75 21
www.kaiserpassage-goslar.de
Die meisten Shops haben
Mo–Sa 9.30–19 Uhr geöffnet,
einige 9–20 Uhr

Helmbrecht Herrenmoden
Der klassische Herrenausstatter von
Goslar – vom schicken Anzug bis
zur coolen Jeans, hier wird Mann
fündig.
Schuhhof 4–5, 38640 Goslar
Tel. 0 53 21-2 26 56
www.helmbrecht-goslar.de

Goldschmiede Bollmann
Bernd Bollmann fertigt wunder-
schöne, sehr individuelle und kreati-
ve Schmuckstücke und verarbeitet
neben Gold, Silber, Platin und Edel-
steinen auch gern ungewöhnliche
Materialien wie z.B. schwarzen
Schiefer.
Troppauer Straße 7, 38642 Goslar
Tel. 0 53 21-38 91 95
www.goldschmiede-bollmann.de
Di–Fr 9.30–18, Sa 9.30–13 Uhr

La Provence
Hier gibt es Kosmetik, Lebensmittel,
Weine und Spirituosen aus Frank-
reich, darunter viele provenzalische
Spezialitäten.
Hokenstr. 6, 38640 Goslar
Tel. 0 53 21-38 38 04
Mo–Fr 10–18.30, Sa 10–15 Uhr

Am Abend

Odeon-Theater
800 Zuschauer finden in diesem
schönen Theater Platz. Zur Aufführ-
rung kommen Opern, Operetten,
Schauspiele, Musicals und Konzerte.
Bismarckstr. 1, 38640 Goslar
Tel. 0 53 21-31 98 40
www.odeon-theater.de

Kulturkraftwerk
Goslars Adresse für Kleinkunst und
Musik im alten Elektrizitätswerk.
Ende Mai/Anfang Juni (Woche nach
Pfingsten) finden anlässlich der
Goslarer Tage der Kleinkunst zehn
Tage lang Aufführungen von Figu-
rentheater über Kabarett, Chanson,
A cappella, Zauberei und Artistik bis
hin zu Slapstick und Comedy statt.
Am Heiligen Grabe 7
38640 Goslar
Tel. 01 77-2 89 97 60
www.kulturkraftwerk.de

Musikkneipe Kö
Die Kneipe, oft »Café Kö« genannt,
ist ein Szenetreff. Hier kann man
Livemusik hören, Billard, Darts,
Kicker und Flipper spielen und dazu
Fassbier, Wein und Whiskey trinken.
Marktstr. 30, 38640 Goslar
Tel. 0 53 21-2 68 10
www.musikkneipe-koe.de
Mo–Do 16–2, Fr, Sa bis 3 Uhr

Nachtschicht
Club und Disco im Gewerbegebiet
Bassgeige. Die aktuellen Events
stehen auf der Website.
Carl-Zeiß-Str. 1b, 38644 Goslar
Tel. 0 53 21-35 22 32
www.goslar-nachtschicht.de
Fr, Sa ab 22 Uhr

Cineplex Goslar
Moderner Komplex mit sechs Kinosälen, Topsicht, Dolby Digital Sound
und in Kino 6 sogar THX-Sound.
Carl-Zeiß-Str. 1, 38644 Goslar
Tel. 0 53 21-37 73 77
www.cineplex.de

Halle

Wohl niemanden hat die alte Stadt der Salzwirker mehr fasziniert als den Künstler Lyonel Feininger, der zwischen 1929 und 1931 von seinem Atelier im Torturm der Moritzburg immer wieder in strengen geometrischen Aufwärtsbewegungen das Fünftürmeensemble am Marktplatz malte. Heute kann man auf einem mit Stelen markierten Stadtrundgang an elf Standorten in Halles Zentrum Bauwerke, Plätze und Gassen mit den Kunstwerken Feiningers vergleichen und dabei feststellen, wie schick sich die einstige graue Maus der DDR herausgeputzt hat. Hier gibt es viel zu sehen: Kunstschätze aus der Zeit, als Halle prunkvolle Residenz des Kardinals Albrecht war, alte Musikinstrumente im Geburtshaus von Georg Friedrich Händel, moderne Kunst in der Moritzburg und mit der Himmelsscheibe von Nebra sogar die älteste kosmologische Darstellung der Menschheitsgeschichte.

Neuer Markt

Das fünftürmige Gebäudeensemble von Marktkirche und Rotem Turm auf dem ab 1120 entstandenen Platz, in den 14 Straßen und Gassen sternförmig einmünden, bildet die berühmteste Ansicht der Stadt. Immer wieder ist sie in Gemälden festgehalten worden, z.B. von Lyonel Feininger, Caspar David Friedrich und Ernst Ludwig Kirchner.

Der Rote Turm, Deutschlands einziger frei stehender Glockenturm, wurde zwischen 1418 und 1506 nach italienischem Vorbild erbaut und ist mit 84 m das höchste Gebäude der Stadt. Sein Carillon aus 76 Bronzeglocken begleitet die Passanten mit Volksliedern durch den Tag. Das 1859 im Mittelpunkt des weitläufigen Marktes errichtete Bronzestandbild für den in Halle geborenen Barockkomponisten Georg Friedrich Händel ist ein beliebter Treffpunkt der Hallenser.

Neuer Markt, 06108 Halle

Marktkirche Unser Lieben Frauen

Die beiden charakteristischen Turmpaare der auch Marienkirche genannten Marktkirche prägen die Silhouette der Stadt. Ab 1529 ließ Kardinal Albrecht von Brandenburg zwei Vorgängerkirchen zu einem großen gotischen Hallenbau vereinen, mit spätgotischen West-

türmen und spätromanischen Osttürmen, den Hausmannstürmen. Letztere wurden für den Türmer mit einer Brücke verbunden und können über 222 Stufen bestiegen werden.

Größte Schätze der Marktkirche sind die in der nordwestlichen Turmkammer bewahrte Original-Totenmaske Martin Luthers, eine Bronzetaufe von 1430, in der Georg Friedrich Händel 1685 getauft wurde, eine Sandsteinkanzel von 1541 und die 1552 gegründete Marienbibliothek. An der kleinen Orgel (1664) erhielt der junge Händel seinen ersten Unterricht. Die große Orgel wurde 1716 in Gegenwart Johann Sebastian Bachs eingeweiht.

An der Marienkirche 2, 06108 Halle
Tel. 03 45-5 17 08 94
www.marktkirche-halle.de
März–Dez. Mo–Sa 10–17, So 15–17 Uhr. Marienbibliothek Mai–Okt. jeden ersten Di im Monat 15 Uhr. Turmbesteigung Mo–Sa 15.30, So 11.30 Uhr

Dom

Der turmlose Dom wurde von 1280 bis 1320 als eine der frühesten Hallenkirchen Mitteldeutschlands von Dominikanern in karger Schlichtheit errichtet. 1526 umgebaut, vereint er riesige gotische Spitzbogenfenster mit einem Kranz von »welschen« Rundbogengiebeln im Stil der Renaissance, wie man sie aus

Händeldenkmal und Marktkirche

Oberitalien kennt. Für Deutschland waren sie damals ein Novum.

Von der im 16. Jh. überreichen Ausstattung sind nur lebensgroße Pfeilerfiguren von Peter Schro aus den Jahren 1522–1525 und die kelchförmige Kanzel von 1526 geblieben. Die Altarbilder von Lucas Cranach, Albrecht Dürer und Matthias Grünewald nahm Kardinal Albrecht 1540/41 mit nach Mainz und Aschaffenburg, als er nach der Reformation Halle verließ. Noch immer bemerkenswert ist die gute Akustik im Dom. 1702/03 war der junge Georg Friedrich Händel hier Organist.

Kleine Klausstr. 6, 06108 Halle
Tel. 03 45-2 02 13 59, www.dom-halle.de
Juni–Okt. Mo–Sa 14–16 Uhr

Franckesche Stiftungen

Das historische Gesamtensemble der Franckeschen Stiftungen, heute eine lebendige Kultur- und Wissenschaftseinrichtung, steht auf der Vorschlagsliste für das Weltkulturerbe der UNESCO. In der Tat ist der Stiftungskomplex, den der junge pietistische Pfarrer August Hermann Francke ab 1698 ins Leben

rief, einzigartig. Hauptgebäude ist das Historische Waisenhaus (1698–1701), das einst Schlaf- und Unterrichtssäle sowie Buchladen, Apotheke und Druckerei aufnahm.

Weiterhin bemerkenswert sind die einzige an originaler Stelle erhaltene Kunst- und Naturalienkammer der Barockzeit, das Wohnhaus des Stifters (heute Informationszentrum), die Kulissenbibliothek von 1728, das mit 113 m Länge und 25 m Höhe größte Fachwerkgebäude Europas, die mit Ikonen geschmückte Orthodoxe Hauskirche sowie der Stadtsingechor zu Halle, Deutschlands ältester weltlicher Knabenchor.

Franckeplatz 1, Haus 37, 06110 Halle
Tel. 03 45-2 12 74 50, www.francke-halle.de
Di–So 10–17 Uhr

Händel-Haus

Das gut erhaltene gelbe barocke Eckhaus in der Nähe des Markts, in dem Georg Friedrich Händel (1685–1759) zur Welt kam, ist heute ein Museum, das in insgesamt 14 Räumen Leben und Werk des berühmten Komponisten dokumentiert und die Epoche seines Wirkens näher beleuchtet. Zu sehen sind überwiegend originale Gemälde, wertvolle Musikinstrumente und Dokumente. Im zweiten Obergeschoss liefert eine Dauerausstellung einen Überblick über die Musikgeschichte der Stadt Halle, von den frühesten Zeugnissen aus dem 12. Jh. bis in die Gegenwart.

Zum 250. Todestag des Komponisten im Jahr 2009 wurde eine moderne Ausstellung unter dem Titel »Händel – der Europäer« eröffnet, die auch multimediale Elemente einbezieht. In einem modernen Anbau finden wertvolle Clavichorde, Cembali und Spinette aus dem 18. Jh. Platz.

Große Nikolaistr. 2, 06108 Halle
Tel. 03 45-50 09 00
www.haendel-in-halle.de
15. April–Okt. Di–So 10–18,
Nov.–März Di–So 10–17 Uhr

Moritzburg

Die 1484–1503 errichtete eindrucksvolle Burganlage der Magdeburger Erzbischöfe, die unter Kardinal Albrecht von Brandenburg

(1490–1545) kostbar ausgestattet wurde, erhielt bei der jüngsten Renovierung (bis 2008) eine spektakuläre moderne Dachkonstruktion. Diese vereint die Renaissanceflügel im Westen und Norden der Burg. In den Prunkräumen sind die Schätze der Stiftung Moritzburg zu sehen.

Die wertvolle Sammlung mittelalterlicher Schnitzplastik ist in den gotischen Gewölben untergebracht. Im 2008 realisierten Ausbau des Westflügels sind u.a. Werke des Expressionismus (Brücke, Blauer Reiter), Konstruktivismus und der Neuen Sachlichkeit zu sehen. Zwei Originalgemälde sowie Skizzen und Fotografien aus dem Halle-Zyklus (1929–1931) von Lyonel Feininger werden auf der Galerie präsentiert – mit einzigartigem Blick über das alte Halle mit seinen fünf markanten Türmen und dem Dom.

Friedemann-Bach-Platz 5, 06108 Halle
Tel. 03 45-21 25 90
www.kunstmuseum-moritzburg.de
Di 10–20.30, Mi–So, Fei 10–18 Uhr

Die Himmelsscheibe von Nebra

Landesmuseum für Vorgeschichte

Das Landesmuseum in Halle ist der älteste Museumsbau für Vorgeschichte in Deutschland und mit über 10 Millionen Objekten eine der wichtigsten archäologischen Sammlungen in Mitteleuropa.

Im Rahmen einer Dauerausstellung zu Jungstein- und Bronzezeit in Mitteldeutschland ist hier seit 2008 eine einmalige Attraktion in sehr effektvoller Präsentation zu sehen: die zusammen mit zwei wertvollen Schwertern, zwei Beilen, zwei Armspiralen und einem Meißel auf dem Gipfel des Mittelberges bei Nebra gefundene Himmelsscheibe. Das Bildprogramm der rund 3600 Jahre alten goldblechverzierten Bronzescheibe zeigt den Vollmond bzw. die Sonne, den Sichelmond und die Plejaden vor einer symbolischen Darstellung des Nachthimmels. Später wurden noch zwei Horizontbögen, die den Jahresverlauf der Sonne widerspiegeln, sowie eine Sonnenbarke hinzugefügt.

Richard-Wagner-Str. 9, 06114 Halle
Tel. 03 45-5 24 73 63, www.lda-lsa.de
Di 9–19.30, Mi–Fr 9–17, Sa, So, Fei 10–18 Uhr

Burg Giebichenstein

Die auf einem Felsen über der Saale thronende romanische Burg aus der zweiten Hälfte des 12. Jhs. ist seit dem Dreißigjährigen Krieg nur noch Ruine und faszinierte in der Romantik zahlreiche Dichter. In der weitgehend erhaltenen Unterburg aus dem 15. Jh. ist heute die namhafte Hochschule für Kunst und Design untergebracht.

Einen malerischen Anblick bietet der Amtsgarten am Saaleufer unterhalb der Burg. Dieser Landschaftsgarten mit Teichen, Grotten, verschwiegenen Plätzen und Freundschaftsurnen entstand ab 1773 nach dem Vorbild der Wörlitzer Anlagen und Goethes Garten in Weimar. In den Themengärten am terrassierten Südhang des Römerbergs findet man seltene Baumarten wie Ginkgo, Lederhülsenbaum und Schnurbaum. In unmittelbarer Nähe liegt Reichardts Garten, das reizende Giebichensteiner Dichterparadies, in dem schon Goethe, Brentano, Tieck und Novalis flanierten.

06114 Halle, Tel. 03 45-77 51 50
www.burg-halle.de

Hotels

Rotes Ross

Das 2009 an die Hotelkette Gold Inn verkaufte ehemalige Kempinski Hotel ist das erste Haus am Platz. Erstmals 1706 erwähnt und 1911 neu errichtet, bietet das Gebäude direkt in der Fußgängerzone 73 modern und sehr komfortabel eingerichtete Zimmer und Suiten mit kostenloser Minibar, ein elegantes Restaurant mit internationaler Küche, einen großen Wellnessbereich sowie ein topmodernes Tagungszentrum für bis zu 1000 Teilnehmer.

Leipziger Str. 76/Franckestr. 1
06110 Halle
Tel. 03 45-23 34 30
www.dormero-hotel-rotes-ross.de

Dorint Hotel Charlottenhof

Attraktiver Neubau mit Jugendstilinterieur, nur wenige Gehminuten vom Hauptbahnhof und unmittelbar an der Fußgängerzone. Das angebliche Lieblingshotel des gebürtigen Hallensers Hans-Dietrich Genscher bietet 166 gepflegte, ruhige, klimatisierte Zimmer, mehrere Restaurants und Bars, Tagungsräume sowie eine Sonnenterrasse mit Whirlpool im Freien, Sauna, Dampfbad, Solarium, Massage und Fitnessraum.

Dorotheenstr. 12, 06108 Halle
Tel. 03 45-2 92 30
www.dorint.com/halle

Maritim Hotel Halle

Das Hotel liegt zwar direkt gegenüber dem Hauptbahnhof, ist aber dennoch ruhig. Es bietet 300 komfortabel und elegant eingerichtete klimatisierte Zimmer in der Classic-, Comfort- oder Superior-Variante, zwei Restaurants und einen schönen, großen Wellnessbereich mit Pool, Sauna, Dampfbad und Fitnessgeräten.

Riebeckplatz 4, 06110 Halle
Tel. 03 45-5 10 10
www.maritim.de

Dormotel Europa Halle

Freundliches Hotel in Hauptbahnhofnähe mit 95 komfortablen Zimmern (TV mit kostenlosen SKY-Sendern), die ganz auf die Bedürfnisse von Geschäftsleuten ausgerichtet sind. Gratis-WLAN im gesamten Haus. Das »Saale-Restaurant« serviert saisonal geprägte internationale Küche.

Delitzscher Str. 17, 06112 Halle
Tel. 03 45-5 71 20
www.dormotel-halle.de

Ankerhof

Das moderne Freizeit- und Tagungshotel ist in einem ehemaligen Speicher des Königlichen Hauptzollamtes an einem Saalearm untergebracht. Die 50 individuell und komfortabel gestalteten Zimmer besitzen mächtige Natursteinwände aus einheimischem Porphyr und eine imposante Holzbalkenkonstruktion. Das Restaurant »Saalekahn« bietet eine schöne Terrasse direkt über dem Wasser. Hotelgäste können außerdem den Fitnessclub, die großzügige Saunalandschaft und den Wellnessbereich nutzen.

Ankerstr. 2, 06108 Halle
Tel. 03 45-2 32 32 00
www.ankerhofhotel.de

Restaurants

Ratsherrenklause

Das Restaurant serviert im historischen Ambiente eines Renaissancegewölbes solide gutbürgerliche Küche und dazu einheimische Saale-Unstrut-Weine. Im Sommer lädt der romantische Biergarten ein.

Rathausstr. 14, 06108 Halle
Tel. 03 45-2 08 27 58
www.hotel-am-ratshof.com
Mo–Sa 11.30–14, 17.30–23.30,
So 11.30–16 Uhr

Da Maurizio

Mitten in der Innenstadt genießt man authentische italienische Küche aus marktfrischen Zutaten. Neben Pasta und Pizza gibt es auch eine gute Auswahl an Fisch- und FleischgerichteBei schönem Wetter kann man auch auf der Terrasse speisen.

Christian-Wolff-Str. 8
06108 Halle, Tel. 03 45-2 02 57 07
www.damaurizio-halle.de
Mo–Sa 11.30–14.30, 18–23 Uhr

Krug zum grünen Kranze

Die Traditionsgaststätte liegt gegenüber der Burg Giebichenstein, direkt am Ufer der Saale. Schon die Brüder Grimm und Freiherr von Eichendorff sind hier eingekehrt. Deftige Gerichte aus der Region wie Schwarzbierbraten und Strammer Max kommen hier auf die Teller, aber auch Pastakreationen und Kinderportionen. Sehr schöner Biergarten am Fluss unter Kastanien.

Talstr. 37, 06120 Halle
Tel. 03 45-2 99 88 99
www.krugzumgruenenkranze.de

Ökoase

Freundliches vegetarisches Restaurant mit einem reichhaltigen Angebot an Suppen, Salaten und Snacks. Es gibt auch einige Gerichte für Veganer. Frühstück stellt man sich aus verschiedenen Angeboten selbst zusammen.

Kleine Ulrichstr. 2
06108 Halle, Tel. 03 45-2 90 16 04
www.ökoase.de
Mo–Sa 8.30–21 Uhr

House of India

Schön dekoriertes Restaurant mit vielen Spezialitäten aus allen Regionen des Subkontinents, auch etliche vegetarische Varianten. Um verschiedene Gerichte zu testen, empfehlen sich die Menüs für zwei Personen. Sanfte, unaufdringliche Musikuntermalung.

Große Ulrichstr. 16
06108 Halle, Tel. 03 45-2 08 38 88
www.house-of-india.de
Mo–Sa 11.30–14.30,
17.30–23.30 Uhr

Shopping

Halloren Schokoladenfabrik
Deutschlands älteste Schokoladenfabrik (erste Erwähnung 1804) hat hier am Unternehmensstammsitz ein kleines Museum eingerichtet. Einmalig ist das im Biedermeierstil eingerichtete Schokoladenzimmer. Nach der Museumsführung mit Blick in die »gläserne Produktion« und Schokoprobe wird eingekauft. Die Original-Halloren-Kugeln mit Sahnekakaocremefüllung sind besonders beliebt.
Delitzscher Str. 70
06112 Halle, Tel. 03 45-5 64 20
www.halloren.de
Mo–Fr 9–18.30, Sa 9–16 Uhr

Weinkontor Castellum
Hier findet man Weine aus aller Welt, darunter Exoten aus Israel, Georgien oder Uruguay, aber auch Kostbarkeiten wie einen Château Margaux von 1919, außerdem ausgesuchte Whisk(e)ys, Liköre, Cognacs oder Portweine. Im angeschlossenen Bistro kann man die edlen Tropfen zusammen mit köstlichen kleinen Gerichten probieren.
Robert-Franz-Ring 21
06108 Halle, Tel. 03 45-2 00 33 51
www.weinkontor-castellum.de
Mo–Sa 11–20 Uhr

Gunther Graf
Schmuckdesign
Der Schmuckdesigner Gunther Graf fertigt wunderschöne Unikate mit philosophischem Hintergrund: Glücksarmreife, Glücksringe, geheimnisvoll raschelnde Muschelketten mit Perlen, Romeo-und-Julia-Ringe, die aus dem geschnitzten Namen des Partners bestehen,

Freundschaftsbänder, Buchenstämmchen, Schneekugeln, Kresseketten, Meeresrauschen-Ringe, Händel-Locken u.v.m.
Adam-Kuckhoff-Str. 20
06108 Halle, Tel. 03 45-9 59 65 73
www.gunthergraf.de

Galerie Gross
Die Galerie, von deren Etage man einen schönen Ausblick auf Halle genießt, führt Kunst, Design und Raritäten: Malerei, Grafik, Keramik und Textilien sowie Originelles aus Zinn und Glas.
Alter Markt 33, 06108 Halle
Tel. 03 45-2 03 35 53
www.galeriegross.de
Mo–Fr 10–19, Sa 10–16 Uhr

Stilbruch
Freche, ziemlich ausgeflippte Designerware mit flotten Sprüchen und ebensolche Accessoires wie Taschen, Schirme, Büro- und Raumdekor.
Kleine Ulrichstr. 20, 06108 Halle
Tel. 03 45-4 78 13 31
www.stilbruch-halle.de
Mo–Do 10–18, Fr 10–19,
Sa 10–15 Uhr

Am Abend

Opernhaus Halle
Im 1886 eröffneten Stadttheater ist seit 1992 das Opernhaus Halle untergebracht, das unter der künstlerischen Leitung von Karl-Heinz Steffens alle Sparten des Musiktheaters bedient. Besonderes Renommee genießen die jährlichen Neuproduktionen von Opern Georg Friedrich Händels.
Universitätsring 24
06108 Halle, Tel. 03 45-1 07 70
www.opernhaus-halle.de

Kulturinsel Halle
In dem zwischen 1980 und 2002 entstandenen Gebäude- und Kulturkomplex findet sich das Neue Thea-

ter mit Großem Saal, das der Schauspieler Peter Sodann im alten Kino der Deutsch-Sowjetischen Freundschaft einrichtete. Außerdem haben hier das international preisgekrönte Puppentheater Halle, das Studio, der Riff Club und eine Bibliothek ihre Heimstätte, dazu die gastronomischen Einrichtungen »Café nt« und die Theaterkneipe »Strieses Biertunnel« mit Biergarten.
Große Ulrichstr. 50–51
06108 Halle, Tel. 03 45-2 05 02 22
www.kulturinsel-halle.de

Kabarett
Die Kiebitzensteiner
Zu DDR-Zeiten geradezu legendäres Kabarett, heute immer noch gut, frei nach der Devise: Die Kabarettisten machen aus jedem schwarzen Schaf noch einen Politiker.
Große Brauhausstr. 5–6
06108 Halle, Tel. 03 45-2 02 25 52
www.kiebitzensteiner.de

Tanzbar Palette
Beliebte Location für Livekonzerte und Entertainment, die es schon seit 1954 gibt. Heute veranstaltet sie Fanpartys für Leute zwischen 20 und 40. In der Club-Lounge »Havanna« kann man schon ab 19 Uhr wunderbar abhängen.
Große Nikolaistr. 9
06108 Halle, Tel. 03 45-2 09 08 90
www.tanzbar-palette.de
Do 19–1.30, Fr, Sa 22–5 Uhr

Easy Schorre
Die Easy Schorre zählt zu den ältesten Diskotheken in der Stadt. Hier wird Techno, Trance und Black Music gespielt. Zusammen mit der »total geilen Kneipe« Genschman (Oldies, Pop) bedient sie fast jeden Musikgeschmack.
Phillip-Müller-Str. 77–78
06110 Halle
Tel. 03 45-21 22 40
www.easyschorre.de
Fr, Sa 22–6 Uhr

Hamburg

Das Tor zur Welt

Die Traditionen als Freie und Hansestadt prägen Hamburg seit Jahrhunderten. In der Epoche der Transatlantikliner war die Stadt Deutschlands Tor zur Welt, und sie besitzt heute noch den zweitgrößten Seehafen Europas. Die roten Backsteinbauten der Speicher entlang den stimmungsvollen Fleeten zeugen von Handel und Kaufmannsgeist vergangener Zeiten, genauso wie die stattlichen Kontorhäuser rund um Rathaus und Börse. Noble Passagen garantieren auch bei Regenwetter einen entspannten Einkaufsbummel, und kulturell Interessierten bietet sich eine Museums- und Theaterlandschaft von internationalem Rang. Die moderne Architektur setzt mit Bürohäusern wie dem Berliner Bogen, Deichtorcenter und Dockland oder der im Bau befindlichen Elbphilharmonie spektakuläre Akzente. Das Flair der Metropole beruht nicht nur auf dezent-hanseatischer Eleganz, wie sie die Gründerzeitvillen in ihren parkähnlichen Gärten verströmen. Beim Fischmarkt von St. Pauli oder auf dem Kiez um Reeperbahn und Große Freiheit geht es deftig und volkstümlich zu. Gleich nebenan hat sich im Kielwasser der Musicaltheater eine quicklebendige Nachtclubszene etabliert.

St. Michaelis (Michel)

Von den Einheimischen kurz und liebevoll Michel genannt, ist die evangelisch-lutherische Hauptkirche St. Michaelis die bekannteste Kirche der Hansestadt und ein echtes Wahrzeichen. Schon von Weitem konnten die Seeleute, die nach Monaten auf großer Fahrt wieder in ihren Heimathafen einliefen, den 132 m hohen Barockturm erkennen.

Das bedeutendste barocke Gotteshaus Norddeutschlands – es wurde nach einem Brand 1906 wieder aufgebaut – ist dem Erzengel Michael geweiht, der in Form einer großen Bronzeskulptur über dem Hauptportal schwebt. Im strahlend hellen Kirchenraum fällt sofort der prächtige, 20 m hohe Altar von 1910 ins Auge. Er wurde aus wertvollem Marmor gestaltet. Über der Tür des Hauptportals strömt das Licht durch ein großes Jugendstilfenster, das in einer Berliner Kunstanstalt entstand. Nicht versäumen sollte man den Abstieg in die Gruftgewölbe, wo eine Ausstellung Wissenswertes rund um die Kirche vermittelt und freitagabends die »FreitagNachtMusik« stattfindet. Hoch hinauf geht es hin-

gegen, wenn man auf den Turm gelangen will: Ein Aufzug fährt hinauf zur Aussichtsplattform auf 82 m Höhe, wo sich ein toller Blick über Stadt, Elbe und Umland bietet.
Englische Planke 1, 20459 Hamburg
Tel. 0 40-37 67 80, www.st-michaelis.de
Mai–Okt. 9–19.30, Nov.–April 10–18,
So jeweils ab 12.30 Uhr

Hamburger Hafen

Deutschlands größter Seehafen umfasst eine Fläche von 7241 ha. Der abgewickelte Seegüterumschlag wächst von Jahr zu Jahr. 2008 wurde ein Umschlag von 140,4 Mio. Tonnen erreicht. Dieser sank im Krisenjahr 2009 allerdings auf 110,4 Mio. Tonnen. Davon entfallen ca. 70% auf den Containerumschlag. Um einen Überblick zu bekommen, empfiehlt sich eine Hafenrundfahrt mit einem der Fahrgastschiffe oder Barkassen, die an den St. Pauli Landungsbrücken festmachen. Die Rundfahrt dauert 45 bis 90 Minuten, doch werden auch mehrstündige Touren angeboten.
Es geht vorbei am Altonaer Fischereihafen, Deutschlands bedeutendstem Umschlagplatz

für Seefische. Danach folgt meist ein Abstecher in das Containerzentrum Waltershofer Hafen, wo gigantische Krananlagen die Frachter ent- und beladen. Auch als Ziel von Kreuzfahrten gewinnt der Hamburger Hafen zunehmend an Bedeutung. Ein besonderes Erlebnis sind neben dem Hafengeburtstag und den »QM2-Days«, wenn das weltgrößte Passagierschiff, die Queen Mary 2, kommt, die in geraden Jahren stattfindenden Cruise Days. Gegenwärtig entsteht im Gebiet des Hafens südöstlich der Speicherstadt auf 155 ha die HafenCity, eine in ihren Dimensionen in Europa einzigartige Stadterweiterung. Neben Wohnungen und Büros umfasst sie das neue Kreuzfahrtterminal (Hamburg Cruise Center) und ein spektakuläres Konzerthaus, die Elbphilharmonie, für die dem Kaispeicher A eine riesige gläserne Welle aufgesetzt wird.
20359 Hamburg, www.hafen-hamburg.de

Rathaus

Der Rathausmarkt wurde nach dem großen Brand von 1842, bei dem auch das alte Rathaus an der Trostbrücke unterging, als neuer Mittelpunkt der Stadt angelegt. Früher Verkehrsknotenpunkt, wird er seit der Umgestaltung (1980–1982) für Veranstaltungen genutzt. Rund 4000 in den sumpfigen Boden eingelassene Eichenpfähle bilden das Fundament des Rathauses. Der Bau im Renaissancestil wurde erst 1897 fertiggestellt. Die Sandsteinfassade ist mit Statuen und prächtigen Fenstern geschmückt.

Mehrmals täglich werden Führungen durch das Rathaus angeboten. Einen guten Überblick über Hamburgs Geschichte erhält man durch die vielen Gemälde, die im Großen Festsaal und in drei weiteren Sälen hängen, in denen Senat (Landesregierung) und Bürgerschaft (Landesparlament) ihrer Arbeit nachgehen. Im Bürgermeisterzimmer wird das Goldene Buch der Stadt verwahrt. Über zwei Flügeltrakte ist das Rathaus mit der klassizistischen Hamburger Börse verbunden.
Rathausmarkt, 20095 Hamburg
Tel. 0 40-4 28 31 20 64
www.hamburger-rathausmarkt.de
Mo–Fr 7–19, Sa 10–18, So 10–17 Uhr

Die Backsteinlagerhäuser der Speicherstadt

Speicherstadt und Fleete

Dieser Teil des Hamburger Hafens erschließt sich am besten vom Wasser aus. Rundfahrten durch die Fleete und die Speicherstadt beginnen dreimal täglich am Jungfernstieg – dank aufwendiger Beleuchtung der Speicherstadt besonders abends ein unvergessliches Erlebnis. Über Schleusen gelangt man in die ältesten Fleete, die den Gezeiten unterliegenden Wasserwege der Stadt. Das Alsterfleet verbindet die Alster mit der Elbe. Größere Bedeutung hatte früher das Nikolaifleet, das vom Binnenhafen zum alten Zentrum führt.

Die Speicherstadt im Ostteil des Hamburger Hafens ist der größte zusammenhängende Lagerhauskomplex der Welt. Sie wurde 1885 bis 1927 in neogotischem Stil errichtet und steht seit 1991 unter Denkmalschutz. In den mehrstöckigen Backsteinhäusern lagerte Stückgut, vor allem Gewürze, Kaffee und Tee. Flache Lastkähne, Schuten genannt, transportierten die Waren von den Frachtschiffen zu den Speichern, wo sie mit einer Seilwinde auf die Böden gehievt wurden. Einen Überblick über die Geschichte der Speicherstadt vermit-

telt das in einem der Lagerhäuser untergebrachte Speicherstadtmuseum. Seit 2004 gehört die Speicherstadt nicht mehr zum Freihafen, dessen Grenze jetzt kurz vor der Elbbrücke verläuft.
Speicherstadt, 20457 Hamburg

Miniatur Wunderland Hamburg

Mit rund 900 000 Besuchern pro Jahr ist das Miniatur Wunderland in der Speicherstadt mittlerweile die erfolgreichste Touristenattraktion Hamburgs. Die größte Modelleisenbahnanlage der Welt zieht nicht nur Kinder und Eisenbahnfans an.
Auf derzeit 1150 m^2 Modellfläche sind liebevolle Miniaturwelten voller Detailreichtum aufgebaut, durch die sich nicht nur – digital gesteuert – 830 Züge bewegen, sondern in denen wirkliches Leben simuliert wird (Tag- und Nachtwechsel, Gezeiten, Schlossbrand, Gefängnisausbruch, Autobahnstau und vieles mehr). Hamburg und die Küste, der Flughafen, der Harz, Österreich, die Schweiz, Skandinavien und Amerika sind als Panoramen zu entdecken. Bis 2014 soll die Anlage um weitere Abschnitte erweitert werden.
Kehrwieder 2–4, Block D
20457 Hamburg, Tel. 0 40-3 00 68 00
www.miniatur-wunderland.de
Mo, Mi–Fr 9.30–18, Di 9.30–21, Sa 8–21,
So, Fei 8.30–20 Uhr

Galerie der Gegenwart

Auf einer Anhöhe neben der Hamburger Kunsthalle wurde 1993–1996 dieser strahlend helle Kubus errichtet, in dem 1997 die Galerie der Gegenwart eröffnete. Sie bereichert Hamburg um eine Sammlung zeitgenössischer Kunst von der Pop Art bis heute.
Erst bei näherem Hinsehen fällt auf, dass der lang gestreckte Sockel aus Granit, auf dem Galerie der Gegenwart und Kunsthalle stehen, das verbindende Untergeschoss der beiden Museen bildet. Dort sind Kunstwerke der 1960er- und frühen 1970er-Jahre ausgestellt, während in den vier Obergeschossen des Kubus, teilweise in Wechselausstellungen, die künstlerischen Entwicklungen seit den 1980er-Jahren thematisiert werden. Dem

Architekten Oswald Mathias Ungers gelang mit dem Bau ein faszinierender Kunstgriff. Er respektierte die alte Fassade der Kunsthalle und setzte mit den hellen Kalksteinfassaden dennoch eigene Akzente.
Glockengießerwall, 20095 Hamburg
Tel. 0 40-4 28 13 12 00
www.hamburger-kunsthalle.de
Di–So 10–18, Do bis 21 Uhr

Museum für Kunst und Gewerbe

Das Museum für Kunst und Gewerbe, eines der bedeutendsten europäischen Museen für angewandte Kunst, wurde 1874 gegründet. Die vielfältige Ausstellung präsentiert auf vier Etagen schöne, innovative und originelle Objekte aus Europa, dem Nahen und Fernen Osten – von der Antike bis heute.
Die einzelnen Sammlungen sind den Themen Antike, Ostasien und Islam, vor allem aber Europa gewidmet. Die Europäische Sammlung umfasst Byzanz bis Historismus, Jugendstil sowie die Moderne; außerdem: Forum Gestaltung, Fotografie, Grafik und Plakate, Mode und Textil, Musikinstrumente und Buchkunst. Besonders umfangreich ist die Kollektion zu Jugendstil und Moderne mit Möbelstücken, Gobelins, Skulpturen und Designobjekten. Dazu zählen u.a. ein Vitrinenschrank von Paul Gauguin oder die Skulptur »Stehende mit aufgestütztem Kinn« von Erich Heckel.
Steintorplatz, 20099 Hamburg
Tel. 0 40-42 81 34 27 32, www.mkg-hamburg.de
Di–So 11–18, Do bis 21 Uhr

Reeperbahn in St. Pauli

Die Reeperbahn ist die Hauptachse des Vergnügungsviertels St. Pauli. Der Name kommt von den Reepschlägern, die dort seit dem 17. Jh. auf lang gestreckten Bahnen aus dünnen Seilen, sog. Reepen, Schiffstaue drehten. 1883 wurde das Gewerbegebiet vor den Toren Hamburgs zur Bebauung erschlossen. Der südlich der Reeperbahn liegende Spielbudenplatz war jedoch schon seit dem 18. Jh. Mittelpunkt eines Vergnügungsviertels, das im Niemandsland zwischen den Stadtgrenzen Hamburgs und Altonas lag.

In den letzten Jahren wurde die »Sündige Meile« herausgeputzt. Neben flimmernden Spielhöllen und Erotik-Kinos findet man am Spielbudenplatz nette Lokale und Cafés. Das Rotlichtmilieu ist eher in den Seitenstraßen wie Davidstraße oder der Bordellstraße Herbertstraße angesiedelt, zu der nur Männer Zutritt haben. Am östlichen Ende der Reeperbahn liegt das TUI-Operettenhaus, in dem seit Mitte der 1980er-Jahre Musicals aufgeführt werden. Am Spielbudenplatz bieten das St.-Pauli-Theater, das Schmidt Theater und Schmidts Tivoli ein Programm an, das v.a. Komödien, Revuen und Kabarett umfasst.
Reeperbahn, 20359 Hamburg
www.reeperbahn.de

Planten un Blomen

Mitten im Stadtzentrum erstrecken sich 47 ha Grün, eine Oase für Spaziergänger, Sportler, Kinder und sogar für Kulturliebhaber, denn die allabendlichen Wasserlichtkonzerte, die in den Sommermonaten am Parksee stattfinden, sind legendär. Auch im Musikpavillon erklingen regelmäßig Konzerte.

Der weiße Kubus der Galerie der Gegenwart

Freunde von exotischen Pflanzen und Gartenbaukunst sollten unbedingt durch die Schaugewächshäuser, den Apothekergarten, den Rosengarten sowie den Japanischen Garten mit authentischem Teehaus schlendern. Von April bis September können Kinder auf einem Trampolin toben, Minigolf spielen oder nachmittags in der Töpferstube den Umgang mit Ton erlernen; an den Wochenenden wird auch Ponyreiten angeboten. Auf der Kinderbühne treten Theatergruppen, Puppenspieler und Clowns auf. Die Rollerblade- und Rollschuhbahn verwandelt sich im Winter in eine riesige Freiluft-Kunsteisbahn.
20095 Hamburg, Tel. 0 40-4 28 54 47 23
www.plantenunblomen.de
tgl. geöffnet: Mai–Sept. 7–23, Okt.–März 7–20, April 7–22 Uhr

Tierpark Hagenbeck

Eine nepalesische Pagode markiert den Haupteingang zu einem der schönsten Tiergärten der Welt. Der erfolgreiche Tierhändler und Zoobesitzer Carl Hagenbeck wollte einen Tierpark anlegen, in dem Tiere und Menschen nur durch Gräben getrennt und die Tiere in Freigehegen in artgerechter Umgebung gehalten werden sollten. 1907 wurde seine Vision Realität. Heute werden dem Besucher auf rund 25 ha Panoramen geboten, in denen Tiere der gleichen Landschaftsformation zusammenleben wie beispielsweise im Eismeer- und im Afrikapanorama.

Zu den 56 Freigehegen mit rund 1850 Tieren kamen im Lauf der Jahre stets weitere Attraktionen hinzu, so das Orang-Utan-Haus, die Elefantenfreilaufhalle und das Tropen-Aquarium. Für Kinder gibt es einen Spielplatz, ein Streichelgehege und eine Märchenbahn. An vier Samstagen im Mai und Juni veranstaltet der Zoo »Dschungelnächte mit Feuerwerk«. Die Romantik-Nächte im August sollten sich Liebhaber klassischer Musik nicht entgehen lassen.
Lokstedter Grenzstr. 2, 22527 Hamburg
Tel. 0 40-5 30 03 30, www.hagenbeck.de
tgl. ab 9 Uhr, März–Juni und Sept.–Okt. bis 18 Uhr, Juli/Aug. bis 19 Uhr, Nov.–Feb. bis 16.30 Uhr, 24.12. und 31.12. bis 13 Uhr

Hotels

Hotel Louis C. Jacob

Das 1791 von dem Franzosen Louis C. Jacob gegründete private Traditionshotel an der Elbchaussee pflegt das kosmopolitische Ambiente hanseatischer Kaufmannshäuser, das sich im stilvollen Mobiliar und der eigenen Gemäldesammlung spiegelt. Schon Max Liebermann malte die romantische Lindenterrasse. Stilvoller Wellnessbereich und hervorragendes Gourmetrestaurant.

**Elbchaussee 401–403
22609 Hamburg
Tel. 0 40-82 25 50
www.hotel-jacob.de**

Gastwerk Hotel Hamburg

Das im ehemaligen Kohlelager eines Gaswerkes eingerichtete Hotel gehört zum Verbund der »designhotels« und bietet ein ganz besonderes Ambiente zum Wohlfühlen. Die Zimmer sind hell, kreativ gestaltet und mit großen Betten und Bädern ausgestattet. Ausgezeichnetes Hotelrestaurant und Spa im marokkanischen Stil.

**Beim Alten Gaswerk 3
22761 Hamburg
Tel. 0 40-89 06 20
www.gastwerk.com**

Hotel Wedina

Das Hotel mitten in St. Georg besteht aus vier Häusern mit jeweils eigenem Charakter. Im Blauen Haus ist jedes Zimmer einem Autor gewidmet. Das Rote Haus, Frühstückstreff für alle Gäste, ist im Stil der 1980er-Jahre gestaltet und besitzt einen lauschigen Garten und eine Bibliothek. Ultramodern und reduziert präsentiert sich das Grüne Haus mit Zen-Garten. Fröhlich-mediterran sind die Zimmer im Gelben Haus.

**Gurlittstr. 23, 20099 Hamburg
Tel. 0 40-2 80 89 00
www.wedina.de**

Stadthaushotel

Aus der Initiative von Eltern behinderter Jugendlicher ist ein in Europa einmaliges Hotelprojekt entstanden. Professionelle Hotelkräfte arbeiten hier sehr erfolgreich mit Behinderten zusammen. Neben dem guten Preis-Leistungs-Verhältnis hat die persönliche Atmosphäre zum Erfolg des Drei-Sterne-Hauses beigetragen. Von den 13 gemütlichen Zimmern sind sieben barrierefrei zugänglich.

**Holstenstr. 118, 22767 Hamburg
Tel. 0 40-3 89 92 00
www.stadthaushotel.com**

25hours Hotel

Der Name 25 hours weist auf das »Mehr« hin, welches das Hotel dem Gast bieten möchte. Man hat die Wahl zwischen Zimmern in Größe M, L, XL oder XL Family, zwischen coolem Retroschick oder verspieltem Romantikstil. Alle Einrichtungsgegenstände und Accessoires sind käuflich zu erwerben. Zudem gibt es einen Aufenthaltsraum für alle Gäste sowie eine tolle Dachterrasse.

**Paul-Dessau-Str. 2
22761 Hamburg
Tel. 0 40-85 50 70
www.25hours-hotel.de**

Restaurants

Zippelhaus

Abwechslungsreiche Küche von regional bis mediterran wird in einem traditionellen Hamburger Kontorhaus aus dem späten 19. Jh. serviert. Drei- bis viermal im Jahr werden Ausstellungen moderner Malerei veranstaltet, für die jeweils ein eigenes sechsgängiges Menü kreiert wird.

**Zippelhaus 3, 20457 Hamburg
Tel. 0 40-30 38 02 80
www.zippelhaus.com**
Mo–Fr 12–14.30, 18–22,
Sa 18–22 Uhr

Cuneo

Das älteste italienische Restaurant Hamburgs wurde 1905 in St. Pauli von Francesco Antonio Cuneo eröffnet, dem Großvater des heutigen Inhabers, Franco Cuneo. Es ist längst zu einer Institution auf dem Kiez geworden, beliebt bei Prominenten der Kunst- und Medienszene. Die simple, aber gute italienische Küche ist immer einen Besuch wert.

**Davidstr. 11, 20359 Hamburg
Tel. 0 40-31 25 80
www.cuneo1905.de**
Mo–Sa 17.45–1 Uhr

Old Commercial

Mit »Rauchs Original Hamburger Labskaus« fing 1795 alles an. Doch bietet die Küche des heutigen »Labskaus-Botschafters« Reinhard P. Rauch auch andere Hamburger Gerichte bester Qualität an, wie Hamburger Sauerbraten oder Kutterscholle Finkenwerder Art. Und: »The First Tobacco Smokers Club Hamburg« hat hier seine eigenen Räume.

**Englische Planke 10
20459 Hamburg
Tel. 0 40-36 63 19
www.oldcommercialroom.de**
tgl. 12–1 Uhr (außer 24. Dez.)

Engel

Der Schiffsverkehr auf der Elbe könnte beinahe vom Wesentlichen ablenken, wären die mediterranen Speisen im »Engel« auf dem Anleger Teufelsbrück nicht so himmlisch. Ziehen die großen Pötte so nahe vorbei, hinterlassen sie mitunter buchstäblich »bewegende« Eindrücke.

**Landeanlage Teufelsbrück
22609 Hamburg
Tel. 0 40-82 41 87
www.restaurant-engel.de**
Mo–Sa 11–24, So 10–24 Uhr (bis 14.30 Uhr Brunch)

Fischküche

In der Fischküche kann man Fischgerichte im richtigen Ambiente genießen: Man befindet sich fast im Binnenhafen und isst – der Name des Restaurants ist ganz wörtlich zu nehmen – in der Küche. Wie der Koch den frischen Fisch für seine Gäste zubereitet, bleibt so kein Geheimnis.
Kajen 12, 20459 Hamburg
Tel. 0 40-36 56 31
www.die-fischkueche.de
Mo–Fr 12–24, Sa 16–24 Uhr

Shopping

Europa Passage

Der Hamburger Stararchitekt Hadi Teherani schuf die Architektur dieses riesigen Shoppingparadieses zwischen Ballindamm und Mönckebergstraße. Auf einer Fläche von etwa 30 000 m² sind rund 110 Geschäfte sowie diverse Gastronomiebetriebe untergebracht.
Ballindamm 40, 20095 Hamburg
Tel. 0 40-36 17 44 44
www.europa-passage.de
Geschäfte Mo–Sa bis 20, Gastronomiebetriebe Mo–So bis 23 Uhr

Antik-Center

Hamburg hat eine Fülle von Antiquitätengeschäften. Das Antik-Center südlich des Hauptbahnhofs ist eine gemütliche Passage, in der rund 25 kleine Antiquitätenläden unter einem Dach zu finden sind.
Klosterwall 9–21
20095 Hamburg
www.antik-center-hamburg.de
Di–Fr 12–18, Sa 12–16 Uhr

Buchhandlung Felix Jud

Die 1923 von Felix Jud eröffnete Buch- und Kunsthandlung gilt als erste Adresse unter Literaten und Künstlern. Die dort veranstalteten Lesungen haben ihren festen Platz im Kulturleben der Stadt. Im Laden sind in Glasvitrinen kostbare Bücher vom 16. bis 20. Jh. ausgestellt, aber es gibt natürlich auch ein normales, zum Stöbern einladendes Sortiment.
Neuer Wall 13, 20354 Hamburg
Tel. 0 40-34 34 85
www.felix-jud.de
Mo–Fr 10–18.30, Sa 10–16 Uhr

Burgs Kaffeerösterei

In der 1923 begründeten Kaffeerösterei wird der Kaffee noch bei 180 °C ganze 20 Minuten geröstet. So entstehen sehr aromatische Kaffees. Über 100 Sorten stehen zur Wahl. Tees, Schokoladen und Zubehör vervollständigen das Sortiment.
Eppendorfer Weg 252
20251 Hamburg
Tel. 0 40-4 22 11 72
www.kaffeeroesterei-burg.de
Mo–Fr 8–19, Sa 8–18 Uhr

HanseNautic

2003 aus dem Zusammenschluss zweier Traditionsgeschäfte entstanden, ist HanseNautic ein ausgezeichnetes Fachgeschäft für Seekarten, nautische Hilfsmittel sowie Bücher, DVDs und vieles mehr zum Thema See und Seefahrt.
Herrengraben 31
20459 Hamburg
Tel. 0 40-3 74 84 20
www.hansenautic.de
Mo–Fr 10–18, Sa 10–13 Uhr

Am Abend

Hamburgische Staatsoper

Das Repertoire des renommierten Hauses umfasst klassische und moderne Opern neben hochrangigem Tanztheater unter Ballettintendant John Neumeier.
Große Theaterstr. 25
20354 Hamburg
Tel. 0 40-35 68 68
www.staatsoper-hamburg.de

Deutsches Schauspielhaus

Während in der legendären Ära unter Intendant Gustaf Gründgens vor allem deutsche Klassiker auf dem Programm standen, kommen seit den 1970er-Jahren auch Stücke ausländischer und sehr moderner Autoren zur Aufführung.
Kirchenallee 39, 20099 Hamburg
Tel. 0 40-24 87 13
www.schauspielhaus.de

Große Freiheit 36

Rock- und Popkonzerte, Party- und Dancefloor am Standort des legendären ehemaligen »Star Club« im Vergnügungsbezirk von St. Pauli, wo einst die Beatles ihre ersten Bühnenerfahrungen sammelten.
Große Freiheit 36
22767 Hamburg
Tel. 0 40-3 17 77 80
www.grossefreiheit36.de

Pulverfass Cabaret

Das bekannte Travestie-Cabaret bietet seit über 30 Jahren monatlich wechselnde schrille Shows auf hohem Niveau. In Musik, Tanz, Sketch und Parodie wird die ganze Welt zum schönen Schein, der sich auch schon in Filmen und Büchern niedergeschlagen hat.
Reeperbahn 147
20359 Hamburg
Tel. 0 40-24 97 91
www.pulverfasscabaret.de
Einlass: 19.30; tgl. 1. Show 20.30, 2. Show 23.30, Fr, Sa 3. Show 2.30 Uhr

Towerbar

In 62 m Höhe trifft man auf Gäste vom Hotel Hafen Hamburg, zu dem die Bar gehört, ebenso wie auf Hamburger, denen ihre Cocktails so richtig nur hoch über der Elbe schmecken. Einzigartig ist der Blick über den Hafen – vor allem, wenn nachts alles erleuchtet ist.
Seewartenstr. 9
20459 Hamburg
Tel. 0 40-31 11 37 04 50
www.hotel-hafen-hamburg.de
tgl. 18–2 Uhr

Hannover

Grüne Oase und internationales Messezentrum

In der Hauptstadt des Bundeslandes Niedersachsen gehen die urbane Atmosphäre einer bedeutenden internationalen Messestadt (Gastgeber der Expo 2000) und die beinahe provinzielle Überschaubarkeit mit vielen grünen Inseln eine interessante Verbindung ein. Der zentral gelegene Maschsee mit seinen großzügigen Anlagen trägt als großes Sport- und Freizeitgebiet ebenso zum grünen Stadtbild bei wie das prächtige Barockambiente der Herrenhäuser Gärten. Im Leineschloss (17./18. Jh.) tagt das Landesparlament, während in der modernen Innenstadt Traditionsinseln wie der alte Marktplatz mit dem spätgotischen Alten Rathaus und der Marktkirche das historische Stadtbild mit verwinkelten Gassen und mittelalterlichen Fachwerkbauten lebendig werden lassen. Hochrangige Sammlungen im Kestner- und Sprengel-Museum sind renommierte Anlaufpunkte für Kunstinteressierte aus aller Welt. Als Stadtführung der besonderen Art leitet die 4 km lange Rote Linie auf dem Straßenpflaster zwischen Ernst-August-Platz und Leineschloss zu 36 Sehenswürdigkeiten in der Altstadt.

Herrenhäuser Gärten

Seit 300 Jahren präsentieren sich die von Kurfürstin Sophie ausgebauten Anlagen 3 km nordwestlich der Innenstadt mit ihren Hecken, Brunnen und Figuren als Kleinod barocker Gartenkunst. Der Große Garten (1666–1714) gilt als bedeutendste Gartenanlage des deutschen Frühbarock. Als Museum im Grünen bilden die weitläufigen Gärten bei festlicher Illumination im Sommer den stilvollen Rahmen für Barockmusik von Händel und für ein breites Rahmenprogramm aus Schauspiel, Oper, Ballett und spektakulärem Feuerwerk. Ein weiteres Highlight ist die von Niki de Saint Phalle aufwendig gestaltete historische Grotte.

Im Berggarten präsentieren Schauhäuser neben Kakteen und der Flora des Regenwaldes eine der artenreichsten Orchideensammlungen Europas. Der Berggarten beherbergt auch ein großes SeaLife-Aquarium, das Besuchern die heimische und tropische Unterwasserwelt näherbringt. Mitten im Georgengarten kann man im Wilhelm-Busch-Museum im hübschen Wallmodenschlösschen den Spuren des Erfinders von »Max und Moritz« folgen.

Im nahe gelegenen Welfengarten befindet sich das Welfenschloss, heute Sitz der Universität Hannover.
Herrenhäuser Str. 4, 30419 Hannover
Tel. 05 11-16 84 45 43
www.herrenhaeuser-gaerten.de
tgl. ab 9 Uhr, Schließung je nach Jahreszeit zwischen 16.30 und 20 Uhr

Altstadt

Das Areal am Hohen Ufer der Leine zwischen Lein- und Burgstraße, Marktkirche und Altem Rathaus ist die Keimzelle der Stadt, die im 12. Jh. erstmals urkundlich erwähnt wurde. Ihr einstiges Erscheinungsbild ist an der Burgstraße in dem liebevoll restaurierten Ensemble von Fachwerkhäusern aus dem 16. und 17. Jh. gegenwärtig geblieben. Die Umwandlung der von mittelalterlicher Enge geprägten Innenstadt begann im 18. Jh. und wurde nach den schweren Zerstörungen des Zweiten Weltkriegs vollendet.

Das Historische Museum dokumentiert neben dem in die ehemalige Stadtbefestigung einbezogenen Beginenturm die Stadt- und Landesgeschichte vom Mittelalter bis in die Neuzeit.

An das Leben des Universalgenies und bedeutenden Bürgers der Stadt, Gottfried Wilhelm Leibniz (1646–1716), erinnert der Nachbau des berühmten Leibnizhauses am Holzmarkt, einst das schönste Bürgerhaus der Stadt, mit rekonstruierter Renaissancefassade von 1652.
Am Markte, 30159 Hannover

Marktkirche und Altes Rathaus

Ein Wahrzeichen Hannovers ist der 98 m hohe Turm des mächtigen dreischiffigen Hallenbaus der Marktkirche. Er wurde 1349–1359 auf den Fundamenten eines romanischen Vorgängerbaus im Stil der norddeutschen Backsteingotik errichtet und birgt im Inneren einen Schnitzaltar sowie ein Taufbecken aus dem 15. Jh. Die Bronzetüren gestaltete Gerhard Marcks. Die im Pfarrhaus geborenen Brüder August Wilhelm (1767–1845) und Friedrich Schlegel (1772–1829) zählten zu den Wegbereitern der deutschen Romantik. Am Hanns-Lilje-Platz 2 erinnert eine Gedenktafel an sie.

Das gotische Alte Rathaus, in dem sich heute Geschäfte, Gastronomie und das Standesamt befinden, ist ein Backsteinbau mit eindrucksvollen fialenbesetzten Staffelgiebeln und Tonfries. Neben der ehemaligen Gerichtslaube an der Köbelingerstraße findet sich an der Wand das in Ton modellierte Relief eines Jungen, der den Ratsherren die Zunge herausstreckte – und daraufhin zu Stein erstarrt sein soll.
Am Markte, 30159 Hannover

Neues Rathaus mit Maschpark

Fast ein wenig zu prachtvoll wirkt das mächtige Gebäude mit dem hohen Kuppelturm am Maschsee, das im Juni 1913 eingeweiht wurde. Dabei hat dieses Wahrzeichen von Hannover einen ganz zivilen Zweck: Es ist Sitz des Oberbürgermeisters. Hier empfängt er die offiziellen Gäste der Stadt, hier tagen die politischen Gremien.
Anziehungspunkte in der riesigen Eingangshalle mit der knapp 100 m hohen Kuppel sind die vier Stadtmodelle, welche die Entwicklung Hannovers vom Mittelalter über Vor- und Nachkriegszeit bis heute zeigen. Nach oben auf die Kuppelgalerie gelangen Besu-

Hannovers Altstadt wurde liebevoll restauriert

cher mit dem in Europa einzigartigen Schrägfahrstuhl, der 2007/08 erneuert wurde. Von der Aussichtsplattform genießt man dann einen herrlichen Blick über die ganze Stadt – bei klarem Wetter sogar bis in den Harz hinein. Östlich der imposanten Kuppelhalle gibt es im Bürgersaal wechselnde Ausstellungen sowie andere Veranstaltungen. Zur Erholung bietet sich das Bistro im historischen Gartensaal (südlicher Gebäudetrakt) mit Außenterrasse und wunderschöner Aussicht auf den Maschpark mit dem Maschsee an.
Trammplatz 2, 30159 Hannover
Tel. 05 11-16 80, www.hannover.de
tgl. 8–18, Sa, So 10–18 Uhr, bei den Führungen des Verkehrsvereins hat man auch Zutritt zu Sitzungsräumen und Sälen, Aufzug während der Wintermonate witterungsbedingt nicht in Betrieb

Niedersächsisches Landesmuseum

Das Niedersächsische Landesmuseum beherbergt auf mehr als 7000 m² Ausstellungen zur Urgeschichte und Naturkunde, eine Galerie europäischer Kunst sowie eine Völkerkunde-Abteilung. Diese Kombination verschiedens-

Malerische Lage am Maschsee:
das Neue Rathaus von Hannover

ter Ressorts unter einem Dach macht den Reiz des Museums aus.

In der Galerie erstreckt sich die bildende Kunst über rund 45 Räume. Schwerpunkte sind romantische und impressionistische Werke aus dem 19. und 20. Jh., aber auch Meister wie Rembrandt, Dürer und Rubens sind vertreten. Weitere Abteilungen führen völkerkundliche und urgeschichtliche Exponate. Hauptanziehungspunkt aber ist die Naturkundeabteilung mit dem Modell eines Dinosauriers und dem Vivarium mit über 2000 einheimischen und exotischen Fischen, Lurchen und Reptilien. Unter zoologischen, botanischen, anthropologischen und geologischen Gesichtspunkten werden aber auch die Grundlagen der niedersächsischen Landschaftsräume vorgestellt. In der urgeschichtlichen Abteilung schließlich sind rund 200 000 Jahre Menschheitsgeschichte dargestellt.

Willy-Brandt-Allee 5, 30169 Hannover
Tel. 05 11-9 80 76 86, www.landesmuseum-
hannover.niedersachsen.de
Di–So 10–17, Do 10–19 Uhr

Sprengel Museum

Das am Nordufer des Maschsees gelegene Museum für die Kunst des 20. Jhs. gilt als eines der bedeutendsten seiner Art in Deutschland. Eindrucksvolle Akzente setzen die Werkgruppen von Pablo Picasso, Max Ernst, Paul Klee und Max Beckmann sowie die große Kurt-Schwitters-Sammlung und das in seiner Art einmalige »Kabinett der Abstrakten« von El Lissitzky.

Grundstock des Museums war die Sammlung Dr. Bernhard Sprengels, der Schwerpunkte im Bereich des deutschen Expressionismus und der französischen Moderne gesetzt hat. In den vergangenen 20 Jahren ist die Sammlung um die wesentlichen Epochen zeitgenössischer Kunst erweitert worden. 1994 kam die populäre Abteilung Fotografie und Medien hinzu. Zusätzlich finden häufig wechselnde Sonderausstellungen statt. Ein Besuchermagnet sind ferner die Exponate von Hannovers Ehrenbürgerin – unter dem Titel »La Fête. Die Schenkung Niki de Saint Phalle« werden seit 2002 einige Werke der französischen Künstlerin (1930–2002) ständig in der Museumshalle präsentiert.

Kurt-Schwitters-Platz, 30169 Hannover
Tel. 05 11-16 84 38 75
www.sprengel-museum.de
Di 10–20, Mi–So 10–18 Uhr

Kestnergesellschaft

Mit der Kestnergesellschaft besitzt Hannover einen der bekanntesten und renommiertesten Kunstvereine Deutschlands. Ihr Ziel ist es, internationale zeitgenössische Künstler mit ihren jeweils aktuellsten Kunstwerken vorzustellen.

Die Bandbreite reicht dabei von den Bildenden Künsten und der Architektur über Mode und Design bis zu Musik, Literatur, Philosophie und den anderen Geisteswissenschaften. Für Ausstellungen, Lesungen und Konzerte nutzt die Gesellschaft bereits seit 1997 »Deutschlands schönstes Ausstellungshaus« (Münchner Abendblatt). Gemeint ist das ehemalige Goseriedebad, bei dessen Umbau die denkmalgeschützten Jugendstilelemente des Schwimmbades mit zeitgenössischer Architektur zu einem großartigen neuen Ganzen vereint wurden.

Goseriede 11, 30159 Hannover
Tel. 05 11-70 12 00, www.kestner.org
Di, Mi, Fr 11–18, Do 11–20, Fei 11–18 Uhr;
kostenlose Führungen Mi 13, Do 19, Sa 15,
So, Fei 11 und 15 Uhr

Opernhaus

Der zwischen 1845 und 1852 von Friedrich Laves im klassizistischen Stil errichtete Bau ist eines der schönsten Opernhäuser Deutschlands. Eine internationale Jury wählte das Opernhaus Hannover 2004 sogar in die europäischen Top 20. Von rund 1200 Plätzen aus verfolgt das Publikum die Opern- und Ballettvorführungen des Niedersächsischen Staatstheaters.

Der Besuch einer solchen Aufführung ist natürlich die beste Möglichkeit, die Oper kennenzulernen. Vor allem aber ist es ein sinnliches Vergnügen, nicht zuletzt, da Akustik und Bühnentechnik erst in den 1980er- und 1990er-Jahren komplett neu installiert wurden. Doch auch ohne Konzertgenuss lohnt sich die Besichtigung des übergiebelten spätklassizistischen Baus mit seinen zwei großen Seitenflügeln und einem großen Vorbau. Auf diesem thronen, in Stein gehauen, berühmte Dichter und Komponisten.

Opernplatz 1, 30159 Hannover
Tel. 05 11-99 99 11 11
www.staatstheater-hannover.de

Park der Sinne

Das Gelände einer ehemaligen Mülldeponie in Laatzen wurde als Projekt der Expo 2000 (Weltausstellung in Hannover) zum Park der Sinne umgestaltet. Zahlreiche Stationen des Parks laden dazu ein, das Hören, Tasten, Riechen und Sehen spielerisch zu schulen. Auf dem Barfußpfad hinterlassen grobe Kiesel, gebrochene Schieferplatten, Pflastersteine oder Holzbohlen ganz unterschiedliche Eindrücke an den Füßen. Der Garten der Düfte macht mit Blumen und Heilpflanzen deutlich, wie vielfältig die Natur riecht. Im Hecken-Labyrinth, in dessen Mitte ein Zerrspiegel die Sehgewohnheiten überprüft, wachsen und

duften ebenfalls verschiedene bunt blühende Pflanzen. Im Echo-Hof bringt man Steine zum Klingen oder flüstert sich mit Hilfe von Parabolschalen über weite Entfernungen Botschaften zu.

Kinder lieben besonders den Spielwald, einen steilen, mit Bäumen bewachsenen Hang, wo sie auf Wurzeln und Baumstämmen nach Herzenslust klettern können. Weitere Stationen und Kunstobjekte wie die Sonnenuhr oder das Pendel runden das Naturerlebnis ab. Vom Hauptbahnhof gelangt man mit der Stadtbahnlinie 1 rasch und bequem zum Ziel (Haltepunkt Park der Sinne).

Am Holze, 30880 Laatzen
Tel. 05 11-8 75 68 74
ganzjährig tgl. tagsüber

Erlebnis-Zoo Hannover

In den vergangenen Jahren hat sich der Zoo Hannover von der traditionellen Tierausstellung zu einem europaweit einzigartigen Tier-Erlebnispark gewandelt. Kleine und große Besucher können mehr als 2000 Tiere aus 250 Arten erleben, die in sieben exotischen Erlebniswelten zu Hause sind: Dschungelpalast (asiatische Elefanten, Affen, Tiger), Gorillaberg (Menschenaffenanlage), Yukon Bay (Tiere der kalten Klimazonen), Outback (australische Tierwelt), Sambesi (afrikanische Savanne), Meyers Hof (seltene Haustierrassen, Abenteuerspielplatz) und Mullewapp (Streichelzoo, Spielplatz)

Mehr als eine Million Gäste strömen mittlerweile jedes Jahr in den »Zoo der Zukunft« und machen ihn so zu einem der erfolgreichsten in Deutschland, was wohl auch an dem in den 1990er-Jahren umgesetzten Konzept des Erlebens und Begegnens liegt. Damals gestaltete man die Erklärungsschilder spannender und lustiger, zahlreiche Tiervorführungen wurden eingeführt und das gesamte Areal neu gegliedert. Dabei empfanden die Gestalter die Lebensräume vieler Arten oft detailgetreu nach.

Adenauerallee 3, 30175 Hannover
Tel. 05 11-28 07 41 63
www.zoo-hannover.de
März–Okt. 9–18, Nov.–Febr. 10–16 Uhr

Hotels

Sheraton Pelikan Hotel Hannover

Das elegante, moderne Stadthotel auf dem denkmalgeschützten Gelände der Pelikan-Schreibwaren-fabrik ist zweifellos Hannovers schickstes Hotel. Alle der klar und ruhig designten Zimmer verfügen über WLAN. In den eigens für die Sheratonkette entwickelten Sweet-Sleeper-Betten ruht man besonders komfortabel. Der direkt mit dem Hotel verbundene »Physical Park« bietet auf 3 000 m² Trainings- und Wellnessangebote en masse.
**Pelikanplatz 31, 30177 Hannover
Tel. 05 11-9 09 30
www.sheratonpelikanhannover.
com**

Kastens Hotel Luisenhof

Hannovers ältestes Hotel überzeugt mit seinem zuvorkommenden Service und seiner eleganten Ausstattung. Edle Materialien, Formen und Farben verleihen jedem Zimmer und jeder Suite ihren ganz persönlichen eigenen Charme. WLAN und Flachbildfernseher gehören zum Standard. Schöner Fitness- und Wellnessbereich auf dem Dach.
**Luisenstr. 1–3, 30159 Hannover
Tel. 05 11-3 04 40
www.kastens-luisenhof.de**

Hotel Wiehberg

Das moderne Designhotel begeistert durch raffinierte Details, Kunstobjekte in den Gängen, einen schönen Garten und die ruhige und dennoch zentrale Lage. Als weitere Pluspunkte schlagen das Frühstück unterm Glasdach und der angenehme Service zu Buche. Messebesucher schätzen diese Kombination besonders.
**Wiehbergstr. 55a
30519 Hannover
Tel. 05 11-87 99 90
www.hotel-wiehberg.de**

Pension-Hotel Avalon

Das Avalon im lebendigen Stadtteil List ist etwas Besonderes, nämlich ein Jugendstilhaus ohne typischen Hotelcharakter, dafür aber mit viel Charme. Jeder Raum ist individuell gestaltet, zwischen 20 und 30 m² groß und lichtdurchflutet. Manchmal steht auch ein romantisches Himmelbett darin. Gutes Frühstücksbüfett.
**Ferdinand-Wallbrecht-Str. 10
30163 Hannover
Tel. 05 11-62 62 63 38
www.avalon-hannover.de**

Agenda21Design Seminar+GästeHaus

Nachhaltiges Bauen mit unterschiedlichen Materialien – Stein, Holz, Stahl und Glas – stand bei diesem Expo-Projekt auf dem Kronsberg im Vordergrund. Jedes der sechs Gästehäuser mit insgesamt 18 Zimmern und zwei Suiten hat ein eigenes Motto wie »Afrika-Haus« oder »DesignReich«. Die einladende Terrasse mit dem Feng-Shui-Garten wird abends effektvoll beleuchtet.
**Wülferoder Str. 64–70
30539 Hannover
Tel. 05 11-56 35 80
www.a21designhaus.com**

Restaurants

Die Insel

Eleganz und Design – das Innere des Restaurants, in dem man von allen Plätzen auf den Maschsee blickt, wurde von einem bekannten Architekten u.a. durch Lichteffekte äußerst reizvoll gestaltet. Starkoch und Inhaber Norbert Schu zelebriert hier schon seit Langem eine deutlich französisch inspirierte Gourmetküche. Im Sommer Biergarten, außerdem sorgen saisonale Events und Murder-Mystery-Dinner für Abwechslung.

Rudolf-von-Bennigsen-Ufer 81
30519 Hannover
Tel. 05 11-83 12 14
www.dieinsel.com
tgl. 11.30–14.30, 18.30–22.30 Uhr
warme Küche, 14.30–17 Uhr Kaffee
und Kuchen

Tropeano Di-Vino

Das Lokal in Kirchrode bietet kreative italienische Küche und eine exzellente Weinkarte. Hier genießt man in stilvollem Ambiente mediterrane Kochkunst vom Feinsten.
**Kleiner Hillen 4, 30559 Hannover
Tel. 05 11-3 53 31 38
www.restaurant-tropeano.de**

Clichy

Eines der nobelsten Restaurants von Hannover im Stadtteil List, dennoch kein starrer Gourmettempel. Ekkehard Reimann zelebriert hier seit einem Vierteljahrhundert französische Kochkunst in stilvollem, aber dennoch gemütlichem Ambiente. Erschwingliches Menu du Marché. Sehr netter Service.
**Weißekreuzstr. 31
30161 Hannover
Tel. 05 11-31 24 47
www.clichy.de**
Mo–Sa 18–22 Uhr, mittags
auf Anfrage

Titus

In seinem kleinen Restaurant im Vorort Döhren serviert Dieter Grubert vorzügliche, kreative internationale Fusionsküche in Design-Ambiente mit Pop Art an den weißen Wänden. Gute Wein- und Schaumweinkarte und sehr zuvorkommender Service.
**Wiehbergstr. 98, 30519 Hannover
Tel. 05 11-83 55 24
www.gourmetguide.com/titus**
Di–Sa 18–23 Uhr

Plümecke

Unter den schmiedeeisernen Kronleuchtern der 65 Jahre alten Traditi-

onskneipe trifft sich akademisch-studentisches Publikum zwanglos mit Leuten aus dem Viertel zu Skat und anregendem Gespräch. Deftige Spezialität und der Renner des Hauses: Currywurst mit Bratkartoffeln. Achtung: Am Wochenende geschlossen!
Voßstr. 39, 30161 Hannover
Tel. 05 11-66 09 69
Mo–Fr 17–2 Uhr

Shopping

Galerie Luise
Etwa 40 anspruchsvolle Einzelhandelsgeschäfte und diverse gastronomische Betriebe sind in stilvoller Atmosphäre unter einem Glasgewölbe zwischen Joachim-, Theater- und Luisenstraße versammelt. Von ausgefallenen Dessous bis zur Designerbrille reicht das exklusive Angebot.
Luisenstr. 5, 30159 Hannover
Tel. 05 11-2 60 90 80
www.galerie-luise.de
Mo–Fr 10–19, Sa 10–18 Uhr

Kröpcke-Passage
Eine schöne Glaskuppel lässt viel Licht in diese kleine, aber feine Einkaufspassage mit Marmorsäulen und italienischem Fliesenboden. Exklusive Mode, Hi-Fi-Produkte, Schuhe, hochwertige Haushaltswaren und Teespezialitäten finden hier ihre Kundschaft.
Kröpcke/Luisenstraße
30159 Hannover
www.kroepcke-passage.de
Mo–Sa 10–20 Uhr

Schmorl & von Seefeld
Auf den vier Etagen der Traditionsbuchhandlung geht es immer lebhaft zu. Überall wird gestöbert, geschmökert und gekauft. Kein Wunder, schließlich ist Schmorl & von Seefeld die größte Buchhandlung weit und breit. Gute Fachabteilungen sowie CDs, Papeterie und

Schreibwaren, außerdem gemütliches Café.
Bahnhofstr. 14, 30159 Hannover
Tel. 05 11-3 67 50
www.schmorl.de
Mo–Sa 9.30–20 Uhr

Sörens
Die selbst ernannte erste Adresse im Herzen Hannovers bringt Männer und Frauen mit gehobenen Ansprüchen ins Schwärmen. Drei unmittelbar nebeneinander liegende Geschäfte bieten die Crème de la Crème der Designermode.
Luisenstr. 5, 30159 Hannover
Tel. 05 11-3 68 12 89
www.soerens.de
Mo–Fr 10–19, Sa 10–18 Uhr

Rike Winterberg Concept Store
Der kleine, feine Laden präsentiert Mode und Accessoires ausgewählter Nachwuchsdesigner sowie Rike Winterbergs eigene Kollektion an glamourösen Abend- und Brautkleidern.
Kramerstr. 4, 30159 Hannover
Tel. 05 11-70 03 16 15
www.rikewinterberg.de
Mo–Fr 11–19, Sa 11–18 Uhr

Am Abend

Opernhaus
Die Spielstätte des Niedersächsischen Staatsorchesters, die zu den schönsten Opernhäusern Deutschlands zählt, bietet in einem prächtigen klassizistischen Bau ein breites Repertoire: Oper und Operette, Ballett, Konzertaufführungen und Liederabende.
Opernplatz 1, 30159 Hannover
Tel. 05 11-99 99 11 11
www.staatstheater-hannover.de

Schauspielhaus
Passend zum spektakulären Neubau präsentiert das Niedersächsische Staatstheater neben Klassikern des

Sprechtheaters bevorzugt Zeitgenössisches.
Prinzenstr. 9, 30159 Hannover
Tel. 05 11-99 99 11 11
www.staatstheater-hannover.de

Marlene
Bekannt ist das Marlene vor allem wegen der »Bösen Schwestern« Anita Palmerova (Chris Palmer) und Magda Anderson (Adrian Anders), die regelmäßig auftreten und urkomisch sind. Außerdem wird eine breite Palette aus Jazz, Varieté, Kleinkunst, Kabarett und Theater angeboten.
Prinzenstr. 10, 30159 Hannover
Tel. 05 11-70 03 72 72
www.marlene-hannover.de
20 Uhr, Einlass 19 Uhr (Kartenvorbestellung Tel. 05 11-3 68 16 87)

Harry's New York Bar
In der legendären Pianobar im Sheraton Pelikan Hotel Hannover können Gäste herrlich versacken – und vor allem mit Stil. Dafür sorgen neben der exzellenten Atmosphäre hervorragend gemixte Cocktails und Longdrinks. In der Davidoff Smokers Lounge genießen Raucher edle Zigarren.
Pelikanplatz 31, 30177 Hannover
Tel. 05 11-9 09 30
www.sheratonpelikanhannover. com
Mo–Do 18–2, Fr–Sa 18–3 Uhr

Acanto
Diese Bar und Diskothek in den Kreuzgewölben der ehemaligen Reiterställe der königlichen Dragoner ist derzeit sehr angesagt. In den hohen, barock ausgestatteten Räumen finden jeden Donnerstag After-Work-Partys statt, freitags und samstags gibt es Club Nights und Konzerte.
Dragonerstr. 28, 30163 Hannover
Tel. 05 11-39 10 30
www.acantohannover.de
Do ab 20, Fr, Sa ab 22 Uhr

Heidelberg

Studentenromantik im Neckartal

»Alt Heidelberg, Du feine« löst noch immer romantische Schwärmerei aus, bei Asiaten und Amerikanern sowieso. Dass Hölderlins »Ländlichschönste« im Zweiten Weltkrieg verschont blieb, ist möglicherweise dem in den 1920er-Jahren in den USA überaus erfolgreichen Musical »The Student Prince« zu verdanken, in dem ein Prinz sein Herz in Heidelberg verliert. Statt diesen Inbegriff der deutschen Romantik zu bombardieren, richteten die Amerikaner hier lieber nach 1945 ihr Hauptquartier in Europa ein. Heute zieht es jährlich Millionen von Touristen zum Heidelberger Renaissanceschloss, das der englische Maler William Turner in geradezu psychedelisch wirkenden Sonnenuntergangsansichten verklärt hat. Abends kann man dann in der Stadt mit der höchsten Kneipendichte Deutschlands die legendäre Trinkfestigkeit der Heidelberger Studenten testen: Gaudeamus igitur!

Schloss

Mit seiner malerischen Silhouette gilt das 1693 von französischen Truppen zerstörte Heidelberger Schloss geradezu als Inbegriff der Romantik. In Sommernächten werden seine Gemäuer leuchtend rot illuminiert. Besonders schön ist die 1556–1559 entstandene, mit mythologischen und biblischen Motiven verzierte Renaissancefassade des Ottheinrichbaus.

Im Keller, der ehemaligen Schlossküche, zeigt heute das Deutsche Apothekenmuseum viele alte Gerätschaften und Gefäße der Arzneimittelherstellung seit der Barockzeit. Am meisten fotografiert wird aber das berühmte Große Fass mit direkter Weinleitung zum Festsaal, in das 221 726 Liter passen. Im Schloss wurden täglich etwa 2000 Liter getrunken, wobei der Legende nach allein 18 Flaschen auf das Konto des Hofnarrs Perkeo gingen – obwohl der Zwerg das Fass eigentlich bewachen sollte.

69117 Heidelberg, Tel. 0 62 21-53 84 21
info@service-center-schloss-heidelberg.com
Schlosshof März–Nov. 8–17.30, Dez.–Febr. 8–17 Uhr. Schloss Führungen April–Okt. Mo–Fr 11–16, Sa, So 10–16 Uhr, jeweils zur vollen Stunde; Nov.–März Mo–Fr 11, 12, 14, 16 Uhr, Sa, So 11, 12, 13, 14, 15, 16 Uhr.

Alte Brücke

Zusammen mit Schloss, Altstadt und Neckartal bietet die Alte Brücke eine ungemein reizvolle Ansicht. Immer wieder wurde ihre geschwungene Silhouette auf Leinwand gebannt, berühmte Poeten wie Friedrich Hölderlin und Gottfried Keller widmeten ihr Gedichte. Offiziell heißt sie Karl-Theodor-Brücke, nach dem in Heidelberg wenig geschätzten Kurfürsten, der sie 1788 aus Neckartäler Sandstein erbauen ließ. Eisgang hatte den Vorgängerbau zerstört.

Mit ihren acht Pfeilern und neun Tonnengewölben gilt sie als eines der letzten großen Beispiele für die klassische Brückenbaukunst. Der zweite und siebte Pfeiler sind verbreitert: Sie tragen die Standbilder (Kopien) des Karl Theodor und der Minerva. Schon seit dem Mittelalter kontrolliert das Brückentor mit seinen zwei 28 m hohen Rundtürmen den Eingang zur Altstadt.

Karl-Theodor-Brücke, 69048 Heidelberg

Zum Ritter St. Georg

Das Bürgerhaus, ein wichtiges Zeugnis der Spätrenaissance, ließen 1592 der hugenottische Tuchhändler Carolus Belier aus Tournai und seine Frau Francina erbauen. Da es aus Stein war, überstand es als einziges Bürger-

Blick über die Alte Brücke auf Altstadt und Schloss von Heidelberg

haus seiner Zeit die drei großen Stadtbrände des 17. Jhs. Der französische Dichter Victor Hugo, der 1838 in Heidelberg weilte, schrieb dieses Wunder dagegen der ganz oben am Giebel angebrachten lateinischen Inschrift »Soli. Deo. Gloria« (Gott allein sei Ehre) zu.

Die mit kannelierten Säulen, Arabesken, Medaillons und Büsten verzierte rote Sandsteinfassade verrät das Vorbild der Schlossarchitektur des Ottheinrichbaus. Drei Etagen mit schmalen Fenstern tragen einen dreieckigen Giebel mit breiten Voluten. Triumphierend verkündet der vergoldete lateinische Schriftzug unter dem Giebel: »Persta invicta, Venus« (Bleibe stets unbesiegt, Schönheit).

Hauptstr. 178, 69117 Heidelberg
Tel. 0 62 21-13 50, www.ritter-heidelberg.de

Heiliggeistkirche

Das größte und bedeutendste Gotteshaus der Stadt ist eine gotische Hallenkirche aus rotem Neckartäler Sandstein mit dreischiffiger Emporenhalle, barockem Dach und barocker Turmhaube, die zusammen mit dem achteckigen Glockenturm des Schlosses das Stadtbild prägt. Sie wurde 1398–1515 errichtet. Auf den

Emporen in den besonders breiten Seitenschiffen bewahrte man die äußerst bedeutende Bibliotheca Palatina auf. 1622 schenkte sie Kurfürst Maximilian I. von Bayern dem Papst als Kriegsbeute. Nur noch ein kleiner Teil befindet sich heute in der Universitätsbibliothek Heidelberg.

1693 wurde die Kirche von französischen Truppen verwüstet. Später, von 1706 bis 1936 , trennte eine Scheidemauer die Kirche in ein protestantisches Langhaus und einen katholischen Chor. Seit 1936 gehört die gesamte Kirche zur Evangelischen Landeskirche in Baden.

Heiliggeiststr. 17, 69117 Heidelberg
Tel. 0 62 21-2 11 17, www.heiliggeist.ekihd.de
Mitte März–Okt. Mo–Sa 11–17, So 12.30–17,
Nov. Fr, Sa 11–15, So 12.30–15 Uhr;
Kirchenmusik (Orgel und Chor) immer Sa 18.15 Uhr

Alte Universität

Das Prunkstück der 1712–1735 errichteten Alten Universität – auch Domus Wilhelmina genannt – ist die vollständig holzvertäfelte Aula im Westflügel des Gebäudes, die 1886 zur 500-Jahr-Feier der altehrwürdigen Bil-

Heidelberg

dungseinrichtung im Stil der Neorenaissance umgestaltet wurde.

Die Kameras der Touristen klicken aber besonders im Studentenkarzer, der Teil des Studentenmuseums in der Alten Universität ist. Hier saßen von 1778 bis 1914 unbotmäßige Studenten ein: für Raufereien, verbotene Mensuren und heimliche Besuche in den umliegenden Weinbergen. Die Insassen durften aber an den Vorlesungen teilnehmen und sogar Besucher empfangen. Am Ende galt das Absitzen einer Karzerstrafe gar als Jux, auf den man stolz war. Die bunten Wandmalereien des Karzers – mit Namen, Konterfei und Zeichen der jeweiligen Studentenverbindung – sind erst in den letzten Jahrzehnten seiner Nutzung entstanden.

Augustinergasse 2, 69117 Heidelberg
Tel. 0 62 21-54 35 54
April–Sept. Di–So 10–18, Okt. Di–So 10–16,
Nov.–März Di–Sa 10–16 Uhr

Kurpfälzisches Museum

Das im Barockpalais Morass und einem modernen Anbau untergebrachte Museum beherbergt die kunst- und kulturhistorischen Sammlungen der Stadt Heidelberg. Die Archäologische Abteilung informiert u.a. über den Homo erectus Heidelbergensis, der vor über 600 000 Jahren hier lebte. Aus römischer Zeit zählt eine lebensgroße Rekonstruktion des Heidelberger Mithräums zu den Attraktionen.

Die Gemäldeabteilung präsentiert Werke vom 15. bis zum 20. Jh., darunter Arbeiten von Rogier van der Weyden, Lucas Cranach und, als besonderes Schmuckstück, den berühmten Zwölfbotenaltar (1509) von Tilmann Riemenschneider. Von großem Reiz sind auch die zahlreichen Stadtansichten aus romantischer Zeit. In der Abteilung Kunsthandwerk ist das Straßburger Silberservice der letzten Kurfürstin Elisabeth Augusta (1721–1794) hervorzuheben. Entspannung bietet der ruhige Museumsgarten.

Hauptstr. 97, 69117 Heidelberg
Tel. 0 62 21-5 83 40 20
www.museum-heidelberg.de
Di–So 10–18 Uhr

Philosophenweg

Wie Lessing, Goethe, Eichendorff, Sir Walter Scott und Victor Hugo vor ihm bewunderte der amerikanische Schriftsteller Mark Twain einen ganzen Sommer lang die wunderbare Aussicht vom Naturbalkon des Philosophenweges auf das Heidelberger Schloss, den Neckar mit der Alten Brücke und das barocke Häusergewirr der Altstadt. Unzählige Gelehrte und Studenten sind während ihres Studiums der »Sieben Freien Künste« diesen Weg gegangen und haben dabei vielleicht Latein- und Griechischvokabeln memoriert, wie 1509 der erst zwölfjährige Melanchthon.

Auf dem Philosophenweg herrscht ein geradezu toskanisches Klima. Am Sonnenhang des Heiligenberges gedeihen exotische Pflanzen wie Japanische Wollmispel und Amerikanische Zypresse, Spanischer Ginster und Portugiesische Kirsche, Zitronen- und Granatapfelbäume, Bambus, Palmen und Pinien.

69117 Heidelberg

Reichspräsident-Friedrich-Ebert-Gedenkstätte

Mitten in der Altstadt findet man die bescheidene Hinterhauswohnung, in der Friedrich Ebert (1871–1925), erster Reichspräsident der Weimarer Republik, die ersten 17 Jahre seines Lebens verbrachte. Durch den Innenhof geht es über eine schmale Stiege hinauf in die Geburtswohnung Friedrich Eberts. Sie ist 46 m² groß und besteht aus drei Zimmern: Wohnzimmer, Schlafzimmer und Küche. Acht Personen (zwei Erwachsene und sechs Kinder) mussten hier ohne Strom und fließend Wasser leben. Gleichzeitig diente die Wohnung noch dem Vater als Werkstatt, in der tagsüber seine Sattlergehilfen arbeiteten. Film-, Dia- und Toneinspielungen einer Dauerausstellung veranschaulichen nicht nur das Leben der Familie Ebert, sondern geben auch Einblicke in die Geschichte der Arbeiterbewegung und die politische Geschichte vom Kaiserreich bis zur Weimarer Republik.

Pfaffengasse 18, 69117 Heidelberg
Tel. 0 62 21-9 10 70
www.ebert-gedenkstaette.de
Di, Mi, Fr–So 10–18, Do 10–20 Uhr

Hotels

Der Europäische Hof – Hotel Europa

Das familiengeführte Luxushotel bietet elegante, modern und individuell eingerichtete Zimmer, Suiten und Apartments. »Die Kurfürstenstube« verwöhnt mit französisch inspirierter Küche. Relaxen mit Blick über die Dächer der Stadt kann man im viel gerühmten »Panorama Spa Club«.
Friedrich-Ebert-Anlage 1
69117 Heidelberg
Tel. 0 62 21-51 50
www.europaeischerhof.com

Hotel Zum Ritter St. Georg

Im schönsten erhaltenen Renaissancehaus der Stadt (1592), das bereits vor 300 Jahren als »Herberge für begüterte Durchreisende« erwähnt wurde, bietet das Hotel romantisch-großzügige Unterkunft in komfortablen Zimmern und Suiten. Die Ritterstube serviert neben internationaler Küche auch regionale Gerichte: je nach Saison Schwetzinger Spargel, Wildgerichte oder Gans.
Hauptstr. 178, 69117 Heidelberg
Tel. 0 62 21-13 50
www.ritter-heidelberg.de

Arthotel Heidelberg

Designhotel mitten in der Altstadt. Die Zimmer glänzen mit hellen Farben, warmem Eichenparkett, eleganten Möbeln und moderner Technik. Die Bäder bieten große Wannen. Schöner begrünter Dachgarten, vorzügliches Restaurant »Romer«.
Grabengasse 7, 69117 Heidelberg
Tel. 0 62 21-65 00 60
www.arthotel.de

Schnookeloch

Das nur vom Namen her (»Mückenloch«) abschreckende, seit 1703 existierende Gasthaus (traditioneller Studententreff) in direkter Nähe zur Alten Brücke bietet gemütliche, liebevoll eingerichtete Zimmer mit Dusche oder Badewanne sowie ein Lokal mit badischer Küche und Klaviermusik. In den Sommermonaten lockt der heimelige Biergarten.
Haspelgasse 8, 69117 Heidelberg
Tel. 0 62 21-13 80 80
www.schnookeloch.de

Altstadtpension Jeske

Sehr freundliche Pension mit unschlagbarem Preis-Leistungs-Verhältnis. Hier fühlt man sich wie in einer fröhlichen Studentenbude. Einige Zimmer (mit Dusche/WC) sind mit bemalten Möbeln ausgestattet, andere geben sich moderner. Kein Frühstück, aber jede Menge Cafés ganz in der Nähe.
Mittelbadgasse 2
69117 Heidelberg
Tel. 0 62 21-2 37 33
www.pension-jeske-heidelberg.de

Restaurants

Schwarz Das Restaurant

Kulinarische Hochgenüsse hoch über den Dächern der Stadt im 12. Stock der Print Media Company. Manfred Schwarz verwöhnt seine Gäste mit kreativen Gerichten wie Rehrücken mit Zwiebel-Pfeffer-chutney oder Rotbarbenfilet mit Basilikumbrösel auf Paprikaravioli im Gazpachofond.
Kurfürsten-Anlage 60
69117 Heidelberg
Tel. 0 62 21-75 70 30
www.schwarzdasrestaurant.com
Di–Sa 11.30–14 und ab 18 Uhr

Simplicissimus

Schönes Altstadtrestaurant mit überwiegend französischer Küche aus marktfrischen Zutaten, aber auch österreichische Gerichte sind dabei. Im Sommer isst man sehr romantisch im idyllischen Innenhof.
Ingrimstr. 16
69117 Heidelberg
Tel. 0 62 21-18 33 36
www.restaurant-simplicissimus.de
Di–Sa 18–24 Uhr

Gasthaus Backmulde

Gasthaus mit langer Tradition, gemütlicher Atmosphäre und sehr empfehlenswerten regionalen Gerichten wie gebratener Landschweinrücken oder Kotelett vom Hirschkalb. Übernachten kann man hier auch.
Schiffgasse 11, 69117 Heidelberg
Tel. 0 62 21-5 36 60
www.gasthaus-backmulde.de
Di–Sa 11.30–14, 18–24 Uhr

Roter Ochsen

Eines der ältesten und traditionsreichsten Studentenlokale, 1703 erbaut, mit deftiger, aber nicht zu fetter Küche. Kümmelbraten vom Schweinsnacken mit Dunkelbiersoße, Odenwälder Mostbraten mit Kartoffelknödeln und Apfelrotkohl oder Pfälzer Saumagen mit Röstzwiebeln kommen hier auf die Teller. Dazu gibt's Heidelberger Dunkelbier oder regionale Weine, und alles mit stimmungsvoller Klavierbegleitung.
Hauptstr. 217/Am Karlsplatz
69117 Heidelberg
Tel. 0 62 21-2 09 77
www.roterochsen.de
Mo–Sa 11.30–14, 17–24,
So nur 11.30–14 Uhr

Marktstübel

Kartoffelsuppe, Quiche Lorraine und knusprige Flammkuchen sind die Spezialitäten dieses Restaurants, in das 2007 sogar Königin Silvia von Schweden samt Entourage hereinschneite. Die gebürtige Heidelbergerin fand alles ausgezeichnet. Rustikales Ambiente, im Sommer isst man draußen auf einer schönen Terrasse.

Ladenburger Str. 18
69120 Heidelberg-Neuenheim
Tel. 0 62 21-43 66 02
tgl. 11–15, 17–1 Uhr

Shopping

Heidelberger Zuckerladen
Leicht zu übersehender uriger Laden
mit unglaublich großer Auswahl an
Süßigkeiten, darunter Fruchtgummi
in jeglicher Variation, Schokolade
aus aller Welt und hausgemachte
Pralinen, verkauft von einem sehr
humorvollen Chef, der seine Kunden
an der Kasse um kostenlose Zugaben würfeln lässt.
Plöck 52, 69117 Heidelberg
Tel. 0 62 21-2 43 65
www.heidelberger-
zuckerladen.de
Mo–Fr 12–19, Sa 11–15 Uhr

Chocolaterie Yilliy
In dieser feinen Chocolaterie werden auch die im Café Knösel erfundenen traditionellen Heidelberger
Studentenküsse verkauft: eine Praliné-Nougat-Schokoladen-Füllung auf
feinem Waffelboden in edler Zartbitterkuvertüre.
Haspelgasse 7, 69117 Heidelberg
Tel. 0 62 21-6 59 93 64
www.chocolaterie-heidelberg.de
tgl. 10–20 Uhr

Bibliographicum
Erna Tenner
Das Antiquariat in direkter Nachbarschaft zur gotischen Heiliggeistkirche führt auch eine große
Auswahl an dekorativen alten
Ansichten des Heidelberger Schlosses sowie Landkarten der Region.
Hauptstr. 194, 69117 Heidelberg
Tel. 0 62 21-2 62 52
www.bibliographicum.de
Mo–Fr 11–18.30, Sa 9–16 Uhr

Crazy Diamond
Größter Musikladen der Region mit
toller Auswahl an Rock & Pop, Jazz

und Klassik, darunter auch viele
Vinylscheiben. Alles kann man vor
dem Kauf anhören.
Poststr. 42, 69115 Heidelberg
Tel. 0 62 21-16 14 80
www.crazy-diamond.de
Mo–Fr 11–18.30, Sa 9–16 Uhr

Weinhaus Ott
Das Geschäft mit sehr fachkundigem Personal hat sich auf seltene,
aber feine Weine spezialisiert,
darunter viele handwerklich perfekt
gemachte Gewächse und echte
Neuentdeckungen, z.B. Jura, Madiran, Jurançon und Saar.
Mönchhofstr. 4a
69120 Heidelberg-Neuenheim
Tel. 0 62 21-41 04 20
www.weinhaus-ott.de
Mo–Mi 10–13, 15–18.30,
Do, Fr bis 19, Sa 9.30–14 Uhr

Am Abend

Theater Heidelberg
Aufführungen der eigenen Ensembles für Musiktheater (Oper, Operette, Musical), Schauspiel, Konzert
und Kinder- und Jugendtheater. Die
spätklassizistische Städtische Bühne
in der Theaterstraße 4 wird bis 2012
erweitert. Bis dahin finden viele
Vorstellungen im Opernzelt auf dem
Gelände der ehemaligen Feuerwache statt.
Emil-Maier-Str. 16
69115 Heidelberg
Tel. 0 62 21-5 82 00 00
www.theaterheidelberg.de

Cave 54
Der legendäre Kellerclub wurde
bereits 1954 von Heidelberger Studenten gegründet. Louis Armstrong,
Ella Fitzgerald, Dizzy Gillespie,
Oscar Peterson und Lionel Hampton, die alle im Rahmen der Truppenbetreuung in Heidelberger
Kasernen zu Gast waren, sind hier
schon zu unvergesslichen Jam Sessions erschienen.

Krämergasse 2, 69117 Heidelberg
Tel. 0 62 21-2 78 40
www.cave54.de
Einlass bei Konzerten 20.30 Uhr,
Konzertende circa 23.30 Uhr,
jeden Tag Disco bis 3 Uhr

Reichsapfel & Lager
Kult- und Partykneipe im Stil der
Seventies: Im Reichsapfel darf
geraucht werden, im Lager bleibt
die Luft sauber, damit die Großbildleinwand, auf der Bundesliga läuft,
nicht vernebelt wird. Für alle, die
sich nicht entscheiden wollen, ist
der im Sommer herrlich kühle
Innenhof ideal.
Untere Str. 35, 69117 Heidelberg
Tel. 0 62 21-48 55 42
www.reichsapfel-lager.de
Reichsapfel tgl. ab 18.30 Uhr,
Lager Mo–Sa ab 19.30 Uhr

Pepper Bar
Gute Cocktails und leckeres Fingerfood zu chilliger Musik von Jazz bis
House sind das Erfolgsrezept dieser
mitten in der Altstadt gelegenen
Bar. Außerdem Live-Events.
Heugasse 1, 69117 Heidelberg
Tel. 0 62 21-16 86 17
www.pepperbar.de
Mo–Fr 18–2, Fr–Sa 14–3,
Sa 14–2 Uhr

Billy Blues im Ziegler
Club hinter barocker Fassade mit
abwechslungsreichem Musikprogramm. Am Mittwoch gibt's Salsa,
am Donnerstag Jazz, Caribbean
Jazz, Reggae, Calypso, Soul und
Funk. Am Samstag wird es
brechend voll, da Studenten bis
Mitternacht keinen Eintritt zahlen.
Sehr beliebt ist die tägliche »After
Work Hour«.
Bergheimer Str. 1b
69117 Heidelberg
Tel. 0 62 21-2 53 33
www.billy-blues.de
So, Mo 17–1, Di–Do bis 2,
Fr, Sa bis 4 Uhr

Hildesheim

Juwel der Romanik

Tausend Jahre alt sind die größten Sehenswürdigkeiten der alten, östlich des Weserberglandes gelegenen Bischofsstadt der Ottonen. Gleich zwei ihrer Kirchen erklärte die UNESCO zum Weltkulturerbe. Wenngleich viele Mauern im Zweiten Weltkrieg brachen und mustergültig wieder aufgebaut wurden, so blieben doch einzigartige romanische Kunstschätze erhalten, darunter die wohl schönsten Bronzestücke, die das Hochmittelalter in Deutschland hervorgebracht hat. Auch der einst von zahlreichen Fachwerkhäusern gesäumte Marktplatz strahlt – auf hartnäckige Initiative der Hildesheimer Bürger hin – wieder in mittelalterlichem Fassadenglanz. Bis 2014 wird der weltberühmte Dom renoviert, doch lohnt allein schon das Roemer- und Pelizaeus-Museum mit seiner altägyptischen Sammlung von Weltrang den Abstecher vom nahen Hannover.

Dom

Das unter Bischof Hezilo (1054–1079) erbaute romanische Gotteshaus wurde im Zweiten Weltkrieg zerstört und nach alten Plänen als kreuzförmige, flachgedeckte Basilika mit mächtigem Westriegel neu errichtet. Meisterwerke der Bronzegusstechnik sind die bernwardischen Türflügel (um 1015) am Westportal der Vorhalle. Ihre je acht Bildfelder zeigen biblische Szenen in typologischer Ausdeutung. Bernwards im südlichen Querhaus aufgestellte, 3,79 m hohe bronzene Christussäule (um 1020) schildert in 28 Szenen das Leben Jesu. Romanische Meisterwerke sind auch der das himmlische Jerusalem symbolisierende Hezilo-Radleuchter (um 1061) sowie das um 1225 geschaffene Bronzetaufbecken (bis 2014 im Berliner Bodemuseum). Kostbarkeiten des Mittelalters bewahrt das Diözesanmuseum. Der Dom wird bis August 2014 saniert, die Bernwardtür ist bis dahin im Roemer-Pelizaeus-Museum zu sehen. Der Tausendjährige Rosenstock an der Apsis bleibt zugänglich.

Domhof 9, 31134 Hildesheim
Tel. 0 51 21-3 43 70
www.welterbe-hildesheim.de
Dom und Dommuseum bis Aug. 2014 geschlossen.
Rosenstock/Kreuzgang April–Okt. Mo–Sa 9.30–17, So, Fei 12–17, sonst Mo–Sa 10–16.30, So 12–17 Uhr

St. Michael

Die 1010–1022 unter Bischof Bernward errichtete ottonische Basilika musste nach dem Krieg wieder aufgebaut werden. Ihre einzigartige Holzdecke mit vollständiger spätromanischer Bemalung von 1200 mit dem Baum Jesse blieb jedoch erhalten, da man sie 1943 vorsorglich ausgelagert hatte. Von West nach Ost erscheinen der Sündenfall, der schlafende Jesse, die Könige David, Salomon, Hiskia und Josias, dann Maria mit der Spindel und Christus als Weltenrichter.

Auf der Rückseite der Chorschranke stehen in den Rundbogennischen sieben reliefierte Stuckfiguren mit bereits frühgotisch anmutenden, fein ausgearbeiteten faltenreichen Gewändern: Maria mit Kind, flankiert links vom Ordensgründer Benedikt und rechts vom 1192 heiliggesprochenen Bernward, der das Modell der Michaeliskirche trägt. Nach außen folgen die Apostel Jakobus und Petrus sowie Paulus und Johannes. Bei der letzten Sanierung 2005–2010 wurde der Fußboden um 15 cm abgesenkt, um den ursprünglichen historischen Zustand wiederherzustellen.

Michaelisplatz, 31134 Hildesheim
Tel. 0 51 21-3 44 10
www.welterbe-hildesheim.de
tgl. April–Sept. 8–18, Okt.–März 9–16 Uhr

Hildesheim

St. Godehard

Die päpstliche Basilika wurde 1133–1172 zu Ehren Bischof Godehards errichtet. Im Zweiten Weltkrieg weniger stark getroffen, bietet sie ein besonders reines Beispiel romanischer Architektur mit achteckigem Vierungsturm, drei Radialkapellen des Chorumgangs und zwei schlanken Querhausapsiden. Das steile, dreischiffige Langhaus mit Balkendecke zeigt den dreimaligen niedersächsischen Stützenwechsel. Die Würfelkapitelle der Erbauungszeit sind mit Figuren, Szenen, Fratzen, Blatt- und Rankenwerk reich skulptiert. Reliefs aus dem Leben Jesu präsentieren die beiden kunstvollen östlichen Nordkapitelle. Reste eines gotischen Chorgestühls (1466) sind erhalten.

Zum kostbaren Kirchenschatz gehören u.a. der berühmte Albani-Psalter (um 1130), der Bernhardskelch (Anfang 13. Jh.), ein Vortragekreuz (um 1195) sowie eine Reliquienmonstranz (um 1420).

Lappenberg 12, 31134 Hildesheim
Tel. 0 51 21-3 45 78
pfarrbuero.godehard@heilig-kreuz-hildesheim.de
Okt.–März ab Einbruch der Dunkelheit geschlossen

Kirche zum Hl. Kreuz

Der Ursprungsbau dieser Kirche, deren romanische, gotische und barocke Bauteile in wirkungsvollem Kontrast zueinander stehen, war eine dreigeschossige, dreischiffige Torhalle aus bernwardischer Zeit in Würfelform. Bischof Godehard wandelte den Bau in eine Basilika mit doppeltürmigem Westriegel um; sie wurde 1027 geweiht. In der zweiten Hälfte des 12. Jhs. kam der achtseitige Vierungsturm dazu, den man Ende des 18. Jhs. ersetzte. Die südlichen Seitenkapellen stammen aus gotischer Zeit (1287–1357). Im Jahr 1712 blendete man dem Bau schließlich eine barocke Westfassade vor.

Im barockisierten Inneren besonders sehenswert sind ein um 1500 entstandener Schnitzaltar in der Laurentiuskapelle, der 1700 gestiftete Pankratiusaltar, ein spätgotischer Osterleuchter (vor 1574), eine reliefierte Bronzetaufe von Mante Pelckinck (1592) sowie spätgoti-

sche Plastiken. Der romanische Kreuzgang wurde im 16. Jh. umgestaltet.

Kreuzstr. 4, 31134 Hildesheim
Tel. 0 51 21-3 54 09, www.oase-heilig-kreuz.de

St. Magdalenen

Die zu einem ehemaligen Magdalenerinnenkloster gehörende Kirche wurde als erste in Hildesheim im gotischen Stil errichtet (Weihe 1294). Im 15. Jh. baute man sie zur Halle um. In der Barockzeit erfuhr sie weitere substanzielle Veränderungen. Beim Wiederaufbau ersetzte man die barocke Spiegeldecke durch eine flache Holzdecke. Blickfang im Innern ist der um 1520 geschaffene Flügelaltar (Elffenaltar) im Hochchor, dessen aus Lindenholz geschnitzte Szenen ohne farbige Bemalung die Passion Christi in figurenreichen, dramatischen Szenen schildern.

Kostbar ist auch ein silberner Schrein (1750), der die Gebeine Bischof Bernwards bewahrt. 2010 wurde eine neue Orgel eingeweiht. Die wertvollsten Stücke des Kirchenschatzes – das berühmte Bernwardskreuz und die beiden Bernwardsleuchter – sind leider erst ab 2014 wieder im Dommuseum zu besichtigen.

Mühlenstraße 23, 31134 Hildesheim
Tel. 0 51 21-3 36 95
www.katholische-kirche-hildesheim.de
Mo–Fr 9–12, 16–18 Uhr

St. Mauritius

Die Kirche ist eine Stiftung Bischof Hezilos (gest. 1079), der im westlichen Langhausjoch des im Todesjahr offensichtlich bereits weit fortgeschrittenen Kirchenbaus bestattet wurde. Um die im Mittelalter mehrmals umgebaute und 1744–1746 barockisierte, kreuzförmige dreischiffige Säulenbasilika (die einzige Niedersachsens) mit östlichem achteckigem Chorturm entwickelte sich die westliche Vorstadt von Hildesheim. Unterhalb des Chors erstreckt sich eine vielfach veränderte Hallenkrypta. Die Innenausstattung ist spätbarock. Der im späten 12. Jh. umgebaute schöne Kreuzgang (später leicht verändert) zeigt Nord- und Ostflügel mit romanischen Rundbogenöffnungen, gurtlosem Kreuzgratgewölbe und bemerkenswerten Kapitellen, wäh-

Die reich verzierte Fassade des Knochenhaueramtshauses

rend die gotischen Spitzbögen der beiden anderen Flügel aus dem 15. Jh. stammen.
Moritzberg, 31137 Hildesheim
Tel. 0 51 21-4 26 99, www.mauritius-michael.de

Marktplatz / Knochenhaueramtshaus

Der im Krieg weitgehend zerstörte Marktplatz wurde umfassend rekonstruiert. Das 1268–1290 errichtete, mehrfach umgebaute Rathaus erstand im ursprünglichen gotischen Sinne wieder. Das steinerne Tempelhaus wurde Ende des 15. Jhs. mit einfachem Stufengiebel errichtet. Die beiden seitlichen Rundtürmchen kamen im 16. Jh. hinzu, ebenso die reich verzierte Renaissance-Auslucht von 1591.

Das prächtigste unter den rekonstruierten Fachwerkhäusern ist das spätgotische Knochenhaueramtshaus von 1529, einst Zunfthaus der Hildesheimer Fleischer. Fast alle Balken, ja selbst die Knaggen, sind reich mit Schnitzereien verziert. In den oberen Etagen residiert die stadtgeschichtliche Abteilung des Roemer- und Pelizaeus-Museums.
Markt, 31134 Hildesheim

Roemer- und Pelizaeus-Museum

Das mit den großzügigen Stiftungen von Hermann Roemer (1816–1894) und Wilhelm Pelizaeus (1851–1930) begründete Museum ist wegen seiner Alt-Ägypten-Sammlung weltberühmt. Von größter Bedeutung sind Objekte des Alten Reiches (um 2707–2170 v.Chr.) aus den Grabungen von Gizeh sowie Stelen aus der Ramessidenzeit (13. Jh. v.Chr.).

Das moderne Hauptgebäude Am Steine präsentiert außerdem Sammlungen zur europäischen Ur- und Frühgeschichte, eine beachtliche Alt-Peru-Sammlung, die zweitgrößte Kollektion chinesischen Porzellans in Europa, eine umfangreiche naturkundliche Sammlung sowie bis 2014 die berühmte Bernwardtür. Kultur- und Sozialgeschichte des Hildesheimer Raums, darunter kostbare Nachbildungen des »Hildesheimer Silberfundes« aus römischer Zeit oder das prunkvolle fürstbischöfliche Tafelsilber aus dem 18. Jh., sind im Knochenhaueramtshaus untergebracht.
Am Steine 1–2, 31134 Hildesheim
Tel. 0 51 21-9 36 90, www.rpmuseum.de
Di–So 10–18 Uhr

Hildesheim

Hotels

Van der Valk Hotel Hildesheim

Dem Hotel an der Nordseite des Marktes wurden die rekonstruierten Fassaden von Stadtschänke (1666), Rokokohaus (1757) und Wollenweber-Gildehaus (um 1600) vorgeblendet. Dahinter bieten geschmackvoll eingerichtete Zimmer modernen Komfort wie WLAN und Kabelfernsehen. Neben dem schönen Schwimmbad laden auch eine Sauna und ein Fitnesscenter zur Entspannung ein. Gutes Restaurant »Gildehaus« und elegante »Havanna Bar«.
Markt 4, 31134 Hildesheim
Tel. 0 51 21-30 00
www.vandervalk.de

Novotel

Das in einer ehemaligen Heilanstalt mit klassizistischer Fassade untergebrachte Hotel wird von Tagungsgästen der integrierten Stadthalle gerne genutzt, gibt sich mit Spielbereichen, Kindermenüs und anderen Annehmlichkeiten aber auch sehr familienfreundlich. Zwei Restaurants, »La Capella« und »Sültino«, servieren mediterrane und regionale Küche. Im Sommer lädt der gemütliche Biergarten ein.
Bahnhofsallee 38
31134 Hildesheim
Tel. 0 51 21-1 71 70
www.novotel.com

Stadtresidenz

2008 schön saniertes, ruhiges Stadthaus im Zentrum von Hildesheim mit 14 individuell eingerichteten Zimmern und Suiten, teils mit Balkon, einem Fitnessraum sowie einem idyllischen Innenhof. Die Deluxe-Einzelzimmer sowie die Suiten verfügen über eine Küchenzeile.
Steingrube 4, 31141 Hildesheim
Tel. 0 51 21-6 97 98 92
www.hotel-stadtresidenz.de

Am Steinberg

Freundlich geführtes Privathaus, dessen modern und gemütlich eingerichtete Zimmer Bad, Fernseher und WLAN bieten. Kleiner Tagungsraum.
Adolf-Kolping-Str. 6
31139 Hildesheim
Tel. 0 51 21-80 90 30
www.hotelamsteinberg.de

Parkhotel Berghölzchen

Das citynahe Parkhotel liegt im Landschaftsschutzgebiet Berghölzchen und bietet komfortabel eingerichtete, ruhige und freundliche Zimmer mit schönem Blick auf die Stadt. Restaurant mit internationaler Küche, Hotelbar mit Sommerterrasse und Biergarten, Solarium und Businesscenter.
Am Berghölzchen 1
31139 Hildesheim-Moritzberg
Tel. 0 51 21-97 90
www.berghoelzchen.de

Restaurants

Gaststube Knochenhaueramtshaus

Im angeblich schönsten Fachwerkhaus der Welt tischt die Gaststube gleich auf vier Stockwerken in rustikal-gemütlicher Atmosphäre herzhafte gutbürgerliche Küche auf. Das Bier kommt aus dem Einbecker Brauhaus. Günstiges Frühstücksbüfett. Für Gruppen ab 20 Personen wird auf Anfrage ein zünftiges Rittermahl serviert.
Markt 7, 31134 Hildesheim
Tel. 0 51 21-2 88 99 09
www.knochenhaueramtshaus.com

Schlegels Weinstuben

Das seit 1540 bestehende Haus direkt neben dem Roemer- und Pelizaeus-Museum hat in geradezu wundersamer Weise den Krieg überstanden. Die wöchentlich wechselnde, regional geprägte Speisekarte wird von einer großen Auswahl an Weinen aus aller Welt begleitet. Im Garten sind Reste der alten Stadtmauer erhalten.
Am Steine 4–6
31134 Hildesheim
Tel. 0 51 21-3 31 33
www.schlegels-weinstuben.de
Mo–Fr ab 17, Sa ab 18 Uhr

Gildehaus

Frisch vom Hildesheimer Markt stammen die Zutaten, die das historische Gildehaus im Hotel Van der Valk Hildesheim zu schmackhafter Küche mit italienischem Touch verarbeitet und in Fachwerkambiente serviert. Schöne Terrasse auf dem historischen Marktplatz.
Markt 4, 31134 Hildesheim
Tel. 0 51 21-30 06 20
www.gildehaus.de
tgl. 12–23 Uhr

Eiscafé & Ristorante Selinunte

Bei Studenten der nahe gelegenen Uni sehr beliebtes Lokal der freundlichen Familie Pasini, die besonders gerne typisch sizilianische Spezialitäten wie Tagliatelle Marina, Spaghetti alla Puttanesca oder Tortelloni Neri serviert. Man kann aber auch einfach nur eine Pizza oder Eis verspeisen und dabei Leute beobachten.
Marienburger Platz 8
Marienburger Höhe
31141 Hildesheim
Tel. 0 51 21-80 99 91
www.eiscafe-selinunte.de
Warme Küche tgl. 10.30–22 Uhr

Noah

Freundliches Ausflugslokal mitten im Grünen mit schönem Blick über den Hohnsensee, nur wenige Autominuten vom Stadtzentrum entfernt. Serviert wird leichte, delikate und innovative Kost. Samstags 9–12 Uhr Frühstücksbüfett, sonntags 10–14 Uhr Brunch.

Hohnsen 28
31134 Hildesheim
Tel. 0 51 21-69 15 30
www.noah-cafe.de
Mai–Okt. Mo–Sa ab 9, So ab
10 Uhr, Nov.–April Mo–Fr ab 9.30,
Sa ab 9, So ab 10 Uhr

Shopping

Hildesheim Marketing
Die Touristeninformation der Stadt
führt eine große Auswahl an Hildes-
heim-Souvenirs, vom nostalgischen
Anker-Steinbaukasten »Basilika
St. Michael zu Hildesheim« bis hin
zum süßen Rosentaler aus weißer
Schokolade. In der UNESCO-Vitrine
gibt es Welterbe-Mitbringsel und im
Hochschul-Shop, der im Renais-
sanceerker untergebracht ist,
trendige Mode und Collegetaschen
mit Universitätslogo.
Rathausstr. 20 (Tempelhaus)
31134 Hildesheim
Tel. 0 51 21-1 79 80
www.hildesheim.de
Mo–Fr 9–18, Sa 9–15,
Mai–Sept. auch So 10–15 Uhr

Lilis Fashion & Lifestyle
Der sympathische Modeladen führt
Schickes vieler Labels, darunter
Woolrich, American Vintage,
Debbie Katz, Drykorn, Zoeppritz,
Pura Lopez, Lambert, True Religion
und Ipuro.
Osterstr. 41–44
31134 Hildesheim
Tel. 0 51 21-1 26 71
www.lilis-shop.de
Mo–Fr 9.30–19, Sa 10–16 Uhr

Designforum Hildesheim
Hier gibt's schicke Küchen- und
Wohnaccessoires, tolle Geschenkideen und originelle Saisonartikel
von bekannten Designermarken wie
Alessi, Cilio, Linum, Design House,
Guzzini, iittala, Legnomagia, Rit-
zenhoff, Stelton, Take2 und vielen
anderen.

Andreaspassage 21
31134 Hildesheim
Tel. 0 51 21-13 34 48
www.designforum.de
Mo–Fr 10–19, Sa 10–17 Uhr

Textilhaus Kressmann
Renommiertes Modehaus, das nicht
nur klassische bis trendige Kleidung
führt, sondern auch Schuhe von
Zumnorde und Schmuck von Pando-
ra, Thomas Sabo u.a. Vom Kauf-
rausch entspannen kann man im
Café Kressmann.
Hoher Weg 13–14
31134 Hildesheim
Tel. 0 51 21-1 67 90
www.kressmann.de
Mo–Fr 9.30–19, Sa 9.30–18 Uhr

Antiquariat Vree
Das seit etwa 30 Jahren bestehende
Antiquariat am Rand der Fußgän-
gerzone nahe der Andreaskirche ist
bei landes- und ortsgeschichtlichen
Themen besonders gut sortiert.
Hoher Weg 32, 31135 Hildesheim
Tel. 0 51 21-3 24 23
www.antiquariatvree.de
Mo, Di, Do, Fr 11–18, Sa 10– 13 Uhr

Am Abend

Theater für Niedersachsen
Das Theater für Niedersachsen
(TfN), entstanden durch die Fusion
des Stadttheaters Hildesheim und
der Landesbühne Hannover im September 2007, ist eines der kleinsten
Dreispartentheater in Deutschland.
Im 1909 erbauten Stadttheater gibt
es regelmäßig Schauspiele, Opern
und Operetten sowie Musicals
(eigene Musical Company) und
Tanzabende.
Theaterstr. 6, 31134 Hildesheim
Tel. 0 51 21-1 69 30
www.tfn-online.de

Theaterhaus Hildesheim
Im Theaterhaus Hildesheim bieten
32 freie Theatergruppen ein

anspruchsvolles Programm aus
Schauspiel, Performance, Tanz,
Kinder- und Jugendtheater, inter-
disziplinären Spielarten und Impro-
visationstheater sowie zahlreiche
Einzelprojekte.
Langer Garten 23c
31137 Hildesheim
Tel. 0 51 21-5 42 76
www.theaterhaus-hildesheim.de

Thega Filmpalast
Das Kinocenter glänzt mit interessanter Architektur, modernster
digitaler Bild- und Tonqualität und
einem stets aktuellen und breiten
Filmangebot. Café im vorderen
Foyerbereich, bei schönem Wetter
lockt die Thega-Terrasse mit Cocktails und Loungeatmosphäre unter
freiem Himmel.
Theaterstr. 6, 31141 Hildesheim
Tel. 0 51 21-2 94 07 77
www.thega-filmpalast.de

Potters Bar
Etablierte Bar mit großer Auswahl
an hervorragenden Cocktails.
Außerdem finden hier immer wieder
beliebte Events und Partys statt:
Fasching, Tanz in den Mai, Karibi-
sche Nächte ...
Friesenstr. 17–18
31134 Hildesheim
Tel. 0 51 21-1 46 98
www.potters.de
Mo–Sa ab 19 Uhr (Happy Hour
bis 21 Uhr)

Campus Music Club
Tanzclub mit viel elektronischer
Musik, auch Live Percussion, Dark
Electro & Gothic, Indiesound aus
Großbritannien, Skandinavien und
Deutschland, Oldies aus den Sixties
und Dance Classics, Hip-Hop und
Rock. Achtung, Einlass erst ab 20
Jahren.
Osterstr. 30, 31134 Hildesheim
Tel. 01 75-2 47 34 65
www.campus-music-club.de
Fr, Sa ab 23 Uhr

Karlsruhe

Residenz des Rechts

Karlsruhe verdankt seine Gründung dem Markgrafen Karl Wilhelm von Baden-Durlach, der hier 1715 in seinem Jagdrevier die neue Residenz errichten ließ. Das Besondere der Planung war die zum Schloss hin orientierte fächerförmige Anlage der Innenstadt. Die am Nordrand des Schwarzwaldes gelegene Stadt ist bundesweit bekannt als Sitz der Hohen Gerichte Deutschlands, des Bundesgerichtshofs und des Bundesverfassungsgerichtes. Karlsruhe ist aber auch ein bedeutender Standort für Kunst und Wissenschaft. So gehört die Universität Karlsruhe (TH) zu den Elite-Universitäten in Deutschland. Das ZKM, das Zentrum für Kunst und Medientechnologie, lockt Besucher aus aller Welt, weil es moderne Kunst und neue Medien in einzigartiger Weise verbindet. Das Badische Staatstheater, kleinere Bühnen, Konzertsäle und mehrere Festivals sind weitere Belege für das reichhaltige Kulturleben der lebendigen Stadt im Grünen, deren Parks und Wälder bis an die City heranreichen.

Schloss mit Badischem Landesmuseum

Mitten im Grünen, aber dennoch im Herzen der Stadt liegt das in der heutigen Form unter Markgraf Karl Friedrich 1752 bis 1775 errichtete dreiflügelige Schloss. Von außen beeindruckt besonders die nach Plänen von Balthasar Neumann errichtete barocke Fassade. Vom ursprünglichen Bau ist nur noch der Mittelturm erhalten, der bestiegen werden kann und einen reizvollen Blick auf das fächerartig angelegte Karlsruhe gewährt.

Heute befindet sich im Schloss das Badische Landesmuseum. Es umfasst Sammlungen zur Vor- und Frühgeschichte ebenso wie zur Kunst-, Kultur- und Landesgeschichte vom Mittelalter bis zur Gegenwart in Baden. Die Kunstsammlung der badischen Herrscherhäuser ist ebenso sehenswert wie die Antikensammlung mit Exponaten der Kulturen des Mittelmeerraumes, die zu den wichtigsten in Deutschland zählt. Einen besonderen Rang nimmt die berühmte »Türkenbeute« ein, die auf Kriegszüge der badischen Markgrafen Hermann und Ludwig Wilhelm zurückgeht.

Schlossplatz, 76131 Karlsruhe
Tel. 07 21-9 26 65 14, www.landesmuseum.de
Di–Do 10–17, Fr–So 10–18 Uhr

Prinz-Max-Palais (Stadtmuseum und Museum für Literatur)

Die Gründerzeitvilla wurde von Josef Durm 1881–1884 im Stil des Historismus erbaut. Bis 1918 wohnte dort Prinz Max von Baden, der letzte Kanzler des Kaiserreichs. Zwischen 1951 und 1969 war das Gebäude Sitz des Bundesverfassungsgerichtes. Heute sind hier neben einem städtischen Kulturzentrum zwei Museen untergebracht. Das Karlsruher Stadtmuseum präsentiert auf 800 m² drei Jahrhunderte Stadtgeschichte. Rauminszenierungen veranschaulichen frühere Wohnverhältnisse, Architekturmodelle stellen die Entwicklung der Fächerstadt dar. Auch die Multimediawelt hat mit der Ausstellung »Eine Vision und ihre Geschichte« Einzug gehalten.

Das Museum für Literatur am Oberrhein mit Tonkabinett vermittelt mit Handschriften, Briefen und Erstdrucken einen Überblick über Leben und Werk von über 150 oberrheinischen Dichtern und Schriftstellern, z.B. Johann Peter Hebel und Victor von Scheffel.

Karlstr. 10, 76133 Karlsruhe
Tel. 07 21-1 33 42 34
www.karlsruhe.de/kultur/stadtgeschichte/
stadtmuseum.de
Di, Fr, So 10–18, Do 10–19, Sa 14–18 Uhr

Schlossgarten und Botanischer Garten

Auf den ausgedehnten Liege- und Spielwiesen des großen Schlossgartens, der im Stil eines englischen Landschaftsparks angelegt ist, lassen die Karlsruher den Alltagsstress hinter sich. Der herrliche Baumbestand mit teilweise seltenen Baumarten, Plastiken vom Barock bis zur Moderne, Denkmäler und Brunnen, vor allem aber der große Teich sorgen für Abwechslung und Entspannung. Besondere Attraktionen sind der Seerosen- und der Fasanengarten sowie eine Fahrt mit dem Schlossgartenbähnle.

Westlich des Schlosses liegt der Eingang zum 1857 angelegten Botanischen Garten. Mit einer Fläche von 37 Hektar bildet er mit der Staatlichen Kunsthalle und der Orangerie ein einzigartiges Ensemble. Hier gedeihen 20 Baumarten aus verschiedenen Kontinenten. In Schau- und Gewächshäusern sind Kakteen und zahlreiche andere tropische Pflanzen zu bewundern. Brunnenecken, Skulpturen und eine wunderschön angelegte Café-Terrasse bereichern den Aufenthalt.

Schlossplatz bzw. Hans-Thoma-Str. 6 76131 Karlsruhe
www.botanischer-garten-karlsruhe.de
Botanischer Garten 6 Uhr bis Einbruch der Dunkelheit; Schauhäuser Di–Fr 10–16.45, Sa, So, Fei 10– 17.45 Uhr

Zoo Karlsruhe

Der 1865 als Tiergarten eröffnete Zoologische Garten zählt mit seinen 150 Tierarten und der in Europa einmaligen Eisbärenanlage zu den interessantesten in Deutschland. Während Flamingos und Pfaue an den Besuchern vorbeispazieren, kann man in Großgehegen Giraffen, Zebras, Antilopen, Flusspferde und Elefanten bewundern. Aber auch Löwen, andere Großkatzen, viele Affenarten, Seelöwen, Pinguine und Wasservögel gehören zum Bestand. Mit Gondoletta-Fahrten, Kinder-Autobahn, Wasserorgel, Streichelzoo und Abenteuerspielplatz ist der Zoo auch für die Jüngsten ein Paradies. Für Erwachsene bilden kulturelle Veranstaltungen auf der Seebühne eine besondere Attraktion.

Der Zoo (Haupteingänge: Nord/Festplatz und Süd/Hauptbahnhof) ist in den Stadtgarten integriert – mit einer Fläche von 22 Hektar die größte innerstädtische Parkanlage. Mehr als 800 Baumarten aus allen Kontinenten und über 300 Rosenarten sind hier zu bewundern.
Ettlinger Str. 6, 76137 Karlsruhe
Tel. 07 21-1 33 68 15
www.karlsruhe.de/fb7/zoo
Febr., März, Okt. tgl. 9–17, April 9–17.30, Mai–Sept. 8–18, Nov.–Jan. 9–16 Uhr

Marktplatz

Südlich vom Karlsruher Schloss liegt der Marktplatz, eine geschlossene klassizistische Platzanlage. Sie ist das Werk des »badischen Schinkel«, Friedrich Weinbrenner. Mit der 6,5 m hohen Pyramide aus rotem Sandstein erhebt sich hier eines der Wahrzeichen der Fächerstadt. Im Inneren der Pyramide befindet sich die Gruft des Stadtgründers Markgraf Karl Wilhelm von Baden.

Die Gebäude, die sich um den Platz reihen, bilden ein relativ einheitliches Ensemble im klassizistischen Stil. An der Westseite dominiert das Rathaus mit seiner dreiteiligen Fassade. Gegenüber steht die 1807–1811 ebenfalls von Friedrich Weinbrenner entworfene Evangelische Kirche, deren Portikus an einen griechischen Tempel erinnert. Auf der dem Marktplatz abgewandten Seite erhebt sich der markante, 62 m hohe Glockenturm des Gotteshauses.
Marktplatz, 76133 Karlsruhe

Zentrum für Kunst und Medientechnologie (ZKM)

Das ZKM ist weit mehr als nur ein Museum. In diesem Anfang der 1980er-Jahre konzipierten »elektronischen Bauhaus« werden die neuen Medienkünste gleichberechtigt neben traditionellen Kunstformen präsentiert. Zur Einrichtung dieser »Kulturfabrik« gehören neben einem Medientheater und einer Mediathek außerdem das Medienmuseum, das Institut für Bildmedien, das Institut für Musik und Akustik mit der Abteilung Grundlagenforschung sowie das Institut für Netzwerkentwicklungen.

Marktplatz mit markgräflicher Grabpyramide

Sonderausstellungen präsentieren die besten am ZKM in Kooperation mit internationalen Künstlern und Künstlerinnen produzierten Medienkunstarbeiten – auch in einer Version für mobile Endgeräte. Im Museum für Neue Kunst werden auf 7000 m² in Wechselausstellungen Werke aus Medienkunst, Malerei, Skulptur und Fotografie aus amerikanischen und europäischen Sammlungen von 1960 bis heute vorgestellt.

Lorenzstr. 19, 76135 Karlsruhe
Tel. 07 21-81 00 12 00, www.zkm.de
Mi–Fr 10–18, Sa, So 11–18 Uhr

Städtische Galerie

Die Städtische Galerie ist wie das ZKM in dem Gebäudekomplex der ehemaligen Munitionsfabrik untergebracht. Schwerpunkte sind Beispiele badischer Kunst seit Gründung der Karlsruher Kunstakademie 1854 sowie deutsche Kunst nach 1945. Fast alle Künstler, die im 20. Jh. in Karlsruhe tätig waren, sind hier mit Werken vertreten, darunter Karl Hubbuch als Maler der Neuen Sachlichkeit und Horst Antes als bekanntester Vertreter der Neuen

Figuration. Mit Georg Baselitz, Jörg Immendorf, Markus Lüpertz, Heinz Mack, Sigmar Polke und Günther Uecker schmücken große Namen der zeitgenössischen Malerei die Galerie. Auch die Schöpfungen einiger Bildhauer wie Harald Klingelhöller und Stephan Balkenhol finden hier einen würdigen Platz.
Mehrmals im Jahr finden Sonderausstellungen statt. Konzerte und Vorträge sowie Veranstaltungen speziell für Jugendliche ergänzen das vielfältige Angebot. In dem ausgedehnten Gebäudekomplex hat außerdem die Staatliche Hochschule für Gestaltung ihre Räumlichkeiten.

Lorenzstr. 27, Lichthof 10, 76135 Karlsruhe
Tel. 07 21-1 33 44 01
www.staedtische-galerie.de
Mi–Fr 10–18, Sa, So 11–18 Uhr

Kunsthalle

Die von dem Architekten Heinrich Hübsch entworfene Staatliche Kunsthalle gehört zu den ältesten Museen Deutschlands. Das zweigeschossige barocke Hauptgebäude und die nördlich davon gelegene Orangerie umrahmen den Botanischen Garten, der sich an den Schlosspark anschließt. Die bedeutende Gemäldesammlung mit mehr als 800 ausgestellten Objekten umfasst Werke altdeutscher und niederländischer Meister wie Cranach, Dürer, Grünewald, Holbein, Rembrandt und Rubens. Die Malerei des 19. Jhs. wird besonders durch französische Künstler wie Courbet, Degas, Delacroix und Monet repräsentiert, aber auch Bilder von Caspar David Friedrich sind zu bewundern.
In der zur Kunsthalle gehörenden Orangerie hängen Bilder von Cézanne, Delaunay, Gauguin, Kandinsky, Kirchner, Klee und Matisse, während die zeitgenössische Kunst u.a. durch Grausner, Jorn, Palermo und Rainer vertreten wird. In der Kunsthalle befinden sich außerdem ein Kupferstichkabinett, das erste deutsche Kinder- und Jugendmuseum sowie eine Museumsbibliothek.

Hans-Thoma-Str. 2–6, 76133 Karlsruhe
Tel. 07 21-9 26 33 59
www.kunsthalle-karlsruhe.de
Di–Fr 10–17, Sa, So, Fei 10–18 Uhr

Hotels

Schlosshotel Karlsruhe

Traditionsreiches Konferenz- und Businesshotel mit nostalgischem Charme ganz in der Nähe von Hauptbahnhof und Stadtgarten/Zoo. Stilvoll eingerichtete, komfortable Zimmer mit Highspeed-Internetzugang, schöner Wellness- und Fitnessbereich, zwei Restaurants und elegante Bar mit schwarzen Ledersesseln.

Bahnhofsplatz 2, 76137 Karlsruhe
Tel. 07 21-3 83 20
www.schlosshotel-karlsruhe.de

Hotel Kaiserhof

Modernisiertes Traditionshaus im Herzen der Stadt. Die geräumigen Zimmer des Vier-Sterne-Hotels verfügen über WLAN und extralange Betten, ein Fitness- und Saunabereich lädt zum Relaxen ein. Das Hotelrestaurant verwöhnt mit feiner Regionalküche und verfügt auch über eine schöne Terrasse zum Marktplatz.

Karl-Friedrich-Str. 12
76133 Karlsruhe
Tel. 07 21-9 17 00
www.hotel-kaiserhof.de

Hotel Maison Suisse

Garni-Hotel im Vorort Durlach mit sehr gutem Service, reichhaltigem Frühstück und idyllischem Garten. Geschmackvoll eingerichtete Zimmer. Fahrradverleih für Touren in die Umgebung.

Hildebrandstr. 24
76227 Karlsruhe-Durlach
Tel. 07 21-40 60 48
www.maison-suisse.de

Hotel Der Blaue Reiter

Das großzügig, modern und sehr geschmackvoll eingerichtete Hotel in Durlach ist nach der berühmten Künstlergruppe »Der Blaue Reiter« benannt, und so prägen fröhliche Farben und Bilder die 67 eleganten und komfortablen Zimmer. Das Restaurant serviert badische und bayrische Schmankerl, dazu gibt's das gleich nebenan im Durlauer Brauturm gebraute Bier – original unfiltriert.

Amalienbadstr. 16
76227 Karlsruhe
Tel. 07 21-94 26 60
www.hotelderblauereiter.de

arthotelroyal

Elegantes, individuelles Haus in der Innenstadt in unmittelbarer Nähe des Staatstheaters. Die hoteleigene, private Sammlung zeitgenössischer Kunst ziert die Wände; sie umfasst Originalwerke von Markus Lüperts, Jörg Immendorff und vielen anderen. Die modern gestalteten Zimmer sind darüber hinaus mit WLAN und Kabelfernsehen ausgestattet. Die Hausbar serviert exzellente Cocktails und ist ein In-Treff für ganz Karlsruhe.

Kriegsstraße 94, 76133 Karlsruhe
Tel. 07 21-9 33 80 50
www.arthotelroyal.de

Restaurants

Oberländer Weinstube

Seit mehr als 100 Jahren ist dieses behagliche Restaurant in Familienbesitz und berühmt für seine französisch-mediterrane Küche mit regionalem Einfluss. Marktfrische Produkte sind eine Selbstverständlichkeit. Hervorragende Weinkarte mit über 800 Positionen aus Bordeaux, Burgund und Italien.

Akademiestr. 7, 76133 Karlsruhe
Tel. 07 21-2 50 66
www.oberlaender-weinstube.de
Di–Sa 12–15 und 18–24 Uhr

Hügels Restaurant Dudelsack

Auf der Speisekarte stehen Klassiker wie Badisches Schäufele, Milchkalbsbäckchen oder Perlhuhnbrust im Speckmantel. Im Sommer gibt es auch leichte mediterrane Gerichte. Das Restaurant verfügt über eine Terrasse zur Straße und einen schönen Innenhof.

Waldstr. 79, 76133 Karlsruhe
Tel. 07 21-20 50 00
www.restaurant-dudelsack.de
tgl. 18–1 Uhr

Hoepfner Burghof

Traditionelle badische Gastronomie findet man in dieser gemütlichen Brauereigaststätte mit großem Biergarten. Gutes Preis-Leistungs-Verhältnis. Angeschlossen ist ein Hotel mit 32 Zimmern.

Haid-und-Neu-Str. 18
76131 Karlsruhe
Tel. 07 21-6 18 34 00
www.hoepfner-burghof.de
Mo–Sa 11–24, So 11–14 und 18–24 Uhr

Badische Weinstuben

Die bewirtete Terrasse zum Botanischen Garten gehört zu den schönsten Plätzen in ganz Karlsruhe. Unter dem spektakulären Eisengewölbe eines ehemaligen Gewächshauses speist man marktfrische badische und internationale Küche. Auch der Kuchen dieses sympathischen Familienbetriebs schmeckt ganz vorzüglich.

Schlossbezirk 6
76131 Karlsruhe
Tel. 07 21-60 78 79
www.badische-weinstuben.de
Di–So 10–23 Uhr

Klenerts Restaurant auf dem Turmberg

Abwechslungsreiche regionale Küche mit garantiert frischen Zutaten. Von der Terrasse bietet sich ein reizvoller Blick auf Karlsruhe und Umgebung.

Reichardtstr. 22
76227 Karlsruhe-Durlach
Tel. 07 21-4 14 59
www.klenerts.de
tgl. 11.30–23 Uhr

Shopping

Post Galerie

Aus der ehemaligen Karlsruher Hauptpost am Europaplatz ist eine attraktive Einkaufsgalerie mit über 60 Einzelhandelsgeschäften, Dienstleistern und gastronomischen Betrieben geworden. Bei schönem Wetter lädt ein Biergarten zum Verweilen ein.
Europaplatz, 76133 Karlsruhe
Tel. 07 21-1 80 58 60
www.postgalerie.com
Mo–Sa 10–20 Uhr

Lapislazuli-Galerie

Bezaubernder Laden in der Innenstadt mit sehr freundlichem Personal. Hier wird u.a. Nomadenschmuck aus Afghanistan und Kasachstan verkauft. Außerdem gibt es wunderschöne Edelsteine, vom Lapislazuli bis zum Opal, sowie Wohnaccessoires aus dem Orient und aus Tibet.
Herrenstr. 23, 76133 Karlsruhe
Tel. 07 21-1 60 77 81
www.lapislazuli-galerie.com
Mo–Sa 10–19.30 Uhr

ECCO

Das Ecco im Stadtteil Durlach ist die ideale Anlaufadresse für Objektgestaltung und Styling. Hier findet man schöne Wohnaccessoires namhafter Firmen wie Alessi, KPM, Lambert, Eva Trio, Leitner und Marimekko. Besonders attraktives Schreibmaterial führt die Papeterie Plume et Papier.
Amthausstr. 9
76227 Karlsruhe-Durlach
Tel. 07 21-49 31 07
www.ecco-durlach.de
Mo–Fr 9.30–13, 14.30–18.30,
Sa 10–14 Uhr

Kunsthandlung Graeff

Seit über 200 Jahren schon gibt es dieses Traditionshaus in der Innenstadt. Hier verführen Gemälde, Aquarelle, alte und moderne Grafik, hochwertige Kunstdrucke und eines der größten Sortimente an Kunstpostkarten in ganz Deutschland zum Stöbern.
Waldstr. 20, 76133 Karlsruhe
Tel. 07 21-2 80 60
www.kunsthandlung-graeff.de
Mo–Fr 10.15–19, Sa bis 16 Uhr

Antiquariat Haufe & Lutz

Gut sortiertes bibliophiles und wissenschaftliches Antiquariat mit einer großen Auswahl an schönen, seltenen und wertvollen Büchern aus vielen Interessengebieten vom 16. bis 20. Jh. Umfangreiche Kataloge stehen auch online zur Verfügung.
Kronenstr. 24
76133 Karlsruhe
Tel. 07 21-37 68 82
www.haufe-lutz.de
Mo–Fr 10.30–18, Sa 10–16 Uhr

Am Abend

Badisches Staatstheater

Das aus dem großherzoglichen Hoftheater hervorgegangene Staatstheater bietet heute im Großen Haus (Opernhaus) vor allem Musiktheater und Ballett, im Kleinen Haus (Schauspielhaus) Schauspielkunst von hoher Qualität.
Baumeisterstr. 11
76137 Karlsruhe
Tel. 07 21-93 33 33
www.badisches-staatstheater.de

Die Stadtmitte

In der ehemaligen Oberpostdirektion mitten in der Innenstadt regiert Entertainment pur. Die Location bietet alles in einem: einen Club zum Abtanzen, einen Saal für Konzerte, Theater und Kleinkunst, ein Café zum Entspannen sowie einen Biergarten (ab 18 Uhr, auch im Winter) zur Abkühlung.
Baumeisterstr. 3
76133 Karlsruhe
Tel. 07 21-1 45 31 20
www.die-stadtmitte.de
So 19–1, Mi, Do 19–3, Fr, Sa 19–5 Uhr (im Winter Mo, Di geschl.)

CO2 Discopark

Mit über 1400 m^2 Partyfläche auf sechs Areas ist das CO2 im Industriegebiet Nordost die größte Diskothek in Karlsruhe. Von Donnerstag bis Sonntag wird hier getanzt, und jede Nacht ist ein anderer Schwerpunkt angesagt: 70er- und 80er-Jahre-Hits, Techno und House, Black und Fox-Musik.
Am Storrenacker 3
76139 Karlsruhe
Tel. 07 21-9 61 49 69
www.co2-discopark.de
Do 21–3, Fr, Sa 21–5, So 20–3 Uhr

Kulturzentrum Tollhaus

Das aus einem Verein hervorgegangene Tollhaus hat sich zu einer Karlsruher Institution entwickelt. Hier wird ein breites Spektrum an Veranstaltungen aus vielen Kulturbereichen geboten: Kabarett, Jazz, Folk, Weltmusik, Tanztheater, Comedy, Festivals. 500 Plätze stehen in einem Saal zur Verfügung, 50 weitere im Foyer-Café.
Schlachthausstr. 1
76131 Karlsruhe
Tel. 07 21-96 40 50
www.tollhaus.de

Jazzclub Karlsruhe e.V.

Seit über 30 Jahren ist der einstige Schlachthof eine der Top-Adressen für feinen Jazz in Baden. Besonders beliebt sind die kostenlosen Jam Sessions, bei denen man nie weiß, wie sich der Abend entwickeln wird. Latin, Soul, Fusion, Pop: Alles ist möglich.
Durlacher Allee 64
76131 Karlsruhe
Tel. 07 21-61 78 85
www.jazzclub.de
In der Regel Mo und Do ab 20.30 Uhr

Kassel

Kulturstadt zwischen Klassik und Avantgarde

Hessens drittgrößte Stadt liegt zwar an der Deutschen Märchenstraße, doch ihre zahlreichen märchenhaften Fachwerkhäuser fielen der Bombennacht von 1943 zum Opfer. Bereits zwölf Jahre später katapultierte die erste documenta Kassel in die Avantgarde. Die alle fünf Jahre stattfindende Ausstellung für zeitgenössische Kunst ist nach wie vor das größte Zugpferd für den Tourismus. Schon jetzt wartet man gespannt auf die 2012 stattfindende documenta 13. Den Fortschritt hat man in Kassel schon vor 500 Jahren geschätzt. Damals wirkten berühmte Astronomen und Mathematiker am Hof der modern denkenden Landgrafen, die später mit Schloss und Park Wilhelmshöhe ein einzigartiges Ensemble aus klassizistischer Architektur, englischem Landschaftspark und grandiosen Wasserspielen schufen: Grund genug, auch in documentafreien Jahren die nordhessische Metropole mit ihren vielen Museen zu besuchen.

Bergpark Wilhelmshöhe

Landgraf Karl I. (1654–1730) ließ im 17. Jh. Europas größten Bergpark anlegen. Sein Sohn Wilhelm IX. und der klassizistische Architekt und Gartengestalter Heinrich Christoph Jussow verwandelten den ursprünglich barocken Garten ab 1785 in einen englischen Landschaftspark mit Burgruine, Schlossteich, Aquädukt und Teufelsbrücke samt Höllenteich. Das Große Gewächshaus, eine der ältesten Eisen-Glas-Konstruktionen Europas, kam 1822/23 hinzu (Besichtigung Okt.–Mai).

238 m Höhenunterschied liegen zwischen Schloss Wilhelmshöhe und dem höchsten Punkt des Bergparks, auf dem Kassels Wahrzeichen, die über 8 m hohe kupferne Herkules-Statue (1714–1717), thront. Sie wird noch bis 2011 saniert. Im Sommer dürfen sich die berühmten Wasserspiele mehrmals pro Woche über Kaskaden den Weg hinunter in den Schlossteich bahnen, wo der natürliche Druck das Wasser 52 m in die Höhe schießen lässt. Abends werden die Kaskaden effektvoll illuminiert.

Wilhelmshöhe, 34131 Kassel
ganzjährig ganztags geöffnet; beleuchtete Wasserkünste jeden 1. Sa im Monat: Juni/Juli 22 Uhr, Aug. 21.30 Uhr, Sept. 21 Uhr

Schloss Wilhelmshöhe

Das klassizistische Schloss wurde 1786–1798 nach Plänen der Architekten Simon Louis du Ry und Heinrich Christoph Jussow als Sommerresidenz für Landgraf Wilhelm IX., den späteren Kurfürsten Wilhelm I., in das landschaftliche Gesamtkunstwerk Bergpark eingebunden. Seit 1974 beherbergt das nach dem Krieg umfassend restaurierte Schloss die Antikensammlung und die Gemäldegalerie Alte Meister. Im südlichen Weißensteinflügel, der von Kriegsschäden weitgehend verschont blieb, sind wertvolle Möbel, Bilder und Wohnaccessoires aus kurfürstlichem Besitz zu besichtigen.

Ebenfalls im Schloss untergebracht ist die Grafische Sammlung mit Arbeiten der 1777 von Landgraf Friedrich II. gegründeten Kunstakademie. Im Bergpark ließ Wilhelm IX. Ende des 18. Jhs. die Löwenburg errichten, ein neogotisches Lustschloss im Stil einer mittelalterlichen englischen Festung. Derzeit bewerben sich Park und Schloss Wilhelmshöhe um die Aufnahme ins UNESCO-Welterbe.

Schlosspark 3, Wilhelmshöhe
34131 Kassel, Tel. 05 61-31 68 02 23
www.museum-kassel.de
Di–So, Fei 10–17 Uhr

Die Orangerie im Staatspark Karlsaue beeindruckt durch ihre stattliche Länge

Gemäldegalerie Alte Meister

Die Sammlung in Schloss Wilhelmshöhe geht auf Landgraf Wilhelm VIII. (1682–1760) zurück, der zwischen 1748 und 1756 seine Diplomaten und Kunstagenten durch ganz Europa schickte, um etwa 800 Gemälde anzukaufen. So findet man hier Meisterwerke wie »Saskia von Uylenburg« und »Der Segen Jakobs« von Rembrandt, »Die Krönung des Tugendhelden« von Peter Paul Rubens, den »Mann mit dem Schlapphut« von Frans Hals sowie die »Feldwache in Waldlichtung« von Jan Brueghel dem Älteren. Auch deutsche und südeuropäische Meister wie Dürer, Cranach d.Ä., Altdorfer, Tizian, Tintoretto, Murillo und Ribera bereichern die Sammlung. Derzeit sind im 1. Stock auch Exponate der Neuen Galerie zu sehen, die bis Herbst 2011 saniert wird: Werke der klassischen Moderne von Ernst Ludwig Kirchner und Max Ernst, Gegenwartskunst von Gerhard Richter und Mario Merz sowie documenta-Stücke.

Schlosspark 3, Wilhelmshöhe
34131 Kassel, Tel. 05 61-31 68 00
www.museum-kassel.de
Di–So, Fei 10–17 Uhr

Antikensammlung

Die im Erd- und Untergeschoss von Schloss Wilhelmshöhe untergebrachte Antikensammlung zeigt an die 1400 Exponate aus dem griechisch-römischen Altertum, darunter bemalte attische Tongefäße, Glasurnen, Münzen, Edelsteine und 30 Korkmodelle antiker Bauwerke Roms.

Von besonderer Bedeutung sind viele Skulpturen, die schon im 18. Jh. im Fridericianum ausgestellt worden waren, darunter die Athena Lemnia und die Victoria von Fossembrone. Der berühmte Kasseler Apoll ist eine Marmorstatue aus dem 2. Jh. n.Chr. Sie wurde auf dem Gelände einer Villa des römischen Kaisers Domitian bei Sabaudia in Italien gefunden und im 18. Jh. von Landgraf Friedrich II. erworben. Die Skulptur ist die römische Kopie eines verloren gegangenen Originals, das in Griechenland etwa 450 v.Chr. vermutlich vom Bildhauer Pheidias aus Bronze modelliert worden war.

Schlosspark 3, Wilhelmshöhe
34131 Kassel, Tel. 05 61-31 68 00
www.museum-kassel.de
Di–So, Fei 10–17 Uhr

Fridericianum

Landgraf Friedrich II. widmete den 1779 von Simon Louis du Ry vollendeten klassizistischen Bau dem Volk als Museum: eines der ersten Europas überhaupt. In der hier untergebrachten fürstlichen Bibliothek arbeiteten die Brüder Grimm. Im Erdgeschoss war einst die Antikensammlung untergebracht. Der Zwehrenturm diente früher als Sternwarte.

1955 nutzte der Kunstprofessor Arnold Bode das zu dieser Zeit noch ausgebombte Gebäude als Ausstellungsort der ersten documenta. Auch für die documenta 13, die 2012 stattfindet, wird das Fridericianum wieder Schauplatz sein, ebenso wie die 1992 eigens für die documenta konstruierte benachbarte Ausstellungshalle aus Stahlbeton und Glas. Außerhalb der documenta wird das Fridericianum für wechselnde Kunstausstellungen und Kulturveranstaltungen genutzt.

Friedrichsplatz 18, 34117 Kassel
Tel. 05 61-7 07 27 20
www.fridericianum-kassel.de
Mi–So 11–18 Uhr

Naturkundemuseum im Ottoneum

Das 1603–1606 errichtete und nach Otto, dem Sohn des Landgrafen Moritz von Hessen-Kassel (1572–1632), benannte Ottoneum war Deutschlands erstes feststehendes Theater. Ende des 17. Jhs. baute es Paul du Ry für die Aufnahme der Kunst- und Naturaliensammlung von Landgraf Karl völlig um.

Zu den bedeutendsten Exponaten zählt Europas älteste systematische Pflanzensammlung, die Schildbach'sche Holzbibliothek aus dem 18. Jh., mit konservierten Blättern, Blüten, Wurzeln und Schnitten von Ästen. Ebenfalls zu sehen sind der »Goethe-Elefant«, ein Skelett, an dessen Schädel der Dichter seine Forschungen über Zwischenkieferknochen bei Säugetieren durchführte, sowie etliche präparierte Tiere. Nichts für schwache Nerven ist die Kollektion menschlicher Embryonenmissbildungen aus der Zeit von 1730 bis 1760.

Steinweg 2, 34117 Kassel
Tel. 05 61-7 87 40 66
www.naturkundemuseum-kassel.de
Di, Do–Sa 10–17, Mi 10–20, So 10–18 Uhr

Staatspark Karlsaue mit Orangerie

Kassels erster, im Osten des Friedrichsplatzes gelegener Schlossgarten ging aus einem Barockpark hervor, den Landgraf Karl ab 1680 zwischen zwei Seitenarmen der Fulda anlegen ließ. Damals war er größer als die Stadt Kassel selbst. Später wurde er in eine englische Gartenanlage umgewandelt, mit Schwanensee, Blumeninsel Siebenbergen und romantischem Kuppeltempel.

Die repräsentative, 140 m lange Orangerie wurde als Sommerresidenz errichtet. Ihre Galerien dienten als Festsäle, und im Winter schützte man dort Orangen- und Lorbeerbäume aus dem Garten vor der Kälte. Heute sind in der Orangerie das 1722–1728 errichtete, seinerzeit ungemein luxuriöse Marmorbad, das Astronomisch-physikalische Kabinett sowie ein Restaurant mit Terrasse untergebracht.

An der Karlsaue, 34117 Kassel
Tel. 05 61-31 68 05 00
www.museum-kassel.de
Orangerie Di–So, Fei 10–17 Uhr

Astronomisch-physikalisches Kabinett

Schon 1560 gründete der astronomiebegeisterte Landgraf Wilhelm IV. eine stationäre Sternwarte, eine der ersten ihrer Art in Europa. Sie lockte Mathematiker, Mechaniker und Sternenforscher nach Kassel. Der Astronomiesaal des in der Orangerie untergebrachten Museums bildet die erste und letzte Kasseler Sternwarte von 1787 mit Originalinstrumenten und Nachbauten nach.

Von besonderer Faszination ist der kupferschimmernde Große Himmelsglobus mit einem Durchmesser von 72 cm, geschaffen vom Schweizer Jost Bürgi, der von 1579 bis 1604 Hofastronom in Kassel war. In der Uhrenabteilung sind u.a. der Abguss einer Auslaufuhr aus Ägypten und das schmiedeeiserne Turmuhrwerk aus der Martinskirche von 1831 zu sehen. Das Planetarium im Obergeschoss projiziert den Sternenhimmel ins Halbrund.

An der Karlsaue 20c, Orangerie
34117 Kassel, Tel. 05 61-31 68 00
www.museum-kassel.de
Di–So, Fei 10–17 Uhr

Hotels

Kurparkhotel

Komfortables familiengeführtes Hotel in Gehweite zum Bergpark Wilhelmshöhe. Die Zimmer sind individuell und modern eingerichtet und verfügen über Kabelfernsehen. Attraktiver Wellnessbereich mit großem Schwimmbad, Solarium, Whirlpool und finnischer Sauna. Das Restaurant »Conrads« serviert regionale und leichte Küche. Schöne Café-Terrasse.

Wilhelmshöher Allee 336
34131 Kassel-Wilhelmshöhe
Tel. 05 61-3 18 90
www.kurparkhotel-kassel.de

Gude

Etwas außerhalb der Stadt gelegenes renommiertes Familienhotel, in dritter Generation geführt. Die 85 gemütlichen Zimmer sind geschmackvoll eingerichtet und bieten Sitzecke, Balkon oder Terrasse. Es gibt auch Ferienwohnungen sowie kostenlosen Fahrradverleih. In der stilvollen »Salzbar« und im kreativen Restaurant »Pfeffermühle« trifft sich viel Prominenz aus Film, Musik und Politik. Sauna, Swimmingpool, modernes Tagungszentrum.

Frankfurter Str. 299
34134 Kassel-Niederzwehren
Tel. 05 61-4 80 50
www.hotel-gude.de

Schlosshotel Wilhelmshöhe

Hotel in ruhiger, schöner Lage am Ortsrand mit tollem Blick auf Kassel und das Herkules-Denkmal. Hier trafen sich 1970 Willy Brandt und Willi Stoph zum zweiten innerdeutschen Gespräch. Sehr komfortable Zimmer mit WLAN und Flachbildfernseher, teils auch mit Balkon, internationale Küche im Restaurant mit Sommerterrasse, gemütliche Hotelbar.

Schlosspark 8
34131 Kassel-Wilhelmshöhe
Tel. 0561-3 08 80
www.schlosshotel-kassel.de

Stadthotel Kassel

Ideale Lage direkt am Florentinerplatz, zwischen Kulturbahnhof, documenta und Staatstheater. Nostalgiker können in einer Suite nächtigen, die komplett im Stil der 1950er-Jahre eingerichtet ist: eine Hommage an die Zeit der ersten documenta mit Plattenspieler, Kofferradio, Literatur und Barschrank. Toller Blick aus sieben Fenstern auf Kassels Dachlandschaft.

Wolfsschlucht 21
Ecke Treppenstraße
34117 Kassel
Tel. 05 61-78 88 80
www.stadthotelkassel.de

Art-Hotel Schweizer Hof

Modernes Hotel mit komfortabel eingerichteten Zimmern, interessantem Designkonzept, bei dem die Farben der Schweizer Nationalflagge eine wichtige Rolle spielen, und modernen Tagungseinrichtungen. Das Restaurant »Kaminzimmer« serviert internationale Küche.

Wilhelmshöher Allee 288
34131 Kassel-Wilhelmshöhe
Tel. 05 61-9 36 90
www.arthotel-schweizerhof.de

Grand Hotel Moderne La Strada

Hotel mit großzügigen, modern und geschmackvoll eingerichteten Zimmern und Suiten. Man speist im eleganten Restaurant »Mediterrané«, das in einem Wintergarten u.a. kulinarische Spezialitäten aus Italien anbietet. Außerdem gibt es ein Boulevard- und ein Gartencafé, eine Tanzbar mit Livemusik, Tagungsräume und einen Ballsaal für Großveranstaltungen. Die Gäste werden mit einer großzügigen Wellness-, Sauna- und Badelandschaft verwöhnt.

Raiffeisenstr. 10
34121 Kassel-Niederzwehren
Tel. 05 61-2 09 00
www.lastrada.de

Restaurants

Zum Steinernen Schweinchen

Das gleichnamige Hotel bietet gleich drei Restaurants: das elegante Gourmetlokal »Zum Steinernen Schweinchen« mit der kreativen Küche von Jochen Richter, das mediterrane Restaurant »Santé« mit moderaten Preisen sowie die Gasthausbrauerei im alten Gesindehaus mit kleinem Biergarten.

Konrad-Adenauer-Str. 117
34132 Kassel, Tel. 05 61-94 04 80
www.steinernes-schweinchen.de
Di–Sa ab 18 Uhr

Restaurant Gutshof

Der Gutshof am Fuße von Schloss Wilhelmshöhe belieferte einst den kurhessischen Hofstaat. Heute serviert hier Fernsehkoch Jens Richter in einem im gemütlichen Landhausstil eingerichteten Restaurant mit Biergarten feine kreative Küche. Nicht nur die Showgäste des benachbarten Hessischen Rundfunks kommen gerne.

Wilhelmshöher Allee 347a
34131 Kassel-Wilhelmshöhe
Tel. 05 61-3 25 25
www.restaurant-gutshof.de
tgl. 12–1 Uhr

Enoteca Osteria

Freundliche Osteria am Königstor mit großer Auswahl an marktfrisch zubereiteten italienischen Speisen. Vitello Tonnato, Carpaccio vom Roastbeef, schwarze Linguine und Spaghettini mit Garnelen und hausgemachtem Pesto.

Jordanstr. 11, 34117 Kassel
Tel. 05 61-77 37 05
www.osteria-kassel.de
Mo–Sa ab 18 Uhr

Zum Rammelsberg

Rustikaler Gasthof mit deftiger Küche, vom Spanferkelbraten bis hin zum hessischen Schmandschnitzel. Dazu gibt's wohlschmeckende naturtrübe Biere.
Rammelsbergstr. 4
34131 Kassel-Wilhelmshöhe
Tel. 05 61-3 16 27 30
www.zum-rammelsberg.de
Mo–Sa 16–1, So 12–1 Uhr

Das Herbsthäuschen

Freundliches Ausflugslokal im Habichtswald, etwa 20 Minuten zu Fuß vom Herkules entfernt am Fuße einer Alm. Es gibt hessische Spezialitäten wie »Ahle Worscht« oder »Weckewerk«, aber auch Salate, Schnitzel und Steaks.
Ehlener Str. 17
34131 Kassel-Wilhelmshöhe
Tel. 05 61-3 88 82
www.herbsthaeuschen.de
Di–So 11–18 Uhr

Shopping

Königs-Galerie

Die 1995 eröffnete Königs-Galerie ist ein besonders schönes Einkaufscenter mit Lichtkuppel, einer großen Auswahl an Geschäften und einer kulinarischen Abteilung im Tiefgeschoss.
Obere Königsstr. 39
34117 Kassel, Tel. 05 61-70 00 80
www.koenigsgalerie.de
Mo–Sa 10–20 Uhr

Heinsius & Sander

Kassels erste Adresse für Damen- und Herrenmode führt anspruchsvolle Markenware, darunter Kreationen von Armani, Ermenegildo Zegna, René Lezard, Ralph Lauren und Prada. Auch Maßanfertigungen sind möglich.
Obere Königsstr. 17
34117 Kassel, Tel. 05 61-70 01 10
www.heinsius-sander.de
Mo–Fr 10–19, Sa bis 18 Uhr

Feinkost-Fleischerei Rohde

Kassels renommierteste Metzgerei ist wegen ihrer nordhessischen Wurstspezialitäten weit über die Region hinaus bekannt. Hier gibt's »Ahle Worscht«, »Weckewerk« (aus gekochten Schwarten und Gehacktem mit eingeweichten Brötchen) sowie »Pfaffenberger«, einen Rohmilch-Hartkäse aus dem Mittleren Fuldatal.
Frankfurter Str. 67
34121 Kassel, Tel. 05 61-20 06 80
www.feinkost-rohde.de
Mo–Fr 10–19, Sa bis 16 Uhr

Weinhandlung Schluckspecht

Nordhessen ist nicht gerade eine Hochburg des Weins. Umso verdienstvoller ist diese Weinhandlung, die eine beeindruckende Auswahl führt, darunter auch gute, preiswerte Alltagsweine.
Wilhelmshöher Allee 118
34119 Kassel-Wilhelmshöhe
Tel. 05 61-1 26 28
www.schluckspecht.de
Mo–Fr 10–19, Sa 9–18 Uhr

Juwelier und Goldschmied Heitkamp

Schöner Schmuck, größtenteils aus eigener Kollektion, und so erfolgreich, dass man sogar eine Filiale auf Sylt eröffnet hat. Für kleine Geldbeutel gibt's aktuellen Modeschmuck im Ableger »Jung von Heitkamp« zwei Hausnummern weiter in der Königs-Galerie.
Obere Königsstr. 41
34117 Kassel
Tel. 05 61-7 39 14 08
www.juwelier-heitkamp.de
Mo–Fr 10–19, Sa bis 16 Uhr

Am Abend

Staatstheater

Theater wurde in Kassel schon vor dem Dreißigjährigen Krieg gespielt: im Ottoneum. Heute ist das 1959 errichtete, 2007 generalsanierte Dreispartenhaus des Staatstheaters Dreh- und Angelpunkt der Kasseler Kulturszene.
Friedrichsplatz 15, 34117 Kassel
Tel. 05 61-1 09 42 22
www.staatstheater-kassel.de

Theaterstübchen

Liveclub im Hof der Enoteca Osteria mit vielen Events, von Blues, Jazz, Funk und Soul bis hin zu Kabarett oder Lesungen.
Jordanstr. 11, 34119 Kassel
Tel. 05 61-8 16 57 06
www.theaterstuebchen.de
Di, Fr, Sa ab 20 Uhr

Club 22

Der Club an Kassels Partymeile ist in den Räumen des bereits 1959 gegründeten Club 21 untergebracht. Das Publikum ist auch schon aus dem Gröbsten raus. Gespielt wird aktueller Mainstream, aber auch populäre Oldies.
Friedrich-Ebert-Str. 61a
34117 Kassel
Tel. 05 61-7 39 79 19
www.club22.info
Fr, Sa ab 23 Uhr

Marth

Elegant-coole Bar mit hohem Promifaktor. Bemerkenswert ist die Auswahl an 40 Whisk(e)ymarken.
Wilhelmshöher Allee 118
34117 Kassel
Tel. 05 61-8 16 47 48
www.der-marth.de
Di–Sa 19–2 Uhr

Gleis 1

Sehr beliebter Club im Kulturbahnhof mit House, Electro und Black Beat, gelegentlich aber auch Urban Swing. Das Restaurant serviert richtig leckere kleine Gerichte.
Bahnhofsplatz 1, 34117 Kassel
Tel. 05 61-7 66 42 40
www.gleis1.eu
Mo–Do 11–24, Fr 11–1, Sa 17–1 Uhr

Koblenz

Lebenslust an Rhein und Mosel

»Castrum ad Confluentes« nannten die Römer ihr im Jahr 9 v.Chr. gegründetes Kastell am Zusammenfluss von Mosel und Rhein. Heute bummeln täglich Tausende Touristen durch die schöne, weitgehend wieder aufgebaute Altstadt von Koblenz, nördlicher Endpunkt des Welterbes Kulturlandschaft Oberes Mittelrheintal. Alles fiebert schon der 2011 stattfindenden Bundesgartenschau entgegen. Bestimmt wird auch während der BUGA mit feinem Rhein- und Moselwein nicht gegeizt, und im Sommer wird der Rhein noch prächtiger »in Flammen« stehen als sonst. Doch auch zu anderen Zeiten ist die Stadt so lebenslustig wie der »Kowelenzer Schängel«. Diese Lausbubenfigur ist ein frecher kleiner Jean, von denen zwischen 1794 und 1814, als Koblenz Hauptstadt des französischen Rhein-Mosel-Departements war, etliche das Licht der Welt erblickten. Heute dürfen sich alle in Koblenz Geborenen mit dem lustigen Ehrentitel schmücken.

Deutsches Eck

Ihren Namen verdankt die Landspitze am Zusammenfluss von Rhein und Mosel dem Deutschen Ritterorden, der hier 1216 eine seiner zahlreichen Niederlassungen am Rhein gegründet hatte. Nach den Kriegszerstörungen stellte man lediglich den Sitz des Komturs wieder her, das Deutschherrenhaus, in dem heute das Museum Ludwig für moderne Kunst residiert.

Das in Kupfer getriebene Reiterstandbild Kaiser Wilhelms I. auf dem 1897 errichteten Denkmal wurde 1945 zerstört. Zwischen 1953 und 1990 diente der monumentale Sockel als Mahnmal der Deutschen Einheit. 1993 wurde eine privat finanzierte Nachbildung des kaiserlichen Reiterstandbildes enthüllt. Von der Sockelfläche genießt man einen wunderbaren Blick über die Stadt und zur Festung Ehrenbreitstein. Auf der markanten Landzunge finden öfter Großveranstaltungen statt.
Deutsches Eck, 56068 Koblenz

Ludwig Museum

Das Museum am Deutschen Eck ist ein Vermächtnis des Mäzens Peter Ludwig an seine Heimatstadt Koblenz. Seit 1992 zeigt es im historischen Deutschherrenhaus Werke von Pablo Picasso und Jean Dubuffet, Schöpfungen der Amerikaner Jasper Jones und Robert Rauschenberg sowie Kreationen deutscher Kunststars wie K. O. Götz und Bernhard Schultze. Der 1996 verstorbene Ludwig schätzte besonders die »Nouveaux Realistes« um Jean Tinguely, Niki de Saint Phalle und Daniel Spoerri.

Das junge, kreative und lebendige Museum investiert viel in museumspädagogische Aktivitäten mit Kindern, Jugendlichen und Erwachsenen. Es nutzt auch den angrenzenden Blumenhof-Park als »open space« für markante Skulpturen. Dauerhaft zu sehen sind hier der »Daumen« von César, Takashi Narabas Mandala-Skulptur und die eigens für diesen Ort geschaffene Installation »Stätte der Erinnerung und des Vergessens« von Anne und Patrick Poirier auf der historischen Mauerkrone des Deutschen Ecks.
Danziger Freiheit 1, 56068 Koblenz
Tel. 02 61-30 40 40, www.ludwigmuseum.org
Di–Sa 10.30–17, So 11–18 Uhr

Basilika St. Kastor

Die Ursprünge der Basilika gehen auf ein Gotteshaus zurück, in das 836 im Beisein Ludwigs des Frommen Reliquien des Heiligen

Das Deutsche Eck mit dem Reiterstandbild Kaiser Wilhelms I.

Kastor aus Karden an der Mosel überführt wurden. Sechs Jahre später wurde hier der Vertrag von Verdun (843) vorbereitet, der die Aufteilung des Karolingerreichs besiegelte; seither trafen sich hier immer wieder Kaiser und Könige zu Gesprächen und Verhandlungen. Zehn Pilasterkapitelle sind im zweiten Geschoss des Westbaus integriert. Die heutige romanische Kirche wurde 1208 geweiht. Hinter dem Prunkgrab Kunos von Falkenstein (1388) sind gotische Wandmalereien erhalten. Seit 2002 ist die Basilika Teil des UNESCO-Welterbes Oberes Mittelrheintal.

Eine humorvolle Note steuert der Brunnen auf dem Vorplatz bei. Er wurde 1812 zum Gedenken an den siegreich gewähnten Russlandfeldzug Napoleons errichtet – leider etwas voreilig, denn der Feldzug endete mit einer furchtbaren Niederlage. Als die Russen zwei Jahre später in Koblenz einmarschierten, ließ ihr Stadtkommandant die Inschrift stehen und meißelte darunter den ironischen Kommentar »gesehen und genehmigt« ein.

Kastorhof 9, 56068 Koblenz
Tel. 02 61-3 77 59
www.sankt-kastor-koblenz.de

Liebfrauenkirche

Am höchsten Punkt der Altstadt erhebt sich auf den Grundmauern eines Vorgängerbaus aus dem 5. Jh. die romanische, 1182 erstmals erwähnte Liebfrauenkirche, deren zweitürmiger Westbau vor 1210 vollendet wurde. Anfang des 15. Jhs. ersetzte man die romanische Apsis durch einen eleganten spätgotischen Chor, der sich durch reich geschmückte Strebepfeiler auszeichnet. 1486–1489 erhielt das Schiff sein Sterngewölbe, und Ende des 17. Jhs. setzte man die zuvor aufgestockten Glockentürmen barocke Helme auf.

1852 wurde die Kirche neoromanisch restauriert. 1981 stellte man ein neues Sakramentshaus mit gotischen Umrissen auf, das ein niederländisches Triptychon aus der Mitte des 17. Jhs. rahmt. Bemerkenswert sind die 1992 durch H. G. Stockhausen gestalteten

Koblenz

Chorfenster, die sich dem Thema »Frauen in der Heilsgeschichte« widmen.
Florinspfaffengasse 14, 56068 Koblenz
Tel. 02 61-3 15 50, www.liebfrauen-koblenz.de

Gasthaus Deutscher Kaiser

Dieses turmartige fünfstöckige Haus ließ der Koblenzer Schöffe und erzbischöfliche Münzmeister Konrad von Lengenfeld erbauen. Es wird auf das Jahr 1490 datiert. Bemerkenswert sind der unter dem Traufsims umlaufende Kielbogenmaßwerkfries und der ausgeprägte krönende Zinnenkranz mit Köpfen und Büsten.
Als eines von wenigen mittelalterlichen Gebäuden in der Altstadt hat das spätere Gasthaus nicht nur die Beschießung der Stadt durch die Franzosen 1688, sondern auch die Bombardierungen im Zweiten Weltkrieg überdauert. Im Erdgeschoss der Südseite befindet sich eine ursprünglich sechsjochige Halle mit reichen Stern- und Netzgewölben, die zum Teil eingestürzt sind. In den Obergeschossen blieben Stuckdecken des 17. Jhs. erhalten.
Kastorstr. 3, 56068 Koblenz

Haus Metternich

In diesem auf das 13. Jh. zurückgehende, in seiner heutigen Form 1674 erbauten Haus kam am 15. Mai 1773 Klemens Wenzeslaus Fürst Metternich zur Welt. Der spätere Außenminister und Staatskanzler des österreichischen Kaiserreichs war 1814/1815 die beherrschende Figur des Wiener Kongresses und der nachfolgenden Restaurationsepoche in Europa.
Das bei einem Luftangriff vom 6. November 1944 zerstörte Haus wurde erst 1977 wieder aufgebaut. Heute befindet sich hier eine Jugendbegegnungsstätte. Außerdem nutzt die Arbeitsgemeinschaft Bildender Künstler am Mittelrhein das Gebäude für ihre Kunstausstellungen. Südlich des Münzplatzes fallen vier Häuser, »Vier Türme« genannt, durch ihre kunstvollen Erker auf. Sie wurden Ende des 17. Jhs. errichtet.
Münzplatz 8, 56068 Koblenz
Tel. 02 61-2 01 68 88, www.haus-metternich.de

Mittelrhein-Museum

Rund um den Florinsmarkt findet man das wohl schönste Architekturensemble der Stadt. Der Bürresheimer Hof, ein alter Adelssitz aus der Zeit um 1650, das spätgotische »Kauf- und Danzhaus« (1419–1425), das später als Rathaus genutzt wurde, und das ehemalige Schöffenhaus, das Erzbischof Richard von Greiffenclau 1528–30 für seine Koblenzer Schöffen erbauen ließ, bilden zusammen das Mittelrhein-Museum.
Hier werden u.a. Malerei und Plastik vom 12. Jh. bis heute gezeigt, besonders Koblenzer Malerei, die Rheinromantiker und niederländische Kunst des 17. Jhs., außerdem Archäologisches von der Steinzeit bis zur fränkischen Epoche sowie Interessantes zur Stadtgeschichte. Für 2012 ist der Umzug auf den Zentralplatz geplant.
Florinsmarkt 15–17, 56068 Koblenz
Tel. 02 61-1 29 25 20
www.mittelrhein-museum.de
Di 10.30–17, So, Fei 11–18 Uhr

Festung Ehrenbreitstein

Gegenüber dem Deutschen Eck, auf der rechten Rheinseite, erhebt sich die mächtige Festung Ehrenbreitstein 118 m über dem Strom mit schönem Blick auf Koblenz, Schloss Stolzenfels im Süden sowie auf Hunsrück und Vulkaneifel im Westen. Um das Jahr 1000 entstand an der strategisch günstigen Stelle eine erste kleine Burganlage, die in der Folgezeit immer weiter ausgebaut wurde. Die Franzosen sprengten die Festung 1801, doch danach bauten die Preußen bis 1832 hier die neben Gibraltar imposanteste Befestigungsanlage Europas auf.
Speziell für die BUGA 2011 wurde eine Seilbahn gebaut, die Besucher von den Rheinanlagen hinaufbringt (letzte Talfahrt 18 Uhr). 2011 wird das in der Festung untergebrachte Landesmuseum Koblenz neben der archäologischen Dauerausstellung zwei große Sonderschauen präsentieren: über den Gartenbauarchitekten Peter-Joseph Lenné und zum Thema »10 000 Jahre Grabkultur«.
56077 Koblenz, Tel. 02 61-66 75 26 01
www.festungehrenbreitstein.de

Hotels

Mercure

Großes, modernes Geschäfts- und Tagungshotel am Kongresszentrum in Rheinnähe mit technisch perfekt eingerichteten, eleganten, voll klimatisierten Zimmern. Restaurant im Bistrostil mit internationalem Angebot, Sauna und Fitnessstudio.
Julius-Wegeler-Str. 6
56068 Koblenz, Tel. 02 61-13 60
www.mercure.com

Kleiner Riesen

Reizvoll direkt am Rhein gelegenes modernes Haus mit freundlichen, etwas plüschig ausgestatteten Zimmern. Hier stand früher das im Krieg zerstörte berühmte Hotel Riesen-Fürstenhof. Die Ausflugsschiffe der KD Köln-Düsseldorfer in Richtung Rüdesheim legen direkt vor dem Haus an. Fahrräder werden kostenfrei in einem abgeschlossenen Raum untergebracht.
Kaiserin-Augusta-Anlagen 18
56068 Koblenz
Tel. 02 61-30 34 60
www.hotel-kleinerriesen.de

Kornpforte

Mitten in der Altstadt bietet dieses kleine Drei-Sterne-Haus gepflegte und komfortable Zimmer an. Die Weinstube serviert kleine Gerichte und erlesene Tropfen von Rhein und Mosel.
Kornpfortstr. 11, 56068 Koblenz
Tel. 02 61-3 11 74
www.hotel-kornpforte.de

Zum Schwarzen Bären

Nettes Drei-Sterne-Hotel mit langer Familientradition im Stadtteil Moselweiß. Die wohnlich eingerichteten Gästezimmer bieten Flachbildfernseher und DVD-Player. Das Restaurant serviert gehobene Küche. Außerdem gibt es eine rustikale Bierstube und ein Gartenlokal. Radfahrer sind willkommen und finden eine sichere Abstellmöglichkeit für ihren Drahtesel vor.
Koblenzer Str. 35
56073 Koblenz-Moselweiß
Tel. 02 61-4 60 27 00
www.zumschwarzenbaeren.com

Diehl's Hotel

Das seit 90 Jahren inhabergeführte Hotel bietet 57 moderne und komfortable Gästezimmer sowie sehr freundlichen Service. Mediterrane und rheinische Küche, auch vegetarische Gerichte, bekommt man im Restaurant »Clemens«. Zur Hotelausstattung gehören Tagungsräume, eine Hotelbar sowie ein Wellnessbereich mit Panoramasauna, Schwimmbad sowie Beauty- und Massageanwendungen.
Rheinsteigufer 1, 56077 Koblenz
Tel. 02 61-970 70
www.diehls-hotel.de

Jugendherberge Festung Ehrenbreitstein

Deutschlands vielleicht bekannteste Jugendherberge bietet einen wirklich fantastischen Blick auf die Stadt. Man erreicht sie jetzt auch mit der BUGA-Seilbahn. Nach umfassender Modernisierung gibt es hier nun auch Zimmer für Einzelreisende und Familien. Zusätzliche Annehmlichkeiten sind die Kinderspielecke, der Grillplatz, Internetterminals, ein Restaurant und eine Cafébar und Tischtennisplatten.
56077 Koblenz
Tel. 02 61-97 28 70
www.diejugendherbergen.de

Restaurants

Müller

Gemütliches kleines Gourmetrestaurant in einer Gründerzeitvilla von 1902 mit hochgelobten regionalen, mediterran beeinflussten Gerichten und vorzüglichen Weinen von Rhein und Mosel. Im Sommer lockt die schöne Gartenterrasse.
Handwerkerstr. 39
56070 Koblenz-Neuendorf
Tel. 02 61-8 19 26
www.restaurant-mueller-koblenz.de
tgl. außer Mi ab 18, So auch 12–14 Uhr

Kaffeewirtschaft

Die Familientradition dieses wunderbaren Kaffeehaus-Bistros reicht bis 1911 zurück. Es gibt rheinische Küche, vegetarische Kost und natürlich Tee oder Kaffee mit Kuchen sowie Rhein- und Moselweine.
Münzplatz 14/Paradies 1
56068 Koblenz
Tel. 02 61-9 14 47 02
www.kaffeewirtschaft.de
Mo–Do 9–24, Fr, Sa 9–2, So 10–24 Uhr

Weinhaus Hubertus

Die rustikale Weinstube ist in einem historischen Fachwerkhaus von 1689 untergebracht. Man isst in gemütlichen, holzvertäfelten Räumen mit dunklen Balken, Kamin und alten Möbeln. Serviert wird regionale Küche vom Griebenschmalzbrot bis zum Winzersteak, im Herbst stehen Wildgerichte auf der Karte. Dazu gibt es vorzügliche Weine.
Florinsmarkt 6, 56068 Koblenz
Tel. 02 61-3 11 77
www.weinhaus-hubertus.de
tgl. außer Di 16–24 Uhr

Fährhaus am Stausee

Restaurant in einem freundlichen Familienhotel mit eigenem Bootsanleger in idyllischer Lage an der Mosel. Hier munden Lamm-, Wild- und Fischspezialitäten, es gibt aber auch vegetarische Gerichte. Im Sommer sitzt man sehr angenehm auf der begrünten Terrasse.
An der Fähre 3
56072 Koblenz-Metternich
Tel. 02 61-92 72 90
www.faehrhaus-am-stausee.de
Di–So 12–14, 18–22 Uhr

Winninger Weinstuben

Herzhafte rheinische Kost vom Kowelenzer Saumagen bis zum Rieslinghäxle, dazu feine Terrassenmoselweine, die auch in der angeschlossenen Vinothek verkauft werden. Sehr beliebt ist der Flammkuchen, auch in der süßen Variante mit Apfel, Rosinen und Calvados.
Rheinzollstr. 2, 56068 Koblenz
Tel. 02 61-3 87 07
www.winninger-weinstuben.net
Di–So ab 16 Uhr

Schillers

Im Hotel Stein (auch als Unterkunft empfehlenswert) serviert dieses elegante Restaurant feine Küche mit mediterranem Pfiff, darunter Bouillabaisse, Lammbraten, gefüllter Ochsenschwanz oder Seeteufel.
Mayener Str. 126, 56070 Koblenz
Tel. 02 61-9 63 53 30
www.schillers-restaurant.de
Di–Fr 12–14 und ab 18,
Sa nur ab 18 Uhr

Shopping

Perplex

Frecher Modeladen, der die angesagtesten Marken für junge Leute führt, von Diesel über Miss Sixty bis hin zu Adidas.
Altengraben 22–26
56068 Koblenz
Tel. 02 61-1 33 82 98
www.freestyle-perplex.de

Deinhard-Vinothek

Wo ist der Deinhard? In Koblenz natürlich! Nach einer Kellerführung durch das Stammhaus, bei der man viel über das traditionelle Rüttelverfahren für die Flaschengärung erfährt, kann man hier edle perlende Tropfen erwerben.
Deinhardplatz 3, 56068 Koblenz
Tel. 02 61-91 15 15 10
www.deinhard.de
Info zu Führungen unter Tel. 02 61-91 15 15 20 oder info@deinhard.de

Löhr-Center Koblenz

Dreigeschossige Ladenstraße mit etwa 140 Fachgeschäften, darunter viele Modeboutiquen, Geschäfte mit Lederwaren und Accessoires sowie diverse Cafés und Restaurants.
Hohenfelder Str. 22
56068 Koblenz
Tel. 02 61-1 33 90 70
www.loehr-center.de
Mo–Sa 9.30–20, So, Fei 13–18 Uhr

Café Baumann

Renommierte Konditorei, berühmt für leckere Torten, Petits Fours und Blechkuchenspezialitäten. Feinste Schokolade und edle Trüffel werden nach traditionellen Rezepten aus hochqualitativer Kuvertüre sowie erlesenen natürlichen Zutaten hergestellt.
Löhrstr. 93, 56068 Koblenz
Tel. 02 61-3 14 33
www.cafe-baumann.de
Mo–Fr 7–18.30, Sa 7–18,
So 10–18 Uhr

Nilles

Renommiertes Koblenzer Modefachgeschäft mit besonders umfangreichem Sortiment für Herren. Unter dem Motto »Mehr Mann, mehr dran« führt man auch Spezialgrößen.
Pfuhlgasse 13, 56068 Koblenz
Tel. 02 61-3 46 32
www.nilles-herrenmode.de
Mo–Sa 9–19 Uhr

Am Abend

Theater Koblenz

Das 1787 als »Komödienhaus« errichtete Stadttheater Koblenz (500 Sitzplätze) am Deinhardplatz ist der einzige verbliebene klassizistische Theaterbau am Mittelrhein und das früheste erhaltene Beispiel eines Rangtheaters in Deutschland. Weitere Spielorte des Dreispartentheaters sind die Probe-Bühne 2 und die Kammerspiele am Florinsmarkt.
Deinhardplatz, 56068 Koblenz
Tel. 02 61-1 29 28 70
www.theater-koblenz.de

Zum Schiffchen

Die traditionsreiche Musikkneipe kommt zwar mit Piratenflagge daher, plündert ihre Gäste aber nicht aus.
Liebfrauenkirche 21
56068 Koblenz
Tel. 02 61-2 06 22 77
www.schiffchen-koblenz.de
»Deck« tgl. ab 18, »Außendeck« im Sommer ab 16 Uhr

Irish Pub

Shay Dwyers urige Kneipe lädt seit 1985 in der Altstadt zu Guinness und Irish Whiskey ein. Dazu legen DJs auf oder es gibt Livemusik und Karaoke.
Burgstr. 7, 56068 Koblenz
Tel. 02 61-9 73 77 97
www.irishpubkoblenz.de
Mo–Fr ab 16, Sa, So ab 13 Uhr

Circus Maximus

Event-Club mit Gastronomie, Livemusik-Zirkus mit Partys, DJs, Poetry Slam u.v.m.
Stegemannstr. 30
56068 Koblenz
Tel. 02 61-3 00 23 58
www.circus-maximus.org
Mo–Do 11.30–1, Fr 11.30–3,
Sa 18–3, Fei 18–1 Uhr

Zenit

Beliebte Lounge in der Altstadt. Kühl-flippige Location mit Liegen, Leder, riesigen Heineken-Kissen und einer beeindruckenden Auswahl an exotischen Cocktails und Longdrinks.
Josef-Görres-Platz 18
56068 Koblenz
Tel. 02 61-92 17 99 02
www.zenit-koblenz.de
tgl. ab 18 Uhr

Köln

Inbegriff der rheinischen Lebensart

Dreimal K – so erklärt sich die Atmosphäre der 2000 Jahre alten Römerstadt: die mittelalterliche Bausubstanz mit Kirchenbauten aus Romanik und Gotik, aus denen der Dom, der mächtig das Rheinpanorama dominiert, herausragt; der Karneval als fünfte Jahreszeit, gipfelnd im Rosenmontagszug – und nicht zuletzt das obergärige »Kölsch«-Bier im Zentrum einer bodenständigen Wirtshauskultur, die von den »Köbessen« in blauen Schürzen souverän gemanagt wird. Doch Köln hat noch viel mehr zu bieten: bedeutende Sammlungen von der Römerzeit übers Mittelalter bis zur modernen Kunst, wie im Römisch-Germanischen Museum, im Wallraf-Richartz-Museum oder im Museum Ludwig, sowie eine reiche Volks- und Musikkultur von der Schiffsprozession an Fronleichnam bis hin zum hochrangigen Konzert. Großmessen zu Fotografie und Kunst, »Photokina« und »Art Cologne«, ziehen Besucher aus aller Welt in Scharen an, und in den schicken Designertempeln einer prosperierenden Medienszene erwächst der traditionellen Bierhauskultur zunehmend Konkurrenz.

Dom

Im Jahr 1164 wurden die Reliquien der Heiligen Drei Könige aus Mailand in den Kölner Dom überführt. Damals stand noch der karolingische Vorgängerbau. Die Reliquien erwiesen sich als ein so attraktives Pilgerziel, dass man schon bald ein größeres Gotteshaus benötigte. Die Grundsteinlegung erfolgte 1248. Doch erst 1880 war der Dom, heute das Wahrzeichen Kölns, nach langer Baugeschichte fertiggestellt. Er präsentiert sich als Meisterwerk der Hochgotik mit fünfschiffigem Langhaus, dreischiffigem Querhaus und einem mächtigen Chor mit Umgang und Kapellenkranz. 1996 wurde er von der UNESCO zum Weltkulturerbe erklärt.

Zu den wertvollsten Ausstattungsstücken gehören der goldene Dreikönigenschrein nach einem Entwurf des Lothringer Goldschmieds Nikolaus von Verdun (12./13. Jh.) und das Gerokreuz in der Kreuzkapelle. Die Glasfenster stammen vorwiegend aus dem 14. und 19. Jh. Ein 100 m² großes Fenster (2007) von Gerhard Richter, zusammengesetzt aus 11 500 Glasquadraten, bringt Farbe ins südliche Querhaus. Weitere Kostbarkeiten wie liturgisches Gerät und Gewänder sind in der Schatzkammer ausgestellt. Von der 95 m hohen Aussichtsplattform des Südturms bietet sich ein prächtiger Ausblick über Stadt und Umgebung.

Domkloster 4, 50667 Köln
Tel. 02 21-17 94 01 00, www.koelner-dom.de
Nov.–April tgl. 6–19.30, Mai–Okt. 6–21 Uhr,
Schatzkammer 10–18 Uhr, Turm Mai–Sept. 9–18,
März, April, Okt. 9–17, sonst bis 16 Uhr

St. Aposteln

Die ehemalige Chorherrenstiftskirche, ein Meisterwerk der staufischen Romanik, zählt zu den großen Architekturschöpfungen des Mittelalters. Begonnen im 11. Jh., erhielt sie erst im 12./13. Jh. ihre heutige Form. Bestimmendes Element der Ostseite ist die im Grundriss kleeblattförmige Dreikonchenanlage des Chores. Der fünfgeschossige Turm an der Westseite besitzt ein Rautendach, das früheste Beispiel eines Dachtyps, der für das Rheinland vorbildlich wurde.

Zur Innenausstattung gehören die geschnitzten Apostelfiguren aus dem 14. Jh., die im Chor ausgestellt sind, sowie die Figuren der 14 Nothelfer aus dem 16. bis 18. Jh. und des Schmerzensmannes aus der Zeit um 1500 im

Exponat im Römisch-Germanischen Museum

Querhaus. 1988 bis 1993 wurde die östliche Konche von Hermann Gottfried ausgemalt.
Neumarkt 30, 50667 Köln
Tel. 02 21-9 25 87 60, www.st-aposteln.de
Mo–Fr 7–20, Sa 9–19, So 9–18 Uhr

St. Ursula

St. Ursula, eine der zwölf großen romanischen Kirchen Kölns, wurde im 12. Jh. über einem Gräberfeld errichtet. Die Hauptfassade, der Westturm (mit verspielter barocker Haube), die Vorhalle und das Langhaus stammen aus der Romanik, während der Chor in der Gotik angefügt wurde. Das Gotteshaus ist der heiligen Ursula, die zu den Kölner Stadtpatronen zählt, geweiht. Der Legende zufolge erlitt die englische Königstochter mit 11 000 Gefährtinnen in Köln den Märtyrertod.
Das Innere des Gotteshauses beherbergt zahllose Kunstschätze: eine Statue der Ursula als Schutzmantelheilige von 1465 und einen Zyklus von Tafelbildern (1456) aus der Schule Stefan Lochners mit Szenen aus dem Leben Ursulas. Der Schrein mit den Reliquien der legendären Stadtpatronin steht im nördlichen Querhausarm. Höhepunkt der Ausstattung ist die als »Goldene Kammer« bezeichnete Reliquienkammer aus dem 17. Jh., in der 122 Reliquienbüsten aus der Zeit vom 13. bis zum 18. Jh. ausgestellt sind. In der Mitte steht der Aetheriusschrein, der die Überreste des Bräutigams der heiligen Ursula bergen soll. Die

Wände sind mit zu Mustern angeordneten Gebeinen verziert.
Ursulaplatz 30, 50668 Köln, Tel. 02 21-13 34 00
http://gemeinden.erzbistum-koeln.de/ st_ursula_koeln
Mo–Sa 10–12, 15–17 Uhr (Mi nur bis 16.30 Uhr), So 15–16.30 Uhr

Altstadtgassen mit Rathaus und Groß St. Martin

Das nahe am Rhein gelegene Altstadtviertel zwischen dem Dom und dem bedeutendsten Profanbau Kölns, dem Gürzenich, besticht durch verwinkelte Gassen, kleinteilige Häuserzeilen und ein reges Kneipenleben. Her ausragend im Wortsinne sind die Kirche Groß St. Martin, der Gürzenich und das Alte Rathaus. Blickfang des historischen Rathauses, dessen Hauptteil aus dem 14. Jh. stammt, sind der figurengeschmückte Turm und die prunkvolle Renaissancelaube. Im Inneren des Rathauses lohnt u.a. der Hansasaal mit den gotischen Figuren der acht Propheten an der Nordseite und der neun »guten Helden« an der Südseite einen Blick.
Unweit vom Rathaus befindet sich der Gürzenich. Die gute Stube Kölns ist ein traditionsreicher Veranstaltungsort, der auf eine mehr als 550-jährige Geschichte zurückblickt. Früher war der Gürzenich ein Treffpunkt für Kaufleute, heute dient er als Konzertsaal, in dem u.a. die Karnevalsprunksitzungen stattfinden. Die Kirche Groß St. Martin mit dem mächtigen Vierungsturm und dem Dreikonchenchor wurde im 12. Jh. über einem Vorgängerbau des 10. Jhs. errichtet. Unter der Kirche sind bei Ausgrabungen freigelegte Überreste römischer Bauten, eines Sportplatzes (Palaestra) und mehrerer Lagerhallen, zu besichtigen.
50667 Köln

Römisch-Germanisches Museum

Das Römisch-Germanische Museum gehört zu den am meisten besuchten Museen Deutschlands. Dies liegt sicherlich auch an seinem ungewöhnlichen Präsentationskonzept, das auch international Aufsehen erregt hat. Ein riesiges Fußbodenmosaik aus einer römischen Villa mit einer Darstellung des trunkenen Dionysos (2. Jh. n. Chr.) sowie ein turmartiges Grabmal, beides bei Grabungsarbeiten entdeckt, sind als Hauptattraktionen in den Museumsbau integriert.

Anschaulich präsentiert das Ausstellungshaus neben Funden der Ur- und Frühgeschichte vor allem Gegenstände aus dem Alltag des Rheinlands unter römischer Herrschaft. Im Mittelpunkt stehen Mosaiken, Keramik und Skulpturen, die weltweit größte Sammlung römischer Gläser sowie Goldschmuck. Ein Kleinod ist das doppelwandige Prunkglas aus dem 4. Jh., dessen äußere Wand netzartig durchbrochen ist (sog. Diatretglas). Sehenswerte Außenstellen des Museums sind die Grabkammer in Köln-Weiden und der Römerturm an der Zeughausstraße.

Roncalliplatz 4, 50667 Köln
Tel. 02 21-22 12 44 38, www.museenkoeln.de/
roemisch-germanisches-museum
Di–So 10–17, jeden 1. Do im Monat bis 22 Uhr

Museum Ludwig

Das Museum Ludwig hat sich ganz der Kunst der Moderne verschrieben und gilt als eine der Hauptattraktionen der Stadt. Unweit des Doms gelegen, ist das in den 1980er-Jahren entstandene Gebäude durch seine eigenwillige Bedachung, den die Rheinwellen symbolisierenden Hahnenkamm, weithin sichtbar.

Den Besucher erwarten Meisterwerke der Klassischen Moderne von Künstlern wie August Macke, Otto Dix, Erich Heckel, Marc Chagall, Henri Matisse, Paul Klee und Pablo Picasso, eine bedeutende Sammlung von Pop Art mit Werken von Jasper Johns, Andy Warhol und Roy Lichtenstein sowie der russischen Avantgarde, die Arbeiten von Kasimir Malewitsch, Popowa und Alexander Rodtschenko beinhaltet. Die Grafische Sammlung, Abteilungen zur Gegenwartskunst, zur Geschichte der Fotografie im 20. Jh. und zur Medienkunst (Videokunst) runden das umfangreiche Angebot ab.

Heinrich-Böll-Platz, 50667 Köln
Tel. 02 21-22 12 61 65
www.museenkoeln.de/museum-ludwig
Di–So 10–18, 1. Do im Monat bis 22 Uhr

Groß St. Martin am abendlichen Fischmarkt

Wallraf-Richartz-Museum & Fondation Corboud

Das älteste Kölner Museum gehört zu den großen klassischen Gemäldegalerien Deutschlands. Das Kunstmuseum beherbergt eine bedeutende Sammlung von Gemälden von etwa 1250 bis 1900 sowie Skulpturen, Miniaturen, Handzeichnungen und Grafiken. Seit 2001 befindet es sich in einem neuen Bau in der Innenstadt. Das Flaggschiff der Kölner Museen besticht bereits durch seine kühne moderne Architektur von Oswald Mathias Ungers, viel mehr jedoch durch seine Ausstellungsobjekte.

Schwerpunkte der Sammlung sind die Mittelalterabteilung, die einen fast lückenlosen Überblick über die Entwicklung der Kölner Tafelmalerei von 1300 bis 1550 erlaubt, die Barockabteilung, die u.a. mit Hauptwerken von Rubens und Rembrandt glänzt, sowie die Abteilung 19. Jahrhundert, die neben Gemälden der Romantik, des Realismus und des Impressionismus auch Skulpturen zeigt. Sehr sehenswert ist auch die Stiftung des Sammlers Gérard J. Corboud, die dem Museum seit 2001 170 Gemälde – vor allem des Impressionismus und des Neoimpressionismus – als

Köln

Dauerleihgabe zur Verfügung stellt. Dies wurde mit der offiziellen Namenserweiterung gewürdigt.
Martinstr. 39, 50667 Köln
Tel. 02 21-22 12 11 19, www.museenkoeln.de/
wallraf-richartz-museum
Di–Fr 10–18, Do bis 22, Sa, So, Fei 11–18 Uhr

St. Cäcilien/Schnütgen-Museum

Trutzig, fast burgenartig, wirkt die turmlose dreischiffige Pfeilerbasilika St. Cäcilien, eine der zwölf großen romanischen Kirchen Kölns. Am zugemauerten Portal der neoromanisch erneuerten Fassade befindet sich ein besonderes Kunstwerk: das Gerippe, das der »Sprayer von Zürich«, Harald Naegeli, 1981 aufsprühte. Es war damals Teil seines »Kölner Totentanzes« und steht heute unter Denkmalschutz. Im Inneren des Baus sind Reste gotischer Fresken erhalten.
In St. Cäcilien werden nur noch Heiligabend und am Tag der hl. Cäcilie (22.11.) Gottesdienste gefeiert, denn die Kirche ist vorrangig Sitz des Schnütgen-Museums, das in diesem stilvollen Rahmen seine bedeutende Sammlung von Kirchenkunst des Mittelalters zeigt. Glanzstücke sind u.a. das Tympanonrelief von St. Cäcilien (1160), die Siegburger Madonna (1150) und ein Wandbehang mit der Anbetung der Könige aus dem Erfurter Ursulinenkloster (1470). Direkt an der Kirche wurde 2010 das Kulturzentrum am Neumarkt (KAN) eröffnet, das auch neue Ausstellungsflächen für das Schnütgen-Museum schuf.
Cäcilienstr. 29, 50667 Köln
Tel. 02 21-22 12 36 20
www.museenkoeln.de/museum-schnuetgen
Di–So 10–18, Do bis 20 Uhr

Kolumba (Diözesanmuseum Köln)

Das traditionsreiche Diözesanmuseum Köln hat ein großartiges Zuhause gefunden: Seit Herbst 2007 ist die Sammlung in einem spektakulären Neubau des Architekten Peter Zumthor ansässig, in den die Ruinen der romanischen Kirche St. Kolumba mit einbezogen wurden. Die Kollektion zeigt hochrangige Werke sakraler Kunst von der späten Antike bis in die Gegenwart.

Glanzstücke sind die »Veilchenmadonna« (um 1440) des berühmten Kölner Meisters Stefan Lochner, das Herimannkreuz, dessen Christusfigur ein römisches Köpfchen aus Lapislazuli trägt (Mitte 11. Jh.), mittelalterliche Originalskulpturen vom Petersportal des Kölner Doms, aber auch moderne Objekte wie die Installation »Tragedia civile« von Jannis Kounellis. Außerdem besitzt die Kolumba eine der weltweit umfangreichsten Sammlungen von Rosenkränzen. Unbedingt sehenswert sind die Sonder- und Einzelschauen des Museums: Mit ungewöhnlichen Konzepten und innovativen Ansätzen ziehen sie auch all jene in ihren Bann, die Kirchenkunst normalerweise nicht zu ihren Passionen zählen.
Kolumbastr. 4, 50667 Köln
Tel. 02 21-9 33 19 30, www.kolumba.de
Mi–Mo 12–17 Uhr

Schloss Augustusburg und Jagdschloss Falkenlust

Anmutig, licht und elegant thronen Schloss Augustusburg und das Jagdschloss Falkenlust in einer herrlichen Parkanlage in Brühl, 30 Auto- oder 15 Bahnminuten von Köln entfernt. Das einzigartige Ensemble des Barock und Rokoko zählt zum UNESCO-Weltkulturerbe.
Unter dem Kölner Erzbischof Clemens August I. von Bayern aus der Dynastie der Wittelsbacher entstand ab 1725 die Residenz Augustusburg unter Mitwirkung namhafter Architekten wie Johann Conrad Schlaun und François de Cuvilliés. 1740 bis 1746 schuf Johann Balthasar Neumann das prunkvolle Treppenhaus. Dieses Rokokojuwel mit einem Deckengemälde von Carlo Carlone ist Auftakt und zugleich einer der Höhepunkte der Schlossbesichtigung; krönender Abschluss ist der Gardensaal im Obergeschoss, ausgekleidet mit grünem und gelbem Stuckmarmor und geschmückt mit einem Deckenfresko von Carlo Carlone. Das reizende Jagdschloss Falkenlust baute François de Cuvilliés 1729 bis 1733.
Schlossstr. 6, 50321 Brühl
Tel. 0 22 32-44 00, www.schlossbruehl.de
Di–Fr 9–12, 13.30–16, Sa, So 10–17 Uhr, Dez./Jan. geschl.

Hotels

Excelsior Hotel Ernst

Erste Adresse in Köln. Das traditionsreiche Grandhotel direkt gegenüber dem Dom besitzt individuell und stilvoll eingerichtete Zimmer mit WLAN und Satellitenfernsehen. Für besten Schlaf hat man die Wahl zwischen verschiedenen Kopfkissen. Im 6. Stock wartet ein Fitness- und Saunabereich auf Gäste. Die schöne Eingangshalle in Marmor und eine mahagonigetäfelte Pianobar sind weitere Pluspunkte.
Trankgasse 1–5, 50667 Köln
Tel. 02 21-27 01
www.excelsior-hotel-ernst.com

Hotel im Wasserturm

Stilvoller Luxus im denkmalgeschützten Wasserturm. Die Innenausstattung designte die Französin Andrée Putman in klaren, nüchternen Linien, die mit der Architektur des Wasserturms korrespondieren. Das Hotelrestaurant »La Vision« zeichnet sich nicht nur durch seine schöne Aussicht aus, sondern hat auch einen Michelin-Stern errungen. Besonders beeindruckend ist die 11 m hohe Halle.
Kaygasse 2, 50676 Köln
Tel. 02 21-2 00 80
www.hotel-im-wasserturm.de

Hotel Chelsea

Ein Hotel, das sich nicht nur der Gastlichkeit, sondern auch der modernen Kunst verschrieben hat. Teile der eigenen umfangreichen Sammlung sind in den Räumlichkeiten des Hotels ausgestellt. Jedes Zimmer ist einem Künstler gewidmet. Das dem Hotel angeschlossene Café Central ist eine Kölner Institution, das Restaurant o. T. bietet leichte Bistroküche
Jülicher Str. 1, 50674 Köln
Tel. 02 21-20 71 50
www.hotel-chelsea.de

Hopper Hotel et cetera

Designhotel in einem ehemaligen Kloster mit Einrichtung im klassisch-modernen Stil, kleinem Wellnessbereich und eigenem Restaurant. Das unkonventionelle Hotel im Belgischen Viertel zieht vor allem Gäste mit Sinn für Ästhetik an.
Brüsseler Str. 26, 50674 Köln
Tel. 02 21-92 44 00
www.hopper.de

Das Kleine Stapelhäuschen

Das Hotel-Restaurant in einem historischen Lager- und Stapelhaus bezeichnet sich zu Recht als Kleinod im Herzen Kölns. Direkt am Rhein gelegen sind es nur 500 m zu Dom und Hauptbahnhof. Kleine Zimmer, rustikal mit viel Holz und Blümchentapete eingerichtet.
Fischmarkt 1–3, 50667 Köln
Tel. 02 21-2 72 77 77
www.koeln-altstadt.de/stapelhaeuschen

Restaurants

Le Moissonnier

Das originelle Jugendstil-Bistro im Agnesviertel hat – völlig zu Recht – schon mehrere Preise gewonnen. Hier wird französische Küche mit experimentellen Einflüssen auf höchstem Niveau serviert. Kenner empfehlen, unbedingt ein mehrgängiges Menü zu bestellen, um die »Logik der Degustation« zu erspüren. Die Weinauswahl ist erlesen und beinhaltet auch Süßweine.
Krefelder Str. 25, 50670 Köln
Tel. 02 21-72 94 79
www.lemoissonnier.de
Di–Sa 12–15 und 19–24 Uhr (Bestellungen bis 13.30 bzw. 21 Uhr), So, Mo und Fei geschl.

Alfredo

Veredelte italienische Landküche serviert dieser preisgekrönte Italiener. Jedes Gericht ist eine kleine kulinarische Sensation. Für die gebotene Qualität sind die Preise fair kalkuliert.
Tunisstr. 3, 50667 Köln
Tel. 02 21-2 57 73 80
www.ristorante-alfredo.com
Mo–Fr 12–15, 18–23.30 Uhr

Höhn's Dom-Brasserie & Bar

Kölsche Klassiker in lockerer Brasserie-Atmosphäre wie Himmel und Ääd oder Rheinischer Sauerbraten, aber auch mediterran inspirierte Gerichte. Zu empfehlen ist das kölsche Tapas-Menü mit zwölf raffinierten kleinen, rheinisch inspirierten Köstlichkeiten. Preiswerter Mittagstisch, am Sonntag großes Brunch mit Büfett und A-la-carte-Auswahl. Bei schönem Wetter kann man auf der großen Sommerterrasse speisen.
Ubierring 24, 50678 Köln
Tel. 02 21-3 48 12 93
www.dombrasserie.de

Brauhaus Früh am Dom

Eines der bekanntesten Kölner Brauhäuser mit traditioneller Hallenatmosphäre und typisch rheinischer Küche im Erdgeschoss, feinbürgerlichem Restaurant mit Domblick im ersten Stock und urig-kölscher Gemütlichkeit in den mittelalterlichen Gewölben des stimmungsvollen Brauhauskellers.
Am Hof 12–18, 50667 Köln
Tel. 02 21-2 61 32 11
www.frueh.de

Päffgen

Ältester Vertreter der Kölner Brauhaustradition (gegründet 1884) mit uriger Atmosphäre und deftiger rheinischer Küche. Im Sommer sitzt man draußen im Biergarten zwischen Brauhaus und Brauerei – übrigens die letzte Hausbrauerei Kölns.
Friesenstr. 64–66, 50670 Köln
Tel. 02 21-13 54 61
www.paeffgen-koelsch.de
So–Do 10–24, Fr, Sa 10–0.30 Uhr

Shopping

Neumarkt Galerie

Das moderne Gebäude mit der riesigen umgestülpten Eistüte auf dem Dach ist das größte Einkaufszentrum in der Kölner Innenstadt. Mehr als 60 Geschäfte des gehobenen Bedarfs mit Mode, Schmuck, Inneneinrichtung, Kosmetik, Schuhen und Lederwaren machen den Shoppingbummel auch an Regentagen zum Vergnügen.
Neumarkt, 50667 Köln
Tel. 02 21-20 59 21 00
www.neumarkt-galerie.de
Mo–Do 10–20, Fr 10–22 Uhr,
Sa 10–20 Uhr

4711 Traditionshaus

Die Franzosen gaben dem Haus Wilhelm Mühlens 1796 die Hausnummer 4711, die sein Enkel Ferdinand Mühlens als Firmen-und Markennamen für das von ihm fabrizierte, bald weltberühmte Duftwasser übernahm. Das heutige Geschäftshaus wurde 1963 errichtet. Im Erdgeschoss, in dem ein Brunnen »Echt-Kölnisch-Wasser« verströmt, sind sämtliche Mühlens-Produkte erhältlich.
Glockengasse 4, 50667 Köln
Tel. 02 21-9 25 04 50
www.4711.com
Mo–Fr 9–19, Sa 9–18 Uhr,
öffentliche Führung Sa 13 Uhr

Käsehaus Wingenfeld

Das älteste Käsegeschäft Kölns, gegründet 1896, ist eine echte Sehenswürdigkeit: Mehr als 250 Sorten umfasst das Sortiment, darunter befinden sich auch absolute Exoten. Hochwertige Weine, Oliven und Käsegebäck sind ebenfalls erhältlich.
Ehrenstr. 90, 50672 Köln
Tel. 02 21–25 33 41
www.kaesehaus-wingenfeld.de
Mo–Fr 10–19 Uhr; Sa 9–17,
Nov.– April bis 18 Uhr

Jot Jelunge

Perücken, Federboas, Kostüme, Masken, Nasen, Zähne, Hörner, Schminke, Scherzartikel: Der Dekorations- und Kostümladen im Belgischen Viertel bietet alles für den Karneval, aber auch für Halloween, Sommerfeste und Themenpartys. Inhaber Bernd Sondergeld liefert auch Maßarbeit und Unikate, z.B. für Promotion-Aktionen oder Filmproduktionen.
Lindenstr. 53, 50674 Köln
Tel. 02 21-24 98 91
www.jotjelunge.de
Di–Fr 12–19, Sa 12–16 Uhr

CCAA Glasgalerie Köln

Glaskunst in höchster Perfektion: Zurückgehend auf antike Vorbilder werden hier originalgetreue Nachschöpfungen von Vasen und Gefäßen gefertigt, mundgeblasen und handgearbeitet nach den überlieferten Verfahren der römischen Glasmacherkunst. Kunstwerke zeitgenössischer Glaskünstler sind ebenfalls erhältlich.
Auf dem Berlich 30, 50667 Köln
Tel. 02 21-2 57 61 91
www.ccaa.de
Di–Fr 10–13, 14–18, Sa 10–16 Uhr

Am Abend

Kölner Philharmonie

Der außergewöhnliche, moderne Konzertsaal im Gebäudekomplex des Museums Ludwig ist einem Amphitheater nachempfunden und besticht durch seine brillante Akustik. Breit gefächertes Klassikprogramm mit Auftritten des Kölner Rundfunk-Sinfonie-, des Gürzenich- und des Kammerorchesters, ergänzt durch Jazz- und Rockkonzerte sowie Musicals.
Bischofsgartenstr. 1
50667 Köln
Tel. 02 21-28 02 80
www.koelner-philharmonie.de

Schauspiel Köln

Die erste Anlaufstelle für Theaterfreunde in Köln. Namhafte Regisseure inszenieren hier große Dramen der Weltliteratur, aber auch Ur- und Erstaufführungen.
Offenbachplatz, 50667 Köln
Tel. 02 21-22 12 84 00
www.schauspielkoeln.de

Volkstheater Millowitsch

Dies ist die Bühne der Theaterdynastie Millowitsch, einer Kölner Institution, die seit über 150 Jahren mit volksnahen Schwänken ihr Publikum begeistert. Seit dem Tod des großen Willy Millowitsch führt sein Sohn Peter das traditionsreiche Haus fort.
Aachener Str. 5, 50674 Köln
Tel. 02 21-25 17 47
www.millowitsch.de

E-Werk

1991 eröffneten Mitglieder der Kölner Rockband BAP gemeinsam mit einheimischen Partnern den Club E-Werk in Mülheim. Seitdem geben sich hier Größen aus Rock und Comedy ein Stelldichein, dazwischen verwandeln sich die Hallen des ehemaligen Elektrizitätswerkes in eine Megadisco mit Soul, House, Hip-Hop, Dance – und natürlich Rockmusik.
Schanzenstr. 37, 51063 Köln
Tel. 02 21-9 67 90
www.e-werk-koeln.de

Alter Wartesaal

Die wunderschöne Location im Alten Wartesaal des Kölner Hauptbahnhofs aus dem Jahr 1915 ist eine feste Adresse im Nachtleben der Stadt. Kabarett, Big-Band-Konzerte, Achtzigerjahre-Disco oder Depeche-Mode-Party – hier ist für jeden etwas geboten. Stilvolles Restaurant mit Sonntagsbrunch.
Johannisstr. 11, 50668 Köln
Tel. 02 21-9 12 88 50
www.wartesaal.de

Konstanz

Weinselige Universitätsstadt am Bodensee

Im Ausland kennt man den Bodensee nur unter dem Namen seiner »heimlichen Hauptstadt« Konstanz. Strategisch günstig liegt die 82 000 Einwohner zählende Stadt als einzige deutsche Enklave am Südufer zwischen Ober- und Untersee. Lange war sie ein wichtiges Zentrum des Italienhandels. Während des Konzils von Konstanz (1414–1418) blickte das gesamte Abendland vier Jahre lang gebannt auf die damals noch Freie Reichsstadt. Im Zweiten Weltkrieg rettete ein gewitzter Bürgermeister die bis zu 700 Jahre alten Bürgerhäuser des bedeutenden Industriestandortes dadurch, dass er das Verdunkelungsgebot ignorierte und die alliierten Bomberpiloten somit das hell erleuchtete Konstanz nicht von der Schweizer Grenzstadt Kreuzlingen unterscheiden konnten. Dass es hier heute nicht museal zugeht, dafür sorgen schon die 9000 Studenten der renommierten Universität – und zahlreiche urgemütliche Weinstuben.

Münster

Mit seinem prachtvollen, 76 m hohen (besteigbaren) Turm beherrscht das mächtige Münster die Innenstadt von Konstanz. Errichtet wurde es im 11. Jh. als romanische Säulenbasilika, die später gotisch umgebaut und immer wieder verändert wurde. Besonders schön ist der »Schnegg« genannte, zierliche frei stehende Treppenturm (1438) im Thomaschor. In der Krypta sind vier vergoldete Kupferscheiben aus dem 11. bis 13. Jh. zu sehen (Kopien am Chorgiebel). Sie zeigen einen von Engeln flankierten Christus, das Adlersymbol des Evangelisten Johannes sowie die Schutzheiligen des Bistums, den hl. Konrad und den hl. Pelagius.

Ein Kreuzgang verbindet das Münster mit der »Mauritius-Rotunde« genannten Rundkapelle: eine 940 im Auftrag des später heiliggesprochenen Bischofs Konrad errichtete, um 1300 gotisch erneuerte Miniaturausgabe der Jerusalemer Grabeskirche. In der Mitte steht ein kunsthistorisch bedeutender frühgotischer Zwölfeckbau, eine um 1260 entstandene Nachbildung des Heiligen Grabes.

Münsterplatz, 78462 Konstanz
Tel. 0 75 31-9 06 20, www.konstanz-kirche.de
Mo–Sa 8–18, So 9 18 Uhr

Konzil

Das um 1388 am Seeufer errichtete massige Konzil ist der größte mittelalterliche Profanbau Süddeutschlands. Es besitzt zwei übereinander liegende Hallen, fünf Dachgeschosse, ein mächtiges Walmdach und einen Kranerker. Ursprünglich diente es als Lagerhaus für den florierenden Italienhandel.

1417 schloss man hier Kardinäle und Gesandte zum einzigen Konklave auf deutschem Boden ein. Aus der Wahl ging nach drei Tagen Kardinal Oddone Colonna als Papst Martin V. hervor. Damit war die Kirchenspaltung vorläufig beendet. Das Konstanzer Konzil (1414 bis 1418), das 1414 den Kirchenreformator Jan Hus zum Ketzer erklärte und verbrannte, tagte allerdings nicht hier, sondern im Münster. Das »Konzilsgebäude« wurde 1970 umgebaut. Seitdem nutzt man die Säle für Ausstellungen, Tagungen, Konzerte und Feste.

Hafenstr. 2, 78462 Konstanz
Tel. 0 75 31-2 12 21, www.konzil-konstanz.de
Nur im Rahmen von Veranstaltungen zugänglich

Imperia

Auf dem Sockel des alten Leuchtturms an der Konstanzer Hafeneinfahrt thront seit 1993 eine vollbusige Dame mit gewagtem Dekolleté. Angesichts von 9 m Höhe und 18 Tonnen Gewicht fällt es schwer, von einem »leichten Mädchen« zu sprechen, doch genau das war die »Schöne Imperia«, der Honoré de Balzac ein literarisches Denkmal setzte. Ihr Schöpfer, der Künstler Peter Lenk, wollte an die vielen »Hübschlerinnen« erinnern, die während des Konstanzer Konzils den zahlreichen Honoratioren die Nächte versüßten. Die Statue dreht sich innerhalb von drei Minuten einmal um die eigene Achse.

Imperia hält in ihren Händen zwei Gnome mit den Insignien der weltlichen und der kirchlichen Macht: Kaiserkrone und päpstliche Tiara. Allerdings lebte die echte römische Kurtisane, die auch in Raffaels Gemälden auftaucht, erst zwischen 1455 und 1511, also lange nach dem Konzil.

Hafenstr., 78462 Konstanz

Sea Life

Das Aquarium zeichnet auf einem faszinierenden Rundgang den Verlauf des Rheins nach. Den spärlich erleuchteten Weg begleiten Aquarien, in denen die entsprechenden Fluss- und Meerestiere leben. Das Abenteuer beginnt in einer Gletscherhöhle, wo der Rhein entspringt. Langsam schwillt der kleine Gebirgsbach zum Fluss, der schließlich in den Bodensee mit seiner reichen Flora und Fauna mündet.

Am detailgetreuen Hafenpanorama von Konstanz vorbei geht die Flussreise durch den Rhein mit seinen Fischen und Krebsen weiter zum Rotterdamer Hafen des 16. Jhs. Dabei durchquert man einen 8 m langen Unterwassertunnel aus Acrylglas, auf Tuchfühlung mit Haien und anderem Getier auf dem Nordseegrund. Auch die Fauna des Mittelmeeres wird vorgestellt. Das angeschlossene, interessante Bodensee-Naturmuseum widmet sich der geologischen Entstehung des Sees und seiner Umwelt sowie den im Wollmatinger Ried brütenden Vögeln.

Hafenstr. 9, 78462 Konstanz
Tel. 01 80-5 66 69 01 01 (0,14 Cent/Min. aus dem deutschen Festnetz)
www.sealifeeurope.com
tgl. 10–18, Juli–Sept. bis 19 Uhr

Archäologisches Landesmuseum

Im ehemaligen Konventbau des baugeschichtlich bis 982 zurückreichenden Klosters Peterhausen widmet sich diese Außenstelle des Landesmuseums Baden-Württemberg der ältesten Vergangenheit der Stadt und der frühen Besiedlung des Bodenseeraums, angefangen bei den Pfahlbauten des 4. Jahrtausends v.Chr.

Das moderne und didaktisch gut aufgebaute Museum vermittelt in lebendiger Weise die Methoden archäologischer Forschung. Ein Schwerpunkt sind Funde aus der Römer- und Keltenzeit, ein weiterer mittelalterliche Burgenforschung. Verblüffend, was man aus einer als Müllkippe benutzten Latrine über den Alltag im Mittelalter lernen kann! Eine eigens gebaute Halle präsentiert eine Lädine, ein mittelalterliches Schiff, das bei Immenstaad aus dem Bodensee geborgen und in jahrelanger Arbeit mit Zucker konserviert wurde.

Benediktinerplatz 5, 78467 Konstanz
Tel. 0 75 31-9 80 40, www.konstanz.alm-bw.de
Di–So 10–18 Uhr

Rosgartenmuseum

Das im mittelalterlichen Zunfthaus der Krämer und Metzger untergebrachte, zeitgemäß gestaltete Museum widmet sich der Kunst und Kultur des Bodenseeraumes von der Steinzeit bis zur Gegenwart. Ein Modell zeigt, wie Konstanz um 1600 aussah. Auch die kostbare illustrierte Chronik des Konstanzer Konzils von Ulrich Richental ist hier zu sehen.

Daneben präsentiert das Museum weltliche und sakrale Kunst aus dieser Zeit. Der Historische Saal zeigt die denkmalgeschützte Museumsausstattung des 19. Jhs. mit umfangreichen archäologischen und paläontologischen Beständen. Von herausragender Bedeutung sind die paläolithischen Funde aus der Höhle Kesslerloch im Kanton Schaffhausen mit Ritzzeichnungen, die zwischen 12000 und 9000 v.Chr. entstanden, darunter die Gravur eines äsenden Rentiers.

Rosgarten 3–5, 78462 Konstanz
Tel. 0 75 31-90 02 46
www.rosgarten-museum.de
Di–Fr 10–18, Sa, So 10–17 Uhr

Eine Anspielung auf das Konstanzer Konzil: die Imperia-Statue an der Hafeneinfahrt

Insel Mainau

Jährlich kommen über eine Million Besucher mit dem Schiff oder über den Fahrdamm auf die wenige Kilometer nördlich von Konstanz im Überlinger See gelegene, 45 ha große Blumeninsel mit barockem Schloss, Kirche und weltberühmter Gartenanlage, die seit 1932 im Besitz der Grafenfamilie Bernadotte ist. Sogar Palmen, Orangen- und Zedernhaine findet man hier.

Außer während weniger Wintermonate empfängt die mit einem besonders milden Klima gesegnete Mainau ihre Besucher stets mit einem leuchtenden Blumenmeer. Im April und Mai blühen die Tulpen, im Frühsommer folgen Rhododendren, im Sommer 1200 verschiedene Rosenarten und im Herbst die Dahlien. Selbst im Winter kommt man auf seine Kosten: im größten Schmetterlingshaus Deutschlands und im riesigen Palmenhaus, das schon Schauplatz für einen Tatort-Krimi war. Hier findet eine spektakuläre Orchideenschau statt.

78465 Konstanz, Tel. 0 75 31-30 30
www.mainau.de

Insel Reichenau

Über tausend Jahre alt sind die Klosterbauten der von Konstanz mit Schiff oder Bus zu erreichenden Insel: ein Weltkulturerbe. Schon um 799 wurde die Kirche St. Peter und Paul in Niederzell geweiht. In ihrer karolingischen Ostapsis ist eine der frühesten Darstellungen des in der Mandorla thronenden Christus als Pantokrator (Allherrscher) nördlich der Alpen zu sehen.

Mit einer großflächigen ottonischen Ausmalung des Langhauses fasziniert die um 890 geweihte Kirche St. Georg in Oberzell. Auf der Nord- und Südwand erscheinen je vier Evangelienszenen aus dem 10. Jh. mit den Wundertaten Christi. Die 816 geweihte Mittelzeller Abteikirche St. Maria und Markus besitzt einen offenen Dachstuhl aus Eichenholz, der 1237 wie ein umgestülptes Boot gezimmert wurde, einen spätgotischen Hochaltar und um 1558 entstandene Wandgemälde im Renaissancestil. Weite Teile der Insel Reichenau sind Landschaftsschutzgebiet.

78479 Konstanz, Tel. 0 75 34-9 20 70
www.reichenau.de

Hotels

Hotel Riva

Die elegante Jugendstilvilla des ehemaligen Parkhotels am See wurde 2008 durch einen modernen Anbau mit viel Glas und einem großzügigen Spa zu einem exklusiven Boutiquehotel erweitert. Sonnenterrasse mit beheiztem Pool und Blick auf die Konstanzer Bucht, feines Restaurant mit mediterraner Küche.
Seestr. 25
Zufahrt über Kamorstraße
78464 Konstanz-Petershausen
Tel. 0 75 31-36 30 90
www.hotel-riva.de

Steigenberger Inselhotel

Das vornehme Hotel ist in einem ehemaligen Dominikanerkloster mit Kreuzgang auf einer Insel untergebracht. Über eine hübsche Brücke erreicht man schnell die Altstadt. Die eleganten, mit Stilmöbeln eingerichteten Zimmer zur Stadt-, Garten- oder Seeseite bieten mit WLAN, Klimaanlage und Laptopsafe modernen Komfort. Zwei Restaurants und ein Café mit herrlicher Seeterrasse, Sauna und Fitnessraum.
Auf der Insel 1, 78462 Konstanz
Tel. 0 75 31-12 50
www.konstanz.
steigenberger.com

Villa Barleben am See

Denkmalgeschützte charmante Villa von 1872 im spätnapoleonischen Stil mit großem Garten direkt an der Konstanzer Seepromenade. Acht stilvoll mit Antiquitäten eingerichtete Zimmer; besonders romantisch ist Nr. 6, die beste Aussicht bietet Nr. 5. In den Fluren und in der Lobby wachen ausgestopfte Tiere. Gute Küche.
Seestr. 15, 78462 Konstanz
Tel. 0 75 31-94 23 30
www.hotel-barleben.de

Barbarossa

Das 1419 erstmals als Wirtshaus erwähnte Hotel mit auffälligem Uhrtürmchen und Fassadenmalereien liegt am historischen Obermarkt, auf dem Kaiser Friedrich I. Barbarossa 1183 den Frieden mit den lombardischen Städten geschlossen haben soll. Es bietet individuelle, modern oder romantisch ausgestattete Zimmer, ein exzellentes Restaurant, eine dunkel getäfelte historische Weinstube und eine Tapas-Bar.
Obermarkt 8–12, 78462 Konstanz
Tel. 0 75 31-12 89 90
www.barbarossa-hotel.com

Waldhaus Jakob

Das 2006 renovierte traditionsreiche Haus liegt nahe der Bodensee-Therme (Rabatt für Hotelgäste) in einem Freizeit- und Erholungsgebiet, 250 m vom Bodensee entfernt am Lorettowald. 35 helle, freundliche Zimmer, Suiten und Apartments, Restaurant mit badischer Küche und Biergarten.
Eichhornstr. 84, 78462 Konstanz
Tel. 0 75 31-8 10 00
www.waldhaus-jakob.de

Restaurants

Papageno

Leichte Spitzenküche von Johann Kraxner mit saisonal wechselnden deutschen, französischen und mediterranen Gerichten. Recht preiswerte Mittagsmenüs, am Abend wird die Gourmetvariante serviert; zu empfehlen ist das saisonale Menü. Auch vegetarische Menüs und Gerichte speziell für Kinder.
Hüetlinstr. 8a, 78462 Konstanz
Tel. 0 75 31-36 86 60
www.restaurant-papageno.net
Di–So 12–14 und ab 18 Uhr

Cantina Rabajà

Das kleine, aber feine Restaurant ist nach einem Weinberg in Italien benannt, dessen Tropfen hier kredenzt werden. Solide regionale, italienisch-mediterran inspirierte Küche, charmante Vinothek im Vorderraum.
Kreuzlinger Str. 7
78462 Konstanz
Tel. 0 75 31-91 78 84
www.cantina-rabaja.de
Mo ab 18, Di–Sa 10–14 und ab 18.30 Uhr

Zum Elefanten

Rustikales Lokal im 1468 erbauten Haus zum Elefanten im Zentrum von Konstanz mit badischer und schwäbischer Küche, darunter leckere Bodenseefische. Im Frühjahr gibt's feinen Spargel.
Salmannsweilergasse 32–34
78462 Konstanz
Tel. 0 75 31-2 21 64
www.restaurant-elefanten.de
Mo–Sa 11.30–14.30, 17.30–24 Uhr

Storikenescht

Deftige Elsässer Küche wie Flammkuchen, Entenleberterrine mit Mirabellen-Chutney, Lammkoteletts in der Kräuterkruste, Häxle vom Spanferkel und Münsterkäse mit Kümmel. Im Sommer ist auch der schöne Biergarten geöffnet.
Döbelestr. 3, 78462 Konstanz
Tel. 0 75 31-91 90 47
www.storik.de
Mi–So, Fei 11.30–14.30, 17.30–24, Di ab 18 Uhr

Rambagh Palace

Das nach dem Sommerpalast der Maharani von Jaipur (»Himmlischer Garten«) benannte Restaurant serviert im schönsten Speisesaal von Konstanz (im 1. Stock des früheren Dom-Hotels) feine Klassiker der indischen Küche.
Brückengasse 1, 78462 Konstanz
Tel. 0 75 31-2 54 58
www.rambagh-palace.
inselmedia.de
Di–So ab 18 Uhr

Shopping

Lago

Dies Einkaufsparadies vereint 70 Läden direkt am Bahnhof, mit Shops uns Boutiquen vieler bekannter Modelabel, mehreren Cafés und Restaurants sowie einem Kino und einem Fintesscenter.
Bodanstr. 1, 78462 Konstanz
Tel. 0 75 31-6 91 33 60
www.lago-konstanz.de
Mo–Sa 9.30–20, Do bis 22 Uhr

Schmuckatelier Zobel

Michael Zobel und sein Nachfolger Peter Schmid verkaufen in ihrem wunderschönen Atelier im Haus zum Wolf mit seiner Rokokofassade ausschließlich selbst gefertigte Unikate, viele davon preisgekrönte echte Kunstwerke.
Rosgartenstr. 4
78462 Konstanz
Tel. 0 75 31-2 59 62
www.atelierzobel.com

Bodenseefischerei Leib

Hinter einem Privathaus am Seerhein kann man frisch gefangenen oder – zum Mitnehmen und Verschenken – frisch geräucherten Fisch erstehen, natürlich auch die leckeren Bodenseefelchen, auch Blaufelchen genannt.
Fischenzstr. 50
78462 Konstanz-Paradies
Tel. 0 75 31-69 17 17
www.leibamseele.de
Di, Do, Fr 8.30–12.30, 14.30–18, Mi, Sa nur 8.30–12.30 Uhr

Bent Sørensen – Dänische Wohnkultur

Schon das verwinkelte historische Haus ist sehenswert. Hier gibt es keine Massenware skandinavischer Ketten, sondern ausgefallene Designermöbel (darunter interessante Klappmöbel für den Garten) und schöne Wohnaccessoires und Geschenkideen.
Zollernstr. 10, 78462 Konstanz
Tel. 0 75 31-2 90 00
www.bent-soerensen.de
Mo–Fr 9.30–18.30, Sa 9.30–18 Uhr

Spitalkellerei

Schon seit 1271 besteht diese Stiftungskellerei, sie hält den Rekord in Deutschland. In ihrem mittelalterlichen Kellergewölbe reift noch heute erlesener Wein heran, zumeist gekeltert aus den Rebsorten Müller-Thurgau und Spätburgunder. Sehr zu empfehlen sind die Einzellagen der Kellerei, »Konstanzer Sonnenhalde« und »Meersburger Haltnau«. Außerdem werden gute Sekte und Edelbrände produziert.
Brückengasse 16
78462 Konstanz
Tel. 0 75 31-12 87 60
www.spitalkellerei-konstanz.de
Mo–Fr 9–12, 14–18, Sa 9–13 Uhr

Am Abend

Stadttheater Konstanz

Es wurde 1607 als Gymnasium des Konstanzer Jesuitenklosters erbaut und ist damit die älteste dauerhaft bespielte Bühne im Land. Neben dem in den 1930er-Jahren umgebauten Stadttheaterhaus in der Konzilgasse werden die »Spiegelhalle« am Hafen und die Werkstatt Inselgasse, eine kleine Studiobühne, für experimentelles und junges Theater genutzt. In den Sommermonaten gastiert man in Überlingen am anderen Bodenseeufer.
Inselgasse 2–6
78462 Konstanz
Tel. 0 75 31-90 01 01
www.theaterkonstanz.de

Casino Konstanz

Mondäner Treffpunkt an der Seepromenade mit Krawattenzwang für Roulette und Black Jack. Im 1. Stock residiert das stilvolle Restaurant »O'Lac« mit mediterraner Küche, zwei Bars und schöner Gartenterrasse. Mit den Einnahmen finanziert die Stadt übrigens ihr Theater.
Seestr. 21, 78464 Konstanz
Tel. 0 75 31-8 15 70
www.casino-konstanz.de
tgl. 14–3 Uhr

Kommunales Kunst- und Kulturzentrum K9

In einer früheren Kirche findet ein umfangreiches Kulturprogramm Platz – mit Kabarett, Theater, Musik, Disco, offener Bühne und Open Stage. Regelmäßig Jazzkonzerte und Salsaklänge, am Wochenende Party.
Obere Laube 71, 78462 Konstanz
Tel. 0 75 31-1 67 13
www.k9-kulturzentrum.de
Do–Sa ab 20 Uhr

Weinstube Niederburg

Im Haus zur Mugge ist eines der beliebtesten Weinlokale in Konstanz untergebracht, mit rustikaler Einrichtung und freundlicher Atmosphäre. Hervorragende Weinauswahl mit echten Neuentdeckungen und leckere Speisen. Sehr beliebt ist die Weinprobe im Hof (im Frühling). In der angeschlossenen Weinhandlung kann man seinen Lieblingstropfen erwerben.
Niederburggasse 7, 1. Stock
78462 Konstanz
Tel. 0 75 31-2 97 47
www.weinhandlung-fritz.de
Mo–Sa 17–24, Mi 10–14, 17–24 Uhr

Das Boot

Am Hafen vertäutes Discoboot, auf dem im Sommer bekannte DJs auflegen. Gespielt wird überwiegend House und Hip-Hop. Auf dem Deck genießt man Cocktails unterm Nachthimmel.
Hafenstr. 6, Steg 6
78462 Konstanz
Tel. 0 75 31-2 02 43
www.dasboot.de
im Sommer Fr, Sa ab 22 Uhr

Leipzig

Traditionsstadt mit neuem Schwung

Kaum eine andere deutsche Stadt durchlebt zurzeit einen solch starken architektonischen, wirtschaftlichen und kulturellen Wandel wie die rund 515 000 Einwohner zählende Metropole Leipzig. Die zügige Sanierung der Innenstadt, ehrgeizige Bauprojekte und die Ansiedlung von Großbetrieben sind eindrucksvolle Indizien hierfür. Wer per Bahn anreist, erlebt gleich das eindrucksvollste Eingangstor in die Stadt: den größten Kopfbahnhof Europas, wunderschön saniert und umgebaut. Leipzig gilt nicht nur als Keimzelle der friedlichen Revolution von 1989, die in der Wiedervereinigung Deutschlands gipfelte, sondern auch als älteste Messestadt der Welt. Das lässt sich noch heute an den erfolgreichen Messen und den eindrucksvollen historischen Kaufmannshöfen und Handelspassagen erkennen. Vielseitig und lebendig präsentiert sich, auch dank der vielen Studenten der traditionsreichen Universität, die Kneipenlandschaft. Wer seine Freizeit lieber der Hochkultur widmet, kommt ebenfalls auf seine Kosten: Kaum eine andere Stadt kann auf eine so große Musiktradition verweisen wie Leipzig. Johann Sebastian Bach und Felix Mendelssohn Bartholdy, der Thomanerchor und das Gewandhausorchester sind untrennbar mit Leipzig verbunden.

Naschmarkt

Um Leipzigs Naschmarkt gruppieren sich mehrere bedeutende Sehenswürdigkeiten: Das Alte Rathaus, die Alte Börse, der Handelshof und der frühere Burgkeller sind die markantesten Gebäude dieses reizvollen Ensembles. Schon beim ersten Frühlingserwachen laden Tische und Stühle zu Speis und Trank im Freien ein.

Während das schöne Alte Rathaus des Renaissancearchitekten und Leipziger Bürgermeisters Hieronymus Lotter dem Naschmarkt nur seine Rückseite zeigt, präsentiert die Alte Börse ihre reich geschmückte Front-Barockfassade. Eine doppelläufige Freitreppe führt hinauf zum Haupteingang, über dem das prachtvolle Stadtwappen thront, während die vier römischen Gottheiten Hermes, Aphrodite, Apollo und Athene die Ecken der Dachbalustrade zieren. Nach ihrer Eröffnung 1679 gab die Börse den Leipziger Bürgern einen repräsentativen Versammlungsraum für Geld- und Handelsgeschäfte, Informationsaustausch und vieles andere mehr. Direkt vor der Börse blickt Johann Wolfgang von Goethe – in Bronze gegossen – hinüber zum Löwenbrunnen und zur Mädlerpassage. Die 2,65 m hohe Skulptur des Dichterfürsten schuf Carl Ludwig Seffner (1861–1932). Im Sockel des Denkmals verewigte der Bildhauer die Reliefs von zwei Herzensdamen des später so berühmten Leipziger Jurastudenten.

Naschmarkt, 04109 Leipzig

Thomaskirche

Rechtzeitig zu Johann Sebastian Bachs 250. Todestag im Jahr 2000 wurde die Thomaskirche restauriert und erstrahlt seitdem wieder im schönsten Weiß. Das Gotteshaus ist für Bach-Fans eine bedeutende Pilgerstätte: Zum einen sind hier seine Gebeine bestattet, zum anderen trägt der weltberühmte Thomanerchor regelmäßig Bach-Stücke vor.

Die im Jahr 1212 von Dietrich von Meißen gegründete Kirche vereint Baustile verschiedener Epochen. Sie entstand im 13. Jh. zunächst im romanischen Stil und wurde später im gotischen ausgebaut, wobei sich auch Elemente der Renaissance und des Barock finden lassen. Heute ist vor allem das von Carl

Seffner geschaffene Bach-Denkmal im Hof der Thomaskirche ein Anziehungspunkt für Besucher. In ihrer rechten Hand hält die Figur eine Notenrolle, mit der linken berührt sie die Tasten einer dahinter befindlichen Orgel. Der Komponist ist in einem Grab im Altarraum der Kirche beigesetzt. Authentisches aus seinem Leben ist im Bach-Archiv gegenüber der Kirche zu sehen, in dem zu zahlreichen Anlässen Bachs Musik erklingt.

Thomaskirchhof 18, 04109 Leipzig
Tel. 03 41-22 22 40, www.thomaskirche.org
tgl. 9–18 Uhr, Führungen auf Anfrage

Nikolaikirche

Die friedliche Revolution von 1989 hatte in Leipzig ein Zentrum: die Nikolaikirche. Leipzigs größtes Gotteshaus fungiert nach wie vor als Ort der Begegnung und Bewegung.
Die Nikolaikirche gilt als älteste Kirche der Stadt. Sie wurde im Jahr 1165 nach der Verleihung des Stadt- und Marktrechtes als romanische »Stadt- und Pfarrkirche St. Nikolai« erbaut. Im 15. und 16. Jh. erfolgten Anbauten und die vollständige Umgestaltung im gotischen Stil. Als man die Reformation in Leipzig einführte, stieg die Kirche zum Sitz des ersten Superintendenten der Stadt auf. Ende des 18. Jhs. wurde der Innenraum im klassizistischen Stil umgebaut, der sich bis heute erhalten hat. Die letzten großen Veränderungen wurden Anfang des 20. Jhs. an der Außenfassade vorgenommen, wobei das spätgotische Aussehen beibehalten wurde. Sehenswert und vor allem Hörenswertes bietet die viermanualige Konzertorgel. Sie gehört zu den größten in Deutschland.

Nikolaikirchhof 3, 04109 Leipzig
Tel. 03 41-9 60 52 70
www.nikolaikirche-leipzig.de
tgl. 10–18 Uhr, So Gottesdienst;
Führungen Di, Do, Fr 17, Sa 11 Uhr

Gohliser Schlösschen

Nach umfangreichen Renovierungsarbeiten erstrahlt ein kleines Stück Rokoko wieder in fürstlichem Glanz. Das einzige erhaltene Schloss der Stadt ist ein reizvoller Treffpunkt für Besichtigungen und Veranstaltungen.

Zur Blütezeit Leipzigs dienten die Investitionen der Kaufleute neben der Verschönerung ihrer Stadt vornehmlich ihren privaten Besitztümern. So ließ sich der Kaufmann und Ratsherr Johann Caspar Richter ein Sommerpalais außerhalb der mittelalterlichen Befestigungsanlage errichten. Viel Licht und warme Farben bestimmen die Räumlichkeiten des Gohliser Schlösschens. Die Decke des oberen Festsaals schmückt das Gemälde »Der Lebensweg der Psyche« von Adam Friedrich Oeser. Eine Flügeltür führt vom Steinsaal, heute Restaurant, in den barocken Lustgarten. Die einstige Sommerfrische bietet eine wundervolle Kulisse für musikalische Veranstaltungen, Lesungen und Theatervorführungen.

Menckestr. 23, 04155 Leipzig
Tel. 03 41-58 96 90, www.gohliser-schloss.de
Führungen So 11 Uhr

Museum der bildenden Künste

Nach 60 Jahren Interimslösungen hat das Leipziger Museum der bildenden Künste seit 2004 endlich einen dauerhaften Platz gefunden – im ersten und bekanntesten Kunstmuseumsneubau in Ostdeutschland. Dort findet nun die älteste und bedeutendste Bürgersammlung Deutschlands eine obendrein architektonisch sehr attraktive Unterkunft.
In einem spektakulären, 78 m langen, 40 m breiten und 36 m hohen Kubus aus Stahl und Glas werden auf rund 5000 m² Ausstellungsfläche die wichtigsten Werke aus dem Fundus von 3000 Gemälden, etwa 900 Plastiken und rund 55 000 Zeichnungen gezeigt. Der Schwerpunkt der Sammlung liegt bei altdeutschen, italienischen und niederländischen Malern des 17. Jhs., bei der deutschen Malerei und Grafik des 19. Jhs. und bei Kunstwerken der DDR-Zeit. Darunter befinden sich berühmte Werke der Leipziger Künstlergrößen Max Klinger und Max Beckmann sowie von Caspar David Friedrich und Lucas Cranach. Im Obergeschoss haben auch die aktuellen Stars der Leipziger Malerszene, Neo Rauch und Daniel Richter, ein Forum.

Katharinenstr. 10, 04109 Leipzig
Tel. 03 41-21 69 90, www.mdbk.de
Di, Do–So 10–18, Mi 12–20 Uhr

Die Alte Börse und das Goethe-Denkmal am Naschmarkt

Museum in der Runden Ecke

Der ehemalige Sitz der Leipziger Bezirksverwaltung für Staatssicherheit ist heute ein Ort der Erinnerung. In den einstigen Büroräumen wird Stasi-Geschichte dank originaler Arbeitsmittel und der Demonstration spezifischer Methoden authentisch aufgearbeitet.

Die Forderung Tausender von Demonstranten während der friedlichen Revolution – »Runde Ecke – Schreckenshaus, wann wird ein Museum draus« – griff das »Bürgerkomitee Leipzig für die Auflösung der ehemaligen Staatssicherheit« auf und wandelte das halbrunde Eckhaus am Dittrichring in eine Ausstellung um. Dargestellt werden Tätigkeiten von Abteilungen wie Postkontrolle oder Telefonüberwachung sowie die von den Mitarbeitern verwendeten Utensilien: Wanzen, Geruchskonserven, Pässe und Maskierungen. Leipzig steht exemplarisch für das Vorgehen des Ministeriums für Staatssicherheit auch in anderen Teilen der früheren DDR. Der Besucher hat die Möglichkeit, sich selbst auf Spurensuche durch die Ausstellung zu begeben. Aufschlussreicher und informativer ist jedoch ein geführter Rundgang (tgl. 15 Uhr).

Dittrichring 24, 04109 Leipzig
Tel. 03 41-9 61 24 43
www.runde-ecke-leipzig.de
tgl. 10–18 Uhr

Asisi Panometer

Ein ehemaliger Gasometer, Baujahr 1910, beherbergt eines der größten Panoramen der Welt. Nach dem Erfolg von »8848Everest360°« konnte mit »Rom CCCXII« ein noch größerer Triumph erzielt werden. Derzeit können Besucher in der Ausstellung »Amazonien – Zauberbild der Natur« die faszinierende Welt des brasilianischen Regenwalds bestaunen. Die äußere Hülle des früheren Gasspeichers aus rotbraunem Backstein lässt kaum vermuten, dass in seinem Inneren der gewaltige Amazonasstrom fließt, dichte Wälder rauschen und exotische Tiere kreischen. Von einem 12 m hohen Turm eröffnet sich ein eindrucksvoller Blick auf eine Fläche von 31 x 106 m.

Dem Berliner Architekten und Künstler Yadegar Asisi ist es gelungen, mit Hilfe von Illustrationen, Computertechnik und Lichteffekten eine atemberaubende Simulation zu erzeugen, die in dem Besucher tatsächlich die Vorstellung aufkommen lässt, sich inmitten ungebändigter Natur zu befinden. Die Ausstellung ist dem deutschen Naturforscher Alexander von Humboldt gewidmet.

Richard-Lehmann-Str. 114, 04275 Leipzig
Tel. 03 41-3 55 53 40, www.panometer.de
Di–Fr 9–19, Sa, So, Fei 10–20 Uhr

Zoo Leipzig

Im mit fast 130 Jahren doch recht betagten Leipziger Zoo stehen die Zeichen auf Innovation. Bis zum Jahr 2015 soll der »Zoo der Zukunft« in großem Umfang aus- und umgebaut werden. Einige moderne Anlagen sind schon eingeweiht, aber auch die schönen historischen Tierhäuser werden saniert und zukünftig z.B. für Ausstellungen genutzt. Zuerst eröffnete der Zoo die Löwensavanne »Makasi Simba«. Damit führt er seine traditionsreiche Löwenzucht weiter, die ihm einst den Namen Leipziger Löwenfabrik eintrug. Als zweiter Schritt auf dem Weg in die Zukunft entstand Pongoland, das Affengelände mit Gorillas, Schimpansen, Orang Utans und Bonobos. Internationale Wissenschaftler betreiben in dieser mit 30 000 m^2 weltweit größten Menschenaffenanlage Verhaltensforschung – und die Zuschauer können daran teilhaben. In der Afrika-Savanne leben Giraffen, Zebras, Hyänen und andere Tiere auf 2,5 ha nebeneinander. Auch der Elefantentempel und die Lippenbärenschlucht ziehen viele Besucher an. 2011 eröffnet mit der Tropenerlebniswelt Gondwanaland eine weitere spektakuläre Attraktion.

Pfaffendorfer Str. 29, 04105 Leipzig
Tel. 03 41-5 93 33 85, www.zoo-leipzig.de
Okt.–April tgl. 9–17/18 Uhr, Mai–Sept. tgl. 9–19 Uhr

Belantis

Mit der Stilllegung von Tagebauen und Fabriken entstanden im Süden Leipzigs in einem atemberaubenden Wandlungsprozess attraktive Freizeit- und Erholungslandschaften. Neben dem Leipziger Neuseenland gehört der erste Vergnügungspark Ostdeutschlands mit dem Namen Belantis zu den Highlights. Auf 25 ha treten Besucher in sechs Belantis-Welten eine historische Reise durch die Zeit

an. Ob im Land der Grafen, im Tal der Pharaonen, am Strand der Götter, auf der Insel der Ritter oder an der Küste der Entdecker: In jeder Welt bietet der Belantis Vergnügungspark eine aufwendige und vielfältige Thematisierung mit passender Gastronomie und Entertainment. Dazu gehören spannende Attraktionen wie eine Wildwasserfahrt, eine Achterbahn und die riesige Schiffsschaukel »Santa Maria«. Darsteller in bunten Kostümen verstärken mit kleinen Showeinlagen die Illusion einer Reise in eine andere Welt. Im Themenbereich »Strand der Götter« etwa bekommen Gäste Sagen aus der griechischen Mythologie erzählt. Und bei der Fahrt des Odysseus erleben sie hautnah die Seeabenteuer des griechischen Helden.

Zur Weißen Mark 1, 04249 Leipzig
Tel. 0 13 78-40 30 30, www.belantis.de
April–Okt. Mi, Do, Sa, So 10–18 Uhr,
in den Ferien auch Mo, Di, Fr

Völkerschlachtdenkmal

Im Südosten von Leipzig befindet sich mit dem Völkerschlachtdenkmal das größte Nationaldenkmal Deutschlands. Es wurde zwischen 1897 und 1913 im Auftrag des Deutschen Patriotenbundes erbaut und soll der Völkerschlacht im Oktober 1813 gedenken, in der Napoleons Gewaltherrschaft über Europa gebrochen wurde.

Der 91 m hohe und 300 000 t schwere Steinkoloss wurde an historischer Stätte vom deutschen Kaiser Wilhelm II. eingeweiht. Nach wie vor ist er Anziehungspunkt für geschichtsinteressierte Besucher. Der 68 m hohe Innenraum ist in drei Teile gegliedert: In der Krypta halten haushohe Krieger vor riesigen Masken die Totenwache für die Opfer der Schlacht. Darüber befinden sich die Ruhmeshalle und die Kuppelhalle. Reizvoll gestaltet sich der Aufstieg von der Krypta zur Aussichtsplattform in 91 m Höhe über 364 Stufen. Die 1999 beschlossenen Sanierungsarbeiten sollen 2013 – zum hundertjährigen Bestehen des Denkmals – abgeschlossen sein.

Prager Str., 04299 Leipzig, Tel. 03 41-2 41 68 70
www.stadtgeschichtliches-museum-leipzig.de
April–Okt. tgl. 10–18, Nov.–März tgl. 10–16 Uhr

Hotels

Fürstenhof

Erste Adresse der Leipziger Hotellerie. Hinter der Fassade des aufwendig restaurierten klassizistischen Stadtpalais befinden sich prunkvoll-luxuriöse Zimmer, ein weitläufiger Wellnessbereich und eine Hotelbar unter einer Glaskuppel.
Tröndlinring 8, 04105 Leipzig
Tel. 03 41-14 00
www.hotelfuerstenhofleipzig.
com

pentahotel Leipzig

So stellt man sich ein zentral gelegenes Hotel der gehobenen Klasse vor: Die rund 350 Zimmer und Suiten sind zeitlos-elegant eingerichtet und mit Marmorbädern und Kabelfernsehen ausgestattet. In die Lobby ist ein feines Restaurant integriert, Wellnesseinrichtungen sorgen für Entspannung.
Großer Brockhaus 3
04103 Leipzig, Tel. 03 41-1 29 20
www.pentahotels.com

Hotel Michaelis

Das denkmalgeschützte Gebäude aus der Gründerzeit wurde mit viel Liebe zum Detail restauriert. Auch im Inneren gibt man sich sehr viel Mühe, vor allem beim aufmerksamen Service.
Paul-Gruner-Str. 44
04107 Leipzig, Tel. 03 41-2 67 80
www.michaelis-leipzig.de

Precise Accento Leipzig

Leipzigs einziges Hotel im Designer- & Pop-Art-Stil ist jung, frech und farbenfroh. Farben und Formen bestimmen nicht nur die Zimmer und Tagungsräume, sondern auch das helle Restaurant. Das Haus liegt im Nordosten der Stadt, nahe Messe und BMW-Werk.
Tauchaer Str. 260, 04349 Leipzig
Tel. 03 41-9 26 20
www.precisehotels.com

Pension Burgaue

Hier wohnt man preisgünstig und ruhig. Alle Zimmer und Ferienwohnungen sind zweckmäßig eingerichtet. Dem Gast bleibt es selbst überlassen, von hier aus den direkten Weg per Straßenbahn in die turbulente Innenstadt zu nehmen oder lieber den ruhigen Auewald direkt vor der Tür zu erkunden. Dank des hauseigenen Fahrradverleihs bietet sich vor allem Letzteres an.
Südstr. 9, 04178 Leipzig
Tel. 03 41-45 32 30
www.pension-burgaue.de

Restaurants

Stadtpfeiffer

Hervorragende Aussichten für Feinschmecker bietet das Restaurant Stadtpfeiffer im Gewandhaus: Das liegt zum einen an der Totalverglasung des modern eingerichteten Gourmetrestaurants und zum anderen an der superben Küche, die zur Spitze in Leipzig zählt.
Augustusplatz 8, 04109 Leipzig
Tel. 03 41-2 17 89 20
www.stadtpfeiffer.de
Di–Sa 18–24 Uhr,
Juli/Aug. Sommerpause

FALCO Restaurant & Bar

Exquisit dinieren lässt es sich im Falco, dem Gourmetrestaurant mit Bar in der 27. Etage des Hotels The Westin Leipzig. Hier genießt man bei einem atemberaubenden Ausblick eine hervorragende, kreative Küche voll tagesfrischer und saisonaler Produkte.
Gerberstr. 15, 04105 Leipzig
Tel. 03 41-9 88 27 27
www.falco-leipzig.de
Di–Sa 19–23 Uhr

Auerbachs Keller

Seit Goethe seine Studenten im »Faust« hier trinken ließ, zählt Auerbachs Keller zu den berühmtesten Gaststätten Deutschlands. Das in der Mädler-Passage gelegene und knapp 500 Jahre alte Traditionslokal bietet im Großen Keller sächsisch-bodenständige Küche und in den historischen Weinstuben Speisen für gehobene Ansprüche.
Grimmaische Str. 2–4
04109 Leipzig, Tel. 03 41-21 61 00
www.auerbachs-keller-leipzig.de
tgl. 11.30–24 Uhr

Zum Arabischen Coffe Baum

Das älteste kontinuierlich betriebene Café-Restaurant Europas wurde 1694 in Leipzig eröffnet; seit 1719 firmiert es als »Coffe Baum«. Heute werden Gäste in drei Gaststuben und drei unterschiedlichen Cafés auf mehreren Etagen bedient. Ein kleines Kaffeemuseum ist angeschlossen.
Kleine Fleischergasse 4
04109 Leipzig
Tel. 03 41-9 61 00 60
www.coffe-baum.de
tgl. ab 11 Uhr

Gosenschenke Ohne Bedenken

Unter der Leipziger Gose versteht man ein trübes, obergäriges Bier. Pur oder mit Süßem kombiniert feiert das altehrwürdige Getränk derzeit eine Renaissance. Dazu werden in der historischen Gaststube und im wunderschönen Biergarten deftige Fleischgerichte und gesäuerter Camembert serviert.
Menckestr. 5, 04155 Leipzig
Tel. 03 41-5 66 23 60
www.gosenschenke.de
tgl. ab 12, Okt.–Febr. Mo–Fr ab 16, Sa, So, Fei ab 12 Uhr

Shopping

Verlagsbuchhandlung Bachmann

Zwischen zwei Leipziger Buchmessen können sich Bücherfreunde im Laden im Alten Rathaus über Neuig-

keiten auf dem Markt informieren. Vor allem zu den Themen Leipzig und Umgebung ist der Bestand groß. Es gibt auch Souvenirs.
Markt 1, 04109 Leipzig
Tel. 03 41-9 60 19 22
www.bachmann-buch-leipzig.de
Mo–Fr 10–20, Sa, So 11–18 Uhr

Bodo Zeidler
Das Fachgeschäft unter den Arkaden des Alten Rathauses führt das ganze Sortiment der Staatlichen Porzellan-Manufaktur Meissen: vom Service über Wandbilder und Lampen bis zu Figuren. Die edlen Stücke für gehobene Ansprüche haben ihren Preis.
Markt 1, 04109 Leipzig
Tel. 03 41-9 60 17 14
www.bodo-zeidler.de
Mo–Fr 10–19, Sa 10–16 Uhr

Gourmétage
Kulinarische Köstlichkeiten findet man am Osteingang der Mädlerpassage. Feinschmecker haben die Qual der Wahl unter Antipasti, Ölen, Honigsorten und Tees, aber auch Whisk(e)ys und Zigarren – eben allem, was Genießer so schätzen. Eine lokale Spezialität ergänzt das Angebot: die »Leipziger Lerche«, ein geschichtsträchtiges Gebäck aus Mürbeteig und feinster Marzipanfüllung.
Grimmaische Str. 2–4
04109 Leipzig
Tel. 03 41-9 61 10 90
www.gourmetage.de
Mo–Sa 9.30–20 Uhr

Damals war's HO
Nostalgie pur! Hier fühlt man sich zwischen Elsterglanz und Tempolinsen noch einmal in die DDR zurückversetzt. Das umfangreiche Sortiment mit fast vergessenen Produkten des täglichen Bedarfs verbreitet auf 40 m² Museumscharakter. Bei all den Originalen stört es kaum, wenn die Preise nach

zwei Währungsreformen nicht mehr die gleichen sind.
Waldstr. 25, 04105 Leipzig
Tel. 03 42 92-6 63 20
www.damals-wars-ho.de
Mo–Fr 10–18, Sa 10–13 Uhr

Graue Maus
Nicht erst seit Loriots amüsanter Farbtheorie über Grau weiß man, dass es viele Differenzierungen dieser Farbe gibt. Dass dabei auch aufregende und alles andere als langweilige Mode herauskommen kann, beweist die Modedesignerin Maria Schenke in ihrem kleinen Hinterhofatelier Graue Maus.
Karl-Liebknecht-Str. 50
04275 Leipzig
Tel. 03 41-9 83 21 70
www.graue-maus.de
Mo–Fr 11–16, Mi, Do bis 18 Uhr, sonst nach Absprache

Am Abend

Oper
Die drittälteste Musikbühne Europas, heute in einem Gebäude aus den 1950er-Jahren untergebracht, pflegt eine über 300-jährige Tradition und wartet mit Kunstereignissen von europäischer Dimension auf. In den 1990er-Jahren wurde sie mehrmals zum Opernhaus des Jahres ernannt.
Augustusplatz 12, 04109 Leipzig
Tel. 03 41-1 26 12 61
www.oper-leipzig.de

Neues Gewandhaus
Gewandhaus und Gewandhausorchester tragen seit mehr als 250 Jahren zum Erhalt und der Entwicklung klassischer Musik bei. Nach den großen Vorgängern Mendelssohn Bartholdy, Furtwängler und Masur bieten auch die heutigen Kapellmeister im amphitheaterähnlichen Großen Saal des Baus von 1981 hochkarätige Musikerlebnisse.

Augustusplatz 8, 04109 Leipzig
Tel. 03 41-1 27 02 80
www.gewandhaus.de

Volkspalast
Der Volkspalast, ehemals Messehalle auf der Leipziger Alten Messe, ist eine der angesagtesten Club- und Partylocations in Leipzig und erinnert mit seiner charakteristischen Kuppel an das Pantheon in Rom. In der »Donnerkuppel« können bis in die frühen Morgenstunden die Hüften geschwungen werden, für die prickelnde Erfrischung zwischendurch ist an allen vier Bars im Kuppelrundgang, dem sogenannten »Kreisverkehr« gesorgt.
Puschstr. 10, Alte Messe –
Halle 16, 04103 Leipzig
Tel. 03 41-24 25 83 00
www.volkspalast.tv
Fr, Sa ab 21 Uhr

Ilses Erika
Hier trifft sich nicht nur die alternative Szene des Südens – Ilses Erika ist einfach Kult und Kultur zugleich. Große Stimmung herrscht auch schon in kleinem Kreis. Dafür sorgen verschiedene Shows, Konzerte, Poetry Slam und tanzbare Musik an Discoabenden.
Bernhard-Göring-Str. 152
04277 Leipzig
Tel. 03 41-3 06 51 11
www.ilseserika.de
tgl. ab 22 Uhr

Nachtcafe
Dieser Club ist seit Jahren eine Konstante in Leipzigs Nachtleben. Bis in die frühen Morgenstunden verströmen die Plattenteller oftmals bekannter DJs Black und House auf zwei Floors. Überwiegend junges Publikum sorgt dafür, dass die Tanzflächen immer gut gefüllt sind.
Petersstr. 39–41, 04109 Leipzig
www.nachtcafe.com
Mi, Sa ab 22 Uhr

Lübeck

Königin der Hanse

Seit Jahrhunderten beherrschen die sieben Türme der fünf mittelalterlichen Kirchen Lübecks das Ufer der Trave. Sie vermitteln einen Eindruck von der stolzen Zeit, als die Macht der Königin des 1356 gegründeten Hansebunds vom norwegischen Bergen bis ins russische Nowgorod reichte. Der schönste Blick auf die Silhouette der zum UNESCO-Weltkulturerbe erklärten backsteinroten Altstadtinsel bietet sich vom Küsterberg an der Travebucht Schlutuper Wiek. Auch das winkelige Lübeck, wie es in Thomas Manns Novelle »Tonio Kröger« so eindringlich beschrieben ist, findet man noch: in traditionsreichen Handwerkerquartieren wie Glockengießer- oder Fleischhauerstraße, bei den alten Salzspeichern aus dem 16. bis 18. Jh. an der Obertrave und in den über hundert Wohngängen und Stiftshöfen der Stadt. Nur nach der von den Mann-Brüdern einst beklagten bigotten Engstirnigkeit der Lübecker kann man heutzutage gottlob lange suchen.

Holstentor

Das mächtige Holstentor, Lübecks weltberühmtes Wahrzeichen, wurde 1469–1478 nach dem Vorbild flandrischer Brückentore mit zwei wuchtigen Türmen, spitzen Kegeldächern und schmucken Terrakottabändern erbaut. Es war das mittlere Tor einer Befestigungsanlage an der Westseite der Stadt, deren andere Tore abgebrochen wurden. Nur knapp entging das Holstentor 1863 dem gleichen Schicksal.

Auf der nach außen gewandten Seite des Tores steht über der Einfahrt die lateinische Wendung CONCORDIA DOMI FORIS PAX (Eintracht im Innern, Frieden draußen). Auf der zur Stadt gerichteten Seite erinnert ein Kürzel an die antike Tradition der Römischen Republik: S.P.Q.L., ausgeschrieben: Senatus populusque Lubicensis (Senat und Lübecker Volk). Hinter den bis zu 3,50 m dicken Mauern ist ein sehenswertes Museum zur Stadt- und Kaufmannsgeschichte sowie zur Backsteingotik untergebracht.

Holstentorplatz, 23552 Lübeck
Tel. 04 51-1 22 41 29
www.die-luebecker-museen.de
Museum im Holstentor Jan.–März Di–So 11–17, April–Dez. tgl. 10–18 Uhr

Rathaus

An der Breiten Straße wurde das Rathaus 1887 um eine neugotische Eingangshalle samt großer Freitreppe ergänzt. Schönster Innenraum ist der Audienzsaal im Stil des Rokoko, der bis heute repräsentativen Anlässen dient.

Das Lübecker Rathaus strahlt mit seinen Türmen, Erkern und Renaissancelaube alles andere als hanseatische Zurückhaltung aus. Es wurde zwischen dem 13. und 15. Jh. erbaut, später aber häufig verändert. So präsentiert es heute vom Markt her gesehen ein Stilgemisch: eine gotische Schauwand aus dunkelrotem Backstein mit drei schlanken Türmchen von 1453, dazu 100 Jahre jüngere Arkaden im Stil der Renaissance. Im rechten Winkel schließt sich das ehemalige, um 1300 entstandene »Danzelhus« an: ein Tanzsaal über einer offenen, zweischiffigen Arkadenhalle.

Breite Str. 64, 23552 Lübeck, www.luebeck.de

Marienkirche

St. Marien, die Kirche des Lübecker Rats, wurde um 1200 als eintürmige romanische Basilika entworfen und ab 1250 im Stil der gotischen französischen Kathedralen des Hochmittelalters ausgeführt. Sie ist eine der monumentalsten Backsteinkirchen Nordeu-

Das ungewöhnliche Rathaus der Hansestadt Lübeck, rechts davon das Danzelhus

ropas und war Vorbild zahlreicher Kirchenbauten im gesamten Ostseeraum.

Das Innere fasziniert mit seinem über 38 m hohen Gewölbe, dessen zarte Malereien rekonstruiert wurden. Die Originale aus dem Jahr 1508 sind der Bombennacht von 1942 ebenso zum Opfer gefallen wie fast die gesamte Kirche. Noch heute liegen die herabgestürzten Glocken des Südturms zerbrochen in der südlichen Turmkapelle. Sehr sehenswert sind ein um 1520 in Antwerpen geschnitzter vergoldeter Marienaltar, das bronzene Taufbecken von Hans Apengeter (1337) und die rekonstruierte Astronomische Uhr an der Ostwand der Totentanzkapelle.

Marienkirchhof, 23552 Lübeck
Tel. 04 51-39 77 00, www.kirche-in-luebeck.de
April–3. Okt. tgl. 10–18, 4. Okt.–31. Okt. tgl. 10–17, Nov.–März tgl. 10–16 Uhr

Dom

Der Lübecker Dom, dessen Grundstein Heinrich der Löwe 1173 legte, ist noch stark romanisch geprägt. Sein prachtvoller gotischer Chor wurde erst später angebaut und 1341 geweiht. Blickfang im Inneren ist das 1477 von Bernt Notke geschaffene, 17 m hohe spätgotische Triumphkreuz, das als Lebensbaum gestaltet ist. Auf seinem Geäst entdeckt man Apostel, Propheten und Schutzheilige, unter dem Kreuz sind nicht nur Maria und der Jünger Johannes, sondern auch Maria Magdalena und der Stifter des Triumphkreuzes, Bischof Albert Krummedik, zu sehen. Auf den Seitenpfosten erscheinen Adam und Eva.

Sehenswert sind auch der Lettner hinter dem Triumphkreuz, der »Altar der kanonischen Tageszeiten« aus dem frühen 15. Jh. und das vollplastische Grabmal Bischof Heinrich Bockholts, das 1341 von Johann Apengeter gefertigt wurde.

Mühlendamm 2–6, 23552 Lübeck
Tel. 04 51-7 47 04, www.domzuluebeck.de
April bis Ende der Sommerzeit 10–18, Okt. 10–17, Nov.–März 10–16 Uhr

Heiligen-Geist-Hospital

Das an der Ostseite des Kobergs gelegene Heiligen-Geist-Hospital, errichtet größtenteils zwischen 1276 und 1286, ist heute ein Seniorenheim. In der 87 m langen Halle, dem Langen Haus, wurden schon früher bedürftige Alte und Kranke versorgt, die Betten reihten sich ohne Zwischenwände aneinander. Erst

177

Lübeck

1820 baute man vier Reihen mit je sechs Quadratmeter großen hölzernen Kammern ein, die heute in der Adventszeit als festlich geschmückte Marktstände genutzt werden. Man betritt die Halle von der Hospitalskirche aus, einer kurz vor 1300 geweihten frühgotischen dreischiffigen Hallenkirche mit Pfeilern im spätromanischen Stil und gotischen Wandmalereien an der Nordseite. Blickfang ist der Lettner aus dem 15. Jh., der in 23 Bildfeldern die Legende der hl. Elisabeth erzählt, Wohltäterin der Armen, Alten und Kranken.

Koberg 8, 23552 Lübeck, Tel. 04 51-7 90 78 41
www.heiligen-geist-hospital.de
April–Sept. Di–So 10–17,
Okt.–März Di–So 10–16 Uhr

St.-Annen-Museum und Kunsthalle

Den Gebäudekomplex im Südwesten der Altstadt, 1502–1515 als Kloster errichtet, bewohnten zunächst Augustinerinnen. Im Zuge der Reformation wandelte man ihn 1532 zum Armen- und Arbeitshaus um. 1843 brannte ein Abschnitt ab, 1875 wurden Teile der Kirchenruine abgebrochen. Seit 1915 ist hier das Museum für Kunst- und Kulturgeschichte untergebracht, das bis Herbst 2011 umgebaut wird; die ersten Räume sind bereits fertig.

Das stimmungsvolle Museum präsentiert die größte Sammlung mittelalterlicher Schnitz- und Flügelaltäre Deutschlands, darunter den kunsthistorisch besonders wertvollen Memling-Altar. Es illustriert aber auch Lübecker Wohnkultur vom 16. bis 19. Jh. In der Paramentenkammer sind liturgische Gewänder aus dem Mittelalter zu sehen. In der Ruine der Klosterkirche nebenan widmet sich die Kunsthalle St. Annen der Kunst nach 1945.

St.-Annen-Str. 15, 23552 Lübeck
Tel. 04 51-1 22 41 37
www.die-luebecker-museen.de
Jan.–März Di–So 11–17, April–Dez. Di–So 10–17 Uhr. 24., 25., 31. Dezember, 1. Januar, Ostermontag und Pfingstmontag geschlossen

Buddenbrookhaus

Im Buddenbrookhaus, errichtet in vornehmem Rokoko, glaubt man viele Details des berühmten Romans von Thomas Mann wiederzuerkennen. Tatsächlich besaß die Familie Mann das Haus bis 1891, doch wurde es erst nach der Bombardierung von 1942 als »begehbarer Roman« restauriert und 1991 als Heinrich-und-Thomas-Mann-Zentrum ausgebaut. Wie Konsul Buddenbrook kann heute auch der Besucher an der grauen Giebelfassade den Spruch »Dominus providebit« ablesen. Er wird die Bel Etage mit Säulenhalle wiedererkennen, das Zimmer, dessen Tapeten zartfarbige, von Sonnenuntergängen beherrschte Landschaften zeigen, und auch den Speisesaal mit schlanken Säulen, weißen Götterbildern, schweren roten Fenstervorhängen, vergoldeten Kandelabern und steiflehnigen Sofas in rotem Damast. Eine Dauerausstellung berichtet über die Schriftstellerfamilie, über die Beziehungen zwischen den Familienmitgliedern und die Lebenswege der Manns.

Mengstr. 4, 23552 Lübeck, Tel. 04 51-1 22 42 43
www.buddenbrookhaus.de
Jan.–März tgl. 11–17, April–Dez. 10–18 Uhr

Behnhaus

Der zu einem Museum verbundene Häuserkomplex Behnhaus/Drägerhaus ist ein wahres Juwel Lübecker Bürgerkultur. Das Behnhaus, dessen Fassadenabschluss prächtige Figuren schmücken, existiert in der heutigen Form seit dem späten 18. Jh. Das Interieur repräsentiert den typischen Lebensstil reicher Lübecker Kaufmanns- und Senatorenfamilien aus dem 19. Jh. Die Fest- und Repräsentationsräume erinnern an kleine Adelspaläste. Das Museum zeigt Kunst des 19. und 20. Jhs., darunter Bilder des Lübeckers Johann Friedrich Overbeck. Er hing der religiös orientierten Malerei des 1809 gegründeten Nazarenerbundes an. Bedeutender sind wohl Werke von Caspar David Friedrich, Max Liebermann, Max Slevogt, Lovis Corinth und Edvard Munch (er lebte längere Zeit in Lübeck) sowie von Ernst Ludwig Kirchner, Max Pechstein, Oskar Kokoschka und Ernst Barlach.

Königstr. 9–11, 23552 Lübeck
Tel. 04 51-1 22 41 48
www.die-luebecker-museen.de
Jan.–März Di–So 11–17,
April–Dez. Di–So 10–17 Uhr

Hotels

Kaiserhof

Aus zwei behutsam renovierten, miteinander verbundenen Patrizierhäusern vor dem historischen Mühlentor ist dieses elegante, familiär geführte Hotel entstanden. Es bietet stilvoll eingerichtete, sehr ruhige Komfortzimmer, einige davon mit Gartenblick oder Balkon, und einen persönlichen Service. Das elegante Abendrestaurant Louis XIV serviert feine regionale und internationale Spezialitäten.
Kronsforder Allee 11–13
23560 Lübeck
Tel. 04 51-70 33 01
www.kaiserhof-luebeck.de

Klassik Altstadt Hotel

Das in einem historischen, im alten Lübischen Stil wieder aufgebauten Haus in der Altstadt untergebrachte Hotel verströmt romantisches Flair. Die individuell mit dunklen Hölzern und hellen Farben eingerichteten Gästezimmer sind mit modernem Komfort ausgestattet. Ihr Dekor erinnert an berühmte Lübecker Persönlichkeiten wie Thomas Mann, Erich Mühsam oder Franziska zu Reventlow. Das Restaurant serviert klassisch-regionale Küche.
Fischergrube 52, 23552 Lübeck
Tel. 04 51-70 29 80
www.klassik-altstadt-hotel.de

Hotel an der Marienkirche

Kleines, sehr zentral gelegenes und frisch renoviertes Nichtraucherhotel, dessen lichte, modern und funktional in skandinavischem Design eingerichtete Zimmer auch die Ansprüche von Allergikern erfüllen. Zimmer 35 bietet sogar einen tollen Blick auf die Türme der Marienkirche.
Schüsselbuden 4,23552 Lübeck
Tel. 04 51-79 94 10
www.hotel-an-der-marienkirche.de

Alter Speicher

Das zentral im Herzen der Lübecker Altstadt gelegene, individuell gestaltete Hotel bietet 43 mit viel Komfort ausgestattete Zimmer und ein reichhaltiges Frühstücksbüfett. Entspannung versprechen die hauseigene Sauna und das Solarium. Schöne Dachterrasse mit Getränkeservice und tollem Blick über die Altstadt.
Beckergrube 91–93
23552 Lübeck, Tel. 04 51-7 10 45
www.hotel-alter-speicher-luebeck.de

Rucksackhotel

Das 1991 im Öko- und Kulturzentrum Werkhof zwischen Altstadtinsel und Kanal eröffnete Rucksackhotel bietet im Erdgeschoss ein Doppel- und ein Vierbettzimmer mit eigenen behindertengerechten Bädern. Im ersten Stock befinden sich Mehrbetträume mit Etagentoiletten und -duschen. Ein heller, geräumiger Tagesraum mit voll eingerichteter Küche sowie kostenloses WLAN stehen den Gästen ebenfalls zur Verfügung.
Kanalstr. 70, 23552 Lübeck
Tel. 04 51-70 68 92
www.rucksackhotel-luebeck.de

Restaurants

Wullenwever

Das elegante Restaurant ist in einem 400 Jahre alten hanseatischen Patrizierhaus untergebracht. Im Sommer sitzt man auch im begrünten Innenhof. Serviert wird kreative, saisonal wechselnde leichte und moderne Küche mit mediterranen und maritimen Akzenten. Zum Kennenlernen empfiehlt sich eines der Menüs.
Beckergrube 71, 23552 Lübeck
Tel. 04 51-70 43 33
www.wullenwever.de
tgl. ab 19 Uhr

Markgraf

In einem historischen Altstadthaus wird in elegantem, südlich anmutendem Ambiente vorzügliche deutsche und mediterrane Küche serviert. Kleine Auswahl an deutschen Weinen, viele Gewächse aus Europa und der Neuen Welt. Hübscher Innenhof mit Gastgarten.
Fischergrube 18, 23552 Lübeck
Tel. 04 51-7 06 03 43
www.markgraf-luebeck.de
Di–Sa ab 18 Uhr

Schiffergesellschaft

Im Gildehaus von 1535 mit einzigartigem nautischen Dekor lädt die Historische Gaststätte Schiffergesellschaft zu dreierlei hausgebeizten Heringen, Ostseescholle, Kapitänsschüssel, Steckrübenmus und dem unvermeidlichen Labskaus mit Spiegelei ein.
Breite Str. 2, 23552 Lübeck
Tel. 04 51-7 67 76
www.schiffergesellschaft.com
tgl. 10–1 Uhr

Vai

Freundliches Innenstadt-Bistro mit eher mediterran orientierten modernen Gerichten, von Wolfsbarsch über Taubenbrust bis zu Ochsenbäckchen. Auch die Desserts lohnen eine Sünde. Günstige Mittagsmenüs.
Hüxstr. 42, 23552 Lübeck
Tel. 04 51-4 00 80 83
www.restaurant-vai.de
Mo–Sa 12–23, So 17–23 Uhr

Brauberger

In dieser Traditionsgaststätte kann man das schon seit dem Mittelalter gebraute naturbelassene Lübecker Zwickelbier verkosten, dazu passen die deftigen gutbürgerlichen Gerichte.
Alfstr. 36, 23552 Lübeck
Tel. 04 51-7 14 44
www.brauberger.de
Mo–Sa ab 17 Uhr

Shopping

Café Niederegger

Das traditionsreiche Lübecker Marzipan von Niederegger ist längst in der ganzen Welt bekannt und vertreten, doch nirgends gibt es eine größere Auswahl als im 1806 gegründeten Stammhaus, dem auch ein Marzipanmuseum angeschlossen ist. Bei 100 Gebäckarten und 300 Artikeln aus Marzipan findet wohl jeder, was er sucht bzw. was ihm schmeckt.
Breite Str. 89, 23552 Lübeck
Tel. 04 51-5 30 11 26
www.niederegger.de
Mo–Fr 9–19, Sa 9–18,
So 10–18 Uhr

Werkstatt für Glasschliff Carl Rotter

1870 in Schlesien gegründeter Familienbetrieb, der seit 60 Jahren in Lübeck die erste Wahl für modernes, handwerklich perfektes Glasdesign und meisterhaften Schliff ist. Die farbigen und mit Motiven verzierten Gläser sind etwas ganz Besonderes und werden in alle Welt verschickt.
Elisenstr. 2, 23554 Lübeck
Tel. 04 51-40 44 05
www.rotter-glas.com
Mo–Fr 10–18 Uhr

Bildweberei Annette Boysen

Annette Boysen fertigt farbenfrohe Wandteppiche nach Aquarellen des Dichters und Malers Hermann Hesse an. Außerdem gibt es bei ihr Paramente (Altar- und Kanzelbehänge), Sitz- und Wandkissen mit floralem und geometrischem Dekor sowie wunderschöne handgefärbte Seidenschals mit Fischgrat- und Rosenköper-Muster.
Hartengrube 19, 23552 Lübeck
Tel. 04 51-70 59 48
www.bildweberei.de
Di–Fr 11–18, Sa 11–15 Uhr

Goldschmiede Galerie Nimbus

Direkt neben dem Schabbelhaus fertigen Ulla Herz und Hannes Kuhn, die beide von den Eigenarten antiker Fundstücke fasziniert sind, zeitlos schöne Schmuckobjekte aus Gold, hochwertigen Farbsteinen und vor allem antiken Gemmen und Perlen. Besonders gern verarbeiten die beiden Opale unterschiedlichster Herkunft.
Mengstr. 46, 23552 Lübeck
Tel. 04 51-7 69 86
www.goldschmiede-nimbus.de
Di–Fr 10–18, Sa 10–13 Uhr

Der Gürtelladen

Hier findet man die aktuellen Modetrends aus Italien, doch Designer Martin Mohrmann fertigt auch eigene, sehr individuell gestaltete Damen- und Herrengürtel aus hochwertigem Leder. Den passenden Verschluss zum Gürtel kann man aus einer umfangreichen Kollektion selbst wählen oder eigens entwerfen lassen.
Fleischhauerstr. 52
23552 Lübeck
Tel. 04 51-3 96 98 22
www.guertel-laden.de
Di 14–18, Mi–Sa 10–18 Uhr

Am Abend

Theater Lübeck

Im wunderschönen, 1908 errichteten Jugendstiltheater erlebt man Musik- und Sprechtheater sowie Konzerte der Lübecker Philharmoniker. Weitere Aufführungen finden in den Kammerspielen und auf der Studio-Bühne (Junges Studio) statt.
Beckergrube 16, 23552 Lübeck
Tel. 04 51-39 96 00
www.theaterluebeck.de

Volks- und Komödientheater Geisler

Das Volkstheater von Tommy Geisler spielt Volksnahes, Spaßiges und Lustiges, natürlich anspruchsvoll aufbereitet. Die Bühne ist ein Sprungbrett für Sänger, Musiker, Kabarettisten und Varietékünstler, die in den Mitternachtsshows auftreten. 150 Sitzplätze.
Dr.-Julius-Leber-Str. 25
23552 Lübeck
Tel. 04 51-7 07 82 81
www.volkstheater-geisler.de

Im Alten Zolln

Eine der ältesten deutschen Kneipen. Im Winterhalbjahr gibt's an jedem Donnerstagabend Jazz, Rock oder Popmusik live ohne Eintritt. Im Sommer spielen hier Bigbands.
Mühlenstr. 93–95
23552 Lübeck, Tel. 04 51-7 23 95
www.alter-zolln.de
tgl. ab 11 Uhr

A1 Musikpark

In dieser Großdisco ist Party ohne Ende angesagt, von der School's Out Party über die Mexican Ladys Night und den Wet´n´Wild Shower Contest bis hin zur Energy Tower Night. Mehrere Dancefloors: Das Agostea gibt sich nostalgisch, die Carlsberg Soul-Lounge präsentiert ein cooles Ambiente bei fetziger Black Music, Rhythm and Blues und Soul.
Bei der Lohmühle 7
23552 Lübeck
Tel. 04 51-8 10 43 90
www.a1-musikpark.de
Do–Sa ab 22 Uhr

Jazz Café Lübeck

Klassische Bar mit leckeren Longdrinks und Cocktails. Unter der Woche legt abends ein DJ auf; die Musik bewegt sich von Dancefloor Jazz bis House. Am Freitag gibt's ab 21 Uhr Livemusik. Spontane Sessions sind aber immer möglich.
Mühlenstr. 62, 23552 Lübeck
Tel. 04 51-7 07 37 34
www.jazzcafe-hl.de
tgl. ab 16, Sa ab 12 Uhr

Lüneburg

Salzstadt des Nordens

Lüneburgs Saline belieferte die Ostseeländer schon vor tausend Jahren mit dem »weißen Gold«, das im Mittelalter die einzige Möglichkeit bot, Fleisch und Fisch zu konservieren. Seit 1372 war Lüneburg Mitglied der Hanse und zwischen 1460 und 1530 eine der reichsten Städte des Nordens. Hinter einer imposanten Barockfassade verbirgt sich ein kostbar ausgestattetes gotisches Rathaus. Wertvolle Kunstschätze besitzen auch die gotischen Kirchen von Lüneburg und das etwas außerhalb liegende Kloster Lüne. Zahlreiche alte Backsteinhäuser mit kunstvollen Giebelfassaden vieler Stilepochen geben eine herrliche Kulisse ab; auch für die hier gedrehte ARD-Telenovela »Rote Rosen«. Studenten, Kurgäste und Touristen sorgen dafür, dass in Lüneburg die einst von Heinrich Heine beklagte Langweile längst Vergangenheit ist.

St.-Johannis-Kirche

Um 1300 geweiht, wurde das Gotteshaus bis etwa 1350 zur fünfschiffigen Hallenkirche mit Chorpolygon und Kapellenkranz ausgebaut. Der nach einem Brand 1406 neu errichtete, etwas schiefe Turm mit 32 gotischen Fenstern erreicht eine Höhe von 108 m. Am Morgen spielt dort oben der Turmbläser einen Choral auf seiner Trompete.

Im Inneren zieren vier kostbare Tafelbilder von Hinrik Funhof aus Hamburg die Innenflügel des spätgotischen Hochaltars. Die 1551 von Jasper Johansen geschaffene bedeutendste Orgel Norddeutschlands baute Matthias Dropa 1715 um und versah sie mit dem prächtigen Prospekt. Mehrere Leuchter aus der Gotik und Renaissance schmücken die Kirche. Das gewaltigste aus einer Reihe von Grabmälern für vornehme Lüneburger schuf Albert von Soest für den Bürgermeister Nikolaus Stöterogge (gest. 1561).

Am Sande, 21335 Lüneburg, Tel. 0 41 31-4 45 42
www.st-johanniskirche.de
Mo–Mi 10–17, Do, Sa 10–18, Fr 10–20,
So 11–16 Uhr. Turmbläserchoral Mo–Fr 9, Sa 10 Uhr

St.-Michaelis-Kirche

Die ehemalige Benediktinerklosterkirche, ein dreischiffiger Hallenbau aus Backstein, entstand zwischen 1376 und 1434 an der Stelle einer 1371 abgebrochenen Vorgängerkirche auf dem Kalkberg am Westrand der Altstadt. Der unvollendete Turm aus dem 15. Jh. erhielt um 1765 eine kupfergedeckte Haube.

Von der einst reichen Ausstattung (Reste im Museum für das Fürstentum Lüneburg und in der Landesgalerie Hannover) blieben die figurenreiche Steinkanzel des Pirnaer Bildhauers David Schwencke von 1602, die barocke Orgel von 1708 (Prospekt von T. Götterling, Werk von M. Dropa) und einige Epitaphien an Ort und Stelle. In der ebenfalls dreischiffigen Krypta sind diverse Grabmäler sächsischer Herzöge zu sehen. Hier soll auch der Klostergründer Hermann Billung begraben sein.

Johann-Sebastian-Bach-Platz, 21335 Lüneburg
Tel. 0 41 31-3 14 00, www.sankt-michaelis.de
April–Okt. Mo–Sa 10–17, So 14–17 Uhr,
Okt.–April Mo–Sa 10–16, So 14–16 Uhr

St.-Nicolai-Kirche

Die Kirche der Ilmenauschiffer, Hafenarbeiter, Fassmacher und Bierbrauer wurde in der ersten Hälfte des 15. Jhs. erbaut. Das 29 m hohe Mittelschiff überspannt ein Sterngewölbe. Den kostbaren Hauptaltar aus der Lambertikirche mit geschnitzten Passionsszenen schuf 1440 der Lüneburger Hans Snitker d.Ä., die Bilder der Flügel und die Propheten auf

Lüneburg

der Predella sind Werke des Hamburger Malers Hans Bornemann von 1447. Teile des Hochaltars aus dem aufgegebenen Kloster Heiligenthal sind im Chorumgang aufgestellt. 19 der ehemals 28 um 1425 in Lüneburg geschnitzten Passionsszenen blieben erhalten, die sechs Tafelbilder bilden Szenen aus der Andreas- und Laurentiuslegende ab. Die Tafel »Begegnung Abrahams mit Melchisedek« zeigt eine präzise Stadtansicht Lüneburgs (um 1450). Die aus St. Cyriaci stammende Bronzetaufe schuf um 1325 der Gießer Ulricus.

Lüner Str., 21335 Lüneburg
Tel. 0 41 31-2 43 07 70, www.st-nicolai.eu
Jan.–März tgl. 10–17, April–Dez. tgl. 9–17 Uhr

Historisches Rathaus

Der Rathauskomplex wuchs bis 1720 aus unterschiedlichen Bauteilen zusammen. Die Gerichtslaube wurde 1328–1331 errichtet, bis ins 16. Jh. aber mehrmals umgestaltet. Sofort ins Auge fallen die farbigen Fenster, darunter das um 1410 entstandene Neunheldenfenster. Vorzügliche Schnitzwerke sind der Ratsstuhl mit farbigen Intarsienarbeiten sowie drei Wandschränke (zwischen 1474 und 1521). Vermutlich Marten Jaster schuf 1529 die Malereien des Tonnengewölbes mit Darstellungen aus der römischen Geschichte. Etwas älter (um 1495) ist die Malerei an der Eingangswand oberhalb der Arkatur, in der Christus als Weltenrichter erscheint. Der Festsaal des Rats besitzt eine Balkendecke mit um 1600 entstandenen Kaiserporträts. Wegen ihrer Geschlossenheit ist auch die zwischen 1564 und 1584 entstandene Große Ratsstube sehr eindrucksvoll.

Am Markt 1, 21335 Lüneburg
Tel. 0 41 31-30 92 30
Führungen Di–Sa 11, 14, 15.30, So, Fei 11, 14 Uhr

Am Sande

Lüneburgs Stadtbild prägen zahllose stolze Bürger- und Patrizierhäuser des 15. bis 18. Jhs., zumeist aus Backstein, aber auch aus Fachwerk. Eine »Träumerei in Backstein« nannte die Schriftstellerin Ricarda Huch das Ensemble. Die Häuser Am Sande, dem lang gestreckten, sanft zur Marienkirche hin abfallenden Hauptplatz der Stadt, präsentieren die ganze Vielfalt der Backsteingiebel: schlichte gotische Dreiecksgiebel (den ältesten erhaltenen Treppengiebel besitzt das Haus Nr. 53 aus der Zeit um 1400), prunkvolle Staffelgiebel der Renaissance und barock geschwungene Giebel, häufig mit ranken- oder kranzförmigen Ornamenten aus Formsteinen, gelegentlich auch mit farbigen Terrakotten verziert. Besonders bemerkenswert ist der 1548 vollendete »Schütting« mit schwarzweiß glasierten Backsteinen an der oberen Schmalseite.

Am Sande, 21335 Lüneburg

Hafenviertel am Stintmarkt

Am alten Hafen an der Ilmenau wurde einst das Salz in den gesamten Ostseeraum verschifft. Hier steht der erstmals 1346 erwähnte dunkle Tretkran, der in seiner jetzigen Gestalt aus dem Jahr 1797 stammt. Mit ihm wurden früher Handelsschiffe entladen. Die zwei Laufräder mussten sechs Kettensträflinge bedienen. Gegenüber erhebt sich das nach einem Brand 1966 wieder aufgebaute Kaufhaus (bis ins 15. Jh. »Heringhaus« genannt) mit seiner erhaltenen barocken Südfassade (1741–1745), die Volutengiebel und Dachreiter zeigt.

Heute trifft sich bei schönem Wetter halb Lüneburg am Stintmarkt mit seinen vielen Cafés und Kneipen. Die klassizistischen Häuser und Treppengiebel, der Fachwerkbau einer Wassermühle, der Volutengiebel des Kaufhauses aus dem Rokoko mit Zwiebeltürmchen, Wehre und Brücken, große Trauerweiden und Kastanien geben eine wunderbare Kulisse ab.

Ilmenaustraße, Lünerstraße
21335 Lüneburg

Deutsches Salzmuseum

Das Museum ist seit 1989 in einem alten Fabrikgebäude des Salzwerks untergebracht, das noch bis 1980 in Betrieb war. Es präsentiert die Geschichte der tausendjährigen Saline Lüneburgs, bietet aber auch allgemeine Informationen zur Salzproduktion. Gleich am Eingang bekommt man von der Lüneburger Sole

Die Gerichtslaube im Historischen Rathaus ist mit aufwendigen Wandmalereien ausgestattet

zu kosten, die aus vier Wasserhähnen fließt. Dann betrachtet man Salzkristalle durchs Mikroskop.

Durch einen rekonstruierten Bergwerksstollen geht es danach hinab zu einer Solequelle. In einem Nebenraum des Stollens zeigt ein bewegliches Modell, wie das 1,3 km lange, von einem Wasserrad an der Ilmenau in Bewegung gesetzte Pumpgestänge funktionierte, mit dem die Sole aus den Stollen an die Oberfläche gefördert wurde. In der Salzküche können Besucher nach Anmeldung selbst in 20 Minuten Salz sieden.

Sülfmeisterstr. 1, 21335 Lüneburg
Tel. 0 41 31-4 50 65, www.salzmuseum.de
Okt.–April tgl. 10–17, Mai–Sept. Mo–Fr 9–17, Sa, So 10–17 Uhr

Kloster Lüne

Das ehemalige Benediktinerkloster (heute Damenstift) am Stadtrand wurde zwischen 1374 und 1412 errichtet. Die bedeutende Klosterkirche besitzt zahlreiche Kunstschätze. Der Altarschrein von 1524 bildet geschnitzte Pas-

sionsszenen ab. Auf der etwas älteren Predella erscheinen Verkündigung, Heimsuchung und Anbetung der Könige. Die Bronzetaufe datiert von 1505, die Orgel von 1645. Die 1608 geschaffene Renaissancekanzel zeigt Figuren und Bildtafeln mit Szenen aus dem Leben Jesu und der Evangelisten.

Auf dem Nonnenchor sind zwei kostbare Prozessionsfahnen (Anfang 15. Jh.) aus der Werkstatt des Meisters der Goldenen Tafel zu sehen sowie eine »Beweinung Christi« (1528) aus der Werkstatt Lucas Cranachs d. Ä. Im angeschlossenen Textilmuseum werden Weißstickereien der Nonnen aus dem 13./14. Jh. sowie Teppiche aus den Jahren 1492 bis 1508 ausgestellt. Auch Propstei, Kornhaus, Remter, Kapitelsaal und Kreuzgang sind erhalten. Zur Pause lädt das Café in einem Renaissanceraum ein.

Am Domänenhof, 21337 Lüneburg
Tel. 0 41 31-5 23 18, www.kloster-luene.de
Kloster (nur mit Führung) April–Mitte Okt. Di–Sa 10.30, 14.30, 15.30, So, Fei 11.30, 14.30, 15.30 Uhr; Textilmuseum April–Okt. Di–Sa 10.30–12.30, 14.30–17, So, Fei 11.30–13, 14.30–17 Uhr

Lüneburg

Hotels

Bergström

In einem liebevoll restaurierten historischen Gebäudeensemble mit Wassermühlen, Wassertürmen und Speicher sind sehr komfortable Gästezimmer, Juniorsuiten und Suiten untergebracht. Den Gästen stehen die Restaurants »Lüner Mühle« und »Mama Rosa« sowie Pianobar, Weinhandlung, Biergarten, Café-Terrasse, Schwimmbad, Sauna, Solarium und Fitnessraum zur Verfügung.
**Bei der Lüner Mühle
21335 Lüneburg
Tel. 0 41 31-30 80
www.bergstroem.de**

Altes Kaufhaus

Moderner, 2010 eröffneter Hotelkomplex direkt am Ufer der Ilmenau, im historischen Wasserviertel auf den alten Hafenmauern erbaut. Ein malerischer Barockgiebel wurde in die Frontfassade integriert. Das Hotel bietet komfortable Zimmer, gute Küche im Restaurant »Canoe« mit großem Wintergarten und Terrassendeck, ein Café und eine Kunstgalerie, alles mit Blick auf den alten Hafen.
**Bei der Lüner Mühle
21335 Lüneburg
Tel. 0 41 31-30 82 55
www.alteskaufhaus.de**

Ringhotel Bargenturm

Modernes Hotel mit lichtdurchfluteter Architektur mitten in der historischen Altstadt. Elegante Zimmer mit Marmorbädern und kostenlosem WLAN. Das Restaurant »Salzkorn« serviert vorzügliche regional-saisonale Spezialitäten mit Akzent auf Aromen und Düften. Kleiner Wellnessbereich mit Sauna und Dampfbad.
**Vor der Sülze 2, 21335 Lüneburg
Tel. 0 41 31-72 90
www.hotel-bargenturm.de**

Kunsthotel Residenz

Freundliches Tagungshotel direkt am Kurpark, etwa 15 Gehminuten von der Innenstadt entfernt. Neben 30 komfortablen Balkonzimmern gibt es ein Restaurant mit elsässisch inspirierter Küche, einen kleinen Wellnessbereich sowie wechselnde Kunstausstellungen. Das Arrangement »Rote Rosen« ist perfekt für Liebhaber der gleichnamigen ARD-Telenovela.
**Munstermannskamp 10
21335 Lüneburg
Tel. 0 41 31-75 99 10
www.residenzhotel.de**

Bremer Hof

Das freundliche Hotel ist seit 1889 im Familienbesitz und blickt auf eine bis ins 15. Jh. reichende Vorgeschichte als Gasthaus und Brauerei zurück. Es bietet stilvolle, über mehrere Gebäude verteilte und sehr individuell eingerichtete Zimmer rund um einen Innenhof sowie das vorzügliche Restaurant »Alte Gaststube«.
**Lüner Str. 12–13, 21335 Lüneburg
Tel. 0 41 31-22 40
www.bremer-hof.de**

Restaurants

Zum Heidkrug

Das mit einem Michelin-Stern gekrönte Gourmetrestaurant ist in einem Backsteinbau aus dem 15. Jh. untergebracht, die schöne Fassade zeigt Spitzbogenblenden und gekuppelte Nischen. Hier serviert Michael Röhm eine wirklich hervorragende, saisonal wechselnde Neue Deutsche Küche. In den oberen Etagen des Hauses kann man auch gemütlich und komfortabel übernachten.
**Am Berge 5, 21335 Lüneburg
Tel. 0 41 31-2 41 60
www.zum-heidkrug.de**
Di 18–24, Mi–Sa 12–15, 18–24 Uhr

Ristorante Osteria

Sehr freundliches italienisches Restaurant, das nicht nur feine Pastagerichte, sondern auch ein sommerlich-leichtes Zucchini-Carpaccio mit Scampi und Jakobsmuscheln, Steinbeißerfilet auf Beluga-Linsen oder Kalbsrücken an Rosmarinsoße mit Ratatouillegemüse serviert.
**Hauptstr. 2
21335 Lüneburg-Häcklingen
Tel. 0 41 31-78 92 27
www.osteria-lueneburg.de**
Mi–Sa 18–22, So 12–14, 18–22 Uhr

Alte Gaststube Bremer Hof

Das gemütliche kleine Hotelrestaurant serviert marktfrische Küche. Gekocht wird nach altbewährten Rezepten: Es gibt z.B. gebratene Scholle, Sauerfleisch oder saftigen Lammrücken.
**Lüner Str. 12–13, 21335 Lüneburg
Tel. 0 41 31-22 40
www.bremer-hof.de**
tgl. 11.30–14, 18–22 Uhr

Krone

Alter Brauereigasthof, der sich als »Eventcenter« versteht. Hier isst man unter historischen Giebeln oder im schönen Biergarten, in dem alte Kastanien Schatten spenden. Es gibt handfeste Küche und sechs Biere vom Fass, darunter das nur hier ausgeschenkte beliebte Lüneburger Kronen Dunkel.
**Heiligengeiststr. 39–41
21335 Lüneburg
Tel. 0 41 31-2 44 50 50
www.krone-lueneburg.de**
Mo–Sa ab 8, So ab 10 Uhr

Nudelkontor

Alles am Büfett wird frisch hergestellt: Spaghetti, Ravioli, Gnocchi, Maultaschen, Schupfnudeln. Dazu findet man italienische Delikatessen, jede Menge Antipasti und als Dessert Tiramisu oder Mascarponecreme mit Erdbeeren. Frühstück wird den ganzen Tag über serviert.

Lüneburg

Auf dem Kauf 1, 21335 Lüneburg
Tel. 0 41 31-3 14 69
www.lueneburger-nudelkontor.de
Mo–Fr 7–18, Sa 10–15 Uhr

Shopping

Lüneburg Marketing
In der Touristeninformation gibt's hübsche Souvenirs aus Lüneburg, darunter Salz- und Pfefferstreuer mit Salzsäckchen, Heidekrauttee, Heidelbeerlikör, Kartoffelschnaps, Bierkrüge und auch »I Love LG«-T-Shirts. Kinder freuen sich vielleicht über ein Lüneburger Puzzle.
Am Markt 1, 21335 Lüneburg
Tel. 0 41 31-2 07 66 20
www.lueneburg.de
Mai–Okt., Dez. während des Weihnachtsmarktes Mo–Fr 9.30–18, Sa 9.30–16, So 10–16, Nov.–April Mo–Fr 9.30–18, Sa 9.30–14 Uhr

Lüneburger Gewürz-manufaktur
Charmanter Gewürzladen direkt am historischen Kran. Hier duftet es verführerisch nach exotischen Spezereien. Man findet Gewürzbonbons, Orangenessig, Rosenblütengelee, Lavendelblütensalz und Zitronenpfeffer, hochwertige Öle, veredelten Senf, edle Brände und Süßes aus Manufakturen.
Lünertorstr. 1, 21335 Lüneburg
Tel. 0 41 31-7 20 92 07
www.goldenegewuerze.de
Mo–Fr 10–18, Sa 10–16 Uhr

Lüneburger Schokoladen-manufaktur
Handwerkliche Schokoladen- und Pralinenkreationen nach altüberlieferten Rezepten, bei denen nur die besten Zutaten verwendet werden. Besonders stolz ist Chefin Dörte Barisch auf die »PraLüne«, die Lüneburger Salzpraline: eine Komposition aus Toffee-Ganache, harmonisch abgerundet mit Salz.

Am Sande 45, 21335 Lüneburg
Tel. 0 41 31-99 54 77
www.schokopraline.de
Mo–Fr 10–18.30, Sa bis 16 Uhr

Heldenherz
In diesem fröhlichen Laden gibt's schöne Spielwaren und Partyartikel. Besonders bemerkenswert ist die große Auswahl an Fanartikeln, sowohl zu allen deutschen Bundesligavereinen als auch zu vielen Filmen, TV-Serien und Popmusikern.
Rosenstr. 8, 21335 Lüneburg
Tel. 0 41 31-22 23 66
www.heldenherz.de
Mo–Fr 9.30–18, Sa bis 16 Uhr

Goldschmiede Arthur Müller
Große Auswahl an selbst entworfenen und hergestellten Schmuckstücken. Auch individuelle Kundenwünsche mit speziellen Edelsteinen werden gern erfüllt. Außerdem führt das Geschäft Tafelsilber und Tischaccessoires der traditionsreichen Bremer Manufaktur Wilkens.
Schröderstr. 2, 21335 Lüneburg
Tel. 0 41 31-4 47 18
www.goldschmiede-arthur-mueller.de
Mo–Fr 10–18, Sa bis 16 Uhr

Am Abend

Theater Lüneburg
Dreispartentheater in Lüneburg mit eigenen Ensembles für Schauspiel, Musiktheater und Ballett. Gespielt wird im Großen Haus (542 Plätze), im T.N.T.-Studio und im Jungen Theater. Neben Operette, Musical und Revue führt die Sparte Musiktheater inzwischen auch Opern auf. Die Lüneburger Sinfoniker geben außerdem im Großen Haus Sinfoniekonzerte.
An den Reeperbahnen 3
21335 Lüneburg
Tel. 0 41 31-75 22 32
www.theater-lueneburg.de

The Old Dubliner Irish Pub
1995 eröffneter irischer Pub, in dem Guinness, Kilkenny, Cider und irischer Whiskey in Strömen fließen. Jeden Mitwoch ab 22 Uhr ist ein Karaokewettbewerb angesagt, am Freitag und Samstag gibt's ab 22 Uhr Livemusik.
Am Stintmarkt 2
21335 Lüneburg
Tel. 0 41 31-3 81 86
www.the-olddubliner.de
Fr–So ab 18 Uhr

Hemingway's
Beliebte Bar mit guten Cocktails, Fußballübertragungen sowie Musik- und Kleinkunst-Events. Ladies Night am Donnerstag. Im Sommer sitzt man im Garten.
Bardowickerstr. 27–28
21335 Lüneburg
Tel. 0 41 31-23 22 55
www.hemingways-lueneburg.de
tgl. geöffnet

Diskothek FUN/Lollipop
Lüneburgs Anlaufadresse für alle Musik-, Tanz-, Flirt- und Partysüchtigen. Am Mittwoch gibt's einen bunten Musikmix mit aktuellen Charts, Black und Dance, im Vibe Club sind Latin-Grooves, besonders Salsa, angesagt. Am Freitag ist Ladies Night, am Samstag Power Night mit Events bis 5 Uhr morgens.
Auf den Blöcken 3
21339 Lüneburg
Tel. 0 41 31-85 08 83
Mi, Fr, Sa ab 22 Uhr

Garage Lüneburg
In der alten Fabrik wird nicht nur Mainstream gespielt. Neben den Beach Partys im Sommer sind die Nächte mit den Hamburger Hörsturz DJs, die Alternative Music auflegen, besonders beliebt.
Auf der Hude 74, 21339 Lüneburg
Tel. 0 41 31-3 58 79
www.garage-lueneburg.de
Fr, Sa ab 22 Uhr

Mainz

Zwischen Gutenberg und Fassenacht

»Mainz bleibt Mainz« lautet die optimistische Devise dieser lebensfrohen Stadt zwischen den Weinbergen von Rheingau und Rheinhessen. Im antiken Maguntium fühlten sich schon die Römer wohl. Ein Spaziergang durch die Mainzer Altstadt ist ein Gang durch 2000 Jahre Geschichte, wenngleich die Bomben des Zweiten Weltkriegs viel zerstört haben. Von der Macht des »Goldenen Mainz« im Mittelalter zeugt der gewaltige Dom, dessen Heilsbotschaft der in Mainz geborene Johannes Gutenberg (1400–1468) in bewegliche bleierne Lettern setzte. 500 Jahre später bannte der jüdische Maler Marc Chagall dasselbe Thema in strahlendem Blau auf die Fenster der Pfarrkirche St. Stephan. Wer in Mainz heute das Sagen hat, wenigstens während der »Fünften Jahreszeit«, das verkünden die Narrenfiguren am Fastnachtsbrunnen auf dem Schillerplatz. Ansonsten kann man ja die Mainzelmännchen des auf dem Lerchenberg residierenden ZDF fragen.

Dom St. Martin und St. Stephan

Das im Lauf der Jahrhunderte gewachsene sechstürmige »Domgebirge« aus rotbraunem Sandstein gilt neben dem Dom zu Speyer als frühester monumentaler Gewölbebau in Deutschland. Er wurde 975 unter Willigis, Erzbischof und zugleich Erzkanzler des Deutschen Reiches, begonnen und 1239 vollendet. Das Gotteshaus hat sieben Brände und zahlreiche Veränderungen erlebt.

Ältester Bestandteil des Doms ist der salische Ostchor. Sein achteckiger Vierungsturm zeigt heute eine 1875 entstandene neoromanische Fassung. Der zwischen 1200 und 1239 aufgeführte spätromanische Westchor besitzt einen mehrstöckigen steinernen Turmhelm, dessen barocke Formgebung (1769) spätgotische und romanische Stilelemente einbezieht. Im Gotteshaus befinden sich sehenswerte erzbischöfliche Grabmäler aus dem 13. bis 18. Jh. Der schöne spätgotische Kreuzgang ist Teil des Bischöflichen Dom- und Diözesanmuseums.

Domstr. 3, 55116 Mainz, Tel. 0 61 31-25 33 44
www.dommuseum-mainz.de
Kirche März–Okt. Mo–Fr 9–18.30, Sa 9–16, So 12.45–15 und 16–18.30 Uhr. Nov.–Febr. Mo–Fr 9–17, Sa 9–16, So 12.45–15 und 16–17 Uhr; Museum Di–So 10–17 Uhr

Pfarrkirche St. Stephan

Die um 1340 auf dem Stephansberg vollendete Pfarrkirche gilt als erste gotische Hallenkirche am Mittelrhein. Das trotz oder gerade wegen seiner Schlichtheit erhaben wirkende Bauwerk wurde im Zweiten Weltkrieg fast völlig zerstört und sukzessive wieder aufgebaut.

Heute ist der dreischiffige Innenraum in mystische Blautöne getaucht. Blickfang und Hauptattraktion der Kirche sind die neun Glasfenster im Ostchor und im Querschiff, die Marc Chagall (1887–1985) zwischen 1978 und 1985 als Beitrag zur jüdisch-deutschen Aussöhnung schuf. Sie zeigen alttestamentarische Szenen, die in Beziehung zur christlichen Heilserwartung stehen. Die ebenfalls in vielen Blautönen leuchtenden 18 Fenster im Langhaus stammen von Charles Marq, einem langjährigen Mitarbeiter und Freund Chagalls. Sehr sehenswert ist auch der wiederhergestellte Kreuzgang mit hängendem gotischen Netzgewölbe und schön bemalten Schlusssteinen.

Kleine Weißgasse 12, 55116 Mainz
Tel. 0 61 31-23 16 40
www.st-stephan-mainz.de
Mo–Sa 10–12, 14–17, So 14–16 Uhr

Die Pfarrkirche St. Stephan und die Türme des Mainzer Doms

St. Peter

Die 1749–1757 von Johann Valentin Thomann erbaute Rokokokirche, eine der schönsten des Rheinlands, ist ein querhausloser Hallenbau mit dreigeschossiger Fassade, die zwei Türme mit Zwiebelhauben flankieren. Nach der Besetzung durch die französischen Revolutionstruppen (1792/93) wurde sie für kurze Zeit zum »Tempel der Vernunft« erklärt, wobei man ein eher loses Mainzer Mädchen als »Göttin der Vernunft« auf dem Heiligkreuzaltar inthronisierte.

1945 brannte die Kirche aus. Die vortrefflichen Deckenfresken von Giuseppe Appiani wurden ebenso wiederhergestellt wie das Chorgestühl und die Boos-Orgel. Die Stukkaturen von Franz Joseph Ignaz Anton Heideloff blieben überwiegend erhalten, ebenso die Barockaltäre und die prächtige, in Weiß und Gold gehaltene Rokokokanzel von 1756 – all diese Schätze waren ausgelagert worden.

Petersstr. 3, 55116 Mainz, Tel. 0 61 31-22 20 35
www.sankt-peter-mainz.de

Schillerplatz

Nach dem Krieg wieder aufgebaute Barockpaläste wie der 1749 errichtete Osteiner Hof im Südosten und der Bassenheimer Hof von 1756 (heute hessisches Innenministerium) zieren den Schillerplatz, auf dem ein 1862 geschaffenes Bronzestandbild Friedrich Schillers steht.

Populärer ist jedoch der fröhliche, 1967 gestiftete Fastnachtsbrunnen am Südostende mit 9 m hohem bronzenem Narrenturmgehäuse, das an die 200 Bronzefiguren zieren. Mönch, Narrenschiff, Mainzer Traum, Till, Bajass (mit Laterne) und viele weitere Fastnachtmotive weiß jeder Mainzer auf Anhieb zu nennen. Auf dem Schillerplatz wird jedes Jahr am 11.11. die fünfte Jahreszeit mit der Verkündung der elf Fastnachtsgesetze ausgerufen. Sie endet am Aschermittwoch, wenn halb Mainz die leeren Geldbörsen im Brunnen wäscht – für Glück und Reichtum im nächsten Jahr.
55116 Mainz

Landesmuseum Mainz

Im barocken Gebäude der Golden-Ross-Kaserne ist eines der ältesten Museen Deutschlands untergebracht, das derzeit grundlegend saniert wird. Seine bedeutende Sammlung erstreckt sich von vorgeschichtlichen Kulturen bis zur Kunst der Gegenwart. Die Abteilungen Vorgeschichte und Römerzeit (Letzte-

Mainz

re mit wertvollen Steindenkmälern) sind noch bis 2012/2013 wegen Umbau geschlossen. Dagegen präsentieren sich die bedeutenden Sammlungen Frühes Mittelalter, Hohes und Spätes Mittelalter, Renaissance, Niederländische Malerei, Mainzer Barock, Goethezeit und Biedermeier, Romantik und Historismus, Judaica, Grafische Sammlung, Kunst um 1900, Jugendstil und Kunst der Moderne seit 2010 topmodern und medial unterstützt. Dazu kommen zahlreiche Sonderausstellungen. Neu ist der zeitRAUM, ein Aktionsgelände für Jung und Alt.

Große Bleiche 49–51, 55116 Mainz
Tel. 0 61 31-2 85 70
www.landesmuseum-mainz.de
Di 10–20, Mi–So 10–17 Uhr

Gutenberg Museum

Eine spannende Reise durch mehr als 500 Jahre Geschichte der Schwarzen Kunst verspricht das dem berühmtesten Sohn der Stadt gewidmete Museum. Das wertvollste Exponat ist natürlich die zwischen 1452 und 1455 gedruckte 42-zeilige Gutenberg-Bibel. Von den humanistischen Büchern des Erasmus von Rotterdam und der »Utopia« des Thomas Morus führt der Weg zu den Reformationsschriften Martin Luthers und zu den astronomischen Werken des 16. Jhs. Weiter geht es zu den Darstellungen der menschlichen Anatomie von Andreas Vesalius und zu barocken geografischen Werken, bis man vor den Schriften der Aufklärung und der bürgerlich-schöngeistigen Literatur Lessings, Schillers und Goethes steht, die gerne in kleinformatigen Taschenbuchausgaben gedruckt wurde.

Auch die Industrialisierung und Mechanisierung des Buch- und Druckgewerbes im 19. Jh. zeichnet das Museum mit alten Gieß- und Setzmaschinen nach. Vom Offsetdruck, der um 1904 ausgereift war, führt der Rundgang weiter, um schließlich bei der Präsentation der modernen Digitaldrucktechnologie zu enden.

Liebfrauenplatz 5, 55116 Mainz
Tel. 0 61 31-12 26 40
www.gutenberg-museum.de
Di–Sa 9–17, So 11–15 Uhr

Römisch-Germanisches Zentralmuseum

Das RGZM ist zugleich Forschungsinstitut und Museum für Archäologie. Das Stammhaus im Kurfürstlichen Schloss, ein Renaissancebau des damals überaus mächtigen Bischofs von Mainz, präsentiert in Dauerausstellungen die Vor- und Frühgeschichte Europas, die Römerzeit und das Frühe Mittelalter. Allerdings sind die meisten Exponate dieser Schausammlungen keine Originale, sondern Nachbildungen.

Zum RGZM gehört auch das für Deutschland einzigartige Museum für Antike Schiffahrt (Neutorstraße 2b), in dessen Mittelpunkt fünf römische Militärschiffe aus dem späten 3./4. Jh. n.Chr. stehen. Zwei der Schiffe sind im Maßstab 1:1 mit allen Details nachgebaut worden und neben den Originalen zu besichtigen. Weitere Standorte sind das Museum für die Archäologie des Eiszeitalters und der Vulkanpark.

Ernst-Ludwig-Platz 2, 55116 Mainz
Tel. 0 61 31-9 12 40, www.rgzm.de
Di–So 10–18 Uhr

Synagoge »Licht der Diaspora«

Die jüdische Gemeinde von Mainz, zu der auch Worms und Rheinhessen gehören, war im Mittelalter von eminenter kultureller und spiritueller Bedeutung. In der Reichspogromnacht von 1938 wurde die Synagoge in der Hindenburgstraße zerstört.

Die neue Mainzer Synagoge des Architekten Manuel Herz ist ein in seiner radikalen Formensprache verblüffender avantgardistischer Bau mit eckigen Schwüngen, Kuben und schiefen Ebenen. Seine Silhouette ist aus fünf hebräischen Buchstaben geformt: Der hebräische Begriff für »Segnen« (Kiddusch) soll dem Gebäude im Längsschnitt seine Gestalt geben. Die grüne Keramikfassade zieren konzentrisch angeordnete Muster. Symbolkraft hat auch das Dach über dem Synagogenraum, das sich in der Gestalt eines Schofars in den Himmel gen Jerusalem schreibt.

Hindenburgstraße/Ecke Josephstraße
55118 Mainz, Tel. 0 61 31-61 39 90
www.jgmainz.de

Hotels

Atrium

Freundliches Privathotel mit viel Atmosphäre und modernem Komfort. Auch die Standardzimmer verfügen über Klimaanlage, Flachbildfernseher und WLAN. Besonders schick sind die Juniorsuiten mit französischem Balkon und offenem Wohnbad. Das Restaurant bietet mediterrane Frischeküche, außerdem gibt es einen großzügigen Wellnessbereich mit Bade- und Saunalandschaft sowie ein topmodernes Tagungszentrum.

Flugplatzstr. 44
55126 Mainz-Finthen
Tel. 0 61 31-49 10
www.atrium-mainz.de

Favorite Parkhotel

Wo einst Kurfürst Lothar Franz von Schönborn sein Lustschloss Favorite errichten ließ, bietet heute ein modernes Haus im Herzen des Mainzer Stadtparks großzügige, komfortable Zimmer mit Park- oder Rheinblick. Das vorzügliche Restaurant serviert leichte und moderne Küche, während in der »Bierkutsche« (mit Biergarten) deftige Kost aufgetischt wird. Schöner Wellnessbereich mit Sauna, Dampfbad, Erlebnisdusche und Sonnendeck auf der Dachterrasse.

Karl-Weiser-Str. 1, 55131 Mainz
Tel. 0 61 31-8 01 50
www.favorite-mainz.de

Historisches Hotel Schwan

In einem über 400 Jahre alten Gasthaus bietet die Familie Rupp elf individuell gestaltete und großzügige Zimmer mit barockem Flair und moderner Technik. Die urig eingerichtete »Altdeutsche Weinstube« verwöhnt mit regionaler Küche und vielfältigem Weinangebot.

Liebfrauenplatz 7, 55116 Mainz
Tel. 0 61 31-14 49 20
www.mainz-hotel-schwan.de

Quartier 65

Das 2001 errichtete preisgekrönte architektonische Juwel direkt an der historischen Rheinfront Weisenau besticht mit elegantem, puristischem Design und sehr persönlicher Gästebetreuung. Wohlerzogene Hunde und Katzen dürfen mit in eines der sechs Zimmer einchecken, in denen nicht nur der WLAN-Zugang gratis ist, sondern auch Telefonate nach Westeuropa, USA und Kanada. Das reichhaltige Frühstück wird mit Bioprodukten bereitet. Sehr schicke Bar, Wellness-Kooperation mit dem Club Olympus im Hyatt Regency.

Wormser Str. 65
55130 Mainz-Weisenau
Tel. 0 61 31-27 76 00
www.quartier65.de

Hof Ehrenfels

Das denkmalgeschützte Fachwerkhaus mitten in der Altstadt bietet eine gemütliche Weinstube und ein Hotel mit 22 geschmackvoll eingerichteten Zimmern. Innerhalb des Hofes kann man einen der schönsten Laubengänge von Mainz bewundern.

Grebenstr. 5–7, 55116 Mainz
Tel. 0 61 31-9 71 23 40
www.hof-ehrenfels.de

Restaurants

Buchholz

Spitzenkoch Frank Buchholz, geadelt mit einem Michelin-Stern, kombiniert erlesene regionale Zutaten zu raffinierten Gerichten mit mediterraner Note. Köstliche, sehr kreative Desserts, vorzügliche internationale Weine, eindrucksvolle Spirituosenauswahl.

Klosterstr. 27
55124 Mainz-Gonsenheim
Tel. 0 61 31-9 71 28 90
www.frank-buchholz.de
Mi–Sa 17.30–23 Uhr

Bellpepper

Aus der offenen Showküche des im luxuriösen Hyatt-Regency-Hotel untergebrachten Restaurants kommen kreative, moderne Gerichte sowie feines Sushi und Sashimi. Den schönen Blick auf den Rhein gibt es gratis dazu.

Malakoff-Terrasse 1
55116 Mainz
Tel. 0 61 31-73 12 34
www.bellpepper.de
tgl. 12–14.30, 18–22.30 Uhr

Zur Kanzel

Über 250 Jahre altes Haus, dessen Gasträume mit historischen Stichen der Altstadt und Fastnachtsorden dekoriert sind. Bei gutem Wetter genießt man die schmackhaften bodenständigen Gerichte im romantischen Garten.

Grebenstr. 4, 55116 Mainz
Tel. 0 61 31-23 71 37
www.zurkanzel.de
Mo–Fr 17–1, Sa 12–16, 18–1 Uhr

Gänsthaler's Kuchlmasterei

In einem etwas außerhalb der Stadt gelegenen ehemaligen Chaussee-Hofgut serviert das helle, behagliche Restaurant vorzügliche österreichische Küche aus bodenständigen Zutaten, dazu elegante Rheinhessen-Weine. Schön sitzt man auch im Sommergarten.

Kurmainzstr. 35, 55126 Mainz
Tel. 0 61 31-47 42 75
www.gaensthalers-kuchlmasterei.de
Di–Fr 12–15 und ab 18.30 Uhr

Weinhaus Zum Beichtstuhl

Traditionsreiches Weinhaus mit herzhaften Mainzer Spezialitäten, von Handkäs mit Musik über Saulheimer Wurstplatte bis zu Mainzer Wurstsalat mit Essiggurken.

Kapuzinerstr. 30, 55116 Mainz
Tel. 0 61 31-23 31 20
www.zumbeichtstuhl.de
tgl. ab 16 Uhr

Shopping

Carmelotta

Entzückender kleiner Laden mit hochwertigen Designobjekten und Geschenkideen. Inhaberin Carmen Künzel möchte nur Dinge verkaufen, in die sie sich selbst spontan verliebt hat.
Kirschgarten 22, 55116 Mainz
Tel. 0 61 31-6 17 67 61
www.carmelotta.com
Mo–Fr 10–18.30, Sa 10–16 Uhr

Cookmal

Design-Küchengeräte: Messer, Boxen oder Behälter, Gläser, alles zum Kochen, Braten und Backen, Picknicken und Grillen. Auch sehr schicke Mühlen und Küchenmaschinen wie die legendäre Kitchen Aid findet man hier, ebenso wie eine Auswahl hochwertiger Kochbücher.
Adolf-Kolping-Str. 2
Römerpassage, 55116 Mainz
Tel. 0 61 31-2 50 41 67
www.cookmal-mainz.de
Mo–Sa 9–12, 13–18 Uhr

Indien Haus

Möbelhaus mit echten Einzelstücken und Neuanfertigungen aus Indien, China und Indonesien, alles aus Massivholz wie Palisander, Teak oder Akazie. Außerdem Gebäudeteile, Geschenkideen und Dekoartikel.
Rheinallee 205, 55120 Mainz
Tel. 0 61 31-9 68 96 10
www.indien-haus.de
Mo–Fr 11–19.30, Sa 10–18 Uhr

Werkstattladen uah!

Sympathisch-flippiger Atelierladen der Künstler Thomas Bauer und Thilo Weckmüller mit sehr außergewöhnlichen Kunstgegenständen, darunter Holzschnitte sowie Linol- und Siebdrucke in unterschiedlichen Formen, Farben und Preisklassen, außerdem Malerei und jede Menge Krimskrams.

Hintere Bleiche 28, 55116 Mainz
Tel. 0 61 31-5 70 28 32
www.uah.de
Di 14–19, Mi, Do 17–20, Fr 16–19, Sa 13–18 Uhr

Villa Vinum

Hier gibt es Weine aus aller Welt, darunter natürlich viele gute regionale Tropfen, außerdem Pasta, Öle, Essige, Chutneys, Schokolade und andere Delikatessen. Besonders zu empfehlen sind die Biogewürze und Gewürzmischungen des »Gewürzpapstes« Ingo Holland aus dem Alten Gewürzamt in Klingenberg, mit denen sich zahlreiche Profiköche eindecken.
Große Bleiche 44, 55116 Mainz
Tel. 0 61 31-21 12 07
www.mainz.villavinum.de
Mo–Do 10–18, Fr 10–19, Sa 10–16 Uhr

Am Abend

Staatstheater Mainz

Das Staatstheater Mainz wurde zwischen 1829 und 1833 durch Georg Moller errichtet, 1910 umgebaut und bis 2001 umfassend renoviert. Das »Große Haus« (1000 Plätze) zählt seitdem zu den modernsten deutschen Theaterbauten überhaupt. Neben Großem Haus und Kleinem Haus (einem Neubau von 1997) wird auch im TiC (Theater im ehemaligen City-Kino) gespielt: Opern, Konzerte, Ballettaufführungen, Schauspiele, Weihnachtsmärchen und Mainzer Fastnachtspossen kommen zur Aufführung.
Gutenbergplatz 7, 55116 Mainz
Tel. 0 61 31-2 85 10
www.staatstheater-mainz.de

unterhaus – Mainzer Forum-Theater

Das 1966 eröffnete Mainzer unterhaus pflegt Kabarett, Lied und Chanson und Comedy. Es gilt als eines der bedeutendsten Zentren

für Kleinkunst in Deutschland. Vorstellungen finden im unterhaus Mainzer Forum-Theater oder im unterhaus Mainzer Kleinkunstbühne über dem großen unterhaus statt. Seit 1972 verleiht das Theater den renommierten deutschen Kleinkunstpreis.
Münsterstr. 7, 55116 Mainz
Tel. 0 61 31-23 21 21
www.unterhaus-mainz.de

Sesamé Bar

Sehr chillige orientalische Bar in einem alten Sandsteingewölbe, in der man auf bunten Kissen und in Separees sitzt, exotische Cocktails mit Fingerfood genießt und eine Shisha (Wasserpfeife) rauchen kann.
Lauterenstr. 37, 55116 Mainz
Tel. 0 61 31-2 15 67 78
www.sesame-bar.de
tgl. ab 19 Uhr

50 Grad

2001 eröffnete Location mit wechselnden Designs, inzwischen ein Fixstern in der Mainzer Partynacht. Besonders beliebt ist der Tech- und Deep-House-orientierte Tag mit hochkarätigen Acts und bekannten DJs.
Mittlere Bleiche 40, 55116 Mainz
Tel. 0 61 31-21 47 53
www.50grad.de
Mi, Fr, Sa ab 22 Uhr

Caipiranha

Sehr beliebte Bar mit stilvollem Innenbereich und einer Sonnenterasse, auf der man im Sommer schön chillen kann. Köstliche Cocktails, die auch im Wintergarten serviert werden. Mittwoch und Samstag sind die Drinks um einiges preiswerter.
Dr.-Martin-Luther-King-Weg 20
55122 Mainz
Tel. 0 61 31-57 04 15
www.caipiranha-mainz.de
Mo–Do 10–1, Fr, Sa 10–2, So, Fei 15–1 Uhr

Mannheim

Multikulti im Quadrat

Ein in Deutschland einmaliges Schachbrettmuster mit durchnummerierter Innenstadtanlage, eine multikulturelle Clubszene mit Edelrappern, dazu vorbildliche Museen für moderne Kunst und Technik: Das ist Mannheim! Container und Schlote hin oder her: Es lebt sich angenehm in der einstigen Residenzstadt an Rhein und Neckar, mag auch gelegentlich ein unerfreulicher Wind von den Ludwigshafener Chemiefabriken über den großen Binnenhafen wehen. Man tagt hinter Jugendstil-fassaden, studiert im größten Barockschloss Europas oder genießt das milde Klima im Luisenpark mit seiner exotischen Tier- und Pflanzenwelt. Quer durch die Stadt zieht sich die Kulturmeile mit über 60 Skulpturen. Sie verbindet Galerien, Museen und architektonische Sehenswürdigkeiten. Und Mannheims Wahrzeichen, der mächtige Wasserturm, ist stets ein Orientierungspunkt.

Barockschloss

Das kurfürstliche Schloss im Zentrum Mannheims ist eine prächtige Barockanlage im Stil von Versailles. Mit ihren über 400 Räumen und rund 1400 Fenstern gilt sie als die größte Europas. 1720 hatte Kurfürst Karl Philipp seine Residenz von Heidelberg nach Mannheim verlegt. Fast 40 Jahre lang wurde an dem Schloss gebaut, wofür der Kurfürst Künstler wie Balthasar Neumann, Nicolas de Pigage und Cosmas Damian Asam nach Mannheim holte. Erst unter Karl Theodor wurde die weitläufige Anlage 1760 vollendet, und Mannheim stieg zu einem bewunderten Musenhof auf.
Im Westflügel ist die Schlosskirche mit dem Prunksarg Karl Philipps untergebracht. Das Schloss wird größtenteils von der Universität Mannheim genutzt. Ganz in der Nähe liegt mit der Hofkirche die bedeutendste Barockkirche des deutschen Südwestens.
Bismarckstr., 68131 Mannheim
Tel. 06 21-2 92 28 91
www.schloss-mannheim.de
Di–So, Fei 10–17 Uhr

Friedrichsplatz mit Wasserturm

Zwischen Innenstadt, Oststadt und Schwetzingerstadt entstand bis 1907 eine der größten und schönsten Jugendstilanlagen Europas. Der nach dem liberal gesinnten badischen Großherzog Friedrich I. (1856–1907) benannte Platz wurde von Bruno Schmitz entworfen. Zwischen April und Ende Oktober sorgen die grandiosen, abends farbig beleuchteten Wasserspiele für eine besonders prachtvolle Atmosphäre.
Den Platz säumen die Jugendstilfassade der Festhalle Rosengarten, die seit ihrer Erweiterung 2007 bis zu 10 000 Kongressteilnehmer aufnehmen kann, sowie die Kunsthalle, die Arkaden und Mannheims beste Hotels. Blickfang ist der 1886 errichtete, 60 m hohe Wasserturm, unbestrittenes Wahrzeichen der Stadt. Er wurde im Zweiten Weltkrieg zerstört und 1962 wieder aufgebaut. Seit 1999 hat er keine Speicherfunktion mehr.
Friedrichsplatz, 68161 Mannheim

Kunsthalle Mannheim

Die Kunsthalle Mannheim, 1907 von Hermann Billing im Jugendstil errichtet, gilt als Wiege der Neuen Sachlichkeit. Ihre umfangreichen Sammlungen moderner Kunst zählen zur Weltspitze. Ein traditioneller Schwerpunkt ist die deutsche und französische Malerei des 19. und 20. Jhs., darunter Gemälde von Friedrich, Manet, Sisley, Delacroix, Pissarro, Cézanne, Kokoschka, Heckel, Schmidt-Rott-

Im oberen Teil des Luisenparks überrascht ein chinesischer Garten mit Teehaus

luff, Munch, Macke, Delaunay, Dix, Beckmann, Grosz und Bacon.

Darüber hinaus besitzt das Haus eine bedeutende Sammlung internationaler Skulpturen des 20. Jhs., ein großes Kupferstichkabinett, eine grafische Sammlung (mit Werken u.a. von Dürer und Rembrandt), Plakate, Werkkunst und aus der neueren Zeit Fotografien und Videoinstallationen. Inzwischen löst man die strenge Trennung zwischen Malerei, Plastik, Grafik, Fotografie, Film und Video auf und setzt auf themenbezogene Präsentation.

Friedrichsplatz 4, 68165 Mannheim
Tel. 06 21-2 93 64 52
www.kunsthalle-mannheim.de
Di–So, Fei 11–18 Uhr, Billing-Bau bis 2012 wegen Sanierung geschlossen

TECHNOSEUM

Das 1990 als Landesmuseum für Technik und Arbeit eröffnete Haus wurde 1992 als Europäisches Museum des Jahres ausgezeichnet. Seit 2010 heißt es TECHNOSEUM und präsentiert sich auf doppelt so großem Raum mit einer grundlegend überarbeiteten Dauerausstellung: eine Zeitreise mit sechs großen, interaktiv gestalteten Experimentierfeldern und Vor-

führstationen durch 200 Jahre Technik- und Sozialgeschichte. Sie ist besonders auf die Bedürfnisse und Wünsche junger Besucherinnen und Besucher zugeschnitten. So kann man z.B. selbst Papier schöpfen oder Postkarten drucken.

Die Elementa 3, dritte der erfolgreichen Mitmachausstellungen, soll Mitte 2011 fertiggestellt sein. Im Mittelpunkt werden Technologien des 21. Jhs. stehen. Zum Museum gehört auch der historische Schaufelraddampfer im Neckar, der direkt unterhalb der Kurpfalzbrücke vor Anker liegt.

Museumsstr. 1, 68165 Mannheim
Tel. 06 21-4 29 89, www.technoseum.de
tgl. 9–17, Museumsschiff tgl. 14–18 Uhr

Reiss-Engelhorn Museen (rem) – Museum Weltkulturen

Der Komplex der Reiss-Engelhorn-Museen (rem) vereint mehrere attraktive Museen und Einrichtungen unter einem Dach. Für Besucher besonders interessant sind das Museum Weltkulturen (Quadrat D5), das mit Dioramen und Erlebnisräumen die Lebenswelt der Menschen in der Steinzeit vorstellt, und das direkt gegenüberliegende frühklassizistische

Mannheimer Zeughaus (C5). Letzteres präsentiert im Untergeschoss die Welt der Antike. Das Erdgeschoss zeigt sakrale Kunstwerke und eine wertvolle Porzellansammlung, das zweite Obergeschoss beherbergt eine Sammlung mit Gemälden, Grafiken, Uhren, Kleidung und Möbeln. Das dritte Obergeschoss widmet sich der Stadt- und Theatergeschichte Mannheims.

Das Museum Schillerhaus (B5, 7) zeichnet das Leben des jungen Genies in Mannheim nach. Auch ZEPHYR – Raum für Fotografie (C4, 9) ist einen Besuch wert. Das Bassermannhaus für Musik und Kunst (C4) wird 2011 eröffnet.

D5, 68159 Mannheim, Tel. 06 21-2 93 31 50
www.reiss-engelhorn-museen.de
Di–So 11–18 Uhr

Sultan-Selim-Moschee

Über 160 Nationalitäten leben im Stadtgebiet von Mannheim zusammen. Überfremdet fühlt sich dabei kaum jemand. Ausdruck der Toleranz und des friedlichen Zusammenlebens ist – neben der ebenso herzlich angenommenen neuen Synagoge – die Sultan-Selim-Moschee. Sie ist eine der größten und schönsten Moscheen in Deutschland. 1995 wurde sie an der Grenze zwischen den Quadraten und dem Jungbusch nach zweijähriger Bauzeit eröffnet, und niemand stört sich an ihrem weithin sichtbaren Minarett.

Nicht-Muslime sind jederzeit auch ohne Anmeldung herzlich willkommen. Natürlich zieht man – wie in jeder Moschee auf der Welt – vor dem Betreten des mit wertvollen Teppichen ausgelegten Innenraums die Schuhe aus. Neben dem für rituelle Waschungen gedachten Brunnen lädt ein Café Menschen aller Glaubensrichtungen zu einem türkischen Mokka ein.

Luisenring 28, 68161 Mannheim
Tel. 06 21-4 54 82 83
www.moschee-mannheim.de

Luisenpark

Im 1892–1903 angelegten Luisenpark kommen auch Kinder auf ihre Kosten. An der Neckarseite des Parks beherrscht der 205 m hohe Fernmeldeturm mit Aussichtsplattform die grüne Szenerie. Direkt vor dem Café Pflanzenschauhaus wurden fünf subtropische, von Papyrusstauden, Wasseriris und Sumpfschwertlilien gesäumte Seerosenterrassen angelegt. Hier lebt eine Kolonie von Chile-Flamingos.

In der großen und kleinen Pflanzenhalle findet man ein Stück Dschungel mit vielen tropischen Pflanzen. In Volieren krächzen Papageien und Beos, im Pinguingehege watscheln possierliche Frackträger umher, und im Schmetterlingsparadies flattern bunte tropische Falter. Selbst eine Storchenkolonie wohnt im Park. Sehr schön ist auch der chinesische Garten mit zweistöckigem Teehaus, künstlichem Berg mit Wasserfall und einem Blumenpavillon.

Theodor-Heuss-Anlage 2, 68165 Mannheim
Tel. 06 21-41 00 50, www.luisenpark.de
tgl. ab 9 Uhr bis zur Abenddämmerung

Schloss und Schlossgarten Schwetzingen

Eine halbe Stunde außerhalb von Mannheim liegt die kurpfälzische Sommerresidenz, deren Anlage die freimaurerischen Ideen des kunstfreudigen und sinnenfrohen Kurfürsten Carl Theodor (1724–1799) widerspiegelt. Unter seiner Anleitung entstand ein einzigartiges Ensemble aus Gartenkunst, Architektur, Skulptur und Kunsthandwerk, das Geistesgeschichte und Moden vom Barock und Rokoko über die Aufklärung bis hin zur Romantik zeigt.

Ein englischer Landschaftsgarten mit modellierten Flächen, stillen Wasserläufen und verschlungenen Wegen schmiegt sich an den symmetrisch angelegten französischen Barockgarten, der auf die Mittelachse des Schlosses bezogen ist. Ein besonderes Erlebnis sind Aufführungen im zauberhaften Schwetzinger Rokoko-Schlosstheater, wo schon Mozart als siebenjähriger Knabe ein Konzert gab.

Schloss Mittelbau, 68723 Schwetzingen
Tel. 0 62 02-12 88 28
www.schloss-schwetzingen.de
Schlossgarten Sommerzeit tgl. 9–13.30, Winterzeit 9–16.30 Uhr; Schloss: nur Führungen

Hotels

Steigenberger Mannheimer Hof

Die 1929 unter dem Namen Palast Hotel erbaute Nobelherberge glänzt mit ihren im zurückhaltenden Bauhausstil gestalteten schicken Zimmern und Suiten. Gartenterrasse und Hotelbar sind Treffpunkte der High Society, das Restaurant serviert euro-asiatische Küche.
Augustaanlage 4–8
68165 Mannheim
Tel. 06 21-4 00 50
www.steigenberger.com/
mannheim

Maritim Parkhotel Mannheim

Traditionsadresse hinter einer Gründerzeitfassade von 1901, gegenüber dem Wasserturm. Exklusives, elegantes Ambiente mit Kristalllüstern und Stuckdekor, 173 sehr komfortable Zimmer und Suiten, Schwimmbad, Sauna, Dampfbad, Solarium, Fitnessraum und Businesscenter.
Friedrichsplatz 2
68165 Mannheim
Tel. 06 21-1 58 80
www.maritim.de

Hotel Mack

Das freundliche familiengeführte Hotel ist in einem schönen Jugendstilbau in der Nähe des Nationaltheaters untergebracht und bei Schauspielern und Theaterfreunden besonders beliebt. Neben geschmackvoll eingerichteten Zimmern erwartet Gäste ein kleines Kosmetikinstitut mit Massagen und Wohlfühlprogramm auch noch am späten Abend.
Mozartstr. 14, 68161 Mannheim
Tel. 06 21-1 24 20
www.hotelmack.de

Hotel Wegener

Freundliche und preiswerte Übernachtungsadresse in unmittelbarer Bahnhofsnähe, seit 1960 von der Familie Wegener geführt. Die 41 Standard- und Komfortzimmer mit Bad sind schallisoliert und bieten kostenloses WLAN. Am Morgen wird ein reichhaltiges Frühstücksbüfett serviert.
Tattersallstr. 16
68165 Mannheim
Tel. 06 21-4 40 90
www.hotel-wegener.de

Gasthof zum Ochsen

Der zehn Fahrminuten außerhalb des Zentrums in Feudenheim gelegene Gasthof ist der älteste der Stadt. Er wurde schon 1632 errichtet und vor einigen Jahren sehr schön renoviert. Man schläft in freundlichen, farbenfrohen Zimmern und genießt die vorzügliche pfälzische Küche in der Gaststube – besonders gut ist die Ochsenbrust.
Hauptstr. 70
68259 Mannheim-Feudenheim
Tel. 06 21-79 95 50
www.ochsen-mannheim.de

Restaurants

Da Gianni

Wolfgang Staudenmaier zelebriert die Kunst der »alta cucina« mit Hingabe. Hier gibt es nicht nur köstliche Pasta, sondern auch feines Perlhuhn oder Täubchen. Besonders reichhaltig ist das Angebot an edlen Fischgerichten, vom Wolfsbarsch bis zur Rotbarbe. Noble Weinkarte, aber auch erschwingliche offene Weine.
R7 34, 68161 Mannheim
Tel. 06 21-2 03 26
www.da-gianni.de
Mo geschlossen

Dobler's Restaurant

Norbert Doblers Küche ist modern, italienisch und asiatisch inspiriert und stets aus marktfrischen Zutaten zubereitet. Steinbutt auf Kalbszungenragout in Portwein oder wilde Gambas mit Feigen und Datteln sind nur einige seiner Lieblingsgerichte. Vorzügliche, anderswo oft schwer zu findende badische und pfälzische Weine.
Seckenheimer Str. 20
68165 Mannheim
Tel. 06 21-1 43 97
www.doblers.de
So, Mo geschlossen

Saigon

Viel gerühmte authentische vietnamesische Küche, die nicht nur traditionelle Suppen und aromatische Sommerrollen hervorbringt, sondern auch mit La-Lot-Blättern gegrilltes Rinderfilet und ein Dessert aus Mungobohnen. Auch vegetarische Gerichte.
Augustaanlage 54–56
68165 Mannheim
Tel. 06 21-1 46 04
www.saigon-mannheim.de
tgl. 11.30–14, 17.30–23,
Sa nur 17.30–23 Uhr

Drehrestaurant Skyline

Hierher führen Mannheimer gerne ihre auswärtigen Gäste aus, denn auf 125 m Höhe ist die Aussicht auf die Stadt, den Luisenpark und den Odenwald grandios. Die Rundfahrt um die eigene Achse dauert genau eine Stunde. Auch die badischfranzösische Küche ist durchaus erfreulich. Für den Aufzug werden 4 Euro extra fällig.
Hans-Reschke-Ufer 2
68165 Mannheim
Tel. 06 21-41 92 90
www.skyline-ma.de
tgl. 10–24 Uhr

Heller's Restaurant

Zwischen Wasserturm und Hauptbahnhof findet man eines der schönsten und freundlichsten Restaurants der Stadt mit kreativer vegetarischer und veganer Küche. Selbstverständlich werden nur Zutaten aus ökologischem Anbau ver-

wendet. Im Wintergarten sitzt man besonders angenehm. Das Lokal ist behindertengerecht eingerichtet.
N7 13–15, 68161 Mannheim
Tel. 06 21–12 07 20
www.hellers-restaurant.de
Mo–Fr 11–20, Sa 11–16.30,
So, Fei 11.30–15 Uhr

Shopping

Café Herrdegen

Dreck als Souvenir? Ja doch, wenn es sich um »Mannemer Dreck« handelt, eine mit Nüssen, Zucker, Orangeat, Zitronat und Gewürzen auf Oblaten gebackene und mit Schokolade überzogene Spezialität. Im Herrdegen wurde sie schon 1822 erfunden. Auch der Baumkuchen und die Mannheimer Taler sind leckere Mitbringsel.
E2 8, 68159 Mannheim
Tel. 06 21-2 01 85
www.cafe-herrdegen.de
Mo–Fr 8.30–18, Sa 8.30–17.30 Uhr

engelhorn sports

Sportmode im Quadrat auf sieben Stockwerken, von der Golfausrüstung, die man am Golfsimulator gleich testen kann, bis zum Klettereroutfit, dessen Tauglichkeit an der hauseigenen Kletterwand ausprobiert wird. Weitere Engelhorn-Modehäuser wie das Trendhouse liegen in der Nachbarschaft.
N5, 68161 Mannheim
Tel. 06 21-1 67 22 22
www.engelhorn.de
Mo–Sa 10–20 Uhr

Goldschmiedeatelier Peter Plöderl

Der Österreicher Peter Plöderl ist weit über Mannheim hinaus für seine individuellen, international prämierten Schmuckkreationen bekannt. Besonders gern verarbeitet er archäologische Fundstücke aus der Pharaonenzeit, aus dem antiken Rom, aus China und dem Nahen Osten zu modernen, filigranen Schmuckstücken.
Friedrichsplatz 3
68165 Mannheim
Tel. 06 21-15 16 79
www.peter-ploederl.de
Di–Fr 10–18, Sa 9–13 Uhr

OPQ Regine Maier

1996 eröffnete die Modedesignerin Regine Maier ihre erste Boutique in Mannheim. Heute präsentiert sie in ihrem Couturehaus in der »Fressgasse« der Stadt ihre stilsichere Kollektion, die besonders selbstbewusste Frauen ansprechen möchte.
Q5 24, 68161 Mannheim
Tel. 06 21-4 18 32 80
www.opq.de
Di–Fr 11–19, Sa 11–16 Uhr

Bernstein Underwear

Jede Menge ausgefallene Dessous und Bademode für Sie und Ihn, darunter schöne klassische Korsetts, die frau auch drüber tragen kann. Ein Renner ist der Perlenstring von Bracli, wie ihn Samantha (Kim Cattrall) in »Sex and the City« trug.
Q7 20, 68161 Mannheim
Tel. 06 21-1 22 90 16
www.bernstein-underwear.de
Mo–Fr 10–19, Sa 10–18 Uhr

Am Abend

Nationaltheater Mannheim

1782 erlebte das renommierte Theater die Uraufführung von Schillers »Die Räuber«. Das heutige Haus am Goetheplatz wurde 1957 errichtet und bietet Schauspiel, Oper und Ballett. Daneben gibt es das Studio Werkhaus in der Mozartstr. 9 und das Kinder- und Jugendtheater Schnawwl in der Alten Feuerwache.
Goetheplatz, 68161 Mannheim
Tel. 06 21-1 68 01 50
www.nationaltheater-mannheim.de
Vorverkauf Mo, Sa 11–13,
Di–Fr 11–18 Uhr

Alte Feuerwache

Die neobarocke ehemalige Fahrzeughalle ist einer der beliebtesten Veranstaltungsorte in der Rhein-Neckar-Region. Es gibt Konzerte von Jazz über Rock bis zu Hip-Hop und Reggae, dazu Musikpartys und Live-Acts. Das umfangreiche Programm steht auf der Website.
Brückenstr. 2
68167 Mannheim
Tel. 06 21-2 93 92 81
www.altefeuerwache.com

Genesis Musikclub

Seit Jahrzehnten populärer Musikclub in einem alten Kellergewölbe. Man trägt am besten Schwarz und tanzt zu Pop, Wave der 80er-Jahre, Gothic, Industrial, Mittelalter und Alternative. Beliebt ist die Happy Hour am Sonntagabend.
H7 15, 68157 Mannheim
Tel. 06 21-10 15 58
www.club-genesis.de
Do–So 20–2, Fr, Sa bis 4 Uhr

Orange Club Diskothek

Großdiskothek mit fünf Bars, einer Lounge, Bistro und zwei Dancefloors. Sehr beliebt sind die Ü30-Partys mit Funk & Soul, die Mannheimer Schlager Party und die Schaum- und Beach-Partys.
Koblenzerstr. 17–21
68309 Mannheim
Tel. 06 21-4 37 69 00
www.orangeclub-ma.de
Fr 22–4, Sa bis 5 Uhr

Kilim

Sympathische türkische Bar in der Passage mit Livekonzerten. Besonders viel Spaß macht türkisches Karaoke. Am ersten Dienstag des Monats findet ein Kaffeesatzleseabend statt.
Q5 14–22 (in der Passage)
68161 Mannheim
Tel. 06 21-1 56 93 10
www.kilim-mannheim.de
Mo–Fr 16–2, Fr–So 15–3 Uhr

München

Entspannte Isarmetropole

Barocker Überschwang neben strengem Klassizismus in Kirchen und Schlössern, hochrangige Sammlungen zu Kunst und Technik, Biergartengemütlichkeit und exklusive Schickimicki-Etablissements mit Türsteher, dazu die Gipfel der Alpen und die Voralpenseen direkt vor der Tür – wo sonst findet man Arbeits- und Freizeitwelt so attraktiv und übersichtlich beisammen wie in der bayerischen Landeshauptstadt? Grünwalder Schickeria-Promis und leistungsbewusste »Zugereiste«, die am Wirtschaftsboom partizipieren, leben friedlich neben wortkargen Ureinwohnern, die exaltierte Selbstdarstellung höchstens mit einer grantigen Bemerkung kommentieren. Neben vielfältigen Attraktionen für Groß und Klein und jeden Geschmack – von der Residenz und Schloss Nymphenburg über das Olympiagelände bis zur Bavaria-Filmtour oder dem Tierpark Hellabrunn – locken ein attraktives Theaterprogramm und ein prall gefüllter Veranstaltungskalender, der sich vom Starkbieranstich im März über Filmfest und Opernfestspiele im Sommer bis zum Oktoberfest steigert, das als weltgrößtes Volksfest mit Trachten- und Schützenumzug Millionen von Besuchern anzieht.

Frauenkirche

Münchens berühmtestes Wahrzeichen, dessen Grundsteinlegung auf das Jahr 1468 zurückgeht, ist schon von Weitem erkennbar. Runde Kuppeln krönen die beiden Türme der gotischen Domkirche zu Unserer Lieben Frau, die sich in der Höhe um fast einen Meter unterscheiden – der höhere Südturm, von dessen Aussichtsplattform man bei klarem Wetter nicht nur die Stadt, sondern auch die Alpen erblickt, ragt 99 m in die Luft. Meister Jörg von Halspach leitete die Bauarbeiten, die nur 20 Jahre dauerten. In den nächsten Jahren werden Baugerüste den Fotoblick verstellen, denn die Fassade des Gotteshauses muss dringend saniert werden.

Das Innere des 109 m langen und 40 m breiten Doms, der im Zweiten Weltkrieg stark beschädigt wurde, präsentiert sich als dreischiffiger Hallenbau. An die 400 Kunstwerke, darunter Altarblätter, Reliquienschreine, Leuchter und Skulpturen, sind seit dem 500-jährigen Jubiläum der Kirchenweihe im Jahre 1994 wieder zu bewundern. Die Fürstengruft der Wittelsbacher – in der u.a. auch Kaiser Ludwig der

Bayer ruht – kann besichtigt werden; eine Treppe hinter dem Chor führt zu ihr hinab. Kurios ist der Abdruck auf einer Bodenplatte des Eingangsbereichs, der als Fußspur des Teufels gilt.

Frauenplatz 12, 80331 München
Tel. 0 89-2 90 08 20, www.muenchner-dom.de
Sa–Mi 7–19, Do bis 20.30, Fr bis 18 Uhr

Marienplatz

Er ist das Zentrum der Münchner Innenstadt, beliebtester Treffpunkt von Einheimischen wie Touristen und Schauplatz zahlreicher öffentlicher Veranstaltungen – der Marienplatz. Das markanteste Gebäude am früheren Hauptmarkt nimmt die gesamte Nordseite ein: das Neue Rathaus, entstanden zwischen 1867 und 1909 im Stil flandrischer Gotik. Von der Spitze des 85 m hohen Turms grüßt die Wappenfigur der Stadt, das Münchner Kindl. Per Lift gelangt man auf die Aussichtsplattform hinauf, besonders an föhnigen Tagen scheinen die Alpengipfel zum Greifen nah. Größte Attraktion am Platz und Anziehungspunkt für Touristen aus aller Welt ist das Glo-

ckenspiel der Rathausuhr, das täglich um 11 und 12 Uhr (März–Okt. auch 17 Uhr) erklingt. Die Figuren auf der oberen Scheibe stellen ein Ritterturnier aus dem 16. Jh. nach, die untere Scheibe zeigt den Tanz der Schäffler. Bereits seit 1638 markiert die Mariensäule die Mitte des Platzes, sie wurde zum Dank der Verschonung Landshuts und Münchens im Dreißigjährigen Krieg gestiftet. Beliebtester Verabredungsort der Münchner ist jedoch der Fischbrunnen an der Nordostecke des Platzes.
Marienplatz, 80331 München

Residenz

Der ehemalige Wohnsitz der bayerischen Herzöge, Kurfürsten und Könige mit der Schatzkammer und dem Residenzmuseum zählt zu den prunkvollsten Raumkunstmuseen Europas. Zur Residenz gehören außerdem zehn Höfe, die z.T. für Open-Air-Veranstaltungen genutzt werden, sowie das Cuvilliés-Theater, ein Rokokojuwel, das 2008 zur 850-Jahr-Feier Münchens feierlich wiedereröffnet wurde.

Blick über die Ludwigstraße auf die Theatinerkirche und die Kuppeltürme der Frauenkirche

Zu den Höhepunkten des Residenzmuseums zählt die von Joseph Effner errichtete Ahnengalerie mit 121 Bildnissen von Wittelsbachern: das Antiquarium, der größte profane Renaissancesaal nördlich der Alpen. Getrennt zu besichtigen sind die Münzsammlung, die Sammlung Ägyptischer Kunst sowie die Schatzkammer mit mehr als 1250 Schmuckstücken. Zu den ältesten Exponaten gehören das Gebetbuch Kaiser Karls des Kahlen und die Krone der Kaiserin Kunigunde (Anfang 11. Jh.), zu den jüngsten die bayerische Königskrone (Paris, 1806) sowie das Reiseservice der Kaiserin Marie Luise. Das meistbewunderte Stück ist die Statuette St. Georgs zu Pferde mit reichem Edelsteinbesatz.
Residenzstr. 1, 80333 München
Tel. 0 89-29 06 71, www.residenz-muenchen.de
April–Mitte Okt. tgl. 9–18, Mitte Okt.–März tgl. 10–17 Uhr (letzter Einlass 1 Std. früher)

Schloss und Park Nymphenburg

Schloss Nymphenburg (entstanden ab 1715) war die Sommerresidenz der bayerischen Kurfürsten und Könige. Der Bau ist symmetrisch angelegt und besteht aus fünf Pavillons,

die durch Galerien verbunden sind. Das Marstallmuseum im Südflügel des Schlosses zeigt Schlitten, Kutschen und Prunkwagen. Im Obergeschoss desselben Flügels ist das Porzellanmuseum untergebracht, die Porzellanmanufaktur befindet sich im nordöstlichen Teil des Rondells vor dem Schloss. Besonders für Kinder spannend ist das spielerisch angelegte Museum Mensch und Natur.
Westlich des Schlosses erstreckt sich ein wunderschöner, weitläufiger Park, gespickt mit höfischen Baudenkmälern. Dazu gehören u.a. das Jagdschlösschen Amalienburg, ein Kunstwerk des höfischen Rokoko, und die Badenburg, in der sich die Gesellschaft am Hofe schwimmend vergnügte, bevor sie sich in der Pagodenburg, deren Wände mit holländischen Fliesen verkleidet sind, bei einer Tasse Tee von den Strapazen erholte.
Schloss Nymphenburg, Eingang 19
80638 München, Tel. 0 89-17 90 80
www.schloesser.bayern.de
Schloss und Park April–15. Okt. tgl. 9–18, 16. Okt.–März tgl. 10–16 Uhr

Topmodern präsentiert sich die BMW Welt

Deutsches Museum

Ein Muss ist der Besuch des Deutschen Museums, das bereits 1903 von dem Ingenieur Oskar von Miller gegründet wurde. Auf rund 55 000 m² Ausstellungsfläche und in über 40 Abteilungen wird die Welt der Naturwissenschaften und Technik anhand von Apparaten, Versuchsanordnungen, Fotos, Filmen etc. begreifbar gemacht – damit ist das Haus das größte naturwissenschaftliche Museum der Welt. Wem der Anschauungsunterricht nicht ausreicht, der kann in der Bibliothek des Deutschen Museums sein Wissen mit Hilfe von 900 000 Büchern und fast 20 000 Zeitschriften vertiefen.

Speziell für Kinder von 3 bis 8 Jahren wurde das Kinderreich eingerichtet, in dem die Kleinen nach Herzenslust spielen, klettern und ausprobieren dürfen. Außenstellen sind das Verkehrszentrum an der Theresienwiese, in dem Autos, Eisenbahnen, Kutschen und Fahrräder die Entwicklung der Mobilität demonstrieren, sowie die Flugwerft in Schleißheim. Ein Zentrum für Neue Technologie ist im Aufbau, um Themen wie Genforschung, Klimawandel und Nanotechnologie, die in Zukunft noch an Bedeutung gewinnen werden, aufzubereiten. Im Rahmen einer

Zukunftsinitiative sollen außerdem Sammlungen neu geordnet und mehr Exponate präsentiert werden, außerdem soll ein moderner Eingangsbereich entstehen.

Museumsinsel 1, 80538 München
Tel. 0 89-2 17 91, www.deutsches-museum.de
tgl. 9–17 Uhr

Alte Pinakothek

Die Alte Pinakothek entstand von 1826 bis 1836 unter der Leitung des Architekten Leo von Klenze. Nach schweren Beschädigungen im Zweiten Weltkrieg wurde sie 1953–1963 wiederhergestellt und der Öffentlichkeit zugänglich gemacht. In ihrem Innern beherbergt sie auf zwei Stockwerken eine der größten und bestbestückten Gemäldesammlungen der Welt. Sie konzentriert sich auf europäische Malerei vom Mittelalter bis zum ausgehenden 18. Jh.

Wer hier seinen Bedarf an Kunst noch nicht gedeckt hat, dem sei auch ein Besuch der Neuen Pinakothek mit Malerei des 19. Jhs. empfohlen. Freunde moderner Kunst besichtigen die Pinakothek der Moderne oder das Museum Brandhorst. All diese berühmten Häuser liegen nahe beieinander im Kunstareal München im Stadtteil Maxvorstadt.

Barer Str. 27, 80333 München
Tel. 0 89-23 80 52 16, www.pinakothek.de
Mi–So 10–18, Di 10–20 Uhr

BMW Welt

Nach Volkswagen, Audi, Mercedes und Porsche spendierte sich auch der Münchner Autobauer BMW ein sog. Abholzentrum. Hier wird das In-Empfang-Nehmen des Neuwagens als emotionaler Event inszeniert. Mit seiner futuristischen Architektur, wechselnden Ausstellungen, Multimediashows und verschiedenen Veranstaltungen richtet sich die BMW Welt aber auch an Besucher ohne Kaufambitionen und eignet sich auch als Familienausflugsziel: Der Junior Campus, ein Erlebnisbereich für 7- bis 13-Jährige, soll durch Exponate und Workshops spielerisch Wissen zum Thema Mobilität vermitteln.

Seit Oktober 2007 ist das ultramoderne, über 100 Millionen Euro teure Gebäude des Wiener

Stararchitekten-Duos Coop Himmelb(l)au der Öffentlichkeit zugänglich. Es liegt in unmittelbarer Nähe des Olympiastadions, ist so hoch wie das Pantheon in Rom, und sein Riesendach könnte den Markusplatz in Venedig überspannen. Das Gebäude besitzt kaum eine senkrechte Wand, jeder einzelne Baukörper ist schräg gestellt oder in sich verdreht.

Am Olympiapark 1, 80809 München
Tel. 0 18 02-11 88 22 (6 Ct./Anruf)
www.bmw-welt.com

Olympiapark

1972 stand München im Mittelpunkt der Sportwelt, als hier die Olympischen Sommerspiele stattfanden. Für diesen Zweck wurde ein fast 3 km² großer Freizeit- und Erholungspark entworfen. Das 69 000 Zuschauern Platz bietende Olympiastadion (inzwischen von der neuen Allianz Arena im Norden Münchens als Heimstatt des FC Bayern München und des TSV 1860 München abgelöst), die Olympiaschwimmhalle und die Olympiahalle, eine Vielzweckhalle, in der u.a. Konzerte, das alljährliche Sechstagerennen oder große Tennisturniere stattfinden, werden von einem 74 800 m² großen Zeltdach aus Acrylglasplatten überspannt, das längst zum modernen Wahrzeichen der Stadt geworden ist.

Bei Föhn hat man vom 290 m hohen Olympiaturm die beste Aussicht auf die Stadt und ihr Umland, die Alpen scheinen dann zum Greifen nah. Neue Attraktionen sind die Zeltdach- und die Abseil-Tour sowie das Sea Life Aquarium, in dem Besucher dem Weg des Wassers von der Isar über die Donau bis zum Schwarzen Meer und Mittelmeer folgen können.

Spiridon-Louis-Ring 21, 80809 München
Tel. 0 89-3 06 70
www.olympiapark-muenchen.de

Tierpark Hellabrunn

Der 36 ha große Tierpark Hellabrunn gilt als ältester Geo-Zoo der Welt. Seine idyllisch in den Isarauen gelegenen Gehege mit über 340 Tierarten sind also nach Herkunftserdteilen angelegt, und jedes Tier lebt unter Bedingungen, die so weit wie möglich an seinen natürlichen Lebensraum angepasst sind. Unter den Tierhäusern sind das alte Elefantenhaus im byzantinischen Stil (1914), das Dschungelhaus (2005), die Eisbärenanlage (2010) sowie die große Freiflugvoliere bemerkenswert. Fütterungen und besondere Vorführungen begeistern die Besucher: Elefanten kann man bei der Dschungelpatrouille zusehen, Seelöwen bei der Flossenparade und Greifvögeln beim Beutetraining; bei Frost dürfen die Pinguine durch den Zoo spazieren.

Aber nicht nur Vierbeinern geht es hier tierisch gut: Kinder haben großen Spaß mit Damhirschen und Zwergziegen im Streichelgehege, sie können auf Haflingern oder Kamelen reiten und sich auf einem Abenteuerspielplatz austoben. Biergärten und reizvolle Spazierwege runden das Angebot für Jung und Alt ab.

Tierparkstr. 30, 81543 München
Tel. 0 89-62 50 80, www.zoo-muenchen.de
April–Sept. tgl. 8–18, Okt.–März 9–17 Uhr

Englischer Garten

Die »Nackerten« und die waghalsigen Surfer am Eisbach haben ihn weit über die Stadtgrenze Münchens hinaus bekannt gemacht – die Rede ist vom Englischen Garten, der 3,7 km² großen grünen Lunge nordöstlich des Stadtzentrums. Angelegt wurde der Landschaftsgarten zwar von einem Amerikaner (Sir Benjamin Thompson alias Graf von Rumford), gestaltet jedoch nach dem Vorbild der englischen Landschaftsgärten.

Heute sonnen sich Studenten auf den grünen Wiesen, Inlineskater flitzen die autofreien Wege entlang, und Verliebte rudern über den Kleinhesseloher See. Sobald die Sonne scheint, öffnet der Biergarten am Chinesischen Turm, und durstige Menschen kommen in Scharen, um sich an einer Maß Bier und einer Brezn zu erfreuen. Er ist der größte, aber nicht der einzige seiner Art im Englischen Garten – auch beim Aumeister in der Hirschau (dem nördlichen Teil) und im Biergarten am Seehaus kehren die Spaziergänger und Radler gern ein. Vom Monopteros, einem klassizistischen Rundtempel, bietet sich ein schöner Blick auf die Silhouette der Altstadt.

80538 München

München

Hotels

Bayerischer Hof

Die Tradition des luxuriösen und distinguierten Fünf-Sterne-Hotels reicht zurück bis 1841. Das Haus, in dem gern Prominenz vom Papst bis zum Popstar logiert, ist im Besitz der Familie Volkhardt. Es verfügt über 395 Zimmer und Suiten, drei Restaurants, Dachgarten und ein kleines, aber feines Spa. Im Haus befinden sich u.a. auch Falk's Bar, ein Nachtclub und eine Komödie.
**Promenadeplatz 2–6
80333 München, Tel. 0 89-2 12 00
www.bayerischerhof.de**

Anna Hotel

Schon kurz nach der Eröffnung 2002 gelang dem unmittelbar am Stachus gelegenen kleinen Hotel die Aufnahme in mehrere Hitlisten europäischer Designhotelrankings. Seitdem verteidigt es seinen Ruf als außergewöhnliches Vier-Sterne-Hotel. Übrigens: Der Wellness-bereich im benachbarten Königshof kann mitbenutzt werden.
**Schützenstr. 1, 80335 München
Tel. 0 89-59 99 40
www.annahotel.de**

Hotel Ritzi

Das in einem großbürgerlichen Ex-Wohnhaus untergebrachte »kleine Ritz« ist genau das Richtige für Leu-te, denen der Sinn nach Ungewöhn-lichem steht. Die Atmosphäre ist leger-familiär, die 25 Zimmer sind fantasievoll und individuell einge-richtet. Im Roten Zimmer prangen z.B. Fotoshootings des Playboy-Magazins, im Surferzimmer stehen Kakteen, und im blau ausgemalten Karibikzimmer sorgt ein an der Wand befestigtes Netz für Meeres-stimmung.
**Maria-Theresia-Str. 2a
81675 München
Tel. 0 89-4 14 24 08 90
www.hotel-ritzi.de**

Platzl Hotel München

Gemütliches, traditionsreiches bay-erisches Vier-Sterne-Hotel direkt in der Innenstadt. Der Wellnessbereich wurde dem Maurischen Kiosk im Park von Schloss Linderhof (Allgäu) und dem Türkischen Saal im Königs-haus am Schachen (bei Garmisch-Partenkirchen) nachempfunden.
**Sparkassenstr. 10
80331 München
Tel. 0 89-23 70 30, www.platzl.de**

Hotelgästehaus Englischer Garten

Näher am Englischen Garten als in den 12 gemütlichen Gästezimmern von Roselinde Zankl kann man nicht wohnen. Dieser Aspekt, gepaart mit der privaten Atmosphäre des Hau-ses und den vergleichsweise günsti-gen Preisen führt dazu, dass die familiäre Herberge oft lange im Voraus ausgebucht ist. Fazit: früh reservieren!
**Liebergesellstr. 8
80802 München
Tel. 0 89-3 83 94 10
www.hotelenglischergarten.de**

Restaurants

Tantris

Eine der feinsten Adressen Mün-chens, und das schon seit fast 40 Jahren. Kreative Spitzenmenüs – mittags 3 oder 5 Gänge, abends 5 oder 8 Gänge –, zubereitet vom österreichischen Starkoch Hans Haas. Sommelière ist die durch die Medien bekannte Paula Bosch.
**Johann-Fichte-Str. 7
80805 München
Tel. 0 89-3 61 95 90
www.tantris.de**
Di–Sa 12–15, 18.30–1 Uhr

Schuhbeck's in den Südtiroler Stuben

Der Tausendsassa Alfons Schuhbeck spielt auf allen Kanälen: Bücher, Fernsehen, Radio, Palazzo und eine

Handvoll Läden am zentralen Platzl. Dort hat seit 2003 auch das Schuhbeck'sche Flaggschiff, die »Südtiroler Stuben«, geöffnet. In der Luxusbrasserie wird auf höchs-tem Niveau gekocht – mit dem Fokus auf regionale Spezialitäten.
**Am Platzl 6–8, 80331 München
Tel. 0 89-2 16 69 00
www.schuhbeck.de**
Di–Sa 12–14.30, 18–23, Mo nur 18–23 Uhr, So geschlossen

Nage & Sauge

Entgegen dem doch sehr deutschen Restaurantnamen und der rustikal-bayrischen Einrichtung werden hier ausgezeichnete italienische Spezia-litäten gereicht. Vor allem die Focaccias genießen einen fabel-haften Ruf. Auch die Pasta ist vom Feinsten. Reservieren nicht möglich – deshalb am besten vor 20 Uhr kommen!
**Mariannenstr. 2
80538 München
Tel. 0 89-29 88 03
www.nageundsauge.de**
tgl. 17.15–1 Uhr

Trattoria Al Torchio

Koch und Inhaber Pasquale stammt aus der süditalienischen Basilicata und serviert in dieser kleinen Tratto-ria mit geradezu fanatischer Hinga-be authentische italienische Cucina aus marktfrischen Zutaten, und das zu erstaunlich moderaten Preisen. Kleine, aber feine Auswahl an italie-nischen Weinen.
**Amalienstr. 42, 80799 München
Tel. 0 89-28 50 49
www.al-torchio.de**
Mo–Fr 11.30–14.30, 18.30–23, Sa 18–23 Uhr

Chinesischer Turm

Neben dem großen Biergarten (7000 Plätze) unter Kastanien rund um die berühmte Holzpagode im Englischen Garten wird im Restau-rant mit Terrasse gute bayerische

Küche serviert. Fr–So Blasmusik. Im Dezember findet man rund um den Chinesischen Turm einen romantischen kleinen Weihnachtsmarkt.

Englischer Garten 3
80538 München
Tel. 0 89-3 83 87 30
www.chinaturm.de
tgl. ab 10 Uhr

Shopping

Viktualienmarkt

An den Obst-, Gemüse-, Käse- und Weinständen rund um den Maibaum und Biergarten unter Kastanien gibt es nichts Kulinarisches, was es nicht gibt: von der Gurke aus dem Holzfass über Biokartoffeln und Obstexoten bis zum Zitronengras. Alles ist sehr fotogen und äußerst appetitlich präsentiert. Der kleine Hunger zwischendurch lässt sich z.B. im Biergarten, in der Münchner Suppenküche oder im benachbarten Wirtshaus »Der Pschorr« gut stillen.

80333 München
www.viktualienmarkt-muenchen.de

Ludwig Beck

Im »Kaufhaus der Sinne« wird Einkaufen zum Erlebnis. Neben dem Schwerpunkt Mode/Bekleidung findet man eine riesige CD-Abteilung mit Schwerpunkten Jazz und Klassik. Im Erdgeschoss verwöhnt die Kosmetikabteilung Hautnah mit exklusiven Marken, auf der Rückseite des Kaufhauses begeistert die perfekt sortierte Kurzwarenwelt namens »Geknöpft und Zugenäht« Hobby- und Profischneider gleichermaßen. Ein besonderer Service: Personal Shopping in Begleitung einer Stylistin.

Marienplatz 11, 80331 München
Tel. 0 89-23 69 10
www.ludwigbeck.com
Mo–Sa 10–20 Uhr

Alois Dallmayr

Neben internationalen Delikatessen bietet das fernsehbekannte älteste Feinkostgeschäft zahlreiche Hausprodukte, von den weithin bekannten Kaffeesorten verschiedenster Provenienzen bis zu den Entenwürstchen.

Dienerstr. 14/15, 80331 München
Tel. 0 89-2 13 50
www.dallmayr.de
Mo–Sa 9.30–19 Uhr

Loden-Frey

Traditionshaus für elegante Damen- und Herrenkleidung, hochwertige Trachten und Accessoires. Wer eine original bayrische Lederhosen nach traditioneller Herstellungsweise erstehen will, ist hier richtig. Billig sind die urigen In-Hosen allerdings nicht!

Maffeistr. 7, 80333 München
Tel. 0 89-21 03 90
www.loden-frey.de
Mo–Sa 10–20 Uhr

Servus Heimat

Mini-T-Shirts mit dem Aufdruck »Münchner Kindl«, größere Ausgaben mit dem Slogan »Zuagroast«, dazu Trachtenbarbies, Luis-Trenker-Kerzen, Wörterbücher Bayrisch-Deutsch: Hier dreht sich alles ums Thema Bayern, aber wunderbar selbstironisch.

Brunnstr. 3, 80331 München
Tel. 0 89-24 29 47 80
www.servusheimat.com
Mo–Sa 10–20 Uhr

Am Abend

Nationaltheater

Sitz der Bayerischen Staatsoper und Wirkungsstätte bedeutender Dirigenten. Klassische und moderne Oper neben Konzerten und Darbietungen des Bayerischen Staatsballetts. Im Juli und August finden hier die Opernfestspiele statt, die als die größten der Welt gelten.

Max-Joseph-Platz 2
80539 München
Tel. 0 89-21 85 19 20
www.bayerische.staatsoper.de

Münchner Lach- und Schießgesellschaft

Das Haus mit legendärem Ruf ist noch immer für Gastspiele hochrangiger Kabarettisten und Neuentdeckungen bekannt.

Ursulastr. 9, 80802 München
Tel. 0 89-39 19 97
www.lachundschieß.de
Kartenreservierung Mo–Fr 14–18, Sa, So 16–18 Uhr, Vorstellungsbeginn 20 Uhr.

Kultfabrik München

Das ehemalige Werksgelände am Ostbahnhof verwandelt sich allabendlich in eine riesige Partyzone mit über 20 Clubs und Bars. Tanzmöglichkeiten bieten u.a. Rafael, Natraj Temple und Titty Twister.

Grafinger Str. 6, 81671 München
www.kultfabrik.de

Filmmuseum

Das dem Stadtmuseum angegliederte Kino bietet allabendlich Raritäten und Kabinettstücke aus der internationalen Filmgeschichte.

St.-Jakobs-Platz 1
80331 München
Tel. 0 89-23 32 23 48
www.stadtmuseum-online.de/filmmu.htm

Schumanns

Legendäre Bar mit perfekt gemixten Drinks und gemischtem Publikum, früher in der Maximilianstraße, seit 2003 am Hofgarten. Der Chef kümmert sich persönlich um seine Gäste und bereitet höchstselbst die legendären Bratkartoffeln zu.

Odeonsplatz 6+7
80539 München
Tel. 0 89-22 90 60
www.schumanns.de
Mo–Fr 17–3, Sa, So 18–3 Uhr

Münster

Lebensqualität im Münsterland

Wo einst die Wiedertäufer ihr strenges Regiment errichteten und königliche Gesandte den Westfälischen Frieden besiegelten, klingeln heute eine halbe Million »Leeze«, wie die Fahrräder in westfälischer Mundart heißen. Damit fahren längst nicht nur die vielen Studenten der renommierten Universität. Lebensqualität wird in Münster großgeschrieben: Die Stadt gilt als besonders kinder- und behinderten-freundlich, und gemordet wird nur in den hier zahlreich gedrehten Krimis von ARD und ZDF. In den Arkaden der Altstadt schenkt man hinter restaurierten gotischen Giebelfassaden das obergärige malzige Altbier aus. Anlässe zum Feiern gibt es genug, von Karneval über Großkirmes bis zum Weihnachtsmarkt: barocke Lebenslust in Westfalen, die schon in den prachtvollen Bauten von Johann Conrad Schlaun ihren Ausdruck fand.

Dom St. Paul

Der ab 1225 entstandene mächtige Dom mit seinen zwei Türmen ist ein bedeutendes Werk des westfälischen Übergangsstils. Das innere Portal zeigt im Bogenfeld Christus als Weltenrichter. Einflüsse der französischen Gotik verrät das weitläufige Langhaus. Blickfang im Chorumgang ist die 8 m hohe Astronomische Uhr (1540–1542), deren Giebel Malereien Ludger tom Rings d.Ä. zieren. In der reich ausgestatteten Sakramentskapelle an der Nordwand leuchtet ein silbernes Tabernakel (18. Jh.) Augsburger Provenienz.

Durch den Kreuzgang gelangt man in die Domkammer, zu deren Schätzen ein Vortragekreuz (13. Jh.), 14 Büstenreliquiare der Propheten (15. Jh.), die goldene Paulusbüste (11. Jh.), eine goldene Marienfigur (13. Jh.), ein tragbarer, mit Perlenstickerei verzierter Altar (12. Jh.) und der Johannisaltar (1520) zählen.
Domplatz 28, 48143 Münster
Tel. 02 51-49 53 22, www.paulusdom.de
Dom Mo–Sa 6.30–18, So 6.30–19.30 Uhr,
Domkammer Di–So 11–16 Uhr.

Lambertikirche

Mit dem Bau der spätgotischen Westfälischen Hallenkirche wurde 1375 begonnen. Am 90 m hohen Turm, eine neogotische verkleinerte

Kopie des Freiburger Münsterturms von 1889, hängen in Dreiecksform die drei berüchtigten, 1535 angefertigten eisernen Körbe. In diesen stellte man die gefolterten und hingerichteten Körper der Anführer der radikalen Wiedertäufer, Jan van Leiden, Bernd Krechting und Bernd Knipperdolling, als Mahnung »gegen den Abfall von der allein selig machenden Kirche« öffentlich zur Schau. In den Abendstunden brennen in den Körben drei Irrlichter.

Eine fröhlichere Note steuert der Türmer bei, der allabendlich (außer Dienstag) um 21 Uhr bis Mitternacht halbstündlich in sein Horn bläst. Neben seinen Kollegen in Bad Wimpfen, Nördlingen und Krakau ist er einer der letzten seiner Zunft in Europa.
Lambertikirchplatz, 48143 Münster
Tel. 02 51-4 48 93, www.st-lamberti.de
Mo–Sa 8–18.45, So 9.30–19 Uhr;
Gottesdienste Mo–Sa 9 und 18 Uhr

Historisches Rathaus mit Friedenssaal

Der von malerischen Giebelhäusern vieler Stilperioden von der Gotik bis zum Klassizismus gesäumte Prinzipalmarkt, eine Flaniermeile mit Einkaufsarkaden zwischen historischem Rathaus und Lambertikirche, ist Müns-

Stilvoll bummeln lässt es sich unter den Arkaden am Prinzipalmarkt

ters gute Stube, die allerdings nach dem Zweiten Weltkrieg ebenso wieder aufgebaut werden musste wie das hochgotische Rathaus aus dem 14. Jh., dessen kunstvoller Schaugiebel in vereinfachter Form wiedererstand.

Der holzgetäfelte Rats- und Gerichtssaal (heute Friedenssaal), in dem 1648 Verhandlungen zum Westfälischen Frieden zwischen Gesandten des Kaisers und Frankreichs stattfanden, war im Krieg ausgelagert worden und blieb unbeschädigt, auch der viel gezeigte goldene Trinkpokal in Form eines Hahns. Die teilweise recht kurios anmutenden Schnitzarbeiten stammen aus dem späten 16. Jh.

Prinzipalmarkt 8, 48143 Münster
Tel. 02 51-4 92 27 24
friedenssaal@stadt-muenster.de
Di–Fr 10–17, Sa, So, Fei 10–16 Uhr

Erbdrostenhof

Der dreiflügelige Adelshof wurde 1753–1757 mit repräsentativer Fassade auf ziemlich beengtem Grund von Johann Conrad Schlaun erbaut, Westfalens bedeutendstem Barockarchitekten. Bauherr war der Münstersche Erbdroste Adolf Heidenreich Freiherr von Droste zu Vischering. Glanzstück ist der barocke Festsaal, der den gesamten Mittelbau einnimmt.

Im Zweiten Weltkrieg wurde der Erbdrostenhof schwer beschädigt und später liebevoll wieder aufgebaut. Heute sind hier verschiedene westfälische Kultureinrichtungen untergebracht, eine Besichtigung ist daher für Einzelpersonen nicht ohne Weiteres möglich. Ein besonderes Erlebnis sind die Erbdrostenhofkonzerte, bei denen die Sammlung erlesener historischer Tasteninstrumente zum Klingen gebracht wird, darunter ein dreichöriges, zweimanualiges Ruckers-Cembalo von 1640.

Salzstr. 38, 48143 Münster
Tel. 02 51-5 91 43 32, www.erbdrostenhof.de

Clemenskirche

Die 1745–1753 nach Plänen von Johann Conrad Schlaun errichtete Kloster- und Hospitalkirche fiel, wie der gesamte Komplex, den Bomben des Zweiten Weltkriegs zum Opfer. Nur die Kirche wurde originalgetreu, allerdings jetzt isoliert stehend wiederhergestellt.

Münster

Mit ihrer Außenarchitektur, einem konkav-konvex geschwungenen, unregelmäßigen Sechseck mit laternenbekrönter Kuppel, gilt sie als bedeutendster barocker Kirchenbau in Norddeutschland. Auch sie zeigt die für Schlaun typische Kombination von hellem Sandstein und rotem Backstein. Restauriert wurde auch die reiche Rokoko-Ausstattung. Als Hommage an den Bauherren, Fürstbischof Clemens August I. von Bayern, sind die Altarsäulen im Blau der Wittelsbacher gehalten. Die Deckenmalereien des Münchner Malers Johann Adam Schöpf zeigen die Apotheose des hl. Clemens, die Stuckaturen schuf Jacob Rauch aus Wessobrunn. Hin und wieder finden in der Kirche Konzerte statt.
An der Clemenskirche, 48143 Münster

Fürstbischöfliches Residenzschloss
Die letzte große Barockresidenz Deutschlands wurde 1767–1787 nach Plänen von Johann Conrad Schlaun für Fürstbischof Maximilian Friedrich erbaut, verlor aber schon 1803 mit dem Ende des Fürstbistums Münster ihre ursprüngliche Funktion. Die nach dem Krieg weitgehend wiedererrichtete Dreiflügelanlage ist seit 1954 das Hauptgebäude der Wilhelmsuniversität und daher – im Gegensatz zum ebenfalls von Schlaun konzipierten schönen Schlossgarten – nicht unbeschränkt zugänglich.
Reizvoll wirkt die Kombination von heller Baumberger Sandsteinverblendung für Simse, Pilaster und Gebäudeschmuck und rotem Backstein für die Flächen. Die Fassade des im Dachbereich erhöhten und mit einer Laterne gekrönten Mittelrisaliten mit dem Hauptportal schmücken ein antikisierender Giebel und das fürstbischöfliche Wappen mit musizierenden Engeln.
Schlossplatz 2, 48149 Münster
Tel. 02 51-8 30, www.uni-muenster.de

LWL – Landesmuseum für Kunst- und Kulturgeschichte
Das Museum präsentiert u.a. romanische und gotische Monumentalskulptur und frühwestfälische Tafelmalerei. Hervorzuheben sind das Soester Antependium, die Überwasserskulpturen aus Münster, die Bilder von Konrad von Soest und Johann Koerbecke, die Tafeln von Derick Baegert sowie das Werk des letzten großen Meisters der westfälischen Skulptur, Heinrich Brabender. Auch die weltberühmten romanischen Glasfenster von Meister Gerlachus werden hier präsentiert.
Die Moderne Galerie zeigt Kunst der Klassischen Moderne, darunter Gemälde des deutschen Impressionismus und Expressionismus (Max Liebermann, Ernst Ludwig Kirchner und August Macke). Derzeit wird das Museum um einen Neubau erweitert, der 2013 eröffnet werden soll. Bis dahin ist der historische Altbau weiterhin mit der epochenübergreifenden Dauerausstellung »Aufgemischt – Meisterwerke der Sammlung im Dialog« geöffnet.
Domplatz 10, 48143 Münster
Tel. 02 51-59 07 01
www.lwl-landesmuseum-muenster.de
Di–So 10–18, Do bis 21 Uhr

Graphikmuseum Picasso
Deutschlands erstes Picasso-Museum ist im ehemaligen Druffelschen Hof und im benachbarten Hensenbau an der Königsstraße untergebracht. Seit 2000 zeigt es in Wechselausstellungen über 800 Grafiken von Pablo Picasso, die größtenteils aus der Sammlung des westfälischen Grafikers Gert Huizinga stammen. Die Kollektion ist einzigartig, weil sie bis auf wenige Blätter komplett alle jemals von Picasso geschaffenen Lithografien umfasst, teils sogar Abzüge von Zwischenzuständen und somit Werke aus mehreren seiner Schöpfungsperioden. Motive sind besonders Stierkampf, Faune und Kentauren, die während Picassos Aufenthalten in Antibes entstanden. 2009 erhielt das Museum von einer anonymen Stifterin eine bedeutende Sammlung moderner Kunst als Leihgabe, u.a. mit Bildern von Markus Lüpertz, A. R. Penck, Anselm Kiefer und Jörg Immendorff.
Picassoplatz 1, 48143 Münster
Tel. 02 51-4 14 47 10
www.graphikmuseum-picasso-muenster.de
Di–So, Fei 10–18 Uhr

Hotels

Schloss Wilkinghege

Umgeben von einem 18-Loch-Golf-
platz und einem wunderschönen
Schlosspark mit altem Baumbestand, liegt dieses Wasserschloss
von 1550 vor den Toren von Münster (5 km nordwestlich). Prachtvolle
Säle und Salons, elegante Zimmer
und Suiten im Schloss und in der
Dependance. Das Restaurant mit
wundervoller Sommerterrasse
serviert hervorragende klassische
Küche unter Kronleuchtern.
Steinfurter Str. 364
48159 Münster
Tel. 02 51-14 42 70
www.schloss-wilkinghege.de

Romantik Hotel
Hof zur Linde

Das Hotel der Familie Löfken, ein
sehr schönes, ruhig gelegenes
Landhaus von 1648, glänzt mit
geschmackvoll-individuell eingerichteten Zimmern: mal rustikal, mal
romantisch mit Himmelbett. Die
Spa-Juniorsuiten bieten sogar einen
eigenen Wellnessbereich mit finnischer Sauna, beheizter Sitzbank,
Erlebnisdusche und Whirlpool. Im
typisch münsterländischen Restaurant speist man vorzüglich mit Blick
auf ein flackerndes Kaminfeuer.
Handorfer Werseufer 1
48157 Münster-Handorf
Tel. 02 51-3 27 50
www.hof-zur-linde.de

Mauritzhof Hotel Münster

Das 350 m vom Bahnhof entfernt
gelegene moderne Hotel besticht
mit schlichter Eleganz, puristischen
Formen im Philipp-Starck-Design
und individuell eingerichteten
Zimmern, teilweise mit Balkon zur
grünen Promenade. Schöne Lounge-
bar, Terrasse und Bibliothek.
Eisenbahnstr. 17, 48143 Münster
Tel. 02 51-4 17 20
www.mauritzhof.de

Stadthotel Münster

Das 2010 renovierte und jetzt voll
klimatisierte Hotel liegt mitten in
der Altstadt und bietet 107 modern
eingerichtete Zimmer in drei
Kategorien mit Bad. Versuchen Sie,
das besonders schöne Zimmer 101
zu bekommen. Restaurant mit
begrüntem Sommergarten.
Aegidiistr. 21, 48143 Münster
Tel. 02 51-4 81 20
www.stadthotel-muenster.de

Central Hotel

Kleines schönes Hotel mit Faible für
Kunst. Die großzügig geschnittenen
Zimmer, einige mit Balkon, sind mit
Reproduktionen von Joseph Beuys
bis Andy Warhol dekoriert und mit
Designermobiliar im Stil der Wiener
Werkstätten eingerichtet. Zum
Graphikmuseum Picasso und zum
Museum für Kunst und Kulturge-
schichte ist es nur ein Spaziergang.
Aegidiistr. 1, 48143 Münster
Tel. 02 51-51 01 50
www.central-hotel-muenster.de

Restaurants

Villa Medici

Viel gerühmte raffinierte italienische Küche, erlesene Weine und ein
edel-schlichtes Ambiente, das der
berühmte Designer Dieter Sieger
geschaffen hat, sind das Erfolgsrezept von Carmelo Caputo, der vor
Kurzem mit dem »Caputo's« eine
preiswertere Dependance am
Picassoplatz eröffnet hat.
Ostmarkstr. 15, 48145 Münster
Tel. 02 51-3 42 18
www.villa-medici-muenster.de
Di–Sa 12–14, 18–22.30 Uhr

Giverny

Das gemütliche Restaurant im Landhausstil ist auf französische Regionalküche spezialisiert und hat ein
besonderes Faible für Fisch und
Meeresfrüchte, vom Wolfsbarsch
über die Rotbarbe bis hin zu Aus-

tern, Taschenkrebsen, Hummern
und Jakobsmuscheln. Am Mittwoch
gibt es eine feine Bouillabaisse, mit
fangfrisch vom Pariser Großmarkt
eingeflogenen Mittelmeerfischen.
Spiekerhof 25, 48143 Münster
Tel. 02 51-51 14 35
www.restaurant-giverny.de
Di–Sa 12–15 und ab 18,
Fei nur ab 18 Uhr

Landhaus-Restaurant im
Landhaus Eggert

Das Landhaus-Restaurant des auch
als Unterkunft zu empfehlenden
charmanten Landhotels serviert
international verfeinerte westfälische Küche aus regionalen, marktfrischen Produkten. Bei schönem
Wetter speist man auf einer Terrasse mit traumhafter Aussicht auf das
Wersetal.
Zur Haskenau 81, 48157 Münster
Tel. 02 51-32 80 40
www.landhaus-eggert.de
tgl. 12–15 und ab 18 Uhr
warme Küche

Altes Gasthaus Leve

Münsters ältestes Gasthaus gibt es
schon seit 1607. Hier schmecken
bodenständige Gerichte wie Mett-
endchen (Mettwurst), Töttchen (ein
süßsaures Ragout), Münsterländer
Wurstpfanne, Westfälisches Zwie-
belfleisch und die herzhafte Lamm-
haxe.
Alter Steinweg 37
48143 Münster, Tel. 02 51-4 55 95
www.gasthaus-leve.de
tgl. 12–24 Uhr

Drübbelken

Rustikales Lokal mit authentischer
Münsterländer Küche. Auf den Tisch
kommen herzhafte Gerichte wie
Pfefferpotthast (ein scharfes Rin-
dergulasch), Töttchen vom Schwein
und Rind, Rindfleisch in Zwiebel-
soße, Mettwurstschnittchen und
dazu Pinkus-Biere und badische
Weine.

Buddenstr. 14–15
48143 Münster, Tel. 02 51-4 21 15
www.druebbelken.de
Mo–Fr 11.30–14.30, 17.30–24,
Sa–So 11.30–24 Uhr

Shopping

Modehaus Schnitzler
Traditionsreiches Modehaus am
Prinzipalmarkt, das viele Designer-
labels führt. Mit freundlicher
Kinderecke und Kaffeebar.
Prinzipalmarkt 40 und 43
48143 Münster
Tel. 02 51-41 49 00
www.modehaus-schnitzler.de
Mo–Sa 9.30–19 Uhr

Münster Shop
Souvenirs aus Münster, vom
Münster-Monopoly über Kulinari-
sches und Hochprozentiges bis hin
zu Münster-Krimis, Bildbänden,
Kinderbüchern, T-Shirts, Schirmen,
Postern und Kalendern.
Heinrich-Brüning-Str. 7
48143 Münster
Tel. 01 80-5 62 02 60
www.muenster-souvenirs.de
Mo–Fr 9.30–18, Sa 9.30–13 Uhr

Antiquariat Solder
Das Antiquariat ist Krimifreunden
ein Begriff, seit hier viele Szenen
der ZDF-Reihe »Wilsberg« gedreht
werden. Das Hauptgeschäft macht
man immer noch mit schönen alten
Büchern, aber natürlich führt man
auch Wilsberg-DVDs.
Frauenstr. 49/50
48143 Münster, Tel. 02 51-4 53 39
www.antiquariat-solder.de
Di–Fr 14–18, Sa 11–14 Uhr

Siggi Spiegelburg
Die Modedesignerin Siggi Spiegelburg ist mit der ausgefallenen Mode
ihrer Maßschneiderei weit über
Münster hinaus bekannt. Bei ihr
bekommt man auch schöne Tücher,
Vasen, Körbe und Tapeten.

Hafenweg 28, 48145 Münster
Tel. 02 51-1 33 36 30
www.siggi-spiegelburg.de
Mo–Fr 10–18 Uhr

**Kunsthandel Peter R.
Schlächter**
Schöne Antiquitäten in der Altstadt,
darunter Kleinmöbel, Uhren, Gemäl-
de, Lüster und Spiegel. Neben dem
Kunsthandel betreibt man auch die
Galerie »artworks«, die schwer-
punktmäßig Schöpfungen des
bekannten Münsteraner Designers
Dieter Sieger präsentiert.
Spiekerhof 6–11, 48143 Münster
Tel. 02 51-4 20 02
www.kunst-handel.com
Mo–Fr 10–18.30, Sa 10–16 Uhr
(Adventssamstage bis 18 Uhr)

Am Abend

Städtische Bühnen Münster
Das Vierspartentheater bietet Vor-
stellungen der eigenen Ensembles
in den Sparten Musiktheater (Oper/
Operette/Musical), Schauspiel,
Tanztheater (Ballett) und Kinder-
und Jugendtheater. Ergänzt wird
das Programm durch die Produk-
tionen der Niederdeutschen Bühne,
zahlreiche Gastspiele, Lesungen,
Vorträge und Ausstellungen. Im
Stadttheater finden außerdem die
Konzerte des Sinfonieorchesters
Münster statt.
Neubrückenstr. 63
48143 Münster-Martiniviertel
Tel. 02 51-5 90 91 00
www.stadttheater.muenster.de
Theaterkasse Di–Fr 10–19.30,
Sa 10–14 Uhr

Theaterhaus Pumpenhaus
Die Spielstätte, das erste freie
Theater in Nordrhein-Westfalen, ist
in einem der wenigen Industriedenkmäler Münsters untergebracht
und die erste Adresse für internationale Theater- und Tanzvorstellungen der Off-Szene und Avantgarde.

Gartenstr. 123
Rumphorst, 48147 Münster
Tel. 02 51-20 13 80
www.pumpenhaus.de
Bürozeiten Di–Fr 10–12, 14–17 Uhr

Der Bunte Vogel
Ein echter Klassiker unter den
Studentenkneipen von Münster (von
denen es eine ganze Menge gibt).
Von der Terrasse des von Einheimi-
schen nur »BuVo« genannten Lokals
blickt man direkt auf den Erbdros-
tenhof. Jeden Di ab 19.30 Uhr
Jam-Session, außerdem regelmäßig
Livemusik nach Ankündigung.
Alter Steinweg 41
48143 Münster, Tel. 02 51-5 65 24
www.buvo.de
Mo–Sa ab 11, So ab 12 Uhr

Hot Jazz Club
Dieser Club in einem Kellergewölbe
am Binnenhafen leistet sich ein
anspruchsvolles Gastspielpro-
gramm. Neben Jazz- und Blueskon-
zerten kann man auch Funk, Soul,
Rock, Pop, Reggae, Ska und elektronische Musik hören. Für den Nach-
wuchs gibt's die Newcomer Stage.
Hafenweg 26b
48155 Münster-Hafenviertel
Tel. 02 51-68 66 79 09
www.hotjazzclub.de
Sept.–April Di–Sa ab 19,
So ab 15 Uhr, Mai–Aug. Mo–Sa
ab 18, So ab 14 Uhr

Fusion
Angesagter Club, in dem gelegent-
lich auch Privatdetektiv Wilsberg
ermittelt. Musikalisch geht es in
Richtung Techno, House, Rock und
Reggae. Im Fusion-Gebäude spielt
der Club Favela House, Gothic,
Metal und Drum'n'Bass.
Am Hawerkamp 31
48155 Münster-Hafenviertel
Tel. 02 51-2 89 77 88
www.fusion-club.de
Nur zu Events geöffnet,
in der Regel ab 22.30 Uhr

Nürnberg

Mehr als Lebkuchen und Christkindlesmarkt

Im Mittelalter war Nürnberg eine der bedeutendsten Städte Europas. Vom 14. bis 16. Jh. florierten Handwerk und Handel. Die von einer 5 km langen Stadtmauer umgebene Altstadt und die Kaiserburg sind Zeugen dieser Epoche. Albrecht Dürer, Veit Stoß, Hans Sachs und viele andere Künstler lebten und wirkten damals hier. Mit den dunklen Jahren seiner Geschichte in der NS-Zeit als Stadt der Reichsparteitage hat sich Nürnberg konsequent und verantwortungsbewusst auseinandergesetzt. Heute präsentiert sich die mittelfränkische Metropole lebensfroh und energiegeladen. Die Museumslandschaft der Stadt sucht ihresgleichen. Hochbeliebt ist die »Blaue Nacht«, eine alljährlich Ende Mai stattfindende Kunstaktion, an der sich zahlreiche Kultureinrichtungen und Museen wie das Germanische National-museum, das Spielzeugmuseum und das Neue Museum beteiligen: Dabei tauchen Illuminationen und Installationen die Altstadt in blaues Licht. Festivals und Veranstaltungen, darunter der weltberühmte Christkindlesmarkt in der Adventszeit, locken das ganze Jahr über hierher.

Kaiserburg

Hoch über der Stadt auf einem Sandsteinfel-sen errichtet, dominiert die Nürnberger Burg mit ihren Zinnen, Türmen und trutzigen Mauern auch heute noch das Stadtbild. Reichs-, Hof- und Gerichtstage wurden hier abgehalten, vom 11. bis zum 16. Jh. entschie-den deutsche Kaiser und Könige auf der Burg über Wohl und Wehe des Reiches. Ältestes erhaltenes Bauwerk im Burgareal ist der vor 1200 errichtete Fünfeckige Turm.

Bei der heutigen Burganlage sind drei Berei-che zu unterscheiden: die Kaiserburg, die Burggrafenburg und die reichsstädtischen Bauten. Die Innenräume mit Palas, Doppel-kapelle, Kemenaten und Brunnen können nur im Rahmen einer Führung besichtigt werden. Im Zentrum der Ausstellung stehen die Geschichte der Kaiserburg sowie die Ent-wicklung der Waffentechnik. Der schöne Burggarten ist nach einem ausgiebigen Ein-kaufsbummel im Stadtgewimmel eine Oase der Ruhe. Unterhalb der Burg liegt am Tier-gärtnerplatz das Albrecht-Dürer-Haus, ein Fachwerkbau des 15. Jhs., in dem der berühm-te Künstler lebte und arbeitete. Eine Multi-visionsschau gewährt spannende Einblicke in sein bewegtes Leben.

Auf der Burg 13, 90403 Nürnberg
Tel. 09 11-2 44 65 90
www.schloesser.bayern.de
tgl. Okt.–März 10–16, April–Sept. 9–18 Uhr

Hauptmarkt

Geschäftiges Zentrum der Sebalder Altstadt ist der Hauptmarkt. Hier werden Märkte abgehalten und bei Konzerten riesige Zelte aufgestellt. Eindrucksvollste Bauten auf dem Platz sind der 19 m hohe Schöne Brunnen und die Frauenkirche. Ersterer stammt aus dem 14. Jh. und erinnert an eine gotische Kirch-turmspitze. Er ist mit zahlreichen Figuren geschmückt, die biblische Gestalten, Herr-scher und Personifikationen der sieben freien Künste darstellen. Den Brunnen umgibt ein Eisengitter aus dem 16. Jh., in das ein Messing-ring eingeschmiedet ist. Dreht man an ihm, wird ein Wunsch erfüllt.

Die älteste Hallenkirche Frankens wurde 1355 von Karl IV. gestiftet. An dem kunstvol-len Uhrwerk (17. Jh.) über dem Hauptportal lässt sich Tag für Tag das Männleinlaufen

Nürnberg

beobachten: Zum Glockenspiel um 12 Uhr defilieren die sieben Kurfürsten an Kaiser Karl IV. vorbei. Im Innern befinden sich Werke von Adam Kraft sowie der berühmte Tucher-Altar (1440). Eine Institution ist der Prolog des Christkinds, das jedes Jahr vom Balkon aus den Weihnachtsmarkt eröffnet.
Hauptmarkt, 90403 Nürnberg

St. Sebaldus
Das älteste Gotteshaus Nürnbergs ist die im 13. Jh. begründete St.-Sebaldus-Kirche, die ab dem 14. Jh. gotisch umgestaltet wurde. In ihr befindet sich das aus Messing gegossene Grabmal des Stadtpatrons Sebaldus, um 1500 von der Werkstatt Peter Vischers geschaffen. Ein Rundgang um die gewaltige dreischiffige Basilika mit ihren beiden Chören und der imposanten Doppelturmfassade lohnt, denn am Außenbau befinden sich auf der Südseite das Weltgerichtsportal, auf der Nordseite das Marienportal mit Szenen aus dem Marienleben sowie das Brautportal mit Darstellungen der klugen und törichten Jungfrauen, im Osten schließlich das 1492 von Adam Kraft geschaffene Epitaph der Familien Schreyer und Landauer.
Im Innern besticht der lichte gotische Hallenchor mit seinen hoch aufstrebenden Pfeilern und dem wertvollen Glasmalereienzyklus. Die Kirche besitzt bedeutende Kunstwerke, darunter eine Strahlenkranzmadonna von 1438, das Volckamer Epitaph von Veit Stoß und das nach einem Entwurf von Dürer geschaffene Tucher-Epitaph.
Albrecht-Dürer-Platz 1, 90403 Nürnberg
Tel. 09 11-2 14 25 00, www.sebalduskirche.de
Jan.–März 9.30–16, April–Mai 9.30–18, Juni bis 15. Sept. 9.30–20, 16. Sept.–Dez. 9.30–18 Uhr

Germanisches Nationalmuseum
1851 von Hans Freiherr von Aufseß gestiftet, ist das Germanische Nationalmuseum das größte kulturhistorische Museum Deutschlands und eine bedeutende Forschungseinrichtung. Von rund 1,3 Mio. Objekten im Fundus werden etwa 25000 in der Dauerausstellung präsentiert. Exponate aus der Vor- und Frühgeschichte, Gemälde, Skulpturen, Waffen und Münzen und vieles mehr vermitteln Kunst- und Kulturgeschichte des deutschsprachigen Raums. Zweigstellen befinden sich in der Kaiserburg (Waffensammlung) und im einstigen Herrensitz Schloss Neunhof (Ostern–Ende Sept. Sa/So/Fei 10–17 Uhr).
Höhepunkte der Ausstellung sind der Goldkegel von Ezelsdorf (ein bronzezeitlicher Priesterhut), ein Globus von Martin Behaim sowie Skulpturen von Veit Stoß und Adam Krafft. Als Gegenpol zu Nürnbergs Rolle in der Zeit des Nationalsozialismus möchte sich die »Straße der Menschenrechte« von Dani Karavan am Eingang der Ausstellung verstanden wissen.
Kartäusergasse 1, 90402 Nürnberg
Tel. 09 11-1 33 10, www.gnm.de
Di–So 10–18, Mi 10–21 Uhr

Neues Museum
Staatliches Museum für Kunst und Design in Nürnberg, so lautet der volle Name des erst im Jahr 2000 fertiggestellten Museums, das sich als Ergänzung zum Germanischen Nationalmuseum sieht: Hier wird das Thema Kunst/Design weitergeführt, beginnend in den Fünfzigerjahren des 20. Jhs.
Volker Staab, bekannt für die Erweiterung des Münchner Maximilianeums und die Sammlung Schäfer in Schweinfurt, zeichnet verantwortlich für die moderne, die Außenbereiche und die alte Bausubstanz geschickt integrierende Architektur. In klar definierten weißen Räumen mit großzügigen Lichthöfen werden Design-Ikonen und Kunstobjekte der Zeit ab 1945 präsentiert. Zu den Highlights gehören Werke von Richard Lindner, Tadeusz Kantor, Jan Schoonhoven und Joseph Beuys sowie Sitzobjekte von Piero Gilardi, Möbel von Ettore Sottsass und Leuchten von Yonel Lébovici.
Klarissenplatz, 90402 Nürnberg
Tel. 09 11-24 02 00, www.nmn.de
Di–Fr 10–20, Sa–So 10–18 Uhr

Spielzeugmuseum
»Nürnberger Tand geht in alle Land« – das galt in früheren Zeiten vor allem fürs Spielzeug, für das die alte Reichsstadt weithin bekannt war. Und auch heute noch findet

jedes Jahr im Februar die größte Spielwaren-messe der Welt in Nürnberg statt. Viele der Schätze für kleine und große Kinder sind zu Füßen der Burg in einem dreigeschossigen Giebelhaus zusammengetragen worden. Hinter der Renaissancefassade verbirgt sich ein moderner Neubau, der auf drei Etagen vieles präsentiert, was Erwachsene ebenso faszi-niert wie junge Besucher: Puppen, Bücher, Blechspielzeug, Zinnfiguren und eine riesige Modelleisenbahnanlage.

Im neu ausgebauten Dachgeschoss werden moderne Klassiker wie Barbiepuppen und Legospielzeug gezeigt. Im Museumsladen sind einige hübsche Repliken der historischen Ausstellungsstücke erhältlich.

Karlstr. 13–15, 90403 Nürnberg
Tel. 09 11-2 31 31 64
www.museen.nuernberg.de/spielzeugmuseum
Di–Fr 10–17, Sa, So 10–18 Uhr

DB-Museum – Verkehrsmuseum Nürnberg

Am Hauptmarkt: das Männleinlaufen

Das Museum, 1899 als erstes Eisenbahnmuse-um Deutschlands gegründet, zählt zu den beliebtesten Nürnbergs. Hauptattraktion ist – neben den Ausstellungen zur Geschichte von Eisenbahn und Bahnhof – die Sammlung von rund 30 historischen Eisenbahnfahrzeugen. »Legenden der Schiene« wie der Salonwagen des Märchenkönigs Ludwig II. werden eben-so gezeigt wie ein Nachbau des berühmten »Adler«, Lokomotive der ersten deutschen Eisenbahn zwischen Fürth und Nürnberg. Die »Eisenbahn-Erlebniswelt« bietet einen interaktiven Lernbereich für junge Museums-besucher, den beliebten Fahrsimulator, der sich in dem originalen Führerstand einer E-Lok befindet, und eine große Modellbahn-anlage (stündliche Vorführungen).

Lessingstr. 6, 90443 Nürnberg
Tel. 01 80-4 44 22 33, www.dbmuseum.de
Di–Fr 9–17, Sa, So, Fei 10–18 Uhr

Dokumentationszentrum Reichs-parteitagsgelände

Wie kaum eine andere deutsche Stadt sieht sich Nürnberg mit seiner nationalsozialisti-schen Vergangenheit konfrontiert. Von 1933

bis 1938 fanden hier die Reichsparteitage der NSDAP statt, bis zu eine Million Menschen nahmen an der monumentalen Propaganda-schau für Führer und Volksgemeinschaft teil. Mutig hat sich die Stadt ihrer Geschichte gestellt und präsentiert auf diesem Gelände ein Dokumentationszentrum, das die unter-schiedlichen Facetten nationalsozialistischer Machtausübung beleuchtet. Die 1200 m² gro-ße Ausstellung »Faszination und Gewalt« hin-terfragt das Phänomen der Massenkundge-bungen und führt Besuchern die Funktions-weise und gezielten Manipulationsstrategien des NS-Regimes vor Augen. Architektonisch gelungen präsentiert sich der neue Bau des Architekten Günther Domenig wie ein Pfeil, der sich in die ursprünglich streng symmetri-sche Komposition des nie fertiggestellten NS-Kongresszentrums bohrt – dies allein schon eine markante Gegenposition zum monumen-talen Baustil der Nationalsozialisten.

Bayernstr. 110, 90317 Nürnberg
Tel. 09 11-2 31 56 66
www.museen.nuernberg.de/dokuzentrum
Mo–Fr 9–18, Sa, So 10–18 Uhr

Nürnberg

Hotels

Sheraton Carlton Hotel Nürnberg

Das privat geführte Luxushotel am Rand der Altstadt ist als Nichtraucherhotel ausgewiesen. Edel ausgestattete Zimmer mit Gratis-WLAN, schicker Wellnessbereich mit Fitnessstudio hoch über den Dächern der Stadt.
Eilgutstr. 15, 90443 Nürnberg
Tel. 09 11-2 00 30
www.carlton-nuernberg.de

Hotel Drei Raben

Im ersten Themenhotel der Stadt stehen Nürnberger Geschichten und Legenden im Mittelpunkt. Die »Mythenzimmer« erzählen u.a. durch an die Wände tapezierte Texte und Sandsteinreliefs von Persönlichkeiten wie Ritter Eppelein, Albrecht Dürer und Peter Henlein, doch auch von modernen Mythen wie der ersten Eisenbahn Deutschlands oder dem 1. FC Nürnberg. In der multifunktionalen Lounge werden diese Themen audiovisuell präsentiert.
Königstr. 63, 90402 Nürnberg
Tel. 09 11-27 43 80
www.hotel-drei-raben.de

Hotel Maximilian

Komforthotel mit elegantem Design in bester Innenstadtlage. Der Gast hat die Wahl zwischen freundlich eingerichteten Hotelzimmern und komplett ausgestatteten Apartments für längere Aufenthalte. Außerdem kann man sich in einer Sauna mit Solarium und im hauseigenen Biergarten entspannen.
Obere Kanalstr. 11
90429 Nürnberg
Tel. 09 11-9 29 50
www.deraghotels.de

Steichele Hotel & Weinhaus

Rustikales Altstadthotel in historischem Ambiente, Familienbetrieb in der fünften Generation. In der zugehörigen fränkischen Weinstube kann man edle Tropfen aus deutschen Anbaugebieten probieren.
Knorrstr. 2–8, 90402 Nürnberg
Tel. 09 11-20 22 80
www.steichele.de

Lette'm Sleep Hostel for Backpackers

Zentral, günstig – unschlagbar für Reisende mit schmalem Budget. Angenehm groß sind die Doppelzimmer, das im 3. Stock bietet eine tolle Aussicht auf Stadtmauer und Opernhaus. Zur Ausstattung gehören Gemeinschaftsduschen und eine Gemeinschaftsküche. Attraktiv für Familien sind die Apartments mit eigenem Bad und kleiner Küche.
Frauentormauer 42
90402 Nürnberg
Tel. 09 11-9 92 81 28
www.backpackers.de

Restaurants

Essigbrätlein

Mitten in der Altstadt befindet sich in einem kleinen, urigen Fachwerkhaus das kleine feine Restaurant von Andree Köthe, der sich mit seiner kreativen »Gewürzküche« zwei Michelinsterne erkocht hat. Gemüse und regionale Produkte von allerhöchster Qualität stehen im Mittelpunkt, als Nachspeise gibt es selbstgemachte Schokoladenvariationen. Gourmetküche der Extraklasse.
Weinmarkt 3, 90403 Nürnberg
Tel. 09 11-22 51 31
Di–Sa 12–13.30, 19–21.30 Uhr

Sebald

Spitzengastronomie in mediterranem Ambiente mit angeschlossener Bar. Entweder die kreativen Menüs probieren oder am Tresen trinken, schauen und genießen. Von Oktober bis März gibt es freitags und samstags ab 20 Uhr Swing- bzw. Pianomusik zum festlichen Abendessen.

Weinmarkt 14, 90403 Nürnberg
Tel. 09 11-38 13 03
www.restaurant-sebald.de
Mo–Mi 11–24, Do–Sa 11–1, So 11–22 Uhr

Da Claudio

Ein Edel-Italiener im besten Sinne des Wortes, zentral in der Altstadt gelegen. Abwechslungsreiche hausgemachte Pasta, Fisch und Trüffelspezialitäten. Die umfangreiche Weinkarte führt Spezialitäten aus allen Regionen Italiens. Im Sommer sitzt man schön auf der Terrasse.
Hauptmarkt 16, 90403 Nürnberg
Tel. 09 11-20 47 52
www.daclaudio.de
Mo 18–1, Di–Sa 12–1 Uhr (warme Küche bis 22.30 Uhr)

Sushi Glas

Ein Japaner der Extraklasse mit minimalistischem Design in unmittelbarer Nähe des Germanischen Nationalmuseums. Dem Koch kann man bei der Arbeit zusehen, denn die offene Küche steht mitten im Gastraum. Moderne puristische Einrichtung aus hellem Holz, Glas und Chrom. Viel Szenepublikum, große Straßenterrasse.
Kornmarkt 5–7, 90402 Nürnberg
Tel. 09 11-2 05 99 01
www.sushi-glas.de
Mo–Mi 12–23, Do–Sa 12–24, So, Fei 18–22 Uhr

Bratwurst Röslein

In dem schon 1431 erwähnten Gasthaus wird fränkische Gemütlichkeit gepflegt. Der Name trügt ein wenig, stehen doch Gerichte wie Schäufele (Schweineschulter) mit Kartoffelklößen, fränkischer Sauerbraten und Bauernente ebenso auf der Speisekarte wie die berühmten sechs Bratwürste mit Kraut.
Rathausplatz 6, 90403 Nürnberg
Tel. 09 11-21 48 60
www.bratwurst-roeslein.de
tgl. 10–24 Uhr

Shopping

Handwerkerhof
Im ehemaligen Nürnberger Waffenhof an der alten Stadtmauer, der wie ein mittelalterlicher Miniatur-Stadtteil im typisch-fränkischen Fachwerkstil wirkt, wird traditionelle Handwerkskunst – von der Zinngießerei bis zur Goldschmiede – gepflegt, und auch die kulinarische Seite kommt nicht zu kurz.
Königstor, 90402 Nürnberg
www.handwerkerhof.de
Läden Mo–Sa 10–18 Uhr,
Gaststätten Mo–Sa 10–22 Uhr

Pfiffikus
In diesem pfiffigen Laden in der Innenstadt wird nicht nur hochwertiges Spielzeug aller Art verkauft, sondern auch selbst entwickelt. Es lohnt sich, nach den preisreduzierten Angeboten des Monats zu fragen.
Ludwigstr. 46, 90402 Nürnberg
Tel. 09 11-24 13 19
www.pfiffikus-spielzeug.de
Mo–Fr 9.30–18.30, Sa 9.30–16 Uhr

Lebkuchen-Schmidt
Nürnberger Lebkuchen muss man einfach probieren. Eine lange Tradition haben schwere dunkle Honigkuchen, zarte, mit Mandeln belegte »Weiße« oder die besonders feinen Elisenlebkuchen. Sie werden aus reinen Haselnüssen, Bienenhonig und den besten Gewürzen hergestellt. Filialen des 1927 begründeten Geschäfts befinden sich in der Plobenhofstr. 6 und im Handwerkerhof.
Zollhausstr. 30, 90469 Nürnberg
Tel. 09 11-8 96 60
www.lebkuchen-schmidt.com
Mo–Fr 9–18, Sa 9–13 Uhr

Landbierparadies
Franken ist das Land der vielen kleinen Brauereien, und in diesem großen Getränkemarkt unweit des Hauptbahnhofs findet man an die

50 Biersorten versammelt. Es gibt Vollbier, Märzen, Keller- und Rauchbier, aber auch Bock- und Festbiere, je nach Saison. Wer eine Party feiert, bekommt auch Fässer von 5 Litern bis 150 Litern. Außerdem kann man leckere Obstbrände aus der Fränkischen Schweiz erstehen.
Galgenhofstr. 60
90459 Nürnberg
Tel. 09 11-43 94 42 40
www.landbierparadies.com
Mo–Fr 9–19, Sa 9–17 Uhr

K & U
Die 1982 gegründete Weinhandlung von Martin Kössler zählt zu renommiertesten Deutschlands. Natürlich ist das Sortiment an Frankenweinen besonders groß, es gibt aber auch viele weitere nationale und internationale Tropfen. Schnäppchen macht man bei der monatlich wechselnden Auswahl preisreduzierter Schätzchen aus aller Welt.
Nordostpark 78, 90411 Nürnberg
Tel. 09 11-52 51 53
www.weinhalle.de
Mo–Fr 9–18, Sa 10–14 Uhr

Am Abend

Staatstheater Nürnberg
Das Dreispartenhaus bespielt das Jugendstil-Opernhaus und drei Bühnen im Schauspielhaus, den Kammerspielen und der Blue Box. Mit den Nürnberger Philharmonikern besitzt das Staatstheater ein eigenes Orchester. Nicht versäumen sollte man eine Aufführung von »Schweig Bub!«, einem fränkischen Klassiker von Fitzgerald Kusz.
Richard-Wagner-Platz 2–10
90443 Nürnberg
Tel. 09 11-2 31 38 08
www.staatstheater-
nuernberg.de

Cinecitta
Riesiger Komplex mit Multiplexkino (18 Säle), dem Imax-Kino mit der

größten Leinwand in Deutschland, dem Simulationskino MAD und vielfältiger Gastronomie. Neben einer Trattoria laden mehrere Bars und ein Café zum Relaxen ein.
Gewerbemuseumsplatz 3
90403 Nürnberg
Tel. 09 11-20 66 66
www.cinecitta.de

Gelbes Haus
Eine stilvolle Bar im klassischen Stil, die neben den bekannten Cocktails über 400 Whisky-Sorten bietet, die in speziellen Kursen auch vorgestellt und verkostet werden.
Troststr. 10, 90429 Nürnberg
Tel. 09 11-28 81 06
www.gelbes-haus.de
Mo–Sa ab 20 Uhr

Jazz Studio Nürnberg
Das 1954 gegründete Jazz Studio gehört zu den bekanntesten und besten Adressen für Live-Jazz. Alle Formen des Jazz, von Blues bis Funk, sind hier zu erleben. Hier haben schon Count Basie, Chet Baker und andere Berühmtheiten gejammt. Ständig werden hier neue Talente entdeckt.
Paniersplatz 27–29
90403 Nürnberg
Tel. 09 11-36 42 97
www.jazzstudio.de
Fr und Sa ab 20 Uhr

Mach 1
Der etablierte Trendsetter unter den Nürnberger Diskotheken liegt unweit der Pegnitz. Seit der Renovierung im Jahr 2006 tanzt man in mehreren Bereichen, außerdem gibt es eine Lounge sowie eine Chillout-Zone. Der musikalische Schwerpunkt liegt auf House. Sehr stylisches, junges Publikum.
Kaiserstr. 1–9
90403 Nürnberg
Tel. 09 11-2 40 66 02
www.mach1-club.de
Do–So ab 22 Uhr

Passau

Bayrische Dreiflüssestadt

Von der österreichischen Hinding-Anhöhe aus gesehen zeigt sich Passau, das »bayerische Venedig«, am bezauberndsten. Wie ein vieltürmiges steinernes Schiff scheint die Dreiflüssestadt auf Österreich zuzufahren. In der Abenddämmerung, wenn die Lichter der Stadt zu funkeln beginnen, ist das Panorama geradezu magisch. Die Innpromenade wird wegen ihrer schönen Kastanienallee »Passauer Riviera« genannt, und vom gegenüberliegenden Innufer wirkt die niederbayrische Bischofsstadt mit ihren in heiteren Pastellfarben leuchtenden barocken Bauten und ihrer turmreichen Silhouette besonders italienisch. Beim Bummel durch die engen Gassen der Altstadt entdeckt man Schwibbögen, verspielte Erker und Türmchen, eiserne Fensterläden, stuckverzierte Fassaden, geschnitzte Haustore und Fresken. Kein Wunder, dass Alexander von Humboldt Passau zu den sieben schönsten Städten der Welt zählte.

Dom St. Stephan

Ein Wahrzeichen Passaus sind die beiden 68 m hohen Kuppeltürme des Doms St. Stephan (der dritte, besonders elegante Turm gehört zur barockisierten Kirche St. Paul). Der Italiener Carlo Lurago gestaltete das Gotteshaus zwischen 1668 und 1678 mit einer Länge von 102 m und einer Innenhöhe von 48 m zur größten Barockkirche Deutschlands um, wobei er den reich verzierten Ostchor des gotischen Doms harmonisch in das barocke Ensemble einfügte.

Im Inneren bewundert man Stuckarbeiten von Giovanni Battista Carlone, prachtvolle Gewölbefresken von Carpoforo Tencalla, eine vergoldete Kanzel und die größte Kirchenorgel der Welt, geschaffen von der Passauer Firma Eisenbarth. Sie besitzt fünf Manuale, 233 klingende Register und 17 974 Orgelpfeifen. Ein Orgelkonzert im Dom ist stets ein Genuss, und die Orgelnacht anlässlich der Europäischen Wochen im Juni/Juli bleibt unvergesslich.

Domplatz 8, 94032 Passau
Tel. 08 51-3 93 81 55
www.bistum-passau.de/dom-st-stephan
Sommer tgl. 6.30–19, Winter tgl. 6.30–18 Uhr.
Orgelkonzerte Mai–Okt. Mo–Sa 12, Do 19.30 Uhr

Neue Bischöfliche Residenz

Im Mittelalter verschanzten sich die bei den freiheitsliebenden Bürgern verhassten Bischöfe auf der Veste Oberhaus und feuerten Steinkugeln auf das teilweise noch aus gotischer Zeit stammende Alte Rathaus. Später repräsentierten sie unten in der Altstadt. Besonders prunkvoll fiel das Rokokotreppenhaus in der 1730 vollendeten Neuen Residenz des Fürstbischofs Leopold von Firmian aus, in der heute das Domschatzmuseum mit über 200 Kunstwerken von Romanik bis Barock und einer verschwenderischen Bibliothek von Reichtum und Macht der Passauer Kirche erzählt.

Am stimmungsvollen Residenzplatz stehen alte Patrizierhäuser wie das Hotel Wilder Mann. Der Wittelsbacher Brunnen erinnert an die Vereinigung Passaus mit Bayern 1803.

Residenzplatz 8, 94032 Passau
Tel. 08 51-39 33 74, www.bistum-passau.de
Mai–Okt. Mo–Sa 10–16 Uhr

Altes Rathaus

Das mittelalterliche Rathaus ist ein Ausdruck Passauer Bürgerstolzes gegenüber den Fürstbischöfen, die vor dem Volkszorn in die Veste Oberhaus flüchteten. Die Sgraffittomalereien am Uhrengeschoss des bis 1891 im Stil der

Blick über die Donau auf Passaus Altstadt mit den charakteristischen Domkuppeln

Neugotik neu errichteten Rathausturms wurden nach einer misslungenen Restaurierung 1922 in freier Nachschöpfung neu gemalt. Die zwei Monumentalgemälde des Historienmalers Ferdinand Wagner im Rathaussaal zeigen links den Einzug Kriemhilds in Begleitung des Passauer Bischofs Pilgrim, rechts die Passauer Hochzeit, bei der 1676 der Habsburger Kaiser Leopold I. die Wittelsbacher Prinzessin Eleonore von Pfalz-Neuburg heiratete. Das Deckengemälde im Kleinen Rathaussaal schildert die Verherrlichung der Passavia durch die drei Flüsse Inn, Donau und Ilz.

Am Rathausplatz 3, 94032 Passau
Tel. 08 51-95 59 80, tourist-info@passau.de
Ostern bis Okt. Mo–Fr 10–11, 13.30–16, So, Fei 10–16 Uhr. Glockenspiel tgl. 10.30, 14 und 19.25 Uhr

Glasmuseum

Gleich neben dem Rathausturm steht das Patrizierhaus Wilder Mann, in dessen Hotel viele illustre Gäste ein- und ausgingen, darunter Kaiserin Elisabeth (Sisi) von Österreich.

1985 zog hier das Passauer Glasmuseum ein, das der Schriftsteller Friedrich Dürrenmatt als »schönstes Glashaus der Welt« bezeichnete. Die Sammlung verteilt sich auf vier Etagen mit 36 Räumen und über 380 Vitrinen. Mit 30000 Gläsern besitzt das Museum die weltweit größte Kollektion zum Böhmischen Glas von 1700 bis 1950 und wurde daher in die Liste des national wertvollen Kulturguts eingetragen. Die älteren Zeitabschnitte vom Barock bis zum Historismus sind nach Stilentwicklungen, Dekorationstechniken und Glasarten geordnet, die Stilepochen des 20. Jhs. – Jugendstil, Art déco, Moderne – nach Glashütten und Künstlerentwürfen.

Am Rathausplatz, 94032 Passau
Tel. 08 51-3 50 71, www.glasmuseum.de
tgl. 13–17 Uhr

Dreiflüsseeck

Wie ein Schiffsbug ragt die Landspitze der Altstadthalbinsel in die Fluten, die hier, am Zusammenfluss von Donau und Inn, deutlich zweifarbig erscheinen: milchig-grün das Wasser des 210 m breiten, druckvollen Inns und braun bis graublau das der nur 125 m breiten Donau. Auf der anderen Seite schickt auch noch die kleinere, aus dem Bayerischen Wald kommende Ilz ihr schwärzliches Moorwasser in den Strom hinein.

Auf den lauschigen Parkwegen der Ortspitze kann man die Vereinigung der drei Flüsse aus nächster Nähe beobachten. Dabei stellt man fest, dass der mächtige Inn das Donauwasser fast an die Kaimauer drückt. Nach Umrundung der Spitze kommt der Schaiblingsturm in Sicht – und jede Menge Studenten, die an der italienisch anmutenden Innpromenade ein Sonnenbad nehmen.

94032 Passau

Höllgassenviertel

Wahrscheinlich hat man früher die düstere und unheimliche Gasse, die parallel zur Donau verläuft, wirklich gefürchtet, denn die Häuser der Gässchen zwischen Domplatz und Donau stammen teilweise noch aus dem Mittelalter. Nach verheerenden Bränden im 16. und 17. Jh. befahl der Fürstbischof den Wiederaufbau im Inn-Salzach-Stil. Die Häuser bekamen flache Dächer und hohe Brandmauern, mit denen man das Übergreifen eines Brandes auf das Nachbarhaus verhindern wollte.

Viele der breiten und hohen Häuser sind in der Mitte durch einen schmalen, nach hinten führenden Gang geteilt. Von hier gelangt man über eine steile Treppe in die oberen Etagen. Einige Häuser betrat man sogar über Außentreppen, um Platz für Räume zu gewinnen. Heute ist das extrem dicht bebaute Höllgassenviertel Passaus Kultur-, Kneipen- und Shoppingmeile in der Altstadt.

94032 Passau

Museum Moderne Kunst/Stiftung Wörlen

Das Museum ist seit 1990 in einem vorbildhaft renovierten und modernisierten Altstadthaus aus dem 16. Jh. untergebracht. Gegründet hat es der Architekt Hanns Egon Wörlen (*1915), Sohn des Malers und Grafikers Georg Philipp Wörlen (1886–1954), der zum Freundeskreis um Alfred Kubin gehörte und in den 1920er-Jahren ein bedeutender Vertreter des Expressionismus war. Sein Werk ist Kern der Sammlung.

Daneben sind Arbeiten der meisten Mitglieder der Donauwaldgruppe ausgestellt. Auf drei Etagen werden jährlich rund zehn Ausstellungen zur Kunst des 20. und 21. Jahrhunderts präsentiert. Darunter waren bereits renommierte Einzelausstellungen zu Gustav Klimt, Franz von Stuck, Egon Schiele und George Grosz. Auf der Terrasse des Museumscafés kann man schön mit Blick auf die Donau sitzen und einem erstklassigen Jazzprogramm lauschen.

Bräugasse 17, Donaukai
94032 Passau, Tel. 08 51-3 83 87 90
www.mmk-passau.de
Di–So 10–18 Uhr

Veste Oberhaus

Auf dem Georgsberg, einem 100 m hohen keilförmigen Felsen am Zusammenfluss von Donau und Ilz, erhebt sich die Veste Oberhaus. Diese Trutzburg der Passauer Fürstbischöfe ist eine der größten und mächtigsten Burganlagen Europas. Man erreicht sie in 15 Minuten zu Fuß von der Luitpoldbrücke aus über den historischen Wehrgang zwischen Ober- und Niederhaus mit 200 in den Fels gesprengten Stufen; unterwegs bieten sich immer wieder grandiose Ausblicke auf die Stadt.

Mit dem Bau der Festung wurde 1219 begonnen. Später baute man sie immer weiter aus, zunächst gegen die Bürger Passaus, dann gegen einen befürchteten Angriff der Türken und schließlich gegen die Österreicher. In ihren Gemäuern sind das heimatkundliche Museum sowie eine Jugendherberge untergebracht. Am schönsten aber ist der Blick auf die Dreiflüssestadt vom Aussichtsturm und vom Burgcafé.

Oberhaus 125, 94034 Passau
Tel. 08 51-4 93 35 12
www.oberhausmuseum.de
Mitte März–Mitte Nov. Mo–Fr 9–17, Sa, So, Fei 10–18, 25.12.–6.1. tgl. 10–16 Uhr

Hotels

Wilder Mann

Das in einem schönen historischen Gebäudekomplex untergebrachte Traditionshaus bietet sogar Übernachtungen im originalen Hochzeitsbett des Bayernkönigs Ludwig II. oder im Schlafzimmer Kaiserin Elisabeths II. an. Die schönen Appartements mit Wintergarten eignen sich gut für Familien. Gefrühstückt wird im Adalbert-Stifter-Saal mit Blick über die Altstadt und den Dom. Auch das berühmte Glasmuseum ist im Hotelgebäude untergebracht.

Am Rathausplatz, 94032 Passau
Tel. 08 51-3 50 71
www.wilder-mann.com

Altstadt-Hotel

Am Dreiflüsseeck liegt das gepflegte, komfortable Traditionshotel mit 54 Zimmern, alle mit Bad und WLAN. Preisgünstig nächtigt man im Gästehaus »Zum Laubenwirt« nebenan. Man speist im stilvollen Restaurant »Donaustuben« mit herrlicher Donauterrasse und Blick zur Veste Oberhaus.

Bräugasse 23–29, 94032 Passau
Tel. 08 51-33 70
www.altstadt-hotel.de

Passauer Wolf

2009 nach grundlegender Renovierung wiedereröffnetes traditionsreiches Haus zwischen Donau und Fußgängerzone mit modernen, geschmackvoll eingerichteten Zimmern und Wellnessbereich samt Spa. Gemütliche Hotelbar und teilbarer Tagungsraum mit Tageslicht.

Untere Donaulände 4
94032 Passau
Tel. 08 51-93 15 10
www.hotel-passauer-wolf.de

Weisser Hase

Das schon 1512 errichtete Haus liegt zentral am Anfang der Passauer Fußgängerzone. Seine modernen Gästezimmer sind frisch renoviert. Das gediegene Restaurant serviert internationale und regionale Küche. Für Fahrräder gibt es eine sichere Abstellmöglichkeit, Sauna und Solarium laden zum Entspannen ein.

Heiliggeistgasse 1, 94032 Passau
Tel. 08 51-9 21 10
www.weisser-hase.de

Rotel Inn

Junges und preiswertes Hotel mit außergewöhnlicher moderner Architektur, direkt am Donauufer. Die Inhaber übertrugen hier das von ihnen erfundene Konzept der »rollenden Hotels«, bei denen man in den Kojen eines Busanhängers schläft, auf ein standortfestes Domizil. Schöne Donauterrasse zum Frühstücken, Fahrrad-Einschließmöglichkeit. Besonders Einzelreisende und Radtouristen sind begeistert.

Hauptbahnhof/Donauufer
94032 Passau
Tel. 08 51-9 51 60
www.rotel-inn.de

Restaurants

Zur blauen Donau

Wenige Schritte vom Donauufer entfernt munden Waller, Zander und Hecht, mit feinsten Zutaten kreativ zubereitet von Starkoch Richard Kerscher. Wer keinen Fisch mag, wählt den köstlichen Rehrücken mit Schupfnudeln oder hervorragendes Filet vom Jungrind auf Portweinschalotten. Auch die Weine sind exzellent, die Beratung fachkundig.

Höllgasse 14, 94032 Passau
Tel. 08 51-4 90 86 60
www.blaue-donau-passau.de
Di–Sa 11–14, 18–22 Uhr

Heilig-Geist-Stift-Schenke

Österreichische und bayerische Küche, z.B. Wiener Zwiebelrostbraten, knusprige Ente oder Waller nach Müllerin Art kommen in dieser historischen Weinstube mit lauschigem Sommerbiergarten auf die Teller.

Heiliggeistgasse 4, 94032 Passau
Tel. 08 51-26 07
www.stiftskeller-passau.de
Do–Di 10–1 Uhr

Louis XIV

Das im empfehlenswerten Hotel Schloss Ort am Dreiflüsseeck untergebrachte Restaurant serviert überwiegend französische Küche mit regionalen, marktfrischen Zutaten, z.B. gratinierte Weinbergschnecken, Ententerrine, Perlhuhnbrustfilet oder Lammrücken. Bei schönem Wetter genießt man den Blick von der Terrasse.

Ort 11, Schloss Ort, 94032 Passau
Tel. 08 51-4 90 96 66
www.louis-14.de
Di–So 18–23,
Sa, So auch 12–15 Uhr

Zum Grünen Baum

Seit 1705 gibt es an dieser Adresse ein Wirtshaus. Heute lädt hier ein zertifiziertes Biogastrestaurant zum Genuss ohne Reue ein. Hier schmecken Krautsuppe mit Speck, veganer Gemüsepichelsteiner, saures Lüngerl mit Semmelknödel, Mostgulasch mit böhmischen Knödeln oder gesottener Kruspelspitz mit Wurzelgemüse und Semmelkren. Dazu gibts Biobiere und Biosäfte.

Höllgasse 7, 94032 Passau
Tel. 08 51-3 56 35
www.biowirtshaus.de
tgl. 10–1 Uhr

Café Diwan

Retro-Café/Lounge im 9. Stock des modernen Stadtturms mit tollem Altstadtpanorama. Serviert werden Salate und leichte Mahlzeiten, auch zum Frühstück trifft man sich hier gern. Der vorzügliche Kuchen

kommt aus der stadtbekannten Konditorei Greindl.
Nibelungenplatz 1, 94032 Passau
Tel. 08 51-4 90 32 80
Mo–Do 9–19, Fr, Sa 9–24,
So 13–18 Uhr

Shopping

Confiserie Simon
Süße Verführungen verspricht dieses Café mit den berühmten Alt-Passauer Goldhauben: feinste Marillen- und Nusstrüffel mit Schweif aus karamelisierten Mandelsplittern in heller und dunkler Schokolade, verziert mit lebensmittelechter 23-karätiger Blattgoldauflage. Außerdem gibt es hier Passauer Stiftswein zusammen mit 100 g Passauer Stiftswein-Trüffeln im Geschenkkarton.
Rindermarkt 10, 94032 Passau
Tel. 08 51-3 83 88 50
www.simon-passau.de
Mo–Sa 8–18, So, Fei 10–18 Uhr

Kunstschnitt
Kombination aus Galerie und Werkstatt, ideal für alle, die nach tragbaren textilen Unikaten suchen. Neben fantasievollen Hüten und Hauben findet man hier auch Bekleidung sowie die unterschiedlichsten Accessoires.
Höllgasse 12, 94032 Passau
Tel. 08 51-9 34 60 66
www.kunstschnitt.de
Mo, Di, Do, Fr 11–18, Mi 15.15–18, Sa 11–15 Uhr

Glas Art Design
Kunsthandwerk und Modeschmuck, darunter wunderschöne Ohrringe und Anhänger aus Dichroic-Glas, das für seine schillernden Effekte bekannt ist.
Kleine Messergasse 2
Ecke Höllgasse
94032 Passau
Tel. 08 51-7 56 83 69
www.glasartdesign.com

Musikhaus Weiler
Das Musikgeschäft ist auf Saiten- und vor allem Streichinstrumente spezialisiert, führt aber auch Holz- und Blechblasinstrumente sowie handgefertigte Akkordeons der Marke Baro, einer exklusiven italienischen Manufaktur. Außerdem große Auswahl an Noten und Zubehör für Instrumente.
Schustergasse 9, 94032 Passau
Tel. 08 51-8 51 60 66
www.musikalienweiler.de
Di–Fr 10–13, 14–18, Sa 10–13 Uhr

Stadtgalerie Passau
Shopping-Arkaden mit 90 Fachgeschäften, von Mode und Sport, Schmuck und Accessoires über Unterhaltungselektronik bis hin zu Gesundheit, Dienstleistungen und Gastronomie.
Bahnhofstr. 1, 94032 Passau
Tel. 08 51-8 51 79 70
www.stadt-galerie-passau.de
Mo–Sa 9.30–20 Uhr

Am Abend

Theater im Fürstbischöflichen Opernhaus
Die meist einfach Stadttheater Passau genannte Bühne mit 350 Sitzplätzen bietet Oper, Operette, Musical, Konzert und Schauspiel. Sie ist Sitz der Musiktheaterabteilung und feste Spielstätte des Landestheaters Niederbayern.
Gottfried-Schäffer-Str. 2+4
94032 Passau
Tel. 08 51-92 91 90
www.landestheater-niederbayern.de

Scharfrichterhaus
Das Haus ist Jazzlokal, Restaurant, Café und Programmkino in einem und besonders für sein mittlerweile legendäres Kabarett bekannt, auf dessen kleiner Bühne der inzwischen etwas mildere Bruno Jonas und das immer noch bitterböse Pas-

sauer Urgestein Sigi Zimmerschied groß geworden sind. Fast täglich Liveauftritte von alten Hasen und Newcomern. Man isst hier auch vortrefflich.
Milchgasse 2, 94032 Passau
Tel. 08 51-3 59 00
www.scharfrichter-haus.de
Mo–Fr 12–14, 18–1,
Sa nur 18–1 Uhr

Café Unterhaus
Der vielseitige Laden fungiert tagsüber als Buchhandlung, Internetcafé und Kunstgalerie. Abends mutiert er dann zum Club. Am Samstag gibt's Afrobeats und Soul, am Dienstag Tango.
Höllgasse 12, 94032 Passau
Tel. 08 51-9 89 04 64
www.unterhaus.com
Mi–Mo 12–1, Di 18–1 Uhr

Camera
Live- und Danceclub mit vielen originellen Mottopartys. Oft verwandelt sich das Camera in einen Konzertsaal für regionale und überregionale Stars. Am Freitag Gothic-Nacht, am Samstag Indie und Alternative. Beliebt sind auch die einmal im Monat am Donnerstag stattfindenden CampusCrew Partys.
Am Ludwigsplatz, 94032 Passau
Tel. 08 51-3 42 30
www.camera-passau.de
Do–Sa 22–5, So 21–4 Uhr

New Tolstoi
Noch recht neue Diskothek, die sich aber schnell zum Treffpunkt der Region für Fans von Funky Hip-Hop, Black and Bhangra und Funk House etabliert hat. Außerdem veranstaltet das New Tolstoi Mottopartys und lässt bekannte Gast-DJs auflegen.
Haitzingerstr. 99, 94032 Passau
www.beepworld.de/members53/
newtolstoi
Fr, Sa 21–4 Uhr

Potsdam

Das preußische Arkadien

Potsdam und Friedrich der Große: Für die meisten Besucher der Stadt sind beide untrennbar miteinander verbunden. Aus der Sehnsucht eines jungen aufgeklärten Königs nach Italien ist im Laufe der Zeit, eingebettet in die Seen- und Flussland-schaft des Havellandes, ein Ensemble aus Schlössern und Landschaftsparks mit rund 150 historischen Gebäuden entstanden, das seit 1990 komplett unter dem Schutz der UNESCO steht – das größte Weltkulturerbe in Deutschland. Mag Friedrichs Lustschloss Sanssouci auch der wichtigste Touristenmagnet sein, so hat sich ebenso die alte Garnisonssiedlung und Landeshauptstadt Brandenburgs zu einem attraktiven Ausflugsziel mit schmucken Einkaufsstraßen entwickelt. Hier schlendert man durch ein Holländisches Viertel und eine Russische Kolonie: beides keine Kulissen, obwohl die traditionsreiche Filmstadt Babelsberg ganz in der Nähe liegt.

Sanssouci

Im Park von Sanssouci regieren Leichtigkeit und Eleganz des Rokoko, raffiniert angelegte Sichtachsen eröffnen immer neue Perspekti-ven. Die Sommerresidenz, in der Friedrich der Große nicht nur repräsentieren, sondern auch nach Herzenslust philosophieren, dich-ten, Flöte spielen und handverlesene Freunde empfangen konnte, schuf ab 1745 sein Freund Georg Wenzeslaus von Knobelsdorff, wie Friedrich ein Verehrer antiker Baukunst.

Das gelbe Lustschloss versteckt sich fast hin-ter der sechsten Weinterrasse. Besonders sehenswert sind der ovale überkuppelte Mar-morsaal mit acht korinthischen Säulenpaaren, das ganz in strahlendem Gold und Weiß gehaltene Konzertzimmer, die prunkvolle Bibliothek und das Voltairezimmer mit flora-lem Dekor. Das Schlaf- und Arbeitszimmer Friedrichs zeigt sich in strengem Klassizis-mus. Die Bildergalerie an der Ostseite des Schlosses präsentiert Werke italienischer und niederländischer Meister.

Maulbeerallee, 14469 Potsdam
Tel. 03 31-9 69 42 00, www.spsg.de
April–Okt. Di–So 10–18 Uhr (Kassenschluss 17.30 Uhr). Nov.–März Di–So 10–17 Uhr (Kassen-schluss 16.30 Uhr), während der Wintermonate ist das Schloss nur mit Führung zu besichtigen

Neues Palais

Als »Fanfaronnade« (Prahlerei) bezeichnete Friedrich der Große diesen pompösen Palast. Johann Gottfried Büring und Carl von Gon-tard errichteten ab 1763 den dreiflügligen, von einer großen Kuppel gekrönten roten Bau in nur sechs Jahren im Stil eines zu dieser Zeit bereits epigonalen Rokoko. Über 400 allegori-sche Skulpturen schmücken die Fassaden des mehr als 200 Räume zählenden Palasts.

Die weitgehend original erhaltenen Räume der Königswohnung sind ebenso sehenswert wie der prunkvolle Marmorsaal mit Gemäl-den französischer Künstler des 18. Jhs. und der mit Muscheln und Korallen verzierte Grottensaal. Auf Führungen und bei Hofkon-zerten kann man das zauberhafte Schlossthe-ater im Südflügel bewundern, eines der weni-gen erhaltenen Barocktheater in Deutschland.

Am Neuen Palais, 14469 Potsdam
Tel. 03 31-9 69 42 55, www.spsg.de
April–Okt. Mi–Mo 10–18, Nov.–März Mi–Mo 10–17 Uhr; Königswohnung: Führungen April–Okt. Mi–Mo 10, 12, 14, 16 Uhr

Belvedere

Der unvollendet gebliebene Prachtbau auf dem Gipfel des Pfingstbergs, den man vom Neuen Garten über die Große Weinmeister-

Eine schöne Treppenanlage führt zum Schloss Sanssouci hinauf

Nikolaikirche

Den Alten Markt mit Rathaus, Knobelsdorff-Haus und Obelisk beherrscht die mächtige Tambourkuppel der klassizistischen Nikolaikirche. Errichtet wurde die quadratische Hallenkirche mit vier Ecktürmen und Giebelvorbau, den sechs Säulen tragen, ab 1830 nach Entwürfen von Karl Friedrich Schinkel. Er ließ sich vom Pariser Pantheon und der St.-Pauls-Kathedrale in London inspirieren.

Die nüchterne Innengestaltung mit den rekonstruierten Altarfresken und Medaillons unter der Kuppel entstand in den 1970er-Jahren. Von Schinkel stammt noch der Altar aus schwarzem Marmor mit hölzernem Baldachin. Über 216 Stufen kann man in den Kolonnadenumgang der sanierten Kuppel hinaufsteigen und aus 50 m Höhe eine grandiose Aussicht auf den Alten Markt genießen, der derzeit städtebaulich umgestaltet wird.

Am Alten Markt, 14467 Potsdam
Tel. 03 31-2 70 86 02, www.nikolaipotsdam.de
Kuppel tgl. 9–20.30, im Winter bis 19 Uhr

Holländisches Viertel

Zur Besiedlung des einst sumpfigen Terrains warb der Soldatenkönig Friedrich Wilhelm I. auch um niederländische Handwerker und Künstler. Für sie errichtete der junge Schiffbaumeister Jan Bouman ab 1737 in der damaligen Vorstadt in vier Karrees zwischen Kurfürsten- und Gutenbergstraße sowie Hebbel- und Friedrich-Ebert-Straße 134 Backsteinhäuser mit weißen Fensterläden und geschwungenen roten Giebeln.

Nach der Wende wurde das Holländische Viertel umfassend saniert. Heute lädt es mit seinen vielen originellen Läden und Galerien, mit Cafés, Bars und Restaurants zum Flanieren, Stöbern und Shoppen ein. Im Haus Mittelstraße 8 berichtet ein kleines Museum (Jan-Bouman-Haus) über die Entstehung des Viertels. Im April feiert man hier das Tulpenfest mit Musik, Blumen und Verkaufsständen, im September gibt es einen Töpfermarkt und im Dezember einen Weihnachtsmarkt mit Sinterklaas, dem niederländischen Nikolaus.

14467 Potsdam, Tel. 03 31-2 80 37 73
www.hollaendisches-viertel-potsdam.de

straße erreicht, war von König Friedrich Wilhelm IV. als Aussichtsschloss im Stil einer italienischen Renaissancevilla geplant worden. Mit dem Bau wurden der Schinkel-Schüler Ludwig Persius und nach dessen Tod die Architekten Friedrich Stüler und Ludwig Ferdinand Hesse beauftragt.

1847 wurden die beiden Türme ausgeführt, mit je einem römischen und einem maurischen Kabinett, die durch die Nordgalerie verbunden sind. Privatspenden ermöglichten die Sanierung, und seit einigen Jahren kann man den schönsten Ausblick über Potsdam und die Havellandschaft wieder genießen. Im restaurierten, von Lenné gestalteten Gartenbereich mit Laubengang zwischen Belvedere und Pomonatempel, Letzterer ein Frühwerk Karl Friedrich Schinkels, finden Veranstaltungen vor malerischer Kulisse statt.

Große Weinmeisterstr. 45a
Pfingstberg, 14469 Potsdam
Tel. 03 31-20 05 79 30, www.pfingstberg.de
April– Okt. tgl. 10–18, Juni–Aug. bis 20, März und Nov. Sa, So 10–16 Uhr

Russische Kolonie Alexandrowka

Um 1826 ließ Friedrich Wilhelm III. für die in Preußen verbliebenen Mitglieder eines leibeigenen russischen Militärchors, den Zar Alexander nach dem Sieg der preußischen und russischen Truppen über Napoleon dem König zum »Geschenk« gemacht hatte, 13 Fachwerkhäuser errichten. Mit ihren dunklen Holzbohlen, Schnitzwerk, Balkonen und Blumenschmuck wirken sie wie russische Blockhäuser. Die Gartenanlage mit Alleensystem in der Form eines Andreaskreuzes schuf Peter Joseph Lenné.

In der Alexander-Newski-Kirche von 1829 auf dem Kapellenberg, die wertvolle Ikonen bewahrt, feierte die russische Gemeinde ihre orthodoxen Gottesdienste. Ein kleines Museum im aufwendig restaurierten Haus 2 gibt einen Einblick in das frühere Leben der Kolonie, die jetzt zum Weltkulturerbe Potsdam gehört und nach langer Vernachlässigung gründlich saniert wird.

Alexandrowka 2, 14469 Potsdam
Tel. 03 31-8 17 02 03, www.alexandrowka.de
Museum im Haus 2 Di–So 10–18 Uhr

In der Russischen Kolonie Alexandrowka

14469 Potsdam, Tel. 03 31-9 69 42 00
www.spsg.de
Cecilienhof April–Okt. Di–So 10–18, Nov.–März 10–17 Uhr, Marmorpalais Mai–Okt. Di–So 10–18, Nov.–April Sa, So, Fei 10–16 Uhr

Neuer Garten mit Schloss Cecilienhof

Am Westufer des malerischen Heiligen Sees schuf der Wörlitzer Gartenkünstler Johann August Eyserbeck auf Geheiß von König Friedrich Wilhelm II., Nachfolger Friedrichs des Großen, einen sentimentalen Landschaftspark im englischen Stil, dem Peter Joseph Lenné später eine romantische Atmosphäre verlieh.

Die Pyramideneichenallee führt auf das ab 1787 mit rundem Belvedere erbaute frühklassizistische Marmorpalais zu, die königliche Sommerresidenz. Hauptattraktion ist das am Nordende des Parks zwischen Heiligem See und Jungfernsee gelegene, erst 1917 fertiggestellte Schloss Cecilienhof, das an einen englischen Landsitz erinnert und heute teilweise als luxuriöses Hotel genutzt wird. Hier beschlossen Churchill, Truman und Stalin bei der Potsdamer Konferenz im Sommer 1945, Deutschland unter den vier Besatzungsmächten aufzuteilen.

Filmpark Babelsberg

Babelsberg gehört zu den großen Mythen der Filmgeschichte. Seit der ersten Produktion des Filmstudios im Jahr 1912, ein Stummfilm mit Asta Nielsen, sind hier zahllose Filme entstanden, darunter Ufa-Klassiker wie »Metropolis« von Fritz Lang, »Der blaue Engel« mit Marlene Dietrich oder »Die Feuerzangenbowle« mit Heinz Rühmann. Zu DDR-Zeiten nutzte die DEFA das Studio, das in den letzten Jahren auch Hollywooderfolge feiert: mit Kassenschlagern wie »Inglorious Basterds«, »Der Vorleser« und »Walküre«.

Besonders junge Besucher gucken im Filmpark Babelsberg mit Begeisterung hinter die Kulissen der Fernsehstadt mit Westernstraße, 4-D-Actionkino, Filmtiershow, Dschungelspielplatz, einer spektakulären Stuntshow in der Vulkanarena und dem mittelalterlichen Erlebnisrestaurant »Prinz Eisenherz«.

Großbeerenstr. 11, 14482 Potsdam
Tel. 03 31-7 21 27 50
www.filmpark-babelsberg.de
Mitte März–Okt. tgl. 10–18 Uhr,
an einzelnen Montagen geschlossen

Potsdam

Hotels

Hotel Bayrisches Haus

Das alpenländische Anwesen mitten im Potsdamer Wildpark war ein Geschenk Friedrich Wilhelms IV. an seine Wittelsbacher Gemahlin Elisabeth. Heute bietet das feine, privat geführte Relais & Châteaux-Hotel sehr stilvoll eingerichtete 28 Zimmer und 13 Suiten, ein Gourmetrestaurant und einen großzügigen Wellnessbereich mit Schwimmbad und Sauna.
Im Wildpark/Elisenweg 2
14471 Potsdam
Tel. 03 31-5 50 50
www.bayrisches-haus.de

relexa Schlosshotel Cecilienhof

Ein Teil des durch die Potsdamer Konferenz von 1945 berühmt gewordenen Schlosses wird seit 1960 als Hotel genutzt. 41 Zimmer und Suiten im englischen Landhausstil sind mit hochwertigem Mobiliar eingerichtet. Regionale und internationale Spezialitäten serviert das Schlossrestaurant mit Gartenterrasse und Kamin. Auch Ayurveda-behandlungen und Nordic-Walking-Kurse im Schlosspark werden angeboten.
Neuer Garten, 14469 Potsdam
Tel. 03 31-3 70 50
www.relexa-hotels.de

Hotel am Luisenplatz

Das Stadtpalais von 1726 ist heute ein feines und privat geführtes Hotel zwischen Brandenburger Tor und dem Eingang zum Park von Sanssouci. Es bietet elegant ausgestattete Zimmer und Suiten mit riesigen Bädern sowie Apartments mit Kitchenette. Das Restaurant »Luisa« serviert kreative Küche mit mediterranem Touch.
Luisenplatz 5, 14471 Potsdam
Tel. 03 31-97 19 00
www.hotel-luisenplatz.de

Schlossgarten Hotel

Elegant eingerichtete Pension mit romantischem Ambiente am Rand des Parks von Sanssouci mit Gratis-WLAN in den Zimmern. Brandenburgisches Frühstück mit Büfett im viktorianischen Wintergarten. Fahrradverleih.
Geschwister-Scholl-Str. 41a
14471 Potsdam
Tel. 03 31-97 17 00
www.schlossgartenhotel-potsdam.de

Anno 1900 Hotel Babelsberg

Familiengeführtes Hotel garni in einer schönen, um 1900 erbauten Gründerzeitvilla in ruhiger und grüner Lage am Griebnitzsee in der Nähe des Filmparks Babelsberg. 22 liebevoll eingerichtete Räume, darunter vier preiswertere Räume im Dachgeschoss mit Etagendusche/WC und Waschgelegenheit im Zimmer. Hübscher Frühstückspavillon im Garten.
Stahnsdorfer Str. 68
14482 Potsdam
Tel. 03 31-74 90 10
www.anno-1900-hotel-babelsberg.de

Restaurants

Juliette

Elegantes Ambiente für die feine französische Cuisine am lodernden Kamin: Lammkarree, Perlhuhnbrust oder Dreierlei vom Kaninchen, als Nachspeise Crème brûlée oder erlesene Käsesorten, dazu ausgesuchte Weine der Grande Nation.
Jägerstr. 39, 14467 Potsdam
Tel. 03 31-2 70 17 91
www.restaurant-juliette.de
tgl. 12–15, 18–22 Uhr

Speckers Landhaus

Feinschmeckerküche zu fairen Preisen in Landhaus-Atmosphäre. Familie Specker kocht mit regionalen Produkten, von Bauernente bis Havelzander, und bietet mittags ein günstiges Business-Menü an.
Jägerallee 13, 14469 Potsdam
Tel. 03 31-2 80 43 11
www.speckers.de
Di–Sa 12–14, 18–23 Uhr

Krongut Bornstedt

Nur einen Spaziergang von Sanssouci entfernt gibt es im Brau- und Brennhaus des Kronguts Bornstedt echte Berliner und Brandenburger Küche wie Sauerfleisch und Kohlwickel
Ribbeckstr. 6–7, 14469 Potsdam
Tel. 03 31-55 06 50
www.krongut-bornstedt.de
tgl. 12–22 Uhr

Sushi-Bar My Keng

Die beste Sushi-Bar ganz Brandenburgs liegt in der Potsdamer Fußgängerzone und wird von einem Vietnamesen geführt, der auch vorzügliche kambodschanische Küche serviert – und all das zu äußerst fairen Preisen.
Brandenburger Str. 20
14467 Potsdam
Tel. 03 31-9 79 30 44
www.sushi-potsdam.de
tgl. 11–22 Uhr

Restaurant Alexandrowka

Im ehemaligen Aufseherhaus und im Garten gibt es russische Vorspeisen wie Sakuska Assorti oder Bliny Zar, Suppen wie Borschtsch, Tschi, Soljanka und Ucha, auf Wunsch aber auch eine echt russische Festtafel mit Rezepten aus der Zarenzeit. Neben Tee aus dem Samowar trinkt man Kwas, Moosbeerensaft, Birkensaft sowie russisches und ukrainisches Bier.
Russische Kolonie 1
14469 Potsdam
Tel. 03 31-2 00 64 78
www.sakuska.de
Jan.–Febr. Mi–So 12–18, März–Dez. Di–Sa 11.30–22, So 11.30–20 Uhr

Potsdam

Shopping

Evelin Brandt
Dependance der erfolgreichen Berliner Designerin, die mit ihren geradlinigen Farben und Schnitten für moderne, selbstbewusste Frauen inzwischen in 14 Ländern Europas vertreten ist.
Brandenburger Str. 19
14467 Potsdam
Tel. 03 31-5 81 38 33
www.evelin-brandt.de
Mo–Fr 10–19, Sa bis 18 Uhr

KPM Königliche Porzellan-Manufaktur Berlin, Verkaufsgalerie Potsdam
Neben der Touristeninformation am Brandenburger Tor gibt es kostbares, für sein strahlendes Weiß bekanntes Porzellan in klassisch-elegantem oder modernem Design zu kaufen, wobei die Dekore ausschließlich in Freihand-Malerei gefertigt werden: Gold-, Blumen-, Früchte-, Tier- und Watteaumalereien.
Brandenburger Str. 3
14467 Potsdam
Tel. 03 31-2 37 06 33
www.kpm.de
Mo–Fr 10–13, 13.30–18, Sa 10–14 Uhr

Kinderkram Holzspielzeug
Schönes Spielzeug aus vorwiegend natürlichen Materialien: ausgesuchtes Holzspielzeug, Puppen, Schmusetiere, Spiele, Experimentierkästen. Auch Secondhand-Bereich für hochwertige und gut erhaltene Kindertextilien.
Dortustr. 15, 14467 Potsdam
Tel. 03 31-2 70 87 88
www.kinderkram-potsdam.de
Mo–Fr 10–19, Sa bis 16 Uhr

SchokoKunst im Holländischen Viertel
Susanne Müller führt nicht nur feinste Schokoladen, sie kennt sich auch mit jeder nur erdenklichen Geschmacksrichtung aus und empfiehlt den passenden Wein zur Schokolade. Neben eigenen Kreationen führt sie die Produkte bekannter Manufakturen wie Caffarel und Tiroler Edle. Sogar Schokoladenbier und Schokoladenparfüm hat sie im Angebot.
Hebbelstr. 46, 14467 Potsdam
Tel. 03 31-2 70 55 99
www.schokokunst-potsdam.de
Di–Fr 11–18, Sa 10–18, So 14–18 Uhr

maliné – Das Potsdamer Hutatelier
Modistin Kristin Müller, die u.a. an der Dresdner Semperoper gearbeitet und ein Faible für historische Kopfbedeckungen hat, garantiert mit ihren Hutkreationen hochwertige Qualität, individuelle Maßarbeit und feinste Materialien: ideal für die elegante Spaziergängerin von Sanssouci. Auch für Herren gibt es ein umfassendes Angebot an Hüten und Mützen.
Jägerstr. 36, 14467 Potsdam
Tel. 03 31-2 43 75 07
www.maline-huete.de
Di–Fr 10–19, Sa bis 18 Uhr

Am Abend

Hans Otto Theater
Schauspiel, Musiktheater und Junges Theater im großen Theatersaal (485 Plätze) eines avantgardistischen neuen Theaterbaus, in der Reithalle oder in den Foyers. Für passende Inszenierungen geht das HOT auch in das Schlosstheater im Neuen Palais. Regelmäßige Gastspiele geben u.a. Angelica Domröse, Katja Riemann und Katharina Thalbach.
Schiffbauergasse 11
14467 Potsdam
Tel. 03 31-9 81 18
www.hansottotheater.de

Theaterschiff Potsdam
Abwechslungsreiches Programm aus Kabarett, Tanztheater, Lesungen, Musik und Party auf den schwankenden Brettern des 1924 gebauten, 52 m langen und 6 m breiten Theaterschiffs »Sturmvogel« in der Alten Fahrt in Potsdam. Mit Schiffsrestaurant.
In der Alten Fahrt
14467 Potsdam
Tel. 03 31-97 23 02
www.theaterschiff-potsdam.com

Waschhaus
Mehrspartenhaus mit vielfältigem Programm in den Bereichen Musik, Film, Tanz, Bildende Kunst und Literatur. Viele junge Nachwuchstalente.
Schiffbauergasse 6
14467 Potsdam
Tel. 03 31-27 15 60
www.waschhaus.de

Nachtleben Potsdam
Potsdams größte Diskothek mit Dancefloor, Bar und Lounge unter Discokugeln und Kronleuchtern. Ausgefallenes Ambiente, vielfältiges Party- und Musikangebot und außergewöhnliche Events mit Top Acts auf zwei Etagen.
Schopenhauerstr. 27
14467 Potsdam
Tel. 03 31-9 79 12 42
www.nachtleben-potsdam.com
Sa ab 23 Uhr

Gutenberg100
Beliebte Musikkneipe im Holländischen Viertel. Donnerstags und sonntags gibt's Karaoke, freitags und samstags Livemusik und am Mittwoch »Cocktail's & Games« mit erweitertem Cocktailangebot, Tischfußball, Dart und Wii-Spielen.
Kurfürstenstr. 52
14467 Potsdam
Tel. 03 31-2 01 19 99
www.gutenberg100.de
Mi–So ab 20 Uhr

221

Quedlinburg

Fachwerkjuwel im Harz

Die gesamte Altstadt von Quedlinburg ist eine Kostbarkeit. 1994 adelte die UNESCO das Ensemble aus wuchtigen Kirchtürmen, verwinkelten Gassen, bröckelnden Ziegeldächern und modernden Fachwerkgiebeln – verwitterte Zeugen jener Epoche, da Quedlinburg eine bedeutende Handelsmetropole und Mitglied der Hanse war – zum 90 Hektar großen Welterbe. Seither haben die Restauratoren die Stadt glänzend herausgeputzt. Besonders stimmungsvoll ist eine Tour mit dem Nachtwächter, der im Schein der Laterne durch die mittelalterlichen Gassen führt. Auch der überaus wertvolle tausendjährige Domschatz ist wieder (fast) komplett. Er stammt aus der Zeit, als Kaiser Heinrich I. Quitlingaburg zu seiner Lieblingspfalz erkor und die Ottonen das Damenstift auf dem Schlossberg mit Reliquien überhäuften. Heute erinnert zu Pfingsten eine enthusiastische Laienspielgruppe an die große Zeit des »Kaiserfrühlings«.

Stiftskirche St. Servatius

Wie ein gewaltiges Schiff thront die Stiftskirche St. Servatius mit ihren Türmen auf dem Burgberg, zu dessen Füßen der spätere Kaiser Heinrich Singvögeln Fallen stellte. Die 1129 geweihte, allerdings letztmalig noch im 20. Jh. veränderte dreischiffige Basilika zählt zu den bedeutendsten Bauten der deutschen Hochromanik. Sie wurde auf den Fundamenten der karolingischen Missionskapelle und der nachfolgenden ottonischen Pfalzkapelle errichtet.

Das streng wirkende Innere zeigt den sächsischen Stützenwechsel (auf einen Pfeiler folgen zwei Säulen). Die auf den Kämpfern der Pfeiler sitzenden Gesimse und die Würfelkapitelle der Säulen sind reich dekoriert. Man vermutet, dass sie von oberitalienischen Bildhauern geschaffen wurden. Unterhalb des Chors liegt die von verzierten Säulen gestützte Krypta mit Resten romanischer Wandmalereien, Königsgräbern und den Grabreliefs verstorbener Äbtissinnen.

Schlossberg, 06484 Quedlinburg
Tel. 0 39 46-70 99 00
www.domschatzquedlinburg.de
April–Okt. Di–Sa 10–18, So, Fei 12–18,
Nov.–März Di–Sa 10–16, So, Fei 12–16 Uhr

Domschatz

Die Stiftskirche St. Servatius besitzt einen der kostbarsten Kirchenschätze des Mittelalters. Lange waren die wertvollsten Teile verschollen. Ein kunstverständiger US-Leutnant hatte die ausgelagerten Preziosen im Juni 1945 nach Texas geschickt. 1993 wurden sie zurückgekauft und sind jetzt wieder fast komplett in den Domschatzkammern vereint.

Besonders wertvoll sind ein Elfenbeinkamm Heinrichs I., das Adelheid-Evangeliar mit byzantinischem Elfenbeinrelief, mehrere üppig mit Elfenbein, Gold und Edelsteinen verzierte Reliquienschreine, fünf juwelenbesetzte Kristallgefäße, eine Reliquienkapsel aus Silber und natürlich das berühmte, mit Goldtinte geschriebene Samuhel-Bibelmanuskript aus dem 9. Jh. in einem Einband aus vergoldetem Silber mit Juwelenintarsien. In der Teppichkammer wird der um 1200 von der Äbtissin Adelheid gestiftete Knüpfteppich ausgestellt, der die allegorische Vermählung der Philologie mit Merkur darstellt.

Schlossberg, 06484 Quedlinburg
Tel. 0 39 46-70 99 00
www.domschatzquedlinburg.de
April–Okt. Di–Sa 10–18, So, Fei 12–18,
Nov. –März Di–Sa 10–16, So, Fei 12–16 Uhr

Die Altstadt von Quedlinburg bietet viele romantische Winkel

Schloss

Aus dem 936 von Königin Mathilde, der Witwe Heinrichs I., auf einem schroff abfallenden Sandsteinfelsen gegründeten reichsunmittelbaren Damenstift (1802 aufgelöst) entwickelte sich eine dreiflügelige Renaissanceschlossanlage. Ihr gegenüber erhebt sich die Stiftskirche St. Servatius. Vom Schlossberg bietet sich ein herrlicher Ausblick auf die Stadt. Das Schlossmuseum vermittelt Einblicke in die Ur- und Frühgeschichte sowie die frühmittelalterliche Besiedlung des Gebietes.

Die barocken und klassizistischen Prunkgemächer präsentieren die adlige Wohnkultur des 17. und 18. Jhs. Viele Besucher erschaudern beim Anblick des Raubgrafenkasten, eines 2 m hohen, 2,80 m langen und 2,40 m breiten mobilen Gefängnisses, in dem die Bürger der Stadt Albrecht II. von Regenstein (1310–1348) 20 Monate lang gefangen hielten, da er die Quedlinburger mit zu hohen Schutzgeldern erpresst hatte. Im ottonischen Kellergewölbe des Schlosses zeigt das Museum die Dauerausstellung »Auf den Spuren der Ottonen«.

Schlossberg 1, 06484 Quedlinburg
Tel. 0 39 46-90 56 81
April–Okt. Di–So 10–18,
Nov.–März Di–So 10–16 Uhr

St. Wiperti

Südlich des Burgbergs befand sich nach der Wahl Heinrichs I. der Königshof. Nach Heinrichs Tod wurde 936 das Kanonikerstift St. Wigbertus hierher verlegt, 950 begann der Bau einer kreuzförmigen Basilika. Um 1000 erhielt diese eine sehenswerte dreischiffige Krypta mit Tonnengewölbe. Sie zeigt den lombardischen Stützenwechsel (Pfeiler – Säule – Pfeiler).

Nach der Umwandlung des Stifts in ein Prämonstratenserkloster errichtete man 1148 eine neue Kirche, die Chor und Krypta einbezog. Im Zuge der Reformation wurde das Kloster aufgelöst und in ein Vorwerk umgewandelt. Ab 1816 diente die Kirche gar als Scheune. 1955–1957 wurde sie restauriert. Dabei integrierte man in die Südwand des Langhauses ein um 1220 entstandenes Säulenportal aus der Klosterkirche St. Marien vom Münzenberg. Das Tympanon zeigt eine Darstellung der Anbetung Mariens.

Wipertistr., 06484 Quedlinburg
www.wiperti.de

Klopstockhaus

Das Fachwerkhaus am Fuße des Schlossbergs, in dem Friedrich Gottlieb Klopstock (1724 bis 1803) zur Welt kam, ist seit 1899 ein Museum.

Quedlinburg

Es ist im barocken Stil des 18. Jhs. ausgestattet und erinnert in einer umfangreichen Sammlung an den Dichter und Aufklärer des Sturm und Drang, der vor allem durch seine Lyrik bekannt wurde. Daneben weiß es auch von anderen illustren Quedlinburgern zu berichten: von Friedrich GutsMuths, der die Schulgymnastik erfand, und von Carl Ritter, neben Alexander von Humboldt bedeutendster wissenschaftlicher Geograf seiner Zeit.

Auch die erste promovierte Ärztin Deutschlands praktizierte in Quedlinburg.»Academische Abhandlung von der gar zu geschwinden und angenehmen, aber deswegen öfters unsicheren Heilung der Krankheiten«, so lautete das Thema, mit dem Dorothea Erxleben (1715–1762) nach langem Kampf den Doktortitel erwarb.

Am Schlossberg 12, 06484 Quedlinburg
Tel. 0 39 46-26 10
klopstockhaus@quedlinburg.de
April–Okt. Mi–So 10–17,
Nov.–März Mi–So 10–16 Uhr

Rathaus

Der Mittelpunkt der malerischen Quedlinburger Altstadt ist der dreieckige Marktplatz, auf den insgesamt acht Straßen münden. Seine Anlage geht auf das 10. Jh. zurück. Das Rathaus wurde 1310 erstmals erwähnt. Beim Umbau 1616–1619 erhielt es eine Renaissancefassade, die um 1900 auf der Nordseite vergrößert wurde. An seiner westlichen Ecke steht ein sechseckiger, mit spätgotischem Maßwerk verzierter Erkerturm. Eine Freitreppe führt zum schönen Eingangsportal, über dem das Quedlinburger Stadtwappen angebracht ist.

Sehenswert im Innern ist der 1901 vollendete Festsaal mit einem hölzernen Tonnengewölbe. Die Wände zieren Darstellungen aus der Stadtgeschichte. Links vor dem Rathaus steht der 1427 zum ersten Mal aufgestellte, 1477 entfernte und 1869 wieder auf seinen alten Platz zurückgebrachte steinerne Roland, Sinnbild des Marktrechts und der Marktfreiheit.

Rathausmarkt 1, 06484 Quedlinburg
Tel. 0 39 46-9 05 50
Mo, Fr 9–13, Di 9–18, Do 9–16 Uhr

Fachwerkmuseum

Eine geschlossene Kette krummer und schiefer Fachwerkhäuser säumt die winkeligen Gassen und weiträumigen Plätze der Stadt – mehr als 1300 sollen es sein. Die Hälfte von ihnen ist mittlerweile saniert. In einem um 1310 entstandenen gotischen Hochständerbau informiert das Fachwerkmuseum über die Geschichte der Fachwerkbaukunst vom 14. bis 19. Jh. Anschaulich stellt es anhand von Modellen die acht verschiedenen Baustile dar. Eine Abteilung widmet sich dem Symbolgehalt der Ornamentik von Andreaskreuzen, Fächerpalmetten, Sonnenscheiben, Laubstäben, Trapezfriesen, Diamantbändern, Schiffchen und Knaggen. Früher galt das bis 1965 bewohnte Museum als Quedlinburgs, wenn nicht gar Deutschlands ältestes Fachwerkhaus. Inzwischen hat man aber ein fast 800 Jahre altes Haus an der charmanten Adresse Hölle 11 entdeckt.

Wordgasse 3, 06484 Quedlinburg
Tel. 0 39 46-38 28
April–Okt. Fr–Mi 10–17,
Nov.–März Fr–Mi 10–16 Uhr

Lyonel-Feininger-Galerie

Die Galerie ist dem deutsch-amerikanischen Maler und Grafiker Lyonel Feininger (1871 bis 1956) gewidmet, der am Dessauer Bauhaus unterrichtete, bis er 1936 vor den Nationalsozialisten aus Deutschland fliehen musste. Die Galerie zeigt u.a. Druckgrafiken, Radierungen und Aquarelle aus den Jahren 1906 bis 1937. Viele von ihnen hat der Quedlinburger Bauhausarchitekt Hermann Klumpp gerettet. Die Sammlung wird durch Arbeiten anderer Künstler der Klassischen Moderne ergänzt, z.B. Lovis Corinth, Wassily Kandinsky, Paul Klee und Emil Nolde. Hervorzuheben sind die Dauerleihgaben der Deutschen Stiftung Denkmalschutz. Außerdem verfügt das Haus über einen reichen Bestand an Druckgrafiken aus der Zeit der DDR und präsentiert Wechselausstellungen zeitgenössischer Künstler.

Im Finkenherd 5a, 06484 Quedlinburg
Tel. 0 39 46-6 89 59 30
www.feininger-galerie.de
Di–So 10–18 Uhr

Hotels

Romantik Hotel Am Brühl

Das Hotel ist in einem roten, behutsam modernisierten Fachwerkhaus direkt unter dem Schlossberg untergebracht. Die Zimmer sind sehr geschmackvoll mit hellen alten Möbeln eingerichtet; trotz des historischen Ambientes gibt es auch per Lift erreichbare barrierefreie Zimmer. Eine kleine finnische Sauna lädt zum Entspannen ein. Die Weinstube serviert feine regionale Küche wie Harzer Bachforelle, Ochsenschwanzsülze und Terrine vom Harzgeröder Reh.

Billungstr. 11
06484 Quedlinburg
Tel. 0 39 46-9 61 80
www.hotelambruehl.de

Romantik Hotel Theophano

Nach der byzantinischen Gemahlin Kaiser Ottos II. benannter barocker Fachwerktraum. Das ehemalige Lohgerberhaus direkt am Marktplatz bietet 20 kunstsinnig mit Antiquitäten und edlen Teppichen eingerichtete Zimmer, einen Weinkeller mit mediterraner Küche, ein Wiener Café und einen romantischen Innenhof.

Markt 13/14, 06484 Quedlinburg
Tel. 0 39 46-9 63 00
www.hoteltheophano.de

Zum Bär

Traditionelles Familienhotel in einem 250 Jahre alten Haus mit viel Liebe zum Detail und sehr persönlichem Ambiente. Die individuell und geschmackvoll eingerichteten Zimmer bieten modernen Wohnkomfort.

Markt 8/9, 06484 Quedlinburg
Tel. 0 39 46-77 70
www.hotelzumbaer.de

Propstei Vorwerk

Innenstadtnahe, aber ruhige Fachwerkidylle in einem liebevoll restaurierten Familienhotel mit charmant schiefen Wänden. 18 rustikale Zimmer mit hellen Bauernmöbeln und dunklen Fachwerkbalken, sehr schmackhaftes und reichhaltiges Frühstücksbüfett.

Im Wasserwinkel 1a
06484 Quedlinburg
Tel. 0 39 46-81 16 96
www.hotel-propstei-vorwerk.de

Pension Zum Altstadtwinkel

In einem ehemals bedeutenden alten Quedlinburger Kaufmannshof untergebrachte familiäre Hotelpension, in der man Geschichte hautnah erleben kann: Bei Umbauten fanden die Inhaber Handschriften aus dem 16. Jh., die von einem Korruptionsskandal im ausgehenden Quedlinburger Mittelalter berichten – zu besichtigen in einer Vitrine im Empfangsbereich. Der Hof der Pension ist einer der 24 offiziellen Höfe des berühmten Weihnachtsmarktes »Advent in den Höfen«; im Sommer kann man hier am Brunnen sitzen und ein Getränk genießen. 14 sehr charmant und individuell eingerichtete Zimmer.

Hohe Str. 15, 06484 Quedlinburg
Tel. 0 39 46-91 99 75
www.altstadtwinkel.de

Restaurants

Theophano

Unter den Kreuzgewölben des Palais Salfeldt aus dem 17. Jh. serviert das Restaurant des 200 m entfernten gleichnamigen Romantikhotels vorzügliche, saisonal wechselnde mediterrane Küche aus frischen regionalen Produkten. Kleine Weinkarte mit erfreulich vielen deutschen Gewächsen.

Kornmarkt 6, 06484 Quedlinburg
Tel. 0 39 46-9 63 00
www.hoteltheophano.de
Di–Sa 18–24 Uhr

Café & Restaurant Kaiser

Traditionscafé, das leichte regionale Spezialitäten wie die Harzer Knieste auftischt – neue Kartoffeln, die mit Salz, Pfeffer und Kümmel gewürzt, im Ofen knusprig gebacken und mit rohem Zwiebelmett serviert werden. Außerdem gibt es hier gleich 30 Waffelarten. Kinder lieben das große Hühnergehege.

Am Finkenherd 8
06484 Quedlinburg
Tel. 0 39 46-51 55 52
www.cafe-restaurant-kaiser.de
Di–So 10–19 Uhr

Prinz Heinrich

Regionale und saisonale Küche mit mediterranem Touch kommt hier auf die Teller, z.B. zartes Lammfilet mit frischen Bohnen oder in Folie gegarte Forelle aus Altenbrak mit Frühlingsgemüse und Ciabatta. Dazu gibt es frische Salate aus dem Klostergarten, Sommercocktails, hausgemachten Holundersirup und Sachsenweine.

Pölle 29, 06484 Quedlinburg
Tel. 0 39 46-37 07
www.prinz-heinrich.de
Mo–So ab 11 Uhr

Kaffeehaus Zum Roland

Das charmante Café nimmt sieben alte Fachwerkhäuser ein und bietet auch einen kleinen Garten. Hier genießt man Harzer Spezialitäten wie Kraftbrot oder Harzer Gehacktestippe mit Pellkartoffeln und Gewürzgurken. Auch der Kuchen und die Torten des Hauses schmecken vorzüglich.

Breite Str. 2, 06484 Quedlinburg
Tel. 0 39 46-45 32
www.cafe-roland.de

Brauhaus Lüdde

Die Gasthausbrauerei des seit 1807 existierenden Lüdde-Bräu serviert deftige, preiswerte Harzer Spezialitäten wie Bierschmorbraten und dazu selbst gebraute Quedlinburger

Quedlinburg

Biere wie das obergärige Braunbier »Pubarschknall« oder das Schwarzbier »Knuttenforz«. Übernachten kann man hier auch.
Blasiistr. 14, 06484 Quedlinburg
Tel. 0 39 46-70 52 06
www.hotel-brauhaus-luedde.de
Mo–Sa 11–24, So 11–22 Uhr

Shopping

Käsekuchenhaus Vincent
Am Fuß des Schlossbergs gibt es über 60 verschiedene Sorten Käsekuchen, außen goldgelb, innen weiß, cremig und saftig, alle frisch in der Bäckerei zubereitet. Das Angebot reicht von Zimt-Pflaume über Schokosplit und Pistazie-Marzipan bis hin zu herzhaften Kreationen mit Knoblauch, Speck oder Zitronenpfeffer.
Schlossberg 13
06484 Quedlinburg
Tel. 0 39 46-81 19 70
www.kaesekuchenbaeckerei.de
tgl. ab 11 Uhr

Destilia quitilinga
Um 1600 hatte Quedlinburg 6000 Einwohner und nicht weniger als 100 Schnapsbrennereien. »Quellnborjer Brennewien« war weit über die Region hinaus begehrt. Letztes Relikt dieser Zeit ist diese Destille. Sie brennt edle Obstbrände und Liköre. Man kann bei der Produktion zusehen und sogar selbst mit Hand anlegen.
Wipertistr. 1a
06484 Quedlinburg
Tel. 0 39 46-52 57 55
www.destilia-q.de
Mo– Fr 13–18, Sa 11–16 Uhr

Quedlinburger Antiquitäten
Auf einer großen Verkaufsfläche in einem Fachwerkhaus findet man alte Uhren und Schmuck, Bilder und Grafiken, Porzellan, Lampen, Schmuck, Münzen u.v.m.

Blasiistr. 21, 06484 Quedlinburg
Tel. 0 39 46-37 51
www.versteigerungshaus.de

Samocca
Das schöne, von der Lebenshilfe e. V. betriebene Ladencafé verkauft wertvolle Kaffeemischungen aus eigener Rösterei, auch in sehr ansprechenden Geschenkverpackungen.
Lange Gasse 30
06484 Quedlinburg
Tel. 0 39 46-91 98 24
www.samocca-quedlinburg.de
Di–So 9–19 Uhr

Boutique am Finkenherd
Die Boutique führt hübsche Mode aus Strick und Leinen mit handgefertigten Applikationen für jede Figur. Außerdem findet man hier Unikate Quedlinburger Holzschmucks: Ketten, Broschen, Ohrringe und Haarspangen.
Gildschaft 1, 06484 Quedlinburg
Tel. 0 39 46-81 19 07
www.strickundleinen.de

Am Abend

Quedlingburger Kaiserfrühling
Eine Laienspielgruppe stellt zu Pfingsten mit viel Freude und Engagement in historischen Gewändern den »Kaiserfrühling« nach. Er erinnert an die bedeutende Rolle der Quedlinburger Pfalz vor tausend Jahren. Gespielt wird auf dem Schlossberg oder auf dem Marktkirchhof.
Unter der Altenburg 13a
06484 Quedlinburg
Tel. 0 39 46-68 94 44
www.kaiserfruehling-quedlinburg.de

Blasiikirche
In dem alten Gotteshaus aus dem 13. Jh. finden zwischen Mai und Dezember Konzerte (Klassik, Folk,

Jazz, Rock, Lieder), Lesungen, Ausstellungen, Tanz-Performances, Theatervorstellungen, Kabarett, Pantomime und vieles mehr statt. Kartenvorverkauf über die Quedlinburg-Tourismus-Marketing GmbH am Markt 2.
06484 Quedlinburg
Tel. 0 39 46-90 56 66
www.blasiikirche.de

Kulturzentrum Reichenstraße
Zum Angebot dieses Kulturzentrums gehört neben Tanzkursen und Musikunterricht auch das kleine Studiokino »Eisenstein«, das als einziges in Quedlinburg Filme abseits des Mainstreams anbietet. In der »Bar 2.0« gibt's Cocktails.
Reichenstr. 1, 06484 Quedlinburg
Tel. 0 39 46-26 40
www.reichenstrasse.de
Studiokino Mo, Di, Do, So ab 20 Uhr; Bar 2.0: Mo–Fr, So ab 19, Sa ab 20 Uhr

Wipertihof
Auf dem Handwerkshof kann man Kurse im Schnapsbrennen oder in der Arbeit mit Metall und Stuck belegen sowie Ausstellungen, Lesungen und Konzerte besuchen. Ab und an wird auch getanzt.
Wipertistr. 1a
06484 Quedlinburg
Tel. 0 39 46-28 15
www.wipertihof.de

Gildehaus zur Rose
In dem farbenfrohen Gildehaus von 1612, das mit reich geschnitzten Brüstungsplatten und Blendarkaden verziert ist, findet man Quedlinburgs Szenekneipe und einziges Nachtlokal in der Innenstadt. Die rustikale Einrichtung stammt zum Teil aus einer belgischen Kirche. Es wird getanzt.
Breite Str. 39
06484 Quedlinburg
Tel. 0 39 46-90 73 73

Regensburg

Im Gewirr der Jahrhunderte

Seit 2006 ist die gesamte Altstadt von Regensburg mit ihren engen Gassen, schiefen Mauern, schmalen Durchgängen, weiten Plätzen und schattigen Innenhöfen ein Welterbe der UNESCO. Kaum eine andere deutsche Stadt hat mehr Geschichte zu bieten als die 2000 Jahre alte Hauptstadt der Oberpfalz. Hervorgegangen aus dem römischen Legionslager Castra Regina an der Donau, legte sich Regensburg im Mittelalter eine architektonische Silhouette zu, die in Deutschland ihresgleichen sucht und auch Goethe zutiefst beeindruckte. Einige der stolzen Geschlechtertürme gibt es noch heute. Im Alten Rathaus versammelte sich über Jahrhunderte hinweg der »Immerwährende Reichstag«. In Regensburg, Keimzelle der christlichen Missionierung Deutschlands, lehrte im 13. Jh. Albertus Magnus als »doctor universalis« und, 700 Jahre später, ein gewisser Joseph Ratzinger, der 2005 zum Papst gewählt wurde.

Dom St. Peter

Die ab etwa 1270 nach französischem Vorbild errichtete dreischiffige Pfeilerbasilika gilt als das Hauptwerk der Gotik in Bayern und ist mit ihren erst 600 Jahre später vollendeten, weithin sichtbaren Türmen nicht nur das höchste, sondern auch das bedeutendste Bauwerk der Stadt.

Durch das spätgotische Hauptportal mit reichem Figurenschmuck betritt man einen harmonisch gegliederten Innenraum, der 7000 Menschen Platz bietet. Die meisterhaften Glasgemälde aus dem 14. und 15. Jh. tauchen die gotischen Ziborienaltäre und den silbernen barocken Hochaltar in mystisches Licht. Berühmt ist die um 1280 entstandene steinerne Verkündigungsgruppe an den westlichen Vierungspfeilern mit dem »lachenden Engel Gabriel von Regensburg«. Im Domgarten bewundert man die filigrane Majestät des Chors mit den reich geschmückten Maßwerkfenstern von außen und besichtigt dann den im Südostflügel des Bischofshofs untergebrachten wertvollen Domschatz (Di–Sa 10–17 Uhr, im Winter bis 16 Uhr).
Domplatz 1, 93047 Regensburg
Tel. 09 41-5 97 16 60
www.regensburger-dom.de

Dom April–Okt. 6.30–18, Nov.–März 6.30–17 Uhr; Führungen tgl. 14 Uhr, Mai–Okt. auch Mo–Sa 10.30 Uhr.

Schottenkirche St. Jakob

Die 1150–1195 für ein Kloster irisch-gälischer Wanderprediger (genannt »Skoten«) errichtete dreischiffige Säulenbasilika gilt als ein klassisches Werk hochromanischer Kirchenarchitektur in Süddeutschland. Berühmt ist ihr Nordportal (um 1185), dessen apokalyptische, möglicherweise heidnisch-germanische Einflüsse verarbeitende Bilderzyklen mit vielen Fabelwesen noch immer Rätsel aufgeben. Die meisterhaft in Stein gemeißelten Figurenplastiken zeigen die Erwählten Israels vor dem Weltgericht, aber auch Ausgestoßene der mittelalterlichen Gesellschaft, denen das Himmelreich verwehrt bleibt. Heute wird das Portal mit einem Glasvorbau geschützt.

Im Kircheninneren ist die rechts am Portal angebrachte horizontale Reliefplastik eines Pförtner-Mönches namens Rydan mit einem Schlüssel bemerkenswert.
Jakobstr. 3, 93047 Regensburg
Tel. 09 41-2 98 30
www.priesterseminar-regensburg.de
tgl. 8–19 Uhr

Regensburg

Altes Rathaus

Der eindrucksvolle Gebäudekomplex am Rathausplatz besteht aus dem barocken Neuen Rathaus mit Neptunhof, dem frühgotischen Alten Rathaus mit Rathausturm und Rathaushof und dem Reichssaalbau mit hochgotischem Erker. Hier, in einem der bedeutendsten Profanräume des Mittelalters mit erhaltener Holzdecke, fanden ab 1663 die sog. Immerwährenden Reichstage statt, bis sich das Heilige Römische Reich Deutscher Nation 1806 auflöste – übrigens ebenfalls in diesem Saal.

Das Fürstenkollegium traf seine Entscheidungen an einem mit grünem Tuch bedeckten Tisch (angeblich original erhalten im heute für Hochzeiten genutzten Kurfürstenzimmer) und schob so manches auf die ebenso sprichwörtliche lange Bank, auf der die Ständevertreter saßen. Noch länger wurde die Zeit wohl den Unglücklichen, die in der original erhaltenen Fragstatt, einer Folterkammer in den Kellergewölben, schmachteten, bevor man sie in die Armesünderstube brachte, die Todeszelle für Verurteilte.

Rathausplatz 1, 93047 Regensburg
Tel. 09 41-5 07 34 42
www.regensburg.de/museumsportal/museen/
reichstags_museum.html
Zugang nur mit Führung April–Okt. tgl. 9.30–16, Nov.– 6. Jan. und 1.–31. März tgl. 10–15.30, 7. Jan. bis 28. Febr. tgl. 10–15 Uhr

Steinerne Brücke

Auf 16 mächtigen Pfeilern schwingt sich die zwischen 1135 und 1146 entstandene, 310 m lange Steinerne Brücke über die Donau, bei deren Bau der Sage zufolge mal wieder der Teufel die Hand im Spiel hatte. Schon das von König Konrad III. geführte Kreuzfahrerheer überquerte auf ihr die Donau.

Das stadtseitige Brückentor samt Salzstadel bildet ein harmonisches Ensemble mit dem mächtig aufragenden gotischen Dom. Vom südlichen Torturm – dem einzigen erhaltenen von ursprünglich drei Türmen – genießt man die Aussicht auf die Brücke, die Donau und die Dächer der Altstadt. Arbeitslos ist inzwischen das »Bruckmandl« am Brückenscheitel,

das früher darüber wachte, dass jeder den jahrhundertelang erhobenen Brückenzoll entrichtete. Inzwischen ist die Brücke für jeglichen motorisierten Verkehr gesperrt. Eine Sanierung ist in Planung.

93047 Regensburg, Tel. 09 41-5 07 58 89
Brückenturm-Museum April–Okt. Di–So 10–17 Uhr

Haidplatz

Der von prächtigen, farbenfrohen Häusern gesäumte dreieckige Haidplatz gilt mit seinem geradezu italienisch anmutenden Flair als schönster Platz der Stadt. Schon im Mittelalter fanden hier spektakuläre Ritterturniere und prachtvolle Feste mit Gauklern und Künstlern statt.

Den Platz beherrscht die frühgotische, 1250 erbaute zinnengekrönte Patrizierburg Zum Goldenen Kreuz. Seit dem 16. Jh. ist sie ein Gasthof, in dem Fürsten und Kaiser genächtigt haben, auch Kaiser Karl V. Dieser ließ sich hier 1546 auf ein Techtelmechtel mit der 18-jährigen Gürtlertochter Barbara Blomberg ein, aus dem Don Juan de Austria hervorging, der spätere Sieger über die Türken in der Seeschlacht von Lepanto. Sehenswert sind auch das klassizistische Thon-Dittmer-Palais nebenan sowie die gotische Neue Waage. Hier fand 1541 das Religionsgespräch zwischen Philipp Melanchthon und Johannes Eck statt.

93047 Regensburg

Historisches Museum der Stadt Regensburg

Das Museum ist im 1810 säkularisierten Minoritenkloster St. Salvator untergebracht, einer dreischiffigen gotischen Pfeilerbasilika mit Kreuzgang, spätgotischem Klosterbrunnen und zwei gotischen Räumen, die bedeutende mittelalterliche Plastiken beherbergen. Von besonderer Faszination ist die Römerabteilung im Erdgeschoss, die den Militärstützpunkt Regensburg, die Castra Regina, als Modell zeigt. Ein rekonstruiertes Wohnhaus vermittelt das römische Alltagsleben.

Wie ein Gral gehütet wird eine Bauinschrift aus dem Römerlager: der älteste Beweis für eine Stadtgründung in Deutschland. Besonders wertvoll sind ein Münzschatz und der

Grabstein der Sarmannina aus dem 5. Jh. – das älteste bekannte christliche Grabdenkmal in Bayern. Im 2. Stock sind spätmittelalterliche Sakralkunst, kostbare Wandteppiche sowie Werke von Albrecht Altdorfer (1480 bis 1538) zu sehen.

Dachauplatz 2, 93047 Regensburg
Tel. 09 41-5 07 24 48
www.museen.regensburg.de/museen/
historisches_museum.html
Di, Mi, Fr, Sa, So, Fei 10–16, Do 10–20 Uhr. Abteilung »Regensburg im Mittelalter« Di–Fr ab 12 Uhr zugänglich, Ostermontag, Pfingstmontag 10–16 Uhr; geschlossen: 1. Januar, Faschingsdienstag, Karfreitag, 1. Mai, 1. November, 24., 25. und 31. Dezember

St. Emmeram

Das Benediktinerkloster – im frühen Mittelalter ein Zentrum der Buchmalerei – wurde um 739 über dem Grab des als Märtyrer verehrten fränkischen Wanderbischofs Emmeram von Regensburg errichtet. Heute vereint es beinahe sämtliche Stilperioden, da die romanische dreischiffige Basilika mit Westquerhaus und drei Chören immer wieder teilweise zerstört und umgebaut wurde.

Die drei mittelalterlichen Steinreliefs am Nordportal sind um 1052 entstanden und damit die frühesten ihrer Art in Deutschland. Sie zeigen Christus, St. Emmeram und St. Dionysius. Die bemalte Holzdecke des Westquerhauses stellt den heiligen Benedikt dar. Neben den steinernen Grabdenkmälern aus dem Mittelalter (ältestes ist das Grabmal der 876 verstorbenen Königin Hemma) ist die 1731 bis 1733 erfolgte prachtvolle Barockausstattung durch die Brüder Cosmas Damian und Egid Quirin Asam hervorzuheben.

Emmeramsplatz 3, 93047 Regensburg
Tel. 09 41-5 10 30
Mo–Mi 10–16, Do, Sa 9–16, Fr 13–16, So 12.30–16 Uhr; im Sommer Mo–Fr bis 18 Uhr

Schloss der Fürsten von Thurn und Taxis

Im Jahr 1812 baute die Adelsfamilie derer von Thurn und Taxis das als Entschädigung für den Verlust der von ihnen betriebenen Post in

Blick über die Donau auf die Steinerne Brücke und den Dom St. Peter

Bayern erhaltene säkularisierte Stiftsgebäude des Benediktinerklosters St. Emmeram im Sinne des Historismus zu ihrer Residenz um. Heute ist sie die Schaltzentrale des von Fürstin Gloria geleiteten Wirtschaftsunternehmens Thurn und Taxis.

Auf einer Führung durch die fürstlichen Salons ist der verschwenderisch im Stil des Rokoko gestaltete Ballsaal im 1883–1888 neu erstandenen Südflügel einer der Höhepunkte. Nur nach Voranmeldung ist die fürstliche Hofbibliothek im Westflügel zu besichtigen, ein glanzvolles Werk des Rokoko, das Cosmas Damian Asam 1767 schuf. Noch bedeutender ist der romanisch-gotische Kreuzgang. Das benachbarte Marstallmuseum zeigt kostbare Kutschen, Schlitten und Sänften.

Emmeramsplatz 5, 93047 Regensburg
Tel. 09 41-5 04 81 33
www.thurnundtaxis.de
Führungen Schloss und Kreuzgang 27. März–7. Nov. tgl. 11, 13, 14, 15, 16, 17 Uhr, Sa, So, Fei zusätzlich 10 Uhr; 9. Nov.–26. März Sa, So, Fei 10, 11, 14, 15, 16 Uhr (außer 24., 25. Dez.), Mo–Fr 14.30 Uhr. Sonderöffnungszeiten in den Weihnachtsferien. Marstallmuseum auf Anfrage geöffnet.

Hotels

Orphee Hotel

Drei Häuser: am luxuriösesten ist das Große Haus (mit Traditionsrestaurant), dessen Zimmer mit antikem Mobiliar, Himmelbett und zauberhaften Stuckelementen gestaltet sind. Intimer ist die Atmosphäre in den 15 sehr individuell eingerichteten Zimmern des Kleinen Hauses (Wahlenstr. 1) und im Andreasstadel mit zehn Zimmern (Andreasstr. 28, Stadtamhof).

Untere Bachgasse 8
93047 Regensburg
Tel. 09 41-59 60 20
www.hotel-orphee.de

Hotel Goliath am Dom

2007 eröffnetes Hotel in der Fußgängerzone mit dem Charme eines luxuriösen Privathauses. Sehr geschmackvoll eingerichtete Zimmer mit topmoderner Ausstattung, toller Altstadtblick von der Dachterrasse mit dem Feinschmeckerlokal »David«, Wellnessbereich.

Goliathstr. 10, 93047 Regensburg
Tel. 09 41-2 00 09 00
www.hotel-goliath.de

Altstadt-Engel

Charmantes, familiengeführtes Hotel mitten in der Altstadt mit viel Flair und individuell eingerichteten Themenzimmern. Sogar in einem »Papst-Benedikt-Zimmer« kann man schlafen. Das Hotel gibt es zwar erst seit 2006, das Vorderhaus aber schon seit dem 14. Jh.

Gesandtenstr. 12
93047 Regensburg
Tel. 09 41-28 07 46 00
www.altstadt-engel.de

Sorat Insel-Hotel Regensburg

Ebenso außergewöhnlich wie die Lage – auf einer Insel mitten in der Donau, mit spektakulärer Aussicht auf Altstadt, Steinerne Brücke und Dom – ist das Design: Zimmer im Art-déco-Stil, mit noblen Marmorbädern. Wellnessbereich mit Sauna, Solarium und Beautystudio. Gute Küche.

Müllerstr. 7, 93059 Regensburg
Tel. 09 41-8 10 40
www.sorat-hotels.com

Hotel Restaurant Roter Hahn

Das Altstadthaus stammt im Kern aus dem 16. Jh., die gemütlichen Zimmer (auf Wunsch mit überlangen Betten) wurden unlängst komplett renoviert und sind auf die Bedürfnisse von Allergikern eingestellt. Restaurant mit marktfrischer regionaler Küche.

Rote Hahnengasse 10
93047 Regensburg
Tel. 09 41-59 50 90
www.roter-hahn.com

Restaurants

Rosenpalais

Das stilvolle, in einem barocken Stadtpalais aus dem 18. Jh. untergebrachte Restaurant serviert saisonal wechselnde, modern interpretierte französische Küche. Bei schönem Wetter bietet der romantische Rosengarten sehr lauschige Plätze.

Minoritenweg 20
93047 Regensburg
Tel. 09 41-5 99 75 79
www.rosenpalais.de
Di–Sa ab 18 Uhr

Heuport

Das Haus Heuport liegt gegenüber der Westfassade des Domes und zählt zu den größten bürgerlichen Bauten des mittelalterlichen Regensburg; besonders charmant ist der Innenhof. In den gotischen und barocken Räumlichkeiten genießt man modern interpretierte bayrische Küche stilvoll unter Kronleuchtern.

Domplatz 7, 93047 Regensburg
Tel. 09 41-5 99 92 97
www.heuport.de
tgl. ab 9 Uhr

Bischofshof

Der Bischofshof ist nicht nur ein neues, feines Altstadthotel. Im Restaurant und im Sommer im Biergarten mit Aussicht auf den Dom treffen sich Einheimische und Gäste zu vorzüglicher bayrischer Küche, z.B. ausgelöste gebratene Kalbshaxe oder Jungschweinsbraten.

Krauterermarkt 3
93047 Regensburg
Tel. 09 41-5 84 60
www.hotel-bischofshof.de
tgl. ab 12 Uhr

Beim Dampfnudel Uli

Von den im Untergeschoss des mittelalterlichen Baumburger Turms unter gotischem Gewölbe servierten, unvergleichlich locker-leichten Dampfnudeln schwärmt sogar Starkoch Alfons Schuhbeck. Trotz der vielen Promis wird jeder Gast sehr freundlich bedient.

Am Watmarkt 4
93047 Regensburg
Tel. 09 41-5 32 97
www.dampfnudel-uli.de
Di–Fr 10.01–18.01, Sa bis 15.01 Uhr

Historische Wurstkuchl

Die älteste Bratwurstbude der Welt ist im ehemaligen Baubüro der Steinernen Brücke untergebracht, das schon seit 1378 als Garküche genutzt wird. Im Besitz der heutigen Familie ist sie seit 1806. Es gibt hier aber nicht nur unglaublich gute Schweinswürstl mit hauseigenem Senf, sondern auch einen reschen Schweinsbraten mit Kraut und Knödel – wenn nicht gerade die Donau das Lokal unter Wasser setzt.

An der Steinernen Brücke
93047 Regensburg
Tel. 09 41-46 62 10
www.wurstkuchl.de

Shopping

Café Prinzess

Deutschlands älteste Confiserie
stellte schon 1676 erstmalig Pralinen für den Immerwährenden
Reichstag her. Ab 1686 wurde hier
eines der ersten deutschen Kaffee-
häuser eingerichtet. Alles wird
selbstverständlich ohne künstliche
Zusätze hergestellt, auch »Barbaras
süße Küsse«, die »Kesse Gloria«
oder die »Domspitzen« sowie die
Kuchen und Torten.
Rathausplatz 2
93047 Regensburg
Tel. 09 41-59 53 10
www.cafe-prinzess.de

Hut König

Die Hutmanufaktur wird in fünfter
Generation von Andreas Nuslan
geführt. Europas einziger Hut-
macher- und Modistenmeister mit
beiden Meistertiteln für Herren- und
Damenhüte bedient eine illustre
Klientel aus aller Welt mit aufwen-
dig hergestellten Hüten aus reinem
Naturhaar.
Krauterermarkt 1
93047 Regensburg
Tel. 09 41-5 18 40
www.hutkoenig.de
Mo–Fr 9.30–18, Sa 9.30–16 Uhr

Antikhaus Insam

Schöne Antiquitäten würde man ja
in diesem alteingesessenen
Geschäft erwarten, doch im mittelalterlichen Gewölbekeller im Untergeschoss gibt es sogar noch eine
echte Rarität: das nach dem schotti-
schen St. Andrews bedeutendste
Golfmuseum Europas. Hier kann
man alte Golfgrafiken, Golfschläger
und Golfkunstobjekte mit Experti-
sen aus ganz Europa bestaunen –
und erwerben.
Tändlergasse 3
93047 Regensburg
Tel. 09 41-5 10 74
www.antikhaus-insam.de

Bürsten Ernst

Die 1894 gegründete Bürstenmanu-
faktur legt Wert auf Qualität. Ein
großer Teil der Bürsten wird nach
alter handwerklicher Tradition
gefertigt, aus Naturborsten, Pflan-
zenfasern und Tierhaar. Beliebt ist
die Abstaubbürste aus Ziegenhaar.
Glockengasse 10
93047 Regensburg
Tel. 09 41-5 17 21
www.buersten-ernst.de

Echter Regensburger Karmelitengeist

An der Pforte des Regensburger
Karmelitenklosters wird seit vielen
Jahren ein geheimnisvoller Kräuter-
extrakt verkauft, dessen genaues
Rezept angeblich nur zwei Patres
kennen. Das wirksame Hausmittel
wird äußerlich, mehr aber noch
innerlich angewendet (75 Vol.-%
Alkoholgehalt, unbedingt verdün-
nen!). Man bekommt es auch in der
Apotheke nebenan.
Alter Kornmarkt 7
93047 Regensburg
Tel. 09 41-58 53 30
www.karmelitenkloster-
stjoseph.de

Am Abend

Regensburger Figurentheater im Stadtpark

Das 1980 gegründete Marionetten-
theater wurde sogar von der
UNESCO ausgezeichnet. Für
Erwachsene gibt's ein Abendpro-
gramm, das Repertoire reicht vom
Brandner Kasper und der Boandl-
kramer bis hin zu Goethes »Faust«
und dem »Kleinen Prinz« von Saint-
Exupéry. Gespielt wird in einem
Rokokohäuschen im Stadtpark.
Dr.-Johann-Maier-Str. 3
93049 Regensburg
Tel. 09 41-2 83 28
www.regensburgerfiguren
theater.de

Brauereigaststätte Kneitinger

Das Mutterhaus der berühmten
Regensburger Brauerei, kurz »Knei«
genannt, ist eine Institution. Hier
wurde schon im 16. Jh. Bier
gebraut. Wer Gerstensaft mit hoher
Stammwürze schätzt, kommt auf
seine Kosten.
Arnulfsplatz 3
93047 Regensburg
Tel. 09 41-5 24 55, www.knei.de
tgl. 9–0.30 Uhr, So bis Mitternacht

Paletti

Italienische Kultbar in der Pustet-
Passage mitten in der Altstadt. Hier
trinkt man einen Espresso, einen
Sprizz oder ein Glas Prosecco und
beobachtet die Leute, im Sommer
auf der Terrasse und im Winter ganz
gemütlich hinter großen Glasscheiben auf der beheizten Fensterbank.
Gesandtenstr. 6
93047 Regensburg
Tel. 09 41-5 15 93

UBar

In einem Kellergewölbe gibt's eine
Mischung aus Party, House, Black
und Hip-Hop. Am späteren Abend
wird oft auf den Bänken oder gar
auf dem Tresen getanzt.
Spiegelgasse 3
93047 Regensburg
www.u-bar-regensburg.de
tgl. 21–2 Uhr

Club Suite 15

Der populäre, gut belüftete Kellerclub in der Altstadt mit hohem
Gewölbe ist eine Topadresse für
elektronische Musik, auf der vorderen Tanzfläche wummert es richtig.
Am Freitag legen hier bekannte DJs
auf. Auch Indie-, Rock/Metal- und
Hip-Hop-Veranstaltungen.
St.-Peters-Weg 15
93047 Regensburg
Tel. 09 41-5 04 12 07
www.suite15.de
Do 22–3, Fr–Sa 23–4 Uhr

Rostock

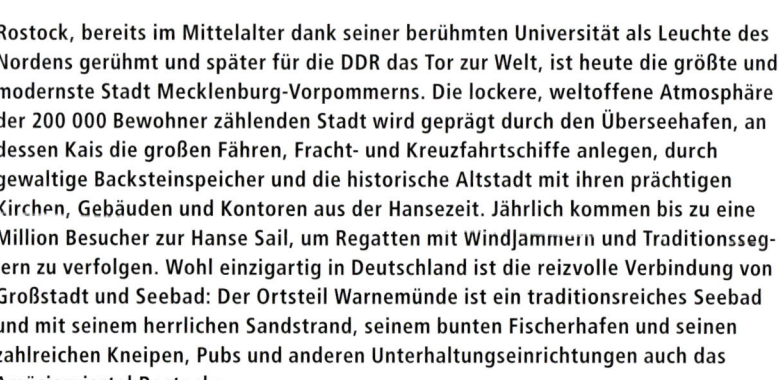

Die Leuchte des Nordens

Rostock, bereits im Mittelalter dank seiner berühmten Universität als Leuchte des Nordens gerühmt und später für die DDR das Tor zur Welt, ist heute die größte und modernste Stadt Mecklenburg-Vorpommerns. Die lockere, weltoffene Atmosphäre der 200 000 Bewohner zählenden Stadt wird geprägt durch den Überseehafen, an dessen Kais die großen Fähren, Fracht- und Kreuzfahrtschiffe anlegen, durch gewaltige Backsteinspeicher und die historische Altstadt mit ihren prächtigen Kirchen, Gebäuden und Kontoren aus der Hansezeit. Jährlich kommen bis zu eine Million Besucher zur Hanse Sail, um Regatten mit Windjammern und Traditionsseglern zu verfolgen. Wohl einzigartig in Deutschland ist die reizvolle Verbindung von Großstadt und Seebad: Der Ortsteil Warnemünde ist ein traditionsreiches Seebad und mit seinem herrlichen Sandstrand, seinem bunten Fischerhafen und seinen zahlreichen Kneipen, Pubs und anderen Unterhaltungseinrichtungen auch das Amüsierviertel Rostocks.

Marienkirche

Die Ratspfarrkirche am Ziegenmarkt wurde nach französischem Vorbild als kreuzförmige Basilika ausgeführt und 1452 vollendet. Kaum eine andere Kirche an der Ostsee kann mit solch einer wertvollen Innenausstattung aufwarten. Doch ob der reich verzierte spätgotische Rochus-Altar (1530), der prächtige Orgelprospekt mit Fürstenloge (1766), die bronzene Tauffünte (1290) oder die üppig geschmückte Kanzel (1574) – nichts kann der einmaligen Astronomischen Uhr den Rang ablaufen.
Seit 1472 zeigt dieses Meisterwerk zu Datum und Stunde auch noch Sonnen- und Mondphasen sowie das aktuelle Tierkreiszeichen an. Höhepunkt ist das sich stets um Punkt 12 und 24 Uhr in Bewegung setzende Apostelspielwerk. Dann ziehen die sechs Evangelisten und Apostel in feierlicher Prozession an dem in der Mitte stehenden segnenden Christus vorbei. Nur die letzte Figur wird nicht gesegnet: Es ist Judas, der am Ende der kleinen Prozession vor verschlossener Tür bleiben muss.
Am Ziegenmarkt 4, 18055 Rostock
Tel. 03 81-45 33 25
www.marienkirche-rostock.de

Mai–Sept. Mo–Sa 10–18, So, Fei 11.15–17 Uhr; Okt.–April Mo–Sa 10–12.15 und 14–16, So, Fei 11–12.15 Uhr

Neuer Markt

Rostocks größter Platz bietet eine im Ostseeraum wohl einmalige Mischung von Baustilen. Der um 1270 aus drei Bürgerhäusern entstandene siebengiebeligen gotischen Schauwand des Rathauses aus dunkelrotem Backstein wurde 1717 ein heute altrosa gestrichener Barockbau mit antikisierenden Säulen und Pilastern vorgesetzt. Hinter dem Rathaus stehen das Walldienerhaus aus dem späten 15. Jh. und das etwas ältere Kerkhoffhaus – heute das Standesamt. Dieses prachtvolle Patrizierhaus ließ sich Bürgermeister Berthold Kerkhoff 1470 errichten. Die aufwendig gestaltete Fassade zeigt Staffelgiebel, gotische Spitzbögen und darunter Korbbogenfenster, die bereits die Frührenaissance ankündigen.
Auf dem Platz stellt eine moderne Bronzegruppe des Worpsweder Bildhauers Waldemar Otto eine Möwe dar, die von einer Säule auf den Meeresgott Poseidon und drei weitere antike Meeresgottheiten herabblickt.
Neuer Markt, 18055 Rostock

Kloster Zum Heiligen Kreuz/ Kulturhistorisches Museum

Das 1270 von der dänischen Königin Margarete gegründete Zisterzienserinnenkloster wurde erst 1584 säkularisiert und in ein Damenstift umgewandelt. Die Klosterkirche wurde Teil der theologischen Fakultät der Universität, wird deshalb auch als Universitätskirche bezeichnet und häufig als Konzertsaal genutzt. In den unversehrt erhaltenen Klostergebäuden hat heute das Kulturhistorische Museum seinen Sitz. Zu seinen Beständen gehören neben mittelalterlicher Kunst und Kunsthandwerk u.a. eine bedeutende Sammlung niederdeutscher Malerei sowie eine Kollektion aus den bekannten Künstlerkolonien Ahrenshoop und Schwaan.

Neu im Klosterhof 3 beheimatet ist das Kempowski-Archiv, das zur Erinnerungsstätte an den in Rostock geborenen und 2007 verstorbenen leidenschaftlichen Archivar und Schriftsteller Walter Kempowski werden soll (Kempowski-Archiv Di–So 14–18, Do zusätzlich 9.30–12 Uhr, Tel. 03 81-2 03 75 40, www. kempowski-archiv-rostock.de).

Historische Häuser an der Wokrenter Straße, dahinter die Marienkirche

Klosterhof 7, 18055 Rostock, Tel. 03 81-20 35 90
www.kulturhistorisches-museum-rostock.de
Di–So 10–18 Uhr

Schiffbau- und Schifffahrtsmuseum

Bereits 1970 wurde an Bord des 1956 in der Warnow-Werft gebauten 10000-Tonnen-Frachters DRESDEN unter dem Namen »Traditionsschiff Frieden« eine Ausstellung zum Rostocker Schiffsbau eröffnet. Heute ist der Frachter fester Bestandteil des IGA-Geländes und das offizielle Schiffbau- und Schifffahrtsmuseum der Hansestadt Rostock. Die Besucher erwarten zahlreiche Highlights, so z.B. das Flächenmodell der einst legendären Rostocker Neptun-Werft und eine Sammlung von Schiffsantriebsmaschinen.

Neben der Schiffbaugeschichte in der Ostseeküstenregion, die vom altslawischen Einbaum bis zum modernen Containerschiff reicht, erlebt der Besucher eine Schiffszimmermannswerkstatt aus dem 18. Jh. oder das Modell des ersten eisernen Schraubendampfers in Deutschland. Höhepunkt ist die Besich- tigung des Maschinenraums mit seinen gewaltigen Antriebsaggregaten sowie der Miniport, in dem große und kleine Kapitäne Schiffsmodelle selbst steuern dürfen.

IGA-Park, Liegeplatz Schmarl
18106 Rostock, Tel. 03 81-12 83 13 64
www.schifffahrtsmuseum-rostock.de
April–Sept. Di–So 9–18, Juli/Aug. tgl. 9–18,
Nov.–März Di–So 10–16 Uhr

Leuchtturm Warnemünde

Ein Ausflug mit der S-Bahn von Zentrum Rostocks hinaus zum Seebad Warnemünde ist ein Muss für alle Rostock-Besucher. Nach Warnemünde locken nicht nur das lebendige maritime Flair am Alten Strom, in dem große und kleine Kutter dümpeln und köstlichen Räucherfisch anbieten, sondern auch die zahlreichen Gaststätten, Seemanns- und Fischerkneipen, die sich dort finden und das Seebad zum Amüsierviertel Rostocks machen.

Zum Ausflug gehören natürlich je nach Wetter entweder eine Badepause am superbreiten und endlos langen Sandstrand oder auch ein

Rostock

Spaziergang hinaus auf die über 500 m lange Westmole, von der man den Giganten der Meere bei ihrer Ein- und Ausfahrt in die enge Warnowmündung zusehen kann. Höhepunkt ist der Aufstieg auf den 30 m hohen Leuchtturm (135 Stufen), der seit 1897 die Einfahrt in die Warnow markiert. Bei gutem Wetter reicht der Blick vom Leuchtturm über Warnemünde und die Ostsee bis hinüber nach Dänemark.
Am Leuchtturm, 18119 Rostock-Warnemünde
Tel. 0381-5 19 26 26
Mai–Sept. tgl. 10–19 Uhr

IGA-Park

Die Internationale Gartenausstellung (IGA), die 2003 in Rostock stattfand, verwandelte trostlose Industriebrachen am Ufer der Warnow zwischen Rostock-Zentrum und Warnemünde in eine wunderbare, sehr beliebte Parklandschaft. Auf einer Fläche von 100 ha entstand eine bunte Erlebniswelt mit zahlreichen Themen- und Nationengärten sowie einem Museumsschiff.
Zahlreiche Brücken und Stege durchziehen als verbindendes Element das gesamte Gelände und sorgen für eine ganz besondere Atmosphäre. Höhepunkt sind die sog. Nationengärten, in denen China, Japan, Luxemburg, Griechenland, Indonesien, Tunesien, Ungarn, die Niederlande und Mauretanien ihre Gartenkunst und Pflanzenwelt präsentieren. Spektakulärstes Objekt ist die aus Weidenbäumen erbaute Grüne Kirche: Sie ist mit ihrem mehr als 52 m langen Schiff und der 14 m hohen Kuppel das weltweit größte Gebäude aus lebenden Pflanzen.
Dorf Schmarl 40, 18069 Rostock-Schmarl
Tel. 03 81-12 83 13 00
www.iga-park-rostock.de

Ausstellung Reinhold Kasten im Warnemünder »Teepott«

Länder, Menschen, Abenteuer – den großen Traum, als Weltenbummler und Abenteurer unterwegs zu sein, hat sich Reinhold Kasten früh erfüllt. Bereits mit 14 Jahren heuerte er auf einem Schiff an und unternahm in den folgenden 56 Jahren mehr als 40 Weltreisen, die ihn in fast alle Länder der Erde führten.

Von den abenteuerlichen Unternehmungen, bei denen er über 1 Mio. Seemeilen zurücklegte und vier Schiffsuntergänge überlebte, brachte er über 8000 Einzelstücke für seine Sammlungen mit.
Unter den Exponaten finden sich Kaiserstühle aus China, originale Schrumpfköpfe, zahllose, heute teils ausgestorbene Tierarten, Häuptlingsmasken, Buddhafiguren, Schiffsmodelle, Geister und Dämonen, Albert Schweizers Tropenhelm, der Thron vom Häuptling von Tonga und viele weitere Raritäten und Kuriosa. Ein Rundgang durch die fantastische Kulisse dieser exotischen Mitbringsel wird zur Reise um den Globus und lässt bei Groß und Klein die Sehnsucht nach dem großen Abenteuer wach werden.
Seepromenade 1, 18119 Rostock-Warnemünde
Tel. 03 81-7 00 78 55
Mai–Sept. tgl. 10–17 Uhr, Okt.–April Fr, Sa, So
(Ansage der genauen Zeiten über Anrufbeantworter)

Forst- und Köhlerhof Wiethagen

Östlich der Stadt und der Warnow dehnt sich mit der herrlichen Rostocker Heide Deutschlands größter und schönster Küstenwald aus. Neben Mooren, Jagdschlössern und kleinen Museen zählt der in der Nähe des Ortsteils Wiethagen gelegene Forst- und Köhlerhof zu den Sehenswürdigkeiten. Hier arbeitet seit 1837 eine sog. Teerschwelerei. Mit dem einzigen funktionstüchtigen historischen Teerschwelofen in Deutschland wird noch heute aus Holz eine zähe Teermasse gewonnen.
Rings um die Schwelerei hat sich ein buntes Angebot weiterer Attraktionen angesiedelt, das vom Forst-, Jagd- und Naturlehrpfad über das Forst- und Teerschwelmuseum sowie einen Modellpark mit Verschwelungsanlagen aus ganz Europa bis hin zum holzgasbetriebenen Radschlepper und zum naturnahen Kinderspielplatz reicht. Nach dem Besuch des idyllisch im Wald gelegenen Köhlerhofs kann man sich gleich noch einen Sack allerbester Holzkohle für den heimischen Grill einladen.
18182 Rostock-Wiethagen, Tel. 03 82 02-20 35
www.koehlerhof-wiethagen.de
Jan.–März Di–Fr 9–16, April–Sept. Di–Fr 9–17, Sa, So 10–17 Uhr, sonst nach Vereinbarung

Hotels

Verdi

Sympathisches kleines Hotel mit nur acht Zimmern und zwei Apartments in einem historischen Gebäude im Herzen der Altstadt, nahe der Petrikirche.
Wollenweberstr. 28
18055 Rostock
Tel. 03 81-25 22 40
www.hotel-verdi.de

Am Hopfenmarkt

Hotel Garni mit 42 modern eingerichteten Zimmern in zentraler, sehr ruhiger Altstadtlage; in kurzer Gehentfernung weiteres Gästehaus (Aalreuse) mit 29 Zimmern. Im idyllischen Innenhof des Hopfenmarktes warten der Hopfenkeller im historischen Gewölbe und bei schönem Wetter der Hopfengarten mit großer Sonnenterrasse auf Gäste.
Buchbinderstr. 10, 18055 Rostock
Tel. 03 81-4 58 34 43
www.am-hopfenmarkt.de

Altes Hafenhaus

Direkt am Warnowufer gelegenes Gebäude aus dem Spätbarock, das nach umfassender Sanierung nun eine charmante Übernachtungsgelegenheit mit Hafenblick bietet. Die Gäste erwarten großzügig und stilvoll eingerichtete Apartments. Da die Besitzerin Reiki-Meisterin ist, wird auf entspannte Atmosphäre und Ruhe besonderer Wert gelegt; dazu passt auch der asiatische Massagesalon im Haus.
Strandstr. 93, 18055 Rostock
Tel. 03 81-4 93 01 10
www.altes-hafenhaus.de

Neptun

Das 19 Stockwerke hohe und bereits zu DDR-Zeiten wegen seiner Disco in der obersten Etage legendäre Neptun liegt unmittelbar hinter dem Sandstrand von Warnemünde. Die Aussicht ist grandios, die umfang-reiche Ausstattung mit Arkona SPA und Thalasso-Vital-Center auf 2400 m^2 sowie Gourmet-Restaurants wird dem Fünf-Sterne-Status gerecht.
Seestr. 19
18119 Rostock-Warnemünde
Tel. 03 81-77 70
www.hotel-neptun.de

Strandhotel Hübner

Ebenso charmantes wie elegantes Vier-Sterne-Haus in der ersten Reihe am Warnemünder Strand. Neben Kaminzimmer und Restaurant besonders bemerkenswert: der zauberhafte Wellnessbereich unterm Glasdach mit freiem Blick auf den Sternenhimmel.
Seestr. 12
18119 Rostock-Warnemünde
Tel. 03 81-5 43 40
www.hotel-huebner.de

Restaurants

Chez Ann

Seit 2008 mit einem Michelin-Stern bedachtes Restaurant, dessen frische, einfallsreiche euro-asiatische Fusionsküche mit vielen regionalen Spezialitäten Gourmets zu überzeugen weiß. Besonders zu empfehlen ist das Degustationsmenü »Aromen und Texturen«. Preiswerter, aber dennoch sehr gut isst man im Bistro. Erstklassige Weinkarte.
Mühlenstr. 28
18119 Rostock-Warnemünde
Tel. 03 81-5 10 54 30
www.chezann.de

Silo 4

Hier im 7. Stock des Businesscenters ist alles Schau! Nicht nur das gestylte Ambiente und die gläserne Show-küche ziehen die Blicke der Besucher auf sich, sondern vor allem das atemberaubende Panorama des Rostocker Stadthafens. Zum postmodernen Design passt die Küche mit ihren teils klassischen, teils exotischen, asiatisch inspirierten Kreationen und Kombinationen.
Am Strande 3d, 18055 Rostock
Tel. 03 81-4 58 58 00
www.silo4.de
Di–So 18–24, Bar bis 2 Uhr,
So Brunch 10–14 Uhr

Zur Kogge

Seemannskneipe mit 150-jähriger Tradition in einem roten Eckhaus mit Stufengiebel, an Wänden und Decken wie eine überquellende Schatztruhe mit Unmengen von urigen maritimen Gegenständen verziert. Solide, herzhafte Seemannsküche mit Schwerpunkt Fisch. Am Freitag und Samstag werden Shanties auf dem Schifferklavier zum Besten gegeben.
Wokrenterstr. 27, 18055 Rostock
Tel. 03 81-4 93 44 93
www.zur-kogge.de
tgl. ab 11.30 Uhr,
Jan.–März So geschlossen

Bier und Branntweinkontor

Traditionsreiche rustikal-maritime Gaststätte direkt am viel besuchten Alten Strom von Warnemünde. Serviert werden vorwiegend Fischgerichte und Räucherfisch aus dem eigenen Ofen. Spezialität: die Selbstgebrannten wie der 56%-ige Kontorschnaps.
Am Strom 49
18119 Rostock-Warnemünde
Tel. 03 81-5 19 04 84
www.branntweinkontor.de
ab Ostern bis Sept. tgl. ab 12 Uhr, open end; Okt.–März ab 17 Uhr

Braugasthaus Zum alten Fritz

Uriger Brauereigasthof mit gemütlichen Nischen, rustikalen Holztischen, schimmernden Sudkesseln und einem massiven Tresen mit kupfernen Bierleitungen. Das Bier kommt aus dem Stralsunder Stammhaus, serviert wird deftige Küche – darunter in Biersud geschmorte

oder mit Schwarzbier verfeinerte Fleischgerichte. Der Biergarten ist im Sommer sehr beliebt.
Warnowufer 65, 18057 Rostock
Tel. 03 81-20 87 80
www.alter-fritz.de
tgl. ab 11 Uhr

Shopping

Galeria Rostocker Hof
Topmoderne, zentral in der Altstadt gelegene mehrstöckige Shopping-mall mit fast 50 Ladengeschäften, Dienstleistungs- und gastronomischen Betrieben sowie kostenlosen Parkplätzen. Eine (Waren-)Welt für sich.
Kröpeliner Str. 26–28
18055 Rostock
Tel. 03 81-49 74 30
www.rostockerhof.de
Mo–Sa 10–20 Uhr

andere buchhandlung
»Bücher verkaufen, um Kulturarbeit zu machen«, lautete einer der Grundsätze, mit denen Petra Fehlhaber 1990 ihre »andere Buchhandlung« gründete. Lesungen und andere Veranstaltungen haben in diesem ambitionierten Literaturladen eine lange Tradition.
Wismarsche Str. 6–7
18057 Rostock
Tel. 03 81-49 20 50
www.anderebuchhandlung.de
Mo–Fr 9–19, Sa 9–14 Uhr

Pesto Peter
Hochwertiges Pesto, Butterkreationen und andere Brotaufstriche aus naturbelassenen Produkten werden hier in eigener Herstellung gefertigt, ganz ohne Aroma- und Farbstoffe oder Geschmacksverstärker. Auch toll als Mitbringsel.
Am Strande 18, 18055 Rostock
Tel. 03 81-2 03 79 19
www.pestopeter.de
Mo–Fr 11–19 Uhr (in der Nebensaison kürzere Öffnungszeiten)

Cafeshop Especial
Verführung pur! Schon der Duft, der aus dem kleinen Laden weht, ist unwiderstehlich. Drinnen präsentiert der Nicaraguaner und Kaffee-Enthusiast Javier Román nicht nur beste Bohnen aus der ganzen Welt, sondern auch Schokoladen und anderes Naschwerk, das zu einer guten Tasse Kaffee passt.
Rungestr. 15, 18055 Rostock
Tel. 03 81-3 77 99 97
www.cafeshop-especial.de
Mo–Fr 10–19, Sa 10–16 Uhr

Warnemünder Fischmarkt
Ob Dorsch oder Hering, Aal oder Makrele, Bückling oder Butt, ob frisch oder geräuchert, am Stück oder im Brötchen, ob direkt vom Kutter oder aus dem Räucherofen – beim Besuch des bei Einheimischen wie Touristen gleichermaßen beliebten Fischmarkts am rechten Ufer des Alten Stroms kommt jeder, der gern Fisch isst, auf seine Kosten.
Alter Strom
18119 Rostock-Warnemünde
Tel. 03 81-54 80 00
tgl. 8–18 Uhr

Am Abend

Volkstheater Rostock (Großes Haus)
Das Volkstheater, das neben dem Großen Haus auch noch das Atelier-theater, das Theater am Stadthafen sowie die Kleine Komödie in Warnemünde bespielt, ist eine der wichtigsten Stützen im Kulturleben von Rostock.
Doberaner Str. 134–135
18057 Rostock
Tel. 03 81-3 81 46 00
www.volkstheater-rostock.de
Mo–Fr 10–18, Sa 10–13 Uhr (Theaterkasse)

Compagnie de Comedie
Neben der Bühne 602 am Rostocker Warnowufer, die auch noch von anderen Ensembles bespielt wird, gibt die Comedie von Juni bis August auch Freilichtvorstellungen im Rostocker Kloster »Zum Heiligen Kreuz«. Neben Theater kommen Konzerte und Stücke für Kinder und Jugendliche zur Aufführung.
Warnowufer 55, 18057 Rostock
Tel. 03 81-45 50 11
www.compagnie-de-comedie.de
Kartenvorverkauf (Bühne 605)
Mo–Fr 10–12,
Fr zusätzlich 14–18 Uhr

Bunker Rostock
Der »Bunker« – Rostocks erste Musik-Kneipe – liegt auf dem Gelände der ehemaligen Neptunwerft. An jedem letzten Samstag im Monat geht die Party ab – der HÖRSTURZ, »Rostock's real alternative music club«.
Neptunallee 8, 18057 Rostock
Tel. 03 81-8 08 30 58
www.bunker-rostock.de
Di–Sa ab 20 Uhr

M.A.U. Club / Zabrik e.V.
Angesagter Liveclub mit Bühne am Stadthafen. Hier ist eine Menge geboten: Disco, Konzerte, Theater, Lesungen und Kleinkunst. In der angeschlossenen Kneipe »Dieter« wird fleißig gebechert, diskutiert und geflirtet.
Warnowufer 56, 18057 Rostock
Tel. 03 81-2 02 35 76
www.mauclub.de
Mo geschlossen

Studentenkeller
Hier feiern nicht nur, aber besonders Studenten, was das Zeug hält. Unter Backsteingewölben läuft ein umfangreiches Partyprogramm, von Trashparty über Rockgarden bis hin zu Gay Night, Schlagerparty, Nineties Reloaded und Groove Night.
Universitätsplatz 5
18055 Rostock
Tel. 03 81- 45 59 28
tgl. außer Mo ab 21 Uhr

Saarbrücken

Barocke Saarmetropole

Saarbrücken ist nicht nur die Landeshauptstadt, sondern auch das wirtschaftliche und kulturelle Zentrum des Saarlands. Im Süden grenzt die Stadt direkt an Frankreich, und besonders auf dem St. Johanner Markt mit seinen attraktiven Bürgerhäusern, eleganten Läden, Cafés und Lokalen ist viel französische Lebensart zu spüren. Passenderweise findet sich in Saarbrücken eines der besten Restaurants in Deutschland. Zwar wurde im Krieg viel alte Bausubstanz zerstört, doch prägen nach wie vor die Schöpfungen des Barockarchitekten Friedrich Joachim Stengel die schönsten Ecken der vitalen Altstadt. Von Palladio beeinflusst, schuf Stengel beeindruckende Werke in einem klassizistischen Spätbarockstil. Heute besitzt die Stadt viele Gesichter: Während der Stadtteil St. Arnual fast noch dörflich wirkt, ist Malstatt-Burbach ein Industriestandort im Wandel. Aber überall grüßt man mit einem freundlichen »Salü«.

Basilika St. Johann

Die Johannes dem Täufer und dem hl. Ludwig geweihte Basilika prägt das architektonische Bild der Altstadt von Saarbrücken. Sie liegt am St. Johanner Markt, dessen Mittelpunkt der schöne, 1759–1760 entstandene Marktbrunnen mit Obelisk und schmiedeeisernem Gitter bildet. Das Gotteshaus, ein Juwel des Spätbarock mit Zwiebelturm direkt über dem Eingang, errichtete 1754–1758 der fürstliche Barockbaumeister Friedrich Joachim Stengel.

Die Basilika erfuhr diverse Umbauten und Sanierungen. Erst 1972–1975 wurde das Kircheninnere originalgetreu restauriert. Das Tympanon über dem Hauptportal zeigt die Synagoge und die Ecclesia. Die Empore wurde 1789 von Heinrich Heidehoff eingebaut. Die Kanzel stammt aus der Erbauerzeit: In Muschelnischen erscheinen die vier Evangelisten und Christus als Lehrer. Die Pietà am rechten Seiteneingang datiert in die erste Hälfte des 15. Jhs. Die moderne Orgelanlage besteht aus drei Einzelinstrumenten.

Gerberstr. 31, 66111 Saarbrücken
Tel. 06 81-3 29 64
www.basilika-saarbruecken.de
Di, Do–So 9.30–19, Mo, Mi 9.30–17 Uhr

Stiftskirche St. Arnual

Der im französisch-deutschen Übergangsstil errichteten gotischen Stiftskirche auf dem schönen Kirchplatz im Stadtteil St. Arnual wurde 1746 eine barocke Haube aufgesetzt. Namenspatron ist Bischof Arnuald von Metz, der im 7. Jh. lebte.

Die kreuzförmige dreischiffige Gewölbebasilika mit eingebautem Westturm und vorgesetzter Portalhalle ist seit dem 15. Jh. die Grablege der Grafen von Nassau-Saarbrücken. Sie besitzt an die 50 zum Teil meisterhafte und in Farben gefasste Grabdenkmäler vom 13. bis zum 18. Jh., darunter die Tumba der 1446 verstorbenen Elisabeth von Lothringen im Chor und das überlebensgroße Renaissancegrabmal des Grafen Philipp von Nassau-Saarbrücken (gest. 1621) an der nördlichen Chorwand. Das achteckige Taufbecken (15. Jh.) aus rotem Sandstein zeigt das Ecce-homo-Motiv und Engel mit Leidenswerkzeugen.

Kirchplatz, 66111 Saarbrücken
www.skt-arnual.de

Ludwigskirche

Zusammen mit der St. Johanner Altstadt und dem Schloss bilden der von acht spätbarocken bis frühklassizistischen Palais gesäumte Ludwigsplatz und die Ludwigskirche das Stengel'sche Barockdreieck. Die evangelische Barockkirche besitzt an der Ostseite kunstvolle Fenstereinrahmungen und Evangelistenstatuen von Franziskus Bingh. Rings um die Kirche läuft eine steinerne Dachbalustrade mit ebenfalls von Bingh geschaffenen Statuen, die Figuren aus dem Alten und Neuen Testament darstellen.

Der lichte, elegante Innenraum bezaubert mit zart abgetönter Stuckornamentik. Karyatiden stützen die vier Emporen. In der von vier Säulen getragenen Mittelkuppel wacht das goldstrahlende Auge Gottes, häufiges Bild des Barocks und der Aufklärung. Jenseits der Ostseite des Ludwigsplatzes rundet die von Stengel geschaffene Friedenskirche den harmonischen Eindruck dieses eindrucksvollen Ensembles ab.

Ludwigsplatz, 66111 Saarbrücken
Tel. 06 81-5 25 24, www.ludwigskirche.de
Di–So 10–18 Uhr

Schloss

Ab 1738 ersetzte Hofarchitekt Friedrich Joachim Stengel ein Renaissancegebäude am Saarufer gegenüber vom St. Johanner Markt, das wiederum auf den Grundmauern der Burg Sarabruca errichtet worden war, durch ein Barockschloss. Dieses wurde nach Kriegszerstörungen und Umbauten ab 1982 rekonstruiert. Dabei verband der Kölner Architekt Gottfried Böhm 1989 die klassizistischen Flügelbauten mit einer modernen Stahl-Glas-Konstruktion. In der oberen Etage gestaltete er einen prächtigen Festsaal mit grandiosem Blick über die Saar.

Das Schloss ist heute Sitz des Regionalverbandes Saarbrücken und Veranstaltungsstätte. In einem modernen Anbau dokumentiert das Historische Museum Saar die Sonderwege des Saarlandes. Der Schlossgarten wird des Öfteren als Open-Air-Bühne genutzt. Von seiner Schlossmauer genießt man den schönsten Blick auf die Saar und die Innenstadt.

Schlossplatz 1–15, 66119 Saarbrücken
Tel. 06 81-5 06 13 13
www.historisches-museum-saar.de
Di, Mi, Fr, So 10–18, Do 10–20, Sa 12–18 Uhr

Saarland-Museum – Moderne Galerie

Von internationalem Renommee ist die Moderne Galerie des Saarlandmuseums am Saarufer. Sie zeigt in lichtdurchfluteten Räumen Malerei, Plastik und Grafik des 20. Jhs., wobei der Schwerpunkt auf dem deutschen und französischen Impressionismus und vor allem Expressionismus liegt. Hier findet man bedeutende Skulpturen von Rodin und Matisse sowie Werke von Künstlern wie Picasso, Léger, Tàpies und Beuys. Besonders umfangreich ist die Kollektion von Werken des amerikanischen Bildhauers Alexander Archipenko. Hervorzuheben sind auch die Grafische Sammlung sowie die Fotografie-Abteilung.

Im lichten, großzügigen Sonderausstellungspavillon finden Ausstellungen zur klassischen und zeitgenössischen Kunst statt.

Bismarckstr. 11–19, 66111 Saarbrücken
Tel. 06 81-9 96 40, www.saarlandmuseum.de
Di, Do–So 10–18, Mi 10–22 Uhr

Museum für Vor- und Frühgeschichte und Alte Sammlung

Das Museum ist im ehemaligen Kreisständehaus untergebracht, einem neubarocken Gebäude am Schlossplatz. Im Innern bezaubert ein schmiedeeisernes Treppengeländer aus einem Saarbrücker Bürgerhaus, dem Bodeschen Palais (Altneugasse 25), das der Hofschmied Höer geschaffen hat. Im Erdgeschoss sind vor allem Funde aus der römischen Zeit zu bewundern.

Der Höhepunkt der Sammlung befindet sich jedoch im ersten Stock: das keltische Fürstinnengrab von Reinheim, das auf 400 v.Chr. zurückgeht. Der Fund gilt als einer der bedeutendsten aus frühkeltischer Zeit in Mitteleuropa. Der Schmuck der Fürstin und die Grabbeigaben, darunter eine vergoldete Bronzekanne, sind vortrefflich erhalten. Die Alte Sammlung zeigt Malerei vom frühen Mittelalter bis zum 19. Jh. sowie Porzellan aus den Manufakturen und Mobiliar aus den Schlössern der Saarbrücker Fürsten.

Schlossplatz 16, 66119 Saarbrücken
Tel. 06 81-95 40 50, www.vorgeschichte.de
Di, Do–So 10–18, Mi 10–22 Uhr

Der Ludwigsplatz mit der barocken Ludwigskirche Friedrich Joachim Stengels

Deutsch-Französischer Garten

Zwischen dem südlichen Stadtrand und der Grenze zu Frankreich erstreckt sich im Deutschmühlental auf einem Teil des ehemaligen Schlachtfeldes von 1870 der Landschaftspark Deutsch-Französischer Garten (Jardin Franco-Allemand), der aus einer deutsch-französischen Gartenschau von 1960 hervorging und als Symbol der Versöhnung zwischen beiden Völkern gilt.

Er wird von Franzosen und Deutschen gleichermaßen gern besucht: eine grüne Oase mit vielen Themengärten, einem Weiher mit Wasserorgel, einer Seilbahn und einem Schienenbähnchen. Hier kann man spazieren gehen, in charmanten Lokalen einkehren und an einem der hier abgehaltenen Feste teilnehmen, von der 1.-Mai-Kundgebung der Gewerkschaften bis zum großen Kinderfest am letzten Wochenende der Sommerferien. Eine Neugestaltung von Teilen der Anlage ist im Gang.
Deutschmühlental, 66117 Saarbrücken
Tel. 06 81-9 05 21 59

Alte Völklinger Hütte

1994 erklärte die UNESCO die 10 km westlich von Saarbrücken gelegene Völklinger Hütte, einst das bedeutendste Stahlwerk Europas, zum Weltkulturerbe. Mehr als 100 000 Menschen besuchen seither jedes Jahr dieses einzigartige Denkmal der Technik.

Bunte Beleuchtung macht aus banalen Arbeiterspinden Kunstwerke, das riesige Schwungrad wird zur Ikone, die als Veranstaltungsort genutzte Gasgebläsemaschinenhalle zur Kathedrale, das Labyrinth aus Rohren, Schlackenrinnen, Wartungsbrücken, Stellrädern, Rieselkästen und Windzylindern zur Kulisse. Ein Rundgang vermittelt die technischen Abläufe der Roheisenproduktion. Die ehemaligen Werkstätten der Handwerkergasse wurden zu Ateliers umfunktioniert.
Rathausstr. 75–79, 66302 Völklingen
Tel. 0 68 98-9 10 01 00
www.voelklinger-huette.org
April–Okt. tgl. 10–19,
Nov.–Mitte April tgl. 10–18 Uhr

Hotels

Victor's Residenz-Hotel
Das moderne Tagungshotel liegt ruhig am Rande des Deutsch-Französischen Gartens. Am besten bucht man eines der klassisch-eleganten Zimmer zur Gartenseite. Gutes Restaurant mit regionaler und internationaler Küche, WLAN in allen Räumen, Wellnessbereich.
Deutschmühlental
66117 Saarbrücken
Tel. 06 81-58 82 10
www.victors.de

Hotel am Triller
Familiär geführtes, citynahes Designhotel in ruhiger Parklage mit Themenzimmern wie »Moulin Rouge« oder »Yellow Submarine«. Kleines Schwimmbad, Sauna und Liegewiese im Hotelgarten. Empfehlenswertes Bio-Restaurant mit leichter, mediterraner Küche und frankophiles Bistro.
Trillerweg 57
66117 Saarbrücken
Tel. 06 81-58 00 00
www.hotel-am-triller.de

La Résidence
Modernes, persönlich geführtes Businesshotel mit allem Komfort in zentraler Lage am Ufer der Saar direkt an der Congresshalle. Im obersten Stock befindet sich ein kleiner Wellnessbereich. Das Frühstücksbüfett wird im Wintergarten serviert, das elegante Restaurant »Bonne Table« bietet moderne, kreative europäische Küche.
Faktoreistr. 2
66111 Saarbrücken
Tel. 06 81-3 88 20
www.la-residence.net

Domicil Leidinger
Stilvolles, gediegenes Stadthotel in einem Haus von 1812 am Rande der St. Johanner Altstadt, zentral, dennoch relativ ruhig. Die Themenzimmer sind sehr individuell eingerichtet, von japanisch, balinesisch, afrikanisch, thailändisch bis hin zum »Dschungelbuch« – das Lieblingszimmer der Businesskunden. Außerdem gibt es Räume, die nach Feng-Shui-Grundsätzen eingerichtet wurden. Das Restaurant S'Olivo serviert mediterrane Küche mit asiatischen Einflüssen, die Opus Weinbar lädt zu einem gepflegten Tropfen ein, der Zen-Garten zum Entspannen.
Mainzer Str. 10–12
66111 Saarbrücken
Tel. 06 81-9 32 70
www.domicil-leidinger.de

Hotel Fuchs
Das Hotel ist in einem komplett sanierten historischen Haus von 1778 in der Altstadt untergebracht. Es bietet moderne, geschmackvoll eingerichtete Zimmer und leichte, französisch inspirierte Küche, auch zu genießen auf der schönen Außenterrasse.
Kappenstr. 12
66111 Saarbrücken
Tel. 06 81-9 59 11 01
www.hotel-fuchs.net

Restaurants

GästeHaus Klaus Erfort
Drei Michelin-Sterne, 19 Punkte im Gault Millau und damit eines der allerbesten Restaurants in Deutschland: Allein schon wegen der Kochkunst von Klaus Erfort lohnt sich die Reise ins Saarland. Besser geht's nicht. Das Menu Dégustation entfacht ein Feuerwerk der Düfte und Aromen. Selbstverständlich ist auch die Weinauswahl herausragend.
Mainzer Str. 95
66121 Saarbrücken
Tel. 06 81-9 58 26 82
www.gaestehaus-erfort.de
Di–Fr ab 12 und ab 19,
Sa nur ab 19 Uhr

Kuntze's Handelshof
Elegantes Restaurant in einem weißen Rokokopalais, in dem Peter Kuntze feine französische Küche zaubert, von Canard à l'Orange bis zur Bouillabaisse. Köstliche Dessertkreationen und beeindruckende Weinkarte mit vielen hervorragenden Tropfen der Grande Nation.
Wilhelm-Heinrich-Str. 17
66117 Saarbrücken
Tel. 06 81-5 69 20
www.kuntzes-handelshof.de
Di–Fr 12–14, 19–22, Sa 19–22,
So 12–14 Uhr

Ristorante Roma
Feine italienische Cucina in elegantem Ambiente: Hier schmecken hausgemachte Ravioli mit Kalbfleischfüllung, Tagliolini mit frischem Norcia-Trüffel, Dorade Royal alla livornese oder Ossobuco alla milanese. Mittags günstige Angebote.
Hafenstr. 12
66111 Saarbrücken
Tel. 06 81-4 54 70
www.roma-saarbruecken.de
Di–So 12–14.30, 18.30–22.30,
So nur 18.30–22.30 Uhr

Le Noir
Sternekoch Klaus Erfort hat in der Nähe seines GästeHauses Konkurrenz bekommen: Ehemalige Mitarbeiter haben hier ein freundliches schwarz-weißes Bistro eröffnet, in dem vorzügliche mediterran-französische Küche zu zivilen Preisen auf den Tisch kommt. Schöne Käse- und Dessertauswahl.
Mainzer Str. 26
66111 Saarbrücken
Tel. 06 81-9 68 19 88
www.lenoir-restaurant.de
Mo–Sa 18.30–22.30,
Di–Sa 12–14.30 Uhr

Zum Stiefel
Seit 1702 existierendes rustikales Lokal mit Gasthausbrauerei der

Familie Bruch am St. Johanner Markt. Serviert werden deftige, auch saarländische Gerichte. Netter kleiner Biergarten. Neben dem hauseigenen hellen und dunklen Stiefelbräu gibt es auch Biere aus der ältesten Brauerei des Saarlands, Bruch.

Am Stiefel 2
66111 Saarbrücken
Tel. 06 81-93 64 50
www.stiefelgastronomie.de
Mo–Sa 11.45–14, 17.30–23 Uhr

Shopping

Wochenmarkt

Am Montag, Mittwoch, Freitag und Samstag sorgt der stimmungsvolle Wochenmarkt mit Anbietern aus der ganzen Region dafür, dass sich der charmante St. Johanner Markt mit seinen kleinen Läden, Bistros und Restaurants in eine fast mediterrane Piazza verwandelt.

St. Johanner Markt
66111 Saarbrücken
www.stjm.de

Candi

Für Naschkatzen: Herrlich buntes Zuckerwerk in allen Variationen, darunter Lollis in vielen Größen und weihnachtliche Zuckerstangen. Toll zum Verschenken sind die Bonbontorten sowie die Hochzeits- und Taufschatullen.

Diskonto-Passage 31–33
66111 Saarbrücken
Tel. 06 81-41 7 22 17
www.candishop.de
Mo–Fr 9.30–19, Sa 9.30–18 Uhr

Spiel und Kunst

Hochwertiges, pädagogisch wertvolles Spielzeug: Spieluhren, Nachziehtiere, Lauflernwagen, Schaukelpferde, Rutscher- und Holzautos, Holzbauklötze, Handspielpuppen, Eisenbahnen, Puppenhäuser und viele Bücher, aber auch gute CDs und DVDs.

Fürstenstr. 1a
66111 Saarbrücken
Tel. 06 81-39 95 46
www.spiel-kunst-herzig.de
Mo–Fr 10–19, Sa 10–17 Uhr

Horizont Ausrüstung für Unterwegs

Hervorragend sortierter Outdoor-Laden, der alle renommierten Marken für Trekker und Bergsteiger führt, außerdem Ausrüstung fürs Reisen, Camping und Outdoorkochen.

Großherzog-Friedrich-Str. 59
66111 Saarbrücken
Tel. 06 81-6 31 96
www.horizont-outdoor.de
Mo–Fr 10–19, Sa 10–15 Uhr

Henning´s Music-Shop

Gut sortierte Auswahl aktueller Spitzeninstrumente und -elektronik, darunter Gitarren, Lautsprecher, Licht, Mikrofone, Röhren und Schlagzeugzubehör, aber auch viele Raritäten.

Dudweilerstr. 57–59
66111 Saarbrücken
Tel. 06 81-3 90 51 10
www.hennings-music-shop.de
Mo–Fr 10–19, Sa 10–16 Uhr

Am Abend

Saarländisches Staatstheater

Das renommierte Haus bietet Schauspiel- und Ballettinszenierungen, Musiktheater und Sinfoniekonzerte. Weitere Spielstätten sind die Alte Feuerwache am Landwehrplatz und die Sparte 4 in der Eisenbahnstraße.

Schillerplatz 1
66111 Saarbrücken
Tel. 06 81-3 09 24 86
www.theater-saarbruecken.de

Theater Blauer Hirsch

Saarbrückens populäre Mundart- und Comedy-Bühne. Der vordere Teil des Hirschen ist im Stil eines Musikbistros eingerichtet. Hier finden regelmäßig Jazzsessions oder Chansonabende statt.

Saargemünder Str. 11
66119 Saarbrücken
Tel. 06 81-5 84 99 49
www.theater-blauerhirsch.de

Coyote Bar

Sehr populäres Lokal in der Nähe des St. Johanner Markts, das mit alten Werbeschildern dekoriert ist. Am Wochenende wird es hier rappelvoll. Riesige Auswahl an Cocktails, dazu gibt es deftige Tex-Mex-Küche.

Bleichstr. 7–9
66111 Saarbrücken
Tel. 06 81-39 77 44
www.coyote.de
So–Do 17–1, Fr, Sa bis 3 Uhr

Blau Niteclub

Der Topclub der Region hat sich in den Räumen des legendären ehemaligen Jazzkellers Gießkanne eingerichtet. In sehr blauem Ambiente legen hier renommierte Gast-DJs House und Electropop auf. Pink gibt sich die Flamingo Lounge zum Chillen. Dienstags steht die Studentenparty Fish auf dem Programm.

Am Steg 3, 66111 Saarbrücken
Tel. 06 81-9 10 48 02
www.blau.tanzwahn.de
Di, Do–Sa ab 23 Uhr

Garage

Themenpartys und Livebands von Hip-Hop bis Pop. Am Freitag sind Independent, Rock, Klassiker, 80er, 90er, Club, Alternative & Black angesagt, während im »Kleinen Club« eine Party mit Techno, Trance, Rave, Dancefloor und Electro steigt.

Bleichstr. 11–15
66111 Saarbrücken
Tel. 06 81-98 91 43
www.garage-sb.de
Fr, Sa ab 22 Uhr

Schwerin

Grüne Hauptstadt Mecklenburgs

Ausgedehnte Wälder, sage und schreibe zwölf Seen sowie idyllische Parklandschaften prägen Mecklenburg-Vorpommerns grünen Regierungssitz: Deutschlands kleinste Landeshauptstadt. Die 95 000 Schweriner schätzen den Freizeitwert ihrer naturnahen Heimat; Segeln, Rudern, Schwimmen und Wandern werden hier großgeschrieben. Größte Attraktion der Minimetropole ist ein Schloss, wie man es sonst nur aus Märchenbüchern kennt. Mit unzähligen goldglänzenden Türmchen und Giebeln spiegelt sich die einstige Residenz der mecklenburgischen Herzöge fotogen im Schweriner See. Südlich davon erstreckt sich der weitläufige, von Kanälen durchzogene Schlosspark, die Hauptausstellungsfläche der Bundesgartenschau 2009. Der mächtige gotische Dom, ein bemerkenswertes Beispiel norddeutscher Backsteinarchitektur, beherrscht mit seinem 117 m hohen Turm die hübsche Altstadt, der Georg Adolph Demmler, Schüler des berühmten Architekten Karl Friedrich Schinkel, ein klassizistisches Gesicht verliehen hat.

Schloss

Von außen erinnert die auf einer winzigen Insel im Schweriner See gelegene ehemalige Residenz der mecklenburgischen Herzöge mit ihren unzähligen Türmchen und der goldenen Kuppel an ein Loireschloss. Tatsächlich ließ sich Georg Adolph Demmler, der Mitte des 19. Jhs. für das historisierende Äußere sorgte, vom Château Chambord inspirieren. Die ältesten heute noch existierenden Gebäudeteile stammen aus dem frühen 16. Jh., darunter die Renaissancekapelle.

Heute ist das 624 Zimmer zählende Schloss Sitz des Landtags von Mecklenburg-Vorpommern. Außerdem beherbergt es auf drei Etagen das Staatliche Schlossmuseum, das u.a. die Wohnung und die Repräsentationsräume von Großherzog Friedrich Franz II., den prunkvollen Thronsaal und eine wertvolle Porzellansammlung zeigt. Ein Barockgarten und ein englischer Landschaftspark laden zu Spaziergängen ein.

Lennéstr. 1, 19053 Schwerin
Tel. 03 85-5 25 29 20
www.schloss-schwerin.de
Mitte April–Mitte Okt. tgl. 10–18,
Mitte Okt.–Mitte April Di–So 10–17 Uhr

Dom

Die imposante dreischiffige Basilika mit mächtigem, ebenfalls dreischiffigem Querhaus entstand ab 1270 anstelle eines romanischen Vorgängerbaus und ist das einzige mittelalterliche Baudenkmal Schwerins. Erst 1889–1892 erhielt der Dom seinen jetzigen Turm als neogotische Ergänzung. Das strahlend weiße Innere des Doms mit nur wenigen Farbakzenten zeigt steile Proportionen mit 28 m hohem Mittelschiffgewölbe.

Die reiche Ausstattung ging in der Reformationszeit und bei Restaurierungen im 19. Jh. weitgehend verloren. Sehenswert sind der spätgotische Kreuzaltar im Chor, das 1527 in der Hütte von Peter Vischer in Nürnberg gegossene Bronzeepitaph für die Herzogin Helena im Stil der Frührenaissance, ein um 1400 geschaffenes bronzenes Taufbecken und die viermanualige Orgel (1868–1870), die größte Mecklenburgs.

Am Dom 4, 19055 Schwerin
Tel. 03 85-56 50 14, www.dom-schwerin.de
Mai–Okt. Mo–Sa 10–17, So 12–17 Uhr, Nov.–April Mo–Sa 11–14, So 12–14 Uhr, evtl. auch länger.
Turmbesteigung während der Öffnungszeiten.
Führungen Di, So 11, Do 16 Uhr

Das Schweriner Schloss besitzt einen Barockgarten und einen ausgedehnten englischen Park

Altstädtischer Markt

Im Vergleich mit den Märkten der mecklenburgischen Hansestädte fällt der Schweriner Marktplatz recht bescheiden aus. Neben dem nahen Dom beherrscht das Neue Gebäude, auch Säulengebäude genannt, an der Nordseite das Marktbild. Dieser frühklassizistische Bau mit Kolonnade (heute Konditorei & Café Röntgen) wurde zwischen 1783 und 1785 als Markthalle errichtet.

Vor dem Neuen Gebäude erinnert seit 1995 ein Denkmal von Peter Lenk in wenig huldvoller Weise an die peinlicheren Begebenheiten im Leben des Sachsenherzogs und Stadtgründers Heinrich des Löwen. An der Ostseite erhebt sich das seit 1351 erwähnte Altstädtische Rathaus. Dreimal durch Brände zerstört, wurde es immer wieder neu aufgebaut. 1835 blendete man dem Bau eine Marktfassade im tudorgotischen Stil vor; den Entwurf schuf Georg Adolph Demmler. Das Glockenspiel auf der Rückseite des Rathauses spielt täglich um 12 Uhr mecklenburgische Volksweisen.

Am Markt, 19055 Schwerin

Staatliches Museum

Die nördliche Front des Alter Garten genannten Platzes mit seinem Ensemble klassizistischer Bauten an der Stadtseite des Schlosses nimmt das Staatliche Museum ein. Der spätklassizistische Bau entstand 1877–1882.

Das Museum zeigt im Obergeschoss reiche Sammlungen niederländischer Meister des 17. Jhs., darunter Arbeiten von Rembrandt, Rubens und Frans Hals, sowie Werke aus dem 19. und 20. Jh. von Caspar David Friedrich, Alexander von Jawlenski, Pablo Picasso, Lovis Corinth, Max Liebermann und 15 Bronzen von Ernst Barlach. Das Erdgeschoss ist dem 20. Jh. vorbehalten (z.B. Werke von Marcel Duchamp und Man Ray). Außerdem präsentiert das Museum Münzen, druckgrafische Blätter und 10 000 kunsthandwerkliche Arbeiten, u.a. Porzellan, Gläser, Prunk- und Zierwaffen sowie historische Möbelstücke.

Alter Garten 3, 19055 Schwerin
Tel. 03 85-5 95 80, www.museum-schwerin.de
15. April–14. Okt. Di, Mi, Fr–So 10–18, Do
12–20 Uhr. 15. Okt.–14. April Di, Mi, Fr–So 10–17,
Do 13 20 Uhr

Schwerin

Schweriner See

Besonders attraktiv präsentiert sich die Silhouette Schwerins mit ihren drei markanten Kirchtürmen und den vielen Türmchen des Schlosses vom Wasser des Schweriner Sees aus, Deutschlands viertgrößtem Binnensee (61,54 km²). Den Kontrapunkt dazu bildet der moderne Fernmeldeturm hinter Zippendorf; sein Restaurant und die Aussichtsplattform in fast 100 m Höhe bieten einen grandiosen Blick über das Schweriner Land.

Im Sommer starten die Ausflugsschiffe der Weißen Flotte von der weitgehend autofreien Seeuferpromenade zwischen Schloss und Marstall zu verschiedenen Rundfahrten. Auf der einstündigen Fahrt lernt man die grünen Inselchen Kaninchen- und Ziegelwerder sowie das Freilichtmuseum Schwerin-Muess mit seinen historischen Bauernhäusern kennen. Dann passiert man den 20 m breiten Sandstrand von Zippendorf, der schon 1925 erstmals künstlich aufgeschüttet wurde.

19055 Schwerin, Tel. 03 85-55 77 70
www.weisseflotteschwerin.de
Weiße Flotte Mai–Sept. mehrmals tgl. über Schweriner See, Heidensee und Ziegelsee

Pfaffenteich

Stadtarchitekt Demmler integrierte den schon im 12. Jh. aufgestauten Pfaffenteich harmonisch in das Stadtbild. Um 1840 ließ er die Ufer befestigen und legte einen Rundweg mit Lindenallee an. Vornehme Bürgerhäuser säumen den See. Am Südufer stehen das Wohnhaus des Architekten Demmler und das Kückenhaus von 1868 (heute Café Friedrich), in dem einst der Komponist und Hofkapellmeister Friedrich Kücken (1810–1882) lebte. Besonders auffällig ist das ockerfarbene Arsenal schräg gegenüber. Es wurde im Stil der englischen Tudorgotik errichtet (heute Innenministerium).

Eine kleine Fähre pendelt im Sommer zwischen Ost- und Westufer des Pfaffenteichs und eröffnet schöne Ausblicke auf das Südufer mitsamt der Wasserkaskade. Auf dem Pfaffenteich finden alljährlich im August die bekannten Drachenbootrennen statt.

Pfaffenteich, 19055 Schwerin

Schelfstadt

Die Schelfstadt ist eines der schönsten und beschaulichsten Viertel der mecklenburgischen Landeshauptstadt. Die Schelfe (»Land zwischen den Wassern«) liegt in etwa zwischen Pfaffenteich, Ziegelinnensee, Werderstraße und Friedrich- bzw. Burgstraße. Im Jahr 1705 ernannte sie Herzog Friedrich Wilhelm (1675–1713) zu einer selbstständigen Stadt und gestaltete sie mit geradwinkligen Straßenzügen und Fachwerkbauten.

Besonders sehenswert ist die 1708–1713 errichtete Schelfkirche St. Nikolai, heute der einzige echte barocke Kirchenbau und das erste große nachreformatorische Gotteshaus Mecklenburgs. Im Kircheninneren ist ein Altarbild von Hofmaler Gaston Lenthe (1805–1860) sehenswert. Im ebenfalls barocken Schleswig-Holstein-Haus (1737) ist seit 1995 ein wichtiges kulturelles Zentrum untergebracht, das Ausstellungen, Lesungen und Konzerte veranstaltet.

Schelfstadt, 19055 Schwerin

Schweriner Zoo

Der Schweriner Zoo liegt zwischen dem Faulen See und dem Südufer des Schweriner Sees. Uralte Bäume und ein Moor prägen das Landschaftsbild. Naturbelassene, artgerechte Anlagen mit viel Platz für die Tiere machen den Zoobesuch zum Erlebnis.

Etwa 700 Tiere aus 140 verschiedenen Arten leben hier. Zu den exotischen Zoolieblingen gehören Löwen, Giraffen, Flamingos, Pinguine, Zebras, Kängurus, Tapire, Nashörner, Kapuziner- und Totenkopfäffchen. Braunbären und Wölfe leben im sogenannten Bärenwald. Kinder können auf einem Bauernhof Kaninchen, Ziegen und Schafe streicheln oder auf einem Pony reiten. Im Schweriner Zoo werden auch Sibirische Tiger gezüchtet, denn der Tierpark beteiligt sich an einem europaweiten Zuchtprogramm, um diese faszinierenden Großkatzen vor dem Aussterben zu retten.

An der Crivitzer Chaussee 1, 19061 Schwerin
Tel. 03 85-39 55 10, www.zoo-schwerin.de
April–Okt. Mo–Fr 9–17, Sa, So, Fei 9–18, Okt–Febr. tgl. 10–15, März tgl. 10–16 Uhr

Schwerin

Hotels

Niederländischer Hof
Das Traditionshotel Schwerins bietet in einem historischen Gebäude in zentraler Lage am Pfaffenteich nobles Ambiente in 32 Zimmern, die liebevoll mit englischem Mobiliar eingerichtet sind. Das viel gelobte Restaurant mit schönem Wintergarten serviert internationale und regionale Küche mit österreichischen Spezialitäten.
Alexandrinenstr. 12–13
19055 Schwerin
Tel. 03 85-59 11 00
www.niederlaendischer-hof.de

Arte
Das stilvolle Hotel in ländlicher Umgebung bietet 40 Zimmer (18 mit Terrasse), die komfortabel mit Kingsizebett (einige mit Wasserbett), Bad, TV und Safe eingerichtet sind. Das elegante Restaurant »Fontane« serviert regionale, saisonale und internationale Spezialitäten. Ein exklusiver Wellnessbereich verwöhnt mit finnischer Sauna, Dampfbad und Beautybehandlungen.
Dorfstr. 6
19061 Schwerin-Krebsförden
Tel. 03 85-6 34 50
www.hotel-arte.de

Speicher am Ziegelsee
Hinter denkmalgeschützten Backsteinmauern eines ehemaligen Getreidespeichers bietet das mit mediterranen Akzenten eingerichtete erste klimaneutrale Wellnesshotel Mecklenburg-Vorpommerns 78 komfortable Zimmer, eine englische Bar und eine beheizte Seeterrasse mit Bootsanleger und Motorboot. Das renommierte Restaurant »Aurum« serviert südlich verfeinerte mecklenburgische Küche, die Bioprodukte verwendet.
Speicherstr. 11, 19055 Schwerin
Tel. 03 85-5 00 30
www.speicher-hotel.de

Zur guten Quelle
Freundlicher Gasthof in einem historischen Fachwerkhaus in der Altstadt, in der Nähe des Markts. Sechs große, zweckmäßig eingerichtete Zimmer mit Flachbildfernsehern. Gutbürgerliches Restaurant, im Sommer mit Hofbetrieb.
Schusterstr. 12, 19055 Schwerin
Tel. 03 85-56 59 85
www.zur-guten-quelle.m-vp.de

Pension am Theater
Das familiär geführte Haus befindet sich im Zentrum gegenüber dem Schloss in direkter Nachbarschaft zu Staatstheater und Museum. Es bietet 18 komfortable Zimmer mit moderner Einrichtung und eine Zweizimmer-Ferienwohnung mit exklusivem Schlossblick. Gastspielkünstler schätzen die sehr persönliche Atmosphäre. Kaminrestaurant und idyllische Gartenterrasse.
Theaterstr. 1–2, 19055 Schwerin
Tel. 03 85-59 36 80
www.schwerin-pension.de

Restaurants

Alt Schweriner Schankstuben
Schön gelegenes Haus am Schlachtermarkt, im Sommer mit Terrasse auf dem Platz. In zwei rustikalen Gasträumen wird gutbürgerliche Küche mit regionalen und saisonalen Akzenten serviert, im Sommer auch auf der Terrasse unter schattigen alten Linden. Positiv überrascht der gut sortierte Whisk(e)ykeller. Außerdem 16 freundliche, gemütliche Zimmer mit Bad.
Am Schlachtermarkt 9
19055 Schwerin
Tel. 03 85-5 92 53 13
www.schankstuben.de
tgl. ab 11.30 Uhr

Weinhaus Uhle
Die Tradition von Mecklenburgs ältestem Weinhaus reicht bis ins Jahr 1751 zurück. Heute ist es ein Gourmetrestaurant mit angenehm zivilen Preisen und edlen Weinen. Im angeschlossenen Weinbistro geht es legerer zu.
Schusterstr. 13–15
19055 Schwerin
Tel. 03 85-4 77 30 30
www.uhle1751.de
tgl. ab 10 Uhr

Brinkama's Restaurant
Das beste italienische Restaurant von Schwerin serviert feine Cucina, auch in einem schönen Sommergarten. Im rustikalen Centro Culinario gibt's eine original italienische mensa di mezzogiorno (Mittagskantine) mit schnellen, leckeren Speisen.
Lübecker Str. 33, 19053 Schwerin
Tel. 03 85-5 50 75 44
www.brinkamas.de
Restaurant So–Do 11.30–22,
Fr, Sa bis 23 Uhr,
Centro Culinario Mo–Fr 11.30–14,
Sonntagsbrunch 11–15 Uhr

Weinhaus Wöhler
Sanierter Fachwerkbau aus dem Jahr 1819. In den Historischen Stuben wird feiner Fisch, aber auch deftige mecklenburgische Kost, z.B. Rollbraten, serviert. Dazu kredenzt man exzellente Weine, die man auch in einer Tapas-Bar und in der angeschlossenen Weinhandlung verkosten kann. Im Sommer Gartenbetrieb. Außerdem kann man in individuell eingerichteten Gästezimmern übernachten.
Puschkinstr. 26, 19055 Schwerin
Tel. 03 85-55 58 30
www.weinhaus-woehler.com
Restaurant tgl. 11–1,
Tapas-Bar Di–Sa ab 17 Uhr

Zum Stadtkrug – Altstadtbrauhaus
Die traditionelle, gemütliche Schweriner Gasthausbrauerei mit Kupferkessel und eigenem Bier, das nur hier ausgeschenkt wird, serviert

mittags und abends deftige, preiswerte mecklenburgische Kost, im Sommer auch im netten kleinen Biergarten.
Wismarsche Str. 126
19053 Schwerin
Tel. 03 85-5 93 66 93
www.altstadtbrauhaus.de
tgl. ab 11.30 und ab 17 Uhr

Shopping

Schlosspark-Center
In Schwerins lichtdurchfluteten Arkaden laden über 120 Fachgeschäfte zum Shoppen ein. Liebevoll gestaltete Dekorationen und unterhaltsame Events tragen zum Einkaufsvergnügen bei.
Marienplatz 5, 19055 Schwerin
Tel. 03 85-59 32 00
www.schlosspark-
center-schwerin.de
Mo–Sa 9.30–20 Uhr

Der Wurm
Einkaufs-, Erlebnis- und Medienzentrum im Herzen Schwerins mit inhabergeführten Geschäften, abwechslungsreicher Gastronomie und bäuerlichem Markttreiben. Spannende Unterhaltung im Kino Capitol und der Spielbank Schwerin oder Entspannung im FUNTASTIK-Club sind ebenfalls im Angebot.
Marienplatz 1–2, 19053 Schwerin
Tel. 03 85-5 81 46 71
www.derwurm-schwerin.de
Mo–Sa 9.30–20 Uhr

Wassersporthaus Maritim
Das Wassersporthaus führt Bootszubehör und Markenbekleidung für Sport und Freizeit. Auch Landratten finden im maritimen Sortiment so manches schöne Stück. Individuelle und fachkundige Beratung ist hier selbstverständlich.
Werderstr. 74a, 19055 Schwerin
Tel. 03 85-5 00 76 42
www.maritim-schwerin.de
Mo–Fr 9–19, Sa bis 16 Uhr

Boutique am Pfaffenteich
Die im historischen, 1838 vom stadtbekannten Architekten Demmler erbauten Haus der ehemaligen Stadtkommandantur untergebrachte Boutique bietet in geschmackvollem Ambiente die aktuellen Kollektionen der Firmen Airfield, Cambio, René Lezard, Luisa Cerano und Toni Gard sowie edle Dessous von La Perla.
Arsenalstr. 2, 19053 Schwerin
Tel. 03 85-5 90 76 31
www.boutique-am-
pfaffenteich.de
Mo–Fr 11–19, Sa 11–16 Uhr

Zigarrenhaus Preussler
Im schmalsten Geschäftshaus von Schwerin gibt's exklusive Zigarren, Tabak, Pfeifen und Zubehör, aber auch über 80 Sorten Whisk(e)y und andere feine Spirituosen. Die aus den 1920er-Jahren erhaltene Ladeneinrichtung verleiht dem Traditionsgeschäft viel Charme.
Friedrichstr. 6, 19055 Schwerin
Tel. 03 85-77 88 88 66
www.zigarrenhaus-preussler.de
Mo–Fr 9–18, Sa 10–14 Uhr

Am Abend

Staatstheater
Zum Staatstheater, einem repräsentativen Prachtbau (1883–1886) gegenüber dem Schloss, dessen Zuschauerraum verschwenderischen Stuckdekor in Rokokoformen aufweist, gehören das E-Werk am Spieltordamm 1 (Pfaffenteich) sowie die Fritz-Reuter-Bühne, wo hauptsächlich Lustspiele und Schwänke in plattdeutscher Mundart gegeben werden.
Alter Garten 2, 19055 Schwerin
Tel. 03 85-5 30 01 23
www.theater-schwerin.de

Der Speicher
Das Gebäude des soziokulturellen Zentrums wurde 1888 als städti-

sches Brauhaus erbaut. Die Einrichtung der Landeshauptstadt Schwerin ist Bühne für Konzerte (Blues, Rock, Reggae, Folk, Flamenco, Tango, Klezmer etc.), Lesungen, Kabarett, Comedy, Theater, Kinderveranstaltungen, Filmvorführungen und vieles mehr.
Röntgenstr. 22, 19055 Schwerin
Tel. 03 85-51 21 05
www.schwerin.de/speicher

Das Capitol
Das 1936 gegründete Capitol ist der klassische Filmpalast der Stadt. Im Foyer des historischen Kinos soll eine Ausstellung mit alten Kinokarten, Programmheften, Plakaten, Anzeigen etc. entstehen. Neben Filmvorführungen bietet man auch ein kulturelles Forum mit einem breit gefächerten Angebot – Lesungen, Hörbuchpräsentationen, Konzerte, Kleinkunstveranstaltungen, Ausstellungen oder Liveübertragungen.
Wismarsche Str. 126
19053 Schwerin
Tel. 03 85-5 91 80 18
www.das-capitol.de

House of Whiskey
Das House of Whiskey am Pfaffenteich erinnert an einen irischen Pub. An die 120 verschiedene Whiskeys von der Grünen Insel, aber auch aus Schottland und den USA kann man hier unter fachmännischer Anleitung probieren.
Arsenalstr. 14, 19055 Schwerin
Tel. 03 85-55 51 21
www.house-of-whiskey.de
tgl. ab 18 Uhr

Zenit
Großer Club mit mehreren Dancefloors, auf denen Hardtrance, Techno, Goa und House läuft. Mehrere Bars, allerdings nicht gut belüftet.
Pappelgrund 15a
19055 Schwerin
www.zenit-schwerin.de

Stralsund

Juwel der Backsteingotik

Die einzigartige Architekturlandschaft am Strelasund rühmte schon Wilhelm von Humboldt. Es ist in erster Linie privater Initiative seit 1989 zu verdanken, dass der Altstadtkern glanzvoll renoviert wurde und heute wieder im tiefen Rot der gotischen Backsteinpracht erstrahlt. Das beeindruckte 2002 auch die UNESCO: Sie nahm Stralsund gemeinsam mit Wismar ins Weltkulturerbe auf. Die gotischen Kirchen der Hansestadt, die ihren Aufstieg im 13. und 14. Jh. den riesigen Heringsschwärmen an der Küste dieses Landstrichs verdankte, zeugen von mittelalterlichem Bürgerstolz. Mit gleich zwei erstrangigen Museen demonstriert die Stadt ihre Verbundenheit mit dem Meer, und auf den Hering lässt man auch heute nichts kommen. Fangfrisch mild-sauer eingelegt hat er zu sein, denn so mundete er 1871 schon Reichskanzler Bismarck.

Alter Markt

Fassaden im Stil vieler Epochen säumen Stralsunds Alten Markt. Neben der Nikolaikirche und dem Rathaus sind weitere Gebäude hervorzuheben. Im Commandanten-Hus, einem 1746 errichteten, dreigeschossigen barocken Traufenbau mit spitzem Dreiecksgiebel, residierte bis zum Wiener Kongress 1815 der schwedische Stadtkommandant.

Das besonders gut erhaltene Wulflamhaus, ein mittelalterliches Backsteingebäude, wurde vor 1358 für den Ratsherren und späteren Bürgermeister Bertram Wulflam errichtet, den damals wohl reichsten Mann an der Ostsee. Über seinem bis 1991 rekonstruierten Treppengiebel erheben sich vier Pfeilertürmchen. Drei Häuser weiter links in Richtung Neuer Markt findet man ein Ende des 13. Jhs. erbautes Haus (Mühlenstraße 1). Sein Pfeilergiebel gilt als der älteste der Backsteingotik. Im Innenhof ist ein Café untergebracht.
Alter Markt, 18439 Stralsund

Rathaus

Die zum Alten Markt weisende reich verzierte südliche Backsteinfront des Rathauses ist ein wahres Juwel der deutschen Backsteingotik. Ihre sechs Dreiecksgiebel und behelmten schlanken Pfeiler bilden mit den Türmen der

Nikolaikirche ein eindrucksvolles Ensemble. Das 1270 erstmals erwähnte Haus bestand zunächst aus den zwei Langhallen, denen Ende des 13. Jhs. der verbindende Querbau im Süden hinzugefügt wurde. Der nördliche Vorbau mit seiner prächtigen Schaufassade kam um 1400 hinzu.

Besonders hübsch sind die mit filigranen Sternen verzierten Windlöcher. Unterhalb der Blendbögen und direkt über den Spitzbogenfenstern sieht man die Wappen der wichtigsten Hansestädte. 1579 erhielt das Rathaus die Renaissancetreppe, 1720 kam das Barockportal der Längsfassade hinzu. Über dem Eingang befindet sich ein farbenprächtiges Stadtwappen.
Alter Markt, 18439 Stralsund
Tel. 0 38 31-25 20, www.stralsund.de
tgl. 9–18 Uhr

Nikolaikirche

Die dem Schutzpatron der See- und Kaufleute geweihte Nikolaikirche, eine 1270 begonnene und um 1360 vollendete dreischiffige Basilika mit wuchtiger Doppelturmanlage, ist die älteste Kirche Stralsunds und der erste Nachfolgerbau der Lübecker Marienkirche. Sie besitzt mit Fresken geschmückte farbenprächtige Säulen. Aus manchen Kapitellen der

Stralsund

Spitzbogenarkaden ragen kleine steinerne Köpfe heraus, ihre Körper sind auf die Säulen gemalt.

Besonders bemerkenswert sind die zahlreichen Altäre, darunter der 1470 gestiftete gotische Hochaltar mit seiner filigran geschnitzten Kreuzigungsszene. Der Bergenfahreraltar (um 1500) sowie die vier erhaltenen Tafeln des als »Gestühl der Nowgorodfahrer« bekannten Reliefs aus dem 14. Jh. gehen auf Stiftungen der mittelalterlichen Fernhandelskaufleute an die Hansestadt zurück. Wertvoll ist auch die vor 1280 entstandene Figurengruppe der Anna Selbdritt.

Auf dem St. Nikolaikirchhof 2
18439 Stralsund, Tel. 0 38 31-29 71 99
www.nikolai-stralsund.de
April, Mai, Sept., Okt. Mo–Sa 9–18, So 13–17,
Juni bis Aug. Mo–Sa 9–19, So, Fei 13–17,
Nov. Mo–Sa 10–17, So, Fei 13–17,
Dez.–März Mo–Sa 10–16, So, Fei 13–16 Uhr

Marienkirche

Die trutzige, erstmals 1298 erwähnte dreischiffige Basilika erhebt sich in der südlichen Altstadt auf halbem Weg zwischen Knieper- und Frankenteich. Die im Lauf des 15. Jhs. vollendete Gottesburg ist vor allem von außen imposant. Von der Innenausstattung wurde vieles geplündert oder ging bei der Restaurierung 1842–1847 verloren, darunter auch 44 große, wertvolle Zunftaltäre. Erhalten blieben die fast 20 m hohe Barockorgel, Messingkronleuchter und vereinzelte Schnitzfiguren.

Längs- und Querschiff vermitteln ein beeindruckendes Raumerlebnis. Das Mittelschiff ist 96 m lang und 32 m hoch. Vom Turm, der einst 151 m in die Höhe ragte, aber nach einem Blitzschlag auf 104 m gestutzt wurde und eine barocke Haube erhielt, eröffnet sich nach 366 Stufen ein Blick über Giebel-, Backstein- und Sundlandschaft bis weit über Rügen.

Marienstr. 10, 18439 Stralsund
Tel. 0 38 31-29 89 65
www.st-mariengemeinde-stralsund.de
Mai, Juni, Sept., Okt. Mo–Sa 10–17,
So, Fei 11.30–17 Uhr; Juli, Aug. Mo–Sa 9–18,
So, Fei 11.30–17 Uhr; Nov.–April Mo–Sa 10–12,
13–16, So, Fei 11.30–16 Uhr

Kulturhistorisches Museum

Wie das Deutsche Meeresmuseum ist auch das Kulturhistorische Museum in den Räumlichkeiten des ehemaligen Katharinenklosters unter schönen Kreuzrippen- und Netzgewölben untergebracht. Kronjuwel der Sammlungen ist der 1874 gefundene Hiddenseer Goldschatz aus dem 10. Jh., der allerdings, von wenigen Sommertagen abgesehen, zwar sehr effektvoll, aber nur als (kunstvolle) Kopie präsentiert wird.

Originale sind dagegen die drei wertvollen gotischen Altäre im ersten Saal. Als kostbarstes Exponat aus der Hansezeit gilt der Stralsunder Becher, ein gotischer Muranoglasbecher aus dem 14. Jh. Im 1. Stock sind ein Modell Stralsunds aus dem Jahr 1647 sowie Stralsunder Wohnkultur zu sehen – von der Hansezeit bis hin zu einem DDR-Wohnzimmer mit Möbeln aus den 1970er-Jahren.

Mönchstr. 25–27, 18439 Stralsund
Tel. 0 38 31-2 87 90
kulturhistorisches-museum@stralsund.de
Di–So 10–17 Uhr

Museumshaus

Das äußerlich unscheinbar wirkende gotische Giebelhaus, eine Außenstelle des Kulturhistorischen Museums, wurde um 1320 erbaut und gehört damit zu den ältesten Wohnhäusern der Stadt. Bis 1979 war es bewohnt. Bei der in den 1990er-Jahren erfolgten Sanierung verzichtete man darauf, den mittelalterlichen Bauzustand komplett wiederherzustellen. Stattdessen machte man die 650 Jahre, die dieses Haus bewohnt war, die zahlosen großen und kleinen Veränderungen, Um- und Einbauten zum Ausstellungsthema.

Als Besucher begibt man sich somit auf eine Zeitreise vom 14. bis ins 20. Jh. Man besichtigt die Schwarzküche mit rußiger Fettschicht an den Wänden, die gute Stube mit Ausstattung von 1680, die Biedermeierstube, in der man 20 Tapetenschichten aufgeblättert hat, und den Speicherboden mit noch immer funktionierendem mittelalterlichem Warenaufzug.

Mönchstr. 38, 18439 Stralsund
Tel. 0 38 31-2 87 90
Febr.–Okt. tgl. 10–17, Nov.–Jan. Di–So 10–17 Uhr

Häuser am Alten Markt, in der Mitte das mittelalterliche Wulflamhaus

Deutsches Meeresmuseum

Das ebenfalls im ehemaligen Katharinenkloster untergebrachte Meeresmuseum ist die größte naturkundliche Ausstellung dieser Art in Norddeutschland. Nur in Stralsund bekommt man ein hoch aufgehängtes Finnwalskelett und das Modell eines Kraken unter gotischen Backsteinbögen zu sehen.

In die riesige Halle der ehemaligen Kirche hat man zwei Zwischenebenen eingezogen. Das erste Obergeschoss ist der Küsten- und Hochseefischerei gewidmet, während im Kellergeschoss 46 Aquarien von teils gewaltigen Ausmaßen zu sehen sind, in denen sich Haie, Riesenkalmare und andere, oft sehr bunte Bewohner der Weltmeere tummeln. Im Erdgeschoss werden u.a. ein Meeresbodenrelief und der Aufbau eines Korallenriffs gezeigt sowie Flora und Fauna des Meeres erklärt. Das Museum besitzt zwei Außenstellen: das Natureum am Darßer Ort und das Nautineum auf dem Dänholm.

Katharinenberg 14–20, 18439 Stralsund
Tel. 0 38 31-2 65 02 10
www.meeresmuseum.de
Okt.–Mai tgl. 10–17, Juni–Sept. tgl. 10–18 Uhr

Ozeaneum

Der 2008 eröffnete futuristische Neubau mit mehreren durch ein gläsernes Foyer miteinander verbundenen silbernen Türmen steht in einem spannungsreichen Kontrast zur historischen Hafenfront mit ihren alten backsteinernen Speichern und dem im Hafen liegenden Großsegler Gorch Fock. Das Ozeaneum besitzt Europas größte freitragende Rolltreppe.

Die Ausstellungen im ersten Gebäude widmen sich den drei Themen Weltmeer, Ostsee und Erforschung der Meere. In den beiden nächsten Gebäuden präsentieren insgesamt 39 Aquarien die Lebensräume Stralsunder Hafenbecken, Bodden, Ostsee, Wattenmeer, Gewässer um Helgoland und Nordpolarmeer. Das Schwarmfischbecken besitzt ein Fassungsvermögen von 2,6 Mio. Litern. Das vierte Gebäude ist den Riesen der Meere vorbehalten: Modelle von Walen in Originalgröße hängen im Raum, Klanginstallationen simulieren den Gesang der Meeressäuger.

Hafenstr. 11, 18439 Stralsund
Tel. 0 38 31-2 65 06 10, www.ozeaneum.de
Juni–Sept. tgl. 9.30–21, Okt.–Mai tgl. 9.30–19 Uhr

Stralsund

Hotels

Steigenberger Hotel Baltic

Das Hotel liegt nur wenige Schritte von der historischen Altstadt und dem Hafen entfernt. Es bietet stilvolle und maritime Eleganz, großzügig ausgestattete Zimmer und einen Wellnessbereich mit Sauna, Solarium und Fitnessraum. Das Restaurant»Weinwirtschaft« verwöhnt mit regionaler Küche, Tapas und edlen Tropfen.

Frankendamm 22
18439 Stralsund
Tel. 0 38 31-20 40
www.stralsund.steigenberger.de

Kontorhaus

Neues Hotel mit viel hanseatisch-maritimem Flair am Querkanal im Hafen, in unmittelbarer Nähe des Ozeaneums. Die Inneneinrichtung wurde von einem Spezialisten für Kreuzfahrtschiffe gestaltet und erinnert tatsächlich an die Kabinen eines Luxusliners. Die geräumigen, hellen Zimmer tragen die Namen berühmter Schiffe, z.B. QE2 oder Gorch Fock. Kostenfreies WLAN.

Am Querkanal 1
18439 Stralsund
Tel. 0 38 31-28 98 00
www.kontorhaus-stralsund.de

Radisson Blu Hotel Stralsund

Das Hotel liegt direkt am Hanse-Dom, einer der schönsten Spa-, Sport- und Freizeitanlagen Deutschlands, in der sich Hotelgäste nach Herzenslust vergnügen dürfen. Man übernachtet in 114 modern-maritim eingerichteten Zimmern und Suiten. Das Restaurant»Vineta« serviert mediterrane Küche mit euroasiatischen Einflüssen.

Grünhufer Bogen 18-20
18437 Stralsund-Grünhufe
Tel. 0 38 31-3 77 30
www.radissonblu.de/hotel-stralsund

Altstadt Hotel zur Post

Zentral, aber dennoch ruhig am Neuen Markt gelegenes modernes Hotel. Im Ateliergeschoss bietet es Studios für längere Aufenthalte. Im Restaurant kommen auch Ostsee-lachs oder Ostseesteinbutt auf die Teller. Sauna und Solarium.

Tribseer Str. 22, 18439 Stralsund
Tel. 0 38 31-20 05 00
www.hotel-zur-post-stralsund.de

Norddeutscher Hof

Familiengeführtes Hotel in einem denkmalgeschützten Gebäude, das schon Anfang des 17. Jhs. als Herberge diente. 13 freundlich eingerichtete Zimmer mit Bad, Schreibtisch, TV und kostenlosem WLAN. Nettes Restaurant, einige Tische auch im schönen Innenhof.

Neuer Markt 22, 18439 Stralsund
Tel. 0 38 31-29 31 61
www.nd-hof.de

Pension Cobi

Ruhig gelegene familiäre Frühstückspension bei der Jakobikirche mit geschmackvoll eingerichteten Zimmern. Fahrradverleih.

Jacobiturmstr. 15
18439 Stralsund
Tel. 0 38 31-27 82 88
www.pension-cobi.de

Restaurants

Tafelfreuden im Sommerhaus

Freundliches hellgelbes Holzhäuschen im schwedischen Landhausstil zwischen Knieperteich und Hauptbahnhof. Köstliche Fusionsküche, heller Wintergarten, Mo–Fr günstiger Mittagstisch. Unterm Dach kann man auch übernachten.

Jungfernstieg 5a
18437 Stralsund
Tel. 0 38 31-29 92 60
www.tafelfreuden-stralsund.de
Di–Fr 17.30–24, Sa, So 11.30 bis 14.30, 17.30–24 Uhr

Wulflamstuben

Traditionsreiches Restaurant in einem der schönsten mittelalterlichen Giebelhäuser Stralsunds. In rustikalem Ambiente verspeist man unter dunklem Holzgebälk deftige Mecklenburger Gerichte nach alten Rezepten. Auch Kaffee und Kuchen.

Alter Markt 5, 18439 Stralsund
Tel. 0 38 31-29 15 33
www.wulflamstuben.de

Goldener Löwe

Traditionsreiches Restaurant mit skandinavischem Ambiente. Schöner Blick auf Rathaus und Nikolai-kirche. Auf den Tisch kommen mediterrane sowie regionale Gerichte aus Vorpommern, darunter eine köstliche Fischsuppe. Am Nachmittag gibt es Kaffee, Kuchen und Eis.

Alter Markt 1, 18439 Stralsund
Tel. 0 38 31-30 63 90
www.goldener-loewe-stralsund.de
tgl. 10–24 Uhr

Hansekeller

Gewölbekeller aus Backstein des 16. Jhs. im historischen Haus des Handwerks, mit urigem Restaurant und gutbürgerlicher Küche. Besonders beliebt ist das Heringsessen.

Mönchstr. 48, 18439 Stralsund
Tel. 0 38 31-70 38 40
www.hansekeller-stralsund.de
tgl. 11–24 Uhr

Klabautermann

Rustikale Hafenkneipe und Traditionsgaststätte des Fördervereins Gorch Fock 1 mit deftiger Seemannskost, vom Labskaus bis zur gebratenen Hechtschnitte. Eine Pension ist angeschlossen.

Am Querkanal 2, 18439 Stralsund
Tel. 0 38 31-29 36 28
www.pension-klabautermann.de

Fischermann's

Das Restaurant ist in einem alten Getreidespeicher am Hafen untergebracht, unweit des Großseglers Gorch Fock. Auf der Sommerterrasse oder im Wintergarten genießt man Fischgerichte wie Steinbutt auf Mecklenburger Art mit Rotweinbuttersoße.

An der Fährbrücke 3
18439 Stralsund
Tel. 0 38 31-29 23 22
www.fischermanns-
restaurant.de
tgl. ab 10 Uhr

Shopping

Fischhandel und Räucherei Rasmus

Traditionsreiches Fischgeschäft und Räucherei. Hier wurde der Bismarckhering erfunden und hier wird er noch immer nach traditionellem (und natürlich geheimem) Rezept in Essig, Senfkörner, Zwiebeln und Lorbeerblätter eingelegt und verkauft.

Heilgeiststr. 10, 18439 Stralsund
Tel. 0 38 31-28 15 38
www.bismarckhering.com

IL-Mode

Hier gibt's geschmackvolle und sehr tragbare dänische Mode der Marken Blue Willi's, Signal, Wellensteyn Jacken, DOB, HAKA und vieler mehr.

Ossenreyerstr. 2
18439 Stralsund
Tel. 0 38 31-28 20 54
il-mode@gmx.de
Mo–Sa 10–18, So 13–18 Uhr

Galerie Jantar

Beliebte Galerie zwischen Meeresmuseum und Neuem Markt, die auf regionales Kunsthandwerk spezialisiert ist. Neben selbstgefertigtem Schmuck – auch aus Bernstein – werden Produkte aus Keramik, Glas, Filz, Papier und Holz verkauft.

Katharinenberg 13a
18439 Stralsund
Tel. 0 38 31-27 82 60

renitent

Das Atelier in der Stralsunder Altstadt führt zeitgenössische und experimentelle Schmuckstücke. Verkauft werden eigene Kollektionen und Auftragsarbeiten. Für Freunde, Verliebte und Verlobte wird das eigenhändige Schmieden von Paar-Ringen in einem Workshop angeboten.

Heilgeiststr. 52/53
18439 Stralsund
Tel. 0 38 31-68 53 97
www.renitent.biz
Mo, Di, Fr 10–16 Uhr

Buchhandlung Weiland

Die traditionsreiche Buchhandlung in der Stralsunder Altstadt führt auch ein umfangreiches Sortiment an regionaler Literatur.

Ossenreyerstr. 14
18439 Stralsund
Tel. 0 38 31-29 24 66
www.weiland.de
Mo–Fr 9–19, Sa bis 18 Uhr

Am Abend

Brauhaus Zum Alten Fritz

Die gemütliche Gaststätte erinnert an ein Brauereimuseum. Hier wird Stralsunder Bier (»Störtebeker – das Bier der Gerechten«) gebraut und ausgeschenkt. Großer Biergarten.

Greifswalder Chaussee 84/85
18439 Stralsund
Tel. 0 38 31-25 55 50
www.alter-fritz.de
tgl. ab 11 Uhr

HanseDom

Freizeit- und Erholungspark mit Therme, palmengesäumtem Wellenbecken samt Strömungskanal, Riesenrutsche und Wildwasserbach über nachgebaute Tempelruinen, außerdem Saunalandschaft (mit Wellnessbereich und Dampfbädern) sowie Tennis, Squash, Badminton, Kletterwand, Gastronomie – und das alles bis in den späten Abend.

Grünhufer Bogen 18–20
18439 Stralsund
Tel. 0 38 31-3 73 30
www.hansedom.de
tgl. 9.30–23 Uhr

T1

Das T1 versteht sich als Erlebnisbar mit vielen Facetten, eine populäre Lokalität für Tanz, Musik, Events und Kunst.

Heilgeiststr. 64, 18439 Stralsund
Tel. 0 38 31-28 28 04
www.t1-stralsund.de
tgl. ab 20 Uhr

KULTurschmiede

Bier vom Fass und eine große Auswahl an Longdrinks, dazu eine Bühne für Live-Acts und eine Kanzel, in der die DJs auflegen.

Langenstr. 24b, 18439 Stralsund
Tel. 0 38 31-30 96 16
www.kulturschmiede-
stralsund.de
So–Do 16–3, Fr, Sa bis 5 Uhr

Black Pearls

Coole Drinks und Beats in einem mittelalterlichen Kellergewölbe der Altstadt. Gespielt werden Soul, Funk und Dance. Zahlreiche Events.

Ossenreyerstr. 7, 18439 Stralsund
Tel. 0 38 31-28 22 33
www.blackpearls-lounge.de
Mo–Fr 20–3 Uhr, Sa ab Mitternacht

Zur Fähre

Hanni Höpner ist eine Institution in Stralsund, denn sie betreibt mitten in der Altstadt eine der ältesten Hafenkneipen Europas. Als »Taberna opud passagium« wurde das Lokal 1332 erstmals urkundlich erwähnt. Hier kippt man gerne ein Stralsunder Kümmelwasser, ein herzhafter Klarer. Dazu gibt's Fischbrötchen, Seemannsmusik und jede Menge Schnack.

Fährstr. 17, 18439 Stralsund
Tel. 0 38 31-29 71 96
www.zurfaehre-kneipe.de

Stuttgart

Kultur und Wein im Ländle

Baden-Württembergs Landeshauptstadt zeigt sich einerseits als lebendiger Wirtschaftsstandort mit Weltfirmen wie Daimler oder Porsche, andererseits als bekannte Musik-, Musical-, Kultur- und Wissenschaftsstadt sowie als attraktives touristisches Ziel. Unbestritten kann sich Stuttgart (601 600 Einwohner) seiner besonders schönen Lage rühmen. Die Kernstadt schmiegt sich in eine auf drei Seiten von Hängen umgebene Talmulde. Von den Anhöhen bieten sich bei Tag und vor allem bei Nacht faszinierende Blicke auf die Innenstadt, wo die wichtigsten Sehenswürdigkeiten nahe beieinander liegen und bequem zu Fuß erkundet werden können. Vor allem in der warmen Jahreszeit bietet die Stadt eine fast südländisch anmutende Atmosphäre mit zahllosen Straßencafés und Biergärten. In den Fußgängerzonen spielen Straßenmusikanten auf, und in den Parks tummelt sich ein sonnenhungriges Publikum. In Shoppingpassagen und Einkaufsstraßen dominieren anspruchsvolle Geschäfte und Boutiquen. Und weil sich rund um Stuttgart ausgedehnte Rebhänge erstrecken, hat die Landeshauptstadt neben internationalen Restaurants auch eine große Anzahl an charmanten Weinlokalen und bodenständig-schwäbischen Wirtschaften zu bieten.

Kunstmuseum Stuttgart und Schlossplatz

Der zentrale Schlossplatz entstand zusammen mit dem 1746 bis 1806 erbauten Neuen Schloss. Dieses dreiflügelige Bauwerk aus der Übergangszeit vom Barock zum Klassizismus prägt mit seiner figurengekrönten Mittelfassade den Ostteil des Platzes. Gegenüber dominiert die klassizistische Säulenfront des Königsbaus, hinter dem Stuttgarts größte Shoppingpassage täglich Zigtausende Besucher anlockt. Daneben führen breite Treppen zum gläsernen Quader des 2005 eröffneten Kunstmuseums Stuttgart hinauf, das Werke der klassischen Moderne und zeitgenössische Schöpfungen zeigt. Besonders die Otto-Dix-Sammlung ist weltberühmt. Von den gläsernen Umgängen genießt man tagsüber den Blick über die Stadt und auf die umliegenden Hänge, nachts wird der Kubus des Museumsneubaus zur Lichtskulptur.

Südliches Flair strahlt der Schlossplatz im Sommer aus. Die Straßencafés vor dem Königsbau sind dann stets proppenvoll. Ein junges Völkchen lagert auf den Grünanlagen rund um die 30 m hohe Jubiläumssäule, und Kinder spielen am Brunnen.

Kleiner Schlossplatz 1, 70173 Stuttgart
Tel. 07 11-2 16 21 88
www.kunstmuseum-stuttgart.de
Di, Do–So 10–18, Mi, Fr 10–21 Uhr

Schillerplatz und Landesmuseum Württemberg

Der vom Alten Schloss, der Alten Kanzlei und der Stiftskirche eingerahmte Schillerplatz gehört zu den würdigsten Plätzen der Stadt. In seiner Mitte erhebt sich das Denkmal des Dichters, ein Werk des Dänen Bertel Thorvaldsen von 1839. Im Alten Schloss, einem Renaissancebau mit runden Ecktürmen und dem berühmten mehrstöckigen Arkadenhof, zeigt das Württembergische Landesmuseum Kunst und Gebrauchsgegenstände aus der Landesgeschichte und als Höhepunkt einen 2500 Jahre alten keltischen Prunkwagen aus Bronze. Der Innenhof bildet oft die Kulisse für Konzerte und Theateraufführungen.

Die nach dem Zweiten Weltkrieg wieder aufgebaute, spätgotische Stiftskirche mit zwei unterschiedlichen Türmen wurde 1999 bis 2003 im Inneren weitgehend neu gestaltet. Besonders markant sind moderne Glasmalereien, die Mühleisen-Orgel sowie das völlig neuartige segelähnliche, filigrane Kreuzrippengewölbe, das an die Dreischiffigkeit und Netzgewölbekonstruktion aus der Gotik erinnern soll. Eine Unterkirche zeigt archäologische Funde, die während der jüngsten Umbauzeit entdeckt wurden.

Schillerplatz 6, 70173 Stuttgart
Tel. 07 11-89 53 51 11
www.landesmuseum-stuttgart.de
Di–So 10–17 Uhr

Staatsgalerie

Die 1984 eröffnete Neue Staatsgalerie an der Stuttgarter Kulturmeile hat sich inzwischen zu einem echten Klassiker der internationalen Kunstszene entwickelt. Das liegt zum einen an der spektakulären Gestaltung des Gebäudes durch den britischen Stararchitekten James Stirling, der hier einen Schlüsselbau des ausgehenden 20. Jhs. schuf – als bewegtes Gebäudeensemble aus Wegen und Plätzen, Terrassen und Rampen, mit geschwungener grüner Stahl-Glas-Fassade und steinernem Monumentenhof.

Zum anderen trägt die Ausstellungskonzeption zur Attraktivität bei, ein Zusammenwirken aus den Sammlungen des eigenen Bestands – Schwerpunkt Klassische Moderne – mit hochkarätigen Sonderausstellungen und Kunstgesprächen. In der Alten Staatsgalerie, die im Inneren mit dem neuen Bau verbunden ist, werden vor allem Werke des Schwäbischen Klassizismus und der Malerei des 19. Jhs. präsentiert. Ebenfalls auf James Stirling gehen die 1995 eröffnete benachbarte Musikhochschule mit ihrem charakteristischen Rundturm sowie das 2002 eingeweihte Haus der Geschichte Baden-Württembergs zurück.

Konrad-Adenauer-Str. 30–32
70173 Stuttgart, Tel. 07 11-47 04 00
www.staatsgalerie-stuttgart.de
Mi, Fr–So 10–18, Di, Do 10–20 Uhr

Die Neue Staatsgalerie von James Stirling

Linden-Museum

Das von Carl Graf von Linden 1889 gegründete und 1911 im neoklassizistischen Stil erbaute Museum gilt als eines der größten und bedeutendsten Völkerkundemuseen Europas. Auf drei Etagen werden heute Originalobjekte aus den verschiedensten Kulturen der Welt in ihren Zusammenhängen gezeigt und so eindrucksvoll und anschaulich präsentiert, dass sich Besucher in die Südsee oder zu den Indianern Nordamerikas, nach Afrika oder Lateinamerika, in den Orient oder nach Ostasien versetzt fühlen.

Die regelmäßigen oder speziell arrangierten Führungen für das allgemeine Publikum oder Familien, für Schulklassen, Kindergeburtstage oder als Ferienprogramm werden intensiv angenommen – das Lindenmuseum ist ein großer Publikumsmagnet. Darüber hinaus werden Workshops, Thementage, Tanzvorführungen und Fortbildungen für Lehrer organisiert.

Hegelplatz 1, 70174 Stuttgart
Tel. 07 11-2 02 23, www.lindenmuseum.de
Di–So 10 -17, Mi 10–20 Uhr

Stuttgart

Mercedes-Benz-Museum

Für Autofans aus aller Welt war schon das Mercedes-Benz-Museum auf dem Werksgelände in Stuttgart-Untertürkheim eine wahre Pilgerstätte. Erst recht gilt dies für den 2006 eröffneten imposanten Neubau vor den Toren des Stammwerkes. Auf 17 000 m² Ausstellungsfläche präsentiert das Museum die Geschichte der Automarke mit den jeweiligen Fahrzeugkollektionen. Mit dabei ist natürlich der Benz Patent-Motorwagen Nr. 1 von 1886. Breiten Raum nehmen auch die legendären Silberpfeile ein, deren Mythos im Rennkino lebendig bleibt. Oldtimer und Luxusfahrzeuge sowie Sonderproduktionen ergänzen die auf acht Ebenen verteilte Ausstellung von insgesamt 80 Personenfahrzeugen, 20 Rennwagen und 40 Nutzfahrzeugen.

Auch die Technik kommt nicht zu kurz: In fünf Laboratorien können Besucher selbst Hand anlegen und sich über neueste Entwicklungen in den Bereichen Forschung, Design oder Produktion informieren. Kinder werden sich in der Erfinderwerkstatt wohlfühlen.

Mercedesstr.e 100, 70372 Stuttgart
Tel. 07 11-1 73 00 00
www.mercedes-benz-classic.com
Di–So 9–18 Uhr

Fernsehturm

Viele große Städte haben einen modernen Fernsehturm, doch Stuttgart kann sich rühmen, den ersten der Welt zu besitzen. 1956 wurde der 217 m hohe Turm in Stuttgart-Degerloch in Betrieb genommen. Seine elegante schlanke Stahlbetonkonstruktion diente als Vorbild für viele in den folgenden Jahrzehnten erbaute Fernsehtürme. Der Durchmesser des Fundamentfußes beträgt 27 m. Nach oben hin verjüngt sich das Bauwerk: Am Ansatz des Korbes beträgt der Durchmesser nur noch gut 5 m. Der Turmkorb selbst hat einen Umfang von 15 m.

Schnell entwickelte sich der Turm zur Touristenattraktion. Mit dem Lift geht es hinauf auf die zweigeschossige Aussichtsplattform in 150 m Höhe. Von hier eröffnet sich ein grandioser Ausblick auf die Stadt und die umliegenden Weinberge bis hin zur Schwäbischen Alb

und zum Schwarzwald. An klaren Tagen kann man manchmal sogar die Schweizer Alpen in der Ferne erspähen. Wer das Panorama ein wenig länger genießen will, sollte sich im Café niederlassen und bei Kaffee, Kuchen und Snacks Stuttgart von oben betrachten.

Jahnstr. 120, 70597 Stuttgart-Degerloch
Tel. 07 11-23 25 97
www.fernsehturm-stuttgart.de
tgl. 9–23 Uhr, letzte Auffahrt 22.30 Uhr

Wilhelma

Im Stadtteil Bad Cannstatt direkt am Neckar gelegen, wurde Europas größter zoologisch-botanischer Garten mit der einmaligen Kombination von fast 10 000 Tieren und vielen Arten exotischer Pflanzen 1850 im Auftrag von König Wilhelm I. im maurischen Stil erbaut. Zu den botanischen Glanzpunkten zählen u.a. ein weitläufiger Magnolienhain, 5000 Orchideen sowie 30 verschiedene Kamelien- und Azaleensorten. Dazu kommen Tiergehege wie Schwingaffen- und Menschenaffenhaus, Nachttierhaus und ein berühmtes Aquarium sowie Häuser für Elefanten, Nashörner und andere Tropenbewohner. Bären und Klettertiere tummeln sich in einer Felsenlandschaft.

Im Amazonienhaus fühlt man sich in einen tropischen Dschungel versetzt, in dem Affen und Vögel in den Bäumen lärmen, Krokodile, Schildkröten und Fische die Teiche bevölkern. Bei Kindern besonders beliebt ist das Jungtier-Aufzuchthaus mit Affenkindergarten. Dank beachtlicher Zuchterfolge können immer wieder Tierbabys der verschiedensten Rassen beobachtet werden.

Neckartalstraße, 70342 Stuttgart
Tel. 07 11-5 40 20, www.wilhelma.de
tgl. 8.15 bis Einbruch der Dunkelheit, spätestens aber 20 Uhr (Einlass im Sommer bis 18, im Winter bis 16 Uhr)

Bohnenviertel

Das erste Viertel, das im 15. Jh. außerhalb der Stuttgarter Stadtmauern entstand, war zunächst Heimstätte armer Leute, die in ihren Gärten vor allem Bohnen anpflanzten – so kam es zu seinem Namen. Später ließen sich

hier Handwerker und Weinbauern nieder. Heute präsentieren sich die schmucken Häuschen – die ältesten stammen noch aus den Anfangstagen des Stadtteils – liebevoll saniert und herausgeputzt.

Viele Handwerker, Ateliers, Geschäfte und Restaurants haben sich in dem Karree zwischen Hauptstätterstraße, Charlottenstraße, Olgastraße und Pfarrstraße niedergelassen. Vor allem Freunde des originellen Shoppings kommen auf ihre Kosten: Ob Schmuck, Holzspielzeug, edle Öle oder schicke Wohnaccessoires – im Bohnenviertel zählt Klasse statt Masse. Beim abendlichen Bummel durch das Viertel hat man die Qual der Wahl: Restaurants verschiedenster Küchenrichtungen, Weinstuben und Szenekneipen sorgen auch nach Ladenschluss für lebhaftes Treiben. Legendär ist das Bohnenviertelfest, das alljährlich im Juli stattfindet.

70182 Stuttgart, www.bohnenviertel.net

Weißenhofsiedlung mit Museum

Ein einzigartiges Dokument moderner Baukunst hat sich auf dem Stuttgarter Killesberg erhalten. Die Weißenhofsiedlung war die Hauptattraktion der 1927 in Stuttgart realisierten Werkbund-Ausstellung »Die Wohnung«. Noch heute gilt sie Architekten als Markstein für den Durchbruch des Neuen Bauens, das die Moderne kennzeichnet.

17 internationale Architekten, darunter Größen wie Le Corbusier und Hans Scharoun, wurden eingeladen, unter der Gesamtplanung von Mies van der Rohe 21 Bauten mit insgesamt 63 Wohnungen zu entwerfen und zu realisieren. Zwölf der Häuser sind bis heute erhalten und zeugen mit ihren schmucklosen kubischen Formen vom Gedankengut der Moderne, den Bewohnern durch ein Minimum an Form ein Maximum an Freiheit zu gewähren. Im Doppelhaus von Le Corbusier wurde ein Museum eingerichtet, in dem man versucht hat, die Originalausstattung zu rekonstruieren.

Rathenaustr. 1–3, 70191 Stuttgart
Tel. 07 11-2 57 91 87
www.weissenhofmuseum.de
Museum Di–Fr 11–18, Sa, So 10–18 Uhr

Botanischer Garten der Wilhelma

Blühendes Barock Ludwigsburg

Barocke Sinnlichkeit hat sich in der Anfang des 18. Jhs. gegründeten Anlage bis heute erhalten. Die weitläufigen Gärten des ehemaligen Residenzschlosses der Herzöge und Könige Württembergs bieten Gartenkunst und Märchenzauber, denn ein Teil des Parks wurde in den 1950er-Jahren zu einem charmanten Märchenpark umgestaltet, in dem die mechanischen Vorrichtungen am Rapunzelturm, dem Hexenhäusle oder am Teich des Froschkönigs Kinder immer noch stark beeindrucken.

Im Residenzschloss werden interessante Themenführungen angeboten, bei denen nicht nur Repräsentationsräume, sondern auch selten gesehene Gesinderäume besucht werden können. Im Sommer werden äußerst stimmungsvoll »Feuerwerk« und »Lichterzauber« veranstaltet.

Haupteingang Schorndorfer Straße
71640 Ludwigsburg, Tel. 0 71 41-97 56 50
www.blueba.de
Park tgl. 7.30–20.30 Uhr; Märchengarten tgl. 9–18 Uhr; Residenzschloss tgl. 10–17 Uhr

Hotels

Steigenberger Graf Zeppelin

Gut Betuchte steigen gern in diesem mehrfach modernisierten Nobel-Traditionshaus ab. Mitten in der City gelegen, lässt es sich dort hervorragend entspannen, etwa im gemütlichen Zeppelin Stüble, im Gourmetrestaurant »Olivo« (ein Michelin-Stern) oder im Shiseido-Day-Spa-Bereich. Die 189 großen, schallisolierten Zimmer und Suiten bieten alles, was man von einem Haus der Luxusklasse erwarten darf.
Arnulf-Klett-Platz 7
70173 Stuttgart
Tel. 07 11-2 04 80
www.stuttgart.steigenberger.de

Wörtz zur Weinsteige

In dem weinseligen und mit rustikalen Antiquitäten eingerichteten Haus herrscht eine ausgesprochen familiäre Atmosphäre. 2003 wurde das Flair-Hotel um einen Trakt namens Schlösschen erweitert; hier ist der Einrichtungsstil mediterran.
Hohenheimer Str. 28–30
70184 Stuttgart
Tel. 07 11-2 36 70 00
www.hotel-woertz.de

Der Zauberlehrling

Kleinod für Genießer und Ästheten im Bohnenviertel – jedes Zimmer stellt eine eigene Erlebniswelt dar, z.B. afrikanisch, asiatisch, viktorianisch, minimalistisch oder schwarz-weiß designt. Dreizehn Zimmer und vier Suiten, dazu ein Gourmet-restaurant.
Rosenstr. 38, 70182 Stuttgart
Tel. 07 11-2 37 77 70
www.zauberlehrling.de

Hotel am Feuersee

Das Hotel liegt am Rande der Innenstadt und direkt gegenüber dem romantischen Feuersee mit seinem neugotischen Kirchlein. Günstige Zimmer sind dort ebenso zu haben wie gut ausgestattete Suiten. Hier wohnen Individualreisende genauso gern wie Messebesucher.
Johannesstr. 2, 70176 Stuttgart
Tel. 07 11-61 95 40
www.hotel-am-feuersee.de

Alex 30 Hostel

Stuttgarts erstes Hostel liegt mitten in der Stadt. Die 32 Zimmer und Apartments sind sehr viel attraktiver gestaltet, als man es von anderen Backpackerunterkünften kennt. Die Lounge und der Biergarten sind Treffpunkte für die jungen Globetrotter.
Alexanderstr. 30
70184 Stuttgart
Tel. 07 11-8 38 89 50
www.alex30-hostel.de

Restaurants

Wielandshöhe

Vincent Klink, der zweimal pro Woche in Baden-Baden für die ARD kocht, zählt zu den besten Köchen Deutschlands. Seine der Tradition verpflichtete, bewusst auf überflüssige Effekthascherei verzichtende Küche garantiert ein erstklassiges Geschmackserlebnis, und die Lage seines Restaurants auf der Wielandshöhe über den Dächern von Stuttgart rundet das Ganze ab.
Alte Weinsteige 71
70597 Stuttgart-Degerloch
Tel. 07 11-6 40 88 48
www.wielandshoehe.de
Di–Sa 12–14 und 18–21 Uhr, So, Mo geschl.

Speisemeisterei

Kristallleuchter und Stuckdecken sorgen für ein barockes Ambiente, neuerdings mit fernöstlichem Touch. Frank Oehler, der 2008 Meisterkoch Martin Öxle ablöste, errang 2010 selbst seinen ersten Stern. Er kombiniert regionale, mediterrane und asiatische Einflüsse zu fantastischen Geschmackserlebnissen. Fazit: Edler und feiner geht's kaum.
Am Schloss Hohenheim
70599 Stuttgart
Tel. 07 11-34 21 79 79
www.speisemeisterei.de
Mo, Mi–So 12–15 und 18–24 Uhr

Weinstube Schellenturm

In dem historischen Wehrturm aus dem 16. Jh. herrscht eine urige und schwäbisch-gemütliche Atmosphäre; serviert werden solide hausgemachte Maultaschen und Zwiebelrostbraten.
Weberstr. 72, 70182 Stuttgart
Tel. 07 11-2 36 48 88
www.weinstube-schellenturm.de
Mo–Sa 17–24 Uhr, So, Fei geschl.

Weinstube Kachelofen

Schwäbische Gemütlichkeit im Herzen Stuttgarts, die Politiker und Promis ebenso anzieht wie Freunde herzhafter regionaler Küche. Zwiebelrostbraten, Siedfleisch, Maultaschen, Käsespätzle und Co. gibt es sogar bis Mitternacht.
Eberhardstr. 10
70173 Stuttgart
Tel. 07 11-24 23 78
www.weinstubekachelofen.de
Mo–Do 17–24, Fr 17–1,
Sa 12–1 Uhr. So, Fei geschl.

Academie der schönsten Künste

Umgeben von zeitgenössischer Kunst fühlen sich hier Lebenskünstler und Szenegänger, Shopper und Genießer wohl. Frühstück mit frischem Bauernbrot, Croissants oder Pfannkuchen wird ganztägig serviert, außerdem gibt es wechselnde Tagesgerichte. Lauschig ist der kleine grüne Hofgarten.
Charlottenstr. 5, 70182 Stuttgart
Tel. 07 11-24 24 36
www.academie-der-schoensten-kuenste.de
Mo–Fr 7–24, Sa 9–24, So 9–19 Uhr

Shopping

Flohmarkt auf dem Karlsplatz

Jeden Samstag bieten rund 40 Stände am Karlsplatz Kitsch, Kunst und Krempel feil. Dabei herrscht eine sehr angenehme Atmosphäre. In der Weihnachtszeit wird's sogar richtig romantisch: Dann ist jeden Tag Markt.
Karlsplatz, 70173 Stuttgart
Tel. 07 11-48 04 10
www.flohmarkt-karlsplatz.de
Sa 8–16 Uhr

Einklang

Achtung, in diesem Laden kann man locker einen ganzen Nachmittag vertrödeln, denn die Auswahl an Klassik-, Jazz-, Avantgarde- und Mainstream-CDs ist einfach riesig. Dazu kommen exzellente Beratung, gelegentliche Livekonzerte und zwei Hörstudios.
Christophstr. 7, 70178 Stuttgart
Tel. 07 11-2 34 87 71
www.einklang.de
Mo–Fr 10–20, Sa 10–18 Uhr

Geschwisterliebe

Der Shop des hippen Stuttgarter Modelabels Blutsgeschwister und der Party-Macher Love Academy ist Anlaufpunkt für die szenigen Clubber. Das Sortiment umfasst angesagte Marken wie Nudie Jeans, Franklin & Marshall, Ed Hardy, Superdry, Swear, 2K by Gingham, Hudson und Boxfresh, aber auch Kreationen unbekannterer Jungdesigner.
Breitestr. 4, 70173 Stuttgart
Tel. 07 11-2 53 62 00
www.geschwisterliebeshop.de
Mo–Fr 12–20, Sa 12–19 Uhr

Abseits

Angesagte Designerklamotten von Gaultier, Marc by Marc Jacobs, Munthe & Simonsen, M+F Girbaud oder Bikkemberg. Der Laden befindet sich an einer der angesagtesten Locations der Stadt, direkt hinter dem Kunstmuseum auf dem Kleinen Schlossplatz.
Kleiner Schlossplatz 13–15
70173 Stuttgart
Tel. 07 11-62 14 51
www.abseitsgermany.com
Mo–Fr 10–20, Sa 10–19 Uhr

Viola Hermann Schmuck

Die Goldschmiedemeisterin bietet zusammen mit ihrem Partner Ralf Wiesner schlichten Schmuck, insbesondere Ringe, mit hohem Wiedererkennungswert an. Ein besonderes Merkmal sind technisch raffinierte Verbindungselemente zwischen Acryl und Metall. Im Laden kann man der Meisterin bei der Fertigung über die Schulter schauen.
Paulinenstr. 16
70178 Stuttgart
Tel. 07 11-67 44 75 55
www.viola-hermann-schmuck. com
Di–Fr 11–19, Sa 10–14 Uhr

Am Abend

Staatsoper Stuttgart

Die viel besuchte und viel gelobte Oper gilt als Stuttgarts Kulturinstitution Nummer eins. Jüngeres Publikum begeistern die Regisseure mit innovativen Vorstellungen in der Jungen Oper im Haus der Neuen Staatsgalerie.
Oberer Schlossgarten 6
70173 Stuttgart
Tel. 07 11-20 20 90
www.staatstheater.stuttgart.de

Theaterhaus

Das größte Kulturzentrum in der Region setzt auf Kunst, Sport und sehr intensiv auch auf Jugendarbeit. Das Programm ist eine gelungene Mischung aus Schauspiel, Tanztheater, Rock- und Popmusik sowie Jazz, Kabarett, Literatur und politischen Diskussionen.
Siemensstr. 11, 70469 Stuttgart
Tel. 07 11-4 02 07 20
www.theaterhaus.com

Zapata

Das Zapata mit seinen vier Floors ist die größte Diskothek in Stuttgart. Bekannte DJs legen auf, es gibt regelmäßig Livekonzerte. Die Stimmung ist ausgelassen, hier feiert die Szene und nicht selten auch Prominente. Im Sommer hat der Biergarten geöffnet. Gezahlt wird mit der hauseigenen Währung Zapata.
Pragstr. 120
70376 Stuttgart-Bad Cannstatt
Tel. 07 11-9 56 15 44
www.zapata.de
tgl. ab 22 Uhr

Schräglage

Ein Geheimtipp, um die letzten Sonnenstrahlen einzufangen und mit einem Cocktail oder Bier den Feierabend einzuleiten, ist die Dachterrasse der Bar Schräglage, die direkt am Marktplatz residiert. Das Ambiente ist stylish und die Musik chilled. Mitunter erlebt man sogar Minikonzerte von Surfmusikern.
Marktstr. 6, 70173 Stuttgart
Tel. 01 70-2 99 33 82
www.schraeglage.tv
Di–Sa ab 18 Uhr (Dachterrasse), Fr, Sa ab 21 Uhr (Club)

Suite 212

Der erste und berühmteste Club in der langen Reihe angesagter Locations an der Partymeile Theodor-Heuss-Straße. Cool und stylish wird hier auf zwei Etagen getanzt und abgehangen. Trotz der Lage an der verkehrsreichen Durchgangsstraße sitzt und steht man bei schönem Wetter Tag und Nacht vor der Tür.
Theodor-Heuss-Str. 15
70174 Stuttgart
Tel. 07 11-2 53 61 13
www.suite212.de
Mo–Mi 11–2, Do 11–3, Fr–Sa 11–5, So 14–2 Uhr

Trier

Römisches Erbe an der Mosel

Beinahe mediterran wirkt die idyllische Mosellandschaft, auf deren Steillagen mit Wärme speicherndem Schiefer die Weinreben schon in antiker Zeit prächtig gediehen. Kein Wunder, dass es den Römern hier besonders gefiel. Sie gründeten um das Jahr 15 v.Chr. an dieser Stelle Augusta Treverorum als erste Stadt nördlich der Alpen. Aus der Epoche, in der Trier gar »Roma Secunda«, das Zweite Rom, genannt wurde, blieben die bedeutendsten römischen Bauwerke auf deutschem Boden erhalten: ein machtiges Stadttor, eine Palastaula, Thermen und die Reste eines Amphitheaters. 1986 wurden sie zum Weltkulturerbe der UNESCO erklärt. Der romanische Dom und die frühgotische Liebfrauenkirche zählen zu Deutschlands bedeutendsten Bauten des Mittelalters. 1818 griff Trier dann noch einmal in den Lauf der Geschichte ein: In jenem Jahr erblickte hier Karl Marx das Licht der Welt.

Porta Nigra

Fast 2000 Jahre steht das Schwarze Tor, das Wahrzeichen des römischen Deutschlands, schon in Trier. Das Nordtor der Stadtmauer (Ende 2. Jh.), die größte bekannte Torburg aus der Antike, ist 30 m hoch und wurde aus rasch nachdunkelnden hellgrauen Sandsteinquadern ohne Mörtel errichtet. Die Steine waren nur durch Eisenhaken verbunden. Als die Germanen später einige Haken herausrissen, erlitt das Gebäude in seinem unteren Teil Beschädigungen. Zwei mächtige Türme flankieren den Mittelbau mit Doppeltorbogen. Da sich der heiliggesprochene Einsiedler Simeon aus Syrakus 1028 für sieben Jahre im Ostturm einmauern ließ, wandelte Erzbischof Poppo die Porta Nigra in eine Doppelkirche um, deren Auflösung erst Napoleon 1804 veranlasste. Von der Plattform des Ostturms bietet sich ein schöner Blick auf die Stadt.

Simeonstr., 54290 Trier
Tel. 06 51-97 80 80, www.trier.de
April–Sept. tgl. 9–18, Okt., März 9–17, Nov.–Febr. tgl. 9–16 Uhr

Dom/Liebfrauenkirche

Die festungsartig wirkende frühromanische Domkirche St. Peter ersetzte eine wesentlich größere, 326 n. Chr. über einem noch älteren

Palast aufgeführte Basilika. Wertvollste Ausstattungsstücke sind ein gotisches Grabdenkmal im Westchor, ein romanisches Tympanon im rechten Seitenschiff, das Christus zwischen Petrus und Maria zeigt, die Steinkanzel von 1572 und der Allerheiligenaltar von 1614. Die 1716 angefügte Schatzkammer präsentiert Elfenbein- und Goldschmiedearbeiten sowie Evangeliare mit reizvollen Miniaturen.

Vom gotischen Kreuzgang bietet sich ein toller Blick auf den Dom und die benachbarte elegante Liebfrauenkirche mit Figurenportal, eine der ältesten gotischen Kirchen Deutschlands (1235–1260). Das Bischöfliche Dom- und Diözesanmuseum bewahrt u.a. Reste der unter dem Dom gefundenen Deckenmalerei (4. Jh.) aus dem Konstantinischen Palast.

Domfreihof, 54290 Trier
Tel. 06 51-9 79 07 90, www.dominformation.de
Dom Nov.–März tgl. 6.30–17.30, April–Okt. tgl. 6.30–18 Uhr; Schatzkammer Nov.–März Mo–Sa 11–16, So, Fei 14–16, April–Okt. Mo–Sa 10–17, So, Fei 12.30–17 Uhr; Bischöfliches Dom- und Diözesanmuseum Mo–Sa 9–17, So, Fei 13–17 Uhr

Basilika und Kurfürstliches Palais

Die komplett aus Backstein gemauerte Römische Palastaula, auch Konstantinbasilika genannt, zeugt vom fieberhaften Baupro-

Die mächtige Porta Nigra, eindrucksvolles Zeugnis der Römerzeit

gramm Anfang des 4. Jhs. in Trier. Kaiser Konstantin vollendete um 305 n.Chr. den Rohbau, doch erst Kaiser Gratian sorgte für die Ausstattung mit Marmor, Malerei, Mosaiken und Fußbodenheizung. Heute fasziniert der Kaiserliche Thronsaal durch seine Größe und Kahlheit, wobei die beiden übereinander angeordneten Fensterreihen ein erhabenes Raumgefühl vermitteln.

Die Aula war früher in das Kurfürstliche Palais integriert. Diesem teilweise erhaltenen Renaissancebau fügte Johannes Seiz, ein Schüler Balthasar Neumanns, ab 1756 in Zusammenarbeit mit dem Bildhauer Ferdinand Tietz einen Rokokoflügel mit prunkvollem Treppenhaus und Palastgarten hinzu. Die Preußen machten dann aus der Aula eine evangelische Kirche, und das ist sie bis heute.

Konstantinplatz 10, 54290 Trier
Tel. 06 51-20 90 00
www.konstantin-basilika.de
April–Okt. Mo–Sa 10–18, So 12–18,
Nov.–März Mo–Sa 11–12, 15–16, So 12–13 Uhr

Kaiserthermen

Die Kaiserthermen zählten mit einer Länge von 250 m und einer Breite von 145 m nach den Anlagen in Rom selbst und den Trierer Barbarathermen zu den größten Badeeinrichtungen des gesamten römischen Reiches. Sie stammen aus dem 4. Jh., doch wurde der Badebetrieb nie aufgenommen, da Kaiser Konstantin seinen Amtssitz nach Konstantinopel verlegte.

Unter den Kaisern Gratian (375–383) und Valentinian II. (375–392) wurde der Rohbau in eine Kaserne für die kaiserliche Leibgarde umgewandelt. Im Mittelalter als Steinbruch genutzt, integrierte man die Reste schließlich in die Stadtbefestigung. Nach dem Zweiten Weltkrieg waren lediglich noch die unteren Fensterbögen der Apsiden und von den oberen Bogenreihen nur unverbundene Mauerreste erhalten. Bei der bis 1984 erfolgten Restaurierung anlässlich der 2000-Jahr-Feier Triers wurde die Ostapsis wieder aufgebaut. Der frühere Warmbadesaal dient heute als

Trier

Raum für stimmungsvolle Konzert- und Theateraufführungen.

Weimarer Allee 2, 54290 Trier
Tel. 06 51-97 80 80, www.welterbe-trier.de
April–Sept. tgl. 9–18, Okt., März tgl. 9–17, Nov.–Febr. tgl. 9–16 Uhr

Hauptmarkt

Der Hauptmarkt ist einer der schönsten alten Plätze Deutschlands. In seiner Mitte steht die Replik des Marktkreuzes, das 958 aus Anlass der Verleihung des Marktrechts aufgestellt wurde. Der Marktbrunnen mit den Figuren der Kardinaltugenden stammt vom Ende des 16. Jhs. Von hier aus erblickt man Bauten aus eineinhalb Jahrtausenden Trierer Geschichte: im Norden die Porta Nigra, im Osten den romanischen Dom, im Süden die gotische Gangolfkirche, auf deren Turm (Anfang 16. Jh.) einst der Türmer über die Sicherheit der Stadt wachte.
Im Westen stehen einige schmucke Giebelhäuser aus der Renaissance- und Barockzeit. Nach dem Krieg wieder aufgebaut wurden die Steipe, das gotische Ratsherrenhaus mit hohem Zeltdach und offener Laube, sowie das benachbarte barocke Rote Haus.

Hauptmarkt, 54290 Trier

Rheinisches Landesmuseum

Das Museum am Ostrand des reizvollen barocken Palastgartens besitzt eine vorgeschichtliche Abteilung, die steinzeitliche Werkzeuge, Hortfunde mit bronzezeitlicher Keramik und Grabbeigaben sowie eisenzeitlichen Goldschmuck aus Gräbern zeigt.
Besonders reich ausgestattet ist die Abteilung mit Exponaten aus der römischen Augusta Treverorum. Sie präsentiert die größte Sammlung römischer Mosaiken nördlich der Alpen sowie Bronzestatuetten, einen Schatz mit Goldmünzen, Flachreliefs, die u.a. eine Schulszene und eine Darstellung der Zahlung des Pachtzinses abbilden, und Skulpturen, darunter die des Weinschiffs aus Neumagen mit dem berühmten fröhlichen Steuermann, der in die Folklore des Mosellandes eingegangen ist. Außerdem sieht man fränkische Grabbeigaben (Schmuck und Glas), Keramiken aus dem Rhein-Mosel-Gebiet sowie Kunstwerke aus Mittelalter, Renaissance und Barock.

Weimarer Allee 1, 54290 Trier
Tel. 06 51-9 77 40, www.landesmuseum-trier.de
Di–So 10–17 Uhr

Amphitheater

Von den Kaiserthermen führt ein Abstecher entlang der Olewiger Straße zum römischen Amphitheater, im späten 2. Jh. außerhalb der befestigten Stadt am Hang des Petrisbergs angelegt. Rund 20000 Besucher fanden auf den 26 steinbelegten Sitzreihen der Ränge Platz und verfolgten von dort die Spiele in der ovalen Arena (71 x 47,5 m). Hier wurden grausame Gladiatorenkämpfe ausgetragen und Straftäter wilden Tieren vorgeworfen. In den unterirdischen Gewölben waren die technischen Einrichtungen, die Räume für die Gladiatoren und die Tierkäfige untergebracht.
Heute finden in der Arena in den Sommermonaten Aufführungen der Antikenfestspiele statt. Gegenüber vom Eingang zum Amphitheater beginnt der Trierer Weinlehrpfad.

54290 Trier, www.welterbe-trier.de
April–Sept. 9–18, Okt., März 9–17, Nov.–Febr. 9–16 Uhr

Basilika St. Paulin

Die ehemalige Stiftskirche, ein Juwel des Barock, liegt etwas außerhalb des Stadtkerns. Ihr Innenraum ist eine großartige Schöpfung Balthasar Neumanns. Große Fenster erhellen das 1754 vollendete hohe, einschiffige Gotteshaus. Schiff und Gewölbe verbinden kunstvolle Stuckdekorationen.
Die flammenden Deckenfresken des Augsburgers Christoph Thomas Scheffler erzählen vom Martyrium des verbannten hl. Paulinus, dessen Gebeine 358 nach Trier überführt wurden, sowie das Schicksal Trierer Bürger, Mitglieder der christlichen Thebäischen Legion, die angeblich um 300 von Kaiser Maximilian auf dem Marsfeld hingerichtet wurden. Der Hochaltar entstand nach Plänen Neumanns, das Schnitzwerk schuf Ferdinand Tietz.

Thebäerstr., 54290 Trier, Tel. 06 51-27 08 50
März–Sept. Mo–Sa 9–18, Di 11–18, So 10–18 Uhr, Okt.–Febr. Mo, Mi–Sa 9–17, Di 11–17, So 10–17 Uhr

Hotels

Villa Hügel
Die liebevoll restaurierte weiße Jugendstilvilla wurde 1914 für die Familie eines Weinhändlers gebaut und ist heute ein populäres Privathotel mit herrlicher Gartenanlage und Sonnenterrasse an der Mosel. Das Haus bietet elegante Zimmer, eine romantische Atmosphäre, ein Schwimmbad und seit 2010 auch eine attraktive Saunalandschaft. Das Restaurant serviert regionale Küche. Schräg gegenüber der Villa stehen im Apartmenthaus »Hügelchen« komplette Wohneinheiten mit Küche und Arbeitsplatz zur Verfügung.
Bernhardstr. 14
54295 Trier-Heiligkreuz
Tel. 06 51-3 30 66
www.hotel-villa-huegel.de

Park Plaza Trier
Beliebtes Tagungshotel in der Nähe des Hauptmarkts, das ganz auf das Thema römische Kultur setzt. Neben modernen, in warmen Farben gehaltenen Zimmern erwartet die Gäste ein luxuriöser Wellness- und Beautybereich mit Sauna, römischem Dampfbad, Laconium, Eisgrotte, Massagen und Kosmetikanwendungen hoch über den Dächern der Stadt. Das mit römischen Büsten dekorierte Restaurant »Caesars« serviert leichte regionale Küche.
Nikolaus-Koch-Platz 1
54290 Trier, Tel. 06 51-9 99 30
www.parkplaza-trier.de

Casa Chiara
Freundliches, preiswertes Hotel mit modern und komfortabel eingerichteten Zimmern, Fitnessraum und Solarium, wenige Schritte von der Porta Nigra entfernt in einer ruhigen Seitenstraße. Das Frühstücksbüfett wird im schönen Wintergarten serviert.

Engelstr. 8, 54292 Trier
Tel. 06 51-27 07 30
www.casa-chiara.de

Alte Villa
Die denkmalgeschützte Barockvilla aus dem Jahr 1743 wurde 1994 mit viel Liebe zum Detail zu einem Hotel umgebaut. In ruhiger, recht zentraler Lage bietet sie stilvoll und individuell eingerichtete Nichtraucherzimmer mit Gratis-WLAN und Gartenterrasse sowie eine Suite mit Wintergarten. Restaurant mit Caféterrasse.
Saarstr. 133, 54290 Trier
Tel. 06 51-93 81 20
www.hotelaltevilla.de

Hilles Hostel Trier
Freundliches Hostel in Bahnhofsnähe mit Selbstversorgerküche, Waschmaschine und Highspeed-Internet, ideal auch für Radtouristen und Nachtschwärmer. Alle Zimmer (Zwei- bis Sechsbett) mit Dusche und WC.
Gartenfeldstr. 7, 54290 Trier
Tel. 06 51-7 10 27 85
www.hilles-hostel-trier.de

Restaurants

Becker's
Wolfgang Becker sorgt für die kulinarischen Highlights in Trier. Seine kreative moderne Gourmetküche ist dem Guide Michelin zwei Sterne wert. Wöchentlich wechselnde Karte. Übernachten kann man im kleinen, aber feinen Becker's Weinhaus mit Weinbar und rustikaler Weinstube.
Olewiger Str. 206, 54295 Trier
Tel. 06 51-93 80 80
www.beckers-trier.de
Di–Sa 19–24 Uhr

Pfeffermühle
In einem Fischerhaus des 18. Jhs. direkt an der Mosel serviert das freundliche Ehepaar Walde schon

seit vielen Jahren in nostalgisch-eleganter Atmosphäre feine französische Küche. Große Auswahl an vorzüglichen Weinen aus Frankreich oder dem Mosel-Saar-Ruwer-Anbaugebiet. Bei schönem Wetter sitzt man auf der teilüberdachten Terrasse mit Moselblick.
Zurlaubener Ufer 76
54292 Trier, Tel. 06 51-2 61 33
www.pfeffermuehle-trier.de
Di–Sa 12–15, 18–23.30 Uhr

Schloss Monaise
Das elegante, in einem frühklassizistischen Lustschlösschen an der Mosel untergebrachte Restaurant ist für seine ausgezeichneten klassischen und französisch-mediterranen Gerichte bekannt. Exzellente Weinkarte mit vielen Positionen von der Mosel.
Schloss Monaise 7, 54294 Trier
Tel. 06 51-82 86 70
www.schloss-monaise.de
Mi–So 12–14.30, 18–24,
Di nur 18–24 Uhr

Zum Domstein
In diesem Restaurant werden alte römische Rezepte von Marcus Gavius Apicius (ca. 30 n.Chr.) weitgehend originalgetreu nachgekocht, z.B. Graupensuppe, Lukanische Würstchen, Schinken mit Feigensoße, Lamm nach Tarpeianus, Hirschbraten in Damaszener-Pflaumen-Soße oder Kalbsschnitzelchen in Piniensoße.
Hauptmarkt 5, 54290 Trier
Tel. 06 51-7 44 90
www.domstein.de
tgl. 8.30–24, römische Küche 18–21.30 Uhr (mittags auf Vorbestellung)

Aom Ecken
Seit 50 Jahren weitgehend touristenfreie urige Trierer Institution im Maarviertel, stets rappelvoll. »Bei Rosi« kommen lokale gutbürgerliche Spezialitäten wie »Kappes Teer-

disch« (Sauerkraut mit Püree) oder »gebroaden Muuselfisch« mit einer Porz Viez (Apfelwein im Tonkrug) auf den Tisch. Tolle Atmosphäre, sehr preiswerte Weine, gute selbstgebrannte Schnäpse und Liköre.
Maarstr. 45, 54290 Trier
Tel. 06 51-2 64 44
Mo–Fr ab 16 Uhr

Shopping

Trier-Shop
Reichhaltiges Souvenirangebot in der Tourist-Information, vom Trierer Viezporz (Apfelweinkrug) über römische Statuen bis zum Karl-Marx-Wein aus dem Ruwertal.
An der Porta Nigra
54290 Trier, Tel. 06 51-97 80 80
www.trier-info.de
Mo–Sa 10–18 Uhr

Weinstube Kesselstatt
Die freundliche Weinstube liegt malerisch gegenüber von Dom und Liebfrauenkirche im barocken Palais Kesselstatt. Hier bekommt man das komplette Sortiment der Rieslingweine und Sekte vom Weingut Reichsgraf von Kesselstatt, darunter hochwertige Edelobstbrände, ausgesuchte Essigsorten, kaltgepresstes Traubenkernöl, delikate Weinbergspfirsichprodukte, Senfe aus der historischen Senfmühle in Cochem, hausgemachtes Weingelee und Wildsalami aus der Eifel.
Liebfrauenstr. 10, 54290 Trier
Tel. 06 51-4 11 78
www.weinstube-kesselstatt.de
tgl. 10–24 Uhr

Bücher Stephanus
Die schon seit 1878 existierende Traditionsbuchhandlung führt ein umfangreiches Sortiment an Regionalia.
Fleischstr. 16, 54290 Trier
Tel. 06 51-46 04 60
www.stephanus.de
Mo–Fr 9.30–19, Sa 10–18 Uhr

D'Angelo Wein & Schokolade
Das stilvolle Ladenlokal zwischen Hauptmarkt und Stockplatz mitten in der Trierer Innenstadt bietet eine für die Region einzigartige Auswahl an handgefertigten Schokoladen und erlesenen Weinen aus aller Welt.
Jakobstr. 32, 54290 Trier
Tel. 06 51-9 94 96 66
www.dangelo-trier.de
Mo–Fr 10–19, Sa 10–18 Uhr

Fräulein Prusselise
Julia Schwab und Kathrin Greve sind ein junges, kreatives Designerduo aus Trier, das in diesem Ateliershop fröhliche, verspielte und außergewöhnliche Kleidung herstellt und verkauft. Die hochwertig verarbeiteten Einzelstücke (auch Accesoires) werden mit Originalstoffen aus den 1960er- und 1970er-Jahren sowie mit eigenen Stoffdesigns hergestellt.
Neustr. 23, 54290 Trier
Tel. 06 51-2 07 87 94
www.frl-prusselise.de
Di–Fr 11–18, Sa bis 16 Uhr

Am Abend

Theater Trier
Die Gründung des Theaters verfügte Napoleon 1802 anlässlich eines Besuchs der besetzten Stadt. Heute ist das Theater Trier ein Dreispartenhaus mit 622 Plätzen, das über ein eigenes Schauspiel- sowie ein Ballett- und Musiktheaterensemble verfügt. Seit 1998 richtet es die berühmten Antikenfestspiele in Trier aus. Veranstaltungsorte sind die Porta Nigra, die Kaiserthermen und das Amphitheater, zur Aufführung kommen Theaterstücke, die auf antike Stoffe zurückgehen.
Am Augustinerhof, 54290 Trier
Tel. 06 51-7 18 18 18
www.theater-trier.de

Varieté Chat Noir
Das plüschige Lokal im Herzen der Trierer Altstadt bietet eine spannende Mischung aus Kultur und Kochkunst. Mittwochs ab 20 Uhr unterhält Hauspianist Sebastian Matz die Gäste am Flügel. Außerdem werden häufig beliebte Partys und Livekonzerte veranstaltet, von Balkanhits über Ü40 bis zu Neon-Retro mit Musik, Mode und Drinks der 1980er-Jahre.
Am Kornmarkt 1–3, 54290 Trier
Tel. 06 51-1 45 56 00
www.variete-trier.de

Astarix
Das einer AStA-Initiative entsprungene Astarix ist eine der beliebtesten Studentenkneipen der Stadt. Abends kommen auch viele Theaterbesucher, Schauspieler und Nachtschwärmer hierher – auf eine Pizza aus dem Steinofen oder einfach nur auf ein Bier.
Karl-Marx-Str. 11, 54290 Trier
Tel. 06 51-7 22 39
www.astarix-trier.de
Mo–Sa ab 11.30, So ab 13 Uhr

Forum Nuovo
Im früheren Franzosen-Kino gibt's Disco-Partys und AStA-Feiern. Mittwochs ist Latin Night mit Salsa, Reggaeton, Merengue, Bachata und Classics, am Freitag treffen sich die Fans der Black Music zu Soul, R'n'B und Hip-Hop, und am Samstag ist House angesagt.
Hindenburgstr. 4, 54290 Trier
Tel. 06 51-7 10 37 80 00
www.forum-trier.net
Mi–Sa je nach Event

Lucky's Luke
Coole, garantiert technofreie Mischung aus Programmkino, Szenekneipe, Disco, Konzertbühne und Cocktailbar.
Luxemburgerstr. 6, 54294 Trier
Tel. 06 51-8 34 53, www.luke.de
tgl. ab 20 Uhr

Ulm

Münsterstadt zwischen Mittelalter und Avantgarde

Finster ist in der einstigen freien Reichsstadt wohl selbst das Mittelalter nie gewesen, auch wenn den Ulmern erst mal ein kleiner Vogel zeigen musste, wo es langgeht. Aber dann war in Ulm und um Ulm herum kein Halten mehr. Bis ans Schwarze Meer fuhren die Städter mit ihren »Ulmer Schachteln«. Im 16. Jh. studierte der berühmte Astronom Johannes Kepler in Ulm den Lauf der Planeten, später entwickelte der hier geborene Albert Einstein die Relativitätstheorie. Auch wenn der Schneider von Ulm – aus Unkenntnis der thermischen Bedingungen – mit seinem Fluggerät kläglich in die Donau platschte: Innovationsfeindlich sind die Ulmer nun wirklich nicht. So haben sie neben ihrem gotischen Münster gleich mehrere futuristische Gebäude errichtet. Fachwerkromantiker kommen aber immer noch im malerischen Fischerviertel auf ihre Kosten.

Ulmer Münster

Mit seinen 161,60 m ist der 1890 vollendete »Finger Gottes«, der Turm des Ulmer Münsters, noch immer der höchste Kirchturm der Welt. Auf dem Dachfirst sitzt keck ein steinerner Spatz, der den damals wohl etwas begriffsstutzigen Ulmern auf die Sprünge half und ihnen zeigte, wie man lange Balken durch ein schmales Stadttor bekommt – nicht quer auf den Karren geladen, sondern der Länge nach. Wer die sage und schreibe 768 Stufen zur Aussichtsplattform auf 143 m Höhe erklommen hat, wird bei klarem Wetter mit einem Alpenpanorama bis zum Schweizer Säntis und zur Zugspitze belohnt.

1377 hatten die stolzen Ulmer Bürger, durch den Handel mit Barchent- und Leintuch zu Geld gekommen, mit dem Bau des Münsters begonnen, und manch frommer Charakterkopf ließ sich von Meister Jörg Syrlin im kostbar geschnitzten Chorgestühl verewigen. Das Fresko im Chorbogen (1471) zeigt das Weltgericht. Ein aus Kalk- und Sandstein ziseliertes Meisterwerk ist das gotische Sakramentshaus links vom Choreingang.
Münsterplatz, 89073 Ulm
Tel. 07 31-3 79 94 50, www.muenster-ulm.de
März, Okt. 9–17.45, April–Juni, Sept. 9–18.45, Juli–Aug. 9–19.45, Nov.–Febr. 9–16.45 Uhr

Rathaus

Das elegante gotische Bauwerk wurde 1370 als Kaufhaus errichtet und erhielt ab 1420 seine heutige Form mit aufgelösten Staffelgiebeln, reich bemalten Fassaden und steinernen Skulpturen der Kurfürsten und Kaiser. Blickfang ist die 1510 am Ostgiebel angebrachte, reich verzierte Astronomische Uhr, die schon den berühmten Ulmer Astronomen Johannes Kepler (1571–1630) über den Stand der Sterne unterrichtete. Am Südgiebel ist das Fresko einer sog. Ulmer Schachtel zu sehen, eines ausschließlich in Ulm gezimmerten Flussschiffes, auf dem donauschwäbische Händler im Mittelalter bis hinunter zum Schwarzen Meer fuhren.

Auf dem Marktplatz vor dem Rathaus steht der Fischkasten: ein Brunnen, in dem früher die Fischer ihre Ware kühlten. Gleich nebenan sprengt die moderne Glaspyramide der Bibliothek das mittelalterliche Ambiente.
Marktplatz 1, 89073 Ulm
Tel. 07 31-16 10, www.ulm.de

Stadthaus

Das 1993 in unmittelbarer Nähe des ehrwürdigen Münsters errichtete, strahlend weiße Stadthaus hat mit seiner höchst eigenwilligen avantgardistischen Architektur, für die der

Ulmer Kontraste: im Vordergrund das Rathaus, dahinter die moderne Zentralbibliothek

amerikanische Architekt Richard Meier verantwortlich zeichnet, für so manche Diskussion gesorgt. Meier schwebte eine »begehbare Skulptur« vor. Das Stadthaus zeigt Wechselausstellungen zeitgenössischer Kunst sowie zu Themen aus dem Bereich der Architektur und Zeitgeschichte.

Im Saal des Stadthauses finden Veranstaltungen und im Frühjahr das Festival Neuer Musik statt. Auch die Touristeninformation ist im Stadthaus untergebracht, ein gastronomisches Angebot gibt es ebenfalls. Im Sommer trifft man sich auf der Terrasse, in der Adventszeit auf dem Weihnachtsmarkt des Münsterplatzes.

Münsterplatz 50, 89073 Ulm
Tel. 07 31-1 61 77 00, www.stadthaus.ulm.de
Mo–Sa 9–18, Do 9–20, So, Fei 11–18 Uhr

Ulmer Museum

Das Museum umfasst einen Komplex von vier benachbarten Häusern. Das Kiechelhaus ist das einzige vollständig erhaltene Ulmer Patrizierhaus des 16. und 17. Jhs. mit einer schönen

Kassettendecke aus der Renaissance im 2. Stock. Das Museum präsentiert herausragende spätgotische Skulpturen der Ulmer Künstler Hans Multscher, Jörg Syrlin d.Ä., Michel und Gregor Erhart, Niklaus Weckmann und Daniel Mauch sowie die Tafelmalerei des späten 15. Jhs. der Ulmer Schule. Die Oberschwäbische und Allgäuer Kulturlandschaft der Spätgotik ist ebenfalls vertreten.

Ein Erweiterungsbau zeigt europäische und amerikanische Kunst nach 1945. Im Archäologischen Museum sind Funde aus der Ur- und Frühgeschichte des Ulmer Raums zu sehen, darunter der aus Mammutstoßzahn geschnitzte Löwenmensch: die älteste Tier-Mensch-Figur der Welt.

Marktplatz 9, 89073 Ulm
Tel. 07 31-1 61 43 12, www.museum.ulm.de
Di–So 11–17, Do bei Sonderausstellungen bis 20 Uhr

Museum der Brotkultur

Die in Deutschland wohl einmalige Sammlung im Salzstadel, einem Renaissancegebäude von 1592, widmet sich der Geschichte und der Herstellung des Brotes. Seit 1950 haben ein Ulmer Unternehmer und dessen Sohn mit Sachkenntnis und großem Kunstverstand diese Kollektion zusammengetragen. Man erfährt, wie sich die Technik des Mahlens und Backens über 8000 Jahre hinweg entwickelte und welche Bedeutung Getreide und Brot in den religiösen Vorstellungen der frühen Hochkulturen des Mittelmeerraumes bis zu den Reiskulturen Asiens und den Maiskulturen Lateinamerikas hatten.

Aber auch Kritisches über Hungersnöte und die aktuelle Welternährungslage wird nicht ausgespart. Die Sammlung bezieht auch bildende Kunst ein – mit Werken von Georg Grosz, Käthe Kollwitz, Pablo Picasso und Joseph Beuys.

**Salzstadelgasse 19, 89073 Ulm
Tel. 07 31-6 99 55, www.museum-brotkultur.de**
tgl. 10–17, Mi bis 20.30 Uhr

Kunsthalle Weishaupt

Die 2007 eröffnete Kunsthalle präsentiert die bedeutende Privatsammlung moderner Kunst des Unternehmers und Mäzens Siegfried Weishaupt. Ein verglaster Übergang verbindet den Glaskubus mit dem Ulmer Museum. Damit war die Neubebauung unter der Bezeichnung »Ulm Neue Mitte« am Hans-und-Sophie-Scholl-Platz abgeschlossen.

Zu sehen sind bedeutende Werke der modernen Kunst der 1950er- und 1960er-Jahre, darunter von Roy Lichtenstein, Andy Warhol, Willem de Kooning, Keith Haring und Karl Gerstner. Ein Schwerpunkt sind mehrere Hauptwerke der internationalen Farbfeldmalerei der 1960er-Jahre, u.a. von Mark Rothko, Ad Reinhardt, Frank Stella, Agnes Martin, Morris Louis und Kenneth Noland sowie aus der Düsseldorfer Künstlergruppe ZERO.

**Hans-und-Sophie-Scholl-Platz 1
89073 Ulm, Tel. 07 31-1 61 43 60
www.kunsthalle-weishaupt.de**
Di–So 11–17, Do bis 20 Uhr

Fischer- und Gerberviertel

In diesem Altstadtviertel mit seinen engen Gassen, buckligen Brücken und schiefen Fachwerkhäusern zwischen den Flussarmen

der Blau lässt es sich herrlich bummeln. Galerien, Kneipen, Cafés und Boutiquen laden zu längerem Verweilen ein. Ein winziges Gässchen heißt gar Kussgasse, weil sich die Häuser am Dach berühren.

Nicht weit von hier steht das Schwörhaus von 1612. Auf seinem Balkon erneuert noch heute der Oberbürgermeister jedes Jahr am vorletzten Julimontag den alten Eid der Stadtverfassung, die 1345 die Stände und Zünfte den regierenden Patriziern abgetrotzt hatten. Anschließend begehen die Ulmer und ihre Gäste den fröhlichen Wasserfestzug »Nabada« (Hinunterbaden) auf der Donau: mit abenteuerlichen schwimmenden Untersätzen, auf denen überdimensionale Pappmachéfiguren die Ulmer Lokalpolitik gehörig durch den Kakao ziehen.

Fischergasse, 89073 Ulm

Kloster Wiblingen

Etwa 7 km südlich von Ulm liegt diese riesige, 1714–1783 entstandene Barockanlage, die aus einem 1093 gegründeten Benediktinerkloster hervorging. Stilistisch kündigt die in Weiß und Gold gehaltene Kirche bereits den Klassizismus an. Ihre herrlichen Deckenfresken von Januarius Zick heben die gedrungen wirkende Erscheinung der abgeflachten Kuppeln durch Tiefe vortäuschende Illusionsmalerei auf.

Ein prachtvolles Beispiel des schwäbischen Rokoko ist der Bibliothekssaal mit seinen äußerst aufwendigen Deckenmalereien und Stuckarbeiten. Die abwechselnd blau und rosafarben bemalten 32 Holzsäulen, die wellenartig ausschwingende Balustraden tragen, bilden mit dem Deckenfresko in Illusionsmalerei von Martin Kuen und den von Dominikus Hermenegild Herberger um 1750 geschnitzten Allegorien eine herrliche harmonisch-rhythmische Einheit.

**Schlossstr. 38, Wiblingen, 89079 Ulm
Tel. 07 31-5 02 89 75
www.kloster-wiblingen.de**
Basilika St. Martin tgl. 9–18, Winter 9–17 Uhr.
Museum im Konventbau und Bibliothekssaal
April–Okt. Di–So, Fei 10–17,
Nov.–März Sa, So, Fei 13–16 Uhr

Hotels

Maritim

16 Stockwerke hoher, verspiegelter Glaspalast am Donauufer mit angeschlossenem Kongresszentrum. Die 287 Zimmer und Suiten sind groß und sehr elegant eingerichtet. Vom Restaurant »Panorama« genießt man einen tollen Blick auf die Ulmer Altstadt. Eine weitere Annehmlichkeit ist der große Wellnessbereich mit Schwimmbad, Sauna, Dampfbad, Solarium, Fitnessraum und Massageservice.
Basteistr. 30, 89073 Ulm
Tel. 07 31-92 30
www.maritim.de

Schiefes Haus

Ins Guinnessbuch der Rekorde wurde das 1443 erbaute, viel fotografierte Fachwerkhaus im romantischen Fischer- und Gerberviertel 1997 als schiefstes Hotel der Welt eingetragen, doch seit seiner mit viel Liebe zum Detail durchgeführten Restaurierung bietet das Haus elf äußerst komfortable, individuell eingerichtete Gästezimmer mit extragroßen Betten (allergiefreie Wäsche), Bad und WLAN.
Schwörhausgasse 6, 89073 Ulm
Tel. 07 31-96 79 30
www.hotelschiefeshausulm.de

Roter Löwe

Das sehr zentral gelegene Hotel bietet 35 individuell und geschmackvoll eingerichtete Zimmer, einen Abstellraum für Fahrräder sowie einen großen Wellnessbereich mit Schwimmbad mit Gegenstromanlage und Wassermassage, Sauna und Solarium. Das hoteleigene »Wirtshaus zur Brezel« serviert bayrisch-schwäbische Küche in einer gemütlichen Gaststube oder im Biergarten.
Ulmer Gasse 8, 89073 Ulm
Tel. 07 31-14 08 90
www.hotel-roter-loewe.de

Best Western Atrium Hotel

Modernes, im Grünen am Stadtrand gelegenes Hotel mit 73 hellen, komfortablen Zimmern, die unlängst renoviert wurden. Gratis-WLAN im gesamten Haus. Das stilvolle Restaurant serviert internationale und regionale Gerichte. Abends kann man gepflegt an der Hotelbar einen Drink nehmen oder in der hoteleigenen Sauna entspannen. Außerdem stehen moderne Tagungsräume mit Tageslicht zur Verfügung.
Eberhard-Finckh-Str. 17
89075 Ulm-Böfingen
Tel. 0731-9 27 10
www.atrium-ulm.bestwestern.de

Comfor Hotel

Modernes Innenstadthotel mit komfortablen, großzügig geschnittenen Zimmern, Bad, Sat-TV und Internetanschluss. Münzwaschmaschine und -trockner im Haus. In der obersten Etage schöne Maisonette-Räume, ideal für Familien. Frühstück im Wintergarten.
Frauenstr. 51, 89073 Ulm
Tel. 07 31-9 64 90
www.comfor.de

Am Rathaus-Reblaus

Freundlicher Familienbetrieb in zwei nebeneinanderliegenden Häusern. Man wohnt entweder im Hotel am Rathaus mit individuell gestalteten Zimmern oder im liebevoll restaurierten Fachwerkhaus Reblaus mit charmant-rustikalem Flair.
Kronengasse 8–10, 89073 Ulm
Tel. 07 31-96 84 90
www.rathausulm.de

Restaurants

Pflugmerzler

In diesem Traditionsrestaurant gibt es nicht nur schwäbische Spezialitäten wie Kartoffelkuchen mit Steinpilzen oder Zweierlei Zwiebelrostbraten mit Käsespätzle, sondern auch ein sehr saftiges amerikanisches Rinderfilet mit Maultaschen vom kanadischen Hummer, dazu feine Desserts und Weine.
Pfluggasse 6, 89073 Ulm
Tel. 07 31-6 02 70 44
www.pflugmerzler.de
Di–Fr, So 12–14 und ab 17 Uhr,
Sa ab 17 Uhr

Stephans-Stuben

In Neu-Ulm serviert Familie Pfnür seit 1995 in lichtdurchflutetem Ambiente feine regionale und raffinierte französische, saisonal wechselnde Küche mit viel Liebe zu aromenreichen Fischgerichten. Guter Weinkeller, leckere Patisserieprodukte.
Bahnhofstr. 65, 89231 Neu-Ulm
Tel. 07 31-72 38 72
www.stephans-stuben.de
Di–Fr 11–14, 17–24, Sa 17–24,
So 11–14, 17–22 Uhr

Hirsch

Der traditionsreiche, 1794 erstmals erwähnte Hotelgasthof serviert in gemütlichen Räumen schwäbische Gerichte wie Kässpätzle und Maultaschen, doch stehen auch Wild- und Fischspezialitäten auf der saisonal wechselnden Karte. Im Sommer isst man auch im Garten unter Laubbäumen. Als Digestif sollte man unbedingt einen der nach altem Rezept hausgemachten Obstbrände probieren.
Schultheißenstraße 9
89081 Ulm-Grimmelfingen
Tel. 07 31-93 79 30
www.hirsch-ulm.de
Mo, Mi–Fr ab 17, Sa, So ab 12 Uhr

Zunfthaus der Schifferleute

Originelles Fachwerklokal in der Altstadt mit schwäbischen Spezialitäten wie Brotsuppe, handgeschupften Buabaspitzla, Katzagschroi auf der Holzschaufel oder gekochter Mastochsenbrust. Aber auch Exklusiveres wie Donauwaller oder Bisonfilet ist hier zu haben.

Fischergasse 32, 89073 Ulm
Tel. 07 31-6 44 11
www.zunfthaus-ulm.com
tgl. 11–24 Uhr

Wirtshaus Krone

Ulms älteste Gaststätte wurde
bereits 1320 erstmals erwähnt.
Illustre Gäste wie der Reformator
Jan Hus und im Jahr 1430 Kaiser
Sigismund sind in der »Cron«
abgestiegen. Heute kocht man hier
bodenständig-schwäbisch. Der
gemütliche Kronekeller mit Bar ist
Fr und Sa ab 21 Uhr geöffnet.
Kronengasse 4, 89073 Ulm
Tel. 07 31-1 40 08 74
www.krone-ulm.de
Mo–Fr ab 17, Sa, So ab 10 Uhr

Drei Kannen

Waschechtes Gasthaus in einem
Renaissancegebäude mit schwäbi-
scher und bayerischer Küche. Das
seit 1832 gebraute Drei-Kannen-
Bier wird in drei Gasträumen und im
Biergarten mit restaurierter histori-
scher Laube ausgeschenkt.
Hafenbad 31/1, 89073 Ulm
Tel. 07 31-6 77 17
www.dreikannen.de

Shopping

Jerome Leplat

Outlet für zeitlos schöne Damen-
und Herrentaschen, edel gestaltet
und verarbeitet. Auch Kosmetikkof-
fer, Tücher, Gürtel und Krawatten
gibt es hier, und das alles zu erheblich reduzierten Preisen.
Max-Eyth-Str. 39, 89231 Neu-Ulm
Tel. 07 31-7 25 37 10
www.jl-leplat.de
Mo 9–12, Di, Do, Fr 14–18 Uhr

Seeberger

Riesige Auswahl an Trockenfrüch-
ten, Nussmischungen, Snacks sowie
Kaffee- und Teespezialitäten im
preisgünstigen Outlet der deutschlandweit bekannten Ulmer Firma.

Hans-Lorenser-Str. 36, 89079 Ulm
Tel. 07 31-4 09 30
www.seeberger.de

Kolibri – Mode auch Schmuck

Kreative, ausgefallene und stilsichere Mode für Frauen, die individuellen Schick schätzen. Auch den
passenden Modeschmuck und
Accessoires wie Ketten, Broschen
und Ringe findet man hier.
Judenhof 11, 89073 Ulm
Tel. 07 31-6 11 55
www.kolibri-ulm.de
Mo–Mi 9.30–18.30, Do, Fr bis 19,
Sa bis 16 Uhr

Goldschmiede Rudolf Dentler

Schöner, individueller und ausgefal-
lener Schmuck, der in der eigenen
Werkstatt gefertigt wird – die Kun-
den können dabei zusehen.
Gerbergasse 2, 89073 Ulm
Tel. 07 31-6 45 87
www.rexdentler.de
Di–Fr 10–13, 15–18, Sa 10–14 Uhr

Krug

Schöne Holzschnitzereien, darunter
Kinderkrippen und Häuser der Firma
Ostheimer, Kreuze, musizierende
Putten, Baumschmuck, Musikspiel-
uhren, Spieldosen, Windspiele und
Dekorationen sowie Volkskunst aus
dem Erzgebirge.
Breite Gasse 8, 89073 Ulm
Tel. 07 31-6 39 53
www.krug-ulm.de
Mo–Fr 10–18, Sa 10–14 Uhr

Am Abend

Theater Ulm

Das 1641 gegründete älteste städtische Theater Deutschlands ist ein
Dreispartenhaus mit Ensembles für
Oper/Operette, Schauspiel und Ballett. Vielen Künstlern und Regisseuren hat die Ulmer Bühne zum Durchbruch verholfen, darunter Herbert

von Karajan, der hier 1928–1934
Erster Kapellmeister war.
Herbert-von-Karajan-Platz 1
89073 Ulm, Tel. 07 31-1 61 44 44
www.theater.ulm.de
Di–Fr 11–19, Sa 10–13 Uhr

Jazzkeller Sauschdall

Schon seit 1963 gibt es den ehren-
amtlich geführten Jazzkeller in den
Katakomben der Bundesfestung.
Am Montagabend treffen sich in
diesem Studentenclub Musiker aus
der Region zu lebhaften Jam-
Sessions.
Prittwitzstr. 36, 89075 Ulm
Tel. 07 31-9 21 61 35
www.sauschdall.de

Café d'Art

Kulturtreffpunkt in Neu-Ulm mit
Ausstellungen und Konzerten in
einem Straßencafé.
Augsburger Str. 35
89231 Neu-Ulm
Tel. 07 31-1 55 38 15
www.cafedart-neuulm.de
Mo–Fr ab 8, Sa, So, Fei ab 10 Uhr

Olgabar

Ulmer Kultkneipe, in der man nicht
nur zwanglos sein Bierchen trinken,
sondern auch auf einer winzigen
Bühne Liveacts erleben kann. Unterstützt Projekte in der Dritten Welt.
Olgastr. 126, 89073 Ulm
Tel. 07 31-9 21 65 39
www.olga-ulm.de
Mo–Do 21–3, Fr, Sa bis 5 Uhr

Citrus Club

Beliebter Tanzclub mit zahlreichen
Events. Musikalisch dominiert
House-Sound. Das Publikum ist in
den Twenties. Am Donnerstag ist
Club Night mit House, Dance &
Black, am Samstag Mixed
Clubsound mit mehreren DJs.
Frauenstr. 29, 89073 Ulm
Tel. 07 31-7 08 29 10
www.citrus-ulm.de
Do, Fr 22–5, Sa 23–5 Uhr

Weimar

Die Stadt der deutschen Klassik

Eigentlich war das kleine Städtchen an der Ilm nur der Sitz eines unbedeutenden Herzogtums, doch Anfang des 18. Jhs. wirkte hier ein Jahrzehnt lang der große Johann Sebastian Bach. 80 Jahre danach versammelte Fürstin Anna Amalia an ihrer Tafel im Wittumspalais die berühmten Dichter, Künstler und Gelehrten des klassischen Weimar. Im Deutschen Nationaltheater wurden die Dramen von Deutschlands Dichterfürsten Goethe und Schiller gespielt, ein gutes Jahrhundert später hob man dort die Weimarer Republik aus der Taufe. Von 1919 bis 1925 sorgte das Bauhaus für Furore. Ein dunkles Kapitel der Stadtgeschichte verbindet sich mit den entsetzlichen Geschehnissen im Konzentrationslager Buchenwald. Seit 1998 ist das klassische Weimar UNESCO-Weltkulturerbe und hat sich mit seinem millionenschweren Investitionsprogramm »Kosmos Weimar« viel vorgenommen: Unter anderem soll das Stadtschloss zum Dreh- und Angelpunkt der Weimarer Museumslandschaft werden und ein neues Bauhaus-Museum entstehen.

Goethehaus

Äußerlich wirkt Weimars größte Attraktion geradezu schlicht. Innen jedoch ist das 1709 errichtete und 1792 umgebaute Wohnhaus am Frauenplan fast vollständig im Originalzustand erhalten: eine faszinierende Abfolge weitläufiger Zimmerfluchten, deren Dekoration und Anstrich sich an der Stil- und Farbenlehre Johann Wolfgang von Goethes orientieren. Hier hat der Dichterfürst, der zunächst in einem kleinen Gartenhaus an der Ilm wohnte, von 1782 an 50 Jahre lang mit seiner Familie gelebt.

Im Arbeitszimmer entstanden berühmte Werke wie der »Faust«. Hier fanden auch viele der Gespräche Goethes mit seinem Vertrauten Johann Peter Eckermann statt. In der spartanisch eingerichteten Schlafkammer starb der Dichter am 22. März 1832. Im Gelben Saal wurde mit Gästen getafelt, im sich anschließenden blauen Junozimmer, das eine römische Götterbüste ziert, diskutiert, vorgelesen, musiziert und gefeiert.

Frauenplan 2, 99423 Weimar
Tel. 0 36 43-54 53 47, www.klassik-stiftung.de
April–Sept. Di–So 9–18, Sa bis 19, Okt. Di–So 9–18, Nov.–März Di–So 10–16 Uhr

Schillerhaus

1802 erwarb Friedrich Schiller das relativ schlichte, 1777 für einen Kaufmann errichtete zweistöckige Haus an der Esplanade, wie es ursprünglich hieß. Er musste sich für den Kauf sogar verschulden, doch waren ihm nur noch drei Jahre vergönnt, um in den mit handgedruckten Papiertapeten dekorierten Zimmern mit seiner Familie zu wohnen. Das Haus liegt in der von Geschäften und gemütlichen Cafés gesäumten Schillerstraße, nur einen Steinwurf vom Domizil seines Dichterfreundes Goethe entfernt, der allerdings deutlich repräsentativer eingerichtet war.

Viele Gegenstände im Schillerhaus stammen noch aus dem persönlichen Besitz des Dichters. Sie wurden durch zeitgenössische Einrichtungsstücke ergänzt. Im Arbeitszimmer schrieb der Dichter u.a. »Die Jungfrau von Orleans« und »Wilhelm Tell« – und hier starb er am 9. Mai 1805. Der Museumsanbau hinter dem Haus wird für Sonderausstellungen genutzt.

Schillerstr. 12, 99423 Weimar
Tel. 0 36 43-54 53 50, www.klassik-stiftung.de
April–Sept. Di–Fr, So 9–18, Sa 9–19, Okt. Di–So 9–18, Nov.–März Di–So 9–16 Uhr

Von hinreißender Eleganz: der Rokokosaal der Herzogin Anna Amalia Bibliothek

Deutsches Nationaltheater

Im barocken Komödienhaus, in dem Herzog Carl August 1791 das Weimarer Hoftheater gründete, setzte Goethe als erster Intendant neben seinen eigenen und Schillers Werken auch populäre, zeitgenössische Theaterstücke, u.a. von August Wilhelm Iffland und August von Kotzebue, auf den Spielplan.

1798 wurde das Theater nach einem Umbau mit der Uraufführung von Schillers »Wallensteins Lager« wiedereröffnet. Nach einem Brand ersetzte es Clemens Wenzeslaus Coudray 1825 durch einen klassizistischen Neubau, der 1908 neu errichtet wurde. In diesem (nach Kriegszerstörung 1948 neu aufgebauten) Haus tagte 1919 die Nationalversammlung und beschloss die Verfassung der Weimarer Republik. Das von Ernst Rietschel in Bronze gegossene Goethe- und Schiller-Denkmal vor dem Theater stammt von 1857.

Theaterplatz 2, 99423 Weimar
Tel. 0 36 43-75 53 34
www.nationaltheater-weimar.de
Theaterkasse Mo 14–18, Di–Sa 10–18,
So, Fei 10–13 Uhr

Herzogin Anna Amalia Bibliothek

Erst als 2004 der Dachstuhl des alten Grünen Schlosses abbrannte und 50 000 wertvolle Bücher dem Feuer und Löschwasser zum Opfer fielen, wurde vielen Menschen die Bedeutung dieser unschätzbaren Sammlung zur Weimarer Klassik bewusst. 1766 hatte die junge Herzogin Anna Amalia das zwischen 1562 und 1565 errichtete Grüne Schloss zur Herzoglichen Bibliothek umbauen und einen prachtvollen zweistöckigen Rokokosaal einrichten lassen: mit Galerien, kostbaren Büchern, Büsten und Gemälden, Zeichnungen und Globen.

Inzwischen ist alles detailgetreu restauriert, doch ist der Zugang zum Rokokosaal auf ca. 290 Personen pro Tag begrenzt. Eintrittskarten muss man daher Monate im Voraus buchen, für spontane Einzelbesucher stehen pro Tag nur 50 Karten zur Verfügung (ab 9.30 Uhr an der Kasse im Historischen Bibliotheksgebäude).

Platz der Demokratie 2, 99423 Weimar
Tel. 0 36 43-54 54 00, www.klassik-stiftung.de
Historisches Bibliotheksgebäude Di–So
10–14.30 Uhr, Studienzentrum Mo–Fr 9–21,
Sa 9–16 Uhr

Stadtkirche St. Peter und Paul (Herderkirche)

Die Stadtkirche wird meistens Herderkirche genannt, da hier Johann Gottfried Herder, Dichter, Theologe und Philosoph der Weimarer Klassik, 1776–1803 als Superintendant und

Weimar

Pastor wirkte. Größter Kunstschatz der ursprünglich spätgotischen Kirche ist der 1552 von Lucas Cranach d.Ä. begonnene und von seinem Sohn vollendete Flügelaltar, eines der Hauptwerke der sächsisch-thüringischen Kunst des 16. Jhs.

Die Mitteltafel zeigt die Kreuzigung Christi. Rechts sind Johannes der Täufer, Lucas Cranach d.Ä. und Martin Luther mit aufgeschlagener Bibel zu sehen, links die Stifter, Herzog Johann Friedrich von Sachsen und seine Gemahlin, Herzogin Sibylle. Der Lutherschrein von 1572 in der Taufkapelle zeigt drei Porträts des Reformators – als Mönch, Magister und als Junker Jörg – und bekräftigt damit die Stellung der Kirche als »feste Burg des Protestantismus«.

Herderplatz, 99423 Weimar
Tel. 0 36 43-90 31 82
April–Okt. Mo–Fr 10–18, Sa 10–12, 14–16, So 11–12, 14–16 Uhr. Nov.–März tgl. 11–12, 14–16 Uhr

Bauhaus-Museum

Die Klassik Stiftung Weimar ist stolz auf eine der weltweit größten Sammlungen mit Arbeiten aus den Werkstätten des 1919 in der Stadt gegründeten Staatlichen Bauhauses. Das in einer ehemaligen Wagenremise gegenüber dem Deutschen Nationaltheater untergebrachte Museum zeigt einen faszinierenden Überblick über diese innovative Zeit: Bilder, Grafiken und Werkstattarbeiten aus Stein, Holz, Metall und Ton, darunter Werke von Walter Gropius, Johannes Itten, Lyonel Feininger, Wassily Kandinsky und Marcel Breuer, aber auch dekorative Wandteppiche.

Wie ideenreich die Bauhauskünstler waren, zeigen die Arbeiten der Bühnenwerkstatt, z.B. die Entwürfe zum Triadischen Ballett oder Kostümentwürfe für Puppentheater. Der Kunstgewerbeschule des belgischen Jugendstilkünstlers Henry van de Velde (1863–1957), die dem Bauhaus entscheidende Impulse gab, ist ein eigener Raum gewidmet. Bis 2014 soll das Museum im Rahmen des Masterplans Kosmos Weimar ein neues Gebäude erhalten.

Am Theaterplatz, 99423 Weimar
Tel. 0 36 43-54 56 21, www.klassik-stiftung.de
Mo–So 10–18 Uhr

Belvedere

Die 2 km lange Belvederer Allee führt gen Süden zum herzoglichen Sommersitz, in dem sich die Koryphäen der Weimarer Klassik trafen – Goethe, Herder, Wieland und Schiller. Das Gebäude wurde 1724–1732 nach dem Wiener Vorbild als Jagd- und Lustschloss errichtet und war neben den Schlössern Ettersberg und Tiefurt einer von drei Sommersitzen des Weimarer Fürstenhauses.

In den fast originalgetreu erhaltenen Räumen zeigt das Rokokomuseum Gemälde, Möbel und Kunsthandwerk aus dem 18. Jh. sowie europäisches und ostasiatisches Porzellan, darunter frühe Meißner Arbeiten. Reizvoll sind auch der mit chinoisen Wandbildern dekorierte Rote Turm, die Orangerie sowie der englische Landschaftspark.

Belvederer Allee, 99425 Weimar
Tel. 0 36 43-54 54 41, www.klassik-stiftung.de
Schloss April–Okt. Di–So 10–18 Uhr, Orangerie Belvedere Jan.–Ende April Mi–So 11–16 Uhr

Gedenkstätte Buchenwald

Einen erschütternden Kontrapunkt zur lichten Welt der Weimarer Klassik bildet das ehemalige, im Juli 1937 eingerichtete und im April 1945 von US-Truppen befreite Konzentrationslager Buchenwald. Jedes Jahr durchschreiten über eine halbe Million Besucher das schmiedeeiserne Tor mit der zynischen Inschrift »Jedem das Seine«.

Nur einen guten Kilometer von Schloss Ettersberg entfernt, wo in der Goethezeit philosophiert, diskutiert und Theater gespielt wurde, quälten die Nationalsozialisten 250 000 Menschen aus rund 40 Nationen: politische Gegner, Kriegsgefangene, Juden, Sinti und Roma, Zeugen Jehovas, Homosexuelle. Etwa 56 000 überlebten die von Folter, Krankheit, Unterernährung und Zwangsarbeit geprägte Lagerhaft nicht. Nur wenige Gebäude blieben erhalten, doch die vorzügliche Dokumentation der Gedenkstätte ist äußerst eindrucksvoll.

Buchenwald, 99427 Weimar
Tel. 0 36 43-43 00, www.buchenwald.de
Außenanlagen tgl. bis Einbruch der Dunkelheit. Ausstellungen April–Okt. tgl. 10–18, Nov.–März tgl. bis 16 Uhr; Krematorium tgl. 10–15 Uhr zugänglich

Hotels

Hotel Elephant

Das von Thomas Mann in »Lotte in Weimar« verewigte Hotel mit 300-jähriger Tradition wurde 1937 im Art-déco- und Bauhausstil wieder aufgebaut. In Zimmer 100 – heute »Udo-Lindenberg-Suite« – haben schon viele Berühmtheiten übernachtet. Zu empfehlen ist das renommierte italienische Gourmetrestaurant »Anna Amalia«.
Markt 19, 99423 Weimar
Tel. 0 36 43-80 20
www.hotelelephantweimar.com

Grand Hotel Russischer Hof

Exklusives traditionsreiches Hotel der Best-Western-Kette mit sehr stilvollen, luxuriösen Zimmern sowie einem Wellnessbereich mit Sauna. Eine Institution ist das Jugendstilrestaurant, das auch Weimarer Zwiebeldelikatessen serviert.
Goetheplatz 2, 99423 Weimar
Tel. 0 36 43-77 40
www.russischerhof.com

Romantik Hotel Dorotheenhof

Das charmante Hotel liegt ruhig und idyllisch in einem eigenen Park und bietet 56 behaglich eingerichtete Zimmer mit schönem Ausblick und modernem Komfort sowie einen sehr persönlichen, familiären Service. Das Restaurant Le Gouillon ist für seine feine Kräuterküche bekannt.
Dorotheenhof 1
99427 Weimar-Schöndorf
Tel. 0 36 43-45 90
www.dorotheenhof.com

Hotel am Frauenplan

Im ehemaligen Bernstoffschen Haus, das 1709 errichtet wurde, eröffnete 2003 ein Hotel, dessen geschmackvoll eingerichtete Zimmer nach berühmten Weimarer Persönlichkeiten benannt sind. Im Haus blieben zahlreiche barocke Details erhalten, darunter die schöne Treppe. Das Goethehaus liegt gleich gegenüber.
Brauhausgasse 10
99423 Weimar
Tel. 0 36 43-4 94 40
www.hotel-am-frauenplan.de

Anna Amalia

Attraktives familiengeführtes Nichtraucherhotel in ruhiger Lage ganz in der Nähe des Nationaltheaters. Der warme mediterrane Stil ist Programm: Zimmer und Suiten sind nach Städten benannt, die Goethe während seiner »Italienischen Reise« besucht hat. Bezaubernd ist die exklusive Hochzeitssuite. Großes Frühstücksbüfett, Hotelbar, Café mit Terrasse. Auf der Weinkarte stehen auch Tropfen aus Thüringen.
Geleitstr. 8-12, 99423 Weimar
Tel. 0 36 43-4 95 60
www.hotel-anna-amalia.de

Pension Savina

Moderne, freundliche Pension in Bahnhofsnähe. Die Zimmer sind mit einer kleinen Küche ausgestattet, außerdem gibt es eine Sauna und ein Solarium sowie eine Waschmaschine samt Trockner. Fahrräder kann man hier sicher einstellen, aber auch mieten: ideal, um Weimars ausgedehnte Parkanlagen zu erkunden.
Meyerstr. 60, 99423 Weimar
Tel. 0 36 43-8 66 90
www.pension-savina.de

Restaurants

Zum Zwiebel

In diesem gemütlichen Restaurant kommt echte thüringische Hausmannskost auf den Tisch, darunter Weimarer Zwiebelsuppe mit Lauch, Thüringer Rostbratwürste, Krustenbraten mit Thüringer Klößen oder knuspriger warmer Zwiebelkuchen vom Blech.
Teichgasse 6, 99423 Weimar
Tel. 0 36 43-50 23 75
www.zum-zwiebel.de
tgl. geöffnet

Zum weißen Schwan

Schon 350 Jahre existiert dieses traditionsreiche Gasthaus, in dem Goethe ein- und ausging. Hier genießt man einheimische Küche, Bierspezialitäten aus der Region und als Hommage an den Dichterfürsten dessen Lieblingsgericht: gekochtes Rindfleisch mit Frankfurter Grüner Soße.
Frauentorstr. 23, 99423 Weimar
Tel. 0 36 43-90 87 51
www.weisserschwan.de
tgl. geöffnet

Gastmahl des Meeres

Zu DDR-Zeiten war es in dem 1966 gegründeten, sehr populären Fischrestaurant legendär schwierig, einen Tisch zu bekommen. Heute sind Platz- und Fischauswahl natürlich viel größer. Unter gotischen Kreuzgewölben gibt es Russische Fischsoljanka sowie Filets vom Seelachs, Rotbarsch, Kabeljau und Heilbutt, gereicht mit Meerrettich und Bratkartoffeln.
Herderplatz 16, 99423 Weimar
Tel. 0 36 43-90 12 00
www.gastmahl-des-meeres.de
Di–Sa 11–22, So, Mo 11–15 Uhr

Köstritzer Schwarzbierhaus

In Weimars schönstem Fachwerkhaus serviert dieses urige Restaurant Weimarer Zwiebelgulasch, Köstritzer Bierfleisch, Thüringer Klöße in allen denkbaren Varianten und besonders knusprige Bratkartoffeln mit Sülze nach Thüringer Hausrezept. Dazu mundet das süffige Schwarzbier aus Bad Köstritz.
Scherfgasse 4, 99423 Weimar
Tel. 0 36 43-77 93 37
www.koestritzer-schwarzbier
haus-weimar.de
tgl. geöffnet

Zum Ilmschlößchen
In diesem 1914 gegründeten Restaurant haben die Meister des Bauhauses besonders gerne getafelt. Nach wie vor serviert man herzhafte Thüringer Hausmannskost, darunter Sauerbraten, Rinderroulade oder Entenkeule mit Thüringer Klößen und Apfelrotkohl.
Taubacher Str. 25, 99423 Weimar
Tel. 0 36 43-41 53 28
www.ilmschloesschen.de
Mo–Sa 17–24, So 11.30–15 Uhr

Shopping

Wochenmarkt
Auf dem Marktplatz zwischen Rathaus und Cranachhaus gibt es neben knackfrischem Obst und Gemüse auch Blumen und Keramik und natürlich die berühmten Zwiebelzöpfe, die Goethe einst für 14 Pfennig einkaufte und ins Fenster hängte.
Marktplatz, 99423 Weimar
Mo–Fr 8–17, Sa 8–14 Uhr

Museumsladen
Hier gibt es alle nur erdenklichen Souvenirs zur Weimarer Klassik: Büsten, Handschriftenrepliken und Porträts der Dichterfürsten, CDs mit Musik aus der großen Zeit, aber auch Bücher und Poster, die sich dem Bauhaus widmen, sowie Designklassiker. Mehrere Filialen, eine davon im Goethehaus.
Frauenplan 1, 99423 Weimar
Tel. 03 6 43-5 453 34
www.museumsshop-weimar.de
April–Okt. Di–So 9–18,
sonst 9–16 Uhr

twh weimar
Mit ihren schönen, originellen und funktionellen Taschen für Damen und Herren aus Leder, Wollfilz und Lkw-Plane in bester Bauhaustradition hat die Designerin Petra Hermann schon so manchen Preis eingeheimst.

Hermann-Abendroth-Str. 6
99423 Weimar
Tel. 0 36 43-40 16 40
www.twh-weimar.de
Mo–Fr 10–18, Sa 10–16 Uhr

Feinkost Hauffe
Vielfach ausgezeichnetes Topgeschäft für Feinschmecker, in dem es neben internationalen Leckereien auch eine Riesenauswahl an Thüringer Spezialitäten gibt, die man gerne zu einem repräsentativen Geschenkekorb zusammenpackt.
Kaufstr. 9–11, 99423 Weimar
Tel. 0 36 43-51 73 14
www.feinkost-hauffe.de
Mo–Fr 10–19, Sa 10–16 Uhr

Juwelier Oeke
Die Gingkopflanze wurde in der Goethezeit besonders geschätzt. Hier gibt es das Blatt der Liebenden in goldenen und silbernen Varianten, als Pendel, Ohrstecker, Ring, Anhänger, Collier oder Lesezeichen. Auch Original Glashütter Uhren aus Sachsen sind im Angebot.
Markt 22–23, 99423 Weimar
Tel. 0 36 43-2 41 30
www.oeke.de
Mo–Fr 9.30–13, 14–19,
Sa 9.30–16 Uhr

Am Abend

Deutsches Nationaltheater und Staatskapelle Weimar
Das Angebot des traditionsreichen Hauses reicht von Oper, Operette und Schauspiel über Musicals und Sinfoniekonzerte bis hin zum Ballett. Auf dem Programm stehen klassische, aber auch moderne Inszenierungen und Kindertheater.
Theaterplatz 2, 99423 Weimar
Tel. 0 36 43-75 53 34
www.nationaltheater-weimar.de

Theater im Gewölbe
Im Cranachhaus wird ein sehr abwechslungsreiches Programm aus

Musik, Theater und Kleinkunst geboten. Die Aufführungen tragen vielversprechende Titel wie »Schiller im Liebesrausch« oder »Der erotische Goethe«.
Markt 11–12, 99423 Weimar
Tel. 0 36 43-77 73 77
www.theater-im-gewoelbe.de

Havana Club Weimar
Hier gibt's leckere kubanische Cocktailklassiker wie Mojito und Daiquiri, aber auch einen »Che Guevara«. Während der Happy Hour zwischen 18 und 20 Uhr kosten alle Drinks nur die Hälfte. Wer danach nicht mehr nach Hause will, kann in der angeschlossenen Pension seinen Schwips ausschlafen.
Burgplatz (Eingang Schlossgasse 2)
99423 Weimar
Tel. 0 36 43-80 55 88
www.havanaclub-weimar.de
tgl. ab 18 Uhr

Studentenclub Kasseturm
Im ehemaligen Wehrturm trafen sich zu DDR-Zeiten vor allem die Architekturstudenten. Heute gibt es hier ein buntes Programm: am Mittwoch Partymix, am Dienstag Tango und am Donnerstag Salsa. Auch Karaoke- und Retro-Nights laufen gut. Der Bierkeller ist jeden Abend geöffnet.
Goetheplatz 10, 99423 Weimar
Tel. 0 36 43-85 16 70
www.kasseturm.de

Beat Corner
Ideal für alle, die zurück in die Sixties und Seventies wollen (oder sie zumindest musikalisch nie verlassen haben). Die Weimarer Musikkneipe schwört auf Livekonzerte und Discoabende mit passendem Ambiente im Stil der 60er- und 70er-Jahre.
Carl-von-Ossietzky-Str. 42
99423 Weimar
Tel. 01 71-6 42 27 29
www.beatcorner.de

Wiesbaden

Weltkurstadt mit bourgeoisem Charme

Schon die Römer wussten die heißen Kochsalzquellen von Aquis Mattiaeis zu schätzen. »Nizza des Nordens« nannte man die zwischen Rhein und Taunus gelegene Stadt in der Belle Époque, als hier alles kurte, was in Europa Rang und Namen hatte. Zu Zeiten der Hohenzollernkaiser gab es an die 250 Badehäuser in der Stadt. Noch heute zeugen die prachtvollen Fassaden vieler Villen und Bürgerhäuser im neoklassizistischen oder Jugendstil vom mondänen Flair jener Zeit. Das einzigartige, im Krieg nur wenig beschädigte historische Stadtbild hält die einstige Weltkurstadt sogar für würdig, ins Weltkulturerbe aufgenommen zu werden, die Bewerbung läuft. Von der Lebensqualität in der vom milden Mikroklima des Rheingaus begünstigten hessischen Landeshauptstadt überzeugt sind nicht nur die vielen hier wohnenden Millionäre, sondern auch 12 000 US-Soldaten, die am liebsten gar nicht mehr nach Hause wollen.

Stadtschloss

Zwischen dem im Stil der Gründerzeit errichteten ockerfarbenen Alten Rathaus und der Marktkirche steht auf dem Schlossplatz, den die Einheimischen auch Marktplatz nennen, die einstige Residenz der nassauischen Herzöge und der Hohenzollern. Sie wurde nach Plänen des Architekten Georg Moller zwischen 1837 und 1840 an der Stelle einer mittelalterlichen Burg im Stil des romantischen Klassizismus errichtet.

Man nimmt das gewaltige Eckgebäude kaum als Schloss wahr, da seine beiden Flügel unmittelbar und ohne Höhenunterschied an die benachbarten Bürgerhäuser angrenzen. Die preußische Königs- und die deutsche Kaiserfamilie waren häufig im Schloss zu Gast. Nach dem Zweiten Weltkrieg zog in das teilweise zerstörte Gebäude zunächst das Alliierte Oberkommando ein, aber bereits 1946 tagte hier erstmals der neu zusammengetretene Hessische Landtag, der hier bis heute seinen Sitz hat.

Schlossplatz 1–3, 65183 Wiesbaden
Tel. 06 11-35 02 94
www.hessischer-landtag.de
Führung jeden Samstag um 15 Uhr, Treffpunkt: Haupteingang, Schlossplatz 1 (am Marktbrunnen)

Kurhaus

Der majestätische neoklassizistische Bau mit Säulenaufgang und Glaskuppel ist das Werk des Architekten Friedrich von Thiersch. Bei der Eröffnung im Jahre 1907 bezeichnete Kaiser Wilhelm II. das Gebäude als das »schönste Kurhaus der Welt«. Tatsächlich wurde hier aber nie gekurt, sondern stattdessen Geld verloren und gewonnen. Berühmte Gäste der noch heute hier untergebrachten Spielbank waren Fjodor Dostojewski, Otto von Bismarck und Richard Wagner.

Das lichtdurchflutete Foyer mit 21 m hoher Kuppel zieren Marmorsäulen, griechische Götterstatuen, Buntglasfenster und Jugendstildekor, die von Kristalllüstern erhellten Kasinosäle sind mit Edelholz verkleidet. Die Kurhauskolonnade aus dem Jahre 1827, mit 129 m Europas längste Säulenhalle, beherbergt heute das »Kleine Spiel« der Spielbank. Hinter dem Kurhaus schließt sich der im Stil eines englischen Landschaftsparks angelegte Kurpark an.

Kurhausplatz 1, 65189 Wiesbaden
Tel. 06 11-53 61 00
www.spielbank-wiesbaden.de
Spielbank für klassisches Spiel tgl. 15–3, Automatenspiel tgl. 12–4 Uhr

Wiesbaden

Kaiser-Friedrich-Therme

Die auch von außen imposante, ursprünglich Kaiser-Friedrich-Bad genannte Therme wurde 1910–1913 von August O. Pauly mit einer monumentalen Schwimmhalle in den Formen des Jugendstils errichtet. Die säulenverzierten Räume und die aufwendige Ornamentik erinnern an eine römische Therme.

In der 1999 sanierten und erweiterten irisch-römischen Badeabteilung (1450 m²) sauniert man auf höchstem Niveau: mit Tepidarium, Sudatorium, Sanarium, Russischem Dampfbad, Finnischer Sauna und Steindampfbad. Daneben gibt es ein Sandbad sowie Massage-, Kosmetik- und Softpack-Anwendungen. Für Abkühlung sorgen Lavacrum, Frigidarium und eine tropische Eisregenzone. Gespeist wird das Bad aus der 66 Grad heißen Adlerquelle, der nach dem Kochbrunnen zweitgrößten Wiesbadener Thermalquelle.

Langgasse 38–40, 65183 Wiesbaden
Tel. 06 11-31 70 60, www.wiesbaden.de/baeder
Mo–Do, So 10–22, Fr, Sa bis 24 Uhr; Di Damentag (Gemischtsauna an gesetzlichen Feiertagen)

Ringkirche

Vom dichten Verkehr am Kaiser-Friedrich-Ring umtost, ist die Ringkirche neben der Marktkirche das zweite große evangelische Gotteshaus von Wiesbaden. Sie wurde 1892 bis 1894 im neoromanischen Stil aus hellem Sandstein errichtet und folgte als erste protestantische Kirche in Deutschland dem Baukonzept des Wiesbadener Programms von 1890, das sich an Martin Luthers Forderungen nach einem hierarchiefreien »Priestertum aller Gläubigen« orientierte.

So entstand ein funktionaler, kompakter Zentralbau, bei dem Altar, Kanzel, Sängerbühne und Orgel im Sicht- und Hörbereich aller 1100 Sitzplätze liegen. Der richtungsweisende Bau aus der Gründerzeit hat bis heute überwiegend seine ursprüngliche Gestalt bewahrt und ist seit 2003 Nationales Kulturdenkmal. Rund ums Jahr finden hier zahlreiche Ausstellungen, Konzerte und Vorträge statt.

An der Ringkirche 3, 65197 Wiesbaden
Tel. 06 11-44 02 81, www.ringkirche.de
Do 17–19, Sa 15–17, So 11–13.30 Uhr

Museum Wiesbaden

Das Dreispartenhaus, neben den Häusern in Kassel und Darmstadt eines der drei Hessischen Landesmuseen, besitzt eine Kunstsammlung und eine Naturhistorische Sammlung (die in ein Depot ausgelagerte Sammlung Nassauischer Altertümer soll in den nächsten Jahren ein neues Haus beziehen). Für seine exzellente Ausstellungspolitik wurde das Haus als Museum des Jahres 2007 ausgezeichnet. In regelmäßigen Abständen finden hier Sonderausstellungen zeitgenössischer Kunst statt.

Der Eingang bildet die Aachener Pfalzkapelle Karls des Großen nach. Berühmt ist das 1913 bis 1915 errichtete Haus aber vor allem wegen der hier gezeigten, europaweit größten Werkschau des russischen Expressionisten Alexej von Jawlensky. Er lebte von 1921 bis zu seinem Tod 1941 in Wiesbaden, war ein großer Freund von Wassily Kandinsky und wurde oft als Ikonenmaler des 20. Jhs. bezeichnet.

Friedrich-Ebert-Allee 2, 65185 Wiesbaden
Tel. 06 11-3 35 22 50
www.museum-wiesbaden.de
Di 10–22, Mi–So, Fei 10–17 Uhr

Nerobergbahn

Bereits 1888 eröffnete Europas einzige Drahtseil-Zahnstangen-Bahn. In vier Minuten fährt sie die 440 m lange Strecke über das Nerotal auf Wiesbadens Hausberg, wobei sie einen Höhenunterschied von 83 m überwindet und die stolze Geschwindigkeit von 7 km/h erreicht. Ihr äußerst umweltfreundlicher Antrieb erfolgt mittels Wasserballast. An der Bergstation wird der gelbe Wagen mit Wasser betankt; während er nach unten fährt, zieht er den anderen Wagen nach oben. An der Talstation angelangt, wird das Wasser abgelassen und wieder auf den Berg gepumpt.

An der Bergstation erwartet den Besucher nicht nur eine großartige Aussicht, sondern auch der Nerobergtempel von Philipp Hoffmann aus dem Jahre 1851. Er wurde aus den Säulen der alten Öllampen-Beleuchtung auf der Wilhelmstraße gestaltet.

65193 Wiesbaden, www.nerobergbahn.de
April–Okt. tgl. 12–19, Sa, So, Fei ab 10 Uhr

Stilvoll baden kann man in der irisch-römischen Abteilung der Kaiser-Friedrich-Therme

Russisch-Orthodoxe Kirche

Die in Wiesbaden häufig noch als Griechische Kapelle bezeichnete Kirche ist eine Stiftung des nassauischen Herzogs Adolf zum Gedenken an seine Gemahlin Jelisaweta Michailowna, Tochter eines Großfürsten und eine Nichte des russischen Zaren. Sie verstarb im Alter von nur 19 Jahren bei der Geburt ihres ersten Kindes. 1849–1855 entstand auf dem Neroberg die innen reich mit Marmor verkleidete Kirche im russisch-byzantinischen Stil mit vergoldeten Zwiebelkuppeln nach dem Vorbild der Christ-Erlöser-Kathedrale in Moskau.

Drei russische Staatschefs – Gorbatschow, Jelzin und Putin – waren hier schon zu Besuch. Aber auch ihnen blieb der Südeingang verschlossen. Er darf nämlich nur für den nächsten russischen Zaren geöffnet werden. Nur wenige Schritte entfernt befindet sich der 1856 angelegte Russische Friedhof, auf dem zahlreiche Adelige, Offiziere und der Maler Alexej von Jawlensky ruhen.

Christian-Spielmann-Weg 2
65193 Wiesbaden, Tel. 06 11-52 84 94
Nov.–März Sa 12–16, So 10–16,
April–Okt. tgl. 10–17 Uhr

Kloster Eberbach

18 km westlich von Wiesbaden befindet sich die 1136 von Bernhard von Clairvaux als erstes rechtsrheinisches Zisterzienserkloster gegründete Abtei. Sie faszinierte den Filmregisseur Jean-Jacques Annaud so sehr, dass er hier 1985 und 1986 die Innenaufnahmen zum Film »Der Name der Rose« mit Sean Connery drehen ließ; einige Requisiten sind noch zu besichtigen.

Besonders sehenswert sind das frühgotische Mönchsdormitorium mit Kreuzrippengewölben, das alte Laienrefektorium mit schweren Kreuzgratgewölben und Weinkeltern aus zisterziensischer Zeit sowie die dreischiffige romanische Pfeilerbasilika mit Kreuzgratgewölbe und gotischen Grabmalen. Vom Kreuzgang blieben die gotischen Nord- und Westflügel erhalten. Von erlesener Schönheit und Harmonie ist der spätgotische quadratische Kapitelsaal, dessen Sterngewölbe mit zarter, um 1500 entstandener Ranken- und Blumenmalerei verziert sind.

65346 Eltville am Rhein, Tel. 0 67 23-9 17 81 15
www.kloster-eberbach.de
April–Okt tgl. 10–18, sonst bis 17 Uhr

Hotels

Nassauer Hof

Dieses Grandhotel in direkter Nähe zum Kurhaus ist eines der letzten seiner Art in Europa. Luxuriös und sehr stilvoll eingerichtete Zimmer, die Gourmetrestaurants »Ente« und »Orangerie«, eine elegante Hotelbar und ein großzügiger Wellnessbereich mit Thermalpool, Saunen, Solarium, Fitnesscenter sowie das hoteleigene Estée Lauder Beauty Centre verwöhnen anspruchsvolle Gäste.
Kaiser-Friedrich-Platz 3–4
65183 Wiesbaden
Tel. 06 11-13 30
www.nassauer-hof.de

Radisson Blu Schwarzer Bock Hotel

Deutschlands ältestes Hotel gibt es bereits seit 1486 (Ingelheimer Zimmer mit Interieur des 16. Jhs.), doch ist das historische Gebäude heute mit allem Komfort ausgestattet. Die stilvollen Zimmer und Suiten bieten Marmorbäder und kostenfreies WLAN. Abends trifft man sich im Restaurant »Capricorne« mit Hofgarten oder in der Bar »1486«. Toller Wellnessbereich im historischen Thermalbadhaus mit modernem Anbau.
Kranzplatz 12, 65183 Wiesbaden
Tel. 06 11-15 50
www.radissonblu.com/hotel-wiesbaden

Hotel de France

Denkmalgeschützter Altbau mit 37 edel designten Zimmern und Suiten, die in warmen Erdfarben gehalten sind und allen modernen Komfort bieten, z.B. DVD- und CD-Player sowie kostenloses WLAN. Dazu kommt eine vorzügliche Küche mit österreichischem und mediterranem Einschlag sowie eine große, mediterran wirkende Gartenlandschaft, die den Hotelgästen vorbehalten ist.
Taunusstr. 49, 65183 Wiesbaden
Tel. 06 11-95 97 30
www.hoteldefrance.de

Fontana

Das kleine moderne Privathotel liegt gegenüber dem Kurpark inmitten liebevoll restaurierter Villen der Jahrhundertwende. Es bietet elegant eingerichtete Zimmer mit Sesseln, Schreibtisch und Marmorbad. Auch Raucherzimmer.
Sonnenberger Str. 62
65193 Wiesbaden
Tel. 06 11-18 11 60
www.fontana.de

Aurora

Freundliches familiäres Hotel in der Nähe des Hauptbahnhofs mit modern eingerichteten Zimmern und reizvollem Garten; außerdem stehen Gratis-WLAN sowie ein hoteleigener Parkplatz zur Verfügung.
Untere Albrechtstr. 9
65185 Wiesbaden
Tel. 06 11-37 37 28
www.aurora-online.de

Restaurants

Domäne Mechtildshausen

Öko-Gourmetrestaurant eines Biohofs mit internationaler, französisch inspirierter Küche. Spezialitäten sind Rückensteak vom hofeigenen Charolais-Rind à la Bourguignonne, Kotelett vom Jungschwein mit Armagnac-Pflaumenjus oder Hofpoularde mit Lauchschinken und Salbei. Vorzügliche deutsche und französische Weine.
Erbenheim, 65205 Wiesbaden
Tel. 06 11-7 37 46 60
wjw.aisys.ag
Di–Sa 11.30–14, 18–23,
So nur 11.30–14 Uhr

Gollner's Burg Sonnenberg

Auf der um 1200 errichteten Burg Sonnenberg residiert heute ein Feinschmeckerlokal mit vorzüglicher österreichischer Küche. Es gibt Kalbsstelze, Tafelspitz, Saiblingsfilet, Gemüsegröst'l, Tiroler Speckknödel und Wachauer Marillensorbet, dazu feine österreichische Weine. Von der großen Sommerterrasse bietet sich ein traumhafter Ausblick.
Am Schlossberg 20
65191 Wiesbaden-Sonnenberg
Tel. 06 11-54 14 09
www.gollners.de
Mi–Mo 12–14.30, 18–24 Uhr

La Rucola

Carpaccio und Minestrone, hausgemachte Pasta, fangfrischer Fisch und feine Dolci sind das Erfolgsrezept dieses gemütlichen italienischen Restaurants am Kurpark. Auch die Weine kommen aus bella Italia.
Parkstr. 42a, 65189 Wiesbaden
Tel. 06 11-37 63 00
www.la-rucola.de
tgl. 12–14.30, 18–23 Uhr

Bobbeschänkelche

Der Name bedeutet Puppenschenke, was mit der geringen Größe des schon 1812 gegründeten Gasthauses zu tun hat. Hier gibt es rustikale hessische Küche, vom Schnitzel bis zum Handkäs mit Musik (hessischer Sauermilchkäse in einer Marinade aus Zwiebeln, Essig, Öl, Apfelwein, Salz und Pfeffer).
Röderstr. 39, 65183 Wiesbaden
Tel. 06 11-52 79 59
www.bobbeschaenkelche.com
Mo–Sa ab 17.30 Uhr

Weinhaus Kögler

Uriges Weinlokal mit viel Atmosphäre in der Fußgängerzone. Schon seit 1888 wird hier Rebensaft ausgeschenkt, in den Sommermonaten auch draußen. Zum Wein namhafter Winzer aus dem Rheingau gibt's herzhafte Kost, z.B. Bratkartoffeln, gebratene Blutwurst, Sülze mit

Remoulade oder der besonders beliebte, nach eigenem Rezept zubereitete Spundekäs mit selbstgebackenem Winzerfladenbrot.
Grabenstr. 18, 65183 Wiesbaden
Tel. 06 11-37 67 37
www.weinhaus-koegler.de
Mo–Sa ab 17 Uhr, im Sommer
Sa ab 12 Uhr

Shopping

Confiserie Kunder
Alteingesessene Confiserie in einem Gründerzeitbau, die natürlich auch die berühmten, 1902 von Fritz Kunder kreierten Wiesbadener Ananastörtchen verkauft. Sie werden mit Nougat, Marzipan, Mandeln und Schokolade hergestellt. Nicht minder köstlich sind Rheingauer Riesling-Trüffel.
Wilhelmstr. 12, 65185 Wiesbaden
Tel. 06 11-44 13 59
www.kunder-confiserie.de
Mo–Fr 9–18.30, Sa 9–16 Uhr

Comicladen
Tolle Auswahl an Comics, darunter auch die inzwischen Kult gewordenen Hefte der Comicserie »Karl« von Zeichner Michael Apitz und Autor Patrick Kunkel. Ihre witzigen Geschichten drehen sich sämtlich um historische Ereignisse und Besonderheiten des Rheingaus und des Weins.
Obere Webergasse 49
65183 Wiesbaden
Tel. 06 11-37 11 75
www.comics-wiesbaden.de
Mo 12–19, Mi, Fr 12–18.30,
Do 12–19, Sa 12–15 Uhr

Wiesbadener Weine und Souvenirs
Direkt neben der Touristeninformation gibt's jede Menge Souvenirs zu kaufen: neben schönen Bildbänden und den üblichen T-Shirts und Kappen auch lokale edle Tropfen wie Wiesbadener Rieslingsekt, Wiesba-dener Neroberg und den Blütensekt Fleur petillante Rosé.
Marktplatz 1, 65183 Wiesbaden
Tel. 06 11-1 72 99 30
www.wiesbaden.de/
tourismus/shop
Mo–Fr 10–18, Sa 10–15 Uhr

Lilien-Carree
Modernes Shoppingcenter neben dem Hauptbahnhof mit breit gefächertem Angebot, von Fashion, Accessoires und Beauty über Elektronik bis hin zur Gastronomie.
Bahnhofsplatz 3
65189 Wiesbaden
Tel. 06 11-4 11 40 70
www.lilien-carree.de
Mo–Sa 10–20 Uhr

Trüffel Feinkost
Wiesbadens renommierteste Adresse für Feinkost mit großer Wein- und Spirituosenabteilung und Business-Mittagstisch. Ideal zum Verschenken sind die appetitlich zusammengestellten Präsentkörbe.
Webergasse 6–8
65183 Wiesbaden
Tel. 06 11-99 05 50
www.trueffel.net
Mo–Fr 9–19, Sa 8–16 Uhr

Am Abend

Hessisches Staatstheater
Mit seinen fünf Sparten zählt das als Neues Königliches Hoftheater gegründete neobarocke Staatstheater zu den erfolgreichsten Bühnen Deutschlands. Bespielt werden Großes Haus (1041 Plätze), Kleines Haus (328 Plätze), Studio (89 Plätze) und die externe Spielstätte Wartburg (seit 2003). Dazu kommen die Sinfoniekonzerte des Staatsorchesters im Kurhaus.
Christian-Zais-Str. 3
65189 Wiesbaden
Tel. 06 11-13 23 25
www.staatstheater-
wiesbaden.de

Caligari Filmbühne
Volker Schlöndorff bezeichnete den 1926 erbauten, heute denkmalgeschützten ehemaligen Ufa-Filmpalast als Juwel unter den deutschen Lichtspielhäusern. Zu sehen gibt es cineastische Raritäten, anspruchsvolles neues Kino und interessante Dokus sowie am Wochenende vorzügliches Kinderkino.
Marktplatz 9, 65183 Wiesbaden
Tel. 06 11-31 50 50
www.wiesbaden.de/caligari

Spielbank Wiesbaden
Auch wer nicht vorhat, an einem einzigen Abend seine gesamte Reisekasse zu verspielen wie das einst Fjodor Dostojewski widerfuhr, kann im mondänen Kasinosaal des Kurhauses einen schönen Abend verbringen, elegante Kleidung vorausgesetzt. Aber Vorsicht: Auf Rot oder Schwarz darf man bis zu 40 000 Euro setzen!
Kurhausplatz 1
65189 Wiesbaden
Tel. 06 11-53 61 00
www.spielbank-wiesbaden.de
tgl. 14.45–3 Uhr

Pudel Bar
2009 stylish-cool renovierter Szenetreff mit gemütlichen Sofalandschaften, sehr guten Cocktails und innovativen DJs, die in erster Linie House, Electro, Funk und Soul spielen.
Wilhelmstr. 17, 65185 Wiesbaden
Tel. 06 11-6 09 77 88
Fr 21–4 Uhr

New Basement
Angesagter Kellerclub mit gut durchmischtem Publikum und coolen Beats von Salsa über House bis zu Alternative.
Schwalbacher Str. 27
65183 Wiesbaden
Tel. 06 11-93 71 01
www.newbasement.de
tgl. ab 19 Uhr

Wismar

Gotische Hansepracht an der Ostsee

Cineasten kennen das alte Wismar aus dem Stummfilmklassiker »Nosferatu. Eine Symphonie des Grauens« von Friedrich Wilhelm Murnau aus dem Jahr 1922. Dabei bietet die kleine, farbenfrohe Altstadt, seit 2002 Weltkulturerbe der UNESCO, ein ganz und gar nicht grauenvolles Bild. Alle Filmschauplätze sind noch da: das von spätgotischen Giebeln gekrönte Wassertor, durch das Nosferatu mit dem Sarg die Stadt betritt, der Platz mit dem Brunnen im Innenhof der Heilig-Geist-Kirche, der Turm von Sankt Marien und der Markt, über dessen spitzen Giebeln und grünen Plätzen bei Murnau freundlich die Sonne liegt, bis das große Sterben kommt. Auch die berühmte Wasserkunst, ein Brunnenpavillon von 1602, ist im Filmklassiker klar zu erkennen. Auch schwedische Touristen kommen gerne auf Spurensuche nach Wismar, das jahrhundertelang schwedisch war. Im Gasthaus »Alter Schwede« kann man darauf ein gepflegtes Wismarer Bier trinken.

Marktplatz

Mit seinen schönen, liebevoll renovierten Giebelhäusern aus den verschiedensten Epochen ist der beeindruckend große Marktplatz Mittelpunkt und Wahrzeichen Wismars. Unübersehbar steht die sogenannte Wasserkunst auf der Südostseite des Platzes: Der von einer geschwungenen Kupferhaube bedeckte Brunnenpavillon im Stil der niederländischen Renaissance zeugt von der hoch entwickelten Wasserversorgung der Stadt. Baumeister Philipp Brandin entwarf das Gehäuse 1580.

An der Nordseite des Markts erhebt sich das klassizistische Rathaus, an der Ostseite u.a. das älteste Bürgerhaus der Stadt: der um 1380 mit Treppengiebel im Stil der Backsteingotik erbaute Alte Schwede. Rechts davon findet man das barocke (1988 originalgetreu wieder errichtete) Reuterhaus, zur Linken steht das Staffelgiebelhaus von 1856 mit Jugendstil-Fassadenmalerei.

Am Markt, 23966 Wismar

Nikolaikirche

Als einzige der drei großen mittelalterlichen Kirchen Wismars hat die monumentale Backsteinbasilika St. Nikolai, an der von 1380 bis 1508 gebaut wurde, den Krieg glimpflich

überstanden. Auf dem Südgiebel erscheinen glasierte Figuren. Der kühne, 37 m hohe Innenraum gehört mit zum Großartigsten, was die norddeutsche Backsteingotik hinterlassen hat.

Zahlreiche Kunstwerke aus den zerstörten Kirchen der Stadt wurden in die Nikolaikirche gebracht, darunter der ehemalige Hochaltar der Georgenkirche, einer der größten gotischen Schnitzaltäre des Ostseeraums (um 1430). Aus der Marienkirche stammen die 1335 vom Lübecker Meister Hans Apengeter gegossene Bronzetaufe sowie der um 1420 geschnitzte Krämeraltar mit Maria im Strahlenkranz im Mittelfeld. Die spätgotische Triumphkreuzgruppe befand sich bis 1880 in der Dominikanerklosterkirche.

Spiegelberg 14, 23966 Wismar
Tel. 0 38 41-21 36 24
www.kirchenkreis-wismar.de
Mai–Sept. tgl. 8–20, April, Okt. 10–18, Nov.–März 11–16 Uhr

Sankt-Marien-Kirche

Der Luftangriff vom 15. April 1945 zerstörte auch eine der schönsten Kirchen der Backsteingotik in Norddeutschland. 1960 wurden die Ruinen des im 13. Jh. errichteten Gottes-

Wismars Alter Hafen ist ein charmanter Ort zum Ausgehen und Bummeln

hauses gesprengt. Nur der 81 m hohe Glockenturm blieb erhalten. Er kann im Rahmen einer Führung erstiegen werden und bietet einen schönen Blick auf den Marktplatz. Das mittelalterliche Geläut blieb vollständig erhalten (Glockenspiel um 12, 15 und 19 Uhr).

Nebenan steht das um 1450 errichtete Archidiakonat, das nach schwerer Kriegsbeschädigung 1963 wieder aufgebaut wurde. Es zählt zu den attraktivsten Backsteinbauten der Stadt und besitzt einen steilen, zinnenbekrönten Staffelgiebel mit reicher Blendgliederung. Der südliche Giebel wurde modern gestaltet.

Sankt-Marien-Kirchhof, 23966 Wismar
Tel. 0 38 41-28 25 49
www.kirchgemeinde-wismar.de
Nov. bis Palmsonntag tgl. 11–16, Juli–Aug. 10–20, sonst 10–18 Uhr

Heilig-Geist-Spital

An der Ecke Lübsche Straße/Neustadt gruppieren sich um einen intimen, zur Straße abgeschlossenen Hof die Gebäude des Heilig-Geist-Spitals, das Mitte des 13. Jhs. gegründet wurde. Der schlichte Saalraum der kleinen

Kirche ist vor allem wegen der bemalten barocken Balkendecke von 1665 sehenswert. Die mit Akanthusranken und Putten geschmückten Deckenfelder zeigen in der Mitte in 26 ovalen Medaillons alttestamentarische Szenen aus dem 1. Buch Mose nach den Bibelillustrationen von Matthäus Merian dem Älteren – von der Schöpfung bis zur Jakobsgeschichte. Aus der schwer beschädigten Georgenkirche stammen der Schnitzaltar, auf dem die Madonna zwischen den Heiligen Georg und Martin erscheint, der Altar mit einer Anna-Selbdritt-Gruppe im Schrein sowie die Figurengruppe »Anbetung der Heiligen Drei Könige« (15. Jh.). Sehr schön geschnitzt sind die Gestühlswangen.

Lübsche Str. 31, 23966 Wismar
Tel. 0 38 41-28 35 28
www.kirchen-in-wismar.de
tgl. 10–17 Uhr, im Sommer länger

Rathaus

Beinahe die gesamte Nordseite des Marktplatzes nimmt das leuchtend weiße klassizistische Rathaus ein, das 2008 umfassend saniert wurde. Die Pläne für den breiten Bau mit seinen kurzen, von Dreiecksgiebeln bekrönten Seitenflügeln lieferte 1819 der herzogliche Schweriner Hofbaumeister Johann Georg Barca.

Von dem mittelalterlichen Vorgängerbau des Rathauses aus der zweiten Hälfte des 14. Jhs. wurde der Gewölbekeller integriert (Eingang rechte Rathausseite). 1985 entdeckte man in dem Gewölbe beachtenswerte Fragmente gotischer Malerei, die möglicherweise ein fröhliches Gelage auf einer Kogge zum Thema haben. Auch die zweischiffige kreuzrippengewölbte Gerichtslaube stammt aus dem späten Mittelalter. Die Dauerausstellung »Wismar – Bilder einer Stadt« im Keller schildert die Stadtgeschichte.

Am Markt, 23966 Wismar
Tel. 0 38 41-2 51 30 25, www.wismar.de
tgl. 10–18, Nov. bis Palmsonntag Mo–Sa 10–18, So 10–16 Uhr

Schabbellhaus

Das sogenannte Schabbellhaus ließ sich der Wismarer Ratsherr und Brauer Hinrich Schabbell 1569/1571 im niederländischen Renaissancestil aus Backstein mit Portal- und Fensterrahmungen aus Sandstein erbauen. Das zweigeschossige Haus wendet seinen prächtigen vierstöckigen Volutengiebel der Nikolaikirche zu. Verantwortlicher Architekt war Philipp Brandin, der auch die Pläne für die Wasserkunst auf dem Marktplatz geliefert hatte.

Heute beherbergt das Schabbellhaus die interessante Sammlung des Stadtgeschichtlichen Museums von Wismar. Zu den Ausstellungsstücken gehört auch eine Zahnarztpraxis aus den 1930er-Jahren. Derzeit werden das Schabbellhaus und ein Nebengebäude umfangreich saniert. Ausstellungen, Vorträge und andere Veranstaltungen des Museums finden bis zur Wiedereröffnung z.B. in der Gerichtslaube im Wismarer Rathaus oder in der Turmkapelle von St. Marien statt.

Schweinsbrücke 8, 23966 Wismar
Tel. 0 38 41-28 23 50, www.schabbellhaus.de
Bis voraussichtlich 2014 wegen Sanierung geschlossen

Fürstenhof

Das in zwei Bauphasen entstandene Gebäude gilt als nördlichstes Renaissanceschloss Europas. Einst diente es den mecklenburgischen Herzögen als Sommerresidenz. Heute ist hier das Wismarer Amtsgericht untergebracht. Den als Altes Haus bezeichneten Westflügel ließ 1512/1513 Herzog Heinrich als Hochzeitspalast errichten.

Kunsthistorisch bedeutender ist das nördlich anschließende Neue Lange Haus. 1553/54 errichteten Gabriel von Aken und Valentin von Lyra diesen Gebäudeflügel nach dem Vorbild oberitalienischer Renaissancepalazzi. Der dreigeschossige Bau mit Tordurchfahrt und Treppenturm beeindruckt durch die niederländisch beeinflusste Ornamentik der Pilaster und Friese. Diese stellen an der Straßenfront Reliefszenen aus dem Trojanischen Krieg und an der Hofseite das Gleichnis vom Verlorenen Sohn dar. Reich verziert ist auch das von Satyrpaaren gerahmte Sandsteinportal der Tordurchfahrt.

Vor dem Fürstenhof 1, 23966 Wismar

Alter Hafen

Mit den vorgelagerten Inseln Walfisch und Poel bildet der Alte Hafen einen der sichersten Ankerplätze der Ostseeküste. Hier wurden Fische und Gewürze, Pelze, Holz und südliche Weine umgeschlagen – und natürlich das berühmte Wismarer Bier. Dieses mundete im Mittelalter halb Europa so sehr, dass die Lübecker zeitweise sogar dessen Ausschank verboten, um den eigenen Gerstensaft zu schützen.

Heute kann man vor der historischen Kulisse alter Speicherhäuser in Restaurants und Kneipen sitzen oder mit Hafenbarkassen und Ausflugsdampfern auf Rundfahrten gehen. Das um 1750 errichtete Baumhaus (heute Sitz des Hafenamtes) erhielt seinen Namen von den langen Stämmen, mit denen nachts die Hafeneinfahrt unpassierbar gemacht wurde. Die beiden als Köpfe gestalteten gusseisernen Poller vor dem Baumhaus werden Schwedenköpfe genannt. Ihre Existenz ist bereits seit 1672 bezeugt.

Alter Hafen, 23966 Wismar

Hotels

Steigenberger Hotel Stadt Hamburg

Das erste Haus am Platz bietet eine hervorragende Lage am Markt, modernes Ambiente hinter historischer Fassade, 102 komfortable und stilvolle Zimmer, die besonders gern von Geschäftsreisenden belegt werden, und freundlichen Service. Schöner Wellnessbereich mit Sauna, Kneipp-Rondell und toller Dachterrasse. Restaurant mit Terrasse und urige Bierstube im historischen Kellergewölbe.

Am Markt 24, 23966 Wismar
Tel. 0 38 41-23 90
www.wismar.steigenberger.de

Altes Brauhaus

Freundliches familiengeführtes Hotel in einem sorgsam restaurierten Gebäude, das 1560 als Brauhaus in der Altstadt erbaut wurde. Vor allem die Zimmer im 2. Stock unterm Dach sind sehr gemütlich; alle 13 Zimmer verfügen über Gratis-WLAN. Zum Hotel gehört das Restaurant »Zum kleinen Mönch«, das internationale und regionale maritime Gerichte aus hochwertigen Zutaten serviert.

Lübsche Str. 37, 23966 Wismar
Tel. 0 38 41-21 14 16
www.brauhaus-wismar.com

Phönix Hotel Reuterhaus

Nach dem Dichter Ernst Reuter benanntes gelbes Giebelhaus am historischen Markt von Wismar, direkt gegenüber der berühmten Wasserkunst. Nur zehn komfortabel eingerichtete Zimmer, einige mit Blick auf den Marktplatz. Die Einrichtung des traditionsreichen Restaurants, das mecklenburgische Küche serviert, ist fast 300 Jahre alt.

Am Markt 19, 23966 Wismar
Tel. 0 38 41-2 22 30
www.hotel-reuterhaus.de

Alter Speicher

Komfortable Altstadtunterkunft in einem detailgetreu restaurierten hanseatischen Giebelhaus mit freundlichen, zeitgemäß eingerichteten Zimmern, Kaminecke, Sauna, Solarium und Fitnessraum. Im Galerie-Restaurant »To'n Ossen« wird regionale und internationale Küche serviert.

Bohrstr. 12, 23966 Wismar
Tel. 0 38 41-21 17 46
www.hotel-alter-speicher.de

Pension Chez Fasan

Freundliche, preiswerte Pension unterhalb der Fußgängerzone in einer Seitenstraße, nur eine Minute vom historischen Markt entfernt. Drei zusammenliegende restaurierte Altstadthäuser mit 25 anständigen Zimmern. Bei manchen Einzelzimmern befindet sich das Bad auf dem Flur. Das Restaurant der Pension liegt gegenüber.

Bademutterstr. 19
23966 Wismar
Tel. 0 38 41-21 34 25
www.unterkunft-pension-wismar.de

Restaurants

Reuterhaus

Gemütlich-rustikales Restaurant mit handgeschnitzter Holzvertäfelung direkt am Marktplatz. Im Sommer lädt die Terrasse zum Draußensitzen ein. Es gibt traditionelle mecklenburgische Küche, darunter Rippenbraten und Mecklenburger Moorenbrust sowie Fischgerichte.

Am Markt 19, 23966 Wismar
Tel. 0 38 41-2 22 30
www.reuterhaus-wismar.de
tgl. geöffnet

Seeblick

Internationale und lokale Gerichte, darunter viel mit Fisch, in zwei Gasträumen. Der »Seeblick« schweift hinüber bis zur Insel Poel.

Übernachten kann man im angeschlossenen Hotel.

Ernst-Scheel-Str. 27
23966 Wismar
Tel. 0 38 41-6 27 40
www.hotel-seeblick-wismar.de
tgl. geöffnet

Zum Weinberg

Besonders durch seine edlen Tropfen aus aller Welt besticht das in einem alten, nur von außen schlicht wirkenden Dielenhaus eingerichtete Restaurant. Dazu gibt es Mecklenburger Kuche.

Hinter dem Rathaus 3
23966 Wismar
Tel. 0 38 41-28 35 50
www.weinberg-wismar.de

Brauhaus am Lohberg

Historisches Ambiente in einem backsteinernen Fachwerkhaus aus dem 15. Jh. Man sitzt neben den großen Kupferkesseln oder draußen auf der Terrasse und lässt sich Gerichte wie Mecklenburger Gulasch und Wismarer Pfannfisch schmecken. Dazu gibt es selbst gebraute Biere wie Roter Eric oder Wismars traditionelle Mumme. Samstagabends Livemusik.

Kleine Hohe Str. 15
23966 Wismar
Tel. 0 38 41-25 02 38
www.brauhaus-wismar.de
Sommer ab 11, Winter ab 17 Uhr

Alter Schwede

Über 600 Jahre alt ist das Haus an der Ostseite des Markts mit pfeilergegliedertem Staffelgiebel, in dem die Traditionsgaststätte Alter Schwede seit 1878 mecklenburgisch-schwedische Spezialitäten serviert, z.B. Schwedenhappen (mit Rollmops und Matjes) und Wismarer Fischpfanne. Gästezimmer gibt es auch.

Am Markt 20, 23966 Wismar
Tel. 0 38 41-28 35 52
www.alter-schwede-wismar.de

Shopping

Karstadt

In Wismar steht das Stammhaus des 1881 gegründeten, deutschlandweit bekannten Kaufhausimperiums. Hier eröffnete Rudolph Karstadt gemeinsam mit seinen Geschwistern Ernst und Sophie Charlotte sowie mit finanzieller Unterstützung des Vaters ein »Tuch-, Manufactur- und Confectionsgeschäft«. Das Stammhaus in Wismar ist das kleinste Karstadt-Warenhaus und wurde vor kurzem umfangreich erneuert.

Rudolph-Karstadt-Platz 1
23966 Wismar, Tel. 0 38 41-23 00
www.karstadt.de
Mo–Sa 9.30–19 Uhr

Hanse Sektkellerei

In den historischen Kellergewölben der Hanse Sektkellerei Wismar gären exklusive Spitzensekte, die im traditionellen Flaschengärverfahren (Champagnerverfahren) hergestellt werden. Nach den Führungen mit Sektverkostung kann man die guten Tropfen natürlich käuflich erwerben: auch in attraktiven Geschenkverpackungen.

Turnerweg 4, 23966 Wismar
Tel. 0 38 41-4 84 80
www.hanse-sektkellerei.de
Mo–Sa 10–16 Uhr und nach Vereinbarung. Führungen nach Reservierung per Tel. 0 38 41-48 48 12 oder E-Mail altes-gewoelbe@hanse-sektkellerei.de

Alter Hafen

Hier kann man fangfrischen Fisch und Räucherfisch direkt vom Kutter am Kai kaufen, am besten schmeckt der frische Matjes. Am Samstagnachmittag stehen am Kai auch Wurst- und Pommesbuden. Außerdem werden hier Lederwaren, Kleider, Blumen und jede Menge Kitsch und Krempel angeboten.
Alter Hafen, 23966 Wismar

Sweet Home

Sympathischer Laden mit kreativen Geschenkartikeln aller Art, darunter Vasen, Lampen, Kerzen, Wohnaccessoires und Dekorationsobjekte. Ein besonderer Service ist das einfallsreiche Verpacken von Geldgeschenken. Ein zweites Geschäft befindet sich in der Krämerstraße 6 neben Karstadt.

Dankwartstr. 10, 23966 Wismar
Tel. 0 38 41-30 39 80
www.sweethome-mv.de
Mo–Fr 9–18, Sa 9–16 Uhr

Bernsteinfischer

Schöner Schmuck aus Gold, Silber und Bernstein, auch Kunsthandwerk und persönliche Anfertigungen. Der charmante Laden führt auch Ketten aus Rohbernstein für Hunde und Katzen, die durch die Entfaltung ätherischer Öle und elektrischer Reibungsentladung Zecken, Flöhe und Milben fernhalten sollen.

Hinter dem Rathaus 4
23966 Wismar
Tel. 0 38 41-28 35 08
www.bernsteinfischer.de
Mo–Fr 9–18.30, Sa 10–16 Uhr

Am Abend

Theater der Hansestadt Wismar

Das Wismarer Theater ist etwas außerhalb der Altstadt, direkt auf dem Hochschulcampus, in einer umgebauten Exerzierhalle untergebracht und wird seit 2007 umfassend modernisiert. Gespielt wird im Großen Haus (556 Sitzplätze), dazu kommen Angebote der Kammerbühne, des Theatercafés und der Theaterklause.

Philipp-Müller-Str. 6
23966 Wismar
Tel. 0 38 41-3 26 04 14
www.wismar.de
Di 9–12, Do 9–12, 14–17 Uhr (Vorverkaufskasse)

Der Schlauch

Zwei Minuten vom Markt entfernter Kulttreff. Hier spielen regelmäßig Musiker, meist Blues, Jazz und Rock. Manchmal sind es bekannte Größen, manchmal aber auch einfach nur Gäste, die ihr Instrument mitgebracht haben. 15 Bier- und 20 Whisk(e)ysorten sind die passende Begleitung zur Musik.

Lübsche Str. 18, 23966 Wismar
Tel. 0 38 41-28 29 60
www.schlauch-wismar.info

Clubdisco Schwips

Der Name dürfte Programm sein. Hier wird ausdauernd und feuchtfröhlich gefeiert, bei Events wie »Schwips Alarm«, »Night of High Heels«, »Ladies Magic Night« (mit magischem Sektglas für Frauen, das nie leer wird) oder »Verkehrter Tag Party«.

Bürgermeister-Haupt-Str. 31a
23966 Wismar
Tel. 0 38 41-70 31 72
www.schwips-wismar.de
Fr, Sa ab 22 Uhr

Mensakeller

Im Studentenclub Mensakeller, 20 Gehminuten von der Altstadt entfernt, gibt es jeden Mittwoch und Samstag Disco und Themenpartys – nicht nur für Studenten.

Käthe-Kollwitz-Promenade 7
23966 Wismar
Tel. 0 38 41-70 31 34
www.mensakeller.de

Kai Bar Café

Kleine Bar am Hafen mit kühler Einrichtung, weltoffener, urbaner Atmosphäre und guter Musik. Sehr beliebt ist das italienische Frühstück, tagsüber genießt man Pastagerichte und Suppen und abends gibt's dann perfekt gemixte Longdrinks und Cocktails.

Alter Holzhafen 3, 23966 Wismar
Tel. 0 38 41-22 98 22
www.kaibarcafe.de

Wittenberg

Wiege der Reformation

Fast 500 Jahre sind vergangen, seit die kleine, auf halbem Wege zwischen Leipzig und Berlin gelegene Universitätsstadt an der Elbe die Bühne der Weltgeschichte betreten hat: als Wiege der Reformation. Zusammen mit Martin Luthers Geburts- und Sterbeort Eisleben ist Wittenberg heute Weltkulturerbe. Die Schlosskirche der Lutherstadt wurde 2006 in einer ZDF-Abstimmung gar zum drittbeliebtesten Ziel der Deutschen gewählt, obwohl sie architektonisch eigentlich nicht viel hermacht und die Originaltür, an die Luther 1517 seine 95 Thesen gegen den Ablasshandel Johann Tetzels heftete, längst nicht mehr existiert. Dennoch ist in Wittenberg noch viel von der Atmosphäre der frühen Reformationszeit zu spüren: auf dem von der mächtigen Marienkirche beherrschten Renaissancemarktplatz, in den Häusern Luthers und Melanchthons und auch in den Cranachhöfen, Wohn- und Wirkstätte der berühmten Künstlerfamilie aus Franken.

Lutherhaus

Das Haus, in dem Martin Luther von 1508 bis 1546 wohnte, war 1504 als Collegium Augusteum für die Ausbildung der Augustinermönche erbaut worden. Heute ist hier das größte reformationsgeschichtliche Museum der Welt untergebracht. Die Ausstellung enthält bis auf wenige Ausnahmen ausschließlich zeitgenössische Originale. Die Lutherstube wurde auch nach dem Verkauf des Hauses an die Wittenberger Universität 1564 weitgehend im Urzustand belassen.

Höhepunkte sind die vorreformatorische Predigtkanzel Luthers aus der Stadtkirche und eine Mönchskutte, die der Reformator der Überlieferung nach auf dem Reichstag zu Worms getragen haben soll. Ebenso bemerkenswert: ein um 1520 entstandenes Porträtgemälde aus der Werkstatt Lucas Cranachs, das Luther mit Doktorhut zeigt, Luthers Bierkrug, den ein Verehrer 1694 mit einer Silberbossierung verzierte, eine Luther-Büste von Johann Gottfried Schadow (1807) sowie die Zehn-Gebote-Tafel (1516) von Lucas Cranach d.Ä.

Collegienstr. 54, 06886 Wittenberg
Tel. 0 34 91-4 20 30, www.martinluther.de
April–Okt. tgl. 9–18, Nov.–März Di–So 10–17 Uhr

Melanchthonhaus

Einen Katzensprung vom Lutherhaus entfernt steht das 1536 erbaute dreigeschossige, von Staffelgiebeln bekrönte Renaissancehaus, das Kurfürst Johann dem »Praeceptor Germaniae« (Lehrer Deutschlands) Friedrich Melanchthon (1497–1560) schenkte, um Luthers engsten Mitstreiter dauerhaft an die namhafte Wittenberger Universität zu binden. Mit seinem zum Teil noch originalen Mobiliar bietet Melanchthons Wohn- und Sterbehaus einen interessanten Einblick in das Leben des Gelehrten, der in Wittenberg einen Lehrstuhl für Griechische Sprache innehatte.

Im Scholarenzimmer malten Studenten Wappen an die Wände. Im Garten steht noch ein Steintisch, an dem Melanchthon mitunter heftige Streitgespräche mit Luther führte. Seine Studier- und Sterbestube wurde 1898 nachgebildet. Heute ist auf drei Etagen eine Dauerausstellung eingerichtet, die unter dem Titel »Ad Fontes!« (Zurück zu den Quellen!) mit historischen Drucken, Grafiken und Gemälden das Leben und Wirken des berühmten Humanisten nachzeichnet.

Collegienstr. 60, 06886 Wittenberg
Tel. 0 34 91-40 32 79, www.martinluther.de
April–Okt. tgl. 10–18, Nov.–März Di–So 10–17 Uhr

Wittenberg

Stadtkirche St. Marien

Die dreischiffige gotische Stadtkirche St. Marien (13.–15. Jh.) war die Predigtkirche Luthers. Ihre beiden spitzen Turmhelme wurden im Schmalkaldischen Krieg heruntergerissen und 1558 im Renaissancestil als achteckige Turmhäuser neu gebaut. Die Turmbrücke wurde rund 100 Jahre später hinzugefügt. Im Inneren befinden sich der dreiflügelige, von Lucas Cranach d.Ä. und seinem Sohn geschaffene Reformationsaltar (1547), dessen vier Bildtafeln die neue Heilsbotschaft formulieren: Erlösung allein durch den Glauben. Da erscheinen Melanchthon bei der Taufe, Luther als Junker Jörg, Johannes Bugenhagen im offenen Beichtstuhl und andere Mitglieder der Reformationsgemeinde. Weiterhin bemerkenswert sind das kunstvolle Messingtaufbecken (1457) von Hermann Vischer, Gemälde von Lucas Cranach d.J. und mehrere Renaissance-Epitaphien und Grabmäler.
Jüdenstr. 35, 06886 Wittenberg
Tel. 0 34 91-6 28 30
www.stadtkirchengemeinde-wittenberg.de
Nov.–Ostern tgl. 10–16,
Ostern–Okt. Mo–Sa 10–18, So 11.30–18 Uhr

Schlosskirche Allerheiligen

Die Schlosskirche wurde 1511 unter Kurfürst Friedrich dem Weisen fertiggestellt, brannte allerdings im Siebenjährigen Krieg nieder und wurde bis 1892 als Gedächtniskirche der Reformation neu gebaut. Am 31. Oktober 1517 hatte der Augustinerpater Dr. Martinus Luther seine 95 Thesen an die (1760 ebenfalls verbrannte) hölzerne Tür der damaligen Universitätskirche geheftet. Sie wurde 1859 durch eine Bronzetür mit den eingravierten Thesen Luthers ersetzt.
In markantem Gegensatz zu den fürstlichen Bronzeepitaphien stehen die schlichten Gedenktafeln der Gräber Luthers und Melanchthons. Vom 88 m hohen Turm mit neogotischem, kronenähnlichen Aufsatz genießt man eine tolle Aussicht. Die Kirche ist mit dem später veränderten kurfürstlichen Residenzschloss (1490–1525) verbunden, in dem das Museum für Natur- und Völkerkunde und das Stadtarchiv untergebracht sind.

Schlossplatz, 06886 Wittenberg
Tel. 0 34 91-40 25 85
www.schlosskirche-wittenberg.de
Ostern–Okt. Mo–Sa 10–18, So, Fei 11.30–18,
Nov.–Ostern Mo–Sa 10–16, So, Fei 11.30– 16 Uhr

Cranachhaus und -höfe

Die berühmten Renaissancemaler Lucas Cranach d.Ä. und sein Sohn Lucas Cranach d.J. lebten und arbeiteten im Wittenberg der Reformationszeit. Cranach d.Ä. war zeitweise Hofmaler Friedrichs des Weisen, Apotheker, später Bürgermeister von Wittenberg und ein enger Freund Martin Luthers. Das Gebäudeensemble, seltenes Beispiel einer erhaltenen Hofanlage aus der Zeit der Renaissance, befindet sich am Markt in der Schlossstraße 1. Das heutige Cranachhaus Markt 4 ist das Geburtshaus Lucas Cranachs d.J. Hier lebten Vater und Sohn über Jahrzehnte hinweg und richteten eine Akademie für annähernd 30 Maler ein. Im Vorderhaus war eine Druckerei untergebracht, in der alle wichtigen Schriften der Reformation veröffentlicht wurden. Sie trug wesentlich zum Ruhm des Wittenberger Buchdrucks bei.
Schlossstr. 1 und Markt 4, 06886 Wittenberg
Tel. 0 34 91-4 20 19 11, www.cranach.de
Mo–Sa 10–17, So 13–17 Uhr

Markt

Trotz mancher Veränderungen bietet der von Bürgerhäusern gesäumte Markt noch das imposante Erscheinungsbild der Renaissancezeit. Im Sommer wird er zur Bühne für die in historischem Gewand gefeierte Lutherhochzeit. Der Marktbrunnen datiert von 1617. Den Platz beherrscht die wuchtige doppeltürmige Stadtkirche St. Marien aus dem 13. bis 15. Jh. Vor dem mächtigen Renaissancerathaus findet man Luther und Melanchthon als neugotische Tabernakelfiguren unter eisernen Baldachinen: Luther unbeweglich wie die feste Burg, die sein Gott war, die Hand auf der Bibel, Melanchthon kompromissbereit, die Schriftrolle der Confessio Augustana in den Händen – bis heute die wichtigste Bekenntnisschrift der evangelischen Kirchen.
Markt, 06886 Wittenberg

Lutherdenkmal am Marktplatz; der Entwurf stammt von Schadow, der Sockel von Schinkel

Rathaus

Der rechteckige Rathaus entstand in den Jahren 1523–1535. Hier waren neben der städtischen Verwaltung auch ein Kaufhaus sowie ein Tanz- und Theatersaal untergebracht. Allerdings ist vom 1541 abgeschlossenen Innenausbau bis auf die Kellerräume nichts erhalten. Während die Fenster der beiden unteren Geschosse noch der Spätgotik verhaftet scheinen, kündigen Zwerchgiebel, Gesimse und Pilaster die Renaissance an.

1573 entstand das marktseitige Portal mit einem Altan (nicht überdachte, erhöhte Plattform) vor der ehemaligen Richterstube. Ornamente und Figuren sowie die schon barock erscheinende Justitia obenauf schuf der Torgauer Bildhauer Georg Schröter. Von diesem Altan wurden die Urteile des hohen Gerichts verkündet. Im Pflaster vor dem Rathaus sind immer noch die Steine für das Schafott zu erkennen, auf dem die Hinrichtungen stattfanden.

Markt 26, 06886 Wittenberg
Tel. 0 34 91-42 10, www.wittenberg.de

Hundertwasser-Schule

Als die Schüler des Luther-Melanchthon-Gymnasiums die Tristesse ihres 1975 errichteten Plattenbaus nicht mehr ertragen wollten, machten sie sich im Kunstunterricht Gedanken zur Umgestaltung. Da viele Entwürfe auf die typische, naturbezogene Art des Wiener Künstlers und Architekten Friedensreich Hundertwasser (1928–2000) hinausliefen, baten die Schüler den Meister 1993 um Hilfe. Tatsächlich fand der berühmte Maler die Kinderzeichnungen inspirierend und erklärte sich bereit, den deprimierenden Klotz in eine farbenfrohe Oase umzuwandeln, die seit 1999 von Touristen aus aller Welt bestaunt wird. Schulen mit vergoldeten Kuppeln gibt es eben nicht so häufig. Es ist das letzte Haus, das nach (honorarfreien) Plänen von Hundertwasser umgestaltet wurde.

Schillerstr. 22a, 06886 Wittenberg
Tel. 0 34 91-88 11 31
www.hundertwasserschule.de
Außenbesichtigung jederzeit, Innenbesichtigungen nur mit Gruppenführungen nach Vereinbarung

Hotels

Luther Hotel Wittenberg
Im historischen Zentrum gelegenes, persönlich geführtes Vier-Sterne-Hotel mit 165 geräumigen, gut ausgestatteten Zimmern, zwei davon behindertengerecht. Das Restaurant »Convivio« serviert regionale und internationale Küche. Man kann auch im lauschigen Hofgarten speisen. Außerdem gibt es eine Lobby-Bar, ein Tagungszentrum mit acht Konferenzräumen, einen Fahrradkeller und eine Sauna in der 4. Etage. Von der Dachterrasse genießt man einen schönen Blick über die Lutherstadt.
Neustr. 7–10, 06886 Wittenberg
Tel. 0 34 91-45 80
www.luther-hotel-wittenberg.de

Stadtpalais Wittenberg
Designerhotel in Nachbarschaft von Luther- und Melanchthonhaus mit klassizistischer Fassade, Kaminlobby, 78 geschmackvoll eingerichteten und teilweise klimatisierten Zimmern, elegantem Restaurant und begrüntem Innenhof. Zum Relaxen lädt ein Sauna- und Beautybereich ein. Alle wichtigen Sehenswürdigkeiten sind zu Fuß gut erreichbar.
Collegienstr. 56/57
06886 Wittenberg
Tel. 0 34 91-42 50
www.stadtpalais.bestwestern.de

Brückenkopf Hotel
Das Hotel wurde auf dem Gelände der historischen Wehranlage von Wittenberg an der Elbe in der 200 Jahre alten Festung aus napoleonischen Zeit eingerichtet. Es bietet modern ausgestattete Zimmer, einige davon behindertengerecht. Moderne Tagungseinrichtungen.
Brückenkopf 1
06886 Wittenberg
Tel. 0 34 91-45 40
www.marina-camp-elbe.de

Grüne Tanne
Sehr ruhig am nördlichen Stadtrand gelegenes Drei-Sterne-Hotel in einem historischen Herrenhaus mit freundlichen Zimmern, einer Ferienwohnung, einem Restaurant, das gutbürgerliche Küche serviert, sowie einem hübschen Garten.
Am Teich 1, 06886 Wittenberg
Tel. 0 34 91-62 90
www.gruenetanne.de

Schwarzer Baer
Zwischen Thesentür und Cranachhof liegt ein Gasthof, in dem schon Luther verkehrte. Heute bietet hier das Stadthotel Schwarzer Baer schön restaurierte, modern und individuell eingerichtete Zimmer (alle mit WLAN) sowie das älteste Restaurant der Stadt.
Schlossstr. 2, 06886 Wittenberg
Tel. 0 34 91-4 20 43 44
www.stadthotel-wittenberg.de

Am Schwanenteich
Freundliche, preiswerte Hotel-Pension im historischen Stadtkern mit moderner, gemütlicher Atmosphäre. Die Zimmer bieten Flachbild-TV und WLAN. Am Morgen wird ein gutes Frühstück serviert.
Töpferstr. 1, 06886 Wittenberg
Tel. 0 34 91-40 28 07
www.wittenberg-schwanenteich.de

Restaurants

Alte Canzley
Gleich gegenüber der berühmten Thesentür kreiert das erste zertifizierte Biorestaurant Sachsen-Anhalts unter gotischem Kreuzgewölbe auch mittelalterliche Speisen, z.B. Ziegenkäsetaler nach einem Rezept von Katharina Melanchthon oder gebratene Geflügelbrust in Honigsoße mit Erbsbrei und Wurzelgemüse. Außerdem übernachtet man hier sehr stilvoll in acht individuell eingerichteten Zimmern.

Schlossplatz 3–5
06886 Wittenberg
Tel. 0 34 91-42 91 90
www.alte-canzley.de
tgl. 10–22 Uhr; Nov.–März Mo geschl.

Brauhaus Wittenberg
Das Brauhaus serviert in urigem Ambiente deftige, gutbürgerliche Küche. Übernachten kann man hier auch. Die Zimmer mit Fernseher, Dusche und WC und sind vom Gastronomiebetrieb akustisch weit entfernt.
Markt 6, 06886 Wittenberg
Tel. 0 34 91-43 31 30
www.brauhaus-wittenberg.de
tgl. 11–24 Uhr

Il Castello
Empfehlenswerter Italiener in der Altstadt in der Nähe des Markts mit guten Pastagerichten und freundlichem Service.
Schlossstr. 3, 06886 Wittenberg
Tel. 0 34 91-41 45 47
tgl. 11–24 Uhr

Kartoffelhaus
Das sehr beliebte verwinkelte Haus in der Fußgängerzone serviert gutbürgerliche Küche in Riesenportionen, wobei die Ackerknolle natürlich eine bedeutende Rolle spielt.
Schlossstr. 2, 06886 Wittenberg
Tel. 0 34 91-41 12 00
tgl. 11–24 Uhr

Athos
Beliebter und etablierter Grieche mit verlässlicher preiswerter Küche und freundlichem Service.
Am Alten Bahnhof 1
06886 Wittenberg
Tel. 0 34 91-41 40 80
tgl. 11–24 Uhr

Taj Mahal
Im einzigen indischen Restaurant der Stadt kann man Spezialitäten aus vielen Regionen des Subkontinents genießen.

Coswiger Str. 24
06886 Wittenberg
Tel. 0 34 91-50 51 10
tgl. 11–24 Uhr

Shopping

Töpfermarkt
Auf dem Töpfermarkt im September
kann man mittelalterlich einkaufen.
Bis zu 100 Werkstätten bieten ihre
Vasen, Krüge und Steingut auf dem
historischen Marktplatz feil. Bauern
und Handwerker bringen ihre
Waren im Beyerhof und im Cranach-
hof unters Volk.
Markt, 06886 Wittenberg
letztes Septemberwochenende,
Sa, So 10–18 Uhr

**Wittenberger Weihnachts-
markt und Adventshöfe**
Neben dem Weihnachtsmarkt im
Zentrum bieten die Adventshöfe an
der Stadtkirche St. Marien und in
den Cranachhöfen eine zauberhafte
Kulisse. Besondere Höhepunkte:
Am 1. Advent halten Künstler und
Kunsthandwerker im Kunsthof
Markt 4 und im Cranachhof Schloss-
str. 1 ihren äußerst charmanten
»Markt der schöne Dinge« ab, am
2. Advent lädt ein alternativer
Weihnachtsmarkt zum Bummeln
und Staunen ein.
Schlossstr. 1, 06886 Wittenberg
Tel. 0 34 91-41 08 04
(Veranstalter: Gewerbeverein
Wittenberg)

Töpferei Schering
Direkt neben der neu sanierten
Kirche von Braunsdorf findet man
diese sympathische Töpferwerk-
stätte, die Krüge, Kannen, Tassen,
Teller und Weinkelche in meist
matter weißer, blauer und grüner
Glasur anfertigt.
Am Teich 6
06886 Wittenberg-Braunsdorf
Tel. 0 34 91-66 25 69
www.toepferei-schering.de

Leder-Shop Schwab
Traditionsreiches kleines Fachge-
schäft für Lederwaren. Hier findet
man schöne Taschen, Koffer und
Accessoires, alles mit besonderer
Sorgfalt ausgewählt.
Collegienstr. 3
06886 Wittenberg
Tel. 0 34 91-40 10 39
Mo–Fr 9.30–19, Sa 9.30–16 Uhr

Stadtmarketing Wittenberg
»Hier stehe ich. Ich kann nicht
anders«, steht auf dem im Souvenir-
geschäft der Touristeninformation
verkauften bunten Luthersocken.
Man findet aber auch Seriöseres
zum alles beherrschenden Thema
der Stadt.
Schlossplatz 2
06886 Wittenberg
Tel. 0 34 91-49 86 10
www.wittenberg.de
April–Okt. Mo–Fr 9–18.30,
Sa, So 10–16, Nov.–März 10–16,
Sa 10–14, So 11–15 Uhr

Am Abend

**Phönix Theaterwelt Witten-
berg**
Privat finanzierte Spielstätte ohne
festes Ensemble mit Theatervorstellungen, Konzerten, Ballett, Kleinkunst und Kabarettabenden. Für
Kinder gibt es Märchenaufführun-
gen.
Wichernstr. 11a
06886 Wittenberg
Tel. 0 34 91-42 07 02
www.phoenix-theaterwelt.de

Central-Theater
Hinter dem großen Namen verbirgt
sich ein Kino mit vier Sälen, die alle
Dolby DTS bieten. Gezeigt werden
in erster Linie die neuesten Block-
buster.
Sternstr. 12–13
06886 Wittenberg
Tel. 0 34 91-40 22 21
www.cinestar.de

Diskothek Velvet
Das Velvet bietet auf mehreren
Dancefloors eine pulsierende
Mischung aus Charts, Hip-Hop,
R'n'B, House, Alternative und Inde-
pendent.
Dessauer Str. 125
06886 Wittenberg
Tel. 0 34 91-42 99 40
www.velvet-wb.de

Barrik
Die Szenekneipe versteht sich als
Kombination von Kulturstätte und
Bar und ist für ihre Musical-,
Travestie- und Cabaret-Shows
bekannt. Zwischen 20 und 22 Uhr
ist Happy Hour.
Collegienstr. 81
06886 Wittenberg
Tel. 0 34 91-40 32 60
www.barrik.eu
Di–Do 18–2, Fr, Sa bis 4 Uhr

Irish Harp Club
Netter irischer Pub, in dem es nicht
nur Guinness und Whisky gibt, sondern auch ein recht eindrucksvolles
Programm mit Livemusik. Nicht nur
irische Künstler geben ein Gastspiel,
es kann durchaus auch mal eine
japanische Punkrock Girl Band auftreten, wenn der Wirt seine Kontak-
te spielen lässt.
Collegienstr. 71
06886 Wittenberg
Tel. 0 34 91-41 01 50
www.irish-harp-wittenberg.de

Alabama
Die Bar des gleichnamigen Hotels
und Restaurants serviert leckere
Longdrinks und über hundert Cock-
tailvarianten. Attraktive Happy-
Hour-Angebote. Im Sommer genießt
man die warmen Abende im romantischen Biergarten.
Berliner Straße 57b
06886 Wittenberg
Tel. 0 34 91-4 33 10
www.alabama-wittenberg.de
tgl. ab 18 Uhr

Würzburg

Lebensfrohe Metropole Mainfrankens

Der »bauwurmb«, von dem die Würzburger Fürstbischöfe befallen waren, hatte segensreiche Auswirkungen. Die unter Kaiser Barbarossa auch zu weltlicher Macht gekommenen kirchlichen Herrscher kontrollierten zwar lediglich das recht kleine Mainfranken, gaben aber klugerweise ihr Geld lieber für die Kunst als für Kriege aus, wenngleich sie sich in den Bauernkriegen 1525 hinter den meterdicken Mauern ihrer Festung Marienberg verschanzen mussten. In Würzburg schnitzte Tilman Riemenschneider seine unvergleichlichen Skulpturen, hier entwarf Balthasar Neumann prächtige Barockbauten. Obwohl im März 1945 vieles in Trümmer sank, strahlt die quicklebendige Universitäts- und Winzerstadt heute heller denn je. Kultur, Wissenschaft und Bocksbeutel sind eben eine unschlagbare Kombination.

Residenz

Seit 1981 gehört die Würzburger Residenz zum Weltkulturerbe. Während die spätbarocke Hofkirche wieder aufgebaut und das prunkvolle Spiegelkabinett rekonstruiert werden musste, hat das grandiose Treppenhaus mit der genialen Deckenkonstruktion von Balthasar Neumann die Brandbomben des Krieges überstanden.

Das monumentale, 1753 vollendete Deckenfresko Giovanni Battista Tiepolos, das Fürstbischof Carl Philipp von Greiffenclau (1690 bis 1754) in Auftrag gegeben hatte, erstrahlt nach seiner Restaurierung in neuem Glanz. Mit 677 Quadratmetern Fläche gilt es als größte allegorische Darstellung von Himmel und Erde. Vier Erdteile rahmen den Götterhimmel mit Apollo im Strahlenkranz ein. Asia reitet auf einem Elefanten, America auf einem Alligator, Africa auf einem Dromedar, Europa residiert als Königin mit Zepter und Weltkugel.

Residenzplatz 2, 97070 Würzburg
Tel. 09 31-35 51 70
www.residenz-wuerzburg.de
April–Okt. tgl. 9–18, Nov.–März 10–16.30 Uhr

Dom St. Kilian

Eine Vielfalt von Kunststilen prägt den viertgrößten romanischen Kirchenbau Deutschlands. Das um 1040 begonnene Bauwerk ist dem irischen Wandermönch Kilian geweiht, der zusammen mit seinen Gefährten Kolonat und Totnan in Franken den Märtyrertod erlitt. Beim verheerenden Bombenangriff auf Würzburg im März 1945 brannte der Dom vollständig aus. Ein Jahr später stürzte auch das Langhaus ein. Die Außenfassaden und das Langhaus wurden bis 1989 im puristischen romanischen Stil wieder aufgebaut, während man im Chor und im Querhaus die Barockausstattung rekonstruierte.

Besonders sehenswert ist die ab 1721 von Balthasar Neumann geschaffene, an das nördliche Querhaus als Grablege angefügte barocke Schönbornkapelle. Einige der fürstbischöflichen Grabmäler besitzen kunstvolle Epitaphe von Tilman Riemenschneider.

Domerpfarrgasse 10, 97070 Würzburg
Tel. 09 31-3 21 18 30, www.dom-wuerzburg.de
Mo–Sa 10–17, So, Fei 13–18 Uhr

Neumünster und Lusamgärtlein

Eine bis 1716 entstandene Barockfassade aus rotem Sandstein mit weißem Skulpturenschmuck sowie eine theatralisch geschwungene Freitreppe zieren das ursprünglich romanische Neumünster. In seiner zwischen dem 11. und 13. Jh. entstandenen Krypta ruhen die Gebeine der drei Frankenapostel Kilian, Kolonat und Totnan. Sie sind am 7. Juli

Die Veste Marienberg mit dem Mainfränkischen Museum thront hoch über dem Main

Ziel einer Wallfahrt (Kiliani-Oktav). Unter ihrer Kuppel beherbergt die Kirche eine wertvolle Madonna von Tilman Riemenschneider aus dem Jahr 1493.

Idyllisch liegt das über die Hofstraße (nördlich vom Chor) zugängliche Lusamgärtlein. Hier findet man einen mit Reliefs verzierten Flügel des Kreuzgangs aus der Stauferzeit. Der um 1230 in Würzburg verstorbene Minnesänger Walther von der Vogelweide soll im Gärtlein begraben sein. Seine Lieder werden hier an jedem 1. und 3. Samstag im Monat um 16 Uhr auf historischen Instrumenten vorgetragen.

Kürschnerhof, 97070 Würzburg
Tel. 09 31-38 66 28 00
www.neumuenster-wuerzburg.de
Mo–Sa 6–18.30, So 8–18.30 Uhr

Marienkapelle

Die spätgotische Kirche am Würzburger Markt wurde ab 1377 auf den Fundamenten der 1349 während eines Pogroms zerstörten mittelalterlichen Synagoge errichtet, wobei das jüdische Ritualbad (Mikwe) zur Krypta umfunktioniert wurde. Das Gotteshaus besaß eine kostbare Ausstattung, von der allerdings 1945 viel verloren ging; der gesamte Innenraum brannte damals aus und ist heute modern gestaltet. Die von Tilman Riemenschneider geschaffenen Figuren »Adam und Eva« am Marktportal sind Kopien (Originale im Mainfränkischen Museum).

Sehenswert sind die seltene Darstellung der Empfängnis Mariens »durch das Hören der Worte« am Nordportal, das von Riemenschneider geschaffene Grabmal des Ritters Konrad von Schaumburg (1499), vier Tafelgemälde von 1514 auf den Altären und eine Silbermadonna über dem Altar an der Stirnwand, die der Augsburger Goldschmied Johannes Kilian um 1685 schuf.

Marktplatz, 97070 Würzburg

Rathaus Grafeneckart

Ursprünglich war das Rathaus Haus und Wohnturm des um 1200 ermordeten bischöflichen Burggrafen Eckart. 1316 kaufte es die

Bürgerschaft und erweiterte es, wobei man den romanischen Turm auf 55 m erhöhte. Am unteren Turmfenster links reckt ein Steinmännlein seinen nackten Hintern in die Luft. Der stimmungsvolle spätromanische Wenzelsaal aus dem frühen 13. Jh. ist nach dem hier bewirteten König Wenzel benannt, der 1397 der Stadt die Reichsfreiheit verlieh, sie aber bald darauf wieder zurücknahm.

Die Fassadenbemalung des Hauses zeigt eine alte Gerichtslinde. Links neben dem Rathaus fällt die reich gegliederte Renaissancefassade des Roten Baus (1659/60) auf. Vor dem Rathaus steht der sog. Vierröhrenbrunnen im Rokokostil. Aus seinen vier Delfinmäulern soll früher bei wichtigen Staatsbesuchen Wein geflossen sein.

Rückermainstr. 2, 97070 Würzburg
Tel. 09 31-37 23 98
Führungen Mai–Okt. Sa 11 Uhr

Alte Mainbrücke

Schon um 1120 ließ Baumeister Enzelin an dieser Stelle eine romanische Steinbrücke über den Main errichten. Das heutige Bauwerk ist eine schlichte graue Brücke aus dem 16. Jh. mit wuchtigen Bögen, für deren Bau man Muschelkalk verwendete. Noch im 18. Jh. war die Brücke militärisch befestigt und fast vollständig mit Buden bestanden. Bis 1886 war sie außerdem Würzburgs einziger Flussübergang.

Ihre zwölf barocken Figuren aus Sandstein zeigen u.a. die drei irischen Missionare Kilian, Kolonat und Totnan, die Heilige Jungfrau Maria, dargestellt als Patrona Franconiae, die heiligen Bischöfe Bruno und Burkard sowie Karl den Großen und dessen Vater Pippin. Auffällig ist der dramatische Faltenwurf ihrer Gewänder. Im Sommer versammeln sich auf der Fußgängern vorbehaltenen Brücke viele Straßenmusikanten.

Alte Mainbrücke, 97070 Würzburg

Veste Marienberg (Mainfränkisches Museum)

Der Festungsberg von Würzburg war schon seit der späten Bronzezeit besiedelt. Das im frühen 8. Jh. errichtete erste Kastell mit Kirche wurde im Spätmittelalter und in der Renaissance zu einer mächtigen Burganlage ausgebaut. Nach ihrer Erstürmung durch die Schweden verstärkte sie Johann Philipp von Schönborn Mitte des 17. Jhs. mit gewaltigen Bastionen. Im Zweiten Weltkrieg wurde die Festung stark zerstört und war erst 1990 vollständig wiederhergestellt.

Heute beherbergt die Veste Marienberg u.a. das Mainfränkische Museum, das erlesene Werke von Tilmann Riemenschneider (um 1460–1531), Sandsteinfiguren aus dem Schlosspark Veitshöchheim, archäologische Funde sowie Volkskunst und Kunsthandwerk zeigt. Die schönste Aussicht auf die Würzburger Altstadt und die Wallfahrtskirche Käppele bietet sich vom Fürstengarten an der Ostseite der Festung mit achteckigem Pavillon und Wasserspielen.

97082 Würzburg, Tel. 09 31-20 59 40
www.mainfraenkisches-museum.de
April–Okt. Di–So 10–17, Nov.–März bis 16 Uhr

Schloss und Garten Veitshöchheim

Einige Kilometer mainabwärts von Würzburg liegt die Sommerresidenz der Würzburger Fürstbischöfe mit Deutschlands besterhaltenem Rokokogarten. Er wurde 1763 nach französischem Vorbild mit Blumenornamenten, Lauben und Alleen gestaltet und mit fantasievollen Skulpturen geschmückt (die meisten Originale befinden sich im Mainfränkischen Museum).

Mit Festen und Maskeraden beschäftigte Putten tummeln sich in der Heckenabteilung. In der Waldregion findet man Skulpturen mit Tiergruppen aus den Fabeln von Jean de La Fontaine und das Heckentheater, in dem italienische Stegreifkomödien aufgeführt wurden. In der Seenregion thront Apoll mit seinem Dichterross Pegasus, umgeben von acht Musen und Seeungeheuern, auf dem Parnass mitten im Läuterungssee. Der Grottenpavillon in der Südostecke ist mit bunten Steinen, Glasscherben und Muscheln inkrustiert.

Echterstr. 10, 97209 Veitshöchheim
Tel. 09 31-9 15 82, www.schloesser.bayern.de
Schloss April–Okt. Di–So 9–18 Uhr (nur Führungen).
Wasserspiele tgl. 13–17 Uhr zur vollen Stunde

Würzburg

Hotels

Rebstock
Das vornehme Privathotel mit Rokokofassade wurde schon 1408 erstmals als Herberge erwähnt. Es
bietet stilvoll eingerichtete Zimmer
mit viel Komfort und ein exzellentes
Restaurant, das verfeinerte fränkische Küche mit mediterranem
Akzent serviert.
Neubaustr. 7, 97070 Würzburg
Tel. 09 31-3 09 30
www.rebstock.bestwestern.de

Maritim Hotel
Direkt an das Congress Centrum
Würzburg angeschlossenes Hotel
unweit des Hauptbahnhofs am
Mainufer, mit 287 stilvollen Zimmern und sechs Suiten. Das elegante Abendrestaurant »Viaggio«
serviert vorzügliche mediterrane
Küche, während man in der gemütlichen Weinstube regionale Spezialitäten mit Ausblick auf die Festung
Marienberg genießt. Den Gästen
stehen Schwimmbad, Sauna,
Dampfbad, Solarium und ein Fitnessraum zur Verfügung.
Pleichertorstr. 5
97070 Würzburg
Tel. 09 31-3 05 30
www.maritim.de

Würzburger Hof
Ruhig gelegenes historisches Haus
in Bahnhofsnähe mitten in der Fußgängerzone mit romantisch und
individuell im Barock- und Rokokostil eingerichteten Zimmern.
Barbarossaplatz 2
97070 Würzburg
Tel. 09 31-5 38 14
www.hotel-wuerzburgerhof.de

Zur Stadt Mainz
Schon seit 1430 gibt es diesen schö-
nen Hotelgasthof, der nach den
Treidlern aus Mainz benannt ist, die
mit Pferden die Lastschiffe den
Main heraufzogen und hier stets

gerne einkehrten. Solide eingerich-
tete Zimmer und bodenständige
Küche.
Semmelstr. 29, 97070 Würzburg
Tel. 09 31-5 31 55
www.hotel-stadtmainz.de

Walfisch
Das charmante, zentral gelegene
Hotel am Mainufer mit Blick auf die
Festung Marienberg ist in dritter
Generation im Familienbesitz. Es
bietet individuell eingerichtete
Zimmer, freundlichen Service und
ein gutes Preis-Leistungs-Verhältnis.
Empfehlenswertes Restaurant mit
leckeren Fischgerichten.
Am Pleidenturm 5
97070 Würzburg
Tel. 09 31-3 52 00
www.hotel-walfisch.com

Schloss Steinburg
Das romantische, 1897 erbaute und
heute sehr persönlich geführte
Schlosshotel oberhalb der berühmten Weinlage Stein bietet einen
grandiosen Blick auf Würzburg von
der Sonnenterrasse, elegante
Zimmer mit modernem Komfort, ein
vorzügliches Restaurant sowie ein
Schwimmbad mit Sauna.
Auf dem Steinberg
97070 Würzburg
Tel. 09 31-9 70 20
www.steinburg.com

Restaurants

Reisers am Stein
Hoch über der Stadt wird kreative
Gourmetküche mit vielen kleinen
Leckereien und Zutaten frisch vom
Markt serviert. Die Weine kommen
vom eigenen Gut: hervorragende
Tropfen der Spitzenlagen Stein und
Innere Leiste.
Mittlerer Steinbergweg 5
97080 Würzburg
Tel. 09 31-28 69 01
www.der-reiser.de
Mo–Sa 17–23 Uhr

Bürgerspital
Im Bürgerspital schmecken Würzburger Bratwürste, Schweinszüngerl
und ein vorzüglicher Steinwein aus
dem Weingut der alten Stiftung.
Theaterstr. 19, 97070 Würzburg
Tel. 09 31-35 28 80
www.buergerspital.de

Wein- & Fischhaus
Schiffbäuerin
Traditionelles, seit 1832 bestehen-
des Restaurant mit besonders lecke-
rem frischem Flussfisch wie Schleie,
Hecht, Zander, Waller, Aal und
Forelle. Auch vorzügliche Fisch-
suppen. Die Weine kommen vom
Julius- und Bürgerspital.
Katzengasse 7, 97082 Würzburg
Tel. 09 31-4 24 87
www.schiffbaeuerin.de
Di–Sa 11.30–14.30, 18–23.30,
So, Fei nur bis 15 Uhr

Zum Stachel
Im 600 Jahre alten Wein- und
Speisehaus mit Innenhof gibt's feine
regionale Küche, z.B. Tafelspitz vom
fränkischen Weiderind oder fang-
frischen Fisch aus dem Lohrertal,
dazu eine große Auswahl guter
Frankenweine.
Gressengasse 1, 97070 Würzburg
Tel. 09 31-5 27 70
www.weinhaus-stachel.de
Mo–Sa 11–24 Uhr

Würzburger Ratskeller
In den mittelalterlichen Räumen des
Ratskellers unter dem Turm des
Grafeneckart wird köstliche fränkische Küche serviert. Man kann auch
im idyllischen Innenhof mit plät-
scherndem Brunnen essen.
Langgasse 1, 97070 Würzburg
Tel. 09 31-1 30 21
www.wuerzburgerratskeller.de
tgl. ab 11 Uhr

Backöfele
Reizvolles Traditionslokal, das seit
30 Jahren die kulinarische Vielfalt

Frankens demonstriert. Als »Einsteigerle« kann man Achat-Schnecken in Riesling-Kräuterbutter probieren oder die Fränkische Würschtlesparade bestellen. Als Hauptspeise gibt's gebratenes Mainzanderfilet oder ein fränkisches Hochzeitsessen (Kalbstafelspitz mit Meerrettich und gebratenen Semmelnudeln). Mit Apfelpfannküchle kann man das Mahl beschließen, das natürlich von gutem Frankenwein begleitet wird.
Ursulinergasse 2
97070 Würzburg
Tel. 09 31-5 90 59
www.backoefele.de
tgl. 11.30–1 Uhr

Shopping

Weingut Juliusspital
Im Juliusspital, einer 1676 von Fürstbischof Julius Echter gegründeten Stiftung, werden einige der besten Weine Frankens verkauft: in der gleichnamigen Schenke und im Weineck Julius Echter, das in einer Seitenstraße der Juliuspromenade (Koellikerstr. 12) liegt.
Klinikstr. 1, 97070 Würzburg
Tel. 09 31-3 93 14 00
www.juliusspital.de
Weinverkauf Mo–Do 8.30–16.30,
Fr 7.30–12 Uhr

Kunsthaus Michel
Die renommierte Würzburger Galerie ist auf zeitgenössische Kunst spezialisiert.
Semmelstr. 42, 97070 Würzburg
Tel. 09 31-1 39 08
www.kunsthaus-michel.de
Mo–Fr 10–18, Sa 10–13 Uhr

Holzwürmle
Viele individuelle Geschenkideen: Kunstgewerbe, Kerzen, Spielzeug, Weihnachts- und Osterartikel.
Zeller Str. 3 (neben dem Spitäle)
97082 Würzburg
Tel. 09 31-45 11 86
www.holzwuermle.de

indio basar
Brigitte Dobisch hat sich auf den Verkauf von Hanfkleidung und Ikatseiden der thailändischen Modedesignerin Marisa Suenduenchai spezialisiert, die im nördlichen Thailand, in Birma und Laos auf traditionellen Trittwebstühlen gefertigt und mit Indigo gefärbt werden.
Katharinengasse 8
97070 Würzburg
Tel. 09 31-5 59 60
www.indiobasar.de

Katharina Schwerd Mode- und Schmuckdesign
Individuelle Einzelstücke, von frechen bunten Taschen bis hin zu Modeschmuck und ausgefallenen Accessoires.
Obere Maingasse 24
97209 Veitshöchheim
Tel. 09 31-96 07 84
www.katharina-schwerd.de

Am Abend

Mainfrankentheater Würzburg
Dreispartentheater mit Oper, Operette, Musical, Ballett und Schauspiel. Neben dem Großen Haus mit 739 Sitzplätzen beherbergt das Haus noch eine kleine Spielstätte, die Kammerspiele, die 92 Gästen Platz bieten.
Theaterstr. 21, 97070 Würzburg
Tel. 09 31-3 90 81 24
www.theaterwuerzburg.de

Bockshorn im Kulturspeicher
Die Kabarettbühne tritt im Kulturspeicher auf, einem ehemaligen Getreidespeicher am Alten Hafen, der ein Museum mit zwei ständigen Sammlungen, ein Theater und eine Tanzwerkstatt beherbergt. Hier präsentieren auch Stars der Szene wie Michael Mittermeier, Django Asül und die »Würzburger Kunstfigur« Erwin Pelzig ihre Programme.

Veitshöchheimer Str. 5
97080 Würzburg
Tel. 09 31-4 60 60 66
www.bockshorn.de

Omnibus Folkcenter
Uriger Jazzkeller mit guter Livemusik seit 1970, auch Latino-Rhythmen, Rock'n'Roll & Rockabilly, Blues, New Modern Folk Pop.
Theaterstr. 10, 97070 Würzburg
Tel. 09 31-5 61 21
www.omnibus-wuerzburg.de
tgl. 20–1 Uhr

Bürgerspital-Weinstuben
Sehr beliebte Weinstube mit schönem Innenhof, guter Brotzeit und wirklich exzellenten Weinen. Ladenverkauf und Vinothek.
Theaterstr. 19, 97070 Würzburg
Tel. 09 31-35 28 80
www.buergerspital.de/weinstube
tgl. 10–24 Uhr

Schützenhof
Populärer Biergarten hoch über der Stadt mit toller Aussicht. Unter Kastanien genießt man Wernecker Bier und Frankenwein. Dazu gibt's anständige fränkische Küche.
Mainleitenweg 48
97070 Würzburg
Tel. 09 31-7 24 22
www.schuetzenhof-wuerzburg.de
Di–So 9–1 Uhr

das boot
Der kultige schwimmende Club liegt im Alten Hafen vor Anker. Auf dem Freideck genießt man Cocktails zu chilliger Musik, im gemütlichen Salon kann man einen Happen essen, und unter Deck wird getanzt. Montags Tangotanz im Salon.
Veitshöchheimerstr. 14
97080 Würzburg
Tel. 09 31-5 93 53
www.das-boot.com
Mo 19–2, Do 20–4, Fr, Sa 20–5 Uhr

Tourismusinformation:

◆ **Deutsche Zentrale
für Tourismus**
Beethovenstr. 69
60325 Frankfurt am Main
Tel. 0 69-97 46 40
www.deutschland-tourismus.de

Tourismusinformationen
der Städte:

◆ **aachen tourist service e. v.**
Tourist Info Elisenbrunnen
Friedrich-Wilhelm-Platz
52062 Aachen
Tel. 02 41-1 80 29 60
Fax 02 41-1 80 29 30
info@aachen-tourist.de
www.aachen-tourist.de

◆ **Regio Augsburg Tourismus GmbH**
Schießgrabenstr. 14
86150 Augsburg
Tel. 08 21-50 20 70
Fax 08 21-5 02 07 45
tourismus@regio-augsburg.de
www.regio-augsburg.de

◆ **Baden-Baden Kur & Tourismus GmbH**
Tourist Information
Schwarzwaldstr. 52 und
Kaiserallee 3 (Trinkhalle)
76530 Baden-Baden
Tel. 0 72 21-27 52 00
Fax 0 72 21-27 52 02
info@baden-baden.com
www.baden-baden.de

◆ **Bamberg Tourismus & Kongress Service**
Geyerswörthstr. 3
96047 Bamberg
Tel. 09 51-2 97 62 00
Fax 09 51-2 97 62 22
info@bamberg.info
www.bamberg.info

◆ **Kongress- und Tourismuszentrale Bayreuth**
Luitpoldplatz 9
95444 Bayreuth
Tel. 09 21-8 85 88
Fax 09 21-8 85 55
info@bayreuth-tourismus.de
www.bayreuth-tourismus.de

◆ **Berlin Tourismus Marketing GmbH**
Am Karlsbad 11
10785 Berlin
Tel. 0 30-25 00 25
Fax 0 30-25 00 24 24
information@visitberlin.de
www.visitberlin.de

◆ **Bonn-Information**
Windeckstr. 1/am Münsterplatz
53111 Bonn
Tel. 02 28-77 50 00
Fax 02 28-77 50 77
bonninformation@bonn.de
www.bonn.de

◆ **Braunschweig Stadtmarketing GmbH
Touristinfo**
Vor der Burg 1
38100 Braunschweig
Tel. 05 31-4 70 20 40
Fax 05 31-4 70 20 55
touristinfo@braunschweig.de
www.braunschweig.de

◆ **Bremer Touristik-Zentrale**
Gesellschaft für Marketing und Service mbH
Findorffstr. 105
28215 Bremen
Tel. 04 21-3 08 00 10
Fax 04 21-3 08 00 30
btz@bremen-tourism.de
www.bremen-tourismus.de

◆ **Cottbus Service**
Berliner Platz 6/ Stadthalle
03046 Cottbus
Tel. 03 55-7 54 20
Fax 03 55-7 54 24 55
cottbus-service@cmt-cottbus.de
www.cmt-cottbus.de

Service

◆ **Wissenschaftsstadt Darmstadt Marketing GmbH**
Im Carree 1
64283 Darmstadt
Tel. 0 61 51-13 45 14
Fax 0 61 51-13 45 19
tourist@darmstadt.de
www.darmstadt.de

◆ **Tourist- Information Dessau-Roßlau**
Zerbster Str. 2c
06844 Dessau-Roßlau
Tel. 03 40-2 04 14 42
Fax 03 40-2 04 11 42
touristinfo@dessau-rosslau.de
www.dessau-rosslau-tourismus.de

◆ **Tourist-Information im Kulturpalast Dresden**
Schlossstr. 2
01067 Dresden
Tel. 03 51-50 16 01 60
Fax 03 51-50 16 01 66
info@dresden.travel
www.dresden-tourist.de

◆ **Tourist-Information am Hauptbahnhof Düsseldorf**
Immermannstr. 65 b
40210 Düsseldorf
Tel. 02 11-17 20 28 44
Fax 02 11-1 72 02 92 10
info@duesseldorf-tourismus.de
www.duesseldorf-tourismus.de

◆ **Eisenach-Wartburgregion Touristik GmbH**
Am Markt 24 (im Stadtschloss/Thüringer Museum)
99817 Eisenach
Tel. 0 36 91-7 92 30
Fax 0 36 91-79 23 20
info@eisenach.info
www.eisenach.info

◆ **Erfurt Tourismus & Marketing GmbH**
Benediktsplatz 1
99084 Erfurt
Tel. 03 61-6 64 00
Fax 03 61-6 64 02 90
service@erfurt-tourismus.de
www.erfurt-tourismus.de

◆ **Essen Marketing GmbH Touristikzentrale Im Handelshof**
Am Hauptbahnhof 2
45127 Essen
Tel. 02 01-8 87 20 48
Fax 02 01-8 87 20 44
touristikzentrale@essen.de
www.essen.de

◆ **Tourismus+Congress GmbH Frankfurt am Main**
Kaiserstr. 56
60329 Frankfurt/Main
Tel. 0 69-21 23 88 00
Fax 0 69-21 23 78 80
info@infofrankfurt.de
www.frankfurt-tourismus.de

◆ **Tourist Information Freiburg**
Rathausplatz 2–4
79098 Freiburg im Breisgau
Tel. 07 61-3 88 18 80
Fax 07 61-3 70 03
touristik@fwtm.freiburg.de
www.freiburg.de

◆ **Görlitz-Tourist**
Demianiplatz 55
02826 Görlitz
Tel. 0 35 81-76 47 47
Fax 0 35 81-76 48 48
m.buchwald@goerlitz-tourist.de
www.goerlitz-tourist.de

◆ **Goslar Marketing GmbH**
Markt 7
38640 Goslar
Tel. 0 53 21-7 80 60
Fax 0 53 21-78 06 44
marketing@goslar.de
www.goslar.de

Deutschlands »Mainhattan« – die Skyline von Frankfurt

◆ **Stadtmarketing Halle (Saale) GmbH**
Tourist-Information Halle
Marktplatz 13/Marktschlösschen
06108 Halle
Tel. 03 45-1 22 99 84
Fax 03 45-1 22 99 85
touristinfo@stadtmarketing-halle.de
www.halle.de

◆ **Hamburg Tourismus GmbH**
Steinstr. 7
20095 Hamburg
Tel. 0 40-30 05 13 00
Fax 0 40-30 05 13 33
info@hamburg-tourismus.de
www.hamburg-tourism.de

◆ **Hannover Marketing und Tourismus GmbH**
Tourist Information
Ernst-August-Platz 8
30159 Hannover
Tel. 05 11-12 34 51 11
Fax 05 11-12 34 51 12
info@hannover-tourismus.de
www.hannover-tourismus.de

◆ **Heidelberg Marketing GmbH**
Ziegelhäuser Landstr. 3
69120 Heidelberg
Tel. 0 62 21-1 42 20
Fax 0 62 21-14 22 22
info@heidelberg-marketing.de
www.heidelberg-marketing.de

◆ **Hildesheim Marketing**
tourist-information
Rathausstr. 20 (Tempelhaus)
31134 Hildesheim
Tel. 0 51 21-1 79 80
Fax 0 51 21-17 98 88
tourist-info@hildesheim-marketing.de
www.hildesheim.de

◆ **Touristinformation Karlsruhe**
(Hauptbahnhof)
Bahnhofplatz 6
76137 Karlsruhe
Tel. 07 21-37 20 53 83
Fax 07 21-37 20 53 85
touristinfo@kmkg.de
www.karlsruhe-tourism.de

Service

◆ **Tourist-Information Kassel im Rathaus**
Obere Königsstr. 8
34117 Kassel
Tel. 05 61-70 77 07
Fax 05 61-7 07 71 69
tourist@kassel-tourist.de
www.kassel-tourist.de

◆ **Koblenz-Touristik**
Bahnhofplatz 7
56068 Koblenz
Tel. 02 61-30 38 80
Fax 02 61-3 03 88 11
info@koblenz touristik.de
www.koblenz-touristik.de

◆ **Köln Tourismus GmbH**
Kardinal-Höffner-Platz 1
50667 Köln
Tel. 02 21-22 13 04 00
Fax 02 21-22 13 04 10
info@koelntourismus.de
www.koelntourismus.de

◆ **Tourist-Information Konstanz GmbH**
Bahnhofplatz 13
78462 Konstanz
Tel. 0 75 31-13 30 30
Fax 0 75 31-13 30 60
info@ti.konstanz.de
www.konstanz-tourismus.de

◆ **Leipzig Tourismus und
Marketing GmbH**
Richard-Wagner-Str. 1
04109 Leipzig
Tel. 03 41-7 10 42 60
Fax 03 41-7 10 42 71
info@ltm-leipzig.de
www.lts-leipzig.de

◆ **Lübeck und Travemünde
Marketing GmbH**
Holstentorplatz 1
23552 Lübeck
Tel. 04 51-8 89 97 00
Fax 04 51-4 09 19 92
info@luebeck-tourismus.de
www.luebeck-tourismus.de

◆ **Tourist-Information der Lüneburg
Marketing GmbH**
Rathaus/Am Markt
21335 Lüneburg
Tel. 08 00-2 20 50 05
Fax 04 31-2 07 66 44
touristik@lueneburg.de
www.lueneburg.de

◆ **Touristik Centrale Mainz**
(Verkehrsverein Mainz e.V.)
Brückenturm am Rathaus
55116 Mainz
Tel. 0 61 31-28 62 10
Fax 0 61 31-2 86 21 55
tourist@info-mainz.de
www.touristik-mainz.de

◆ **Tourist Information Mannheim**
Willy-Brandt-Platz 3 (am Bahnhofsvorplatz)
68161 Mannheim
Tel. 06 21-2 93 87 00
Fax 06 21-2 93 87 01
touristinformation@mannheim.de
www.tourist-mannheim.de

◆ **Tourist Information
Marienplatz**
Im Neuen Rathaus
Marienplatz
80331 München
Tel. 0 89-23 39 65 00
Fax 0 89-23 33 02 33
tourismus@muenchen.de
www.muenchen-tourist.de

◆ **Münster Information**
Heinrich-Brüning-Str. 9
48143 Münster
Tel. 02 51-4 92 27 10
Fax 02 51-4 92 77 43
info@stadt-muenster.de
www.tourismus.muenster.de

◆ **Congress- und Tourismus-Zentrale Nürnberg**
Verkehrsverein Nürnberg e. V.
Frauentorgraben 3/IV
90443 Nürnberg
Tel. 09 11-2 33 60
Fax 09 11-2 33 61 66
tourismus@nuernberg.de
www.tourismus.nuernberg.de

◆ **Passau Tourismus e. V.**
Rathausplatz 3 (Neues Rathaus)
94032 Passau
Tel. 08 51-95 59 80
Fax 08 51-3 51 07
tourist-info@passau.de
www.passau.de/Tourismus.aspx

◆ **Potsdam Tourismus Service**
Am Neuen Markt 1
14467 Potsdam
Tel. 03 31-27 55 88 99
Fax 03 31-2 75 58 29
tourismus-service@potsdam.de
www.potsdamtourismus.de

◆ **Quedlinburg-Tourismus-Marketing GmbH**
Markt 2
06484 Quedlinburg
Tel. 0 39 46-90 56 24
Fax 0 39 46-90 56 29
qtm@quedlinburg.de
www.quedlinburg.de

◆ **Tourist-Information Regensburg**
Altes Rathaus, Rathausplatz 4
93047 Regensburg
Tel. 09 41-5 07 44 10
Fax 09 41-5 07 44 18
tourismus@regensburg.de
www.regensburg.de/tourismus

◆ **Hansestadt Rostock**
Tourismuszentrale Rostock & Warnemünde
Am Strom 59
18119 Rostock
Tel. 03 81-3 81 22 22
Fax 03 81-3 81 26 02
touristinfo@rostock.de
www.rostock.travel

◆ **Kongress- und Touristik Service Region**
Saarbrücken GmbH
Gerberstr. 4/Rathaus-Carrée
66111 Saarbrücken
Tel. 06 81-93 80 90
Fax 06 81-38 09 38
info@kontour.de
www.saarbruecken.de

◆ **Touristeninformation Schwerin**
Am Markt 14
19055 Schwerin
Tel. 03 85-5 92 52 12
Fax 03 85-55 50 94
info@schwerin.info
www.schwerin.com

◆ **Tourismuszentrale der Hansestadt Stralsund**
Alter Markt 9
18439 Stralsund
Tel. 0 38 31-2 46 90
Fax 0 38 31-24 69 22
info@stralsundtourismus.de
www.stralsundtourismus.de

◆ **Stuttgart-Marketing GmbH**
Rotebühlplatz 25
70178 Stuttgart
Tel. 07 11-2 22 80
Fax 07 11-2 22 82 14
info@stuttgart-tourist.de
www.stuttgart-tourist.de

◆ **Tourist-Information Trier Stadt und Land e. V.**
An der Porta Nigra
54290 Trier
Tel. 06 51-97 80 80
Fax 06 51-9 78 08 76
info@trier-info.de
www.trier.de/tourismus

◆ **Tourist-Information Ulm/Neu-Ulm**
Touristik GmbH
Münsterplatz 50
89073 Ulm
Tel. 07 31-1 61 28 30
Fax 07 31-1 61 16 41
info@tourismus.ulm.de
www.tourismus.ulm.de

Service

◆ **Tourist-Information Weimar**
Markt 10 und im Welcome-Center, Friedensstr. 1
99423 Weimar
Tel. 0 36 43-74 50
Fax 0 36 43-74 54 20
tourist-info@weimar.de
www.weimar.de

◆ **Wiesbaden Tourist Information**
Marktplatz 1
65183 Wiesbaden
Tel. 0611-1 72 99 30
Fax 06 11-1 72 97 98
tourist-service@wiesbaden marketing.de
www.wiesbaden.de/tourismus

◆ **Tourist-Information Wismar**
Am Markt 11
23966 Wismar
Tel. 0 38 41-1 94 33
Fax 0 38 41-2 51 30 91
touristinfo@wismar.de
www.wismar.de

◆ **Regionaler Tourismusverband Tourismus
Region Wittenberg e. V.**
Neustr. 13
06886 Lutherstadt Wittenberg
Tel. 0 34 91-40 26 10
Fax 0 34 91-40 58 57
info@tourismusregion-wittenberg.de
www.tourismusregion-wittenberg.de

◆ **Eigenbetrieb Congress – Tourismus
– Wirtschaft Würzburg**
Am Congress Centrum
97070 Würzburg
Tel. 09 31-37 23 35
Fax 09 31-37 36 52
tourismus@wuerzburg.de
www.wuerzburg.de/de/tourismus-tagungen/
index.html

Pannenhilfe:

◆ Unter der bundesweit einheitlichen Rufnummer
0 18 02-22 22 22 ist die Pannenhilfe des Allgemeinen
Deutschen Automobil-Clubs (ADAC, www.adac.de)
rund um die Uhr vom deutschen Festnetz bzw. unter
der Rufnummer 22 22 22 von allen Handynetzen aus
erreichbar.
◆ Der Auto Club Europa (ACE, www.ace-online.de)
bietet 24 Stunden täglich über die Nummer
0 18 02-34 35 36 Pannen- und Notfallhilfe.
◆ Der Automobilclub von Deutschland (AVD,
www.avd.de) hilft bei einer Panne unter der Service-
Rufnummer 08 00-9 90 99 09.

Notruf bundesweit:

◆ Polizei: 110
◆ Notarzt: 112
◆ Feuerwehr: 112

Hotelreservierung:

◆ Ehotel, www.ehotel.de, Service-Hotline
018 05-34 68 35 (14 Cent/Min. aus dem deutschen
Festnetz, max. 42 Cent/Min. aus deutschen Mobil-
funknetzen). Gut strukturierte Website. Reservierun-
gen auch telefonisch möglich.
◆ Hotel.de, www.hotel.de, Service-Hotline:
018 05-59 83 20 (14 Cent/Min. aus dem deutschen
Festnetz, max. 42 Cent/Min. aus deutschen Mobil-
funknetzen). Einfache Bedienung. Weltweit 180 000
Hotels, zusätzliche Kurzreise-Angebote. Telefonische
Buchungen möglich.
◆ Freehotels.info, www.freehotels.info,
Tel. 07 00-60 92 21 00 (max. 12,4 Cent/Min. aus dem
deutschen Festnetz). Online-Reservierungen für zahlreiche deutsche Städte.

Sachregister

Aachen 8
Augsburg 13

Baden-Baden 18
Baden-Württemberg
◆ Baden-Baden 18
◆ Freiburg 102
◆ Heidelberg 134
◆ Karlsruhe 144
◆ Konstanz 165
◆ Mannheim 191
◆ Stuttgart 252
◆ Ulm 263
Bamberg 23
Bayern
◆ Augsburg 13
◆ Bamberg 23
◆ Bayreuth 28
◆ München 196
◆ Nürnberg 207
◆ Passau 212
◆ Regensburg 227
◆ Würzburg 288
Bayreuth 28
Berlin 33
Bonn 39
Brandenburg
◆ Cottbus 54
◆ Potsdam 217
Braunschweig 44
Bremen 49

Cottbus 54

Darmstadt 59
Dessau 64
Dresden 69
Düsseldorf 75

Eisenach 81
Eltville am Rhein 275
Erfurt 86
Essen 91

Familien
◆ Alter Hafen, Wismar 280
◆ Amphitheater, Trier 260
◆ Archäologisches Landesmuseum, Konstanz 166
◆ Asisi Panometer, Dresden 72
◆ Asisi Panometer, Leipzig 172
◆ Ausstellung Reinhold Kasten im Warnemünder »Teepott«, Rostock 234
◆ Automobile Welt, Eisenach 82
◆ Baldeneysee, Essen 93

◆ Barbarossa-Pfalz Kaiserswerth, Düsseldorf 76
◆ Belantis, Leipzig 173
◆ BMW Welt, München 198
◆ Bremer Geschichtenhaus 50
◆ DB-Museum – Verkehrsmuseum Nürnberg 209
◆ Deutsches Hygiene-Museum, Dresden 71
◆ Deutsches Meeresmuseum, Stralsund 249
◆ Deutsches Museum, München 198
◆ Deutsches Salzmuseum, Lüneburg 182
◆ Deutsch-Französischer Garten, Saarbrücken 239
◆ Drachenschlucht, Eisenach 83
◆ egapark, Erfurt 88
◆ Englischer Garten, München 199
◆ Erlebnis-Zoo Hannover 131
◆ Ethnologisches Museum (Dahlem), Berlin 34
◆ Fernsehturm, Berlin 36
◆ Fernsehturm, Stuttgart 254
◆ Festung Ehrenbreitstein, Koblenz 156
◆ Filmpark Babelsberg, Potsdam 219
◆ Forst- und Köhlerhof Wiethagen, Rostock 234
◆ Fuggerei, Augsburg 15
◆ Grugapark, Essen 92
◆ Gutenberg Museum, Mainz 188
◆ Hamburger Hafen 122
◆ Herrenhäuser Gärten (Sea Life), Hannover 128
◆ Hundertwasser-Schule, Wittenberg 285
◆ IGA-Park, Rostock 234
◆ Kaiserburg, Nürnberg 207
◆ Kaiserthermen, Trier 259
◆ Landesmuseum für Vorgeschichte, Halle 119
◆ Landesmuseum Mainz 187
◆ Leuchtturm Warnemünde, Rostock 233
◆ Linden-Museum, Stuttgart 253
◆ Luisenpark, Mannheim 193
◆ Mainau, Insel 167
◆ Mercedes-Benz-Museum, Stuttgart 254
◆ Miniatur Wunderland, Hamburg 124
◆ Moritzburg, Schloss und Park, Dresden 72
◆ Museum der Brotkultur, Ulm 264
◆ Museum Mensch und Natur, Schlosspark Nymphenburg, München 197
◆ Museumshaus, Stralsund 248
◆ Museum Weltkulturen,

Mannheim 192
◆ Naturkundemuseum im Ottoneum, Kassel 151
◆ Naturmuseum Senckenberg, Frankfurt 98
◆ Neanderthal-Museum, Mettmann/Düsseldorf 78
◆ Nerobergbahn, Wiesbaden 274
◆ Niedersächsisches Landesmuseum, Hannover 129
◆ Olympiapark, München 199
◆ Ozeaneum, Stralsund 249
◆ Park der Sinne, Laatzen/Hannover 131
◆ Parkeisenbahn Cottbus 56
◆ Pfaffenteich, Schwerin 244
◆ Planten un Blomen, Hamburg 125
◆ Porta Nigra, Trier 258
◆ Potsdamer Platz, Berlin 34
◆ Rammelsberg, Bergwerk, Goslar 114
◆ Rheinisches Landesmuseum, Bonn 40
◆ Römisch-Germanisches Museum, Köln 160
◆ Römisch-Germanisches Zentralmuseum, Mainz 188
◆ Schauinsland, Freiburg 104
◆ Schiffbau- und Schifffahrtsmuseum, Rostock 233
◆ Schweriner See 244
◆ Sea Life, Konstanz 166
◆ Speicherstadt und Fleete, Hamburg 123
◆ Spielzeugmuseum, Nürnberg 208
◆ TECHNOSEUM, Mannheim 192
◆ Tierpark Hagenbeck, Hamburg 125
◆ Tierpark Hellabrunn, München 199
◆ Übersee-Museum, Bremen 51
◆ Ulmer Museum 264
◆ Universum Bremen 50
◆ Veste Marienberg (Mainfränkisches Museum), Würzburg 290
◆ Veste Oberhaus, Passau 214
◆ Völkerschlachtdenkmal, Leipzig 173
◆ Völklinger Hütte, Völklingen/Saarbrücken 239
◆ Wartburg, Eisenach 81
◆ Wilhelma, Stuttgart 254
◆ Wörlitz, Park, Dessau 65
◆ Yenidze, Dresden 71
◆ Zinnfigurenmuseum, Goslar 114
◆ Zollverein, Zeche und Kokerei, Essen 93
◆ Zoo Frankfurt 98
◆ Zoo Karlsruhe 145
◆ Zoo Leipzig 173
◆ Zoo Schwerin 244
Frankfurt 96
Freiburg 102

Register

Görlitz 107
Goslar 112

Halle 117
Hamburg 122
Hannover 128
Heidelberg 134
Hessen
◆ Darmstadt 59
◆ Frankfurt 96
◆ Kassel 149
◆ Wiesbaden 273
Hildesheim 139

Karlsruhe 144
Kassel 149
Koblenz 154
Köln 159
Konstanz 165

Laatzen 131
Leipzig 170
Lübeck 176
Ludwigsburg 255
Lüneburg 181

Mainz 186
Mannheim 191
Mecklenburg-Vorpommern
◆ Rostock 232
◆ Schwerin 242
◆ Stralsund 247
◆ Wismar 278
Mettmann 78
Moritzburg 72
München 196
Münster 202
Museen
◆ Alte Nationalgalerie, Berlin 34
◆ Alte Pinakothek, München 198
◆ Alte Sammlung, Saarbrücken 238
◆ Altes Museum, Berlin 34
◆ Angermuseum, Erfurt 88
◆ Antikensammlung, Kassel 150
◆ Archäologisches Landesmuseum,
  Konstanz 166
◆ Astronomisch-physikalisches Kabinett,
  Kassel 151
◆ Augustinermuseum, Freiburg 104
◆ Ausstellung Reinhold Kasten im
  Warnemünder »Teepott«,
  Rostock 234
◆ Automobile Welt, Eisenach 82
◆ Bachmuseum, Eisenach 81
◆ Badisches Landesmuseum,
  Karlsruhe 144
◆ Bauhaus-Museum, Weimar 270
◆ Bayerische Staatsgemäldesammlung,
  Bayreuth 29

◆ Bayreuther Fayencen - Sammlung
  Rummel, Bayreuth 29
◆ Beethovenhaus, Bonn 39
◆ Behnhaus, Lübeck 178
◆ Bergwerk Rammelsberg, Goslar 114
◆ Bodemuseum, Berlin 34
◆ Brandenburgisches
  Apothekenmuseum, Cottbus 55
◆ Braunschweigisches
  Landesmuseum 46
◆ Bremer Geschichtenhaus 50
◆ Bröhan-Museum, Berlin 36
◆ Buddenbrookhaus, Lübeck 178
◆ Couven-Museum, Aachen 10
◆ Cranachhaus, Wittenberg 284
◆ DB Museum Verkehrsmuseum
  Nürnberg 209
◆ Deutsche Barockgalerie, Augsburg 15
◆ Deutsches Apothekenmuseum,
  Heidelberg 134
◆ Deutsches Historisches Museum,
  Berlin 35
◆ Deutsches Hygiene-Museum,
  Dresden 71
◆ Deutsches Meeresmuseum,
  Stralsund 249
◆ Deutsches Museum, Bonn 41
◆ Deutsches Museum, München 198
◆ Deutsches Salzmuseum, Lübeck 182
◆ Diözesanmuseum, Bamberg 23
◆ Diözesanmuseum, Hildesheim 139
◆ Dokumentationszentrum
  Reichsparteitagsgelände,
  Nürnberg 209
◆ Domschatzkammer, Aachen 8
◆ Domschatz, Quedlinburg 222
◆ Ethnologisches Museum, Berlin 34
◆ Fachwerkmuseum, Quedlinburg 224
◆ Filmmuseum, Düsseldorf 78
◆ Focke-Museum, Bremen 50
◆ Fridericianum, Kassel 151
◆ Fuggereimuseum, Augsburg 15
◆ Fürst-Pückler-Museum, Cottbus 56
◆ Galerie der Gegenwart, Hamburg 124
◆ Gartenkunstmuseum, Bayreuth 30
◆ Gedenkstätte Buchenwald,
  Weimar 274
◆ Gemäldegalerie Alte Meister,
  Dresden 69
◆ Gemäldegalerie Alte Meister,
  Kassel 150
◆ Gemäldesammlung im Georgium,
  Dessau 66
◆ Germanisches Nationalmuseum,
  Nürnberg 208
◆ Glasmuseum, Passau 213
◆ Goethehaus, Weimar 268
◆ Goethemuseum, Frankfurt 97
◆ Goslarer Museum 114

◆ Graphikmuseum Picasso, Münster 204
◆ Grünes Gewölbe, Dresden 70
◆ Gutenberg Museum, Mainz 188
◆ Haberstock-Stiftung, Augsburg 15
◆ Händel-Haus, Halle 118
◆ Haus der Geschichte der BRD,
  Bonn 41
◆ Herzog-Anton-Ulrich-Museum,
  Braunschweig 46
◆ Hessisches Landesmuseum,
  Darmstadt 61
◆ Hetjens-Museum, Düsseldorf 78
◆ Historisches Museum der Stadt
  Regensburg 228
◆ Holstentor-Museum, Lübeck 176
◆ Internationales Zeitungsmuseum der
  Stadt Aachen 10
◆ Jan-Bouman-Haus, Potsdam 218
◆ Jean-Paul-Museum, Bayreuth 30
◆ Jüdisches Museum, Berlin 35
◆ K20 K21 Kunstsammlung Nordrhein-
  Westfalen, Düsseldorf 77
◆ Kestnergesellschaft, Hannover 130
◆ Klopstockhaus, Quedlinburg 223
◆ Kolumba (Diözesanmuseum
  Köln) 162
◆ Kulturhistorisches Museum im
  Barockhaus, Görlitz 108
◆ Kulturhistorisches Museum,
  Rostock 233
◆ Kulturhistorisches Museum,
  Stralsund 248
◆ Kunstareal München 198
◆ Kunstgewerbemuseum, Dresden 72
◆ Kunsthalle, Karlsruhe 146
◆ Kunsthalle Mannheim 191
◆ Kunsthalle St. Annen, Lübeck 178
◆ Kunsthalle Weishaupt, Ulm 265
◆ Kunstmuseum Bonn 41
◆ Kunstmuseum im Dieselkraftwerk,
  Cottbus 56
◆ Kunstmuseum Stuttgart 252
◆ Kunstsammlungen Böttcherstraße,
  Bremen 50
◆ Kunst- und Ausstellungshalle der
  BRD, Bonn 41
◆ Kupferstich-Kabinett, Dresden 70
◆ Kurpfälzisches Museum,
  Heidelberg 136
◆ Landesmuseum für Vorgeschichte,
  Halle 119
◆ Landesmuseum Koblenz 156
◆ Landesmuseum Mainz 187
◆ Landesmuseum Württemberg,
  Stuttgart 252
◆ Linden-Museum, Stuttgart 253
◆ Ludwig-Forum für Internationale
  Kunst, Aachen 10
◆ Ludwig Museum, Koblenz 154

◆ Lutherhaus, Eisenach 81
◆ Lutherhaus, Wittenberg 283
◆ LWL - Landesmuseum für Kunst- und Kulturgeschichte, Münster 204
◆ Lyonel-Feininger-Galerie, Quedlinburg 224
◆ Mainfränkisches Museum, Würzburg 290
◆ Marstallmuseum, München 197
◆ Melanchthonhaus, Wittenberg 283
◆ Mercedes-Benz-Museum, Stuttgart 254
◆ Mittelrhein-Museum, Koblenz 156
◆ Museen Dahlem, Berlin 34
◆ Museum Alexander König, Bonn 41
◆ Museum Alexandrowka, Potsdam 219
◆ Museum der bildenden Künste, Leipzig 171
◆ Museum der Brotkultur, Ulm 264
◆ Museum Folkwang, Essen 91
◆ Museum Frieder Burda, Baden-Baden 20
◆ Museum für Asiatische Kunst, Berlin 34
◆ Museum für Kunst und Gewerbe, Hamburg 124
◆ Museum für Literatur, Karlsruhe 144
◆ Museum für Vor- und Frühgeschichte, Saarbrücken 238
◆ Museum in der Runden Ecke, Leipzig 172
◆ Museum Künstlerkolonie/Ernst-Ludwig-Haus, Darmstadt 60
◆ Museum Ludwig, Köln 161
◆ Museum Mensch und Natur, München 197
◆ Museum Moderne Kunst/Stiftung Wörlen, Passau 214
◆ Museum Schillerhaus, Mannheim 193
◆ Museumshaus, Stralsund 248
◆ Museumsinsel, Berlin 34
◆ Museumsmeile, Bonn 41
◆ Museumsufer, Frankfurt 97
◆ Museum Weltkulturen, Mannheim 192
◆ Museum Wiesbaden 274
◆ Naturkundemuseum im Ottoneum, Kassel 151
◆ Naturmuseum Senckenberg, Frankfurt 98
◆ Neanderthal-Museum, Mettmann/Düsseldorf 78
◆ Neues Museum, Berlin 34
◆ Neues Museum, Nürnberg 208
◆ Niedersächsisches Landesmuseum, Hannover 129
◆ Ozeaneum, Stralsund 249
◆ Pergamonmuseum, Berlin 34
◆ Porzellansammlung, Darmstadt 61

◆ Porzellansammlung, Dresden 69
◆ red dot museum, Essen 93
◆ Reichspräsident-Friedrich-Ebert-Gedenkstätte, Heidelberg 136
◆ Reiss-Engelhorn Museen (rem), Mannheim 192
◆ Residenzmuseum, München 197
◆ Reuter-Wagner-Museum, Eisenach 83
◆ Rheinisches Landesmuseum Bonn 40
◆ Rheinisches Landesmuseum, Trier 260
◆ Richard-Wagner-Museum - Haus Wahnfried, Bayreuth 29
◆ Roemer- und Pelizaeus-Museum, Hildesheim 141
◆ Rokokomuseum, Weimar 270
◆ Römisches Museum, Augsburg 14
◆ Römisch-Germanisches Museum, Köln 160
◆ Römisch-Germanisches Zentralmuseum, Mainz 188
◆ Rosgartenmuseum, Konstanz 166
◆ Ruhr Museum, Essen 93
◆ Rüstkammer, Dresden 69
◆ Saarland-Museum - Moderne Galerie, Saarbrücken 238
◆ Sammlung Berggruen, Berlin 36
◆ Sammlung Ludwig, Bamberg 25
◆ Sammlung Scharf-Gerstenberg, Berlin 36
◆ Schatzkammer, München 197
◆ Schiffbau- und Schifffahrtsmuseum, Rostock 233
◆ Schillerhaus, Weimar 268
◆ Schirn Kunsthalle, Frankfurt 98
◆ Schlossmuseum, Darmstadt 61
◆ Schlossmuseum Pillnitz, Dresden 72
◆ Schnütgen-Museum, Köln 162
◆ Spielzeugmuseum, Nürnberg 208
◆ Sprengel Museum, Hannover 130
◆ Staatliches Museum, Schwerin 243
◆ Staatsgalerie, Augsburg 15
◆ Staatsgalerie, Bamberg 24
◆ Staatsgalerie, Stuttgart 253
◆ Städel, Frankfurt 97
◆ Stadtgeschichtliches Museum, Wismar 280
◆ Städtische Galerie, Karlsruhe 146
◆ Städtisches Museum, Braunschweig 45
◆ Stadtmuseum, Karlsruhe 144
◆ St.-Annen-Museum, Lübeck 178
◆ Stiftung Moritzburg, Halle 119
◆ Studentenmuseum, Heidelberg 136
◆ Suermondt-Ludwig-Museum, Aachen 10
◆ TECHNOSEUM, Mannheim 192
◆ Übersee-Museum, Bremen 51
◆ Ulmer Museum 264
◆ Universum Bremen 50

◆ Wallraf-Richartz-Museum & Fondation Corboud, Köln 161
◆ Weißenhofmuseum, Stuttgart 255
◆ Wendisches Museum/Serbski Muzej, Cottbus 55
◆ Wilhelm-Busch-Museum, Hannover 128
◆ Zentrum für Kunst und Medientechnologie (ZKM), Karlsruhe 145
◆ Zeughaus, Mannheim 193
◆ Zinnfigurenmuseum, Goslar 114

Niedersachsen
◆ Braunschweig 44
◆ Goslar 112
◆ Hannover 128
◆ Hildesheim 139
◆ Lüneburg 181
Nordrhein-Westfalen
◆ Aachen 8
◆ Bonn 39
◆ Düsseldorf 75
◆ Essen 91
◆ Köln 159
◆ Münster 202
Nürnberg 207

Oranienbaum, Schloss 66

Parks und Gärten
◆ Amtsgarten, Halle 119
◆ Benrath, Schloss und Park, Düsseldorf 76
◆ Blühendes Barock Ludwigsburg, Ludwigsburg/Stuttgart 255
◆ Botanische Gärten der Universität Bonn 40
◆ Botanischer Garten, Karlsruhe 145
◆ Deutsch-Französischer Garten, Saarbrücken 239
◆ Drachenschlucht, Eisenach 83
◆ egapark 88
◆ Englischer Garten, München 199
◆ Eremitage, Bayreuth 30
◆ Erlebnis-Zoo Hannover 131
◆ Fantaisie, Schloss und Park, Bayreuth 30
◆ Forst- und Köhlerhof Wiethagen, Rostock 234
◆ Fürst-Pückler-Park Branitz, Cottbus 56
◆ Georgengarten und Schloss Georgium, Dessau 66
◆ Grugapark, Essen 92
◆ Herrenhäuser Gärten, Hannover 128
◆ IGA-Park, Rostock 234
◆ Luisenpark, Mannheim 193
◆ Luisium, Schloss und Landschaftspark, Dessau 66

Register

◆ Mainau, Insel, Konstanz 167
◆ Maschpark, Hannover 129
◆ Moritzburg, Schloss und Park 72
◆ Mosigkau, Schloss und Park,
  Dessau 66
◆ Neuer Garten, Potsdam 219
◆ Nymphenburg, Schloss und Park,
  München 197
◆ Olympiapark, München 199
◆ Oranienbaum,
  Schloss und Park 66
◆ Ortspitze, Passau 214
◆ Palmengarten, Frankfurt 98
◆ Park der Sinne, Laatzen/
  Hannover 131
◆ Pillnitz, Schloss und Park, Dresden 72
◆ Planten un Blomen, Hamburg 125
◆ Rhododendronpark Bremen 51
◆ Rosengarten, Bamberg 24
◆ Sanssouci, Schloss und Park,
  Potsdam 217
◆ Schloss Augustusburg
  und Jagdschloss Falkenlust,
  Brühl/Köln 162
◆ Schlossgarten, Karlsruhe 145
◆ Schwetzingen, Schloss und Park 193
◆ Staatspark Karlsaue, Kassel 151
◆ Tierpark Hagenbeck, Hamburg 125
◆ Tierpark Hellabrunn, München 199
◆ Veitshöchheim, Schloss und Garten
  (Würzburg) 290
◆ Wilhelma, Stuttgart 254
◆ Wilhelmshöhe, Bergpark,
  Kassel 149
◆ Wörlitz, Schloss und Park,
  Dessau 65
◆ Zoo Frankfurt 98
◆ Zoo Karlsruhe 145
◆ Zoo Leipzig 173
◆ Zoo Schwerin 244
Passau 212
Potsdam 217

Quedlinburg 222

Regensburg 227
Rheinland-Pfalz
◆ Koblenz 154
◆ Mainz 186
◆ Trier 258
Rostock 232

Saarbrücken 237
Saarland
◆ Saarbrücken 237
Sachsen
◆ Dresden 69
◆ Görlitz 107
◆ Leipzig 170

Sachsen-Anhalt
◆ Dessau 64
◆ Halle 117
◆ Quedlinburg 222
◆ Wittenberg 283
Schleswig-Holstein
◆ Lübeck 176
Schlösser
◆ Altes Schloss, Bayreuth 30
◆ Altes Schloss, Stuttgart 252
◆ Augustusburg, Brühl/Köln 162
◆ Belvedere, Weimar 270
◆ Benrath, Düsseldorf 76
◆ Cecilienhof, Potsdam 219
◆ Charlottenburg, Berlin 36
◆ Falkenlust, Brühl/Köln 162
◆ Fantaisie, Bayreuth 30
◆ Fürstbischöfliches
  Residenzschloss, Münster 204
◆ Georgium, Dessau 66
◆ Gohliser Schlösschen,
  Leipzig 171
◆ Heidelberger Schloss 134
◆ Karlsruher Schloss 144
◆ Kurfürstliches Schloss, Bonn 40
◆ Luisium, Dessau 66
◆ Mannheimer Schloss 191
◆ Moritzburg,
  Moritzburg/Dresden 72
◆ Mosigkau, Dessau 66
◆ Neues Schloss, Bayreuth 29, 30
◆ Neues Schloss, Stuttgart 252
◆ Nymphenburg, München 197
◆ Oranienbaum, Oranienbaum/
  Dessau 66
◆ Pillnitz, Dresden 72
◆ Quedlinburger Schloss 223
◆ Residenz, München 197
◆ Residenzschloss, Darmstadt 61
◆ Residenzschloss, Ludwigsburg/
  Stuttgart 255
◆ Saarbrücker Schloss 238
◆ Sanssouci, Potsdam 217
◆ Schloss der Fürsten von Thurn
  und Taxis, Regensburg 229
◆ Schweriner Schloss 242
◆ Schwetzingen, Schwetzingen/
  Mannheim 193
◆ Veitshöchheim,
  Veitshöchheim/Würzburg 290
◆ Welfenschloss, Hannover 128
◆ Wiesbadener Stadtschloss 273
◆ Wilhelmshöhe, Kassel 149
◆ Wörlitz, Wörlitz/Dessau 65
◆ Würzburger Residenz 288
Schwerin 242
Schwetzingen 193
Stralsund 247
Stuttgart 252

Thüringen
◆ Eisenach 81
◆ Erfurt 86
◆ Weimar 268
Trier 258

Ulm 263
UNESCO-Welterbe
◆ Aachen, Dom und
  Domschatzkammer 8
◆ Bamberg, Altstadt 23
◆ Berlin, Museumsinsel 34
◆ Bremen, Rathaus und Roland 49
◆ Brühl (Köln), Schloss Augustusburg
  und Jagdschloss Falkenlust 162
◆ Dessau, Bauhausstätten 64
◆ Dessau-Wörlitz, Gartenreich 65
◆ Eisenach, Wartburg 81
◆ Essen, Zeche und Kokerei
  Zollverein 93
◆ Goslar, Altstadt 112
◆ Goslar, Rammelsberg und
  Oberharzer Wasserwirtschaft 114
◆ Hildesheim, Dom und St. Michael 139
◆ Kölner Dom 159
◆ Lübeck, Hansestadt 176
◆ Oberes Mittelrheintal 154
◆ Potsdam, Schlösser und Gärten 217
◆ Quedlinburg, Stiftskirche,
  Schloss und Altstadt 222
◆ Regensburg, Altstadt 227
◆ Stralsund, Altstadt 247
◆ Trier, Römische Baudenkmäler,
  Dom und Liebfrauenkirche 258
◆ Völklingen (Saarbrücken),
  Völklinger Hütte 239
◆ Weimar, Bauhausstätten 270
◆ Weimar, Klassisches Weimar 268
◆ Wismar, Altstadt 278
◆ Wittenberg,
  Luthergedenkstätten 283
◆ Würzburg, Residenz 288

Veitshöchheim 290

Weimar 268
Wiesbaden 273
Wismar 278
Wittenberg 283
Wörlitz 65
Würzburg 288

Autor / Impressum

Unser Autor

Der Reiseautor und Fotograf Wolfgang Rössig ist für zahlreiche deutsche und internationale Verlage tätig, für Polyglott besonders als Kubaspezialist. Wenn er nicht gerade in der Karibik, in Südamerika, in den USA, in Australien oder am Mittelmeer unterwegs ist, geht er gern in Deutschland auf Entdeckungsreisen. Denn wer die ganze Welt anschaut, gewinnt auch der Heimat immer wieder neue Facetten ab.

Polyglott im Internet: www.polyglott.de

Alle Informationen stammen aus zuverlässigen Quellen und wurden sorgfältig geprüft. Für ihre Vollständigkeit und Richtigkeit können wir jedoch keine Haftung übernehmen. Ergänzende Anregungen bitten wir zu richten an: Polyglott Verlag, Redaktion, Postfach 40 11 20, 80711 München. E-Mail: redaktion@polyglott.de

Impressum

Herausgeber: Polyglott-Redaktion
Autor: Wolfgang Rössig
Lektorat: Sylvi Schlichter
Layout: Ute Weber, Geretsried
Karten und Pläne: Polyglott Kartografie, München
Satz: Ute Weber, Geretsried
Titeldesign-Konzept: Studio Schübel
Werbeagentur GmbH, München
Druck: CTPS, Hongkong

Ausgabe 2011/2012

© 2011 by Polyglott Verlag GmbH, München
Printed in China
ISBN 978-3-8268-2038-0

PT 10K1 ◆ 11010